ÉLÉMENS

DE LA

GRAMMAIRE LATINE.

On a ajouté à l'ancienne Grammaire :

1° La définition des nombres, des genres, et celle des cas. (Voir la Syntaxe.)

2° Les règles des genres.

3° La construction des prépositions dans les mots composés.

4° La liste des accusatifs en *em* ou en *im*, des ablatifs en *e* ou en *i*, des génitifs pluriels en *um* ou en *ium*.

5° Les noms défectifs, irréguliers et indéclinables.

6° La liste des adjectifs qui manquent de comparatif ou de superlatif.

7° Les verbes irréguliers et défectifs.

8° Les parties des verbes.

9° Les racines primitives.

10° Les notes sur la syntaxe et sur la méthode, dans lesquelles on a cherché à suppléer ce qui manquait dans Lhomond.

11° Le tableau et la syntaxe des noms de nombre.

12° La valeur des monnaies romaines, et la manière de compter les sesterces.

13° La division du temps des Romains, suivie d'un tableau qui indique clairement le rapport des calendes, des nones et des ides aux jours du mois dans le calendrier moderne.

14° L'explication des principales abréviations qui se trouvent dans les auteurs anciens et modernes.

15° La manière de diviser les syllabes dans les mots latins.

On a ajouté à cette nouvelle édition, outre un grand nombre de notes,

16° La construction des interjections.

17° Des remarques détaillées sur la signification et le régime des prépositions et des adverbes.

18° Les éléments de la *Syntaxe d'élégance*.

N. B. Nous avons cru devoir placer le supplément aux déclinaisons, immédiatement après la déclinaison des adjectifs. Reporté après les conjugaisons, ce tableau devenait presque inutile aux élèves, qui rarement se donnaient la peine d'y recourir.

Paris. — Imprimerie d'A. SIROU, rue des Noyers, 37.

GRAMMAIRE LATINE
DE LHOMOND,

AVEC DES NOTES

PAR CONSTANT VILLEMEUREUX,

PROFESSEUR AU COLLÉGE ROYAL DE HENRI IV.

NEUVIÈME ÉDITION,

Revue et corrigée.

Prix : 2 fr. 50 cent.

PARIS,
A LA LIBRAIRIE CLASSIQUE
DE MADAME Vᵉ MAIRE-NYON,
QUAI CONTI, Nº 13.
—
1845

Tout exemplaire de cet ouvrage non revêtu de ma griffe, sera réputé contrefait.

A MONSIEUR AUVRAY,

ANCIEN PROVISEUR DU COLLÉGE ROYAL DE HENRI IV, INSPECTEUR DE L'UNIVERSITÉ DE FRANCE, CHEVALIER DE LA LÉGION D'HONNEUR.

Monsieur,

Depuis mon enfance, je dois tant à vos soins généreux, que je croirais manquer à mon devoir en ne saisissant pas la première occasion qui se présente de vous donner un témoignage public de ma reconnaissance. Vous jugerez, je l'espère, plutôt l'intention de l'auteur que le mérite de l'ouvrage. Pour moi, je suis bien persuadé que, si vous daignez l'accueillir avec bonté, et m'aider de vos conseils, votre approbation en assurera le succès :

elle me procurera l'avantage inappréciable de contribuer, selon mes faibles moyens, aux progrès des élèves qui nous sont confiés, et à la prospérité d'un Collége dont la célébrité n'a fait que s'accroître sous votre administration vigilante et paternelle.

Je vous prie d'agréer les sentiments de respect avec lesquels je suis,

Monsieur,

Votre très-humble et très-reconnaissant Serviteur.

Constant VILLEMEUREUX.

Ouvrages du même Auteur.

NOUVELLE Grammaire française de Lhomond, développée et complétée. 1 vol. in-12. . . . . 2 fr.

Cet ouvrage, quoique élémentaire, est destiné à tenir lieu des grammaires développées, telles que la *Grammaire des grammaires*, la *Grammaire* de Lévizac, etc.

EXERCICES élémentaires théoriques et pratiques sur les déclinaisons, les conjugaisons, les prépositions, les conjonctions, les adverbes et les interjections de la langue grecque. 1 vol. in-12. . . . .

COURS de Versions grecques, ouvrage adopté par l'Université de France, et prescrit pour la classe de cinquième; extrait de l'*Elementar Buch de Jacobs* et du *Recueil de Gedick*;

Contenant: 1° des Exercices élémentaires sur les déclinaisons, les conjugaisons et la syntaxe; 2° des Traits historiques; 3° des Notions mythologiques; 4° des Dialogues; 5° des Lettres; 6° des Notions sur l'Histoire naturelle; 7° des Extraits de différens auteurs sur les mœurs et les usages des anciens peuples; 8° la Géographie historique des trois parties du monde connu des anciens, avec des notes et un vocabulaire où sont indiqués les mots racines, les mots composés et les parties des verbes. Cinquième édit., 1 vol. in-12 cart. . . 3 fr. 75 c.

COURS de Thèmes à l'usage des classes élémentaires et des classes de grammaire, divisé en trois parties.

Chaque partie se vend séparément.

Première partie. Exercices sur les déclinaisons, sur les conjugaisons régulières et irrégulières, sur les prépositions et sur les premières règles de la syntaxe. 1 vol. in-12 cart. . . . 2 fr.

Deuxième partie. Exercices élémentaires et raisonnés sur la syntaxe. 1 vol. in-12 cart. . . . . 2 fr. 25 c.

Troisième partie. Exercices sur la méthode : gallicismes et idiotismes. *Syntaxis ornata* (syntaxe d'élégance). 1 vol. in-12 cart. . . . . 2 fr. 25 c.

COLLECTION DE CLASSIQUES LATINS,

À L'USAGE

DES CLASSES ÉLÉMENTAIRES ET DE GRAMMAIRE;

AVEC

DES SIGNES DE QUANTITÉ

ET L'INDICATION DES MOTS COMPOSÉS;

PAR MM. LEROY ET PRIEUR,

Professeurs au Collége royal de Saint-Louis.

ÉDITIONS ADOPTÉES PAR L'UNIVERSITÉ.

EPITOME Historiæ sacræ, avec notes et dictionnaire. 1 vol. grand in-18 cart., couverture imprimée. . . . . 75 c.

DE VIRIS illustribus urbis Romæ, avec notes et dictionnaire. 1 vol. grand in-18 cart., couverture imprimée. . . 1 fr. 50 c.

APPENDIX de Diis et Heroibus, avec notes et dictionnaire. 1 vol. grand in-18 cart., couverture imprimée. . . . 1 fr.

PHÆDRI Fabulæ, avec notes, et les Fables de La Fontaine correspondantes. 1 vol. grand in-18 cart., couverture imprimée. . . . . 1 fr. 50 c.

SELECTÆ e profanis scriptoribus Historiæ, avec notes. 1 vol. in-12 cart. . . . . 2 fr.

CORNELIUS NEPOS, avec notes. 1 vol. grand in-18 cart., couverture imprimée. . . . . 1 fr.

M. T. CICERONIS Epistolæ selectæ. 1 vol. grand in-18 cart., couverture imprimée. . . . . 75 c.

Q. CURTII Rufi, de rebus gestis Alexandri Magni, libri decem, *selectissimis notis variorum illustrati*. 1 vol. grand in-18, cart., couverture imprimée. . . . . . . 1 fr. 50 c.

SELECTÆ Fabulæ ex libris Metamorphoseon Ovidii Nasonis, *capitibus et notis gallicis enucleatæ, quibus accesserunt eximia quædam ex Virgilii Bucolicis et Georgicis loca*. 1 vol. in-12, cart., couverture imprimée. . . . . . . 1 fr. 50 c.

M. T. CICERONIS de Amicitiâ Dialogus, avec notes. in-12, broché, rogné. . . . . 50 c.

M. T. CICERONIS Cato Major, seu de Senectute Dialogus. In-12, broché, rogné. . . . . 50 c.

JUSTINI Historiarum ex Trogo Pompeio, libri XLIV. Grand in-18 sur papier grand-raisin, cartonné, couverture imprimée. . . . . 2 fr. 25 c.

GRAMMAIRE (nouvelle) anglaise, rédigée sur un plan entièrement neuf, contenant un traité complet de Versification anglaise, destiné principalement à faire connaître les différents genres de poëmes, la rime et le mécanisme des vers anglais; par M. O'Sullivan, professeur de langue et de littérature anglaises au collége de Saint-Louis. 1 vol. in-12. 2 fr. 50 c.

COURS de Thèmes anglais, pour servir de développement à la nouvelle Grammaire anglaise, et pouvant être adaptés à toutes les grammaires de cette langue. Ouvrage entièrement neuf, contenant des *Notices biographiques des principales illustrations anglaises*, des *Anecdotes*, des *Problèmes curieux*, des *Morceaux* des grands écrivains français, enfin, une foule de sujets utiles, instructifs ou intéressans, rédigés de manière à y encadrer des tours de phrase pouvant servir d'application aux règles grammaticales, par M. O'Sullivan, 1 vol. in-12.. . . . . 2 fr. 50 c.

Ouvrage adopté par le Conseil royal de l'Instruction publique.

DIALOGUES anglais-français, classiques, familiers et autres, à l'usage des étudiants des langues anglaise et française, par M. O'Sullivan. 1 vol. in-12. . . . . 2 fr. 50 c.

Ouvrage adopté par le Conseil royal de l'Instruction publique.

Pour composer cet ouvrage, on a puisé dans les grammaires les plus estimées et dans les meilleurs ouvrages de dialogues variés et instructifs qui ont paru jusqu'à ce jour en Angleterre et en France. C'est ainsi que ce recueil, qui renferme plus que le double des matières de ces sortes d'ouvrages, offre à l'élève une véritable encyclopédie de conversation où tout est gradué, depuis les mots et les termes les plus usités jusqu'aux conversations les plus appropriées aux divers besoins et circonstances de la vie dans les principales classes de la société.

DICTIONNAIRE anglais-français, français-anglais, augmenté de plusieurs milliers de mots empruntés à la chimie, à l'histoire naturelle, aux beaux-arts, etc., suivi d'un glossaire renfermant l'explication de tous les vieux mots contenus dans les anciens auteurs anglais et les auteurs écossais les plus estimés, principalement *Chaucer, Burns* et *Sir Walter-Scot*, par M. O'Sullivan. 1 vol. in-18. (Ouvrage entièrement neuf et adopté par le Conseil royal de l'Instruction publique.) . . 6 fr.

ELEGANT extracts from the most celebrated British prose writers and poets, ou Leçons de Littérature anglaise ancienne et moderne, précédées de remarques sur tous les genres de composition en prose et en vers, et sur les auteurs qui y ont excellé, suivies d'une biographie de plus de 200 prosateurs et poètes les plus estimés de la Grande-Bretagne, de l'Irlande et de l'Amérique, *formant un cours de littérature comparée, ainsi qu'une histoire critique et biographique de la littérature anglaise des cinq derniers siècles*, par D. O'Sullivan, etc., ouvr. adopté par l'Université. 2 gros vol. in-12. . . . . . 12 fr.

On vend séparément :

Le 1er volume, Prose. . . . . br. 6 fr.
Le 2e volume, Poésie. . . . . br. 6 fr.

NARRATIONES et Conciones anglais, morceaux choisis des traductions les plus estimées de Xénophon, Hérodote, Thucydide, Plutarque, Démosthènes, Platon, Socrate, Pline, Tite-Live, Cicéron, Salluste, Tacite, César, Homère, Eschyle, Sophocle, Euripide, Théocrite, Bion, Moschus, Anacréon, Pythagore, Sapho, Pindare, Virgile, Ovide, Horace, Lucain, Catulle, Lucrèce, Juvénal, Tibulle, etc.

Avec des fragments traduits des Œuvres de Fénelon, Bossuet, Bernardin de Saint-Pierre, Lesage, Mirabeau, Châteaubriand, Guizot, Villemain, Cousin, Dante, Pétrarque, Le Tasse, Arioste, Le Camoëns, Cervantes, Gœthe, Béranger, Lebrun, Arnault, de Pongerville, de Jouy, Lamartine, C. Delavigne, V. Hugo, etc.

Précédés de Notices biographiques et critiques des auteurs anciens et modernes, par D. O'Sullivan. 2 v. in-12. br. 6 fr. 50 c.

Ainsi, je le répète, ce n'est pas à l'étude des mots qu'il faut s'attacher, c'est à saisir les rapports qui existent entre la plupart des règles de la grammaire, à les généraliser, à les classer méthodiquement dans son esprit, de telle sorte qu'une règle inconnue paraisse toujours la conséquence de celles que l'on connaît déjà.

Que l'élève n'apprenne donc jamais rien sans être capable d'en rendre raison, et qu'il compte toujours plus sur son intelligence que sur sa mémoire.

Je ne prétends pas cependant qu'il faille avoir recours à la métaphysique pour enseigner la grammaire aux enfans. Autant vaudrait leur apprendre la *géométrie* et l'*algèbre*. La manière d'enseigner et les objets de l'enseignement doivent être proportionnés à la faiblesse de cet âge ; et celui qui méconnaîtrait ce principe ressemblerait à un maître de gymnastique malhabile, qui, pour hâter les progrès de son élève, épuiserait ses forces par des exercices trop violens.

Instruit par une longue expérience, Lhomond n'a point commis cette faute, et s'il pèche, c'est par l'excès contraire. J'ai voulu corriger ce défaut, et, pour y parvenir, *j'ai conservé presque partout l'ordre établi dans l'ancienne grammaire*. Le seul changement que je me sois permis, c'est la division des règles par paragraphes, afin de pouvoir donner dans des notes correspondantes, et mises au bas de chaque page, les explications qui m'ont paru nécessaires.

Les bornes que je dois me prescrire dans cet avertissement ne me permettent pas d'entrer dans de longs détails à ce sujet; cependant je crois devoir exposer sommairement les principales additions que j'ai faites à l'ancienne grammaire.

La première partie, qui traite des noms et des verbes, était très-incomplète; inutile aux maîtres, elle ne donnait aux élèves que des notions imparfaites des premiers élémens. J'ai essayé de remplir cette lacune.

Dans les déclinaisons, on trouvera la définition de tous les mots essentiels; les règles générales des genres, règles à l'aide desquelles les enfans peuvent apprendre, en quelques lignes, ce qu'ils ne savent qu'imparfaitement après plusieurs années d'études.

Dans les verbes, se trouvent la définition *des voix*, dont Lhomond n'a point parlé, et le *tableau complet de la formation des temps*.

J'ai établi la distinction nécessaire entre des *adverbes primitifs* et *dérivés*, entre les *adverbes essentiels* et les mots pris adverbialement.

Le tableau des *prépositions* est suivi de celui des *particules* et des *prépositions* dans les mots composés.

Les *interjections* laisseront peu de chose à désirer.

On trouvera, dans le supplément aux déclinaisons, des additions importantes sur la déclinaison *des noms grecs*, sur les accusatifs en *em* ou *im*, les ablatifs en *e* ou en *i*, les génitifs pluriels en *um* ou en *ium*; sur les substantifs *irréguliers défectifs* et *indéclinables*; enfin le tableau général des genres. L'étude de ce tableau, qui est facile, doit faire connaître aux élèves le genre de tous les noms.

Le *supplément aux adjectifs* offre la liste à peu près complète des comparatifs et des superlatifs, suivie des règles de la formation des diminutifs.

Des notes ajoutées aux verbes irréguliers suppléent ce qui manquait dans cette partie.

Le tableau des *prétérits* et des *supins*, dans toutes les conjugaisons, peut être d'un grand secours aux enfans, qui, ordinairement, n'en ont qu'une connaissance très-imparfaite.

Dans la rédaction de la *Syntaxe* et de la *Méthode*, Lhomond a suivi un plan qui sans doute pourrait être modifié, et quelquefois même tracé d'une manière toute différente; mais, comme je l'ai déjà dit, je me suis imposé la loi de ne faire, autant que possible, aucun changement au texte. Les notes explicatives qui correspondent à chaque paragraphe suffiront, je l'espère, pour rectifier ce qui pourrait sembler défectueux.

On verra qu'une grande partie des règles de la syntaxe peuvent se rapporter au nom de manière, aux questions de temps et de lieu; et que, considérées sous ce point de vue, elles n'offrent que peu de difficultés aux élèves.

La syntaxe du régime des adjectifs et des

verbes neutres, n'étant point raisonnée dans Lhomond, ne peut être utile qu'aux commençans ; elle est insuffisante pour les élèves plus avancés, qui doivent s'habituer de bonne heure à attacher des idées aux mots qu'ils apprennent.

J'en dirai autant de la plupart des règles de la *Méthode*. Celles du *que retranché* laissaient beaucoup à désirer. Des notes explicatives et un tableau de toutes les constructions que reçoit le verbe qui doit se mettre à l'infinitif, serviront à guider les élèves, et à lever les difficultés qui pourraient les arrêter.

J'ai cru devoir intercaler, entre la seconde et la troisième partie de la grammaire, le tableau et la syntaxe des noms de nombre, dont il n'est point du tout question dans Lhomond.

Dans la *Méthode*, j'ai ajouté aux règles déjà connues les règles principales sur l'emploi du subjonctif, et j'ai donné un modèle de la conjugaison *périphrastique*.

On trouvera, à la fin de l'ouvrage, des notions sur la manière dont les anciens divisaient le temps, suivies d'un tableau à l'aide duquel on peut, sans jamais se tromper, connaître à quel jour du mois se rapportent, dans le calendrier moderne, les *calendes*, les *nones* et les *ides*.

J'ai donné aussi l'évaluation des monnaies romaines en francs et en centimes, et la manière de compter les sesterces.

Enfin l'explication des principales abréviations employées par les auteurs anciens et modernes, et la manière d'assembler les consonnes dans la composition des mots, m'ont paru des notions assez importantes pour entrer même dans une Grammaire élémentaire.

Malgré les soins que j'ai apportés à la composition de cet ouvrage, il sera loin, je le sais, d'être aussi utile que je l'aurais désiré ; mais j'ose croire qu'avec le temps mes efforts seront plus heureux. Ce n'est pas cependant que je compte sur mes faibles moyens ; j'attends tout de la bienveillance de ceux d'entre mes collègues qui verront ce travail avec quelque intérêt, et voudront bien m'éclairer de leurs conseils.

Je devrais peut-être dès à présent témoigner ici ma reconnaissance à quelques personnes qui ont eu la bonté de me seconder dans mes travaux, autant que les circonstances le leur ont permis ; mais citer leurs noms, ce serait faire l'éloge de l'ouvrage, et je ne le juge pas encore digne d'un titre aussi honorable à la recommandation du public.

N. B. Outre les règles essentielles sur la *construction des interjections* avec les mots qui les accompagnent, et des remarques détaillées sur la *signification* et le *régime* des *prépositions* et des *adverbes*, que nous avons intercalées entre les questions de lieu et les noms de nombre, on trouvera, à la fin de cette Nouvelle Édition, les éléments de la syntaxe d'élégance que nous nous proposons de développer dans la 4ᵉ partie de notre *Cours de thèmes*. Quel que soit le jugement que l'on porte sur ce nouveau travail, nous osons croire qu'on reconnaîtra qu'en faisant à cette grammaire de nombreuses additions, *nous n'avons eu en vue que l'intérêt des élèves.* Nous avons voulu, en quelque sorte, leur mettre entre les mains un *Abrégé de la grammaire des grammaires latines.* Aussi ce volume contient-il plus de matière que deux volumes in-8ᵉ ordinaires. Que ne pouvons-nous être sûr que ce sera là son moindre mérite !

ÉLÉMENS
DE LA
GRAMMAIRE LATINE.

PREMIÈRE PARTIE.

§ 1. Il y a en latin neuf sortes de mots : Le *Nom*, l'*Adjectif*, le *Pronom*, le *Verbe*, le *Participe*, l'*Adverbe*, la *Préposition*, la *Conjonction* et l'*Interjection*.

PREMIÈRE ESPÈCE DE MOTS.

§ 2. *LE NOM*[1].

Le *Nom* est un mot qui sert à nommer une personne ou une chose, comme *Pierre, Paul, Livre, Chapeau*.

§ 3. NOMBRES.

Il y a dans les noms deux nombres : le *Singulier*[1], quand on parle d'une seule personne ou d'une seule chose : ainsi, *un homme, une rose*, sont au nombre *singulier*; le *Pluriel*, quand on parle de plusieurs personnes ou de plusieurs choses : ainsi *les hommes, les roses*, sont au nombre *pluriel*.

---

§ 2. [1] Le nom qui sert à nommer les personnes ou les choses, s'appelle *substantif*, parce que seul, et sans avoir besoin d'être accompagné d'aucun autre mot, il exprime quelque *substance*, quelque chose.

§ 3. [1] *Singulier* vient de *singularis*, seul, unique; *pluriel*, de *plures*, plusieurs (deux ou un plus grand nombre).

§ 4. Cas.

En latin le nom change sa dernière syllabe : ainsi, *ros a*, fait *ros æ*, *ros am*, *ros arum*, *ros is*, *ros as*; ces différentes manières de finir un nom s'appellent *Cas*.

Il y a en latin six *Cas*, savoir : le *Nominatif*, le *Vocatif*, le *Génitif*, le *Datif*, l'*Accusatif*, et l'*Ablatif*.

§ 5. Déclinaisons.

Quand on récite de suite les six cas d'un nom, cela s'appelle *décliner*. Il y a en latin cinq *Déclinaisons* différentes, que l'on distingue par le génitif singulier et le génitif pluriel.

§ 6. Genres.

Il y a trois Genres en latin : le *Masculin*, le *Féminin* et le *Neutre*.

Le genre masculin comprend non-seulement les noms d'hommes et d'animaux mâles, comme *homo*, homme; *Petrus*, Pierre; *leo*, lion; et le genre féminin, les noms de femmes et d'animaux femelles, comme *femina*, femme; *Lucretia*, Lucrèce; *leœna*, lionne; mais encore les objets inanimés qui ne sont ni mâles ni femelles : *liber*, livre, *masculin*; *rosa*, rose, *féminin*.

Il en est de même du genre neutre : *mancipium*, un esclave; *templum*, un temple; *corpus*, le corps.

Le genre de chaque nom est marqué ainsi : *m.* pour le masculin, *f.* pour le féminin, *n.* pour le neutre.

---

§ 4.[1] Le mot *cas*, vient du latin *casus*, chute. On emploie ce terme pour caractériser certaines terminaisons des noms, des adjectifs et des pronoms, qui servent à exprimer le rapport de ces noms aux autres mots de la phrase.

La définition des cas se trouve au commencement de la syntaxe, p. 197. § 240.

§ 5.[1] Du grec ἐκκλίνω (*ekklino*), décliner, incliner (faire passer un nom par toutes les inflexions (les *cas*).

§ 6.[1] Il n'y a proprement que deux genres, le *masculin* et le *féminin*; mais beaucoup de noms n'ayant été classés *ni* dans l'un ni dans l'*autre* de ces deux genres, les Latins les ont appelés *neutres*, de *neuter*, *neutra*, *neutrum*, ni l'un ni l'autre, c'est-à-dire, qui n'appartient ni à l'un ni à l'autre genre. Il y a aussi des noms qui ont tout ensemble plusieurs de ces genres.

Pour les distinguer, les grammairiens ont encore ajouté deux autres genres aux trois premiers.

Le genre commun, comme *hic* et *hæc adolescens*, un jeune homme ou une jeune fille; et le genre douteux, comme *hic* et *hoc vulgus*, le vulgaire. (*Hic* indique le masculin, *hæc* le féminin, *hoc* le neutre.)

Le genre commun est masculin quand il se rapporte à l'homme, féminin quand il se rapporte à la femme. Il n'admet que ces deux variations.

Le genre douteux admet les trois variations du masculin, du féminin et du neutre.

Ce genre vient de ce que, dans le principe, on ne s'accordait pas sur le genre de certains noms.

On trouve des noms de cette espèce masculins et féminins : *Hic* ou *hæc finis*, la fin, le terme. Du masculin et du neutre : *Hic* ou *hoc vulgus*, le vulgaire. Du féminin ou du neutre : *Hæc* ou *hoc Præneste*, Préneste, nom de ville. Ou enfin du masculin, du féminin ou du neutre, comme *penus*, provisions de bouche; *penus, i*, masc. et fém., *penus, us*, masc. et fém., *penum, ni*, et *penus, penoris*, neutre.

RÈGLE GÉNÉRALE DES GENRES.

1° Les noms qui conviennent à l'homme seul sont du masculin, quelle que soit leur terminaison : *hic dominus*, le seigneur; *hic poeta*, le poëte; *hic Dinacium*, Dinace, nom d'homme.

2° Les noms qui conviennent à la femme sont du féminin ; *sancta Eustochium*, sainte Eustochie; *mater optima*, une excellente mère.

3° Les noms qui conviennent à l'homme et à la femme sont du genre commun (*hic* et *hæc adolescens*).

4° Les noms des bêtes suivent la même distinction : *hic aries*, un bélier; *hæc ovis*, une brebis; *hic equus*, un cheval; *hæc equa*, une cavale.

S'il n'y a qu'un nom pour les deux espèces, il est : 1° ou du genre commun : *hic* et *hæc canis*, un chien ou une chienne; *hic* et *hæc bos*, un bœuf ou une génisse ; 2° ou il comprend les deux espèces sous un seul genre, qui est ordinairement celui de la terminaison, comme *hæc vulpes*, un renard, *hæc aquila*, un aigle, soit qu'on parle du mâle ou de la femelle.

5° Les noms de peuples et de vents sont du genre masculin, comme la plupart des noms de fleuves et de montagnes.

6° La plupart des noms de provinces, d'îles, de vaisseaux et d'arbres, sont du genre féminin. (Voir ci-après les règles particulières des genres dans le *Supplément aux Déclinaisons*, § 47 et suiv.)

§. 7. PREMIÈRE DÉCLINAISON[1].

La première déclinaison a le génitif singulier en *æ* et le génitif pluriel en *arum*.

NOMBRE SINGULIER.

Nominatif,	*f.*	Ros a,	la Rose.
Vocatif,	Ros a, ô	Ros a,	Rose, ô Rose.
Génitif,		Ros æ,	de la Rose.
Datif,		Ros æ,	à la Rose.
Accusatif,		Ros am,	la Rose.
Ablatif,		Ros â,	de la Rose.

NOMBRE PLURIEL.

Nominatif,		Ros æ,	les Roses.*
Vocatif,	Ros æ, ô	Ros æ,	Roses, ô Roses.
Génitif,		Ros arum,	des Roses.
Datif,		Ros is,	aux Roses.
Accusatif,		Ros as,	les Roses.
Ablatif,		Ros is,	des Roses.

* Dans les noms français, le pluriel se forme en ajoutant *s*.

Ainsi se déclinent tous les noms *masculins* ou *féminins* dont le génitif singulier est en *æ*, et le génitif pluriel en *arum*, comme :

---

§ 7. [1] Dans les déclinaisons, il faut distinguer le *radical* et la *terminaison*. Le *radical* ne change jamais ; la *terminaison* varie suivant les cas. — Dans toutes les déclinaisons, les nominatifs et les vocatifs, ainsi que les datifs et les ablatifs, sont semblables au pluriel. — L'ablatif est toujours gouverné par une préposition sous-entendue. Il signifie tantôt *des roses*, tantôt *par les roses*, etc.

Les noms qui appartiennent à la première déclinaison ont le nominatif en *a*. (Voir les exceptions dans le *Supplément aux Déclinaisons*, § 26 et suiv.)

	Masculins.		Féminins.
Scrib	a, æ, *le Greffier.*	Mus a, æ, *la Muse.*
Poet	a, æ, *le Poète.*	Mens a, æ, *la Table.*
Naut	a, æ, *le Matelot.*	Musc a, æ, *la Mouche.*
Conviv	a, æ, *le Convive.*	Stell a, æ, *l'Étoile.*
Aurig	a, æ, *le Cocher.*	Uv a, æ, *le Raisin.*

NOMS COMMUNS (masculins, quand ils se rapportent à l'homme; féminins, quand ils se rapportent à la femme).

Incol	a, æ,	*Habitant, Habitante.*
Indigen	a, æ,	*Indigène (du pays).*
Adven	a, æ,	*Étranger, Étrangère.*
Vern	a, æ,	*Esclave (né dans la maison).*

NOM PROPRE.

Mari a, æ, *Marie.* { Masc. en parlant d'un homme : *Doctus Maria*, le savant Marie. Féminin en parlant d'une femme : *Sancta Maria*, Sainte Marie.

N. B. En général, les noms propres ne sont pas usités au pluriel. Voir les exceptions, § 45.

§ 8. SECONDE DÉCLINAISON¹.

La seconde Déclinaison a le génitif singulier en *i* et le génitif pluriel en *orum.*

§ 8. ¹ Les noms qui appartiennent à cette déclinaison se terminent, au nominatif, en *us, er, ir, um, ur.* Il n'y a qu'un seul nom en *ir* : c'est le substantif *vir*, l'homme, et ses composés, *levir*, beau-frère; *decemvir*, décemvir, etc. Il n'y a qu'un seul nom en *ur* : c'est l'adjectif *satur, a, um*, rassasié. Ceux qui se terminent en *um* sont du genre neutre, excepté les noms propres, qui sont masculins quand ils appartiennent à l'homme, féminins, quand ils appartiennent à la femme. Les autres noms sont masculins ou féminins, et quelquefois neutres.

Les noms en *us*, sauf quelques exceptions, ont le vocatif en *e.*

Dans tous les noms neutres, le vocatif et l'accusatif ont toujours la même terminaison que le nominatif. Au pluriel, ces trois cas sont toujours en *a*, dans toutes les déclinaisons.

La 2ᵉ déclinaison n'a proprement que deux terminaisons, *us* et *um*, qu'on devrait prononcer *os* et *om*, car *us* a remplacé *os*. Le génitif pluriel en *ûm* (syncope pour *orum*) est usité dans certains mots : *fabrûm, liberûm, sestertiûm, nummûm, virûm* (pour désigner une charge, *triumvirûm*), *talentûm.* C. Liv. Tac. Curt.

SINGULIER.

Nom.	m.	Domin us,	le Seigneur.
Voc.	Domin e, ô	Domin e,	Seigneur, ô Seigneur.
Gén.		Domin i,	du Seigneur.
Dat.		Domin o,	au Seigneur.
Acc.		Domin um,	le Seigneur.
Abl.		Domin o,	du Seigneur.

PLURIEL.

Nom.		Domin i,	les Seigneurs.
Voc.	Domin i, ô	Domin i,	Seigneurs, ô Seigneurs.
Gén.		Domin orum,	des Seigneurs.
Dat.		Domin is,	aux Seigneurs.
Acc.		Domin os,	les Seigneurs.
Abl.		Domin is,	des Seigneurs.

Ainsi se déclinent tous les noms dont le génitif singulier est en *i*, et le génitif pluriel en *orum*, comme :

Masculins.	Féminins.
Hort us, i, *le Jardin.*	Ulm us, i, *l'Orme.*
Lup us, i, *le Loup.*	Pir us, i, *le Poirier.*
Vent us, i, *le Vent.*	Vann us, i, *le Van.*
Popul us, i, *le Peuple.*	Popul us, i, *le Peuplier.*
Corv us, i, *le Corbeau.*	Alv us, i, *le Ventre.*
Asin us, i, *l'Ane.*	Mal us, i, *le Pommier.*

NOMS DE GENRE DOUTEUX, C'EST-A-DIRE :

Masc. ou fém., comme Faselus ou Phasel us, i, *Petite Barque.*
Masculin ou neutre, comme Vulg us, i, *le Vulgaire.*

Vulgus au masculin est très-rare. Il y a deux noms neutres en *us, sans pluriel*, pelag us, i, *la haute mer* ; vir us, i, *suc, poison.* — Remarquez bien que l'accus. neutre est semblable au nominatif.

§ 9. *Noms de la seconde Déclinaison qui ont le Nominatif singulier en* er ; *dans ces noms, le Vocatif est semblable au Nominatif.*

_____

§ 9. ¹ La terminaison *er*, à la seconde déclinaison, n'a que des noms masculins. (Ces noms ont perdu la désinence *us, e,* puer, us.) Parmi les noms en *er*, quelques-uns retiennent *e* au génitif ; ce sont les suivans : gener, eri, *le gendre* ; puer, eri, *l'enfant* ; socer, eri, *le beau-père* ; vesper, e, *le soir* ; Liber, eri, Bacchus, n. pr.

SINGULIER.

Nom.	m. Puer,	l'Enfant.
Voc.	Puer, ô Puer,	Enfant, ô Enfant.
Gén.	Puer i,	de l'Enfant.
Dat.	Puer o,	à l'Enfant.
Acc.	Puer um,	l'Enfant.
Abl.	Puer o,	de l'Enfant.

PLURIEL.

Nom.	Puer i,	les Enfans.
Voc.	Puer i, ô Puer i,	Enfans, ô Enfans.
Gén.	Puer orum,	des Enfans.
Dat.	Puer is,	aux Enfans.
Acc.	Puer os,	les Enfans.
Abl.	Puer is,	des Enfans.

AUTRE NOM EN ER.

SINGULIER.

Nom.	m. Liber,	le Livre.
Voc.	Liber, ô Liber,	Livre, ô Livre.
Gén.	Libr i,	du Livre.
Dat.	Libr o,	au Livre.
Acc.	Libr um,	le Livre.
Abl.	Libr o,	du Livre.

PLURIEL.

Nom.	Libr i,	les Livres.
Voc.	Libr i,	Livres, ô Livres.
Gén.	Libr orum,	des Livres.
Dat.	Libr is,	aux Livres.
Acc.	Libr os,	les Livres.
Abl.	Libr is,	des Livres.

---

et le nom pluriel *liberi*, les enfans. Joignez à ces noms les adjectifs *adulter*, *adultera*, *adulterum*, altéré, falsifié; *asper*, *era*, *um*, âpre; *exter* (mieux *exterus*), étranger; *gibber*, bossu; *lacer*, déchiré; *liber*, libre; *miser*, misérable; *prosper*, prospère; *tener*, tendre; les mots composés en *fer* et en *ger*, comme *frugifer*, *era*, *um*, fertile; *armiger*, *eri*, l'écuyer; les deux noms de peuple *Iber* et *Celtiber*, et le mot *presbyter*, *eri*, prêtre (peu usité). *Dexter*, droit, fait *dextera*, *dexterum*, ou *dextra*, *um*. Cette dernière forme est la plus usitée.

Rem. Tous les cas, excepté le nominatif et le vocatif singuliers, se forment du génitif, c'est-à-dire que la consonne (la figurative) qui se trouve avant la terminaison du génitif (*Libri*) se répète à tous les autres cas.

Ainsi se déclinent :

Caper, capr i, *le Chevreau.* | Culter, cultr i, *le Couteau.*
Magister, magistr i, *le Maître.* | Vir, vir i, *l'Homme.*
Aper, apr i, *le Sanglier.* | Levir, levir i, *le Beau-frère.*

Noms neutres de la seconde Déclinaison.

§ 10. SINGULIER.

Nom.	n.	Templ um,	le Temple.
Voc.	Templ um, ô	Templ um,	Temple, ô Temple.
Gen.		Templ i,	du Temple.
Dat.		Templ o,	au Temple.
Acc.		Templ um,	le Temple.
Abl.		Templ o,	du Temple.

PLURIEL.

Nom.		Templ a,	les Temples.
Voc.	Templ a, ô	Templ a,	Temples, ô Temples.
Gen.		Templ orum,	des Temples.
Dat.		Templ is,	aux Temples.
Acc.		Templ a,	les Temples.
Abl.		Templ is,	des Temples.

Ainsi se déclinent tous les noms neutres et tous les noms en *um* dont le génitif singulier est en *i*, et le génitif pluriel en *orum*, comme :

Brachi um, i, *le Bras.* | Vin um, i, *le Vin.*
Foli um, i, *la Feuille.* | Coll um, i, *le Cou.*
Bell um, i, *la Guerre.* | Exempl um, i, *l'Exemple.*
Viti um, i, *le Vice.* | Studi um, i, *l'Étude.*

NOMS PROPRES.

Masculin. | Féminin.
Dinaci um, i, *Dinace.* | Glyceri um, i, *Glycère.*

§ 11. TROISIÈME DÉCLINAISON.[1]

La troisième Déclinaison a le génitif singulier en *is*, et le génitif pluriel en *um* (souvent aussi en *ium*).

Nom en OR.

Singulier.

Nom.	*f.*	Soror,	la Sœur.
Voc.	Soror, ô	Soror,	Sœur, ô Sœur.
Gén.		Soror is,	de la Sœur.
Dat.		Soror i,	à la Sœur.
Acc.		Soror em,	la Sœur.
Abl.		Soror e,	de la Sœur.

Pluriel.

Nom.		Soror es,	les Sœurs.
Voc.	Soror es, ô	Soror es,	Sœurs, ô Sœurs.
Gén.		Soror um,	des Sœurs.
Dat.		Soror ibus,	aux Sœurs.
Acc.		Soror es,	les Sœurs.
Abl.		Soror ibus,	des Sœurs.

Nom en ER.

Singulier.

Nom.	*m.*	Pater,	le Père.
Voc.	Pater, ô	Pater,	Père, ô Père.
Gén.		Patr is,	du Père.
Dat.		Patr i,	au Père.
Acc.		Patr em,	le Père.
Abl.		Patr e,	du Père.

---

§ 11. [1] Cette Déclinaison comprend des noms de tout genre et de toute terminaison.

Tous les noms en *or* sont du masculin, excepté *arbor*, arbre, ainsi que les noms qui conviennent à la femme, comme *uxor*, épouse; *soror*, sœur, qui sont du féminin; et *cor, cordis*, cœur; *ador, adoris*, fleur de farine; *marmor, marmoris*, marbre; *æquor, æquoris*, plaine, qui sont du neutre. (*Voy.* p. 32, not.) La terminaison *or* est quelquefois remplacée par la termin. *os*: *honor* ou *honos, honoris*; *arbor* ou *arbos, arboris*, etc.

ÉLÉMENS

PLURIEL.

Nom.	Patr es,	les Pères.
Voc.	Patr es, ô Patr es,	Pères, ô Pères.
Gén.	Patr um,	des Pères.
Dat.	Patr ibus,	aux Pères.
Acc.	Patr es,	les Pères.
Abl.	Patr ibus,	des Pères.

Rappelez-vous que tous les cas, excepté le nominatif et le vocatif singuliers, se forment du génitif; c'est-à-dire que la consonne (la figurative) qui se trouve avant la terminaison *is* se répète à tous les autres cas: *pat r is, pat r i*, etc.

Ainsi se déclinent tous les noms masculins et féminins dont le génitif singulier est en *is*, et le génitif pluriel en *um*, comme:

Masculins.	Féminins.
Dolor, dolor is, *la Douleur*.	Mater, matr is, *la Mère*.
Ordo, ordin is, *l'Ordre, le Rang*.	Virtus, virtut is, *la Vertu*.
Homo, homin is, *l'Homme*.	Ætas, ætat is, *l'Age*.
Paries, pariet is, *la Muraille*.	Virgo, virgin is, *la jeune Fille*.
Sermo, sermon is, *le Discours*.	Hirundo, din is, *l'Hirondelle*.

§ 12. *Noms neutres de la troisième déclinaison.*

SINGULIER.

Nom.		n. Corpus,	le Corps.
Voc.	Co rpus, ô	Corpus,	Corps, ô Corps.
Gén.		Corpor is,	du Corps.
Dat.		Corpor i,	au Corps.
Acc.		Corpus,	le Corps.
Abl.		Corpor e,	du Corps.

PLURIEL.

Nom.		Corpor a,	les Corps.
Voc.	Corpor a, ô	Corpor a,	Corps, ô Corps.
Gén.		Corpor um,	des Corps.
Dat.		Corpor ibus,	aux Corps.
Acc.		Corpor a,	les Corps.
Abl.		Corpor ibus,	des Corps.

AUTRE MODÈLE.

SINGULIER.

Nom.		n. Caput,	la Tête.
Voc.	Caput, ô	Caput,	Tête, ô Tête.
Gén.		Capit is,	de la Tête.
Dat.		Capit i,	à la Tête.
Acc.		Caput,	la Tête.
Abl.		Capit e,	de la Tête.

PLURIEL.

Nom.		Capit a,	les Têtes.
Voc.	Capit a, ô	Capit a,	Têtes, ô Têtes.
Gén.		Capit um,	des Têtes.
Dat.		Capit ibus,	aux Têtes.
Acc.		Capit a,	les Têtes.
Abl.		Capit ibus,	des Têtes.

Ainsi se déclinent tous les noms neutres dont le génitif singulier est en *is* et le génitif pluriel en *um*, comme :

Limen, limin is, *le Seuil*. | Lumen, lumin is, *la Lumière*.
Tempus, tempor is, *le Temps*, | Pectus, pector is, *la Poitrine*.
Nemus, nemor is, *le Bois*. | Olus, oler is, *le Légume*.
Pecus, pecor is, *le Troupeau*. | Vulnus, vulner is, *la Blessure*.
Latus, later is, *le Côté*. | Littus, littor is, *le Rivage*.

(Voir les adjectifs en *is*, et les exceptions pour les génitifs en *ium*, p. 33.)

§ 13. NOM. EN *is*, GÉN. PLUR. *ium*[1].

SINGULIER.

Nom.		f. Av is,	l'Oiseau.
Voc.	Av is, ô	Av is,	Oiseau, ô Oiseau.
Gén.		Av is,	de l'Oiseau.
Dat.		Av i,	à l'Oiseau.
Acc.		Av em,	l'Oiseau.
Abl.		Av e[2],	de l'Oiseau.

---

§ 13. [1] Il y a des noms qui ont l'accusatif singulier en *im*, et l'ablatif singulier en *i* : *securis*, la hache, acc. *securim*, ablatif *securi*. Ils ont aussi le génitif pluriel en *ium*. (Voyez le *Supplément aux Déclinaisons*, § 34.)

[2] Ou *avi*, voy. p. 33.

PLURIEL.

Nom.		Av es,	les Oiseaux.
Voc.	Av es, ô	Av es,	Oiseaux, ô Oiseaux.
Gén.		Av ium,	des Oiseaux.
Dat.		Av ibus,	aux Oiseaux.
Acc.		Av es,	les Oiseaux.
Abl.		Av ibus,	des Oiseaux.

Ainsi se déclinent la plupart des noms en *es* et en *is* qui n'ont pas plus de syllabes au génitif qu'au nominatif (on les appelle *parisyllabiques*), et presque tous les noms qui n'ont qu'une syllabe au nominatif (les *monosyllabes*). Voyez les exceptions dans le Supplément aux déclinaisons, p. 34.

Masculins.	Féminins.
Mons, mont is, *la Montagne*.	Cædes, cæd is, *le Carnage*.
Mensis, mens is, *le Mois*.	Urbs, urb is, *la Ville*.
Dens, dent is, *la Dent*.	Pellis, pell is, *la Peau*.
Fons, font is, *la Fontaine*.	Pestis, pest is, *la Peste; le Fléau*.

~~~~~~

§ 14. QUATRIÈME DÉCLINAISON [1].

La quatrième Déclinaison a le génitif singulier en *ûs*, et le génitif pluriel en *uum*.

SINGULIER.

Nom.		f. Man us,	la Main.
Voc.	Man us, ô	Man us,	Main, ô Main.
Gén.		Man ûs,	de la Main.
Dat.		Man ui,	à la Main.
Acc.		Man um,	la Main.
Abl.		Man u,	de la Main.

§ 14. [1] Cette déclinaison comprend des noms masculins et féminins en *us*, et des neutres en *u*. Le génitif est une contraction de *uis*; de là au datif *u* pour *ui*. Le pluriel *us* est aussi pour *ues*. (Voy. § 41, ablat. plur. en *ubus*.)

PLURIEL.

Nom.	Man us,	les Mains.
Voc.	Man us, ô Man us,	Mains, ô Mains.
Gén.	Man uum,	des Mains.
Dat.	Man ibus,	aux Mains.
Acc.	Man us,	les Mains.
Abl.	Man ibus,	des Mains.

Ainsi se déclinent :

Masculins.	Féminins.
Fruct us, ûs le Fruit.	Portic us, ûs, le Portique.
Exercit us, ûs, l'Armée.	Nur us, ûs, la Bru.
Vers us, ûs, le Vers.	Col us, ûs, la Quenouille.

§ 15. *Noms neutres de la quatrième Déclinaison.*

REMARQUE. Les noms neutres de la quatrième Déclinaison sont indéclinables au singulier, c'est-à-dire qu'il ne changent point leur dernière syllabe ; mais ils se déclinent au pluriel.

SINGULIER.

Nom.	n. Corn u,	la Corne.
Voc.	Cornu, ô Corn u,	Corne, ô Corne.
Gén.	Corn u,	de la Corne.
Dat.	Corn u,	à la Corne.
Acc.	Corn u,	la Corne.
Abl.	Corn u,	de la Corne.

PLURIEL.

Nom.	Corn ua,	les Cornes.
Voc.	Corn ua, ô Corn ua,	Cornes, ô Cornes.
Gén.	Corn uum,	des Cornes.
Dat.	Corn ibus,	aux Cornes.
Acc.	Corn ua,	les Cornes.
Abl.	Corn ibus,	des Cornes.

Ainsi se déclinent :

Genu, *le Genou.*   Tonitru, *le Tonnerre.*

§ 16. CINQUIÈME DÉCLINAISON[1].

La cinquième Déclinaison a le nominatif en *es*, le génitif singulier en *ei*, et le génitif pluriel en *erum*.

SINGULIER (*m. f.*).

Nom.	Di es,	le Jour.
Voc.	Di es, ô Di es,	Jour, ô Jour.
Gén.	Di ei,	du Jour.
Dat.	Di ei,	au Jour.
Acc.	Di em,	le Jour.
Abl.	Di e,	du Jour.

PLURIEL (*masculin seulement*).

Nom.	Di es,	les Jours.
Voc.	Di es, ô Di es,	Jours, ô Jours.
Gén.	Di erum,	des Jours.
Dat.	Di ebus,	aux Jours.
Acc.	Di es,	les Jours.
Abl.	Di ebus,	des Jours.

Ainsi se déclinent :

Res, rei, *la Chose*, | Faci es, ei, *le Visage*.
Speci es, ei, *l'Apparence*. | Spes, spei, *l'Espérance*.

REMARQUE. Les génitifs, datifs et ablatifs pluriels ne sont point usités; excepté dans *res*, *dies*. — *Species*, *facies* et *spes* ne sont point usités à ces cas dans les bons auteurs.

---

§ 16. 1 Tous les noms de cette déclinaison sont du féminin. Cependant *dies* est masculin et féminin *au singulier*; *meridies*, midi, est masculin ; il n'est usité qu'au singulier.

Dans les bons prosateurs, *acies*, le tranchant, la pointe; *facies*, le visage ; *effigies*, l'effigie ; *series*, la suite ; *spes*, l'espérance, ne sont usités, au pluriel, qu'au *nominatif*, au *vocatif* et à l'*accusatif*.

On doit remarquer, pour l'intelligence des auteurs, qu'autrefois le génitif était terminé; 1° en *ii* ou *i* : *pernicii* ou *i*, de *pernicies*, perte ; *dii* pour *diei*. 2° En *es* : *illius dies*, CIC. 3° En *e* : *hujus die*, CÆS. VIRG. — Le datif était en *e* : *commissa fide*, pour *fidei*, HOR.—Il y a des noms de la *première décl.* qui suivent aussi la *cinquième*, mais seulement au *nomin.*, à l'*acc.* et à l'*abl.* : *luxuria* et *luxuries*, luxe, etc.

Comme cette déclinaison est une branche de la troisième, il y a aussi des noms qui suivent ces deux déclinaisons. Ex. : *plebes*, *is*, *ei*, peuple ; *requies*, *etis*, *ei*, repos, etc.

§ 17. TABLEAU GÉNÉRAL,

Dans lequel on a mis sous un même coup d'œil toutes les Déclinaisons.

SINGULIER.

	1	2	3	4	5
N.	Ros a,	domin us,	soror,	man us,	di es.
V.	Ros a,	domin e,	soror,	man us,	di es.
G.	Ros æ,	domin i,	soror is,	man ûs,	di ei.
D.	Ros æ,	domin o,	soror i,	man ui,	di ei.
A.	Ros am,	domin um,	soror em,	man um,	di em.
A.	Ros â,	domin o,	soror e,	man u,	di e.

PLURIEL.

	1	2	3	4	5
N.	Ros æ,	domin i,	soror es,	man us,	di es.
V.	Ros æ,	domin i,	soror es,	man us,	di es.
G.	Ros arum,	domin orum,	soror um,	man uum,	di erum.
D.	Ros is,	domin is,	soror ibus,	man ibus,	di ebus.
A.	Ros as,	domin os,	soror es,	man us,	di es.
A.	Ros is,	domin is,	soror ibus,	man ibus,	di ebus.

TABLEAU GÉNÉRAL DES TERMINAISONS.

	Singulier					Pluriel				
	1	2	3	4	5	1	2	3	4	5
N.	a.	us.	a, e, o, c, l. us.	us.	es.	æ.	i.	es.	us.	es.
V.	a.	e. n, r, s, t, x. us.	es.	æ.	i.	es.	us.	es.
G.	æ.	i.	is.	ûs.	ei.	arum.	orum.	um.	uum.	erum.
D.	æ.	o.	i.	ui.	ei.	is.	is.	ibus.	ibus.	ebus.
A.	am.	um.	em.	um.	em.	as.	os.	es.	us.	es.
A.	â.	o.	e.	u.	e.	is.	is.	ibus.	ibus.	ebus.

REMARQUE. Rappelez-vous que, dans toutes les déclinaisons, les datifs et ablatifs pluriels sont semblables : de même les nominatifs et vocatifs pluriels.

Dans les noms neutres, le nominatif, le vocatif et l'accusatif, tant du singulier que du pluriel, sont toujours semblables, et ces trois cas, au pluriel, sont toujours terminés en *a*.

§ 18. RÈGLE DES NOMS,

Ou manière de joindre deux mots ensemble.

Manus *pueri*.

Pour joindre ensemble deux noms, en français, nous mettons *de* entre les deux noms, la main *de* l'enfant. En latin on met le second au génitif, Manus *pueri*.

Exemples.

L'heure du jour, *hora diei*.
Le fruit de l'arbre, *fructus arboris*.

De même au pluriel.

La table des seigneurs, *mensa dominorum*.
Le livre des enfans, *liber puerorum*.

---

§ 18. *Urbs Roma*. Quand les deux noms désignent une seule et même personne, une seule et même chose, le second se met au même cas que le premier. Ex. : La ville de Rome, *urbs Roma*; de la ville de Rome, *urbis Romæ*.

---

§ 19. SECONDE ESPÈCE DE MOTS.
L'ADJECTIF.

L'*Adjectif** est un mot que l'on joint au nom pour marquer la qualité d'une personne ou d'une chose, comme *bon* père, *bonne* mère, *beau* livre, *belle* image. *bon*, *bonne*, *beau*, *belle*, sont des adjectifs : ils se déclinent en latin ; et ils ont les trois genres, masculin, féminin et neutre.

* On connaît un adjectif, quand on peut y joindre le mot *chose* ou *personne*; ainsi *agréable*, *habile*, sont des adjectifs, parce qu'on peut dire *chose* agréable, *personne* habile.

---

§ 19. *Adjectif* vient de *Adjicio*, *adjeci*, *adjectum*, ajouter. — *Adjectivus*, adjectif, signifie qui ajoute à, parce que la terminaison *if* (*ivus*) exprime en général un sens actif. *Destructif* ne signifie pas *détruit*, mais qui porte la destruction. Il se joint au substantif pour lui *attribuer* une qualité. Voilà pourquoi on l'appelle aussi *Attribut*. Il exprime aussi le temps : *hesternus*, d'hier ; le lieu et le pays : *Romanus*, Romain ; le nombre : *tres*, trois, *multi*, plusieurs.

Il y a des adjectifs qui se rapportent à la première et à la seconde Déclinaison, comme *bonus, bona, bonum; niger, nigra, nigrum* : la terminaison en *us* ou en *er* est pour le masculin, et se décline sur *dominus*, ou *puer*; *bona* est pour le féminin, et se décline sur *rosa*; *bonum* est pour le neutre, et se décline sur *templum*.

MODÈLE DE DÉCLINAISON.

Singulier.

Nom.	m.	Bon us,	f. bon a,	n.	bon um.
		Bon,	bonne,		bon.
Voc.		Bon e,	bon a,		bon um
Gén.		Bon i,	bon æ,		bon i.
Dat.		Bon o,	bon æ,		bon o.
Acc.		Bon um,	bon am,		bon um.
Abl.		Bon o,	bon â,		bon o.

Pluriel.

Nom.	Bon i,	bon æ,	bon a.
	Bons,	bonnes,	bons.
Voc.	Bon i,	bon æ,	bon a.
Gén.	Bon orum,	bon arum,	bon orum.
Dat.	Bon is,	bon is,	bon is.
Acc.	Bon os,	bon as,	bon a.
Abl.	Bon is,	bon is,	bon is.

Ainsi se déclinent :

Sanct us, a, um, *Saint, sainte, saint.*
Doct us, doct a, doct um, *Savant, savante, savant.*
Magn us, magn a, magn um, *Grand, grande, grand.*
Parv us, parv a, parv um, *Petit, petite, petit.*

§ 20. *ADJECTIF* en *ER*.

Singulier.

Nom.	m.	Niger,	f. nigr a,	n.	nigr um.
		Noir,	noire*,		noir.
Voc.		Niger,	nigr a,		nigr um.

* Dans les adjectifs français, le féminin se forme ordinairement en ajoutant un *e* au masculin.

Gén.	m. Nigr i,	f. nigr æ,	n. nigr i.
Dat.	Nigr o,	nigr æ,	nigr o.
Acc.	Nigr um,	nigr am,	nigr um.
Abl.	Nigr o,	nigr â,	nigr o.

PLURIEL.

Nom.	Nigr i,	nigr æ,	nigr a.
	Noirs,	noires,	noirs.
Voc.	Nigr i,	nigr æ,	nigr a.
Gén.	Nigr orum,	nigr arum,	nigr orum.
Dat.	Nigr is,	nigr is,	nigr is.
Acc.	Nigr os,	nigr as,	nigr a.
Abl.	Nigr is,	nigr is,	nigr is.

Ainsi se déclinent :

Pulcher, pulchr a, pulchr um, *Beau, belle, beau.*
Piger, pigr a, pigr um, *Paresseux, paresseuse, paresseux.*
Miser, miser a, miser um, *Malheureux, malheureuse, malheureux.*
Liber, liber a, liber um, *Libre, libre, libre.*

§ 20. Voyez pour les adjectifs qui retiennent e la note du § 9.

§ 21. *Adjectifs de la troisième Déclinaison.*

Il y a des adjectifs de la troisième Déclinaison qui n'ont au singulier qu'une seule terminaison pour les trois genres, excepté à l'accusatif (ils ont le génitif pluriel en *ium*).

SINGULIER.

	m. f. n.
Nom.	Prudens, *Prudent, prudente.*
Voc.	Prudens,
Gén.	Prudent is, } *pour les trois genres.*
Dat.	Prudent i,
	m. f. n.
Acc.	Prudent em, prudens.
Abl.	Prudent e *ou* prudent i, *pour les trois g.*

PLURIEL.

	m. f.	n.	
Nom.	Prudent es,	Prudent ia,	*prudens*, etc.
Voc.	Prudent es,	n. Prudent ia.	
Gén.	Prudent ium,	} *pour les trois genres.*	
Dat.	Prudent ibus,		
Acc.	Prudent es,	n. Prudent ia,	
Abl.	Prudent ibus,	*pour les trois genres.*	

Ainsi se déclinent :

Sapien s, tis, *Sage;* Auda x, cis, *Hardi, hardie, hardi;* Feli x, cis, *Heureux, heureuse;* Velo x, cis, *Prompt, prompte.*

§ 22. Il y a des adjectifs de la troisième déclinaison qui ont au nominatif deux terminaisons, comme *fortis, forte.* La première est pour le masculin et le féminin, et la seconde pour le neutre.

Singulier.

	m. f.	n.	
Nom.	Fort is,	fort e,	*Courageux, courageuse.*
Voc.	Fort is,	fort e.	
Gén.	Fort is,	} *pour les trois genres.*	
Dat.	Fort i,		
Acc.	Fort em,	fort e.	
Abl.	Fort i,	*pour les trois genres.*	

---

§ 22. Quelques adjectifs ont deux formes : une en *us, a, um*, et l'autre en *is, e. Hilarus, a, um, hilaris, e,* gai. *Imbecillus, a, um, imbecillis, e,* faible. *Inermus, a um,* (rare), *inermis, e,* sans arme, faible. *Semisomnus, a, um, semisomnis, e,* à moitié endormi. *Exanimus, a, um, exanimis, e,* sans vie. *Semianimus, a, um, semianimis, e,* à demi mort. *Unanimus, a, um, unanimis, e,* unanime. *Bijugus, a, um, bijugis, e* (rare) attelé de deux chevaux; *quadrijugus, is e,* attelé de quatre chevaux; *multijugus, is, e,* attelé de plusieurs chevaux, multiplié.

Les formes *acclinus,* penché; *acclivus,* qui va en montant; *declivus,* qui va en pente; *proclivus,* penchant, enclin à, s'emploient rarement pour *acclinis, acclivis, declivis, proclivis, e. Opulentus,* opulent, a une autre forme, *opulens,* assez usitée.

PLURIEL.

	m. f.	n.
Nom.	Fort es,	fort ia, *Courageux*, etc.
Voc.	Fort es,	fort ia.
Gén.	Fort ium,	} *pour les trois genres.*
Dat.	Fort ibus,	
Acc.	Fort es,	fort ia,
Abl.	Fort ibus,	*pour les trois genres.*

Ainsi se déclinent :

Util is, util e, *Utile*. | Facil is, facil e, *Facile*.
Com is, com e, *Poli*. | Lev is, lev e, *Léger*.

REMARQUE. Les adjectifs de la troisième Déclinaison qui ont le nominatif neutre en *e* font l'ablatif en *i*, afin que l'on puisse distinguer ces deux cas.

§ 23. Il y a quelques adjectifs de la troisième Déclinaison qui ont trois terminaisons au nominatif et au vocatif singulier, comme :

SINGULIER.

	m.	f.	n.
Nom.	Celeber,	celebr is,	celebr e, *Célèbre.*
Voc.	Celeber,	celebr is,	celebr e.
Gén.	Celebr is,	} *pour les trois genres.*	
Dat.	Celebr i,		
Acc.	Celebr em,	m. et f.,	celebr e.
Abl.	Celebr i,	*pour les trois genres.*	

PLURIEL

Nom.	Celebr es, m. f.,	celebr ia, n.,	*Célèbres.*
Voc.	Celebr es,	celebr ia,	
Gén.	Celebr ium,	} *pour les trois genres.*	
Dat.	Celebr ibus,		
Acc.	Celebr es,	celebr ia.	
Abl.	Celebr ibus,	*pour les trois genres.*	

Ainsi se déclinent :

Saluber, salubr is, salubr e, *Salutaire*.
Acer, acr is, acr e, *Vif*.
Celer, celer is, celer e, *Prompt*.
Alacer, alacr is, alacr e, *Actif*.

§ 23. L'*e* ne se conserve devant *is* que dans *celeris, ere*.

Il y a douze adjectifs en *er, is, e*. *Acer, acris, acre*, ardent. *Alacer, cris, cre*, actif. *Campester, tris, tre*, de plaine. *Celeber, bris, bre*, célèbre. *Celer, is, e*, prompt. *Equester, tris, tre*, de cavalier, équestre. *Paluster, tris, tre*, de marais. *Pedester, tris, tre*, de pied. *Saluber, bris, bre*, salubre. *Silvester, tris, tre*, de forêt. *Terrester, tris, tre*, terrestre. *Volucer, cris, cre*, qui vole.

Les autres adj. de la 3ᵉ décl. (excepté les adj. en *is, e*) n'ont qu'une terminaison pour les trois genres, comme *anceps*, douteux; *dives*, riche; *hebes*, émoussé, faible; *memor*, qui se souvient; *pauper*, pauvre; *solers*, adroit; *sospes*, sain et sauf; *teres*, rond; *uber*, fertile; *vetus*, vieux, etc. On dit *pauper terra, dives lingua, dives ingenium*, etc. Plusieurs sont peu usités au pluriel neutre; on trouve *paupera, vetera, ancipitia, solertia, ditia*, Tit.-Liv. (contracté pour *divitia*).

Les adjectifs *memor, immemor, par, dispar, concors, discors, socors, vecors, anceps, præceps, uber*, n'ont guère que l'ablatif en *i. Hospes, sospes, deses, dives, pauper, cœlebs, compos*, paraissent avoir l'ablatif en *e* : de même *les participes présens*, quand ils ne sont pas pris adjectivement.

A cette déclinaison appartiennent les participes en *ns*, comme *amans, monens*, etc., ainsi que les noms de pays : *Bellum privernas*, la guerre de Priverne; *laurus parnassis*, le laurier du Parnasse; les noms grecs patronymiques : *Pelias hasta*, la lance d'Achille, fils de Pélée.

On peut mettre au nombre des adjectifs les noms en *tor*, féminin *trix*, dérivés des verbes, ex. : *victor exercitus*, une armée victorieuse; *victrices litteræ*, des lettres qui annoncent la victoire; *in domo regnatrice*, dans la maison régnante. On trouve le neutre pluriel, mais non singulier, dans les poëtes : *Victricia bella, ultricia tela*.

Les noms de mois sont aussi adjectifs, ex. : *Mense aprili*, au mois d'avril, *Calendas octobres*, les calendes d'octobre, etc.

Les adjectifs indéclinables sont *exspes*, sans espérance; *frugi*, frugal (datif de *frux*, inusité); *macte*, vocatif singulier; *macti*, vocatif pluriel, de *mactus* inusité (pour *magis auctus*), courage! bien! *Necesse* (avec un temps du verbe *sum*), nécessaire. *Nequam*, méchant. *Semis*, (et) demi, qu'il ne faut pas confondre avec le substantif *semis, ssis*, demi-as. (Voyez ci-après *les noms de nombre*, § 59 et 390.)

Remarque sur la signification *générale* que certains adjectifs prennent d'après leur terminaison.

Alis, ilis, signifient ce qui a la qualité de, ce qui concerne, ce qui convient à : *Reg-alis*, de roi, royal (*rex*); *puer-ilis*, puéril, qui sent l'enfant.

Aceus, eus, icius (itius), expriment la matière; *Chart-aceus*, de papier; *aur-eus*, d'or; *later-itius* (p. *icius*), de brique; *icius* exprime encore la condition; *patr-icius*, patricien.

Aris, arius, orius, désignent ce qui a la forme d'une chose, ce qui la concerne : *Angul-aris*, angulaire, fait en angle; *milit-aris*, militaire, de guerre; *classi-arius*, ce qui concerne la marine; *lus-orius*, ce qui sert à jouer, etc.

Acus, anus, œus, as, ensis, icus, inus, ius, désignent le pays: *Syri-acus*, de Syrie, qui en vient; *Rom-anus*, Romain; *Smyrnœus*, de Smyrne; *Privern-as*, de Priverne; *Hispani-ensis*, d'Espagne (*Hispaniensis exercitus*, l'armée qui est en Espagne); *Hispan-icus*, d'Espagne (*spartum hispan-icum*, jonc d'Espagne); *Placent-inus*, qui est de la ville de Plaisance; *Lesb-ius*, de Lesbos.

Anus, ianus, icus, eus, forment aussi des adjectifs qui dérivent des noms propres : *Cinna, Cinn-anus*, de Cinna; *Cæsar, Cæsarianus*, de César; *Homerus, Homer-icus*, d'Homère; *Sophocles, Sophocl-eus*, de Sophocle.

Ax, osus, undus, idus, expriment l'abondance, la plénitude, l'excès : *Loqu-ax*, qui parle beaucoup; *fer-ax*, fertile, qui rapporte beaucoup; *anim-osus*, plein de courage; *ann-osus*, qui a beaucoup d'années; *fec-undus*, fécond, abondant; *herb-idus*, abondant en herbe.

Atus, utus, itus, expriment : 1° la possession (qui a) : *Galeatus*, qui a un casque; 2° qui a la forme de : *falc-atus*, fait en forme de faux; *nas-utus*, qui a un long nez; *aur-itus*, qui a de grandes oreilles.

Bilis exprime ce qui est possible, ce qui est digne de, propre à : *Affa-bilis*, affable (à qui l'on peut parler); *ama-bilis*, aimable; *credi-bilis*, qu'on peut croire; *fac-ilis*, (pour *facibilis*), facile.

Anus, estris, inus, expriment le rapport à, la propriété de : *Mont-anus*, de montagne; *silv-estris*, qui est de bois; *adamantinus* de diamant, comme le diamant; *asin-inus*, d'âne.

Fer, ger, (*ber*), signifient celui ou celle qui porte : *Auri-fer*, qui produit, qui porte de l'or; *armi-ger*, qui porte les armes; *salu-ber*, bon à la santé, salubre.

Ficus (de *facio*), signifie produire, causer ; *Honori-ficus*, qui rapporte de l'honneur, honorable; *bene-ficus*, bienfaisant.

Imus, emus, issimus, illimus, errimus, expriment le superlatif: *Max-imus*, très-grand, le plus grand; *supr-emus*, très-haut, le plus haut; *sanct-issimus*, le plus saint; *fac-illimus*, le plus facile; *pulch-errimus*, la plus beau.

Ior, ius, expriment la comparaison : *Sanct-ior, sanct-ius*, plus saint.

Ivus, itius, expriment l'action, ce qui tend à : *Act-ivus*, qui tend à l'action, actif; *nutr-itius*, qui nourrit.

Stus (de *sto*) marque la stabilité : *Hone-stus*, honnête (*in honore stans*); *mole-stus*, fâcheux (*pro mole stans*).

Il y a d'autres désinences qui viennent des substantifs et des verbes, comme : *Cida* (de *cædo*, tuer), *homi-cida*, homicide.

§ 24. RÈGLE DES ADJECTIFS,

Ou manière de joindre un Adjectif avec un Nom.

Pater bonus.

Tout adjectif se met au même genre, au même nombre et au même cas que le nom auquel il est joint.

Exemple :

SINGULIER.

Le père bon,	la mère bonne,	l'exemple bon.
Pater bonus,	mater bona,	exemplum bonum.
Pater bone,	mater bona,	exemplum bonum.
Patris boni,	matris bonæ,	exempli boni.
Patri bono,	matri bonæ,	exemplo bono.
Patrem bonum,	matrem bonam,	exemplum bonum,
Patre bono,	matre bonâ,	exemplo bono.

PLURIEL.

Les pères bons,	les mères bonnes,	les exemples bons.
Patres boni,	matres bonæ,	exempla bona.
Patres boni,	matres bonæ,	exempla bona.
Patrum bonorum,	matrum bonarum,	exemplorum bonorum.
Patribus bonis,	matribus bonis,	exemplis bonis.
Patres bonos,	matres bonas,	exempla bona.
Patribus bonis,	matribus bonis,	exemplis bonis.

---

ceps (de *caput*, tête), *prin-ceps*, prince, premier ; *plex* (de *plico*, plier), *du-plex*, double.

Ers (de *ars*, art), *sol-ers*, adroit ; *in-ers*, sans art, sans savoir.

Aster exprime le blâme et la diminution : *poet-aster*, mauvais poète ; *surd-aster*, un peu sourd.

Lus (*ellus, olus, ulus*) indique diminution : *Pulch-ellus*, joli ; *aure-olus*, d'or, précieux ; *levi-culus*, léger ; *parv-ulus*, petit.

§ 25. *Autre exemple.*

SINGULIER.

Travail	*court,*	*heure*	*courte,*	*temps*	*court.*
Labor	brevis,	hora	brevis,	tempus	breve.
Labor	brevis,	hora	brevis,	tempus	breve.
Laboris	brevis,	horæ	brevis,	temporis	brevis.
Labori	brevi,	horæ	brevi,	tempori	brevi.
Laborem	brevem,	horam	brevem,	tempus	breve.
Labore	brevi,	horâ	brevi,	tempore	brevi.

PLURIEL.

Travaux	*courts,*	*heures*	*courtes,*	*temps*	*courts.*
Labores	breves,	horæ	breves,	tempora	brevia.
Labores	breves,	horæ	breves,	tempora	brevia.
Laborum	brevium,	horarum	brevium,	temporum	brevium.
Laboribus	brevibus,	horis	brevibus,	temporibus	brevibus.
Labores	breves,	horas	breves,	tempora	brevia.
Laboribus	brevibus,	horis	brevibus,	temporibus	brevibus.

SUPPLÉMENT AUX DÉCLINAISONS.

§ 26. PREMIÈRE DÉCLINAISON.

1° Il y a plusieurs noms de la première Déclinaison qui ont le datif et l'ablatif pluriels en *abus* (1), comme :

PLURIEL.

Nom.	f. Fili æ,	*les Filles.*
Voc.	Fili æ, ô Fili æ,	*Filles, ô Filles.*
Gén.	Fili arum,	*des Filles.*
Dat.	Fili abus,	*aux Filles.*
Acc.	Fili as,	*les Filles.*
Abl.	Fili abus,	*des Filles.*

---

§ 26. (1) Les auteurs observent rarement cette distinction; *deabus* et *filiabus* sont presque les seuls datifs de ce genre dont on trouve des exemples. Joignez-y *ambabus, duabus*. Cicéron a dit *duabus animis,* pour *animabus :* Pline : *Asinis* (is pour *abus*) *mammæ dolent,* etc. On ne doit donc employer la terminaison *abus* que pour éviter l'obscurité. On trouve dans les vieux écrivains, *hábus, illabus,* pour *his, illis,* etc.

Déclinez de même *le pluriel de* :

Asina, *l'ânesse.*	Nata, *la fille.*
Dea, *la déesse.*	Liberta, *l'affranchie.*
Equa, *la jument.*	Mula, *la mule.*

Par cette terminaison en *abus*, on distingue ces noms féminins des masculins qui y répondent, et qui ont le datif et l'ablatif pluriels en *is*, comme *asinus*, l'âne; *Deus*, le Dieu (*Diis*); *equus*, le cheval; *natus*, le fils; *libertus*, l'affranchi; *mulus*, le mulet.

§ 27. Il y a dans la première déclinaison des noms tirés du grec dont le Nominatif est en *e*, le Génitif en *es*, l'Accusatif en *en*, et l'ablatif en *e*, comme :

SINGULIER.

Nom.	*f.*	Music e,	la Musique.
Voc.		Music e, ô Music e,	*Musique, ô Musique.*
Gén.		Music es,	*de la Musique.*
Dat.		Music æ,	*à la Musique.*
Acc.		Music en,	*la Musique.*
Abl.		Music e,	*de la Musique.*

Déclinez de même les noms féminins suivans : *Grammatice, ces*, la grammaire; *epitome, mes*, l'abrégé; *Cybele, les*, Cybèle, déesse des païens; *rhetorice, ces*, la rhétorique, etc. Voyez la note du § 30.

Il y a des noms dont le Nominatif est en *es*, le Vocatif en *e*; ils sont masculins, et font au Génitif et au datif *æ*, à l'Accusatif *en*, à l'ablatif *e*, comme :

SINGULIER.

Nom.	*m.*	Comet es,	la Comète.
Voc.		Comet e, ô Comet e,	*Comète, ô Comète.*
Gén.		Comet æ,	*de la Comète.*
Dat.		Comet æ,	*à la Comète.*
Acc.		Comet en,	*la Comète.*
Abl.		Comet e,	*de la Comète.*

Ainsi se déclinent les noms masculins suivans : *Anchises*, Anchise ; *Alcides*, Alcide, nom d'Hercule ; *Philoctetes*, Philoctète (noms d'hommes) ; *anagnostes*, lecteur, *dynastes*, souverain, etc. Voyez § 30, 8ᵉ alinéa.

§ 28. Il y a des noms dont le Nominatif est en *as*, qui font au Vocatif *a*, à l'Accusatif *am* ou *an*, comme :

SINGULIER.

Nom.	m. Æne as,	*Énée* (nom d'homme).
Voc.	Æne a, ô Æne a,	*Énée*, ô *Énée*.
Gén.	Æne æ,	d'*Énée*.
Dat.	Æne æ,	à *Énée*.
Acc.	Æne am ou an (poétique),	*Énée* (1).
Abl.	Æne â,	d'*Énée*.

On voit que dans ces noms le Vocatif se forme en retranchant *s* du nominatif.

Ainsi se déclinent les noms masculins suivans : *Boreas*, masc., la bise (vent du septentrion) ; *Andreas*, André (nom d'homme) ; *pharias*, masc., le serpent ; *tiaras*, masc., acc. *am*, la tiare (ornement de tête).

Le pluriel de tous ces noms se décline comme *rosæ*, *rosarum*, mais les noms propres n'ont point de pluriel.

REMARQUE. Le nom *familia* fait aussi au génitif *familiás* ; un père de famille, *pater-familiás* ; un fils de famille, *filius-familiás* (2).

§ 29. TABLEAU DES TERMINAISONS DE LA PREMIÈRE DÉCLINAISON.

Singulier		Pluriel	
Nom.	a, e, es, as.	*Nom.*	æ.
Voc.	a, e, e, a.	*Voc.*	æ.
Gén.	æ, es, æ, æ.	*Gén.*	arum (ûm).
Dat.	æ, æ, æ, æ (régulier).	*Dat.*	is, abus.
Acc.	am, en, en, am ou an.	*Acc.*	as.
Abl.	â, e, â.	*Abl.*	is, abus.

---

§ 28. ¹ Les noms hébreux font *am* (rar. *an*) ; *Messias*, *am*, le Messie. — ² On trouve aussi *pater familiæ*, Liv. ; *patribus familiarum*, Cic., etc. On se sert toujours du génitif en *æ*, lorsqu'il n'est pas joint à ces mots *pater*, *mater*, *filius*, etc. *As*, au génitif, est une terminaison grecque.

§ 30. [1] Le génitif singulier a aussi une autre forme ancienne et poétique, terminée en *aï*, comme *aulaï* pour *aulæ*, génitif d'*aula*, palais, cour; *auraï*, pour *auræ*, génitif d'*aura*, air, vent, etc. Le gén. plur. chez les poëtes est quelquefois en *ûm* pour *arum*: dans les noms patronymiques et dans les composés de *gigno* et de *colo*; *Scipiadæ*, *dûm*, les Scipions; *terrigenæ*, *ûm*, les fils de la Terre; *Cœlicolûm*, pour *cœlicolarum*, les habitans du ciel. *Um*, sans contraction, appartient à la 3ᵉ décl.

Rarement les noms en *es* ont le vocatif en *ā* long, comme *Æacidā*, vocatif d'*Æacides*, Achille ou Pyrrhus, descendants d'Eacus; mais on trouve le vocatif en *ă* bref, surtout dans les noms propres: *Atridă*, Atride, etc.

Cicéron et les anciens auteurs se servent de préférence de la forme latine, *grammatica*, *rhetorica*, *musica*, etc. Cependant les noms connus retiennent plutôt la forme grecque: *Æneas*, *Lysias*, *Orestes*.

SECONDE DÉCLINAISON.

§ 31. Il y a des Noms de la seconde déclinaison qui ont le vocatif en *i*, comme:

Singulier.

Nom.	m.	Fil ius,	le Fils. (Le pluriel comme
Voc.		Fil i,	Fils. Domini, Dominorum.)
Gén.		Fil ii,	du Fils.
Dat.		Fil io,	au Fils.
Acc.		Fil ium,	le Fils.
Abl.		Fil io,	du Fils.

Déclinez de même *Genius*, et les noms propres en *ius*: Antonius, nii, *Voc.* Antoni, *Antoine*; Caïus, ii, *Voc.* Cai, *Caïus*; Horatius, tii, *Voc.* Horati, *Horace*; Pompeius, ii, *Voc.* Pompei, *Pompée*; Virgilius, ii, *Voc.* Virgili, *Virgile*.

§ 30. [1] Tous les noms grecs de la première déclinaison en (ης) *ès*, gén. (ου) *ou*, ne suivent pas la première déclinaison en latin. La plupart des noms propres suivent la 3ᵉ décl., comme *Alcibiades*, *is*, *Xerxes*, *is*, etc.—*Satrapes*, le Satrape, gén. *is*, dat. *æ*, acc. *en*, abl. *e*, pl. *æ*, *arum*, etc.

Souvent aussi ces noms se terminent en *a*: *Scythes* et *Scytha*, *æ*, le Scythe; *Penelope*, *a*, *æ*, etc. *Pénélope*.

§ 31. Les autres noms en *ius* font le Vocatif en *e*: *Tabellarius*, messager, *tabellarie*; *gladius*, épée, *gladie*. De même les adj. venant des noms propres grecs : *Delius*, de l'île de Délos, *Delie*, ainsi que les noms de famille : *Laertius*, *Laertie*, de Laërte; et les noms propres en *ius* (*i* long), d'Ἄρειος, *Darie*, ô Darius(Δαρεῖος).

Les noms propres en *er* venant du grec ont aussi le Voc. en *e*, comme *Thymber* ou *Thymbre*.

Les poëtes font souvent une syncope au gén.; ex.: *imperi* pour *imperii*. Ils font aussi le voc. en *us* : *Pompilius sanguis*.

Il se fait quelquefois une syncope au pluriel : *Di* pour *Dii*; *Dis* pour *Diis*. Cette syncope a encore lieu au gén., surtout dans les noms qui désignent des monnaies, des mesures et des poids : *Deûm* pour *Deorum* ; *liberûm*, des enfants; *nummûm* (écus), *sestertiûm* (sesterces), *denariûm* (deniers), *modiûm* (boisseaux) ; *jugerûm* (arpens), *talentûm* (talens), etc. Cette terminaison est presque la seule usitée dans certaines associations de mots, comme *præfectus fabrûm*, commandant des ouvriers; *duumvirûm*, *triumvirûm*, *centumvirûm*, des duumvirs, triumvirs, centumvirs, etc.

Les noms propres et les noms communs en *ius*, *ium*, faisaient *i* au lieu de *ii*, au gén., même dans le siècle d'Auguste : *Tullius*, *lli* ; *ingenium*, *geni*.

§ 32. Les noms *Deus*, *Agnus* et *Chorus*, ont le Vocatif semblable au Nominatif. (*Fluvius* se trouve au *Voc*. dans Virgile, Æn., 8, 77).

SINGULIER.

Nom.	m. De us,	Dieu.
Voc.	De us,	Dieu.
Gén.	De i,	de Dieu.
Dat.	De o,	à Dieu.
Acc.	De um,	Dieu.
Abl.	De o,	de Dieu.

LE PLURIEL (*chez les païens*).

Nom.	Di i,	les Dieux.
Voc.	Di i,	Dieux.
Gén.	De orum,	des Dieux.
Dat.	Di is,	aux Dieux.
Acc.	De os,	les Dieux.
Abl.	Di is,	des Dieux.

§ 33. *Noms de la seconde déclinaison tirés du grec.*

SINGULIER.

Nom.	m. Orph eus,	Orphée (nom d'homme).
Voc.	Orph eu,	Orphée.

DE LA GRAMMAIRE LATINE. 29

Gén.   Orph ei ou Orph eos,   d'Orphée.
Dat.   Orph eo,   à Orphée.
Acc.   Orph eum, Orph ea,   Orphée.
Abl.   Orph eo,   d'Orphée.

Déclinez de même *Perseus*, Persée; *Theseus*, Thésée; *Morpheus*, Morphée, etc.

L'Accusatif en *eon* n'est usité que dans les noms qui, en grec, sont de la deuxième décl., comme *Alpheon*, l'Alphée. *Orpheus* est de la troisième déclinaison.

Les noms grecs en *os* et en *on* prennent aussi la terminaison latine *us* et *um*. Ils se déclinent alors sur *dominus* et *templum*. — Ils se déclinent aussi de la manière suivante : *Delos* (*os* pour *us*), l'île de Délos, *Dele*, *Deli*, *lo*, *lon*, *lo*. *Lexicon* (*on* pour *um* inusité), lexique, *lexicon*, *ci*, *co*, *con*, *co*. — Pluriel. *Lexica*, *lexicon* (pour *lexicorum*), *lexicis*, *lexica*, *lexicis*.

Les noms propres qui viennent du grec (ους) se terminent en *ous* ou en *us* : *Panthous* ou *Panthus*, *i*, *o*, *um*. Voc. *Panthu*.

Les noms en *œus* et *eus* (*e* long) sont réguliers au Voc. : *Linœus*, *Linœe*, *Peneus*, *nee*.

Quelques noms en *os* long (ως) se déclinent ainsi :

N. *Athos* ou *Atho*, Gén. Dat. *Atho*, Acc. *Atho*, *on*. Ou ils prennent la forme latine : *Cos* ou *Cōus*, *Coi*, *Coo* ou *Co*, *Coum*, Abl. *Coo*, *Co*. *Athos* est aussi de la 3ᵉ, *Athonis*, *i*, *em*, *e*.

TABLEAU DE LA SECONDE DÉCLINAISON.

SINGULIER.

N. us.	er, ir,	eus,	ous.	os,	um,	on.
V. e, (i, us)	er, ir,	eu,	u,	e, os, o,	um,	on.
G. i,	i, i,	ei ou eos,	i,	o,	i,	i.
D. o,	o, o,	eo,	o,	o,	o,	o.
A. um,	um, um,	eum ou ea,	um,	o, on,	um,	on.
A. o,	o, o,	eo,	o,	o,	o,	o.

PLURIEL.

N. i (ii).					a,	a.
V. i (ii).					a,	a.
G. orum.					orum,	on.
D. is (iis).					is,	is.
A. os.					a,	a.
A. is (iis).					is,	is.

~~~~~~

TROISIÈME DÉCLINAISON.

§ 34. Il y a des noms de la troisième Déclinaison qui ont l'Accusatif singulier en *im*, comme :

SINGULIER.

Nom.	*f.* Secur is,	la hache.
Voc.	Secur is,	hache.
Gén.	Secur is,	de la hache.
Dat.	Secur i,	à la hache.
Acc.	Secur im,	la hache.
Abl.	Secur i,	de la hache.

Déclinez de même *sitis*, la soif; *tussis*, la toux; *pelvis*, un bassin ; *amussis*, un cordeau ; *ravis*, l'enrouement; *buris*, le manche de la charrue ; *cannabis*, le chanvre (féminins) ; *decussis*, *centussis* (masculins), une pièce de dix, de cent sous ; et les noms grecs (féminins) *basis*, une base; *poesis*, la poésie ; *paraphrasis*, la paraphrase ; ainsi que *vis*, la force, inusité au datif sing. ; pluriel *vires*, etc. ; *pristis* (féminin), scie (poisson); *bipennis* (féminin), hache à deux tranchans.

Les noms propres en *is*, dont le Génitif est semblable au Nominatif, comme *Tiberis*, le Tibre ; *Tigris*, le Tigre; *Arar* ou *Araris*, la Saône ; *Hispalis*, Séville, etc.

§ 35. Les noms *clavis*, la clef; *sementis*, la semaille, ont l'Accusatif en *em* ou en *im*. *Puppis*, la poupe; *aqualis*, une aiguière; *restis*, une corde; *febris*, la fièvre; *turris*, la tour, font l'Accusatif en *im* plutôt qu'en *em*. Au contraire, *navis*, le vaisseau, *strigilis*, l'étrille; *clavis*, la clef, font plutôt *navem* que *navim*, etc. Ces noms sont féminins.

§ 36. L'Ablatif singulier de la troisième Déclinaison se forme de l'Accusatif, en retranchant *m*. Ainsi, il y a des noms de la troisième Déclinaison qui font l'Ablatif singulier en *i*, comme *securi*, *siti*, etc.

De plus, les noms Neutres dont le Nominatif est en *e*, en *al* et en *ar*, font l'Ablatif singulier en *i*, comme :

---

§ 35. 1 On trouve même *cucumim*, concombre, et *pulvim*, poussière. Il faut rapporter ici plusieurs noms grecs qui prennent *im* ou : *Genesis*, la Genèse; *im* ou *in*, etc. D'autres ont deux accusatifs, *Osirim* ou *Osiridem*, *Memphim* ou *Memphidem*, etc.

DE LA GRAMMAIRE LATINE.

Nom.	n. Cubil e,	le lit.
Voc.	Cubil e,	lit.
Gén.	Cubil is,	du lit.
Dat.	Cubil i,	au lit.
Acc.	Cubil e,	le lit.
Abl.	Cubil i,	du lit.

Il faut excepter *bacchar, is*, gantelée (plante); *far, rris*, froment; *hepar, atis*, foie; *jubar, is*, éclat des rayons des astres; *nectar, is*, nectar; *gausape*, morceau d'étoffe, qui ont l'Abl. en *e*; *rete*, filet, abl. *e* ou *i*. — Les noms de villes, quoique neutres, ont l'Abl. en *e* : *Bibracte*, Bibracte, abl. *e*, ainsi que *Soracte*, mont. (*Voy.* page 33.)

Les noms Neutres qui ont l'Ablatif en *i* ont le pluriel en *ia*, comme :

PLURIEL.

Nom.	Cubil ia,	les lits.
Voc.	Cubil ia,	lits.
Gén.	Cubil ium,	des lits.
Dat.	Cubil ibus,	aux lits.
Acc.	Cubil ia,	les lits.
Abl.	Cubil ibus,	des lits.

Déclinez sur *cubile* : *sedile, is*, siège; *exemplar, is*, exemplaire; *animal, is*, animal. Mais on dit *farra* et *gausapa*.

§ 37. Il y a des noms de la troisième Déclinaison qui ont le Génitif pluriel en *ium*; savoir :

1° Les noms qui ont l'Ablatif singulier en *i*, comme *cubilium, securium*, etc.

2° Les noms en *es* ou en *is* qui n'ont pas plus de syllabes au génitif qu'au nominatif, comme *clades, cladis; mensis, mensis*, etc., ont le Génitif pluriel en *ium*, quoiqu'ils aient l'Ablatif en *e*. (*Voy.* Gén. plur. en *um* ou *ium*, p. 34.)

3° Les monosyllabes, c'est-à-dire ceux qui n'ont qu'une seule syllabe au Nominatif, comme *ars, lis, dos, nox*, etc., ont la plupart le Génitif pluriel en *ium*. *Dotum* se trouve dans quelques gramm. (Zumpt, 6° éd.)

L'usage apprendra les exceptions. (*Voy.* ci-après, B. 34.)

§ 38. Les noms Neutres terminés en *ma* ont un double Datif et Ablatif pluriel.

ÉLÉMENS

SINGULIER.

Nom. n.	Poëm a,	le poëme.
Voc.	Poëm a,	poëme.
Gén.	Poëm atis,	du poëme.
Dat.	Poëm ati,	au poëme.
Acc.	Poëm a,	le poëme.
Abl.	Poëm ate,	du poëme.

PLURIEL.

Nom.	Poëm ata,	les poëmes.
Voc.	Poëm ata,	poëmes.
Gén.	Poëm atum,	des poëmes.
Dat.	Poëm atis *ou* Poëm atibus,	aux poëmes.
Acc.	Poëm ata,	les poëmes.
Abl.	Poëm atis *ou* Poëm atibus,	des poëmes.

Déclinez ainsi *œnigma, matis*, énigme; *diadema, matis*, diadème; *dogma, matis*, dogme; *stratagema, matis*, stratagème.

Le nom *bos, bovis*, fait au pluriel : Nomin. et Voc. *Boves*. Gén. *Boum*, Dat. *Bobus* et *Bubus*, Acc. *Boves*, Abl. *Bobus*. *Sus*, porc, fait *Subus* au Dat. pl. pour *Suibus* (moins usité).

Jupiter se décline ainsi : *Jupiter, Jovis, Jovi, Jovem, Jove*. — *Vas* (neut.), vase, *vasis, vasi, vas, vase*. Plur. *vasa, vasorum, vasis, vasa, vasis*. (Voyez p. 39.)

On trouve encore au Dat. sing. *e* pour *i*, dans les poëtes et dans les lois. *Hæret pede pes* (pour *pedi pes*), le pied presse le pied.

L'Ablatif singulier de la troisième Déclinaison se forme de l'Accusatif singulier en retranchant *m*. Ainsi les noms qui ont l'Accusatif en *im* ont ordinairement l'Ablatif en *i*, comme *securi, siti, basi, vi*, etc., excepté *restis*, qui fait toujours *reste*. Au contraire *strigilis*, étrille; *vectis*, levier; *canalis*, canal, ont toujours l'Ablatif en *i*, quoique l'Accusatif en *em* soit presque le seul usité dans ces noms.

Les noms qui ont l'accusatif en *em* ou en *im* ont l'Ablatif en *e* ou en *i*. Ex. *Navem, im*, Abl. *nave, i*, etc. (*Araris*, la Saône, fait plutôt *Arare*); *Bætis*, le Bétis, fl.; *Bæte, i*. Joignez-y les noms suivans, quoiqu'ils n'aient pas l'Accusatif en *im* : *Unguis*, ongle; *amnis*, fleuve; *rus*, la campagne; *civis*, citoyen; *imber*, la pluie; *ignis*, le feu; *vigil*, une sentinelle; *avis*, un oiseau; *tridens*, un trident; *supellex, supellectilis*, mobilier, meubles; *finis*, fin, but; *orbis*, le globe (mieux *orbe*); *ovis*, la brebis (mieux *ove*); *postis*, poteau, porte. — Il y a encore quelques Ablatifs poétiques en *i*, qui sont inusités en prose; *parti, lapidi*, etc.

Tous les autres noms substantifs font ordinairement l'Ablatif en *e* : *corpore, patre*, etc.

Les adjectifs le font ordinairement en *e* où en *i* : *felice*, *i*; *fortiore*, *i*; *vetere*, *i*. Excepté les adjectifs en *is*, *e* et en *er*, *is*, *e*, qui ont toujours l'ablatif en *i* : *forti*, *celebri*, Il en est de même des noms de mois: *Aprilis*, avril; *September*, septembre, etc. *Pluri* et *plure* sont à peine usités. *Par*, substantif, pareil, compagnon, fait *pare*; *par*, une couple, une paire, *pari* (parce qu'il est neutre.)

Cinq noms en *ar* ont l'Ablatif en *e* : *bacchar*, gantelée, plante; *jubar*, la splendeur du soleil, *nectar*, le nectar; *far*, *rris*, fleur de farine; *hepar*, *hepatis*, le foie. — *Sal*, m. et n., sel, fait *sale*.

Les noms propres en *al* et en *ar* font toujours l'Ablatif en *e*: *Annibale*, *Amilcare*; ainsi que les noms de villes, quoique neutres, *Præneste*, Préneste, etc.; de même les noms propres en *e*, *Soracte*, le Soracte, montagne. — Les noms en *ys* font *e* ou *y* : *Capys*, abl. *Capye* ou *Capy*. — L'Ablatif est en *e* dans *Cœlebs*, célibataire; *compos*, qui jouit; *deses*, oisif; *dives*, riche; *hospes*, hôte; *pubes*, dans l'âge de puberté; *senex*, vieux; *pauper*, pauvre; *sospes*, sain et sauf. — Les part. en *ns* et les adj. imparisyll. en *ns*, *x*, etc., font l'Ablat. en *e* ou en *i*. Ils le font en *e* quand ils sont pris dans un sens absolu : *Regnante Romulo*, sous le règne de Romulus; *Asiâ supplice*. — Si les adjectifs en *is* ou en *er* sont pris substantivement, ils font l'Ablatif en *e*. Ainsi l'on dirait, *volucri sagittâ*, une flèche rapide; *homine rudi*, un homme grossier; et *à volucre comestus*, dévoré par un oiseau; *rude donatus*, qui a reçu la baguette (son congé, en parlant d'un gladiateur); *Juvenale*, Juvenal; *Martiale*, Martial; *Clemente*, Clément, noms propres. — *Concors* et *discors* ont l'abl. en *i*. — Les poëtes mettent quelquefois *e* pour *i* : *Lybico de mare*, etc.

Ablatifs en e ou en i (les plus usités). — Nomin. pl. en *eis*.

Amne, *i*, fleuve, Virg. — *Ave*, *i*, oiseau, Cic. — *Cive*, *i*, citoyen, Cic. — *Classe*, (*i*, poét.), flotte, Virg. — *Fine*, *i*, fin, Gel. — *Nepte*, *i*, petite-fille. — *Igne*, *i*, feu. — *Imbre*, *i*, pluie, Cic. — *Nave*, *i*, vaisseau, Cic. — *Orbe*, *i*, cercle, Varr. — *Poste*, *i*, poteau, porte, Ov. — *Rure*, *i*, campagne, Cæs. — *Supellectile*, *i*, meuble, Cic. — *Vecti* (vecte peu usité), levier, Ter. — *Ungue*, *i*, ongle, Hor., Ov. — *Vespere*, *i*, le soir.

N. B. On trouve quelquefois dans les poëtes *eis* au lieu de *es* au Nomin. et à l'Acc. pl. : *forteis* pour *fortes*, etc.

Pluriel des noms neutres.

Le Nominatif pluriel des noms neutres dépend de l'Ablatif singulier: 1° Si l'Abl. est en *e*, le Nom. pluriel est en *a* : *capite*, *capita*. — 2° Si l'Ablatif est en *i* seul, ou en *e* et en *i*, le Nominatif pluriel est en *ia* : *mari*, *maria*; *felice* ou *felici*, *felicia*; *amantia*, etc. — Cependant les comparatifs sont toujours en *a*. — Les adjectifs qui n'ont que la terminaison *e* à l'Abl. n'ont presque jamais de pluriel neutre; à peine en excepte-t-on *paupera*. *Vetus* fait *vetera*, quoiqu'il ait aussi l'Abl. en *i*. — On dit

2.

aussi *pluria*, *compluria*, moins usités cependant que *plura*, *complura*.

Génitif pluriel en um et ium.

Si l'Ablatif est en *e*, le génitif pluriel est en *um* : *patre*, *patrum*, etc.

Si l'Ablatif est en *i* seul ou en *e* et en *i*, le génitif pluriel est en *ium* : *igne*, *i*, *ignium*, etc.

Exceptions : Les comparatifs ont toujours le génitif en *um*, *fortiorum*, etc. Cependant *plus* fait *plurium*. — Les noms suivants ont encore le génitif en *um* : *Primor*, inus. (gén. *primoris*), le premier ; *vetus*, vieux ; *supplex*, suppliant ; *memor*, qui se souvient ; *pugil*, athlète ; *degener*, qui dégénère ; *celer*, prompt ; *compos*, qui a en son pouvoir ; *puber* ou *pubes*, adolescent ; *uber*, fertile ; *dives*, riche ; *consors*, compagnon ; *inops*, *pauper*, pauvre ; *vigil*, vigilant ; *cœlebs*, célibataire. — Les composés de *pes* : *alipes*, qui a des ailes aux pieds. — Les composés de *color* : *versicolor*, de différentes couleurs, etc. ; de *corpus* : *bicorpor*, qui a deux corps. — Les dérivés de *facio*, terminés en *fex* : *artifex*, artisan, etc. — Ceux de *capio*, terminés en *ceps* : *princeps*, prince, premier, etc. ; comme *primorum*, *supplicum*, etc. — Les six noms parisyllabiques suivants ont aussi le Génitif en *um* : *juvenis*, jeune, *juvenum* ; *vates*, devin, poëte ; *canis*, chien ou chienne ; *strigilis*, étrille ; *volucris*, oiseau, tout ce qui vole ; *panis*, pain. On trouve aussi *apium* ou *apum*, abeilles ; *fores*, *ium* ou *um*, portes.

Les noms terminés en *s* ou en *x* précédés d'une consonne, comme *cliens*, client ; *arx*, citadelle ; et les noms de nations, comme *Laurens*, de Laurente ; *Tiburs*, de Tibur, font le Génitif en *ium*. *Parens* fait aussi *parentum*, parens. — Il faut excepter tous les noms grecs, qui ont le Génitif en *um* : *phalanx*, *phalangum*, phalange ; *Arabs*, *Arabum*, Arabe ; *Phryx*, Phrygien ; *lynx*, lynx ; *Thrax*, Thrace ; *Tros*, Troyen, *Troum*, etc. (On dit aussi *Samnitum* ou *ium*, Samnites.)

Les vingt-quatre monosyllabes suivants ont le Génitif en *um* : *crus*, *crurum*, jambe ; *crux*, *crucum*, croix ; *dapes*, *dapum*, mets (de *daps*, inusité) ; *dux*, *ducum*, chef ; *flos*, *florum*, fleur ; *fraus*, *fraudum*, fraude, et *fraudium* (Cic. Off. 3) ; *fruges*, *frugum*, fruits (de *frux*, inusité) ; *fur*, *furum*, voleur ; *grex*, *gregum*, troupeau ; *grus*, *gruum*, grue ; *jus*, *jurum* (très-peu usité), droit ; *lar*, *larum* (presque inusité) ; les lares ; *laus*, *laudum*, louange ; *lex*, *legum*, loi ; *mos*, *morum*, coutume, mœurs ; *nux*, *nucum*, noix ; *opes*, *opum* (de *ops*), richesses ; *pes*, *pedum*, pied ; *præs*, *prædum*, caution ; *preces*, *precum*, prières (de *prex*, inusité) ; *ren*, *renum*, les reins ; *rex*, *regum*, roi ; *sus*, *suum*, porc ; *thus*, *thurum*, encens ; *vox*, *vocum*, voix. — Quelques grammairiens donnent à *fraus*, *laus*, *ren*, *lar*, *um* ou *ium* au Génitif.

Les noms suivants paraissent être inusités au Génitif pluriel : *pax*, la paix ; *fax*, un flambeau ; *fæx*, lie ; *nex*, mort ; *pix*, poix ; *lux*, lumière; *mel*, miel; *fel*, fiel; *sol*, soleil; *plebs*, peuple; *glos*, belle-sœur de la femme; *pus*, le pus; *ros*, rosée; *æs*, airain; *rus*, campagne; rarement *rurum*.

Les noms suivants ont le Génitif en *ium*, quoiqu'ils aient l'Ablatif en *e*: — 1° Les composés des *as*: *quincunx*, cinq onces; *sextans*, deux onces; *bes* ou *bessis*, poids de huit onces; 2° *Linter*, barque; *caro, carnis*, chair; *cohors*, cohorte; *uter*, gén. *utris*, outre; *venter*, ventre; *palus*, marais; *fornax*, fournaise; *Quiris*, Romain. (On trouve *civitatium*, Tit. Liv.).

On trouve quelquefois *Quiritum*, et *fornacum*, *ium*, fournaise (Plin.) Les noms en *us* éprouvent souvent cette syncope, surtout dans les poètes: *adolescentum*, *infantum*, etc.

Cœlites, les Dieux (les Saints), fait *Cœlitum*. Les noms de fêtes en *ia*, suivent au Génit. plur. la deuxième et la troisième Déclinaison: *Saturnalia*, *ium* et *iorum*, etc.; mais au Datif on dit *Saturnalibus*.

§ 39. *Noms de la troisième Déclinaison tirés du grec, en esis, isis.*

SINGULIER.

Nom.	Hæres is,	l'hérésie.
Voc.	Hæres is,	hérésie.
Gén.	Hæres is *ou* Hæres eos,	de l'hérésie.
Dat.	Hæres i,	à l'hérésie.
Acc.	Hæres im *ou* Hæres in,	l'hérésie.
Abl.	Hæres i,	de l'hérésie.

PLURIEL.

Nom.	Hæres es,	les hérésies.
Voc.	Hæres es,	hérésies.
Gén.	Hæres eon, *mieux* ium,	des hérésies.
Dat.	Hæres ibus,	aux hérésies.
Acc.	Hæres es,	les hérésies.
Abl.	Hæres ibus,	des hérésies.

On trouve aussi *ios* au Gén. sing.

Ainsi se déclinent *poesis*, la poésie; *thesis*, la thèse; *Genesis*, la Genèse (sans pluriel); *phrasis*, la phrase.

Les noms en *polis*, comme *Neapolis*, Naples, se déclinent de même.

§ 40. *AUTRE NOM.*

SINGULIER.

Nom.	Her os,	le héros.
Voc.	Her os,	héros.

Gén.	Her ois,	*du héros.*
Dat.	Her oi,	*au héros.*
Acc.	Her oem *on* Her oa,	*le héros.*
Abl.	Her oe,	*du héros.*

PLURIEL.

Nom.	Her oes,	*les héros.*
Voc.	Her oes,	*héros.*
Gén.	Her oum,	*des héros.*
Dat.	Her oïbus,	*aux héros.*
Acc.	Her oes *ou* Her oas,	*les héros.*
Abl.	Her oïbus,	*des héros.*

Ainsi se déclinent les noms grecs : 1° en *as*, comme *Pallas*, *Palladis*, Acc. *adem* ou *ada*; *Arcas*, *Arcadis*, Acc. *adem* ou *ada*;

2° En *er* : *aër*, *aëris*, l'air, Acc. *aërem* ou *aëra*; *æther*, *ætheris*, le ciel, Acc. *ætherem* ou *æthera*; *crater*, *crateris*, coupe.

3° En *is*, *idis*, comme *Iris*, Iris, arc-en-ciel, Voc. *Iri* ou *Iris*, Gén. *Iridis*, Acc. *Iridem* ou *Irida*; on dit aussi *Irin*. *Phyllis*, Voc. *Phylli* ou *Phyllis*, Gén. *idis*, nom de femme, Acc. *Phyllidem* ou *da* Mais les noms masculins en *is*, *idis*, font mieux *im* ou *in*, comme *Daphnis*, Voc. *Daphni* ou *Daphnis*, etc., Acc. *Daphnim* ou *Daphnin*; *Paris*, Acc. *Parim* ou *Parin*; cependant on dit aussi *Paridem*, etc.

Tigris, *is* et *idis*, m. f. le tigre, fait à l'Accusatif *tigrin*, *tigrim* (*tigridem* est douteux); pluriel, mieux *tigres*.

4° En *yx*, *ygis* : *Phryx*, *Phrygis*, Phrygien, Acc. *Phrygem* ou *Phryga*.

5° Les noms de pays en *o*, *onis*, comme *Macedo*, *Macedonis*, Macédonien, Acc. *Macedonem* ou *Macedona*. Les noms pr. en *or* et en *an* : *Hector*, *em* ou *a*. *Pan*, *anem* ou *a*. Les noms pr. en *eus* font *ea* : *Mnestheus*, *ea*.

6° En *os*, *otis* : *Rhinoceros*, *otis*.

7° Les noms en *ys* font au Génitif *yis*, *yos*, Dat. *yi*, Accusatif *ym*, *yn*, Abl. *ye* : *Cotys*, Gén. *Cotyis*, etc., *Cotys*, n. pr.

REMARQUE. Les Accusatifs singuliers en *a* se trouvent plutôt dans les poëtes; cependant ils sont usités aussi en prose. Les Accusatifs pluriels en *as* sont plus usités partout.

§ 40. Les noms propres en *as*, *es*, *eus*, retranchent souvent *s* au Voc. : *Pallas*, Voc. *Palla*, etc.

Le Génitif est quelquefois en *i* dans les noms en *es* : *Verri*, *Achilli*, pour *Verris*, *Achillis*.

Au Génitif singul. les poètes emploient souvent la terminaison grecque *os*, au lieu de la terminaison latine *is*, surtout dans les mots en *is*, gén. *idis*; *Daphnidos*, *Atlantidos*, etc.

On trouve quelquefois à l'Acc. sing. des noms grecs et barbares *em* ou *en* : *Mithridatem*, ou *en*, *Thaletem*, *en*, et même *Thalem*.

TERMINAISONS DES NOMS DE LA TROISIÈME DÉCLINAISON.

Singulier.	Pluriel.
N. a, e, o, c, l, n, r, s, t, x.	N. es, eis, (poét.) a (neut.).
V. Comme le nominatif.	V. es, eis, a.
G. is, eos (i, rare).	G. um, on, on (neut.).
D. i.	D. ibus, is (neut.).
A. em, im, in, a, quelquef. ida.	A. es, eis, (poét.) as, a (neut.).
A. e, i.	A. ibus, is (neut.).

§ 41. QUATRIÈME DÉCLINAISON.

Jesus, nom de notre Sauveur, fait au nomin. *Jesus*, à l'accus. *Jesum*, et à tous les autres cas il fait *Jesu*.

Les onze noms suivans font *ubus* au Datif et à l'Ablatif pluriels : *acus*, une aiguille, *acubus*; *arcus*, un arc, *arcubus*; *artus*, les membres du corps, *artubus*; *lacus*, un lac, *lacubus*; *partus*, l'enfantement, *partubus*; *pecu* (pl. *pecua*), troupeau, *pecubus*; *portus*[1], un port, *portubus*; *quercus*, un chêne, *quercubus*; *specus*, une caverne, *specubus*; *tribus*, une tribu, *tribubus*; *veru*, une broche, *verubus*.

NOM IRRÉGULIER.

Singulier.

Nom.	Dom us,	la maison.
Voc.	Dom us,	maison.
Gén.	Dom ûs *et* Dom i[2],	de la maison.
Dat.	Dom ui *et* Dom o, (peu usité)	à la maison.
Acc.	Dom um,	la maison.
Abl.	Dom o,	de la maison.

L'Accusatif sing. se termine quelquefois en *o*, *un* et *um*, dans les poètes : *Dido*, Gén. *Didonis*, *Didus*, Dat. *Didoni*, *Dido*, Acc. *Didonem*, *Didun*, *um*, *Didon*; et l'Accus. plur. en *ys*, *Erinnys* pour *Erinnyas*, les Furies.

Le vocatif des noms en *es* est quelquefois en *e* : ô *Hercule*, *Socrate*. Cic.

§ 41. [1] On trouve aussi quelquefois *portibus*, *veribus*, *artibus*, *genibus*, et *genubus*, le genou; *ficubus*, ou mieux *ficis* de *ficus*, *i*, ou *ficûs*, figuier; *tonitrubus* ou *ibus*, de *tonitrus*, m, le tonnerre.

[2] *Domi* ne s'emploie qu'avec le sens de *au logis*.

38 ÉLÉMENS

PLURIEL.

Nom.	Dom us,	les maisons.
Voc.	Dom us,	maisons.
Gén.	Dom orum *et* Dom uum,	des maisons.
Dat.	Dom ibus,	aux maisons.
Acc.	Dom os *et* Dom us, (moins usité)	les maisons.
Abl.	Dom ibus,	des maisons.

L'usage apprendra les autres exceptions.

§ 42. *Remarque sur les noms composés et sur les noms patronymiques*.

Si le nom est composé de deux Nominatifs, chaque nom se décline dans tous les cas. *Exemple* : Respublica, *la République*, G. Reipublicæ, D. Reipublicæ, Acc. Rempublicam, *Abl.* Republicâ. De même, Jusjurandum, *le serment*, Jurisjurandi, Jurijurando, etc.

Mais si le nom est composé d'un Nominatif et d'un autre cas, on ne décline que celui qui est au Nominatif. *Exemple* : Pater-familiâs, G. Patris-familiâs, D. Patri-familiâs. Forum Julii, *Fréjus*, ville, G. Fori Julii, D. Foro Julii, etc.

---

§ 41. Cette déclinaison est formée de la 3e. Les anciens disaient *fructuis* pour *fructûs* : de là au Datif *ú* pour *ui* : *victú invigilant*. Virg. *Impetú resistat*. Cic. *Usú*, etc. Cæs.

Dans quelques noms on trouve aussi un Génitif en *i* : *senati*, *tumulti*, Sall., parce qu'anciennement la 2e et la 4e décl. étaient souvent confondues. Les poëtes font quelquefois une syncope au pluriel : *currum* pour *curruum*.

Nous ferons observer de nouveau que nous donnons tous ces exemples pour faciliter l'intelligence des auteurs, mais qu'il faut suivre les règles consacrées par l'usage.

§ 42. 1 Autres noms composés : *Adeodatus, i, o, um*, Dieudonné, (*à Deo datus*). *Senatús-consultum, senatús-consulti*, sénatus-consulte, décret du sénat, et ainsi des autres.

§ 43. 2 Les noms patronymiques sont des noms communs à tous les descendants d'une race, et tirés de celui qui en est le père. Les noms patronymiques masc. se terminent : 1o en *ides* ou *iades*, et suivent en général la première déclinaison. Ex : *Priamus*, Priam, *Priamides, æ*, fils de Priam ; *Anchises*, Anchise, *Anchisiades*, fils d'Anchise. 2o Les noms en *as* se terminent en *ades* : *Æneas*, Énée, *Æneades, æ*, fils d'Énée ; pl. *Æneadæ, arum*, sync. *um*, descendants ou compagnons d'Énée, etc.

DE LA GRAMMAIRE LATINE.

Les noms patronymiques féminins se terminent en *is*, *as*, ou même en *ne*. Ceux en *is* et en *as* suivent la 3ᵉ Déclinaison, et ceux en *ne*, la première. Ex.: *Tantalus*, Tantale; *Tantalis*, fille de Tantale.— *Atlas*, Atlas; *Atlantis*, *ias*, fille d'Atlas. *Acrisius*, Acrisius; *Acrisioneis*, *ne*, fille d'Acrisius.

Les noms de princes, de pays, de villes, de montagnes et de fontaines forment aussi des noms *patronymiques* : *Dardanus*, *Dardanides*, *dæ*, Troyen; *Dardanis*, *idis*, Troyenne.— *Mæonia*, *Mæonides*, *Mæonis*, *idis*, de Méonie. — *Ilium*, *Iliades*, *Ilias*, d'Ilion. — *Mænalus*, *Mænalides*, f. *Mænalis*, du mont Ménale. — *Castalia*, *Castalis*, de la fontaine Castalie.

Ces noms dérivent d'un nom grec, et se trouvent dans les poètes.

§ 44. *Déclinaisons irrégulières.*

Les substantifs irréguliers se rangent sous plusieurs classes.

1º Les uns changent de genre, comme :

Tartarus, masc., le Tartare; Pl. *Tartara*, n. (s.-ent. *carcer* ou *loca*).
Avernus, le lac de l'Averne, l'enfer, *Averna*.
Jocus, raillerie, *joci*, *joca*.
Locus, lieu, *loca*, *loci*, moins usité; il sert à marquer les lieux de logique; les passages des ouvrages.
Eventus, *us*, événement, quelquefois *eventa*, d'*eventum*, peu usité.
Sibilus, sifflement, *sibili* (*sibila*, chez les poëtes.)
Dindymus, Plur. *a*. *Pangæus*, Plur. *a*, s.-ent *mons*, ou *juga*.
Ismarus — *a*. *Tænarus* — *a*, *Mænalus* — *a*. *Taygetus* — *a* (noms de montagnes).
Carbasus, fém., voile, — *carbasa*.
Supellex, f., meuble, — *supellectilia*, inusité.
Pergamus, Pergame, *Pergama*.
Cœlum, neutre, le ciel, *cœli*.
Elysium, l'Élysée, *Elysii*, s.-ent. *nemus* ou *campi*.

Argos, *i*, n. Argos (ville), *Argi*, *Argorum*, m.
Frenum, frein, *freni*, *a*.
Rastrum, râteau, *rastri* (*a*, moi ns usité).
Epulum, banquet, *epulæ*.
Delicium, délice, *deliciæ*.
Balneum, et *balineum*, bain, *balneæ*, *a*, *balineæ*, *a*, bains publics.

2º Les autres sont irréguliers dans la déclinaison.
Jugerum, *i*, arpent, *a*, *um*, *ibus*.
Vas, *is*, vase, *a*, *orum*, *is*.

3º D'autres sont irréguliers en quelques cas.
Vis, la force, Gén. *vis*, pas de Dat., Ac. *vim*. Abl. *vi*; plur. *vires*, *ium*, etc.
Bos est déjà indiqué p. 32.
Jupiter, Gén. *Jovis*; — *jecur*, le foie, *jecoris* (autrefois *jecinoris*); *iter*, chemin, *itineris*.
Vicis (au Génit.), alternative, n'a pas de Nom. singul. ni de Gén. plur.
Verberis (de *verber*, inusité), Abl. *verbere*, coup. Voir le Dictionnaire pour les autres.

§ 45. *Noms défectueux.*

Il y en a de trois sortes : les uns sont privés de l'un ou de l'autre nombre ; les autres sont indéclinables ; les autres manquent seulement de quelques cas.

1° Les noms propres n'ont point de pluriel, comme *Petrus*, Pierre ; *Lutetia*, Paris. — Il faut en excepter ceux qui ne sont usités qu'au pluriel, comme *Delphi*, Delphes ; *Athenæ*, Athènes, et les autres noms propres lorsqu'ils deviennent appellatifs, c'est-à-dire, communs à plusieurs personnes, comme *Alexandri et Cæsares nostræ ætatis*, les Alexandres et les Césars de nos jours. — Ou, lorsque plusieurs personnes portent le même nom, comme *Complures fuerunt Socrates*, il y a eu plusieurs Socrate ; *octodecim numerantur Alexandriæ*, on compte dix-huit villes du nom d'Alexandrie.

2° Les noms d'âge, ainsi qu'en français, sont aussi sans pluriel : *pueritia*, enfance ; *adolescentia*, adolescence ; *juventus*, jeunesse ; *senectus*, vieillesse.

3° Presque tous les noms des métaux : *aurum*, or ; *argentum*, argent ; ou qui désignent une matière : *argilla*, argile, *limus*, limon, etc.

Æra, au pluriel, s'emploie pour signifier de la monnaie ou des instruments, mais non pas le métal, l'airain.

4° Quelques noms de liquides : *oleum*, huile ; *acetum*, vinaigre ; *butyrum*, beurre.

5° Ceux des vertus et des vices : *sapientia*, sagesse ; *prudentia*, prudence ; *superbia*, orgueil ; *crudelitas*, cruauté, etc.

Et plusieurs autres noms que l'usage apprendra, tels que : *fames*, faim ; *sitis*, soif ; *sanguis, cruor*, sang ; *nemo*, nul ; *nihil*, rien ; *virus*, poison, indécl. ; *vulgus*, le vulgaire ; *plebs*, le peuple ; *indoles*, caractère, *venia*, pardon ; *ver*, le printemps ; *vesper*, le soir, etc. Cependant, il faut remarquer que les substantifs abstraits ont quelquefois un pluriel en latin. *Adventus nostrorum imperatorum non differunt*, etc. — *Effusiones hominum*. — *Exitus bellorum erant mites*. — *Proceritates arborum*, etc., Cic. *Famas*, Sen. *Fugas*, Tac. *Insanias*, Cic. *Invidiæ*, Cic. *Jacturæ*, Cic. *Malitias, molestias, naturis, vitas*, Cic. etc.

6° Les noms suivants ne sont guère usités qu'aux cas et dans les constructions indiqués ci-après :

Dicis causâ, par forme de justice ; *diu noctuque*, jour et nuit. *Inficias ire*, nier. *Natu major, minor*, plus, moins âgé ; *ingratiis*, malgré ; *sponte meâ, tuâ*, de mon, de ton propre gré. *In promptu esse*, être tout prêt, facile ; *in procinctu stare*, être prêt à ; *esse despicatui*, être méprisé ; *rogatu, jussu, concessu, permissu, admonitu, arbitratu, injussu meo*, etc., etc., à ma prière, par mon ordre, etc.

7° Les noms de fêtes et de cérémonies sont du pluriel : *Latinæ*, s.-ent. *feriæ* ; *Circenses*, s.-ent. *ludi* ; *Olympia*, s.-ent. *ludicra*, etc.

§ 46. *Noms indéclinables.*

Ils sont toujours du neutre.

Il y a deux espèces de noms indéclinables.

1° Les uns s'emploient à tous les cas.

Tels sont : *nequam*, méchant ; *tot, totidem*, autant ; *quot*, combien ; *aliquot*, quelques ; *quotcumque*, quelques... que, (Adjectifs.)

Les noms terminés en *i* : *gummi*, gomme ; *sinapi*, moutarde, etc.

Ceux en *u* : *veru*, broche ; *cornu*, corne, etc.

Les noms de nombre, depuis quatre jusqu'à cent, ainsi que *mille*, au singulier (au pluriel, il se décline : *millia, ium*, etc.) ; *manna*, la manne.

Les noms de lettres : *alpha, a, b*.

Chaos, chaos ; *melos*, mélodie (abl. *chao, melo*, rare) ; *pondo*, poids d'une livre ; *semi*, demi.

2° Il y a d'autres noms indéclinables qui ne sont pas usités à tous les cas.

Fas, ce qui est permis ; *nefas*, ce qui ne l'est pas ; *farra*, pluriel de *far*, froment ; *mella*, plur. de *mel*, miel, n'admettent que trois cas : le Nom., le Voc., l'Accus. *Cete*, baleines, quelquefois *ceton*, au gén. *Exspes*, sans espérance ; *git*, petit gain ; *frit*, le haut de l'épi ; *hir*, la paume de la main ; *instar*, comme.

§ 47. REMARQUES SUR LES GENRES.

GENRES DES SUBSTANTIFS.

Règle générale pour connaître les genres.

Considérez quelle est la nature de la chose que signifie le nom, et sous quel mot général il peut être compris.

Sequana, la Seine ; *Rhodanus*, le Rhône, sont masculins, parce qu'on sous-entend *fluvius*.

Il en est de même pour les diminutifs, qui, pour la plupart, ont pris le genre de leurs primitifs.

Et souvent même on peut conclure de quel genre est le primitif, par le genre du diminutif. Par exemple, *ensis* est du masculin, parce qu'il forme *ensiculus*, etc.

Presque tous les noms se règlent, pour le genre, sur le nom commun dans la signification générale duquel ils sont compris.

C'est par cette règle que les pièces de poésie sont souvent du féminin, en sous-entendant *fabula* ou *poesis*. Ex. : *In Eunuchum suum*, dans son Eunuque ; on trouve aussi le masculin : *Ajacem suum*, son Ajax, comme en français, *le Cid*, etc.

Les noms de lettres sont quelquefois du féminin, en les rapportant à *littera*; mais le plus souvent ils sont du neutre, comme étant indéclinables.

Les noms de pierreries sont quelquefois du masculin, en les rapportant à *lapillus*; quelquefois féminins, en les rapportant à *gemma* : *Hic achates*, une agate ; *hæc sapphirus*, un saphir.

Les noms de nombre qui marquent l'espèce, et qui sont terminés en *io*, sont masculins, parce qu'ils supposent *numerus* : *Hic unio*, l'unité, etc.

Quelquefois la terminaison l'emporte, pour le genre, sur la signification générale.

Operæ, ouvriers, toujours féminin, ainsi que *custodiæ*, gardes, *vigiliæ*, *excubiæ*, sentinelles. *Mancipium*, esclave (mâle ou femelle), toujours du neutre, ainsi que *scortum*, *prostibulum*, une courtisane.

As et tous ses composés sont du masculin, parce qu'ils se rapportent à *nummus* : *Decussis*, dix sous ; *centussis*, cent sous, etc. ; ainsi que ses dérivés et ses parties, *semissis*, un demi-as ; *sextans*, la sixième partie de l'as.

Uncia, once, est du féminin, parce qu'il vient de *ab und parte*.

Nous avons déjà dit que les noms des vents sont toujours du masculin : ainsi *Etesiæ*, les vents étésiens ou alizés ; et *Ornithiæ*, vents alizés qui soufflent trente jours, sont masculins quand ils sont pris substantivement, ainsi que la plupart des noms de fleuves et de montagnes, qui suivent la règle du mot général ou celle de la terminaison.

Les noms de villes, de provinces, de navires, d'îles, sont en général du féminin, par la même règle. (On sous-entend *urbs*, *regio*, *insula*, *navis*, etc.)

Les noms d'arbres aussi (*arbor*, sous-ent.).

EXCEPTIONS. Ceux en *ster* sont masculins : *oleaster*, olivier sauvage — *Spinus*, prunier sauvage, et *dumus*, buisson épais, sont aussi masc. ; *rubus*, buisson, masc., rarement féminin.

Robur, chêne dur ; *acer*, érable ; *siler*, osier ; *suber*, liége, ainsi que tous ceux en *um*, sont du neutre.

Les adjectifs pris substantivement prennent le genre du substantif sous-ent. ; *Hic torrens*, sous-ent. *amnis*, le torrent ; *hæc triremis*, s.-ent. *navis*, la trirème ; *hoc altum*, s.-ent. *mare*, la haute mer.

§ 48. RÈGLES PRINCIPALES SUR LES GENRES
Dans toutes les déclinaisons.

On se rappellera que tous les noms qui conviennent à l'homme sont du genre masculin : *Poeta*, poète ; *nauta*, matelot ; et que tous ceux qui conviennent à la femme sont du genre féminin : *Virgo*, vierge, etc.

Le tableau suivant fera connaître, par les terminaisons, le genre de tous les noms, excepté celui des noms épicènes, dont la liste se trouve ci-après, et complète le tableau des genres. Les *noms propres* de villes et de fleuves forment aussi une exception.

TABLEAU DES GENRES.

Les noms indéclinables sont................neutres.

   Comme *manna*, la manne; *pondo*, une livre, etc.

Ceux qui n'ont pas de singulier, mais seulement le pluriel en I..............................mascul.

   Comme *hi Parisii*, Paris; *cancelli*, barreaux, etc.

Les pluriels en Æ............................fémin.

   Comme *hæ Athenæ*, Athènes; *tenebræ*, ténèbres, etc.

Les pluriels en A............................neutres.

   Comme *hæc arma*, les armes; *castra*, un camp, etc.

Les pluriels des noms grecs en E..............neutres.

   Comme *cete grandia*, de grandes baleines; *amœna tempe*, d'agréables vallées, etc.

Noms singuliers en A et en E.

1re Décl. (Comme *hæc ara*, autel; *epitome*, abrégé, etc.) fémin.

   Exceptions: *Hic cometa*, comète; *planeta*, planète (inusités: on dit *cométes*, *planetes*, masc.), ainsi que *poeta*, *nauta*, et tous les noms qui conviennent à l'homme, mascul.

3e Décl. (Comme *hoc diadema*, diadème; *mare*, la mer, etc.)..........................neutres.

Noms en I et en Y indéclinables. (*Gummi*, gomme; *moly*, herbe, etc.)....................neutres.

Noms en O. (Comme *hic sermo*, discours; *ordo*, ordre; *ligo*, hoyau, etc.)...............mascul.

Except. Noms en DO, GO, ayant plus de deux syllabes. fémin.

   Comme *hæc arundo*, roseau; *imago*, image, etc.

Joignez-y *caro*, la chair; *grando*, la grêle; et *margo*, bord (plus souvent masc.), quoiqu'ils n'aient que deux syllabes.

   (Excepté *hic harpago*, crochet, qui est masculin.)

Noms en IO, formés d'un nom ou d'un verbe, comme *hæc portio*, part (de *pars*); *lectio*, leçon (de *lectum*, etc.), sont. . . . . fémin.

Exceptions. *Hic unio*, l'unité, ou une perle, et les autres noms de nombre en IO, comme *duernio*, le binaire; *ternio*, le ternaire, etc. — *Pugio*, poignard, mascul.

Noms en M, C, L, T. (Comme *hoc aurum*, l'or; *lac*, lait; *mel*, miel; *caput*, tête, etc.). . . . . neutres.

Except. *Hic* (*hoc*, rare) *sal*, sel, mieux masc. *Hic sol*, soleil, toujours masculin.

Remarq. Les noms grecs en *on*, de la 2ᵉ décl., que les Latins changent en *um*, sont aussi du neutre, comme *hoc gymnasion*, *um*, gymnase.

Les noms propres en *um* sont masculins ou féminins, suivant qu'ils se rapportent à un homme ou à une femme : *Hic Dinacium*, Dinace ; *hæc Glycerium*, Glycère.

Noms en N de la 3ᵉ déclinaison. . . . . mascul.

Exemp. AN, *hic pæan*, chant de victoire, etc.
EN, *hic pecten*, un peigne, un archet, etc.
IN, *hic delphin*, un dauphin.
ON, *hic agon*, un combat.

Except. *Hæc sindon*, un suaire; *icon*, une image (féminins); *hoc gluten*, de la colle; *unguen*, onguent; *inguen*, l'aine (neutres).

Noms en MEN. (Ex. *Hoc lumen*, lumière, etc.). . . . . . neutres.

Except. *Hic flamen*, un prêtre; *hymen*, l'hymen, le Dieu de l'hymen (mascul.).

Noms en AR et en UR. (Ex. *Hoc calcar*, éperon; *ebur*, l'ivoire; etc.). . . . . neutres.

Except. *Hic furfur*, du son, masc. (*Vultur*, vautour; *turtur*, tourterelle, mascul. Voir la règle des épicènes pour les noms d'animaux, § 49.)

Noms en ER. (Exemp. *Hic ager*, un champ; *aër*, *is*, l'air, etc.). . . . . mascul.

Except. *Hæc linter*, *tris*, une barque, féminin.

Hoc iter, chemin; *cadaver*, cadavre; *spinter*, une boucle; *uber*, mamelle; *ver*, printemps; *verberis*, *e*, *verbera* (de *verber*, inus.), coup, neutres.

Les noms de plantes et de fruits sont. . . . . neutres.

Comme *piper*, poivre; *siser*, chervis; *cicer*, pois chiche; *laver*, sorte d'herbe; *laser*, benjoin; *suber*, du liége, etc. *Tuber*, lorsqu'il signifie hauteur, tumeur, est *neutre*; jujubier, *féminin*; les fruits de cet arbre, *mascul*.

Noms en IR. *Hir*, la paume de la main; *abadir*, pierre de Saturne, indécl. et neutres. — Les autres se rapportent à l'homme et sont mascul.; *vir*, homme, *levir*, beau-frère, etc.

Noms en OR. (Comme *hic dolor*, douleur; *amor*, amour, etc.). mascul.

Except. *Hæc arbor*, arbre; *uxor*, épouse; *soror*, sœur, et tous les noms qui conviennent à la femme, féminins.

Hoc cor, cœur; *ador*, pur froment; *marmor*, marbre; *æquor*, mer, plaine, neutres.

Noms en AS de la 1re Décl. (Comme *hic tiaras, æ*, une tiare, etc.). . . . . mascul.

Lorsqu'on change ces noms, qui sont grecs, en *a* (*tiara, æ*, etc.), ils deviennent féminins.

AS, de la 3e Décl. (Comme *hæc æstas*, l'été, etc.). féminins.

Except. *Hoc vas, is*, un vase, neutre.

AS, gén. ANTIS. (Comme *hic adamas, antis*, un diamant, etc.). mascul.

Hic as, assis, un as, masc. Mais *hoc artocreas*, pâté; *erysipelas*, érysipèle, sont neutres comme en grec.

Noms en ES. (Comme *hæc rupes*, une roche; *ales*, un oiseau, quelquefois masculin). . . . . féminins.

Except. *Hic, hæc dies*, jour, masc., fém. au sing. Ses composés, comme *meridies*, midi; *sesquidies*, un jour et demi, sont mascul. *Hoc æs, æris*, cuivre, airain, neutre.

Les onze noms suivans sont mascul.: *Hic cespes*, gazon; *fomes*, ce qui fomente; *gurges*, un gouffre; *limes*, borne, limite; *palmes*, sarment; *paries*, mur; *pes*, pied; *poples*, jarret; *stipes*, souche, tronc; *trames*, sentier; *termes*, une branche avec le fruit.

Les noms grecs en *es*, long, de la 1re ou de la 3e Décl., sont mascul., comme *hic cometes, æ*, comète; *acinaces, is*, cimeterre; *lebes, etis*, chaudière;

magnes, *etis*, aimant; *tapes*, *etis*, tapis, etc.—*Aries*, un bélier; *verres*, un verrat; sont nécessairement masculins. *Hæres*, héritier, ère, m. f.

Les noms grecs en *es* bref sont du neutre, comme *nepenthes*, *is*, sorte d'herbe.

Noms en IS. (Comme *hæc vestis*, habit; *cassis, idis*, casque, etc.)............................. féminins.

Ainsi que *tyrannis*, tyrannie; *bipennis*, hache à deux tranchans, et les autres noms grecs de cette terminaison.

Les autres noms en NIS. (Comme *cinis*, cendre; *funis*, corde, etc.)............................. mascul.

Les vingt-huit noms suivans en *is* sont pareillement masc. *Hic aqualis*, aiguière; *axis*, essieu; *callis*, chemin battu; *canalis*, canal; *cassis, is*, rets; *collis*, colline; *colis* ou *caulis*, tige, chou; *cossis*, ver; *cucumis*, concombre; *ensis*, épée; *fascis*, fardeau; *follis*, soufflet; *fustis*, bâton; *glis*, loir; *lapis*, pierre; *mensis*, mois; *orbis*, cercle; *piscis*, poisson; *pollis*, fleur de farine; *postis*, poteau; *pulvis*, poussière; *sanguis*, sang; *sentis*, épine; *torris*, tison; *unguis*, ongle; *vectis*, levier; *vepris*, buisson; *vomis* (et *vomer*), *eris*, soc de charrue.

Les quatre noms suivans sont douteux : *Hic* ou *hæc clunis*, le derrière, la croupe; *finis*, fin, borne; *scrobis*, une fosse; *torquis*, un collier.

Quelques substantifs en *is* sont proprement des adjectifs, et prennent le masculin à cause de l'ellipse d'un substantif masculin : *Annales* (*libri*), annales; *natalis* (*dies*), jour de la naissance, etc. *Hic, hæc anguis*, serpent; *tigris*, tigre, masculin et féminin.

Les noms en YS sont aussi féminins. (Comme *hæc chlamys*, une cotte d'armes, etc.). Ceux qui désignent les fleuves et les montagnes sont masculins. *Hic Halys*, le fleuve Halys; *Othrys*, le mont Othrys.

Noms en OS. (Comme *hic flos*, fleur; *mos*, coutume, etc.)............................. mascul.

Except. *Hæc cos*, une pierre à aiguiser; *dos*, la dot, fém., ainsi que les noms grecs en *os*, qui souvent se terminent en *us*, comme *hæc Arctos, i*, ou *us, i*, l'Ourse, constell.; *hæc Eos*, l'Aurore, le jour.

Hoc epos, poëme héroïque; *os, oris*, la bouche; *os, ossis*, *untos*, neutres.

Remarquez que les noms en *os*, qui sont plus usités en *or*, suivent le genre de la terminaison en *or*, comme *hic honos*, l'honneur; *hæc arbos*, l'arbre.

DE LA GRAMMAIRE LATINE.

Noms en US de la seconde et de la quatrième Déclinaison. (Comme *hic oculus*, *i*, l'œil; *hic fructus*, *ús*, le fruit . . . . mascul.

Except. Plusieurs noms en *us* de la 2º Décl., dérivés du grec, sont féminins (voyez ci-après) : les composés de ὁδός (*odos*), *hæc synodus*, un synode; *methodus*, méthode; *periodus*, période; *exodus*, exode, sortie. Mais *epodos*, *us*, *i*, épode, est masculin. (de ἐπῳδός, chant).

Les 12 noms suivants (dans les bons auteurs) sont féminins. *Hæc alvus*, *i*, le ventre; *acus*, *ús*, aiguille; *carbasus*, *i*, lin fin; *colus*, *i*, quenouille; *domus*, *ús*, maison; *ficus*, *ús*, ou *i*, figue, figuier; *humus*, *i*, terre; *Idus*, pluriel, Ides; *manus*, la main; *porticus*, *ús*, portique; *tribus*, *ús*, tribu; *vannus*, *i*, van.

Les 4 noms suivants sont masc. ou fém. *Hic*, *hæc grossus*, figue qui n'est pas mûre; *phaselus*, barque (mieux masc.); *penus*, *ús*, f., *penus*, *peni*, m., provision; *specus*, *ús*, caverne.

Hoc virus (indécl.), poison; *pelagus*, mer, neut. *Vulgus*, le vulgaire, quelquefois masc., mais mieux neutre. *Pecus*, *oris*, troupeau, neut. *Pecus*, *udis*, bête, brebis, fém.

Plantes et arbrisseaux.

Hæc biblus, arbre, papier; *hæc papyrus*, arbre, papier; *hæc hyssopus*, hyssope; *hæc costus*, sorte de racine odoriférante; *hic nardus*, nard; *hic*, *hæc cytisus*, cityse; *hic*, *hæc hyacinthus*, hyacinthe.

Pierreries.

Hic beryllus, béril; *hic opalus*, opale; *hic smaragdus*, émeraude; *hæc chrysolithus*, chrysolithe; *hæc chrysoprasius*, chrysoprase; *hæc sapphirus*, un saphir; *hæc topazius*, une topaze.

Autres noms grecs en US.

Masculins.	Féminins.
Barbitus, luth, quelquefois féminin.	*Abyssus*, abîme.
	Antidotus, antidote.
Colossus, colosse.	*Arctus*, l'Ourse (constellation).
Corymbus, grappe.	*Atomus*, atome (quelquefois masculin).
Isthmus, isthme.	
	Balanus, gland (idem).
Diametrus (plutôt *diametros*), diamètre, mascul. dans les Dictionnaires, doit être du fém. comme se rapportant à *linea*.	*Dialectus*, dialecte.
	Diphthongus, diphthongue.
	Eremus, désert.
	Pharus, phare.

Noms en US, 3ᵉ Déclinaison, comme *hoc munus*, *eris*, présent; *tempus*, *oris*, temps. . . . . neutres.

Noms en US, gén. *udis*, *utis* ou *untis*, comme *hæc palus*, *udis*, marais; *virtus*, *utis*, vertu; *Hydrus*, *untis*, nom de ville, ainsi que *tellus*, *uris*, la terre. . . . . . féminins.

Noms en PUS, gén. *odis*. (*Hic tripus*, *podis*, trépied, etc.) mascul.

Lagopus, *podis*, espèce d'oiseau, féminin.

Noms en S jointe à une autre consonne, comme *hæc urbs*, ville; *ars*, *tis*, art; *hyems*, l'hiver; *frons*, *dis*, feuillage; *frons*, *tis*, le front; *forceps*, *cipis*, tenailles, etc. féminins.

Laus, louange; *fraus*, fraude, féminins.

Les sept noms suivans font exception à la règle précédente. Ils sont masc. *Hic dens*, dent, et ses composés *bidens*, fourche à deux dents, etc.; *hydrops*, l'hydropisie; *chalybs*, acier; *mons*, montagne; *rudens*, un câble; *fons*, fontaine; *pons*, pont.

Les trois suivans sont douteux : *hic*, *hæc scrobs*, une fosse; *hic*, *hæc adeps*, graisse; *hic*, *hæc stirps*, tronc, racine; lorsqu'il signifie *extraction*, *race*, il est toujours *féminin*.

Noms en X, comme *hæc fax*, flambeau; *bombyx*, de la soie *m. f.* (ver à soie, masc.); *phalanx*, une phalange. féminins.

Except. *Hic calix*, *icis*, tasse; *calyx*, bouton de fleur; *spadix*, couleur luisante; *varix*, varice (aussi féminin); *irpex*, *hirpex*, et *urpex*, herse, râteau, *grex*, *gis*, troupeau. . . . . mascul.
Ainsi que les mots de deux syllabes en *ax* et en *ex*, comme *abax*, buffet; *culex*, moucheron, etc. . . . . mascul.

Cependant les dissyllabes suivants sont féminins : *hæc fornax*, une fournaise; *forfex*, ciseaux; *carex*, glaïeul.

Ceux-ci sont douteux : *hic*, *hæc tradux*, long sarment; *hic*, *hæc silex*, caillou.

Les suivants sont plus souvent masculins : *cortex*, écorce; *pumex*, pierre ponce; *imbrex*, tuile creuse; *calx*, talon. Mais *calx*, chaux, est toujours féminin.

Sandyx, vermillon; *onyx*, pierre précieuse, sont plus souvent féminins; —*onyx*, albâtre, masc.

§ 49. NOMS ÉPICÈNES.

Les épicènes sont les noms qui, sous un même genre, comprennent les deux espèces. Ces noms suivent ordinairement le genre de leur terminaison. Ainsi les noms en *o*, comme *hic vespertilio*, chauve-souris; en *en*, *hic attagen*, un francolin, oiseau; *elephas*, *antis*, éléphant; *camelus*, chameau; *sorex*, souris, etc., sont masc. *Hæc aquila*, aigle; *alcedo*, alcyon; *anas*, *atis*, canard; *vulpes* renard; *cornix*, corneille, etc., sont féminins.

Épicènes qui s'écartent quelquefois des règles de la terminaison:

Accipiter, épervier *fém.* dans Lucr. doit être du *masc.*
Hæc aëdon, rossignol.
Hæc alcyon, alcyon.
Hæc, quelquefois *hic*, *ales*, oiseau.
Hic, *hæc anguis* serpent, mieux mascul.
Hic bombyx, un ver à soie.
Hic bubo, hibou (*hæc*, Virg.).
Hic cenchris, *is*, serpent.
Hæc cenchris, *idis*, sorte d'épervier.
Hic coccyx, coucou.
Hic, *hæc dama*, un daim.
Hic delphis, *in*, dauphin.
Hic exos, sorte de poisson.
Hic glis, un loir.
Hic gryps, *yphis*, griffon.
Hic, *hæc grus*, grue.
Hæc halex, hareng.
Hæc lagopus, pied-de-lièvre (oiseau).
Hic lepus, un lièvre.
Hic, *hæc limax*, limaçon.
Hic, mieux *hæc lynx*, un lynx.
Hic, quelquefois *hæc*, *merops*, mésange.
Hic mugil ou *mugilis*, mulet poisson.
Hic mus, un rat.
Hic nefrens, petit cochon.
Hic nycticorax, oiseau de nuit.
Hic oryx ou *ix*, chèvre sauvage.
Hic, quelquefois *hæc*, *palumbes*, pigeon ramier.
Hæc perdix, perdrix (masc., Varron).
Hic salar, saumon.
Hic, mieux *hæc serpens*, serpent.
Hæc talpa, taupe (masc., Virg.).
Hic turtur, tourterelle.
Hic vermis, un ver.
Hæc volucris, oiseau (mascul. dans un vers de Cicéron, inusité).
Hic volvox, petit ver qui ronge la vigne.
Hic vultur, vautour.

§ 50 SUPPLÉMENT AUX ADJECTIFS.

On distingue dans les Adjectifs et les Adverbes trois degrés de signification, le *Positif*, le *Comparatif* et le *Superlatif*. Le Positif n'est autre chose que l'Adjectif ou l'Adverbe simple, comme saint, saintement, *sanctus, sanctè*.

3

* Le Comparatif est la signification de l'Adjectif ou de l'Adverbe dans un plus haut degré, comme *plus* saint, *plus* saintement; *sanctior, sanctius.* On connaît le comparatif, quand il y a *plus* devant un Adjectif ou un Adverbe.

** Le Superlatif est la signification de l'Adjectif ou de l'Adverbe dans le plus haut ou dans un très-haut degré, comme *le plus* saint, *très*-saint, *le plus* saintement, *très*-saintement, *sanctissimus, sanctissimè.*

On connaît le superlatif quand, devant un Adjectif ou un Adverbe, il y a *le plus, la plus, bien, très, fort*, etc. C'est encore un superlatif quand, devant *plus*, il y a *mon, ton, son, notre, votre* : comme mon *plus* fidèle ami, c'est-à-dire le plus fidèle de mes amis, etc.

§ 51. Le comparatif latin se forme du cas de l'adjectif terminé en *i*, auquel on ajoute *or* pour le masculin et le féminin, et *us* pour le neutre et pour le comparatif adverbe : ainsi, du génitif *sancti*, on formera *sanctior*, masculin et féminin, *sanctius*, neutre ; du datif *forti*, on formera *fortior*, masculin et féminin, *fortius*, neutre ; *sanctior* se décline sur *soror*, et *sanctius* comme *corpus*.

Le superlatif latin se forme aussi du cas de l'adjectif terminé en *i*, auquel on ajoute *ssimus, ssima, ssimum*, et pour le superlatif adverbe, on ajoute *ssimè* : ainsi du génitif *sancti* on formera *sanctissimus, a, um*, et *sanctissimè*; du datif *forti*, on formera *fortissimus, a, um*, et *fortissimè*.

---

* *Rem.* Le comparatif ne marque pas seulement un degré de supériorité, il marque aussi un degré d'infériorité.
Le comparatif d'infériorité s'exprime par *moins* avec le positif. Ex. : Moins savant, *minus doctus*. Il y a encore le comparatif d'égalité, qui s'exprime en français par *aussi.... que..*, et en latin par *tàm.... quàm....* Ex. : Pierre n'est pas aussi savant que Paul, *Petrus non est tàm doctus quàm Paulus.*

** Il y a aussi un superlatif d'infériorité qui s'exprime par *le moins*, très-peu, *minimè*, Ex. : Le moins savant ou très-peu savant, *minimè doctus.*

§ 52. OBSERVATIONS.

1° Les adjectifs en *er* forment leur superlatif du nominatif masculin, en ajoutant *rimus*; *pulcher*, *pulcherrimus*, *rima*, *rimum*.

2° Quelques adjectifs en *lis*[1], comme *facilis*, *difficilis*, *humilis*, *similis*, *gracilis*, *imbecillis*, forment leur superlatif en *illimus*, comme *facilis*, *facillimus*; mais *utilis* fait *utilissimus*, régulièrement.

3° Les adjectifs en *dicus*, *ficus*, *volus*, comme *maledicus*, *mirificus*, *benevolus*, forment leur comparatif en *entior*, et leur superlatif en *entissimus*. Ex.: *Maledicus*, comparatif *maledicentior*, superlatif *maledicentissimus*; *benevolus*, comparatif *benevolentior*, superlatif *benevolentissimus*.

§ 53. 4° Les quatre adjectifs suivans forment leur comparatif et leur superlatif très-irrégulièrement : *Bonus*, bon; *melior*, meilleur; *optimus*, très-bon; — *malus*, mauvais; *pejor*, pire; *pessimus*, très-mauvais; — *magnus*, grand; *major*, plus grand; *maximus*, très-grand; — *parvus*, petit; *minor*, plus petit; *minimus*, très-petit.

REMARQUE. Les adjectifs terminés en *ius*, *eus*, *uus*, n'ont en général ni comparatif ni superlatif; alors on exprime *plus* par *magis*, avec le positif, et *le plus* par *maxime*: *Pius*, pieux; *magis pius*, plus pieux; *maxime pius*, très-pieux.

---

§ 52. [1] On dit *agilissimus* mieux que *agillimus*; on dit aussi *docilissimus* (mais ces superlatifs sont douteux), *fertilissimus*, *imbecillissimus*. *Egenus*, *egens*, indigent, fait *egentior*, *egentissimus*. — *Vetus*, ancien, *veterrimus*.

Multus, beaucoup, fait *plus*, *plurimus*; *nequam*, méchant, *nequior*, *nequissimus*; *maturus*, mûr, *maturior*, *maturrimus* et *maturissimus*. — *Exter* et *exterus* (peu usités), étranger, du dehors; *exterior*, extérieur; *extremus*, extrême, le dernier; *extimus*, le plus éloigné. — *Inferus*, d'en bas; *inferior*, inférieur; *infimus*, et *imus*. — *Superus*, d'en haut; *superior*, *supremus*, et *summus*. — *Posterus*, qui vient après; *posterior*, *postremus*. — *Dives*, riche; *ditior*, *ditissimus*; on trouve aussi *divitior*.

Diversus, *fidus*, *invisus*, *consultus*, *apricus*, se trouvent au compar. comme au superlat. *Diversior*, *ius*, Sall.; Plin. *Fidior*, Liv., Just. *Invisior*, Cic. T. L. *Consultius*, Tac. *Apricior*, Col. — *Invité*, adv., *invitius*, *invitissime*, Cic.

§ 54. *Adjectifs défectueux ou privés de quelques degrés de comparaison.*

Entre les adjectifs, il y en a qui sont : 1° sans positif, comme *prior*, premier (en parlant de deux), *primus* ; *potior*, préférable, *potissimus* ; *ulterior*, ultérieur, *ultimus*, le dernier ; *ocior*, plus vite, *ocissimus* ; *interior*, intérieur, *intimus* ; *propior*, plus proche, *proximus* ; *citerior*, citérieur, *citimus*, très-en-deçà ; *deterior*, moins bon, *deterrimus*.

2° Sans comparatif : *nuperus* (peu usité), récent, *nuperrimus* ; *vetus*, vieux, *veterrimus* ; *novus*, nouveau, *novissimus*, le dernier ; *sacer*, sacré, *sacerrimus* ; *invitus*, qui fait à regret, *invitissimus* ; ainsi que *persuasus*, persuadé ; *meritus*, mérité ; *bellus*, joli ; *invictus*, invincible ; *inclytus*, illustre.

3° Sans superlatif : *adolescens*, jeune, *adolescentior* ; *juvenis*, jeune, *junior* ; *senex*, vieux, *senior* ; ainsi que *ingens*, grand ; *satur*, rassasié ; *sinister*, à gauche ; *declivis*, qui va en pente ; *proclivis*, qui a du penchant pour ; *longinquus*, éloigné ; *propinquus*, proche ; *salutaris*, salutaire. — *Anterior*, antérieur ; *sequior*, de moindre valeur (neutre *sequius* et *secius*) ; *licentior*, licencieux, n'ont ni positif, ni superlatif. — *Impunitus, æternus, divinus, diuturnus*, ne sont usités qu'au positif.

On trouve *proximior*, du superl. *proximus*, Sén. *Dexter*, *ior*, *imus*, Ov., Sall.

Plusieurs adjectifs verbaux en *alis, ilis* (long) excepté *vilissimus, subtilissimus* ; en *ilis bilis* (bref), excepté *facillimus, utilissimus, amabilissimus, mobilissimus, nobilissimus, ignobilissimus*, n'ont ni comparatif ni superlatif. (Voy. § 52.)

§ 55. *Adjectifs qui n'ont ni comparatif, ni superlatif.*

1° Ceux de pays : *Romanus*, Romain ; *Spartiata*, Spartiate.

2° Les possessifs : *patrius*, du pays ou du père ; *Evandrius*, d'Évandre ; *civilis*, civil.

3° Ceux qui expriment l'origine : *equinus*, de cheval ; *paternus*, paternel.

4° Ceux de nombre : *primus*, premier ; *decimus*, dixième.

5° De matière : *aureus*, d'or.

6° De temps : *hesternus*, d'hier ; *æstivus*, d'été.

7° La plupart de ceux en *dus* : *amandus*, devant être aimé. Il y a des exceptions : *candidus, didior* ; *fecundus, splendidus*, etc. ; et même *nefandissimus, verecundissimus, secundior, issimus*, favorable, etc.

8° En *plex* : *duplex*, double ; excepté, *simplex*, simple, *plicior, icissimus*.

9° En *imus* : *legitimus*, légitime.

10° Les composés de *gero* et de *fero* : *armiger*, écuyer ; *frugifer*, fertile.

11° Les composés de *præ*, *per*, *ex*, *sub*, comme *prædives*, très-riche (excepté *præclarior, præclarissimus*), ainsi que ceux qui viennent des verbes, comme *præstans*, *præstantior*, *issimus*, *etc.*); *percarus*, très-cher; *edurus*, très-dur; *subhorridus*, un peu négligé On trouve *perlucidior*, *perdifficillimus*, *perpaucissimus*, *perplurimum*.

12° Ceux en *bundus*; presque tous ceux en *icus*, *ulus*, *idus*, comme *modicus*, *credulus*, *trepidus*; en *alis*, *ilis* : *exitialis*, *hostilis*. On trouve *tremebundior*.

13o Les diminutifs, et plusieurs autres en *lus* : *misellus*, malheureux ; *garrulus*, babillard. (*Bellus*, joli, fait *bellissimus*.)

14° Ceux en *ster* : *campester*, de plaine.

Ainsi que les suivans : *Albus*, blanc ; *almus*, qui nourrit, bienfaisant; *ater*, noir; *balbus*, *blæsus*, bègue ; *canus*, blanc ; *caducus*, caduc ; *calvus*, chauve ; *cicur*, apprivoisé ; *claudus*, boiteux; *cæcus*, aveugle; *compos*, qui est maître de; *præditus*, doué ; *curvus*, courbé ; *degener*, dégénéré ; *dispar*, différent ; *egenus*, indigent (*egentior*, d'*egens*) ; *ferus*, sauvage ; *gnarus*, qui sait ; *gnavus*, actif ; *impos*, qui ne possède pas ; *invidus*, envieux ; *jejunus*, à jeun ; *lacer*, déchiré ; *lassus*, fatigué ; *lubricus*, glissant ; *magnanimus*, magnanime ; *mancus*, défectueux ; *mediocris*, médiocre ; *memor*, qui se souvient ; *merus*, pur ; *mirus*, étonnant ; *mutilus*, mutilé ; *mutus*, muet ; *navus*, actif ; *nefastus*, défendu ; *par*, pareil ; *popularis*, populaire ; *properus*, qui se hâte ; *protervus*, insolent ; *rudis*, qui ne sait pas ; *salutaris*, salutaire ; *satur*, rassasié ; *surdus*, sourd ; *trux*, farouche ; *unicus*, unique ; *vagus*, errant ; *vetulus*, vieux ; *volucer* ou *volucris*, qui vole ; *vulgaris*, vulgaire ; et quelques autres, ainsi que la plupart des noms en *us* qui ont une voyelle devant *us*, comme nous l'avons dit ci-dessus.

Le comparatif s'exprime par *magis* avec le positif, et le superlatif par *maxime*; mais on se sert encore pour former le superlatif, des adverbes *valde*, *sane*, *imprimis*, *oppido* (beaucoup), *apprime*, *admodum*, *perquam*, et des prépositions *per* et *præ*.

Quelques comparatifs prennent un diminutif, comme *grandiusculus*, *majusculus*, *longiusculus*, *minusculus*, *tardiusculus*, *plusculum*; ils doivent se rendre par le mot *un peu* placé devant le comparatif français. Ex. : *Plusculum*, un peu plus.

Les adjectifs en *ivus*, excepté *fugitivus*, paraissent suivre la règle générale : *lascivior*, *tempestivior*, *festivissimus*, etc.

Liste des noms qui ont une voyelle devant *us*, et qui peuvent se comparer. (Nous ne donnons ici que les plus usités.)

Antiquior, *antiquissimus*.
Assiduiores, Var. *Assiduissime*, Cic.
Exiguissimus, Ov., Plin.
Piissimus, Sénèq., Q.-Curt., etc.
Strenuissimus, Sall., T.-Liv.

Tenuior, Cic. *Tenuissimus*, id.
Vacuissimus, Ovid.
On trouve aussi *crispior*, *opimior*, *silvestrior*, *tardior*, Plin.; et *ipsissimus*, mais seulement dans les comiques.

Beaucoup de participes présens et passés prennent les degrés de comparaison : *Sciens, tior, tissimus ; spoliatus, tior ; abstinentissimus,* etc. (*Voy.* l'excellent traité de M. Pront.)

§ 56. RÈGLE DES COMPARATIFS.

Doctior Petro.

Le comparatif veut à l'ablatif le nom qui suit, en supprimant le *que :* plus savant que Pierre, *doctior Petro.* On peut aussi exprimer le *que* par *quàm*, et mettre après le même cas que devant : Paul est plus savant que Pierre, *Paulus est doctior quàm Petrus.*

§ 57. RÈGLE DES SUPERLATIFS.

Altissima arborum ou *ex arboribus* ou *inter arbores.*

Le superlatif veut le nom pluriel suivant au génitif, ou à l'ablatif avec *e* ou *ex*, ou à l'accusatif avec *inter.*

Exemple. Le plus haut des arbres, *altissima arborum* ou *ex arboribus* ou *inter arbores.*

REMARQUE. Le superlatif prend ordinairement le genre du *nom pluriel* qui suit : *altissima* est du féminin parce que son régime *arborum* est du féminin.

§ 58. Des diminutifs.

On appelle diminutif les noms qui diminuent la signification.

De la terminaison *us, a*, on a fait *ulus ; a*. D'*eus, ius*, on a fait *olus, a*; d'*er, ra, rum* ; de *mus, ma, mum* ; de *nus, na, num*, on a fait *llus, lla, llum*. D'*o*, on a fait *unculus, a. Er, or, us*, ajoutent *culus, a, um. Ax, ix, ox, es, is*, retranchent *x* et *s* devant *culus. Us*, à la quatrième déclinaison, fait *iculus, a.* — Ex. : *Ramus, ramulus ; filius, filiolus ; liber, libellus ; rima, rimula ; granum, granulum ; oratio, oratiuncula ; adolescentulus, pagella ; oscillum,* petite bouche ou image qu'on offrait à Saturne ; *sigillum,* petite figure ; *pullus, flosculus, homunculus, anserculus, ensiculus, vocula, versiculus, cornicula.*

D'autres se terminent aussi en *eus :* *equulus* et *equuleus.*

D'autres se terminent en *io* : *senex, senecio*, faible vieillard ; *pusus, pusio*, petit garçon.

Les noms grecs se terminent en *iscus* : *Syrus, Syriscus.*

Aster. 1° Cette terminaison augmente la signification, mais par dérision : *theologaster*, un grand théologien.

2° Elle marque diminution : *surdaster*, un peu sourd ; *philosophaster*, prétendu philosophe.

3° Imitation : *Antoniaster*, partisan d'Antoine.

Quelques diminutifs forment eux-mêmes d'autres diminutifs. *Puerulus* ou *puellus* fait *puellulus*, petit enfant ; *cistella, cistellula*, petit panier, etc.

Ils reçoivent des adjectifs comme *pisciculi parvi*, de petits poissons.

§ 59. NOMS DE NOMBRE.

Les Noms de Nombre servent à compter ou à ranger les choses.

Il y a deux sortes de Noms de Nombre : le *Nombre Cardinal* marque simplement le Nombre, comme *unus, duo, tres,* un, deux, trois ; le *Nombre Ordinal* marque l'ordre et le rang de chaque chose, comme *primus, secundus, tertius,* le premier, le second, le troisième.

NOMBRES CARDINAUX.
SINGULIER.

	m.	f.	n.	
Nom.	Unus,	una,	unum,	*un, une, un.*
Gén.	Unius,	} de tout genre.		
Dat.	Uni,			
Acc.	Unum, unam, unum.			
Abl.	Uno, una, uno.			

REMARQUE. Ainsi se déclinent :

1° Ullus, ulla, ullum, *aucun, aucune,* sans négation ; *G.* ullius ; *D.* ulli ; *Acc.* ullum, ullam, ullum ; *Abl.* ullo, ullâ, ullo.

2° Nullus, nulla, nullum, *aucun, aucune, pas un* ; *G.* nullius ; *D.* nulli, etc.

3° Solus, sola, solum, *seul, seule* ; *G.* solius ; *D.* soli ; *Acc.* solum, solam, solum ; *Abl.* solo, solâ, solo.

4° Totus, tota, totum, *tout, toute* ; *G.* totius ; *D.* toti, etc.

5° Alius, alia, aliud, *autre* ; *G.* alius ; *D.* alii.

6° Alter, altera, alterum, *autre* (en parlant de deux seulement) ; *G.* alterius ; *D.* alteri.

7° Uter, utra, utrum, *lequel des deux* ; *G.* utrius ; *D.* utri.

Neuter, neutra, neutrum, *ni l'un ni l'autre* ; *G.* neutrius ; *D.* neutri.

Uterque, utraque, utrumque, *l'un et l'autre*; G. utriusque; D. utrique.

Alteruter, alterutra, alterutrum, *l'un ou l'autre*; G. alterutrius; D. alterutri [1].

§ 60. Nom Pluriel.

Nom.	Duo,	duæ,	duo,	*deux.*
Gén.	Duorum,	duarum,	duorum,	*de deux.*
Dat.	Duobus,	duabus,	duobus,	*à deux.*
Acc.	Duos *ou* duo,	duas,	duo,	*deux.*
Abl.	Duobus,	duabus,	duobus,	*de deux.*

§ 61. Nom Pluriel.

Nom.	Tres,	tres,	tria,	*trois.*
Gén.	Trium,	} *de tout genre.*		
Dat.	Tribus,			
Acc.	Tres,	tres,	tria.	
Abl.	Tribus, *de tout genre.*			

Les autres Noms de Nombre jusqu'à cent sont indéclinables : *quatuor*, quatre; *quinque*, cinq ; *sex*, six; *septem*, sept; *octo*, huit; *nonem*, neuf.

Au-dessous de cent, quand il y a deux mots pour exprimer un nombre, le moindre nombre se met le premier ; ainsi on dit; *unus et viginti, duo et viginti*, etc.

Voir le tableau et les règles de construction des Noms de Nombre à la fin de la Syntaxe, § 390 et suiv.

~~~~~~~~~~~~~~~~~~~~~~~~~~~~~~~~~~~~~

§ 62. TROISIÈME ESPÈCE DE MOTS.

LE PRONOM [1].

Le *Pronom* est un mot qui tient la place du nom.

---

§ 59. [1] On dit aussi *altera utra, alterum utrum, alterius utrius, alteri utri*. — Le pluriel de ces adjectifs est usité, et se décline sur *boni, æ, a*. Cependant *alteruter* paraît être peu usité à ce nombre *Voy*. p. 315, 374 et 375.

§ 62. [1] Les pronoms (*pro nomine*, pour le nom, à la place du nom) désignent les trois personnes du discours. — Pour se dési-

PRONOMS PERSONNELS.

Il y a trois personnes[1] : la première personne est celle qui parle ; la seconde est celle à qui l'on parle ; la troisième est celle de qui l'on parle.

§ 63. *Pronom de la première personne.*

SINGULIER.

Nom.	Ego,	je ou	moi.

Il n'a pas de vocatif : quand on s'adresse la parole, on se parle toujours à la seconde personne.

Gén.	Meî,		de moi.
Dat.	Mihi,	me,	à moi.
Acc.	Me,	me,	moi.
Abl.	Me,		de moi.

PLURIEL.

Nom.	Nos,	nous.
Gén.	Nostrûm *ou* nostrî,	de nous.
Dat.	Nobis,	à nous.
Acc.	Nos,	nous.
Abl.	Nobis,	de nous.

---

gner elle-même, la première personne emploie le pronom *je*. Ex. : *Je lis*. — On désigne la seconde personne par le pronom *tu*. Ex. : *Tu lis*. — Dans ces phrases, *Dieu est bon, la terre est fertile, Dieu, la terre*, étant les objets dont on parle, sont de la troisième personne.

[1] Le mot *personne* vient du latin *persona*, le masque dont les acteurs se couvraient le visage sur le théâtre, et par extension il signifie acteur, personnage, rôle.

Ainsi, être la première, la seconde ou la troisième personne, c'est jouer le premier, le second ou le troisième rôle dans le discours. Voilà pourquoi, en ce sens, le mot *personne* se dit également des hommes et des choses, des êtres animés et des êtres inanimés. (Gramm. gén.).

§§ 63, 64, 65. Pour exprimer l'adjectif *même*, on peut ajouter à tous les cas des pronoms personnels la syllabe *met*, avec ou sans *ipse* : *Egomet, memet, mihimet, temet, semet ipsum*. Il n'y a que le génitif pluriel de ces pronoms et le nominatif *tu* qui ne prennent pas la particule *met*. Mais on trouve *tute* au nominatif, ainsi que *meme, tete, sese*, à l'accusatif et à l'ablatif singuliers. *Sese* est plus usité que les autres.

3.

§ 64. *Pronom de la seconde personne.*

SINGULIER.

Nom.	Tu,	tu ou	toi.
Voc.	Tu,		toi.
Gén.	Tui,		de toi.
Dat.	Tibi,	te,	à toi.
Acc.	Te,	te,	toi.
Abl.	Te,		de toi.

PLURIEL.

Nom.	Vos,	vous.
Voc.	Vos,	vous.
Gén.	Vestrum *ou* vestri [1],	de vous.
Dat.	Vobis,	à vous.
Acc.	Vos,	vous.
Abl.	Vobis,	de vous.

§ 65. *Pronom de la troisième personne.* [2]

Il n'a point de nominatif [3]; il est de tout genre, et le même au pluriel qu'au singulier.

SINGULIER et PLURIEL.

Gén.	Sui, *de soi, de lui-même, d'eux-mêmes, d'elles-mêmes.*
Dat.	Sibi, *se, à soi, à lui-même, à eux-mêmes, à elles-mêmes.*
Acc.	Se, *se, soi, lui-même, eux-mêmes, elles-mêmes.*
Abl.	Se, *de soi, d'eux-mêmes, d'elles-mêmes.*

---

§ 64. [1] Voyez, § 258, la différence que l'on doit observer dans l'emploi de *nostrum, vestrum* et de *nostri, vestri.*

§ 65. [2] *Il, elle,* se traduisent par *ille, illa, illud : ille lit, ille legit* (on sous-entend ordinairement le pronom).

[3] *Sui;* ce pronom ne peut avoir de nominatif, parce qu'il est réfléchi, c'est-à-dire qu'il exprime l'action du sujet (nominatif) sur lui-même.

§ 66. PRONOMS ADJECTIFS.

Singulier.

	m.	f.	n.	
Nom.	Is,	ea,	id,	il, elle, ce.
Gén.	Ejus,			de lui, d'elle.
Dat.	Ei,			à lui, à elle.
Acc.	Eum,	eam,	id,	le, la, le.
Abl.	Eo,	eâ,	eo.	de lui, d'elle.

Pluriel.

	m.	f.	n.	
Nom.	Ii ou ei,	eæ,	ea,	ils, elles.
Gén.	Eorum,	earum,	eorum,	d'eux, d'elles.
Dat.	Iis ou	eis,		à eux, à elles.
Acc.	Eos,	eas,	ea,	les, eux, elles.
Abl.	Iis ou	eis,		d'eux, d'elles.

§ 67. AUTRE.

Singulier.

	m.	f.	n.	
Nom.	Hic,	hæc,	hoc,	celui-ci, celle-ci,
Gén.	Hujus,	*de tout genre.*		cela.
Dat.	Huic,			
Acc.	Hunc,	hanc,	hoc.	
Abl.	Hoc,	hâc,	hoc.	

Pluriel.

	m.	f.	n.	
Nom.	Hi,	hæ,	hæc,	ceux-ci, celles-ci,
Gén.	Horum,	harum,	horum,	ces choses.
Dat.	His, *de tout genre.*			
Acc.	Hos,	has,	hæc.	
Abl.	His, *de tout genre.*			

§ 66. Ou mieux *adjectifs indicatifs* ou *démonstratifs*. Ils servent à indiquer des objets ou à les rappeler à l'esprit. Ils s'accordent, comme les adjectifs, en genre, en nombre et en cas avec le substantif.

§ 67. On ajoute au pronom *hic, hæc, hoc,* les syllabes *ce* ou *cine*, qui en augmentent le sens démonstratif, *hicce, hiccine,* etc. *Ce* s'ajoute ordinairement aux cas terminés en *s : hujusce, hasce, hisce,* etc. *cine* s'ajoute aux cas terminés en *c : hiccine, hæccine,* etc. (*Ramshorn* en excepte *huic.*) On trouve aussi *hoscine, hiscine.*

§. 68. *AUTRE.*
SINGULIER.

m. f. n.

Nom. Ille, illa, illud¹, *celui-là, celle-là, cela.*
Gén. Illius, } *de tout genre.*
Dat. Illi,
Acc. Illum, illam, illud.
Abl. Illo, illâ, illo.

PLURIEL.

Nom. Illi, illæ, illa, *ceux-là, celles-là,*
Gén. Illorum, illarum, illorum, *ces choses.*
Dat. Illis, *de tout genre.*
Acc. Illos, illas, illa.
Abl. Illis, *de tout genre.*

Déclinez de même : Iste, ista, istud, *ce, cet, cette.*

§ 69. *AUTRE.*
SINGULIER.

Nom. Ipse¹, ipsa, ipsum, *moi, toi ou lui-même, elle-même, cela même.*
Gén. Ipsius, } *de tout genre.*
Dat. Ipsi,
Acc. Ipsum, ipsam, ipsum.
Abl. Ipso, ipsâ, ipso.

PLURIEL.

Nom. Ipsi, ipsæ, ipsa.
Gén. Ipsorum, ipsarum, ipsorum.
Dat. Ipsis, *de tout genre.*
Acc. Ipsos, ipsas, ipsa.
Abl. Ipsis, *de tout genre.*

§ 68. ¹ Du pronom *hic*, combiné avec les pronoms *ille* et *iste*, se forment deux autres pronoms, *illic, illæc, illoc* ou *illuc*; *istic, istæc, istoc* ou *istuc*; usités seulement au nominatif, à l'accusatif et à l'ablatif singulier, et au neutre pluriel, *illæc.*

En combinant avec *en* ou *ecce* les pronoms *is, ea, id; iste, a, ud; ille, a, ud*, on a formé des expressions très-usitées dans le langage familier, *eccum, eccam, eccos, eccas; ellum, ellam, ellos; eccillum, eccistam*, le voici, le voilà, les voici, etc.

On trouve dans les poëtes *olli* au datif, pour *illi*, de l'ancien *ollus.*

§§ 69 et 70. ¹ *Ipse* se place après le nom, *idem* avant (*Homo ipse;*

§ 70. *AUTRE.*

SINGULIER.

	m.	f.	n.	
Nom.	Idem,	eadem,	idem,	*le même, la même, le même.*
Gén.	Ejusdem,	} *de tout genre.*		
Dat.	Eidem,			
Acc.	Eumdem,	eamdem,	idem.	
Abl.	Eodem,	eâdem,	eodem.	

PLURIEL.

Nom.	Iidem,	eædem,	eadem,	*les mêmes.*
Gén.	Eorumdem,	earumdem,	eorumdem.	
Dat.	Iisdem *ou* eisdem, *de tout genre.*			
Acc.	Eosdem, easdem, eadem.			
Abl.	Iisdem *ou* eisdem, *de tout genre.*			

§ 71. PRONOMS POSSESSIFS[1].

SINGULIER.

	m.	f.	n.	
Nom.	Meus,	mea,	meum,	*mon, ma, mon, le mien, la mienne, le mien.*
Voc.	Mi[2],	mea,	meum.	
Gén.	Mei,	meæ,	mei.	
Dat.	Meo,	meæ,	meo.	
Acc.	Meum,	meam,	meum.	
Abl.	Meo,	meâ,	meo.	

PLURIEL.

	m.	f.	n.	
Nom.	Mei,	meæ,	mea,	*mes, les miens, les miennes, les miens.*
Voc.	Mei,	meæ,	mea.	
Gén.	Meorum,	mearum,	meorum.	
Dat.	Meis, *de tout genre.*			
Acc.	Meos,	meas,	mea.	
Abl.	Meis, *de tout genre.*			

---

idem homo). On change *m* en *n* par euphonie dans *eundem, eorundem.*

[1] Ou mieux *adjectifs pronominaux possessifs.* [2] Le voc. *mi* vient de l'ancien *mius, a, um.*

Ainsi se déclinent :
Tuus, a, um, *ton, ta, ton ; le tien, la tienne, le tien.*
Suus, a, um[1], *son, sa, son ; le sien, la sienne, le sien.*
Et Cujus, a, um, *à qui ?* (peu usité). Mais ils n'ont point de vocatif.

§ 72. SINGULIER.

	m.	f.	n.	
Nom.	Noster,	nostra,	nostrum,	*notre.*
	le nôtre,	*la nôtre,*	*le nôtre.*	
Voc.	Noster,	nostra,	nostrum.	
Gén.	Nostri,	nostræ,	nostri.	
Dat.	Nostro,	nostræ,	nostro.	
Acc.	Nostrum,	nostram,	nostrum.	
Abl.	Nostro,	nostrâ,	nostro.	

PLURIEL.

Nom.	Nostri,	nostræ,	nostra,	*nos, les*
Voc.	Nostri,	nostræ,	nostra.	*nôtres.*
Gén.	Nostrorum,	nostrarum,	nostrorum.	
Dat.	Nostris, *de tout genre.*			
Acc.	Nostros,	nostras,	nostra.	
Abl.	Nostris, *de tout genre.*			

Déclinez de même :
Vester, vestra, vestrum, *votre, le vôtre,* etc.

RÈGLE. Les Pronoms adjectifs, quand ils sont joints à un Nom, s'accordent avec ce nom en genre, en nombre et en cas. *Ex.* Mon père, *pater meus ;* ma mère, *mater mea ;* mon bras, *brachium meum.*

§ 73. PRONOMS RELATIFS.
SINGULIER.

	m.	f.	n.	
Nom.	Qui,	quæ,	quod,	*qui, lequel,*
Gén.	Cujus,	} *de tout genre.*		*laquelle.*
Dat.	Cui,			

§ 71. [1] On ajoute à l'ablatif singulier de *suus, a, um,* la syllabe *pte,* qui se traduit par *propre, suapte manu,* de sa propre main, etc. On dit aussi *meamet, suismet,* etc.

§ 72. *Nostras, vestras, cujas,* gén. *nostratis,* pl. m. f. *nostrates,* n. *nostratia,* etc., signifient de notre, de votre pays, de notre parti, etc.

§ 73. A l'ablatif on se sert quelquefois de *qui ; qui fit* pour *quomodo fit.* Cicéron emploie *quicum* de préférence à *quocum.*

Acc.   Quem,   quam,   quod.
Abl.   Quo,   quâ,   quo.

PLURIEL.

Nom. Qui,   quæ,   quæ,   *qui, lesquels,*
Gén. Quorum,   quarum,   quorum; *lesquelles;*
Dat. Quibus (*et queis, peu usité*), *de tout genre.*
Acc. Quos,   quas,   quæ;
Abl. Quibus (*et queis, peu usité*), *de tout genre.*

§ 74. Règle du *QUI* relatif,

Ou manière de joindre le Qui relatif avec le Nom ou Pronom qui est devant, et que l'on appelle Antécédent.

On fait accorder en latin *qui, quæ, quod,* en genre et en nombre avec son antécédent[1].

Ex. : Le père qui, *pater qui*; la mère qui, *mater quæ*; le temple qui, *templum quod*.

Les pronoms *hic, is, ille, ipse, iste,* s'accordent aussi en genre et en nombre avec le nom dont ils tiennent la place : ainsi, en parlant de la tête, nous disons *elle*, parce que *tête* est du féminin; en latin il faut mettre *illud,* parce que *caput* est du neutre.

§ 75. Composés de Qui.

Dans les composés de *qui*, on décline seulement *qui*; les autres syllabes restent les mêmes.

          m.   f.   n.
N. Quicunque, quæcunque, quodcunque, *quiconque*.
G. Cujuscunque. D. Cuicunque, *de tout genre.*

AUTRE.

          m.   f.   n.
N. Quidam, quædam, quoddam *et* quiddam[1], *un certain.*

---

quâcum. On trouve au Dat. *quoi* au lieu de *cui* dans les poëtes, et même *quojus* pour *cujus.*

§ 74. Il représente l'antécédent, il doit donc se mettre au même genre, au même nombre.

§ 75. [1] *Quoddam* s'emploie comme *adjectif,* et *quiddam* comme *substantif.*

G. Cujusdam, D. Cuidam, *de tout genre*. Acc. Quemdam, *etc*.

AUTRE.

m.   f.   n.
N. Quilibet, quælibet, quodlibet *et* quidlibet [1], *qui l'on voudra.* G. Cujuslibet. D. Cuilibet. Acc. Quemlibet, *etc*.

De même : Quivis, quævis, quodvis. G. Cujusvis. D. Cuivis. Acc. Quemvis, *etc.*, *etc.*

§ 76. *Qui interrogatif,* Quis [1] ?

SINGULIER.

m.   f.   n.
N. Quis, quæ, quid (*et* quod *avec un nom*) *qui, quel, quelle, quoi ?*
G. Cujus, }
D. Cui,   } *de tout genre.*
Ac. Quem, quam, quid (*et* quod *avec un nom*).
Ab. Quo,   quâ,   quo.

PLURIEL.

N. Qui [2],   quæ,   quæ,   *qui, quels, quelles.*
G. Quorum, quarum, quorum.
D. Quibus, *de tout genre.*
Ac. Quos,   quas,   quæ.
Ab. Quibus, *de tous genres,*

§ 77. *Composés de* Quis.

On décline seulement *quis* ; les autres syllabes restent les mêmes.

---

1 *Quidlibet* signifie *ce que l'on voudra.*

§ 76. [1] On se sert aussi de *qui, quæ, quod,* dans le sens interrogatif. Dans les bons auteurs, *quis, quæ, quid,* est ordinairement employé comme substantif, et *qui, quæ, quod,* comme adjectif.

Quelquefois ils sont employés l'un pour l'autre, *quis esset tantus fructus ? — Non possum oblivisci qui fuerim.* Cic.

[2] Anciennement on disait *ques* au nomin. et à l'acc. plur., *quis* et *queis* au dat.

     m.   *f.*   *n.*
N. Quisnam, quænam, quodnam *et* quidnam[1], *quel, quelle, quelle chose.*
G. Cujusnam. *D.* Cuinam, *de tout genre*, etc.
     m.   *f.*   *n.*
N. Quispiam, quæpiam, quodpiam [1] *et* quidpiam, *quelqu'un, quelqu'une quelque chose.*
G. Cujuspiam. *D.* Cuipiam.
 De même : N. Quisquam, quæquam, quodquam *et* quidquam.
G. Cujusquam, *D.* Cuiquam, *de tout genre.*
N. Quisque, quæque, quodque *et* quidque, *chacun, chacune, chaque chose.*
G. Cujusque. *D.* Cuique, *de tout genre.*
N. Quisquis, *masc.*; quidquid, *neutre; qui que ce soit, tout ce qui.*

Il n'a que les cas suivans : *Dat. sing.* Cuicui. *Abl.* Quoquo, quâquâ. *Acc. plur.* Quosquos, quasquas, quæquæ.
On trouve *quiqui*, n. pl. Cic., p. Sex., 45 ; et *quibusquibus*, T. L., 41-8.

§ 78. Dans les deux composés suivans, *quis* est à la fin du mot, et les cas neutres au pluriel sont en *a*.
N. Aliquis, aliqua, aliquod [1] *et* aliquid, *quelque, quelqu'un, quelqu'une, quelque chose.*
G. Alicujus. *D.* Alicui. *Acc.* Aliquem, am, od, id. *Abl.* Aliquo, â, o. *Pl. N.* Aliqui, aliquæ, aliqua (*devant un nom de choses qui se comptent, on dit, au pluriel,* Aliquot, *indéclinable*), etc.
N. Ecquis, ecqua, ecquod *et* ecquid, *quel, quelle, quoi?*
G. Eccujus. *D.* Eccui, etc.
Pluriel. N. Ecqui, ecquæ, ecqua, *etc. On ne dit pas* ecquot. — *Dans* Unusquisque, *chacun, on décline* unus *et* quis.
N. Unusquisque, unaquæque, unumquodque.

§ 77. [1] *Quodnam* et *quodpiam* sont adjectifs ; *quidnam* et *quidpiam* sont substantifs. *Nam* donne plus de force à l'interrogation.
Joignez à ces pronoms *quisquam*, quelqu'un, qu'on emploie ordinairement comme substantif, ainsi que *quisquis : Est-ne quisquam, qui,* etc. ; *quisquis es,* etc. ; et *quotquot,* indéclin., autant qu'il y en a.
§ 78. [1] *Aliquod* est adjectif et se joint toujours à un substantif.

G. Uniuscujusque. *D.* Unicuique. *Acc.* Unumquemque, unamquamque, unumquodque.
Abl. Unoquoque, unaquaque, unoquoque.

§ 79. QUATRIÈME ESPÈCE DE MOTS.

LE VERBE.

Le mot dont on se sert pour exprimer que l'on est ou que l'on fait quelque chose s'appelle *Verbe* : ainsi le mot *être, je suis*, etc., est un Verbe. Le mot *lire, je lis*, etc., est un Verbe.

On connaît un Verbe, en français, quand on peut y ajouter ces pronoms *je, tu, il, nous, vous, ils* ou *elles :* comme *je* lis, *tu* lis, *il* lit, *nous* lisons, *vous* lisez, *ils* lisent.

Ces mots *je, nous,* marquent la première personne, c'est-à-dire celle qui parle.

Ces mots *tu, vous,* marquent la seconde personne, c'est-à-dire celle à qui l'on parle.

Ces mots *il, elle, ils, elles*, et tout nom mis devant un verbe, marquent la troisième personne, c'est-à-dire celle de qui l'on parle.

§ 80. Il y a dans les Verbes deux nombres : le singulier, quand on parle d'une seule personne, comme *l'enfant dort;* et le pluriel, quand on parle de plusieurs personnes, comme *les enfans dorment.*

Il y a trois temps : le *Présent*, qui marque que la

Aliquid s'emploie comme substantif. *Aliquod lucrum*; *aliquid lucri*, quelque gain. Les particules *si, ne, ec,* et *num* forment des adjectifs avec *qui* ou *quod*, et des substantifs avec *quis* ou *quid* : *Siqui* et *siquis, nequi* et *nequis*. Au féminin on dit également *siquæ, ecquæ,* et *siqua, ecqua,* etc., mais on dit seulement *nequa*.

Siquis signifie si quelqu'un, *nequis*, que quelqu'un ne, etc. — *Ecquis, numquis* s'emploient quand la réponse doit être négative.

Voix des verbes.

§ 80. Il y a deux voix dans les verbes : la voix active et la voix passive.

Ex. : *L'homme juste honore la vertu.* Le sujet (*homme*) fait une action. Le verbe est à la voix active (de *ago, agere*, agir, faire).

L'homme juste est honoré par ses semblables. Le sujet ne fait pas

chose se fait actuellement, comme *je lis* : le *Passé* ou *Prétérit*, qui marque que la chose a été faite, comme *j'ai lu*; le *Futur*, qui marque que la chose se fera, comme *je lirai*.

On distingue trois sortes de prétérits ou passés, savoir : l'imparfait, *je lisais*; le parfait, *j'ai lu*; et le plus-que-parfait, *j'avais lu*.

Il y a deux futurs : le futur simple, *je lirai*; et le futur passé, *j'aurai lu*.

§ 81. Il y a quatre modes dans les Verbes : 1° l'*Indicatif*, quand on affirme que la chose se fait, ou qu'elle s'est faite, ou qu'elle se fera ; 2° l'*Impératif*, quand on commande de la faire; 3° le *Subjonctif*, quand on souhaite ou qu'on doute qu'elle se fasse ; 4° l'*Infinitif*, qui exprime l'action en général, sans nombres ni personnes, comme *lire*. Ce dernier mode contient le *Participe*, le *Supin* et le *Gérondif*, qui sont des *noms formés du Verbe*.

Réciter de suite tous les différens modes d'un Verbe avec tous leurs temps, leurs nombres et leurs personnes, cela s'appelle *conjuguer*.

§ 82. Il y a en latin quatre conjugaisons : la première fait à l'Infinitif *are*[1], et à la seconde personne du Présent de l'indicatif, *as*.

La seconde conjugaison fait à l'Infinitif *ere* (*e* long), et à la seconde personne du Présent de l'Indicatif, *es*.

La troisième conjugaison fait à l'Infinitif *ere* (*e* bref), et à la seconde personne du Présent de l'Indicatif, *is*.

La quatrième conjugaison fait à l'Infinitif *ire*, et à la seconde personne du Présent de l'Indicatif, *is*.

§ 83. Nous commencerons par le Verbe *Sum*, je suis, qui s'appelle *Verbe substantif*.

---

l'action; il la reçoit, il la souffre (*patitur*). Le verbe est passif (*patior, pati, passus*, souffrir).

Il y a encore d'autres verbes, appelés neutres (*neuter*, ni l'un ni l'autre), qui n'expriment ni l'un ni l'autre de ces deux sens.

Ex. : Dormir, *dormire*; être étendu, *jacere*.

§ 82. [1] Il faut distinguer dans les verbes le *radical* et la *terminaison*.

Le radical est invariable : il représente l'idée de l'action ou de l'état marqué par le verbe. Dans am o, j'aime, *am*, radical, exprime

INDICATIF.

Présent.

Sing.	Sum[1],	je suis.
	Es,	tu es.
	Est,	il est.
Plur.	Sumus,	nous sommes.
	Estis,	vous êtes.
	Sunt,	ils sont.

Imparfait.

Sing.	Eram,	j'étais.
	Eras,	tu étais.
	Erat,	il était.
Plur.	Eramus,	nous étions.
	Eratis,	vous étiez.
	Erant,	ils étaient.

Parfait.

Sing.	Fu i,	j'ai été.
	Fu isti,	tu as été.
	Fu it,	il a été.
Plur.	Fu imus,	nous avons été.
	Fu istis,	vous avez été.
	Fu erunt ou fu ère,	ils ont été.

Autrement pour le français : *Je fus, tu fus, il fut, nous fûmes, vous fûtes, ils furent.*

Ou : *J'eus été, tu eus été, il eut été, nous eûmes été, vous eûtes été, ils eurent été.*

Plus-que-parfait.

Sing.	Fu eram,	j'avais été.
	Fu eras,	tu avais été.
	Fu erat,	il avait été.
Plur.	Fu eramus,	nous avions été.
	Fu eratis,	vous aviez été.
	Fu erant,	ils avaient été.

---

l'action d'aimer ; *o*, terminaison, exprime l'idée de l'existence : c'est comme si l'on disait *je suis aimant*. La terminaison *o* indique en même temps la première personne, le nombre singulier, le temps présent, le mode indicatif et la voix active. La terminaison varie suivant les personnes.

[1] On disait anciennement *esum*,.... *esumus*,... *esunt*; fut. *eso*, pour *ero*, *escit*, pour *erit*.

FUTUR.

Sing.	Ero,	je serai.
	Eris,	tu seras.
	Erit,	il sera.
Plur.	Erimus,	nous serons.
	Eritis,	vous serez.
	Erunt,	ils seront.

FUTUR PASSÉ.

Sing.	Fu ero,	j'aurai été.
	Fu eris,	tu auras été.
	Fu erit,	il aura été.
Plur.	Fu erimus,	nous aurons été.
	Fu eritis,	vous aurez été.
	Fu erint,	ils auront été.

IMPÉRATIF.

Il n'y a point de première personne[1].

Sing.	Es[2] ou esto,	sois.
	Esto (ille),	qu'il soit.
Plur.	Simus,	soyons.
	Este ou estote,	soyez.
	Sunto[3],	qu'ils soient.

SUBJONCTIF.

Présent.

Sing.	Sim[4],	que je sois.
	Sis,	que tu sois.
	Sit,	qu'il soit.
Plur.	Simus,	que nous soyons.
	Sitis,	que vous soyez.
	Sint,	qu'ils soient.

Imparfait.

Sing.	Essem ou Forem[5]	que je fusse.

---

[1] Quand on s'adresse la parole à soi-même, on se sert de la seconde personne.

[2] *Es* n'est guère en usage que dans les composés de *sum*. On doit préférer *esto*.

[3] Les troisièmes personnes en *nto* ne sont guère usitées que dans les lois.

[4] *Sim* est contracté pour *siem*, *sies*, *siet*. On trouve *fuat*, de *fuam*.

[5] *Forem* vient probablement de *fuerem*, du vieux verbe *fuo*. *Fo-*

	Esses ou Fores,	que tu fusses.
	Esset, ou Foret,	qu'il fût.
Plur.	Essemus,	que nous fussions.
	Essetis,	que vous fussiez.
	Essent ou Forent,	qu'ils fussent.

Autrement pour le français : *Je serais, tu serais, il serait, nous serions, vous seriez, il seraient.*

Parfait.

Sing.	Fu erim,	que j'aie été.
	Fu eris,	que tu aies été.
	Fu erit,	qu'il ait été.
Plur.	Fu erimus,	que nous ayons été.
	Fu eritis,	que vous ayez été.
	Fu erint,	qu'ils aient été.

Plus-que-parfait.

Sing.	Fu issem,	que j'eusse été.
	Fu isses,	que tu eusses été.
	Fu isset,	qu'il eût été.
Plur.	Fu issemus,	que nous eussions été.
	Fu issetis,	que vous eussiez été.
	Fu issent,	qu'ils eussent été.

Autrement pour le français : *J'aurais été, tu aurais été, il aurait été, nous aurions été, vous auriez été, ils auraient été.*

INFINITIF.

Parfait et Imparfait.

Esse, *être,* qu'il est ou qu'il était.

Parfait et Plus-que-parfait.

Fu isse, *avoir été,* qu'il a ou qu'il avait été.

Futur.

Fore (*indécl.*) ou futurum, futuram, futurum esse (*décl.*), *devoir être,* qu'il sera ou qu'il serait.

---

rem à toutes les personnes du singulier, et seulement la troisième personne du pluriel. *Fore* et *futurum* viennent du même verbe.

FUTUR PASSÉ. (*Il se décline.*)

Futurum, futuram, futurum fuisse, *avoir dû être, qu'il aurait été* ou *qu'il eût été.*

PARTICIPE FUTUR.

Futurus, futura, futurum, *devant être qui sera,* ou *qui doit être.*

Ainsi se conjuguent les Verbes composés de *Sum,* comme *Adesse, adsum,* être présent; *Abesse,* être absent; *Deesse,* manquer; *Interesse,* assister à; *Obesse,* nuire; *Præesse,* présider à; *Subesse,* être dessous, etc.

§ 84. *Règle générale pour tous les verbes.*

Ego sum.

Tout verbe s'accorde en nombre et en personne avec son nominatif.

Exemples.

Je suis, *Ego sum. Ego* est du singulier; *sum* est aussi du singulier; *ego* est de la première personne; *sum* est aussi de la première personne.

Tu es, *tu es;* il est, *ille est;* nous sommes, *nos sumus;* vous êtes, *vos estis;* ils sont, *illi sunt.*

Cette règle regarde également tous les autres Verbes que nous allons conjuguer.

§ 85. VERBES ACTIFS.

On appelle Verbes actifs ceux qui sont terminés en *o,* et qui ont un passif, comme *Verbero,* je frappe, qui a le passif *Verberor,* je suis frappé.

Les verbes qui ont la forme *active* se distinguent :

1º En *transitifs* ou *actifs*. Ils expriment alors que l'action passe du sujet du verbe sur l'objet.

Ex. : Pierre aime Paul. *Pierre* est le *sujet* qui fait l'action. *Paul* est l'*objet* de cette action.

2º Ils peuvent être *intransitifs* ou *neutres :* alors

l'action ou l'état exprimé par le verbe ne passe pas du sujet sur un objet.

Ex. : Pierre marche ; Pierre dort.

Quand le verbe *transitif* ou *actif* n'a point de régime ou complément, il a la valeur d'un verbe *intransitif*.

Ainsi, Pierre aime, mange, *Petrus amat, edit*, équivaut à *Petrus est in amore, Petrus cœnat*. Mais on reconnaît que *amat* et *edit* sont grammaticalement transitifs, parce qu'on peut sous-entendre *aliquid*, quelque chose.

PREMIÈRE CONJUGAISON.
Are, As.
INDICATIF.
Présent.

Sing.	Am o,	j'aime.
	Am as,	tu aimes.
	Am at,	il aime.
Plur.	Am amus,	nous aimons.
	Am atis,	vous aimez.
	Am ant,	ils aiment.

Imparfait.

Sing.	Am abam,	j'aimais.
	Am abas,	tu aimais.
	Am abat,	il aimait.
Plur.	Am abamus,	nous aimions.
	Am abatis,	vous aimiez.
	Am abant,	ils aimaient.

Parfait.

Sing.	Amav i,	j'ai aimé.
	Amav isti,	tu as aimé.
	Amav it,	il a aimé.
Plur.	Amav imus,	nous avons aimé.
	Amav istis,	vous avez aimé.
	Amav erunt *ou* Amav ere,	ils ont aimé.

Autrement pour le français : *J'aimai, tu aimas, il aima ; nous aimâmes, vous aimâtes, ils aimèrent.*

Ou : *J'eus aimé, tu eus aimé, il eut aimé ; nous eûmes aimé, vous eûtes aimé, ils eurent aimé.*

PLUS-QUE-PARFAIT.

Sing.	Amav eram,	j'avais aimé.
	Amav eras,	tu avais aimé.
	Amav erat,	il avait aimé.
Plur.	Amav eramus,	nous avions aimé.
	Amav eratis,	vous aviez aimé.
	Amav erant,	ils avaient aimé.

FUTUR.

Sing.	Am abo,	j'aimerai.
	Am abis,	tu aimeras.
	Am abit,	il aimera.
Plur.	Am abimus,	nous aimerons.
	Am abitis,	vous aimerez.
	Am abunt,	ils aimeront.

FUTUR PASSÉ.

Sing.	Amav ero,	j'aurai aimé.
	Amav eris,	tu auras aimé.
	Amav erit,	il aura aimé.
Plur.	Amav erimus,	nous aurons aimé.
	Amav eritis,	vous aurez aimé.
	Amav erint,	ils auront aimé.

IMPÉRATIF.

Point de première personne au singulier.

Sing.	Am a *ou* am ato,	aime.
	Am ato (ille),	qu'il aime.
Plur.	Am emus,	aimons.
	Am ate *ou* am atote,	aimez.
	Am anto,	qu'ils aiment.

SUBJONCTIF.

PRÉSENT.

Sing.	Am em,	que j'aime.
	Am es,	que tu aimes.
	Am et,	qu'il aime.

Plur. Am emus, que nous aimions.
Am etis, que vous aimiez.
Am ent, qu'ils aiment.

Imparfait.

Sing. Am arem, que j'aimasse.
Am ares, que tu aimasses.
Am aret, qu'il aimât.
Plur. Am aremus, que nous aimassions.
Am aretis, que vous aimassiez.
Am arent, qu'ils aimassent.

Autrement pour le français : J'aimerais, tu aimerais, il aimerait; nous aimerions, vous aimeriez, ils aimeraient.

Parfait.

Sing. Amav erim, que j'aie aimé.
Amav eris, que tu aies aimé.
Amav erit, qu'il ait aimé.
Plur. Amav erimus, que nous ayons aimé.
Amav eritis, que vous ayez aimé.
Amav erint, qu'ils aient aimé.

Plus-que-parfait.

Sing. Amav issem, que j'eusse aimé.
Amav isses, que tu eusses aimé.
Amav isset, qu'il eût aimé.
Plur. Amav issemus, que nous eussions aimé.
Amav issetis, que vous eussiez aimé.
Amav issent, qu'ils eussent aimé.

Autrement pour le français : J'aurais aimé, tu aurais aimé, il aurait aimé; nous aurions aimé, vous auriez aimé, ils auraient aimé.

INFINITIF.

Présent et Imparfait.

Am are, *aimer**, qu'il aime ou qu'il aimait.

---

* Il y a quatre conjugaisons françaises, la première comprend tous les verbes dont l'infinitif est en *er*; ils se conjuguent comme *aimer*.

Parfait et Plus-que-parfait.

Amav isse, *avoir aimé, qu'il a* ou *qu'il avait aimé.*

Futur. (*Il se décline.*)

Am aturum, am aturam, am aturum esse, *devoir aimer ; qu'il aimera* ou *qu'il aimerait.*

Futur Passé. (*Il se décline.*)

Am aturum, am aturam, am aturum fuisse, *avoir dû aimer, qu'il aurait* ou *qu'il eût aimé.*

Participe Présent.

Am ans, am antis, *aimant, qui aime* ou *qui aimait.*

Participe Futur.

Am aturus, am atura, am aturum, *devant aimer, qui aimera* ou *qui doit aimer.*

Supin.

Am atum,   *à aimer.*

Gérondif.

Am andi,   *d'aimer.*
Am ando,   *en aimant.*
Am andum,   *à aimer* ou *pour aimer.*

Remarque. Les participes se déclinent, savoir : les participes en *ans* et en *ens*, comme *prudens* ; et les participes en *us*, comme *bonus, a, um*.

Ainsi se conjuguent *laud are*, louer ; *vituper are*, blâmer ; *verber are*, frapper ; *voc are*, appeler, etc.

§ 86. SECONDE CONJUGAISON.

Ere, es. (E *long.*)

Indicatif.

Présent.

Sing. Mon eo,   *j'avertis.*
     Mon es,   *tu avertis.*
     Mon et,   *il avertit.*

Plur.	Mon emus,	nous avertissons.
	Mon etis,	vous avertissez.
	Mon ent,	ils avertissent.

Imparfait.

Sing.	Mon ebam,	j'avertissais.
	Mon ebas,	tu avertissais.
	Mon ebat,	il avertissait.
Plur.	Mon ebamus,	nous avertissions.
	Mon ebatis,	vous avertissiez.
	Mon ebant,	ils avertissaien.

Parfait.

Sing.	Monu i,	j'ai averti.
	Monu isti,	tu as averti.
	Monu it,	il a averti.
Plur.	Monu imus,	nous avons averti.
	Monu istis,	vous avez averti.
	Monu erunt *ou* monu ère,	ils ont averti.

Autrement pour le français : *J'avertis, tu avertis, il avertit; nous avertîmes, vous avertîtes, ils avertirent.*

Ou : *J'eus averti, tu eus averti, il eut averti; nous eûmes averti, vous eûtes averti, ils eurent averti.*

Plus-que-parfait.

Sing.	Monu eram,	j'avais averti.
	Monu eras,	tu avais averti.
	Monu erat,	il avait averti.
Plur.	Monu eramus,	nous avions averti.
	Monu eratis,	vous aviez averti.
	Monu erant,	ils avaient averti.

Futur.

Sing.	Mon ebo,	j'avertirai.
	Mon ebis,	tu avertiras.
	Mon ebit,	il avertira.
Plur.	Mon ebimus,	nous avertirons.
	Mon ebitis,	vous avertirez.
	Mon ebunt,	ils avertiront.

Futur passé.

Sing. Monu ero,   j'aurai averti.
      Monu eris,   tu auras averti.
      Monu erit,   il aura averti.
Plur. Monu erimus,   nous aurons averti.
      Monu eritis,   vous aurez averti.
      Monu erint,   ils auront averti.

IMPÉRATIF.

Point de première personne.

Sing. Mon e *ou* mon eto, avertis.
      Mon eto (ille), qu'il avertisse.
Plur. Mon eamus,   avertissons.
      Mon ete *ou* mon etote, avertissez.
      Mon ento,   qu'ils avertissent.

SUBJONCTIF.

Présent.

Sing. Mon eam,   que j'avertisse.
      Mon eas,   que tu avertisses.
      Mon eat,   qu'il avertisse.
Plur. Mon eamus,   que nous avertissions.
      Mon eatis,   que vous avertissiez.
      Mon eant,   qu'ils avertissent.

Imparfait.

Sing. Mon erem,   que j'avertisse.
      Mon eres,   que tu avertisses.
      Mon eret,   qu'il avertît.
Plur. Mon eremus,   que nous avertissions.
      Mon eretis,   que vous avertissiez.
      Mon erent,   qu'ils avertissent.

Autrement pour le français : J'avertirais, tu avertirais, il avertirait ; nous avertirions, vous avertiriez, ils avertiraient.

Parfait.

Sing. Monu erim,   que j'aie averti.
      Monu eris,   que tu aies averti.
      Monu erit,   qu'il ait averti.

Plur. Monu erimus, que nous ayons averti.
Monu eritis, que vous ayez averti.
Monu erint, qu'ils aient averti.

Plus-que-Parfait.

Sing. Monu issem, que j'eusse averti.
Monu isses, que tu eusses averti.
Monu isset, qu'il eût averti.
Plur. Monu issemus, que nous eussions averti.
Monu issetis, que vous eussiez averti.
Monu issent, qu'ils eussent averti.

Autrement pour le français : *J'aurais averti, tu aurais averti, il aurait averti; nous aurions averti, vous auriez averti, ils auraient averti.*

INFINITIF.

Présent et Imparfait.

Mon ere, *avertir* *, *qu'il avertit* ou *qu'il avertissait.*

Parfait et Plus-que-parfait.

Monu isse, *avoir averti, qu'il a* ou *qu'il avait averti.*

Futur. (*Il se décline.*)

Mon iturum, mon ituram, mon iturum esse, *devoir avertir, qu'il avertira* ou *qu'il avertirait.*

Futur passé. (*Il se décline.*)

Mon iturum, mon ituram, mon iturum fuisse, *avoir dû avertir, qu'il aurait* ou *qu'il eût averti.*

Participe Présent.

Mon ens, mon entis, *avertissant, qui avertit* ou *qui avertissait.*

Participe Futur.

Mon iturus, mon itura, mon iturum, *devant avertir, qui doit* ou *qui devait avertir.*

---

* La seconde conjugaison française comprend tous les Verbes dont l'infinitif est terminé en *ir*; ils se conjuguent sur *avertir*.

DE LA GRAMMAIRE LATINE.

SUPIN.

Mon itum, à avertir.

GÉRONDIF.

Mon endi, d'avertir.
Mon endo, en avertissant.
Mon endum, à avertir ou pour avertir.

Ainsi se conjuguent *doc ere*, instruire; *terr ere*, épouvanter; *ten ere*, tenir; *impl ere*, emplir : ce dernier fait au parfait *implevi*.

§ 87. TROISIÈME CONJUGAISON.

ERE, IS. (E *bref*.)

INDICATIF.

PRÉSENT.

Sing. Leg o,   je lis.
       Leg is,   tu lis.
       Leg it,   il lit.
Plur. Leg imus,   nous lisons.
       Leg itis,   vous lisez.
       Leg unt,   ils lisent.

IMPARFAIT.

Sing. Leg ebam,   je lisais.
       Leg ebas,   tu lisais.
       Leg ebat,   il lisait.
Plur. Leg ebamus,   nous lisions.
       Leg ebatis,   vous lisiez.
       Leg ebant,   ils lisaient.

PARFAIT.

Sing. Leg i,   j'ai lu.
       Leg isti,   tu as lu.
       Leg it,   il a lu.

Plur. Leg imus, nous avons lu.
Leg istis, vous avez lu.
Leg erunt ou leg ère, ils ont lu.

Autrement pour le français : *Je lus, tu lus, il lut; nous lûmes, vous lûtes, ils lurent.*

Ou : *J'eus lu, tu eus lu, il eut lu ; nous eûmes lu, vous eûtes lu, ils eurent lu.*

PLUS-QUE-PARFAIT.

Sing. Leg eram, j'avais lu.
Leg eras, tu avais lu.
Leg erat, il avait lu.
Plur. Leg eramus, nous avions lu.
Leg eratis, vous aviez lu.
Leg erant, ils avaient lu.

FUTUR.

Sing. Leg am, je lirai.
Leg es, tu liras.
Leg et, il lira.
Plur. Leg emus, nous lirons.
Leg etis, vous lirez.
Leg ent, ils liront.

FUTUR PASSÉ.

Sing. Leg ero, j'aurai lu.
Leg eris, tu auras lu.
Leg erit, il aura lu.
Plur. Leg erimus, nous aurons lu.
Leg eritis, vous aurez lu.
Leg erint, ils auront lu.

IMPÉRATIF.

Point de première personne.

Sing. Leg e *ou* leg ito, lis.
Leg ito (ille), qu'il lise.
Plur. Leg amus, lisons.
Leg ite *ou* leg itote, lisez.
Leg unto, qu'ils lisent.

SUBJONCTIF.
Présent.

Sing. Leg am,   que je lise.
     Leg as,   que tu lises.
     Leg at,   qu'il lise.
Plur. Leg amus,   que nous lisions.
     Leg atis,   que vous lisiez.
     Leg ant,   qu'ils lisent.

Imparfait.

Sing. Leg erem,   que je lusse.
     Leg eres,   que tu lusses.
     Leg eret,   qu'il lût.
Plur. Leg eremus,   que nous lussions.
     Leg eretis,   que vous lussiez.
     Leg erent,   qu'ils lussent.

Autrement pour le français : *Je lirais, tu lirais, il lirait ; nous lirions, vous liriez, ils liraient.*

Parfait.

Sing. Leg erim,   que j'aie lu.
     Leg eris,   que tu aies lu.
     Leg erit,   qu'il ait lu.
Plur. Leg erimus,   que nous ayons lu.
     Leg eritis,   que vous ayez lu.
     Leg erint,   qu'ils aient lu.

Plus-que-parfait.

Sing. Leg issem,   que j'eusse lu.
     Leg isses,   que tu eusses lu.
     Leg isset,   qu'il eût lu.
Plur. Leg issemus,   que nous eussions lu.
     Leg issetis,   que vous eussiez lu.
     Leg issent,   qu'ils eussent lu.

Autrement pour le français : *J'aurais lu, tu aurais lu, il aurait lu ; nous aurions lu, vous auriez lu, ils auraient lu.*

INFINITIF.
Présent et Imparfait.

Leg ere, *lire, qu'il lit* ou *qu'il lisait.*

PARFAIT ET PLUS-QUE-PARFAIT.

Leg isse, *avoir lu, qu'il a* ou *qu'il avait lu.*

FUTUR. (*Il se décline.*)

Lect urum, lect uram, lect urum esse, *devoir lire;*
qu'il lira ou *qu'il lirait.*

FUTUR PASSÉ. (*Il se décline.*)

Lect urum, lect uram, lect urum fuisse, *avoir dû lire,*
qu'il aurait ou *qu'il eût lu.*

PARTICIPE PRÉSENT.

Leg ens, leg entis, *lisant, qui lit* ou *qui lisait.*

PARTICIPE FUTUR. (*Se décline.*)

Lect urus, lect ura, lec turum, *devant lire, qui doit*
ou devait lire.

SUPIN.

Lec tum, *à lire.*

GÉRONDIF.

Leg endi, *de lire.*
Leg endo, *en lisant.*
Leg endum, *à lire* ou *pour lire.*

Ainsi se conjuguent *vinc ere, o, vici, victum,* vaincre ; *occid ere, o, i, occisum,* tuer ; *scrib ere, o, scripsi, ptum,* écrire ; *cognosc ere, o, cognovi, cognitum,* connaître.

~~~~~~

§ 88. *Second Verbe de la troisième Conjugaison, terminé en* io.

INDICATIF.

PRÉSENT.

Sing. Accip io, *je reçois.*
Accip is, *tu reçois.*
Accip it, *il reçoit.*

---

§. 88. Rappelez-vous que la conjugaison d'un verbe se règle sur la terminaison de l'infinitif. Ainsi *accipio* est de la troisième

Plur. Accip imus, nous recevons,
   Accip itis, vous recevez.
   Accip iunt, ils reçoivent.

IMPARFAIT.

Sing. Accip iebam, je recevais.
   Accip iebas, tu recevais.
   Accip iebat, il recevait.
Plur. Accip iebamus, nous recevions.
   Accip iebatis, vous receviez.
   Accip iebant, ils recevaient.

PARFAIT.

Accep i, *j'ai reçu...*, le reste comme leg i.

PLUS-QUE-PARFAIT.

Accep eram, *j'avais reçu...*, comme leg eram.

FUTUR.

Sing. Accip iam, je recevrai.
   Accip ies, tu recevras.
   Accip iet, il recevra.
Plur. Accip iemus, nous recevrons.
   Accip ietis, vous recevrez.
   Accip ient, ils recevront.

FUTUR PASSÉ.

Accep ero, *j'aurai reçu...*, comme leg ero.

IMPÉRATIF.

Point de première personne.

Sing. Accip e ou accip ito, reçois.
   Accip ito (ille), qu'il reçoive.
Plur. Accip iamus, recevons.
   Accip ite ou accip itote, recevez.
   Accip iunto, qu'ils reçoivent.

---

conjugaison parce que l'infinitif de ce verbe est terminé en *ere* (*accipere*). Dans ce verbe et autres semblables, le parfait, le plus-que-parfait, le futur passé de l'indicatif, se terminent en *i*, *eram*, *ero*, et non pas *ivi* ou *ii*, *iveram*, *ivero* ou *iero*. L'imparfait, le parfait et le plus-que-parfait du subjonctif se terminent en *erem*, *erim*, *issem*, et non *irem*, *iverim* ou *ierim*, *ivissem* ou *iissem*.

SUBJONCTIF.
Présent.

Sing. Accip iam, *que je reçoive.*
Accip ias, *que tu reçoives.*
Accip iat, *qu'il reçoive.*
Plur. Accip iamus, *que nous recevions.*
Accip iatis, *que vous receviez.*
Accip iant, *qu'ils reçoivent.*

Imparfait.

Sing. Accip erem, *que je reçusse.*
Accip eres, *que tu reçusses.*
Accip eret, *qu'il reçût.*
Plur. Accip eremus, *que nous reçussions.*
Accip eretis, *que vous reçussiez.*
Accip erent, *qu'ils reçussent.*

Autrement : *Je recevrais, tu recevrais, il recevrait, nous recevrions*, etc.

Parfait.

Accep erim, *que j'aie reçu*, comme leg erim.

Plus-que-parfait.

Accep issem, *que j'eusse reçu*, comme leg issem.

Autrement : *J'aurais reçu, tu aurais reçu, il aurait reçu*, etc.

INFINITIF.
Présent et Imparfait.

Accip ere, *recevoir, qu'il reçoit ou qu'il recevait.*

Parfait et Plus-que-parfait.

Accep isse, *avoir reçu, qu'il a ou qu'il avait reçu.*

Futur. (*Il se décline.*)

Accept urum, accept uram, accept urum esse, *devoir recevoir, qu'il recevra ou qu'il recevrait.*

La troisième conjugaison française comprend tous les Verbes dont l'infinitif est terminé en *oir*; ils se conjuguent sur *recevoir*.

DE LA GRAMMAIRE LATINE.

FUTUR PASSÉ. (*Il se décline.*)

Accept urum, accept uram, accept urum fuisse, *avoir dû recevoir, qu'il aura* ou *qu'il aurait reçu.*

PARTICIPE PRÉSENT.

Accip iens, accip ientis, *recevant, qui reçoit* ou *qui recevait.*

PARTICIPE FUTUR.

Accep turus, ra, rum, *devant recevoir, qui recevra ou qui doit recevoir.*

SUPIN.

Accep tum,   *à recevoir.*

GÉRONDIF.

Accip iendi,   *de recevoir.*
Accip iendo,   *en recevant.*
Accip iendum, *à recevoir* ou *pour recevoir.*

§ 89. QUATRIÈME CONJUGAISON.

IRE, IS.

INDICATIF.

PRÉSENT.

Sing.   AUD IO,   *j'entends* ou *j'écoute.*
       Aud is,   *tu entends* ou *tu écoutes.*
       Aud it,   *il entend* ou *il écoute.*
Plur.   Aud imus,   *nous entendons* ou, etc.
       Aud itis,   *vous entendez.*
       Aud iunt,   *ils entendent.*

IMPARFAIT.

Sing.   Aud iebam,   *j'entendais* ou *j'écoutais.*
       Aud iebas,   *tu entendais.*
       Aud iebat,   *il entendait.*
Plur.   Aud iebamus,   *nous entendions.*
       Aud iebatis,   *vous entendiez.*
       Aud iebant,   *ils entendaient.*

PARFAIT.

Sing. Aud ivi,   j'ai entendu.
       Aud ivisti,   tu as entendu.
       Aud ivit,   il a entendu.
Plur. Aud ivimus,   nous avons entendu.
       Aud ivistis,   vous avez entendu.
       Aud iverunt ou aud ivêre, *ils ont entendu.*

Autrement pour le français : *J'entendis, tu entendis, il entendit ; nous entendîmes, vous entendîtes, ils entendirent.*

Ou : *J'eus entendu, tu eus entendu, il eut entendu ; nous eûmes entendu, vous eûtes entendu, ils eurent entendu.*

PLUS-QUE-PARFAIT.

Sing. Aud iveram,   j'avais entendu.
       Aud iveras,   tu avais entendu.
       Aud iverat,   il avait entendu.
Plur. Aud iveramus,   nous avions entendu.
       Aud iveratis,   vous aviez entendu.
       Aud iverant,   ils avaient entendu.

FUTUR.

Sing. Aud iam,   j'entendrai.
       Aud ies,   tu entendras.
       Aud iet,   il entendra.
Plur. Aud iemus,   nous entendrons.
       Aud ietis,   vous entendrez.
       Aud ient,   ils entendront.

FUTUR PASSÉ.

Sing. Aud ivero,   j'aurai entendu.
       Aud iveris,   tu auras entendu.
       Aud iverit,   il aura entendu.
Plur. Aud iverimus   nous aurons entendu.
       Aud iveritis,   vous aurez entendu.
       Aud iverint,   ils auront entendu.

IMPÉRATIF.

Point de première personne.

Sing. Aud i ou aud ito,   entends.
       Aud ito (ille),   qu'il entende.

Plur. Aud iamus,   entendons.
       Aud ite *ou* auditote, *entendez.*
       Aud iunto,   *qu'ils entendent.*

SUBJONCTIF.
Présent.

Sing. Aud iam,   *que j'entende.*
       Aud ias,   *que tu entendes.*
       Aud iat,   *qu'il entende.*
Plur. Aud iamus,   *que nous entendions.*
       Aud iatis,   *que vous entendiez.*
       Aud iant,   *qu'ils entendent.*

Imparfait.

Sing. Aud irem,   *que j'entendisse.*
       Aud ires,   *que tu entendisses.*
       Aud iret,   *qu'il entendît.*
Plur. Aud iremus,   *que nous entendissions.*
       Aud iretis,   *que vous entendissiez.*
       Aud irent,   *qu'ils entendissent.*

Autrement pour le français : *J'entendrais, tu entendrais, il entendrait, nous entendrions, vous entendriez, ils entendraient.*

Parfait.

Sing. Aud iverim,   *que j'aie entendu.*
       Aud iveris,   *que tu aies entendu.*
       Aud iverit,   *qu'il ait entendu.*
Plur. Aud iverimus,   *que nous ayons entendu.*
       Aud iveritis,   *que vous ayez entendu.*
       Aud iverint,   *qu'ils aient entendu.*

Plus-que-parfait.

Sing. Aud ivissem,   *que j'eusse entendu.*
       Aud ivisses,   *que tu eusses entendu.*
       Aud ivisset,   *qu'il eût entendu.*
Plur. Aud ivissemus,   *que nous eussions entendu.*
       Aud ivissetis,   *que vous eussiez entendu.*
       Aud ivissent,   *qu'ils eussent entendu.*

Autrement pour le français : *J'aurais entendu, tu aurais entendu, il aurait entendu ; nous aurions entendu, vous auriez entendu, ils auraient entendu.*

INFINITIF.

Présent et Imparfait.

Aud ire, *entendre*, qu'il entend* ou *qu'il entendait.*

Parfait et Plus-que-parfait.

Aud ivisse, *avoir entendu, qu'il a* ou *qu'il avait entendu.*

Futur. (*Il se décline.*)

Aud iturum, aud ituram, aud iturum esse, *devoir entendre, qu'il entendra* ou *qu'il entendrait.*

Futur Passé. (*Il se décline*).

Aud iturum, aud ituram, aud iturum fuisse, *avoir dû entendre, qu'il eût* ou *qu'il aurait entendu.*

Participe Présent.

Aud iens, aud ientis, *entendant, qui entend* ou *qui entendait.*

Participe Futur.

Aud iturus, aud itura, aud iturum, *devoir entendre, qui doit* ou *qui devait entendre.*

Supin.

Aud itum, *à entendre.*

Gérondif.

Aud iendi, *d'entendre.*
Aud iendo, *en entendant.*
Aud iendum, *à entendre* ou *pour entendre.*

Ainsi se conjuguent *aper ire, io, ui, tum,* ouvrir; *mun ire, io, ivi, itum,* fortifier; *sepel ire, io, ivi, sepultum,* ensevelir; *pun ire, io, ivi, itum,* punir.

* La quatrième conjugaison française comprend tous les Verbes dont l'infinitif est terminé en *re* : ils se conjuguent sur *entendre*.

Voyez, dans la Méthode, la conjugaison périphrastique, § 430.

REMARQUE. On peut faire une syncope, c'est-à-dire retrancher quelques lettres dans les parfaits et dans tous les temps qui en sont formés, en ôtant *ve*, ou *vi*, et quelquefois le *v* seulement dans la quatrième conjugaison ; ainsi l'on dit : *amârunt* pour *amaverunt*, *implessem* pour *implevissem*, *audieram* pour *audiveram*, *audiissem* pour *audivissem*.

Dans la quatrième conjugaison, les poëtes retranchent souvent *e* à l'imparfait de l'indicatif : *mops parturibat* pour *parturiebat*, etc. Dans les anciens auteurs, le futur est en *bo* dans la troisième et dans la quatrième conjugaison (*scibo*, *dicebo*), ce qui n'est pas à imiter.

On se sert des impératifs en *to* pour donner plus de force à l'expression : *Exploratum habeto*, sois certain. On ne doit même employer que *scito* et *scitote*, à l'impératif du verbe *scio*.

§ 90. TABLEAU GÉNÉRAL

Dans lequel on a mis sous un même coup d'œil les quatre Conjugaisons.

INDICATIF.	1		2		3		4	
Présent.	Am o,	as.	mon eo,	es.	leg o,	is.	aud io,	is.
Imparfait.	Am abam,	abas.	mon ebam,	ebas.	leg ebam,	ebas.	aud iebam,	iebas.
Parfait.	Amav i,	isti.	monu i,	isti.	leg i,	isti.	audiv i,	isti.
Plus-que-parfait.	Amav eram,	eras.	monu eram,	eras.	leg eram,	eras.	audiv eram,	eras.
Futur.	Am abo,	abis.	mon ebo,	ebis.	leg am,	es.	aud iam,	ies.
Futur Passé.	Amav ero,	eris.	monu ero,	eris.	leg ero,	eris.	audiv ero,	eris.
IMPÉRATIF.	Am a,	ato.	mon e,	eto.	leg e,	ito.	aud i,	ito.
SUBJONCTIF.								
Présent.	Am em,	es.	mon eam,	eas.	leg am,	as.	aud iam,	ias.
Imparfait.	Am arem,	ares.	mon erem,	eres.	leg erem,	eres.	aud irem,	ires.
Parfait.	Amav erim,	eris.	monu erim,	eris.	leg erim,	eris.	audiv erim,	eris.
Plus-que-parfait.	Amav issem,	isses.	monu issem,	isses.	leg issem,	isses.	audiv issem,	isses.
INFINITIF.	Am are, amav isse.		mon ere, monu isse		leg ere,		isse. aud ire,	ivisse.
Part. présent.	Am ans.		mon ens.		leg ens.		aud iens.	

§ 91. FORMATION DES TEMPS.
Présent de l'infinitif.

Otez-en la dernière syllabe, vous aurez l'impératif :
Ama, mone, lege, audi.*
Ajoutez-y m, vous aurez l'imparfait du subjonctif :
Amare m, monere m, legere m, audire m.

§ 92. Présent de l'indicatif [1].

1° Dans les deux premières conjugaisons, changez o en *abo, ebo*, vous aurez le futur : *am abo, mon ebo*; dans les deux dernières, changez o en *am* : *leg am, audi am*.

2° Dans la première conjugaison, changez o en *em*, vous aurez le présent du subjonctif, *am em*; dans les trois autres, changez o en *am*, *mone am*, *leg am*, *audi am*.

* Quatre Verbes, *dico, duco, facio, fero*, font à l'impératif *dic, duc, fac, fer*, ainsi que les verbes qui en sont composés, excepté, parmi les composés de *facio*, ceux qui changent *facere* en *ficere* (*perfice, confice*, etc.). Ex. : *Traduc, lucrifac, effer*. On trouve dans Térence *traduce et face*, ce qui n'est pas à imiter. (*Fer* se forme régulièrement de l'infinitif *fer re*.)

§ 93. Parfait de l'indicatif [2].

Changez i en *eram*, vous aurez le plus-que-parfait : Amav eram, monu eram, leg eram, audiv eram.
Changez i en *ero*, vous aurez le futur passé :

---

§ 92. [1] Du présent de l'indicatif se forment encore :

1° L'imparfait de l'indicatif, en changeant dans la 1re conjugaison o en *abam* : am o, am abam; dans la 2e conjugaison, o en *bam* : mone o, mone bam, dans la 3e et la 4e conjugaison, o en *ebam* : leg o, leg ebam; audi o, audi ebam.

2° Le participe présent, en changeant dans la 1re conjugaison o en *ans* : am o, am ans; dans la 2e, o en *ns* : mone o, mone ns; dans la 3e et la 4e, o en *ens* : leg o, leg ens; audi o, audi ens.

3° Les gérondifs, en changeant dans la 1re conjugaison, o en *andi, ando, andum* : am o, am andi, do, dum; dans la 2e, o en *ndi, ndo, ndum* : doce o, doce ndi, ndo, ndum; dans la 3e et la 4e, o en *endi, endo, endum* : leg o, leg endi, endo, endum; audi o, audi endi, endo, endum.

§ 93. [2] Le parfait de l'infinitif se forme du parfait de l'indicatif, en ajoutant *sse*, dans les quatre conjugaisons, ama vi sse, legi sse, etc. Du supin en *um*, on forme le participe du

Amav ero, monu ero, leg ero, audivero.

Changez *i* en *erim*, vous aurez le parfait du subjonctif :

Amav erim, monu erim, leg erim, audiv erim.

Changez *i* en *issem*, vous aurez le plus-que-parfait du subjonctif :

Amav issem, monu issem, leg issem, audiv issem.

§. 94. RÈGLE DES VERBES ACTIFS.

Amo Deum.

Tous les verbes actifs gouvernent l'accusatif.

Ex. : J'aime, j'aimais, j'ai aimé, j'aimerai Dieu, *amo, amabam, amavi, amabo Deum.*

Vous aviez instruit, vous instruiriez l'enfant, *docueras, doceres puerum.*

Il aura lu, il aurait lu le livre, *legerit, legisset librum*; écoutez votre maître, *audi magistrum tuum.*

---

§ 95. CONJUGAISON

DES VERBES PASSIFS.

On forme le verbe passif en ajoutant *r* à l'actif : *amo, amor; doceo, doceor*[1].

PREMIÈRE CONJUGAISON PASSIVE.

AMARI.

INDICATIF.

Présent.

Sing. Am or,   je suis aimé.
     Am aris *ou* am are,   tu es aimé.

---

futur en changeant *um* en *urus, a, um* : *amat um, amat urus, monit um, monit urus; lect um, lect urus; audit um, audit urus.*

§ 95. 1 Dans certains verbes le passif peut avoir aussi une signification réfléchie. Ex. *Falli*, être trompé ou se tromper; *delectari*, être réjoui et se réjouir, etc.

Un verbe est réfléchi lorsque le *sujet* (nominatif) fait l'action et la reçoit tout à la fois.

	Am atur,	il est aimé.
Plur.	Am amur,	nous sommes aimés.
	Am amini,	vous êtes aimés.
	Am antur,	ils sont aimés.

IMPARFAIT.

Sing.	Am abar,	j'étais aimé.
	Am abaris *ou* am abare,	tu étais aimé.
	Am abatur,	il était aimé.
Plur.	Am abamur,	nous étions aimés.
	Am abamini,	vous étiez aimés.
	Am abantur,	ils étaient aimés.

PARFAIT. (*Il se décline.*)

Sing.	Am atus sum *ou* fui,	j'ai été aimé.
	Am atus es *ou* fuisti,	tu as été aimé.
	Am atus est *ou* fuit,	il a été aimé.
Plur.	Am ati sumus *ou* fuimus,	nous avons été aimés.
	Am ati estis *ou* fuistis,	vous avez été aimés.
	Am ati sunt *ou* fuerunt,	ils ont été aimés.

Autrement pour le français : *Je fus aimé, tu fus aimé, il fut aimé ; nous fûmes aimés, vous fûtes aimés, ils furent aimés.*

Ou : *J'eus été aimé, tu eus été aimé, il eut été aimé ; nous eûmes été aimés, vous eûtes été aimés, ils eurent été aimés.*

PLUS-QUE-PARFAIT. (*Il se décline.*)

Sing.	Am atus eram *ou* fueram,	j'avais été aimé.
	Am atus eras *ou* fueras,	tu avais été aimé.
	Am atus erat *ou* fuerat,	il avait été aimé.
Plur.	Am ati eramus *ou* fueramus,	nous avions été aimés.
	Am ati eratis *ou* fueratis,	vous aviez été aimés.
	Am ati erant *ou* fuerant,	ils avaient été aimés.

FUTUR.

Sing.	Am abor,	je serai aimé.
	Am aberis *ou* am abere,	tu seras aimé.
	Am abitur,	il sera aimé.

Plur.	Am abimur,	nous serons aimés.
	Am abimini,	vous serez aimés.
	Am abuntur,	ils seront aimés.

Futur Passé.

Sing.	Am atus ero *ou* fuero,	j'aurai été aimé.
	Am atus eris *ou* fueris,	tu auras été aimé.
	Am atus erit *ou* fuerit,	il aura été aimé.
Plur.	Am ati erimus *ou* fuerimus,	nous aurons été aimés.
	Am ati eritis *ou* fueritis,	vous aurez été aimés.
	Am ati erunt *ou* fuerint,	ils auront été aimés.

IMPARFAIT.

Point de première personne.

Sing.	Am are [1] *ou* am ator,	sois aimé.
	Am ator (ille),	qu'il soit aimé.
Plur.	Am emur,	soyons aimés.
	Am amini,	soyez aimés.
	Am antor,	qu'ils soient aimés.

SUBJONCTIF.

Présent.

Sing.	Am er,	que je sois aimé.
	Am eris *ou* am ere,	que tu sois aimé.
	Am etur,	qu'il soit aimé.
Plur.	Am emur,	que nous soyons aimés.
	Am emini,	que vous soyez aimés.
	Am entur,	qu'ils soient aimés.

Imparfait.

Sing.	Am arer,	que je fusse aimé.
	Am areris *ou* am arere,	que tu fusses aimé.
	Am aretur,	qu'il fût aimé.

---

[1] Dans tous les impératifs, la seconde personne du singulier est semblable à l'infinitif présent actif. La première personne du pluriel est semblable à celle du présent du subjonctif passif, et la seconde à celle de l'indicatif présent.

Plur. Am aremur, que nous fussions aimés.
      Am aremini, que vous fussiez aimés.
      Am arentur, qu'ils fussent aimés.

Autrement pour le français : *Je serais aimé, tu serais aimé, il serait aimé; nous serions aimés, vous seriez aimés, ils seraient aimés.*

PARFAIT. (*Il se décline.*)

Sing. Am atus sim *ou* fuerim, que j'aie été aimé.
      Am atus sis *ou* fueris, que tu aies été aimé.
      Am atus sit *ou* fuerit, qu'il ait été aimé.
Plur. Am ati simus *ou* fuerimus, que nous ayons été aimés.
      Am ati sitis, *ou* fueritis, que vous ayez été aimés.
      Am ati sint *ou* fuerint, qu'ils aient été aimés.

PLUS-QUE-PARFAIT. (*Il se décline.*)

Sing. Am atus essem *ou* fuissem, que j'eusse été aimé.
      Am atus esses *ou* fuisses, que tu eusses été aimé.
      Am atus esset *ou* fuisset, qu'il eût été aimé.
Plur. Am ati essemus *ou* fuissemus, que nous eussions été aimés.
      Am ati essetis *ou* fuissetis, que vous eussiez été aimés.
      Am ati essent *ou* fuissent, qu'ils eussent été aimés.

Autrement pour le français ; *J'aurais été aimé, tu aurais été aimé, il aurait été aimé; nous aurions été aimés, vous auriez été aimés, ils auraient été aimés.*

INFINITIF.

PRÉSENT ET IMPARFAIT.

Am ari*, être aimé, qu'il est ou était aimé.

PARFAIT ET PLUS-QUE-PARFAIT. (*Il se décline.*)

Am atum, am atam, am atum esse *ou* fuisse, avoir été aimé, qu'il a *ou* avait été aimé.

---

* L'infinitif présent se terminait anciennement en *ier*, *laudarier*; *causam dicier*, pour *dici*, etc.

Am atum (*indéclinable*) iri, am andum (*il se décline*) esse, *devoir être aimé, qu'il est* ou *qu'il sera aimé.*

Futur Passé. (*Il se décline.*)

Am andum, andam, andum fuisse, *avoir dû être aimé, qu'il aurait* ou *qu'il eût été aimé.*

Participe Passé.

Am atus, am ata, am atum, *aimé, ayant été aimé, qui a été aimé.*

Participe Futur.

Am andus, am anda, am andum, *devant être aimé, qui doit, qui devait être aimé.*

Supin.

Am atu, *à être aimé.*

Ainsi se conjuguent *laudor,* je suis loué ; *vituperor,* je suis blâmé ; *verberor,* je suis frappé ; *vocor,* je suis appelé, etc.

Remarque. Tous les temps composés se déclinent, tant au singulier qu'au pluriel, comme *bonus, a, um,* et ils s'accordent en genre, en nombre et en cas avec leur nominatif. *Exemple :* Le père a été aimé, *pater amatus fuit* ; la mère a été aimée, *mater amata fuit* ; l'esclave a été aimé, *mancipium amatum fuit.*

---

§ 96. SECONDE CONJUGAISON PASSIVE.

Moneri.

INDICATIF.

Présent.

Sing. Mon eor,   *je suis averti.*
Mon eris, *ou* mon ere, *tu es averti.*
Mon etur,   *il est averti.*

Plur. Mon emur, *nous sommes avertis.*
Mon emini, *vous êtes avertis.*
Mon entur, *ils sont avertis.*

IMPARFAIT.

Sing. Mon ebar, *j'étais averti.*
Mon ebaris *ou* mon ebare, *tu étais averti.*
Mon ebatur, *il était averti.*
Plur. Mon ebamur, *nous étions avertis.*
Mon ebamini, *vous étiez avertis.*
Mon ebantur, *ils étaient avertis.*

PARFAIT. (*Il se décline.*)

Sing. Mon itus sum *ou* fui, *j'ai été averti.*
Mon itus es *ou* fuisti, *tu as été averti.*
Mon itus est *ou* fuit, *il a été averti.*
Plur. Mon iti sumus *ou* fuimus, *nous avons été avertis.*
Mon iti estis *ou* fuistis, *vous avez été avertis.*
Mon iti sunt *ou* fuerunt, *ils ont été avertis.*

Autrement pour le français : *Je fus averti, tu fus averti, il fut averti; nous fûmes avertis, vous fûtes avertis, ils furent avertis.*

Ou : *J'eus été averti, tu eus été averti, il eut été averti; nous eûmes été avertis, vous eûtes été avertis, ils eurent été avertis.*

PLUS-QUE-PARFAIT. (*Il se décline.*)

Sing. Mon itus eram *ou* fueram, *j'avais été averti.*
Mon itus eras *ou* fueras, *tu avais été averti.*
Mon itus erat *ou* fuerat, *il avait été averti.*
Plur. Mon iti eramus *ou* fuera- *nous avions été avertis.*
mus,
Mon iti eratis *ou* fueratis, *vous aviez été avertis.*
Mon iti erant *ou* fuerant, *ils avaient été avertis.*

FUTUR.

Sing. Mon ebor, *je serai averti.*
Mon eberis *ou* mon ebere, *tu seras averti.*
Mon ebitur, *il sera averti.*

5

Plur. Mon ebimur,   nous serons avertis.
Mon ebimini,   vous serez avertis.
Mon ebuntur,   ils seront avertis.

Futur Passé. (*Il se décline.*)

Sing. Mon itus ero *ou* fuero,   j'aurai été averti.
Mon itus eris *ou* fueris,   tu auras été averti.
Mon itus erit *ou* fuerit,   il aura été averti.
Plur. Mon iti erimus *ou* fuerimus,   nous aurons été avertis.
Mon iti eritis *ou* fueritis,   vous aurez été avertis.
Mon iti erunt *ou* fuerint,   ils auront été avertis.

IMPÉRATIF.

Point de première personne.

Sing. Mon ere *ou* mon etor, sois averti.
Mon etor (ille),   qu'il soit averti.
Plur. Mon eamur,   soyons avertis.
Mon emini,   soyez avertis.
Mon entor,   qu'ils soient avertis.

SUBJONCTIF.

Présent.

Sing. Mon ear,   que je sois averti.
Mon earis *ou* mon eare, que tu sois averti.
Mon eatur,   qu'il soit averti.
Plur. Mon eamur,   que nous soyons avertis.
Mon eamini,   que vous soyez avertis.
Mon eantur,   qu'ils soient avertis.

Imparfait.

Sing. Mon erer,   que je fusse averti.
Mon ereris *ou* mon erere, que tu fusses averti.
Mon eretur,   qu'il fût averti.
Plur. Mon eremur,   que nous fussions avertis.
Mon eremini,   que vous fussiez avertis.
Mon erentur,   qu'ils fussent avertis.

Autrement pour le français : *Je serais averti*, *tu serais averti*, etc.

PARFAIT. (*Il se décline.*)

Sing. Mon itus sim *ou* fuerim, *que j'aie été averti.*
Mon itus sis *ou* fueris, *que tu aies été averti.*
Mon itus sit *ou* fuerit, *qu'il ait été averti.*
Plur. Mon iti simus *ou* fueri- *que nous ayons été*
mus, *avertis.*
Mon iti sitis *ou* fueritis, *que vous ayez été aver-*
tis.
Mon iti sint *ou* fuerint, *qu'ils aient été avertis.*

PLUS-QUE-PARFAIT. (*Il se décline.*)

Sing. Mon itus essem *ou* fuis- *que j'eusse été averti.*
sem,
Mon itus esses *ou* fuisses, *que tu eusses été averti.*
Mon itus esset *ou* fuisset, *qu'il eût été averti.*
Plur. Mon iti essemus *ou* fuis- *que nous eussions été*
semus, *avertis.*
Mon iti essetis *ou* fuisse- *que vous eussiez été*
tis, *avertis.*
Mon iti essent *ou* fuissent, *qu'ils eussent été aver-*
tis.

Autrement pour le français : *J'aurais été averti.*

INFINITIF.

PRÉSENT ET IMPARFAIT.

Mon eri, *être averti, qu'il est ou était averti.*

PARFAIT ET PLUS-QUE-PARFAIT. (*Il se décline.*)

Mon itum, mon itam, mon itum esse *ou* fuisse, *avoir été averti, qu'il a ou avait été averti, avertie.*

FUTUR.

Mon itum (*indécl.*) iri, mon endum, am, um (*décl.*) esse, *devoir être averti, qu'il sera ou serait averti.*

FUTUR PASSÉ. (*Il se décline.*)

Mon endum, am, um fuisse, *avoir dû être averti, qu'il aurait, qu'il eût été averti.*

Participe Passé.

Mon itus, ita, itum, *averti, ayant été averti, qui a été averti.*

Participe Futur.

Mon endus, da, dum, *devant être averti.*

Supin.

Mon itu, *à être averti.*

Ainsi se conjuguent *doceor, doctus sum*, je suis instruit; *terreor, territus sum*, je suis épouvanté; *impleor, impletus sum*, je suis rempli; *misceor, mistus sum*, je suis mêlé.

§ 97. TROISIÈME CONJUGAISON PASSIVE.

LEGI.

INDICATIF.

Présent.

Sing. Leg or, *je suis lu.*
Leg eris *ou* leg ere [1], *tu es lu.*
Leg itur, *il est lu.*
Plur. Leg imur, *nous sommes lus.*
Leg imini, *vous êtes lus.*
Leg untur [2], *ils sont lus.*

Imparfait.

Sing. Leg ebar [3], *j'étais lu.*
Leg ebaris *ou* leg ebare, *tu étais lu.*
Leg ebatur, *il était lu.*
Plur. Leg ebamur, *nous étions lus.*
Leg ebamini, *vous étiez lus.*
Leg ebantur, *ils étaient lus.*

---

[1] Les verbes en *ior* font *eris, ere* : *accip ior, accip eris* ou *ere, accip itur*, etc.
[2] Les verbes en *ior* font *iuntur* : *accip iuntur.*
[3] Ceux en *ior* font *iebar* : *accip iebar.*

PARFAIT. (*Il se décline.*)

Sing. Lec tus sum *ou* fui,   j'ai été lu.
       Lec tus es *ou* fuisti,   tu as été lu.
       Lec tus est *ou* fuit,   il a été lu.
Plur. Lec ti sumus *ou* fuimus, nous avons été lus.
       Lec ti estis *ou* fuistis,   vous avez été lus.
       Lec ti sunt *ou* fuerunt, ils ont été lus.

Autrement pour le français : *Je fus lu, tu fus lu, il fut lu ; nous fûmes lus, vous fûtes lus, ils furent lus.*

Ou : *J'eus été lu, tu eus été lu, il eut été lu ; nous eûmes été lus, vous eûtes été lus, ils eurent été lus.*

PLUS-QUE-PARFAIT. (*Il se décline.*)

Sing. Lec tus eram *ou* fueram,   j'avais été lu.
       Lec tus eras *ou* fueras,   tu avais été lu.
       Lec tus erat *ou* fuerat,   il avait été lu.
Plur. Lec ti eramus *ou* fueramus, nous avions été lus.
       Lec ti eratis *ou* fueratis, vous aviez été lus.
       Lec ti erant *ou* fuerant, ils avaient été lus.

FUTUR.

Sing. Leg ar [1],   je serai lu.
       Leg eris *ou* leg ere,   tu seras lu.
       Leg etur,   il sera lu.
Plur. Leg emur,   nous serons lus.
       Leg emini,   vous serez lus.
       Leg entur,   ils seront lus.

FUTUR PASSÉ. (*Il se décline.*)

Sing. Lec tus ero *ou* fuero,   j'aurai été lu.
       Lec tus eris *ou* fueris,   tu auras été lu.
       Lec tus erit *ou* fuerit,   il aura été lu.
Plur. Lec ti erimus *ou* fuerimus, nous aurons été lus.
       Lec ti eritis *ou* fueritis, vous aurez été lus.
       Lec ti erunt *ou* fuerint, ils auront été lus.

---

[1] **Les verbes en** *ior* font au futur *iar* : *accip iar, ieris, ietur.*

IMPÉRATIF.

Point de première personne.

Sing.	Leg ere ou leg itor [1],	sois lu.
	Leg itor (ille),	qu'il soit lu.
Plur.	Leg amur [2],	soyons lus.
	Leg imini,	soyez lus.
	Leg untor,	qu'ils soient lus.

SUBJONCTIF.

Présent.

Sing.	Leg ar [3],	que je sois lu.
	Leg aris ou leg are,	que tu sois lu.
	Leg atur,	qu'il soit lu.
Plur.	Leg amur,	que nous soyons lus.
	Leg amini,	que vous soyez lus.
	Leg antur,	qu'ils soient lus.

Imparfait.

Sing.	Leg erer,	que je fusse lu.
	Leg ereris ou leg erere,	que tu fusses lu.
	Leg eretur,	qu'il fût lu.
Plur.	Leg eremur,	que nous fussions lus.
	Leg eremini,	que vous fussiez lus.
	Leg erentur,	qu'ils fussent lus.

Autrement pour le français : *Je serais lu, tu serais lu, il serait lu, nous serions lus, vous seriez lus, ils seraient lus.*

Parfait. (*Il se décline.*)

Sing.	Lec tus sim ou fuerim,	que j'aie été lu.
	Lec tus sis ou fueris,	que tu aies été lu.
	Lec tus sit ou fuerit,	qu'il ait été lu.

---

[1] *Accip ere, accip itor*, etc. Les personnes en *or* sont peu usitées.

[2] Les verbes en *ior* font à l'impératif pluriel *iamur* et *iuntor* : *accipiamur, accipiuntor*.

[3] Au subjonctif, ils font *iar, iaris* : *accip iar, accip iaris, iatur*; Imparf., *accip erer, ereri*.

Plur. Lec ti simus *ou* fuerimus, *que nous ayons été lus.*

Lec ti sitis *ou* fueritis, *que vous ayez été lus.*
Lec ti sint *ou* fuerint, *qu'ils aient été lus.*

Plus-que-parfait. (*Il se décline.*)

Sing. Lec tus essem *ou* fuissem, *que j'eusse été lu.*
Lec tus esses *ou* fuisses, *que tu eusses été lu.*
Lec tus esset *ou* fuisset, *qu'il eût été lu.*
Plur. Lec ti essemus *ou* fuissemus, *que nous eussions été lus.*

Lec ti essetis *ou* fuissetis, *que vous eussiez été lus.*

Lec ti essent *ou* fuissent, *qu'ils eussent été lus.*
Autrement pour le français : *J'aurais été lu, tu aurais été lu, il aurait été lu; nous aurions été lus, vous auriez été lus, ils auraient été lus.*

INFINITIF [1].

Présent et Imparfait.

Leg i, *être lu.*

Parfait et Plus-que-parfait. (*Il se décline.*)

Lec tum, lec tam, lec tum esse *ou* fuisse, *avoir été lu.*

Futur.

Lec tum (*indécl.*) iri, leg endum, am, um (*décl.*) esse, *devoir être lu, qu'il sera* ou *qu'il serait lu.*

Futur Passé. (*Il se décline.*)

Leg endum, am, um fuisse, *avoir dû être lu, qu'il aurait* ou *qu'il eût été lu.*

Participe Passé.

Lec tus, lec ta, lec tum, *ayant été lu* ou *qui a été lu.*

Participe Futur.

Leg endus, leg enda, leg endum, *devant être lu, qui doit* ou *qui devait être lu.*

---

[1] Remarquez qu'il y a des verbes en *ior* qui ont l'infinitif en *i* :
Accipi.

SUPIN.

Lec tu, *à être lu.*

Ainsi se conjuguent *vincor, victus sum*, je suis vaincu; *scribor, scriptus sum*, je suis écrit; *cognoscor, cognitus sum*, je suis connu, etc.

§ 98. QUATRIÈME CONJUGAISON PASSIVE.

AUDIRI.

INDICATIF.

PRÉSENT.

Sing. Aud ior,   *je suis écouté* ou *entendu.*
      Aud iris *ou* audire, *tu es écouté.*
      Aud itur,   *il est écouté.*
Plur. Aud imur,   *nous sommes écoutés* ou *en-*
      Aud imini,   *vous êtes écoutés.*   *tendus.*
      Aud iuntur,   *ils sont écoutés.*

IMPARFAIT.

Sing. Aud iebar,   *j'étais écouté* ou *entendu.*
      Aud iebaris *ou* aud iebare, *tu étais écouté.*
      Aud iebatur,   *il était écouté.*
Plur. Aud iebamur,   *nous étions écoutés.*
      Aud iebamini,   *vous étiez écoutés.*
      Aud iebantur,   *ils étaient écoutés.*

PARFAIT. (*Il se décline.*)

Sing. Aud itus sum *ou* fui,   *j'ai été écouté* ou *en-*
                                     tendu.
      Aud itus es *ou* fuisti,   *tu as été écouté.*
      Aud itus est *ou* fuit,   *il a été écouté.*
Plur. Aud iti sumus *ou* fuimus, *nous avons été écou-*
                                     tés.
      Aud iti estis *ou* fuistis,   *vous avez été écoutés.*
      Aud iti sunt *ou* fuerunt, *ils ont été écoutés.*

DE LA GRAMMAIRE LATINE.

Autrement pour le français : *Je fus écouté, tu fus écouté, il fut écouté ; nous fûmes écoutés, vous fûtes écoutés, ils furent écoutés.*

Ou : *J'eus été écouté, tu eus été écouté, il eut été écouté ; nous eûmes été écoutés, vous eûtes été écoutés, ils eurent été écoutés.*

PLUS-QUE-PARFAIT. (*Il se décline.*)

Sing. Aud itus eram *ou* fueram, j'avais été écouté.
      Aud itus eras *ou* fueras, tu avais été écouté.
      Aud itus erat *ou* fuerat, il avait été écouté.
Plur. Aud iti eramus *ou* fueramus, nous avions été écoutés.
      Aud iti eratis *ou* fueratis, vous aviez été écoutés.
      Aud iti erant *ou* fuerant, ils avaient été écoutés.

FUTUR.

Sing. Aud iar, je serai écouté.
      Aud ieris *ou* aud iere, tu seras écouté.
      Aud ietur, il sera écouté.
Plur. Aud iemur, nous serons écoutés.
      Aud iemini, vous serez écoutés.
      Aud ientur, ils seront écoutés.

FUTUR PASSÉ. (*Il se décline.*)

Sing. Aud itus ero *ou* fuero, j'aurai été écouté.
      Aud itus eris *ou* fueris, tu auras été écouté.
      Aud itus erit *ou* fuerit, il aura été écouté.
Plur. Aud iti erimus *ou* fuerimus, nous aurons été écoutés.
      Aud iti eritis *ou* fueritis, vous aurez été écoutés.
      Aud iti erunt *ou* fuerint, ils auront été écoutés.

IMPÉRATIF.

Point de première personne.

Sing. Aud ire *ou* aud itor, sois écouté.
      Aud itor (ille), qu'il soit écouté.

Plur. Aud iamur, soyons écoutés.
Aud imini, soyez écoutés.
Aud iuntor, qu'ils soient écoutés.

SUBJONCTIF.

Présent.

Sing. Aud iar, que je sois écouté.
Aud iaris *ou* aud iare, que tu sois écouté.
Aud iatur, qu'il soit écouté.
Plur. Aud iamur, que nous soyons écoutés.
Aud iamini, que vous soyez écoutés.
Aud iantun, qu'ils soient écoutés.

Imparfait.

Sing. Aud irer, que je fusse écouté.
Aud ireris *ou* aud irere, que tu fusses écouté.
Aud iretur, qu'il fût écouté.
Plur. Aud iremur, que nous fussions écoutés.
Aud iremini, que vous fussiez écoutés.
Aud irentur, qu'ils fussent écoutés.

Autrement pour le français : *Je serais écouté, tu serais écouté, il serait écouté; nous serions écoutés, vous seriez écoutés, ils seraient écoutés.*

Parfait. (*Il se décline.*)

Sing. Aud itus sim *ou* fuerim, que j'aie été écouté.
Aud itus sis *ou* fueris, que tu aies été écouté.
Aud itus sit *ou* fuerit, qu'il ait été écouté.
Plur. Aud iti simus *ou* fuerimus, que nous ayons été écoutés.
Aud iti sitis *ou* fueritis, que vous ayez été écoutés.
Aud iti sint *ou* fuerint, qu'ils aient été écoutés.

Plus-que-parfait. (*Il se décline.*)

Sing. Aud itus essem *ou* fuissem, que j'eusse été écouté.
Aud itus esses *ou* fuisses, que tu eusses été écouté.
Aud itus esset *ou* fuisset, qu'il eût été écouté.

Plur. Aud iti essemus *ou* fuissemus, *que nous eussions été écoutés.*

Aud iti essetis *ou* fuissetis, *que vous eussiez été écoutés.*

Aud iti essent *ou* fuissent, *qu'ils eussent été écoutés.*

Autrement pour le français : *J'aurais été écouté, tu aurais été écouté, il aurait été écouté; nous aurions été écoutés, vous auriez été écoutés, ils auraient été écoutés.*

INFINITIF.

Présent et Imparfait.

Aud iri, *être écouté.*

Parfait et Plus-que-parfait. (*Il se décline.*)

Aud itum, aud itam, aud itum esse *ou* fuisse, *avoir été écouté.*

Futur.

Aud itum (*indécl.*) iri, aud iendum, am, um (*décl.*) esse, *devoir être écouté; qu'il sera ou qu'il serait écouté.*

Futur Passé. (*Il se décline.*)

Aud iendum, am, um fuisse, *avoir dû être écouté, qu'il aurait ou qu'il eût été écouté.*

Participe Passé.

Aud itus, aud ita, aud itum, *écouté, ayant été écouté, ou qui a été écouté.*

Participe Futur.

Aud iendus, aud ienda, aud iendum, *devant être écouté, qui sera ou qui serait écouté.*

Supin.

Aud itu, *à être écouté.*

Ainsi se conjuguent *operior, opertus sum*, je suis couvert; *munior, munitus sum*, je suis fortifié; *sepelior, sepultus sum*, je suis enseveli; *punior, punitus sum*, je suis puni, etc.

§ 99. TABLEAU GÉNÉRAL,

Dans lequel on a mis sous un même coup d'œil les quatre Conjugaisons passives.

INDICATIF.	1		2		3		4	
Présent.	Am or,	aris.	mon eor,	eris.	leg or,	eris.	aud ior,	iris.
Imparfait.	Am abar,	abaris.	mon ebar, ebaris.		leg ebar, ebaris.		aud iebar, iebaris.	
Parfait.	Am atus	sum *ou* fui.	mon itus sum.		lec tus sum.		aud itus sum.	
Plus-que-parfait.	Am atus eram *ou* fueram.		mon itus eram.		lec tus eram.		aud itus eram.	
Futur.	Am abor,	aberis.	mon ebor, eberis.		leg ar,	eris.	aud iar,	ieris.
Futur Passé.	Am atus	ero *ou* fuero.	mon itus ero.		lec tus ero.		aud itus ero.	
IMPÉRATIF.	Am are,	ator.	mon ere,	etor.	leg ere,	itor.	aud ire,	itor.
SUBJONCTIF.								
Présent.	Am er,	eris.	mon ear,	earis.	leg ar,	aris.	aud iar,	iaris.
Imparfait.	Am arer,	areris.	mon erer, ereris.		leg erer, ereris.		aud irer,	ireris.
Parfait.	Am atus	sim *ou* fuerim.	mon itus sim.		lec tus sim.		aud itus sim.	
Plus-que-parfait.	Am atus essem *ou* fuissem.		mon itus essem.		lec tus essem.		aud itus essem.	
INFINITIF.	Am ari.		mon eri.		leg i.		aud iri.	

§ 100. *Remarque sur la formation des temps.*

1° L'impératif Passif est toujours semblable à l'Infinitif Actif.

2° Les temps simples du Passif se forment des mêmes temps de l'Actif, en ajoutant *r* à ceux qui sont terminés en *o*: *amo, amor*; *amabo, amabor*; et en changeant *m* en *r* aux temps de l'Actif qui sont terminés en *m: amabam, amabar*; *amarem, amarer*; *legam, legar*; *audiam, audiar*.

3° L'Infinitif Passif se forme de l'Infinitif Actif en changeant *re* en *ri*, pour la 1re, la 2e et la 4e conjugaison; *Ama re, ama ri*; *mone re, mone ri*; *audi re, audi ri*; dans la 3e, en changeant *ere* en *i : leg ere, leg i*.

4° Le Participe Passif se forme du Supin en *u*, auquel on ajoute *s : amat u, amat us*; *monit u, monit us*, etc.

5° Les temps composés se forment de ce Participe, auquel on ajoute l'auxiliaire *sum, eram*, etc.: *amatus sum, eram*, etc.

6° Le Participe du Futur Passif se forme du Présent de l'Indicatif Actif, en changeant, pour la 1re conjugaison, *o* en *andus : am o, am andus*; pour la 2e, *eo* en *endus : mon eo, mon endus*; pour la 3e et la 4e, *o* en *endus : leg o, leg endus; audi o, audi endus*.

Dans la 3e et surtout dans la 4e conjugaison, les Gérondifs finissent souvent en *undi*, et les Participes en *undus*. Ex.: *Gerundum, faciundum*, etc.

§ 101. RÈGLE DES VERBES PASSIFS.

Amor à Deo.

De ou *par*, après un Verbe Passif, s'exprime en latin par *à*, *ab*, quand il est suivi d'un nom de personne, et ce nom se met à l'Ablatif.

Ex. : Je suis aimé, j'étais aimé, je serai aimé de Dieu, *Amor, amabar, amabor à Deo*.

Vous étiez écouté, vous aviez été écouté par vos écoliers. *Audiebaris, auditus fueras à tuis discipulis*.

Il sera instruit, il aura été instruit par le maître, *Docebitur, doctus erit à magistro*.

Ce livre est lu par l'enfant, *hic liber legitur à puero*.

Le nom de chose se met à l'Ablatif, sans la préposition *à*. Ex.: Je suis accablé de chagrin, *mœrore conficior*.

~~~~~~

§ 102. VERBES DÉPONENS [1].

Les verbes déponens se conjuguent, pour le latin, comme

---

§ 102. [1] Ces verbes sont appelés *déponens*, parce qu'ils ont,

les verbes passifs, et pour le français, comme les verbes actifs. Il y a des verbes déponens de chacune des quatre conjugaisons passives.

§.103. *Verbe déponent de la première Conjugaison.*

Sur *Amor.*

INDICATIF.

Présent.

Sing. Imit or,   *j'imite.*
    Imit aris ou imit are, *tu imites.*
    Imit atur,   *il imite.*
Plur. Imit amur,   *nous imitons.*
    Imit amini,   *vous imitez.*
    Imit antur,   *ils imitent.*

Imparfait.

Sing. Imit abar,   *j'imitais.*
    Imit abaris ou imit abare, *tu imitais.*
    Imit abatur,   *il imitait.*
Plur. Imit abamur,   *nous imitions.*
    Imit abamini,   *vous imitiez.*
    Imit abantur,   *ils imitaient.*

pour ainsi dire, déposé la terminaison active en *o*, pour prendre la terminaison passive en *or*. Ils paraissent répondre à la voix moyenne des Grecs. Ex.: *Pasco*, je fais paître, je nourris; *pascor*, je me nourris; *fallo*, je trompe; *fallor*, je me trompe *ou* je suis trompé. Ils peuvent être encore considérés comme des verbes passifs dont l'actif n'est plus en usage, et qui, en changeant de forme, ont aussi changé de signification. Les uns ont pris le sens actif, les autres le sens neutre, comme *pati* (être opprimé), souffrir quelque chose; *comitari* (être compagnon), accompagner quelqu'un; *mori* (être mis à mort), mourir. — Quelques-uns ont conservé la signification active avec la signification passive; *Criminor*, j'accuse et je suis accusé; *dignor*, je juge digne et je suis jugé digne.

PARFAIT. (*Il se décline.*)

Sing. Imit atus sum *ou* fui,   j'ai imité.
       Imit atus es *ou* fuisti,   tu as imité.
       Imit atus est *ou* fuit,   il a imité.
Plur. Imit ati sumus *ou* fuimus, nous avons imité.
       Imit ati estis *ou* fuistis,   vous avez imité.
       Imit ati sunt *ou* fuerunt, ils ont imité.

Autrement pour le français : *J'imitai, tu imitas, il imita; nous imitâmes, vous imitâtes, ils imitèrent.*

Ou : *J'eus imité, tu eus imité, il eut imité; nous eûmes imité, vous eûtes imité, ils eurent imité.*

PLUS-QUE-PARFAIT. (*Il se décline.*)

Sing. Imit atus eram *ou* fueram,   j'avais imité.
       Imit atus eras *ou* fueras,   tu avais imité.
       Imit atus erat *ou* fuerat,   il avait imité.
Plur. Imit ati eramus *ou* fueramus, nous avions imité.
       Imit ati eratis *ou* fueratis, vous aviez imité.
       Imit ati erant *ou* fuerant, ils avaient imité.

FUTUR.

Sing. Imit abor,   j'imiterai.
       Imit aberis *ou* imit abere, tu imiteras.
       Imit abitur,   il imitera.
Plur. Imit abimur,   nous imiterons.
       Imit abimini,   vous imiterez.
       Imit abuntur,   ils imiteront.

FUTUR PASSÉ. (*Il se décline.*)

Sing. Imit atus ero *ou* fuero,   j'aurai imité.
       Imit atus eris *ou* fueris,   tu auras imité.
       Imit atus erit *ou* fuerit,   il aura imité.
Plur. Imit ati erimus *ou* fuerimus, nous aurons imité.
       Imit ati eritis *ou* fueritis, vous aurez imité.
       Imit ati erunt *ou* fuerint, ils auront imité.

IMPÉRATIF.

Point de première personne.

Sing. Imit are *ou* imit ator,   imite.
Imit ator (ille),   qu'il imite.
Plur. Imit emur,   imitons.
Imit amini,   imitez.
Imit antor,   qu'ils imitent.

SUBJONCTIF.

Présent.

Sing. Imit er,   que j'imite.
Imit eris *ou* imit ere,   que tu imites.
Imit etur,   qu'il imite.
Plur. Imit emur,   que nous imitions.
Imit emini,   que vous imitiez.
Imit entur,   qu'ils imitent.

Imparfait.

Sing. Imit arer,   que j'imitasse.
Imit areris *ou* imit arere,   que tu imitasses.
Imit aretur,   qu'il imitât.
Plur. Imit aremur,   que nous imitassions.
Imit aremini,   que vous imitassiez.
Imit arentur,   qu'ils imitassent.

Autrement pour le français : *J'imiterais, tu imiterais, il imiterait ; nous imiterions, vous imiteriez, ils imiteraient.*

Parfait. (*Il se décline.*)

Sing. Imit atus sim *ou* fuerim,   que j'aie imité.
Imit atus sis *ou* fueris,   que tu aies imité.
Imit atus sit *ou* fuerit,   qu'il ait imité.
Plur. Imit ati simus *ou* fuerimus,   que nous ayons imité.
Imit ati sitis *ou* fueritis,   que vous ayez imité.
Imit ati sint *ou* fuerint,   qu'ils aient imité.

PLUS-QUE-PARFAIT. (*Il se décline.*)

Sing. Imit atus essem *ou* fuissem, *que j'eusse imité.*
Imit atus esses *ou* fuisses, *que tu eusses imité.*
Imit atus esset *ou* fuisset, *qu'il eût imité.*
Plur. Imit ati essemus *ou* fuisse- *que nous eussions*
                mus,   *imité.*
Imit ati essetis *ou* fuissetis, *que vous eussiez imité.*
Imit ati essent *ou* fuissent, *qu'ils eussent imité.*

Autrement pour le français : *J'aurais imité, tu aurais imité, il aurait imité; nous aurions imité, vous auriez imité, ils auraient imité.*

INFINITIF.

Présent et Imparfait.

Imit ari, *imiter.*

Parfait et Plus-que-parfait. (*Il se décline.*)

Imit atum, imit atam, atum esse *ou* fuisse, *avoir imité.*

Futur. (*Il se décline.*)

Imit aturum, imit aturam, imit aturum esse, *devoir imiter, qu'il imitera ou qu'il imiterait.*

Futur Passé. (*Il se décline.*)

Imit aturum, imit aturam, imit aturum fuisse, *avoir dû imiter, qu'il aurait ou qu'il eût imité.*

Participe Présent.

Imit ans, imit antis, *imitant, qui imite, qui imitait.*

Participe Passé actif.

Imit atus, imit ata, imit atum, *ayant imité, qui a ou qui avait imité.*

Participe Futur actif.

Imit aturus, imit atura, imit aturum, *devant imiter, qui imitera ou qui imiterait.*

Participe Futur Passif.

Imit andus, imit anda, imit andum, *qui doit être imité.*

Supin.

Imit atum,	*à imiter.*
Imit atu,	*à être imité.*

Gérondif.

Imit andi,	*d'imiter.*
Imit ando,	*en imitant.*
Imit andum,	*à imiter* ou *pour imiter.*

Ainsi se conjuguent *mirari, miror,* admirer ; *hortari, hortor,* exhorter ; *precari, precor,* prier ; *venerari, veneror,* respecter.

Nous nous bornerons, pour les autres verbes déponens, à indiquer la première personne dans chaque temps composé.

§ 104. *Verbe déponent de la seconde Conjugaison.*

Sur *Moneor.*

INDICATIF.

Présent.

Sing. Pollic eor,	*je promets.*
Pollic eris *ou* pollic ere,	*tu promets.*
Pollic etur,	*il promet.*
Plur. Pollic emur,	*nous promettons.*
Pollic emini,	*vous promettez.*
Pollic entur,	*ils promettent.*

Imparfait.

Sing. Pollic ebar,	*je promettais.*
Pollic ebaris *ou* pollic ebare,	*tu promettais.*
Pollic ebatur,	*il promettait.*
Plur. Pollic ebamur,	*nous promettions.*
Pollic ebamini,	*vous promettiez.*
Pollic ebantur,	*ils promettaient.*

PARFAIT.

Pollicitus sum *ou* fui, *j'ai promis*, etc.

PLUS-QUE-PARFAIT.

Pollicitus eram *on* fueram, *j'avais promis*, etc.

FUTUR.

Sing. Pollicebor,   *je promettrai.*
Polliceberis *ou* pollicebere, *tu promettras.*
Pollicebitur,   *il promettra.*
Plur. Pollicebimur,   *nous promettrons.*
Pollicebimini,   *vous promettrez.*
Pollicebuntur,   *ils promettront.*

FUTUR PASSÉ.

Pollicitus ero *ou* fuero, *j'aurai promis*, etc.

IMPÉRATIF.

Point de première personne.

Sing. Pollicere *ou* pollicetor, *promets.*
Pollicetor (ille),   *qu'il promette.*
Plur. Polliceamur,   *promettons.*
Pollicemini,   *promettez.*
Pollicentor,   *qu'ils promettent.*

SUBJONCTIF.

PRÉSENT.

Sing. Pollicear,   *que je promette*
Pollicearis *ou* polliceare, *que tu promettes.*
Polliceatur,   *qu'il promette.*
Plur. Polliceamur,   *que nous promettions.*
Polliceamini,   *que vous promettiez.*
Polliceantur,   *qu'ils promettent.*

IMPARFAIT.

Sing. Pollicerer, *que je promisse ou je promettrais.*
Pollicereris *ou* pollicerere, *que tu promisses.*
Polliceretur,   *qu'il promît.*

Plur. Pollic eremur,   *que nous promissions.*
       Pollic eremini,   *que vous promissiez.*
       Pollic erentur,   *qu'ils promissent.*

Parfait.

Pollic itus sim *ou* fuerim, *que j'aie promis.*

Plus-que-parfait.

Pollic itus essem *ou* fuissem, *que j'eusse promis*, etc., *ou j'aurais promis.*

INFINITIF.

Présent et Imparfait.

Pollic eri,   *promettre.*

Parfait et Plus-que-parfait. (*e décline.*)

Pollic itum, pollic itam, um esse *ou* fuisse, *avoir promis.*

Futur. (*Il se décline.*)

Pollic iturum, pollic ituram, iturum esse, *devoir promettre, qu'il promettra* ou *qu'il promettrait.*

Futur Passé. (*Il se décline.*)

Pollic iturum, pollic ituram, iturum fuisse, *avoir dû promettre, qu'il aurait* ou *qu'il eût promis.*

Participe Présent.

Pollic ens, pollic entis, *promettant, qui promet* ou *qui promettait.*

Participe Passé actif.

Pollic itus, pollic ita, pollic itum, *ayant promis, qui a promis, qui avait promis.*

Participe Futur actif.

Pollic iturus, pollic itura, pollic iturum, *devant promettre, qui promettra.*

PARTICIPE FUTUR PASSIF.

Pollic endus, pollic enda, pollic endum, *qui doit être promis.*

SUPINS.

Pollic itum, *à promettre.*
Pollic itu, *à être promis.*

GÉRONDIFS.

Pollic endi, *de promettre.*
Pollic endo, *en promettant.*
Pollic endum, *à promettre* ou *pour promettre.*

Ainsi se conjuguent *misereri, misereor, misertus sum,* avoir pitié ; *vereri, vereor, veritus sum,* craindre ; *fateri, fateor, fassus sum,* avouer.

~~~~~~

§ 105. *Verbe déponent de la troisième conjugaison.*

Sur *Legor.*

INDICATIF.

PRÉSENT.

Sing. Ut or [1],   *je me sers.*
Ut eris *ou* ut ere,   *tu te sers.*
Ut itur,   *il se sert.*
Plur. Ut imur,   *nous nous servons.*
Ut imini,   *vous vous servez.*
Ut untur,   *ils se servent.*

IMPARFAIT.

Sing. Ut ebar,   *je me servais.*
Ut ebaris *ou* ut ebare, *tu te servais.*
Ut ebatur,   *il se servait.*

---

[1] Rappelez-vous ce qui a été dit sur *accip ior, accip eris,* pour les verbes de la troisième conjugaison qui ont l'indicatif présent en *ior* : *mor ior,* je meurs, *mor eris* ou *mor ere, mor itur,* etc. — Impérat., *mor ere, mor itor ille, mor iamur, mor imini,* etc. — Imparf. du subj. ; *mor erer,* que je mourusse ; *mor creris,* ou *mor erere,* etc. ; i ne se conserve à tous ces temps que quand l'infinitif est en *iri.* Cependant le participe futur fait *mor iturus* ; il n'y a pas de supin.

Plur. Ut ebamur,   *nous nous servions.*
       Ut ebamini,   *vous vous serviez.*
       Ut ebantur,   *ils se servaient.*

Parfait.

Us us sum *ou* fui, *je me suis servi,* etc.

Plus-que-parfait.

Us us eram *ou* fueram, *je m'étais servi,* etc.

Futur.

Sing. Ut ar,   *je me servirai.*
       Ut eris *ou* ut ere,   *tu te serviras.*
       Ut etur,   *il se servira.*
Plur. Ut emur,   *nous nous servirons.*
       Ut emini,   *vous vous servirez.*
       Ut entur,   *ils se serviront.*

Futur Passé.

Us us ero *ou* fuero, *je me serai servi,* etc.

IMPÉRATIF.

Point de première personne.

Sing. Ut ere *ou* ut itor,   *sers-toi.*
       Ut itor (ille),   *qu'il se serve.*
Plur. Ut amur,   *servons-nous.*
       Ut imini,   *servez-vous.*
       Ut untor,   *qu'ils se servent.*

SUBJONCTIF.

Présent.

Sing. Ut ar,   *que je me serve.*
       Ut aris *ou* ut are,   *que tu te serves.*
       Ut atur,   *qu'il se serve.*
Plur. Ut amur,   *que nous nous servions.*
       Ut amini,   *que vous vous serviez.*
       Ut antur,   *qu'ils se servent.*

Imparfait.

Sing. Ut erer, *que je me servisse ou je me servirais.*
       Ut ereris *ou* ut erere, *que tu te servisses.*
       Ut eretur,   *qu'il se servît.*

Plur. Ut eremur, *que nous nous servissions.*
Ut eremini, *que vous vous servissiez.*
Ut erentur, *qu'ils se servissent.*

Parfait.

Us us sim *ou* fuerim, *que je me sois servi,* etc.

Plus-que-parfait.

Us us essem *ou* fuissem, *que je me fusse servi* ou *je me serais servi,* etc.

INFINITIF.

Présent et Imparfait.

Ut i, *se servir.*

Parfait et Plus-que-parfait. (*Il se décline.*)

Us um, us am esse *ou* fuisse, *s'être servi.*

Futur. (*Il se décline.*)

Us urum, us uram esse, *devoir se servir, qu'il servira* ou *qu'il se servirait.*

Futur Passé. (*Il se décline.*)

Us urum, us uram fuisse, *avoir dû se servir, qu'il se fût servi* ou *qu'il se serait servi,* etc.

Participe Présent.

Ut ens, ut entis, *se servant, qui se sert, qui se servait.*

Participe Passé Actif.

Us us, us a, us um, *s'étant servi, qui s'est servi* ou *qui s'était servi.*

Participe Futur Actif.

Us urus, us ura, us urum, *devant se servir, qui doit* ou *devait se servir.*

Participe Futur Passif.

Ut endus, ut enda, ut endum, *dont on doit se servir.*

Supins.

Us um, *à se servir.*
Us u, *à être employé.*

GÉRONDIFS.

Ut endi,   *de se servir.*
Ut endo,   *en se servant.*
Ut endum,   *à* ou *pour se servir.*

Ainsi se conjuguent *sequi, sequor, secutus sum,* suivre; *loqui, loquor, locutus sum,* parler; *ulcisci, ulciscor, ultus sum,* venger; *nasci, nascor, natus sum,* naître (participe futur *nasciturus*).

§ 106. *Verbe déponent de la quatrième conjugaison.*

Sur *Audior.*

INDICATIF.

Présent.

Sing. Bland ior,   *je flatte.*
Bland iris *ou* blandire, *tu flattes.*
Bland itur,   *il flatte.*
Plur. Bland imur,   *nous flattons.*
Bland imini,   *vous flattez.*
Bland iuntur,   *ils flattent.*

Imparfait.

Sing. Bland iebar,   *je flattais.*
Bland iebaris *ou* bland iebare, *tu flattais.*
Bland iebatur,   *il flattait.*
Plur. Bland iebamur,   *nous flattions.*
Bland iebamini,   *vous flattiez.*
Bland iebantur,   *ils flattaient.*

Parfait.

Bland itus sum *ou* fui, *j'ai flatté*, etc.

Plus-que-parfait.

Bland itus eram *ou* fueram, *j'avais flatté*, etc.

Futur.

Sing. Bland iar,   *je flatterai.*
Bland ieris *ou* bland iere, *tu flatteras.*
Bland ietur,   *il flattera.*

Plur. Bland iemur, nous flatterons.
Bland iemini, vous flatterez.
Bland ientur, ils flatteront.

FUTUR PASSÉ.

Bland itus ero *ou* fuero, *j'aurai flatté*, etc.

IMPÉRATIF.

Point de première personne.

Sing. Bland ire *ou* bland itor, flatte.
Bland itor (ille), qu'il flatte.
Plur. Bland iamur, flattons.
Bland imini, flattez.
Bland iuntor, qu'ils flattent.

SUBJONCTIF.

PRÉSENT.

Sing. Bland iar, que je flatte.
Bland iaris *ou* bland iare, que tu flattes.
Bland iatur, qu'il flatte.
Plur. Bland iamur, que nous flattions.
Bland iamini, que vous flattiez.
Bland iantur, qu'ils flattent.

IMPARFAIT.

Sing. Bland irer, que je flattasse *ou* je flatterais.
Bland ireris *ou* bland irere, que tu flattasses.
Bland iretur, qu'il flattât.
Plur. Bland iremur, que nous flattassions.
Bland iremini, que vous flattassiez.
Bland irentur, qu'ils flattassent.

PARFAIT.

Bland itus sim *ou* fuerim, que j'aie flatté, etc.

PLUS-QUE-PARFAIT.

Bland itus essem *ou* fuissem, que j'eusse flatté *ou* j'aurais flatté, etc.

INFINITIF.

Présent et Imparfait.

Bland iri, *flatter*.

Parfait et Plus-que-parfait. (*Il se décline.*)

Bland itum, bland itam esse *ou* fuisse, *avoir flatté*.

Futur. (*Il se décline.*)

Bland iturum, bland ituram esse, *devoir flatter, qu'il flattera* ou *flatterait*.

Futur Passé. (*Il se décline.*)

Bland iturum, bland ituram fuisse, *avoir dû flatter, qu'il eût* ou *qu'il aurait flatté.*

Participe Présent.

Bland iens, bland ientis, *flattant, qui flatte* ou *qui flattait*.

Participe Futur actif.

Bland iturus, bland itura, bland iturum, *devant flatter, qui flattera* ou *qui flatterait.*

Supins.

Bland itum, *à flatter.*
Bland itu, *à être flatté.*

Gérondifs.

Bland iendi, *de flatter.*
Bland iendo, *en flattant.*
Bland iendum, *à flatter* ou *pour flatter.*

Ainsi se conjuguent : *largiri, largior, largitus sum*, donner ; *experiri, experior, expertus sum*, éprouver ; *metiri, metior, mensus sum*, mesurer ; *partiri, partior, partitus sum*, partager.

Remarque. Dans les verbes déponens, la seconde personne de l'Impératif est toujours semblable à la seconde personne du Présent de l'Indicatif en *re*.

Ajoutez *r* à la seconde personne de l'Impératif, vous

aurez l'Imparfait du Subjonctif : *imitare, imitarer; pollicere, pollicerer; utere, uterer; blandire, blandirer.*

§ 107. RÈGLES DES VERBES DÉPONENS.

Imitor patrem meum.

Il y a des verbes déponens qui gouvernent l'accusatif.
Exemples : J'imite mon père, *imitor patrem meum;* vous avez promis une récompense, *pollicitus es mercedem.*

Miserere pauperis.

Il y a des verbes déponens qui gouvernent le génitif.
Ayez pitié du pauvre, *miserere pauperis.*

Blanditur nutrici.

Il y a des verbes déponens qui gouvernent le datif.
Il caresse ou il flatte la nourrice, *blanditur nutrici.*

Utor lacte.

Il y a des verbes déponens qui gouvernent l'ablatif :
Je fais usage de lait, *utor lacte.*
Le dictionnaire indique à chaque verbe déponent le cas qu'il régit.

§ 108. VERBES NEUTRES.

Les verbes neutres se conjuguent comme les verbes actifs, mais ils n'ont point de passif : comme *noceo*, je nuis à ; *studeo*, j'étudie ; *faveo*, je favorise.
La plupart des verbes neutres gouvernent le datif.
Exemples : Il nuit aux autres, *nocet aliis;* j'étudie la grammaire, *studeo grammaticæ;* vous favorisez la noblesse, *faves nobilitati.*

§ 109. CINQUIÈME ESPÈCE DE MOTS.

PARTICIPES, GÉRONDIFS[1] ET SUPINS[2].

Les *Participes* sont des adjectifs qui viennent des verbes; ils s'accordent en genre, en nombre et en cas avec le nom auquel ils sont joints, et de plus ils gouvernent le même cas que le verbe d'où ils viennent: c'est pour cela qu'on les nomme *participes*, parce qu'ils tiennent de l'adjectif et du verbe.

Exemples : L'enfant écoutant, devant écouter son maître, *puer audiens, auditurus magistrum suum.*

Un père étant aimé, devant être aimé de son fils, *pater amatus, amandus à filio suo.*

§ 110. *Tempus legendi.*

De, entre un nom et un infinitif français, veut le verbe latin au gérondif en *di*. Ex.: Le temps *de* lire, *tempus legendi.*

Ambulat legendo.

En, avec le participe présent, veut le verbe latin au gérondif en *do*. Ex. : Il se promène *en* lisant, *ambulat legendo.*

---

§ 109. [1] Le gérondif est un nom substantif verbal. Il ajoute à la signification du verbe l'idée accessoire de nécessité, de devoir, l'idée d'une action qui doit être faite ; c'est ce qu'on a voulu marquer par cette dénomination de gérondif, qui est prise de *gerere*, faire (*gerendum* ou *gerundum*, qui doit être fait.)

[2] Les supins sont, ainsi que les gérondifs, des noms formés du verbe. Le mot *supin* vient de *supinum*, sous-entendu *verbum*; et signifie *terme négligé*, manière de parler qui a été négligée dans la pureté de la langue; c'est-à-dire dont on a négligé de changer la terminaison, lorsqu'on a donné la terminaison *us* aux autres noms verbaux, comme *audi tus, ús, ui*, l'ouïe, etc.

Legit ad discendum.

Pour, devant un infinitif français, se rend en latin par *ad* avec le gérondif en *dum. Ex.* : Il lit *pour* apprendre, *legit ad discendum.*

§ 111. *Res jucunda auditu.*

Après les adjectifs agréable *à*, admirable *à*, facile *à*, l'infinitif français se rend en latin par le supin en *u*. *Ex.* : Chose agréable *à* entendre, c'est-à-dire à être entendue, *res jucunda auditu.*

Eo lusum.

Quand il y a en français deux verbes de suite, et que le premier marque du mouvement, comme *aller, venir*, on met en latin le second au supin en *um. Ex.* : Je vais jouer, *eo lusum.*

Les gérondifs et les supins gouvernent le même cas que les verbes d'où ils viennent : Le temps d'étudier la grammaire, *tempus studendi grammaticæ.* (Le verbe *studere* gouverne le datif.)

J'irai les secourir, *ibo adjutum eos.*

§ 112. SIXIÈME ESPÈCE DE MOTS.

ADVERBES[1].

L'*Adverbe* est un mot indéclinable qui se joint le plus souvent à un verbe, et en détermine la signification.
Il y a différentes sortes d'adverbes.

POUR MARQUER LE TEMPS.	POUR INTERROGER.
Hodiè, *aujourd'hui.*	Cur, Quare, Quamobrem,
Cras, *demain.*	Quid ità, *pourquoi ?*
Heri, *hier.*	Quorsùm, *à quoi bon cela ?*
Pridiè, *le jour de devant.*	An, Anne, Num, *est-ce que ?*
Postridiè, *le lendemain.*	POUR ASSURER.
Perindiè, *après demain.*	Etiam, ità, *oui.*

---

§ 112. [1] L'adverbe équivaut à une préposition suivie de son complément (régime), et modifie l'action énoncée par le verbe. Ex. : *Récompenser magnifiquement* offre la même idée que *récompenser avec magnificence*. *Magnifiquement* modifie l'action de *récompenser.* — L'adverbe (*ad verbum*) s'appelle ainsi, non parce qu'il est joint au verbe, mais parce qu'il est ordinairement joint à un mot (*verbum*). On peut même dire que l'*adverbe* ne modifie pas le verbe, mais seulement l'attribut renfermé dans le verbe. *Il lit bien* est pour *il est lisant bien.*

Les adverbes sont primitifs ou dérivés. La plupart des adverbes dérivés sont terminés en è, en *ter* et en *iter*. Les adverbes en è, et quelquefois en ò, viennent des adjectifs de la seconde déclinaison, *malus, malè; serus, serò.* Les adverbes en *ter, iter,* viennent des adjectifs de la troisième déclinaison, *fortis, fortiter ; audax, audacter ; prudens, prudenter.* — Le neutre de plusieurs adjectifs fait l'office d'adverbe : *facile, difficile, nimium, multum,* etc. — En poésie on emploie souvent le neutre des adjectifs pour adverbe : *perfidum ridere, multa gemere,* etc. — Les adverbes en *im* dérivent soit des participes, comme *contemptim* (de *contemptum*), par mépris; soit des substantifs, comme *catervatim* (de *caterva*), en troupe; soit des adjectifs : *citatim* (de *citus*), à la hâte; soit des adverbes : *paulatim* (de *paulum*), peu à peu; soit des prépositions ; *interim* (de *inter*), cependant. Ceux qui sont terminés en *itus* expriment l'origine : *cœlitus,* du ciel, etc. Quelques-uns prennent la terminaison *tus* ou *us* : *intus,* dedans; *cominus,* de près. Certains cas de différens noms font la fonction d'adverbes : *noctu,* de nuit; *vesperi,* le soir ; *mane,* le matin; *quotannis,* chaque année, etc. *Nudius tertius, quartus, quintus,* etc. Il y a trois, quatre, cinq

Certè, Sanè, Profectò, Quidem, *assurément*. (*Quidem* ne se met qu'après un mot.)
Equidem, *certes*. (Il s'emploie ordinairement pour *Ego quidem*.)

POUR NIER.

Non, Haud, *non, ne, ne point*.
Minimè, *point du tout*.
Nequaquàm, Neutiquàm, *nullement*.

POUR MARQUER LE DOUTE.

Forsan, Forsitan, Fortassè, *peut-être*.
Fortè, *par hasard*.

POUR MARQUER LA RESSEMBLANCE.

Ità, *ainsi*.
Quasi, *comme si*.
Quemadmodùm, *de même que*.
Sic, Sicut, Sicuti, Velut, Veluti, Ut, Uti, *comme, de même que*.
Tanquàm, *comme si, de même que si*.

POUR MARQUER L'UNION.

Simul, Unà, *ensemble*.
Pariter, *pareillement*.
Conjunctim, *conjointement*.
Universim, *généralement*.

POUR MARQUER LA DIVISION.

Alioqui (devant une consonne), Alioquin (devant une voyelle), *autrement, si cela n'était pas*.
Privatim, Scorsim, *en particulier, à part*.

POUR MONTRER.

En, Ecce, *voici, voilà*.

POUR EXHORTER.

Eia, Euge, *courage!*
Age, Agedùm (au singulier); Agite, Agitedùm (au pluriel), *hé bien! ferme! courage!* (Voir les interjections.)

POUR MARQUER LE DÉSIR.

Utinam, *plaise à Dieu que, Dieu veuille que*.

POUR MARQUER LA MANIÈRE.

Doctè, *savamment*.
Pulchrè, *bien*.
Fortiter, *vaillamment*, etc.

POUR MARQUER LA QUANTITÉ.

Parùm, *peu*.
Multùm, *beaucoup*.
Quantùm, *combien*.
Tantùm, *autant*.

POUR MARQUER LE NOMBRE.

Toties, *autant de fois*.
Quoties, *combien de fois*.
Millies, *mille fois*.

---

jours, etc. (il se décline); *propediem*, au premier jour. Quelquefois l'adverbe est remplacé par un adjectif ou par un nom, avec une préposition. Ex. : *Ex vano*, pour *frustra*; *in totum*, pour *omnino*, etc.

§ 113. Plusieurs adverbes, principalement ceux de manière, ont un comparatif[1] et un superlatif, comme :

Doctè,	Doctiùs,	Doctissimè,
doctement,	*plus doctement,*	*très-doctement.*
Citò,	Citiùs,	Citissimè,
vite,	*plus vite.*	*très-vite.*
Benè,	Meliùs,	Optimè,
bien,	*mieux,*	*très-bien.*
Malè,	Pejùs,	Pessimè,
mal,	*plus mal,*	*très-mal.*
Sæpè,	Sæpiùs,	Sæpissimè,
souvent,	*plus souvent,*	*très-souvent.*
Propè,	Propiùs,	Proximè,
proche,	*plus proche,*	*très-proche,* etc.
Nuper, *récemment,*	} *sans comparatif.*	{ Nuperrimè, *tout récemment.*
Sans positif.	{ Potiùs, *plutôt.*	Potissimè, *principalement.*

§ 114. RÉGIME DE PLUSIEURS ADVERBES.

Les adverbes de quantité veulent le génitif :

Peu de vin, *parùm vini.*
Un peu de délai, *paululùm moræ.*
Beaucoup d'eau, *multùm aquæ.*

Assez de paroles, *satis verborum.*
Trop de piéges, *nimis insidiarum.*
Assez d'autres, *affatim aliorum.*
Les adverbes de temps et

---

§ 113. [1] La *comparaison* des adverbes se règle sur celle des adjectifs. Les adverbes qui viennent des adjectifs sont à peu près les seuls qui se comparent. Ils se terminent en è, ò, ter.

Le comparatif adverbe est le même que le comparatif neutre de l'adjectif. Ex. : *Doctior,* plus savant ; *doctius,* plus savant, plus savamment ; pour le superlatif on change *us* en è, *doctissimus, doctissimè.*

On trouve *satius,* mieux, de *satis* ; *diutius, diutissimè,* de *diu,* long-temps ; *secius,* moins, de *secus,* autrement ; *temperius,* plus tôt ; *ocius, ocissimè,* plus, très-vite ; *uberius, uberrimè,* plus, très-abondamment. *Novissimè,* enfin. Quelques-uns ont des diminutifs : *meliusculè,* un peu mieux, etc.

§ 114. [1] Les adverbes ne gouvernent rien par eux-mêmes : leur régime dépend d'un nom ou d'une préposition ou d'un verbe sous-entendu.

de lieu veulent le génitif : Nulle part, en aucun lieu du monde, *nusquam gentium*.

En quel lieu du monde? *ubi terrarum*, *ubinam gentium*?

Pridie, *postridie*, veulent le génitif ou l'accusatif :
Le jour de devant les Calendes, *pridie Calendarum* ou *Calendas* (sous-ent. *ante*).
Le jour d'après les Ides, *postridie Iduum* ou *Idus* (sous-ent. *post*).

En, *ecce*, voici, voilà, veulent le *nomin.* ou l'*acc.* :
Voici, voilà le loup, *en*, *ecce lupus* ou *lupum* : avec le nominat. on sous-ent. *adest*; avec l'accus. on sous-entend *aspice*.

Ergo, employé pour *causa*, veut le génitif, et se met après son régime : A cause de lui, *illius ergo*.

Instar, comme, veut de même le génitif, et se met avant ou après son régime : Comme une montagne, *montis instar* ou *instar montis*.

Obviam, au-devant, veut le datif : aller au-devant de quelqu'un, *ire obviam alicui*.

QUELQUES ADVERBES SONT EMPLOYÉS COMME INITIALES.

Bis, *bi* : deux fois, doublement : *Bis-senus, a*, douzième, une douzaine de.
Bi-ceps, qui a deux têtes.
Bene, *bene-ficium*, bienfait.
Male, *male-ficus*, malfaisant.
Ne (pour *non*), *ne-scius*, qui ne sait pas.
Satis, *satis-facere*, satisfaire.

Semi (pour *Semis*), *semi-animis*, demi-mort. *Se-nex*, vieillard (*semi-nex*).

Semper, *semp-iternus*, qui vit toujours.

Ve (*væ*, mal, malheur) : *Vecors*, sans cœur ; *Ve-grandis*, mal fait.

§ 115. SEPTIÈME ESPÈCE DE MOTS.

PRÉPOSITIONS.

La *Préposition* [1] est un mot indéclinable qui n'a pas un sens complet par lui-même. La préposition exige après elle un mot qui complète sa signification ; ce mot s'appelle complément ou régime, et se met au cas que gouverne la préposition. Les prépositions gouvernent l'accusatif ou l'ablatif.

§115. [1] La préposition, dans la phrase, met en rapport les deux

Il y a trente prépositions qui gouvernent l'accusatif :

SAVOIR :

Ad, *auprès, chez, pour.*
Adversum, adversus, *contre, vis-à-vis de.*
Ante, *devant, avant.*
Apud, *auprès, chez.*
Circa, *auprès, environ.*
Circiter, *environ, à peu près.*
Circum, *autour, à l'entour.*
Cis, citra, *deçà, en-deçà.*
Contra, *contre, vis-à-vis de, à l'opposite.*
Erga, *envers, à l'égard de.*
Extra, *hors, outre, excepté.*
Infra, *sous, au-dessous.*
Inter, *entre, parmi.*
Intra, *dans, au-dedans, dans l'espace de.*
Juxta, *auprès, proche.*
Ob, *pour, devant, à cause de.*
Penes, *en la puissance de.*
Per, *par, durant, au travers de, pendant.*
Pone, *après, derrière, par derrière.*
Post, *après, depuis.*
Præter, *excepté, hormis, outre.*
Prope, *proche, près de, auprès.*
Propter, *pour, à cause de.*
Secundum, *selon, suivant, auprès, le long de.*
Secus, *auprès, le long de.*
Supra, *sur, au-dessus de.*
Trans, *au delà, par-delà.*
Versus, *vers, du côté de.*
Ultra, *au delà, par-delà.*
Usque, *jusqu'à.*

La préposition *inter*, suivie de deux noms, se place élégamment après le premier. Ex. : *Rhodanum inter et Rhenum*, entre le Rhône et le Rhin.

REMARQUE. *Circiter, prope, usque, versus,* ne sont proprement que des adverbes, puisqu'on les construit aussi avec des prépositions : *Circiter ad Calendas. Prope à muris. Usque in flumen. Ad Alpes versus,* etc. Le comparatif *propius*, le superlatif *proxime*, gouvernent le même cas que *prope.*

---

termes entre lesquels elle est placée (le terme antécédent et le terme conséquent). Ex. : Aller à Rome. *A* indique un rapport entre le verbe *aller* et le subst. *Rome.* Elle s'appelle ainsi du latin *præponere*, placer avant, parce qu'elle se place ordinairement avant le terme conséquent. La préposition n'a d'elle-même qu'un sens incomplet ; elle exige toujours après elle un mot qui complète sa signification. Ce mot s'appelle *complément* ou *régime.* L'adverbe, au contraire, a un sens complet, c'est-à-dire la valeur d'une préposition avec son complément : *sagement* a le même sens que *avec sagesse.*

DE LA GRAMMAIRE LATINE. 131

§ 116. Il y a douze prépositions qui gouvernent l'ablatif.

SAVOIR :

A, ab, abs, *de, du, des,* depuis, *par*.
Absque, moins usité que.
Sine, *sans*.
Clam[1], *à l'insu de*.
Coram, *devant, en présence de*.
Cum, *avec*.
De, *de, sur* ou *touchant*.
E, ex, *de, par*.
Palam, *devant, en présence de*.
Præ, *devant, en comparaison de, au-dessus de*.
Pro, *pour, au lieu de, selon, devant*.
Tenus, *jusqu'à*.

§ 117. Les quatre prépositions suivantes veulent l'accusatif quand elles sont jointes à un verbe de mouvement, et elles gouvernent l'ablatif quand elles sont jointes à un verbe de repos.

In, *en, dans, sur*.
Subter, *sous, au-dessous de*.
Sub, *sous, au-dessous de*.
Super, *sur, au-dessus de*.

§ 118. OBSERVATION.

Trois prépositions se mettent souvent après leur régime, savoir :

1° Cum, *avec*, se met après les pronoms *ego, tu, sui, nos, vos,* et *qui, quæ, quod*. Ainsi on dit : Mecum, *avec moi*; tecum *avec toi* ; secum, quocum, etc.

(Cum se met nécessairement après *me, te, se*, etc., mais on peut dire *cum quo, cum quibus*, etc.)

Tenus, *jusqu'à*, veut l'ablatif, lorsque son régime est singulier : Capulo tenus, *jusqu'à la garde*; mais il veut le génitif quand son régime est pluriel : Aurium tenus, *jusqu'aux oreilles*.

2° Versus, *vers* : Orientem versus, *vers l'Orient*; on sous-entend *ad*.

---

§ 116. [1] *Clam* gouverne aussi l'accusatif : *Clam vos sunt ejus facinora*, ses crimes vous sont cachés. L'ablatif est préférable.

Clam, coram et *palam* sont aussi adverbes : *clam* signifie secrètement ; *coram*, devant, publiquement ; *palam*, en public, ouvertement.

PRÉPOSITIONS ET PARTICULES DANS LES MOTS COMPOSÉS.

A.

La préposition *a* désigne l'action d'emporter, d'éloigner, de priver.

Elle s'écrit *ab, abs, au, as*.
A-vertere, détourner.
Ab-ire, s'en aller.
Abs-trahere, séparer de.
Au-ferre, enlever de.
(On écrit *ab-fui*.)
As-portare, emporter.

A a quelquefois une valeur négative, comme chez les Grecs.

A-mens, sans esprit, insensé.
A-vius, sans chemin, impraticable.

AD.

Ad est l'opposé de *a*, et marque l'action de réunir, de rapprocher, d'aller vers.

Ad change le *d* en *c, f, g, l, n, p, r, s, t*, devant les mêmes consonnes au commencement d'un mot, et en *c* devant *q*. Le *d* est supprimé devant les mots qui commencent par une *s* suivie d'une consonne.

Ac-cumbere, s'asseoir, se coucher.
Af-ferre, apporter à.
Ag-gregare, agréger.
Al-latrare, aboyer après.
An-nuntiare, annoncer.
Ap-ponere, placer proche.
Ac-quiescere, se reposer sur.
Ar-ripere, ravir.
As-sidere, se placer à.
At-tendere, s'appliquer.
A-scendere (pour *ad-scendere*), monter.
A-scribere, joindre à, attribuer, etc.

AM, AMB, tout autour.

Am-putare, couper tout autour.
Amb-ire, aller tout autour.

ANTE, avant, devant, se change en *anti* devant plusieurs mots, et signifie quelquefois *contre*.

Ante-ire, aller devant.
Anti-cipare, anticiper (*capere*).
Anti-dotus, antidote (contre-poison).

CIRCUM, autour, perd quelquefois *m* devant *eo*.

Circum-eo, circu-eo, aller autour; *circu-itus*, circuit.

CONTRA (*contro*), contre, vis-à-vis, à l'opposite, désigne l'opposition, la contrariété, la résistance.

Contra-dicere, contredire.
Contro-versari, être en différend.

CUM, avec, se change en *co* devant les voyelles (excepté *Com-es*, compagnon; *Com-itari*, accompagner; *Com-edo*, manger).

Co-eo, se réunir; *co-ævus*, contemporain.

En *com* devant *b, p, m*.
Com-bibere, boire ensemble.
Com-miles, compagnon d'armes.
Com-ponere, composer.

En *con* devant toutes les autres consonnes, à l'exception de *l, r*.

Con-certare, se battre avec un autre.
Con-ferre, contribuer.
Con-jungere, réunir.
Con-nitor, s'efforcer.

En *col* et *cor*, devant *l, r*.

Col-lacrymare, pleurer avec.
Cor-rigere, redresser.
DE a trois significations, il désigne :
1º L'action d'ôter, de séparer (et mouvement de haut en bas).
De-ponere, mettre bas.
De-lumbare, rompre les reins.
2º L'action d'achever.
De-albare, blanchir entièrement.
3º Le contraire d'une action.
De-sperare, désespérer.
De-scendere, descendre.
DI désigne la séparation, la division, l'opposition ; il se change en *dif* devant *f*, en *dis* devant *s*.
Di-ducere, mener de côté et d'autre.
Di-videre, diviser.
Dif-ferre, différer, porter çà et là.
Dis-sociare, désunir.
E, Ex, dehors, tout à fait, sans, très, s'écrit *ef* devant *f*.
E-gerere, porter ou jeter dehors.
E-laborare, travailler avec soin.
Ef-flagitare, demander avec instance.
Ef-fluere, découler, couler dehors.
E-nodis, sans nœuds. *E-durus*, très-dur.
EXTRA désigne les mêmes idées que *e*, *ex*, et y ajoute celle d'être hors des règles ordinaires.
Extra-neus, étranger (de *natus*).
Extra-naturalis, qui est hors de nature.
IN, dans, dedans, non.
In-carcerare, mettre en prison.
In-justus, injuste.
In se change *im* devant *b*, *m*, *p* ; en *il*, *ir*, devant *l*, *r*.
Im-berbis, imberbe.
Im-memor, qui ne se souvient pas.
Il-licitus, illicite.
Il-labi, tomber dans.
Ir-ritus, vain.
Ir-ruere, fondre sur ou dans.
Il perd quelquefois *n*.
I-gnarus, ignorant.
INTER, entre, au milieu.
Inter-cipere, intercepter (de *capere*).
INTRO, dedans.
Intro-ducere, introduire.
NE, non.
Ne-scire, ne pas savoir.
OB, devant ou contre.
Dans la composition il se change en *oc* devant *c* ; *of*, devant *f* ; *op*, devant *p* ; *os*, devant *t*.
Ob-ambulare, se promener devant, autour.
Oc-currere, venir au-devant.
Of-fendere, heurter, donner contre.
Op-ponere, opposer.
Os-tendere, montrer, mettre devant.
PER, tout à fait, entièrement ; avec un verbe de mouvement, il signifie aussi *par*, *parmi*.
Per-ficere, achever.
Per-facilis, très-facile.
Per-agrare, traverser, parcourir.
POST, après, moins.
Post-habere, faire moins de cas.
Post-venire, venir après, moins vite.

Præ, avant, d'avance, plus que tous.

Præ-dicere, dire par avance, prédire.

Præ-cludere, boucher l'entrée.

Præ-acutus, plus aigu que les autres.

Præter, au delà, outre, devant, le long.

Præter-ire, passer outre, aller au-delà, le long, auprès.

Pro, en devant, en avant, à la place.

Pro-cedere, marcher en avant, s'avancer.

Pro-rex, vice-roi.

Re, en arrière, de nouveau, le contraire de.

Re-fluere, couler en arrière, refluer.

Red-integrare, renouveler.

Re-cludere, ouvrir (le contraire de *claudere*, fermer).

Retro, en arrière, à reculons.

Retro-cedere, reculer, se retirer.

Se, à part, séparément.

Se-cedere, se retirer à l'écart.

Se-jungere, séparer.

Sine, sans (marque la privation).

Il se change en *sim*, *sin*, *se*, *so*.

Sim-plex, simple, sans pli.

Sin-cerus, sincère (de *cera*, cire).

Se-curus, sans crainte (de *cura*).

So-cors, sans cœur (de *cor*).

Sub, sous, dessous, presque, un peu, se change en *suc*, *suf*, *sug*, *sup*, *sus*.

Sub-alpinus, qui est sous les Alpes.

Sub-acidus, un peu aigre.

Suc-cumbere, succomber.

Suf-ferre, souffrir.

Sug-gerere, suggérer.

Sup-ponere, mettre sous.

Sus-tinere, soutenir.

Subter, en dessous, par-dessous.

Subter-fluere, couler par-dessous.

Super, sur, dessus, par-dessus.

Super-addere, ajouter par-dessus.

Super-esse, être de reste.

Sus (pour *sursum*), en haut.

Sus-pendere, attacher en haut, suspendre.

Sus-picere, regarder en haut, admirer.

(*Sus deque*, haut et bas).

Trans, au-delà, par-delà, outre, se change en *tru*, *tran*.

Trans-mittere, faire passer au-delà, transmettre.

Tran-scribere, transcrire.

Tra-nare, traverser à la nage.

Ve, exprime privation et quelquefois augmentation (en mauvaise part). *Ve-cors*, pervers ; *ve-grandis*, très-grand (mal fait).

N. B. L'altération de la consonne finale n'a pas toujours lieu. On trouve dans certains auteurs *Adnuncio* pour *annuncio*; *inlicio* pour *illicio*, etc.

§ 119. HUITIÈME ESPÈCE DE MOTS.

CONJONCTIONS.

La *Conjonction* est un mot indéclinable qui sert à lier les parties du discours.

Il y a différentes sortes de conjonctions.

1º POUR JOINDRE.

Et, que, quoque, etiam, atque, ac, *et, aussi.* (QUE ne se met qu'après un mot.)
Præhtereà, *outre cela.*
Cùm, tùm, *non-seulement, mais encore.*

2º POUR SÉPARER.

Aut, vel, ve, *ou, ou bien.* (*Ve* ne se met qu'après un mot.)
Sive, *soit que;* sicut, *comme.*
Nec, neque, ne, ni, *non plus.*

3º POUR CONCLURE.

Ergò, igitur, *donc.*
Ideò, idcircò, itaque, *c'est pourquoi, c'est pour cela que.*

4º POUR FAIRE DISTRIBUTION OU OPPOSITION.

Sed, sed enim, at, atque, porrò, autem, verò, *mais.* (*Autem* et *verò* ne se mettent qu'après un mot.)

Etsi, etiamsi, licet, quanquàm, quamvis, tametsi, *bien que, quoique.*
Cùm, ut, *quoique, quand bien même.*
Imò, imò verò, quin, quin etiam, quin potiùs, *mais, mais au contraire, qui plus est.*

5º POUR RENDRE RAISON.

Nam, namque, enim, etenim, *car.* (*Enim* ne se met qu'après un mot.)
Quod, quia, proptereà quòd, quoniam, *parce que, puisque.*
Cùm, *lorsque, puisque.*

6º CONDITIONNELLES.

Ut, *afin que, pour, de sorte que, comme, dès que.*
Ne, *de peur que ne.*
Ità ut, sicut, *de sorte que, tellement que.*
Dùm, dùm modò, *pourvu que.*

Modò ne, *pourvu que ne.*
Si, si modo, *si* ; sin, *sinon.*
Sin minùs, sin aliter, *sinon, si cela n'était pas.*
Nisi, *sinon que, si ce n'est que, à moins que.*

7° POUR MARQUER LE DOUTE.

An, nùm, utrùm, ne, *si.*
(*Ne* se met après un mot.)

§ 120. RÈGLE DES CONJONCTIONS.

Quelques conjonctions gouvernent le subjonctif, d'autres gouvernent l'indicatif ; le régime de chacune est indiqué dans le Dictionnaire. *Voy.* Syntaxe des Conjonctions, *ci-après,* § 388.

§ 121. NEUVIÈME ESPÈCE DE MOTS.

INTERJECTIONS.

L'*Interjection* est un mot indéclinable qui sert à marquer les différens mouvemens de l'âme.

Pour marquer la joie :	O ! evax ! ho ! ha !
Pour la douleur :	Hei ! heu ! ah ! hé ! hélas ! ha !
Pour l'indignation :	Proh ! heu ! ó ! oh ! ha !
Pour l'admiration :	Papæ ! hui ! ó ! ha ! oh ! ho !
Pour menacer :	Hei ! væ ! *malheur à !*

On emploie encore comme interjections :

Pour marquer la joie :	Io, iu, ha, he, hahahe ! evoe !
Pour la douleur :	Væ, ehen, ohe, au, ei, proh !
Pour l'étonnement :	O, en, ecce, hem, ehem, at, atat, vah !
Pour le rire :	Haha, hahahe !
Pour se moquer :	Hem, vah, vaha, iohia !
Pour l'aversion :	Phui, apage !
Pour l'affirmation :	Pro *ou* Proh !
Pour l'encouragement :	Eia, Euge !
Pour appeler :	Heus, o, ohe, ehodum !
Pour répondre :	Hem, ehem !

Des substantifs, des adjectifs, des adverbes et des verbes, des formules entières même, des sermens, par exemple, peuvent dans certains cas être considérés comme interjections.

Pax ! *chut !* — Malum ! *malheur !* — Indignum ! Miserum ! Miserabile ! Infandum ! Nefas ! *pour exprimer une surprise pénible.*—Macte (esto) ! Macti (estote) ! *pour magis aucte, aucti, pour encourager.* — Apage ! *loin ! loin !* — Næ, *certes.* — Amabo ! Quæso ! Obsecro ! Age ! Agedum ! Agite ! Agitedum ! *allons !*—Cedo, *voyons.*—Precor, quæso, *je vous en prie.*—Sis, sultis, *pour si vis, si vultis ;* sodes, *pour si audes, s'il vous plaît.*— Mehercule ! (me, Hercule, juves !) — Hercle ! Medius fidius, (me, Διός, Jovis, fidius, *pour* filius). Edepol ! (me, de *pour* Deus, pol *pour* Pollux.) *Par Hercule ; par Pollux*, etc.

§ 122. SUPPLÉMENT AUX VERBES.

VERBES IRRÉGULIERS.

On appelle *irréguliers* les verbes qui, dans quelques-uns de leurs temps, ou en quelques-unes de leurs personnes, se conjuguent autrement que les quatre dont nous avons parlé.

§ 123. VERBE NEUTRE PASSIF

de la seconde conjugaison.

On l'appelle *neutre passif*, parce qu'il a le parfait et les temps qui en sont formés terminés en *us*, comme le passif. Il se conjugue comme *moneo*, excepté les parfaits, qui se conjuguent comme *monitus sum*, etc. C'est pourquoi on a indiqué seulement les premières personnes de chaque temps.

INDICATIF.

Présent.   Gaudeo, *je me réjouis,* etc.
Imparfait.   Gaudebam, *je me réjouissais,* etc.
Parfait.   Gavisus sum *ou* fui, *je me suis réjoui.*
Plus-que-par. Gavisus eram *ou* fueram, *je m'étais réjoui,* etc.
Futur.   Gaudebo, *je me réjouirai,* etc.
Futur Passé. Gavisus ero *ou* fuero, *je me serai réjoui,* etc.

IMPÉRATIF.

Gaude *ou* Gaudeto, *réjouis-toi.*

SUBJONCTIF.

Présent. Gaudeam, *que je me réjouisse,* etc.
Imparfait. Gauderem, *que je me réjouisse, ou je me réjouirais,* etc.
Parfait. Gavisus sim *ou* fuerim, *que je me sois réjoui,* etc.
Plus-que-par. Gavisus essem *ou* fuissem, *que je me fusse réjoui,* etc.

INFINITIF.

PRÉSENT ET IMPARFAIT.

Gaudere, *se réjouir.*

PARFAIT ET PLUS-QUE-PARFAIT.

Gavisum esse *ou* fuisse, *s'être réjoui.*

FUTUR.

Gavisurum esse, *devoir se réjouir, qu'il se réjouira.*

FUTUR PASSÉ.

Gavisum fuisse, *avoir dû se réjouir.*

PARTICIPE PRÉSENT.

Gaudens, gaudentis, *se réjouissant.*

PARTICIPE PASSÉ.

Gavisus, gavisa, gavisum, *s'étant réjoui.*

PARTICIPE FUTUR.

Gavisurus, gavisura, gavisurum, *devant se réjouir.*

SUPINS.

Gavisum, *à se réjouir.*
Gavisu, *à s'être réjoui.*

GÉRONDIFS.

Gaudendi, *de se réjouir.*
Gaudendo, *en se réjouissant.*
Gaudendum, *à se réjouir* ou *pour se réjouir.*

Ainsi se conjuguent *audere, audeo, ausus sum*, oser ; *solere, soleo, solitus sum*, avoir coutume ; *mœreo, es, mœstus sum*, être triste.

Il faut encore remarquer : *Fido, is, fidi, fisus sum, fidere*, se fier ; *cœno, avi, natus sum*, souper ; *prandeo, di, pransus sum, dere*, dîner ; *juro, avi, atus sum*, jurer ; *nubo, is, nupsi, nupta sum*, se marier ; *poto, as, avi, potus sum, potare*, boire. *Cœnatus, pransus* et *potus* doivent se prendre dans le sens passif : ainsi l'on ne pourrait pas dire *cœnatus sum radices* au lieu de *cœnavi*, mais on dit *cœnatus sum* ou *cœnavi apud te* ; *cœnato mihi et dormienti*, etc. De même *nupta* et *juratus* semblent marquer l'état plutôt que l'action.

§ 124. VERBE IRRÉGULIER
de la troisième conjugaison.

INDICATIF.

PRÉSENT.

Sing.	FERO [1],	je porte.
	Fers,	tu portes.
	Fert,	il porte.
Plur.	Ferimus,	nous portons.
	Fertis,	vous portez.
	Ferunt,	ils portent.
Imparfait.	Ferebam,	je portais, etc.
Parfait.	Tuli,	j'ai porté, etc.
Plus-que-par.	Tuleram,	j'avais porté, etc.
Futur.	Feram,	je porterai, etc.
Futur Passé.	Tulero,	j'aurai porté, etc.

IMPÉRATIF.

Sing.	Fer ou Ferto,	porte.
	Ferto (ille),	qu'il porte.

---

[1] Ce verbe appartient à la 3ᵉ conjugaison. On retranche *i* à quelques personnes du présent, et *e* à quelques temps qui en dérivent. (*Fers* pour *feris*, etc.; *fer* pour *fere*, etc.) *Tuli* vient du vieux verbe *tulo, tetuli* ; le supin vient du grec τλάω (tlao), supporter, d'où vient l'ancien verbe *la, lavi, latum*.

Plur. Feramus, portons.
Ferte *on* Fertote, portez.
Ferunto, qu'ils portent.

SUBJONCTIF.

Présent. Feram, que je porte, etc.
Imparfait. Ferrem, que je portasse ou je porterais, etc.
Parfait. Tulerim, que j'aie porté, etc.
Plus-que-par. Tulissem, que j'eusse porté ou j'aurais porté, etc.

INFINITIF.

Présent et Imparfait.

Ferre, *porter.*

Parfait et Plus-que-parfait.

Tulisse, *avoir porté.*

Futur.

Laturum esse, *devoir porter, qu'il portera* ou *qu'il porterait.*

Futur Passé.

Laturum fuisse, *avoir dû porter, qu'il aurait porté.*

Participe Présent.

Ferens, *portant.*

Participe Futur.

Laturus, latura, laturum, *devant porter.*

Supin.

Latum, *à porter.*

Gérondifs.

Ferendi, *de porter.*
Ferendo, *en portant.*
Ferendum, *à porter* ou *pour porter.*

Ainsi se conjuguent les composés de *fero*, comme *offero, offers, obtuli, oblatum, offerre*, offrir; *differo, differs, distuli, dilatum, differre*, différer; *au fero, au fers, abs tuli, ab latum, au ferre*, enlever, emporter, etc.

§ 125. *PASSIF*, FEROR.

INDICATIF. Présent.

Sing.	Feror,	*je suis porté.*
	Ferris *ou* Ferre,	*tu es porté.*
	Fertur,	*il est porté.*
Plur.	Ferimur,	*nous sommes portés.*
	Ferimini,	*vous êtes portés.*
	Feruntur,	*ils sont portés.*
Imparfait.	Ferebar,	*j'étais porté*, etc.
Parfait.	Latus sum *ou* fui,	*j'ai été porté*, etc.
Plus-que-par.	Latus eram *ou* fueram,	*j'avais été porté*, etc.
Futur.	Ferar, *je serai porté.* Fereris, etc.	
Futur Passé.	Latus ero *ou* fuero, *j'aurai été porté*, etc.	

IMPÉRATIF.

Sing.	Ferre *ou* fertor,	*sois porté.*
	Fertor (ille),	*qu'il soit porté.*
Plur.	Feramur,	*soyons portés.*
	Ferimini,	*soyez portés.*
	Feruntor,	*qu'ils soient portés.*

SUBJONCTIF.

Présent.	Ferar, *que je sois porté.* Feraris, etc.	
Imparfait	Ferrer,	*que je fusse porté ou je serais porté*, etc.
Parfait.	Latus sim *ou* fuerim, *que j'aie été porté*, etc.	
Plus-que-par.	Latus essem *ou* fuissem, *que j'eusse été porté*, etc.	

INFINITIF.

Présent et Imparfait.

Ferri, *être porté.*

Parfait et Plus-que-parfait.

Latum esse *ou* fuisse, *avoir été porté.*

Futur.

Latum iri *ou* ferendum esse, *devoir être porté.*

Futur Passé.

Ferendum fuisse, *avoir dû être porté, qu'il eût ou aurait été porté,* etc.

Participe Passé.

Latus, lata, latum, *porté, ayant été porté.*

Participe Futur.

Ferendus, ferenda, ferendum, *devant être porté.*

Supin.

Latu, *à être porté.*

§ 126. VERBES IRRÉGULIERS

De la quatrième conjugaison.

INDICATIF Présent.

Sing.	Eo,	*je vais ou je vas.*
	Is,	*tu vas.*
	It,	*il va.*
Plur.	Imus,	*nous allons.*
	Itis,	*vous allez.*
	Eunt,	*ils vont.*

Imparfait. Ibam, *j'allais.* Ibas, etc.
Parfait. Ivi, *je suis allé.* Ivisti, etc.
Plus-que-par. Iveram, *j'étais allé.* Iveras, etc.
Futur. Ibo, *j'irai.* Ibis, etc.
Futur Passé. Ivero, *je serai allé.* Iveris, etc.

IMPÉRATIF.

Sing.	I *ou* Ito,	*va.*
	Ito (ille),	*qu'il aille.*

Plur. Eamus, *allons.*
Ite *ou* Itote, *allez.*
Eunto, *qu'ils aillent.*

SUBJONCTIF.

Présent. Eam, *que j'aille.* Eas, etc.
Imparfait. Irem, *que j'allasse.* Ires, etc.
Parfait. Iverim, *que je sois allé.*
Plus-que-par. Iyissem, *que je fusse allé.*

INFINITIF.

Présent et Imparfait.

Ire, *aller.*

Parfait et Plus-que-parfait.

Ivisse, *être allé.*

Futur.

Iturum esse, *devoir aller, qu'il ira* ou *qu'il irait.*

Futur Passé.

Iturum fuisse, *avoir dû aller, qu'il serait allé.*

Participe Présent.

Iens, euntis, *allant; qui va.*

Participe Futur.

Iturus, itura, iturum; *devant aller, qui ira.*

Supin.

Itum, *à aller.*
Itu, *à être allé.*

Gérondif.

Eundi, *d'aller.*
Eundo, *en allant.*
Eundum, *à ou pour aller.*

Ainsi se conjuguent *ex ire, ex eo, is,* sortir; *per ire, per eo, is,* périr; *red ire, red eo, is,* revenir; *ad ire, ad eo, is,* aller trouver ; *trans ire, trans eo, is,* traverser ; *præter ire, præter eo, is,* passer outre *ou* auprès.

(*Amb ire, io, is,* aller autour, fait à l'imparf. *ambiebam,* au participe *ambiens, ientis,* et au gérondif *ambiendi* ; il suit la 4ᵉ conjug. Cependant on trouve *ambibat* et *ambibunt,* Tac., Ann. 2. 19 ; Plin., Epist. 8. 35.)

Remarque. Les composés de *eo* rejettent ordinairement le *v* au parfait et dans les temps qui en dérivent : comme *adii, adieram,* etc. *Circumeo,* aller autour, rejette quelquefois le *m* devant *i,* comme *circumit, circuit, circumire, circuire.* — Conjuguez encore sur *eo, veneo, venibam* et *veniebam* (moins usité. Cic. Phil. 2, 27), *venii, venieram, venibo* et *veniam,* moins usité, *veniero, venire,* être vendu, composé de *venum eo.* — Voyez ci-après *queo* et *nequeo.*

Au passif, *eo* est employé impersonnellement : *itur, ibatur, itum est, ibitur, eundum est, eatur, itum, eundum sit*; inf. *iri* : on s'en sert pour exprimer par circonlocution le futur passif, comme *auditum iri.* — Quelques composés prennent une signification active, et ont tous les temps du passif, comme *prætereor, iris, itur* ; *adeor, ambior, ineor, obeor, subeor, transeor.* On trouve aussi *anteiri, anteirètur, circumitæ sunt, circumibatur.*

§ 127. VERBE *FIO.*

Quand le verbe *FIO* signifie *je deviens,* il est verbe substantif ; et quand il signifie *être fait,* c'est le passif du verbe *facere.*

INDICATIF. Présent.

Sing.	Fio,	*je deviens* ou *je suis fait.*
	Fis,	*tu deviens.*
	Fit,	*il devient.*
Plur.	Fimus,	*nous devenons.*
	Fitis,	*vous devenez.*
	Fiunt,	*ils deviennent.*
Imparfait.	Fiebam,	*je devenais.* Fiebas, etc.
Parfait.	Factus sum *ou* fui,	*je suis devenu.*
Plus-que-parf.	Factus eram *ou* fueram,	*j'étais devenu.*
Futur.	Fiam,	*je deviendrai.* Fies, etc.
Futur Passé.	Factus ero *ou* fuero,	*je serai devenu.*

DE LA GRAMMAIRE LATINE.

IMPÉRATIF.

Sing. Fi, *deviens.*
Plur. Fite *ou* Fitote, *devenez.* Les autres personnes s'empruntent au subjonctif.

SUBJONCTIF.

Présent. Fiam, *que je devienne.* Fias, etc.
Imparfait. Fierem, *que je devinsse* ou *je deviendrais.*
Parfait. Factus sim *ou* fuerim, *que je sois devenu.*
Plus-que-p. Factus essem *ou* fuissem, *que je fusse devenu.*

INFINITIF.

Présent et Imparfait.

Fieri, *devenir, être fait.*

Parfait et Plus-que-parfait.

Factum esse *ou* fuisse, *être devenu, avoir été fait.*

Futur.

Factum iri *ou* faciendum esse, *qu'il deviendra* ou *deviendrait, devoir être fait.*

Futur passé.

Faciendum fuisse, *qu'il serait, qu'il fût devenu, avoir dû être fait.*

Participe passé.

Factus, a, um, *étant devenu* ou *ayant été fait.*

Participe futur.

Faciendus, a, um, *devant être fait.*

Supin.

Factu, *à faire* ou *à être fait.*

REMARQUE. Le verbe *fio* est souvent employé impersonnellement. Ex. : *fit*, il arrive ; *fiebat*, il arrivait ; *factum est*, il arriva, etc. A l'impératif on remplace souvent *fi* par *esto*, *estote*, *sunto*, ou l'on se sert du subjonctif *fiam*, *fias*, etc.

7

Les composés de *facio*, qui retiennent *a*, comme *calefacio*, échauffer ; *arefacio*, faire sécher, se conjuguent au passif avec *fio* ; *calefio*, *arefio*, etc. Ceux qui changent *a* en *i*, comme *perficio*, achever, font au passif *ficior* : *perficior*, *perficeris*, *citur*, etc. — On trouve *confieri*, *confit*, *confiebat*, *confieret* : *infit*, il commence ; *defit*, *defieri*, manquer, dans Virg., Liv., Tér., Tac.

Fio n'est proprement ni actif ni passif ; il est substantif de même que *sum*, et vient du grec φύω (fuo), être produit. De *fuo* vient le prétérit *fui*, et le futur *fore*, *futurum*.

§ 128. VERBES *Volo*, *Nolo*, *Malo*.

INDICATIF. Présent.

	Sing.	Volo,	*je veux.*
		Vis,	*tu veux.*
		Vult,	*il veut.*
	Plur.	Volumus,	*nous voulons.*
		Vultis,	*vous voulez.*
		Volunt,	*ils veulent.*
Imparfait.		Volebam,	*je voulais*, etc.
Parfait.		Volui,	*j'ai voulu*, etc.
Plus-que-par.		Volueram,	*j'avais voulu*, etc.
Futur.		Volam,	*je voudrai. Voles*, etc.
Futur Passé.		Voluero,	*j'aurai voulu*, etc.

SUBJONCTIF. Présent.

	Sing.	Velim,	*que je veuille.*
		Velis,	*que tu veuilles.*
		Velit,	*qu'il veuille.*
	Plur.	Velimus,	*que nous voulions.*
		Velitis,	*que vous vouliez.*
		Velint,	*qu'ils veuillent.*
Imparfait.		Vellem,	*que je voulusse* ou *je voudrais*, etc.
Parfait.		Voluerim,	*que j'aie voulu*, etc.
Plus-que-par.		Voluissem,	*que j'eusse voulu* ou *j'aurais voulu*, etc.

DE LA GRAMMAIRE LATINE.

INFINITIF.
PRÉSENT ET IMPARFAIT.
Velle, *vouloir.*
PARFAIT ET PLUS-QUE-PARFAIT.
Voluisse, *avoir voulu.*
PARTICIPE PRÉSENT.
Volens, *voulant, qui veut.*

Ainsi se conjuguent *nolo*, je ne veux pas, et *malo*, j'aime mieux.

REMARQUE. L'impératif, le futur de l'infinitif, le gérondif et le supin manquent à ce verbe. Le participe présent *volens* s'emploie plutôt comme adjectif, et signifie qui agit volontiers, librement; favorable. *Vis*, *vult* et *vultis* sont pour *volis*, *volt*, *voltis*, qu'on trouve encore dans les anciens auteurs.

~~~~~~

§ 129. INDICATIF. PRÉSENT.

Sing. Nolo [1],   *je ne veux pas.*
  Non vis,   *tu ne veux pas.*
  Non vult,   *il ne veut pas.*
Plur. Nolumus,   *nous ne voulons pas.*
  Non vultis,   *vous ne voulez pas.*
  Nolunt,   *ils ne veulent pas.*

IMPÉRATIF.

Sing. Noli ou Nolito,   *ne veuille pas.*
  Nolito (ille),   *qu'il ne veuille pas.*
Plur. Nolimus,   *ne veuillons pas.*
  Nolite ou Nolitote,   *ne veuillez pas.*
  Nolunto,   *qu'ils ne veuillent pas.*

---

[1] *Nolo* vient de *ne* pour *non* et de *volo*. Les anciens disaient *nevis*, *nevult* pour *non vis*, *non vult*.

SUBJONCTIF. Présent.

Nolim, que je ne veuille pas.

INFINITIF. Présent et Imparfait.

Nolle, ne vouloir pas.

§ 130. INDICATIF. Présent.

Sing. Malo,   j'aime mieux.
Mavis,   tu aimes mieux.
Mavult,   il aime mieux.
Plur. Malumus,   nous aimons mieux.
Mavultis,   vous aimez mieux.
Malunt,   ils aiment mieux.

SUBJONCTIF. Présent.

Malim, que j'aime mieux.

INFINITIF. Présent et Imparfait.

Malle, aimer mieux.

Remarque sur *Nolo* et sur *Malo*. *Malo* vient de *magis* et de *volo*; voilà pourquoi on disait autrefois *mavolo*, *mavelim*, *mavellem*, etc.

On dit aussi *nolebam*, *nolui*, *nolueram*; *nolam*, *es*; *noluero*, *nollem*, *noluerim*, *noluissem*, *noluisse*, *nolens* (qui s'emploie plutôt adjectivement pour signifier contre son gré); — et *malebam*, *malui*, etc.; *malens* est inusité. Au lieu du futur *nolam*, *malam*, on se sert de *nolim*, *malim*. Point de gérondif, de futur infinitif ni de supin.

§ 131. VERBES IRRÉGULIERS.

Composés de Sum.

INDICATIF. PRÉSENT.

Sing.	Possum,	*je peux,* ou *je puis.*
	Potes,	*tu peux.*
	Potest,	*il peut.*
Plur.	Possumus,	*nous pouvons.*
	Potestis,	*vous pouvez.*
	Possunt,	*ils peuvent.*
Imparfait.	Poteram,	*je pouvais.* Poteras, *etc.*
Parfait.	Potui,	*j'ai pu.* Potuisti, *etc.*
Plus-que-par.	Potueram,	*j'avais pu,* etc.
Futur.	Potero,	*je pourrai.* Poteris, *etc.*
Futur Passé.	Potuero,	*j'aurai pu,* etc.

SUBJONCTIF.

Présent.	Possim,	*que je puisse.* Possis, *etc.*
Imparfait.	Possem,	*que je pusse* ou *je pourrais,* etc.
Parfait.	Potuerim,	*que j'aie pu,* etc.
Plus-que-par.	Potuissem,	*que j'eusse pu* ou *j'aurais pu,* etc.

INFINITIF.

PRÉSENT ET IMPARFAIT.

Posse, *pouvoir.*

PARFAIT ET PLUS-QUE-PARFAIT.

Potuisse, *avoir pu.*

REMARQUE. Ce verbe n'a point d'impératif, point de futur de l'infinitif. — Le participe présent, *potens*, ne s'emploie qu'adjectivement. — Ce verbe vient de *potis, pote* (qui peut) et de *sum*. Il retient le *t* devant les voyelles et le change en *s* devant une autre *s*. *Potis sum*, *pote sum*, se trouvent dans quelques poètes : *pote fuisset*, p. *potuisset*, Tér. *Hæc potis est*, p. *potest*, Lucr.

§ 132. *PROSUM*[1]; JE SERS.

INDICATIF. Présent.

Sing.	Prosum,	*je sers.*
	Prodes,	*tu sers.*
	Prodest,	*il sert.*
Plur.	Prosumus,	*nous servons.*
	Prodestis,	*vous servez.*
	Prosunt,	*ils servent.*
Imparfait.	Proderam,	*je servais*, etc.
Parfait.	Profui,	*j'ai servi*, etc.
Plus-que-par.	Profueram,	*j'avais servi*, etc.
Futur.	Prodero,	*je servirai*, etc.
Futur Passé.	Profuero,	*j'aurai servi*, etc.

IMPÉRATIF.

Sing.	Prodes ou Prodesto,	*sers.*
	Prodesto (ille),	*qu'il serve.*
Plur.	Prosimus,	*servons.*
	Prodeste ou Prodestote,	*servez.*
	Prosunto,	*qu'ils servent.*

SUBJONCTIF.

Présent.	Prosim,	*que je serve*, etc.
Imparfait.	Prodessem,	*que je servisse ou je servirais*, etc.
Parfait.	Profuerim,	*que j'aie servi*, etc.
Plus-que-par.	Profuissem,	*que j'eusse ou j'aurais servi*, etc.

INFINITIF.

Présent et Imparfait.

Prodesse, *servir.*

---

[1] *Prosum* prend un *d* lorsque *pro* est suivi d'une voyelle (*prodes*). (*Pro sum*, je suis-pour.)

PARFAIT ET PLUS-QUE-PARFAIT.

Profuisse, *avoir servi.*

FUTUR.

Profuturum esse, *devoir servir, qu'il servira.*

FUTUR PASSÉ.

Profuturum fuisse, *qu'il eût ou qu'il aurait servi.*

PARTICIPE FUTUR.

Profuturus, a, um, *devant servir.*

§ 133. AUTRE VERBE IRRÉGULIER.

QUEO.

INDICATIF.

PRÉSENT.

Sing.	QUEO,	*je peux* ou *je puis.*
	Quis,	*tu peux.*
	Quit,	*il peut.*
Plur.	Quimus,	*nous pouvons.*
	Quitis,	*vous pouvez.*
	Queunt,	*ils peuvent.*

Imparfait. Quibam, as, etc., *je pouvais.* Quibamus.
Parfait. Quivi, isti, etc., *j'ai pu.*
Quivimus, istis, etc., *j'avais pu.*
Plus-que-p. Quiveram, as, etc., *j'avais pu.*
Futur. Quibo, is, etc., *je pourrai.*
Fut. Passé. Quivero, is, etc., *j'aurai pu.*

Point d'Impératif.

SUBJONCTIF.

PRÉSENT.

Sing.	Queam,	*que je puisse.*
	Queas,	*que tu puisses.*
	Queat,	*qu'il puisse.*

Plur.	Queamus,	que nous puissions.
	Queatis,	que vous puissiez.
	Queant,	qu'ils puissent.
Imparfait.	Quirem, es, etc.	que je pusse ou je pourrais.
	Quiremus,	que nous pussions.
Parfait.	Quiverim, is, etc.	que j'aie pu.
	Quiverimus, etc.	que nous ayons pu.
Plus-que-p.	Quivissem,	que j'eusse pu.
	Quivissemus,	que nous eussions pu.

INFINITIF.

Présent et Imparfait.

Quire, *pouvoir.*

Parfait et Plus-que-parfait.

Quivisse, *avoir pu.*

Ainsi se conjugue *nequire, nequeo*, ne pouvoir pas.

REMARQUE. Les autres temps de l'infinitif et du participe, comme futur, *quiturus, a, um*; supin, *quitum et quitu*; participe présent, *quiens*, ne se trouvent que dans certains auteurs qu'on ne doit point imiter. Il en est de même du passif, *quitur, queatur, queuntur et nequitur*, etc. *Nequeuntes* se trouve dans Salluste, frag. 3. Le supin *quitum* paraît usité, car Térence a dit *quita est*.

§ 134. VERBES DÉFECTIFS.

On appelle *Défectifs* les verbes auxquels il manque plusieurs personnes ou plusieurs temps.

INDICATIF.

Présent.

Sing.	MEMINI,	je me souviens.
	Meministi,	tu te souviens.
	Meminit,	il se souvient.

Plur. Meminimus, *nous nous souvenons.*
Meministis, *vous vous souvenez.*
Meminerunt *ou* meminêre, *ils se souviennent.*

Imparfait. Memineram, *je me souvenais.*
Memineras, *tu te souvenais,* etc.

Point de Parfait ni de Plus-que-parfait.

FUTUR.

Sing. Meminero, *je me souviendrai.*
Memineris, *tu te souviendras.*
Meminerit, *il se souviendra.*
Plur. Meminerimus, *nous nous souviendrons.*
Memineritis, *vous vous souviendrez.*
Meminerint, *ils se souviendront.*

IMPÉRATIF.

Sing. Memento, *souviens-toi.*
Memento (ille), *qu'il se souvienne.*
Plur. Mementote, *souvenez-vous.*

SUBJONCTIF.

Présent. Meminerim, *que je me souvienne.*
Memineris, *que tu te souviennes,* etc.
Imparfait. Meminissem, *que je me souvinsse ou je me souviendrais,* etc.
Meminisses, *que tu te souvinsses ou tu te souviendrais,* etc.

INFINITIF.

Présent et Imparfait.

Meminisse, *se souvenir.*

Ainsi se conjuguent : *Novi*, je connais ; *cœpi*, je commence ; *odi*, je hais : ce dernier fait au prétérit *osus sum* ou *fui*, j'ai haï, etc. et au plus-que-parfait *osus eram* ou *fueram*, j'avais haï, etc. ; mais ils n'ont point d'impératif. *Osus sum* exprime aussi le

7.

présent *je hais.* *Consuevi* (de *consuesco*), *consueveram*, *consuevero*, *consuevisse*, se conjuguent de même; ils signifient *j'ai coutume, j'avais, j'aurai coutume*, etc.

REMARQUE. *Memini* vient de *meno* ou *memino*, inusités, d'où vient *meminens* dans quelques auteurs de la basse latinité.

Odi vient de *odio*, inusité. *Odiaris*, que tu sois haï. SÉNÈQUE.

Cœpi vient de *Cœpio*, inusité.

[Ne confondez pas ce verbe avec *cepi*, parfait de *capio*.]

Novi vient de *nosco*, qui signifie apprendre à connaître, tandis que *novi* signifie j'ai appris à connaître, c'est-à-dire, je connais. Il éprouve ordinairement une contraction : on dit *nosti* pour *novisti*, *noram* pour *noveram*, *nosses* pour *novisses*, etc.

On trouve à l'infinitif *osurum esse*, *cœptum esse*, *osurus*, *a*, *um*, *cœpturus*, *a*, *um*. *Osus*, *exosus*, *perosus*, ont la signification active. *Exosus* se prend aussi passivement : *intelligas non omnes diis exosos esse*. Aul. G. 2-18. *Cœptus* a la signification passive. Il s'emploie surtout avec l'infinitif passif; exemple : *Pons institui cœptus est*, on commença à établir un pont, etc.

§ 135. *AIO*, JE DIS.

INDICATIF.	SUBJONCTIF.
PRÉSENT.	PRÉSENT.
S. Aio, *je dis*.	
Ais, *tu dis*.	S. Aias, *que tu dises*.
Ait, *il dit*.	Aiat, *qu'il dise*.
P. Aiunt, *ils disent*.	P. Aiant, *qu'ils disent*.
IMPARFAIT.	PARTICIPE PRÉSENT.
S. Aiebam, *je disais*.	Aiens, aientis, *disant*.
Aiebas, *tu disais*, etc.	(Peu usité.)

Le PARFAIT, *aisti*, tu as dit, *ait*, il a dit, *aistis*, vous avez dit, cité par Probus, est contesté.

On trouve quelquefois *ai*, dis ; *aiam*, que je dise ; *aiant*, qu'ils disent, et *ain* pour *ais-ne ?* dis-tu ?

§ 136. *INQUAM*[1], DIS-JE.

INDICATIF.

Présent.

S. Inquam, *dis-je.*
Inquis, *dis-tu.*
Inquit, *dit-il.*
P. Inquimus, *disons-nous.*
Inquitis, *dites-vous.*
Inquiunt, *disent-ils.*

Imparfait.

S. Inquiebat, *disait-il.*
P. Inquiebant, *disaient-ils.*

Parfait.

S. Inquisti, *as-tu dit.*
Inquit, *a-t-il dit.*

Futur.

S. Inquies, *diras-tu.*
Inquiet, *dira-t-il.*

Impératif.

S. Inque, inquito, *dis.*

Subjonctif.

S. Inquiat, *qu'il dise.*

Remarques sur quelques autres verbes défectueux.

Ausim (pour *auserim*, c.-à-d. *ausus fuerim*), j'oserais.

Faxo (pour *fecero*), je ferai; faxim (pour *fecerim*), que je fasse. Ex.: *faxint dii*, fassent les dieux. — Virgile a dit *fœdera faxo.*

Forem (pour *fuerem*, de *fuo*, être), je serais; *fores, foret, forent; fore* (pour *fuere*), devoir être.

Salve, ave, ou Salveto, aveto, je vous salue, bonjour;
Salvete, avete,
Salvetote, avetote.

vale ou valeto, portez-vous bien, adieu,
valete,
valetote.

Age, agedum; agite, agitedum, allons, courage, soit!
Apage, loin d'ici, ôtez-vous!

Salve, ave, vale, age, sont les impératifs des verbes *salveo, aveo, valeo, ago.* Au lieu de

---

§ 136. [1] *Inquam* est pour *inquio*, peu usité. On trouve quelquefois *inquiebam, as; inquiebamus, atis.* — Fut. *inquient*; subj. *inquiant*; part. *inquiens.* — *Inquistis*, avez-vous dit, ne se trouve pas dans Forcellini.

salve, *ave*, on se sert quelquefois de *salvebis*, *avebis*.

Ovare, triompher de joie, n'est guère usité qu'aux personnes et aux temps suivants : *ovat*, *ovet*, *ovaret*, *ovarent*, *ovans*, *ovandi*, *ovaturus*, *ovatus*.

For, je parle, est inusité, on dit *faris*, *fatur*, *fatus sum*, *fare*, impér. : *fari*, *fandi*, o.

Dor, *der*, de *dare*, donner; *aror*, *arer*, de *arare*, labourer; *solebo*, *is*, *it*, de *soleo*, avoir coutume; *cupe*, impér. de *cupio*, désirer; *polle*, de *polleo*, exceller, paraissent être inusités.

Scire, savoir, fait à l'impératif *scito* et non *sci*; *scitote* au lieu de *scite*.

Defit, il manque, *defiet*, *defiat*, *defieri*. *Infit*, il commence.

Cedo, donnez, dites, parlez. Dans Ennius on trouve *cette* pour *cedite*.

Quæso, je vous prie, *quæsumus*.

Amabo, de grâce, je vous prie.

Sis, *sultis*, *sodes*, pour *si vis*, *si vultis*, *si audes*, s'il vous plait. *Da*, pour *dic*, *dis*.

Remarques sur quelques autres verbes dont la signification est peu connue.

Liceo, *licui*, *licitum*, *licere*, être mis à prix. (*Liceor*, *licitus sum*, *liceri*, signifie, au contraire, mettre à prix.)

Vapulo, *as*, *avi*, *atum*, *are*, être battu, pleurer fort.

Veneo, *is*, *ii* ou *ivi*, *venum ire* (*venire*), être vendu. (Voy. page 144.)

Edo, *edis* ou *es*, *edit* ou *est*, *edi*, *esum* ou *estum*, *edere* ou *esse*, manger. On trouve aussi *ede* ou *es*, *esto*, mange, *edito* ou *esto* (*ille*), qu'il mange; *ederem* on *essem*, *esses*, etc.; *estur*.

Fido, *is*, *fidi* et *fisus sum*, *fidere*, se fier, ainsi que *confido*.

Juratus, de *juro*, signifie juré ou qui a juré.

Cœnare, souper; *prandere*, dîner; *potare*, boire, font aussi *cœnatus*, qui a soupé; *pransus*, qui a dîné; *potus*, qui a bu. (Voy. ci-dessus, p. 139.)

§ 137. VERBES IMPERSONNELS

ou mieux Unipersonnels.

On appelle *Impersonnels* les verbes qui n'ont que la troisième personne du singulier.

OPORTET, IL FAUT.

INDICATIF.

PRÉSENT.
Oportet, *il faut*.

IMPARFAIT.
Oportebat, *il fallait*.

PARFAIT.	IMPARFAIT.
Oportuit, *il a fallu*.	Oporteret, *qu'il fallût* ou *il faudrait*.
PLUS-QUE-PARFAIT.	PARFAIT.
Oportuerat, *il avait fallu*.	Oportuerit, *qu'il ait fallu*.
FUTUR.	PLUS-QUE-PARFAIT.
Oportebit, *il faudra*.	Oportuisset, *qu'il eût fallu*.
FUTUR PASSÉ.	INFINITIF.
Oportuerit, *il aura fallu*.	PRÉSENT.
SUBJONCTIF.	Oportere, *falloir*.
PRÉSENT.	PARFAIT.
Oporteat, *qu'il faille*.	Oportuisse, *avoir fallu*.

Ainsi se conjuguent *Decet*, *decuit*, il convient (on trouve *decent*, *deceant*); *licet*, *licuit* et *licitum est*, il est permis (on trouve *liciturum est*, *esset*, Liv., Cic.); *libet* ou *lubet*, *libuit* et *libitum est*, il plaît; *liquet*, il est clair (sans prétérit); *placet*, *placuit* et *placitum est*, on a été d'avis. Voy. la remarque, p. 159, § 138.

§ 138. VERBE *POENITET*.

Ce verbe se conjugue dans tous ses temps avec les pronoms accusatifs *me*, *te*, *illum*, *illam* (ou un Nom), au singulier; et *nos*, *vos*, *illos*, *illas* (ou un Nom), au pluriel.

INDICATIF.

PRÉSENT.

Sing. me Pœnitet,   *je me repens.*
      te Pœnitet,   *tu te repens.*
  illum, illam Pœnitet,   *il, elle se repent.*
Plur. nos Pœnitet,   *nous nous repentons.*
      vos Pœnitet,   *vous vous repentez.*
  illos, illas Pœnitet,   *ils, elles se repentent.*
Imparfait. me Pœnitebat, *je me repentais*, etc.
Parfait.   me Pœnituit, *je me suis repenti*, etc.

Plus-que-par. me Pœnituerat, *je m'étais repenti.*
Futur, me Pœnitebit, *je me repentirai.*
Futur Passé. me Pœnituerit, *je me serai repenti.*

SUBJONCTIF.

Présent. me Pœniteat, *que je me repente,* etc.
Imparfait. me Pœniteret, *que je me repentisse*
                              (ou *je me repentirais*).
Parfait. me Pœnituerit, *que je me sois repenti.*
Plus-que-par. me Pœnituisset, *que je me fusse repenti*
                              (ou *je me serais repenti*).

INFINITIF.

Présent et Imparfait.

Pœnitere, *se repentir.*

Parfait et Plus-que-parfait.

Pœnituisse, *s'être repenti.*

Participe Présent.

Pœnitens, pœnitentis, *se repentant.*

Participe Futur Passif.

Pœnitendus,
Pœnitenda, } *dont on doit se repentir.*
Pœnitendum,

Gérondif.

Pœnitendi, *de se repentir.*
Pœnitendo, *en se repentant.*
Pœnitendum, *à ou pour se repentir.*
Pœniturum, Salluste.

Ainsi se conjuguent *Me pudet*, *puduit* et *puditum est* (*puditurum esse*. Plin.), j'ai honte ; *me piget*, *piguit* et *pigitum est*, je suis fâché ; *me tædet*, *tæduit* (rare), *tæsum* ou mieux *pertæsum est*, je m'ennuie, etc.; *me miseret*, *misertum est* (*miseritum est*, Tér.), j'ai compassion. On ne dit pas *miseruit*. Cicéron a dit aussi : *Cave te fratrum misereatur*, etc., pro Ligar.—*Piget, tædet, miseret*, ne sont point usités aux participes. On trouve seulement *pigendus* de Properce.

REMARQUE. Il y a quelques verbes impersonnels qui sont usités à la 3e personne du pluriel. Ex. : *Quæ libuissent*, Suét. *Quæ licent ; omnia liceant*, Sén. *Licerent*, Just. *Parvos parva decent*, Hor. *Deceant*, Cic. *Decuere*, Ov. — *Pudent* de Térence, *pudebunt* de Lucain, ne sont pas à imiter.

On trouve des verbes impersonnels dans les autres conjugaisons : *Tonat*, il tonne ; *pluit*, il pleut ; *vesperascit*, il se fait nuit. On sous-entend *cœlum*, etc.

Il y a plusieurs autres verbes qui, dans certaines acceptions, se construisent impersonnellement : *Præstat*, il vaut mieux ; *patet*, il est évident ; *conducit*, il est avantageux ; *refert*, *interest*, il importe ; *fit*, il arrive. Ces verbes sont usités aux autres temps : *referebat*, *interfuit*, *fiet*, etc.

§ 139. IMPERSONNEL PASSIF.

L'IMPERSONNEL *passif* est la troisième personne du singulier passif dans tous les temps.

INDICATIF.	SUBJONCTIF.
PRÉSENT.	PRÉSENT.
Dicitur, *on dit*.	Dicatur, *qu'on dise*.
IMPARFAIT.	IMPARFAIT.
Dicebatur, *on disait*.	Diceretur, *on dirait, qu'on dit*.
PARFAIT.	
Dictum est *ou* fuit, *on a dit*.	
PLUS-QUE-PARFAIT.	PARFAIT.
Dictum erat *ou* fuerat, *on avait dit*.	Dictum sit *ou* fuerit, *qu'on ait dit*.
FUTUR.	PLUS-QUE-PARFAIT.
Dicetur, *on dira*.	Dictum esset *ou* fuisset, *on aurait dit ou qu'on eût dit*.
FUTUR PASSÉ.	
Dictum erit *ou* fuerit, *on aura dit*.	

On peut faire impersonnels tous les verbes actifs et neutres, comme *edetur*, *curratur*, *ventum est*, *bibitur*, etc.

Remarques sur les verbes.

Il y a quelques verbes qui, sous une seule forme, ont deux significations, ou sous deux formes une seule signification, comme *Æquare*, rendre égal et être égal; *durare*, durcir et devenir dur; *migrare*, se transporter et transporter; *aggredior*, attaquer et être attaqué, etc. — *Assentio* et *assentior*, être de l'avis; *auguro* et *auguror*, augurer; *depasco* et *depascor*, brouter, manger; *elucubro* et *elucubror*, faire à force de veilles, etc.

Les verbes dérivés viennent des noms ou des verbes. Les premiers sont de deux sortes: les verbes d'imitation et les dénominatifs. Les verbes d'imitation se terminent en *isso* ou mieux en *or*: *græcisso*, mieux *græcor*, imiter les Grecs. — Les dénominatifs sont généralement tous les verbes dérivés d'un nom: *lignor*, faire du bois, de *lignum*, etc. — Ceux qui descendent d'autres verbes sont de quatre sortes: les inchoatifs, les fréquentatifs, les verbes de désir et les diminutifs.

On appelle verbes inchoatifs (de *inchoare*, commencer) ceux qui marquent l'action dans son commencement. Ils sont ordinairement terminés en *sco*, comme *ingravesco*, s'appesantir; *repuerasco*, redevenir enfant, etc. Ils marquent quelquefois la continuité ou l'accroissement de l'action, comme: *morbus ægrescit medendo*, le mal s'aigrit par les remèdes. Ils sont toujours neutres, et se forment en général de la deuxième personne du présent, ex.: *Tremo, is, tremisco*.

Les fréquentatifs se terminent ordinairement en *to, so, xo* ou *co*; ex.: *Clamito*, crier souvent; *facesso*, expédier, faire; *nexo*, lier, etc.

Les verbes de désir sont ordinairement terminés en *rio*; ex.: *Esurio*, j'ai faim, je désire manger; ils sont de la quatrième conjugaison.

Les diminutifs se terminent en *llo*; ex.: *Cantillo*, fredonner, etc.; ils sont de la première conjugaison.

Plusieurs verbes, sous une seule terminaison, sont quelquefois de diverses conjugaisons, selon leurs différentes significations.

Appello, as, *appeler.*　　　Appello, is, *aborder.*
Fundo, as, *fonder.*　　　　Fundo, is, *répandre.*
Mando, as, *donner charge.*　Mando, is, *manger.*
Obsero, as, *fermer.*　　　　Obsero, is, *semer.*
Pando, as, *abaisser, courber.*　Pando, is, *étendre.*

Consternor, aris, *avoir l'esprit abattu.* Consternor, aris, *être porté par terre.*

Quelques-uns diffèrent en quantité.

Cōlo, as (long), couler quelque chose, passer. Cŏlo, is (bref), cultiver.
Dĭco, as (bref), dédier. Dīco, is (long), dire.
Et de même leurs composés.
Abdĭco et abdīco. Ind co et indīco. Prædĭco et prædīco, etc.
Lēgo, as (long), déléguer. Lĕgo, is (bref), lire.
Et ainsi des composés : Allēgo et allĕgo. Relēgo et relĕgo, etc.

Plusieurs sont de diverses conjugaisons, quoiqu'ayant la même signification.

Ciéo, es.   Cio, is, ire, appeler.
Ferveo, es.   Fervo, is, bouillir.
Lavo, as.   Lavo, is, laver.
Lino, is, ere.   Linio, is, ire, oindre.
Nexo, as.   Nexo, is, entrelacer.
Tergeo, es.   Tergo, is, essuyer.

Quelquefois un même prétérit vient de plusieurs verbes.

Composés de STO et de SISTO.

Constiti de consto ou de consisto, s'arrêter.
Exstiti de exsto ou existo, être.
Institi de insto ou insisto, poursuivre.

Ceux-ci changent de signification.

Acui de aceo, s'aigrir, ou de acuo, aiguiser.
Crevi de cresco, croître, ou de cerno, juger.
Frixi de frigeo, avoir froid, ou de frigo, fricasser.
Luxi de luceo, luire, ou de lugeo, pleurer.
Mulsi de mulceo, adoucir, ou de mulgeo, traire.
Pavi de paveo, avoir peur, ou de pasco, paître.
Fulsi de fulgeo, reluire, ou de fulcio, appuyer.

Quelques-uns ont aussi un même supin.

Cretum de cresco, croître, ou de cerno, voir.
Mansum de maneo, demeurer, ou de mando, is, manger.
Passum de pando, is, ouvrir, ou de patior, souffrir.
Succensum de succenseo, se fâcher, ou de succendo, brûler.
Tentum de teneo, tenir, ou de tendo, tendre.
Victum de vinco, vaincre, ou de vivo, vivre.

Des gérondifs des deux dernières conjugaisons.

Les gérondifs de la quatrième, et ceux des verbes en IO de la troisième, prennent souvent un *u* pour un *e*, comme *faciundi, faciundo, faciundum,* de *facio,* etc. (Voyez ci-dessus, p. 109.)

§ 140. *Règle des prétérits et des supins des verbes.*

Le prétérit, dans toutes les conjugaisons, se termine en *i, isti, it, imus, istis, erunt* ou *ere.* Il peut se former généralement de la seconde personne du présent en changeant *s* en *vi,* comme *amas, amavi; fles, flevi; petis, petivi; audis, audivi.* Il y a deux exceptions générales : 1° le *v* se change en *u*, et alors on retranche la voyelle précédente pour éviter le trop grand bâillement : *domo, as, domui* pour *domavi; moneo, es, monui* pour *monevi; arguo, is, argui* pour *arguivi; aperio, is, aperui* pour *aperivi,* etc.

2° Il se fait quelquefois un retranchement, soit dans le milieu du mot, comme *juvo, as, juvi* pour *juvavi; caveo, es, cavi* pour *cavevi;* soit à la fin, comme *lego, is, legi* pour *legivi; solvo, is, solvi; venio, is, veni;* soit dans tous les deux, comme *fundo, is, fudi* pour *fundi,* qui viendrait de *fundivi.*

§ 141. Les supins se forment ordinairement du prétérit, en changeant les deux dernières lettres en *tum,* comme *amavi, amatum; adjuvi, adjutum; flevi, fletum; rapui, raptum,* etc.
Quelquefois le retranchement du prétérit ne passe pas dans le supin : *fugitum* de *fugi* pour *fugivi.* Quelquefois il reçoit une syncope qui lui est particulière : *ictum* pour *icitum,* de *ico, is, ici; ruptum* pour *rupitum; alo, is, alui* pour *alivi, alitum* et par syncope *altum.* Les verbes en *ui* font ordinairement *itum* ou *utum,* pour *uitum; monui, monitum; argui, argutum.*

§ 142. Outre cela, les Latins, à l'imitation des Grecs, changent les figuratives *b, p, c, g,* en *ps, x* : *scribo, scripsi; carpo, carpsi; jungo, junxi;* on dit aussi *sancio, sanxi; vinco, vinxi;* et semblables.
En général, on retranche le *d* et le *t* devant *s* : *lædo, læsi; sentio, sensi.*
Quelquefois les verbes ont un redoublement, comme *mordeo, momordi* ou *memordi; pendeo, pependi; cædo, cecidi; pello, pepuli,* etc.

§ 143. RÈGLES GÉNÉRALES.

Les verbes composés se conjuguent ordinairement comme leurs simples.

Amo, as, avi, atum, aimer; *redamo, as, avi, atum,* rendre amour pour amour.

Sedeo, sedes, sedi, sessum, s'asseoir; *possideo, es, sedi, sessum*, posséder.

Voir ci-après les exceptions.

Il faut remarquer que souvent les verbes composés changent la première voyelle du simple en *i* : *sedeo, possideo*; *ago, adigo*, pour *adago*.

Quelquefois ils la changent en *e*, comme *carpo, discerpo*.

Ou il y a une contraction, comme *cogo* (pour *coago*), de *ago*.

REDOUBLEMENT.

Les composés perdent en général le redoublement qui se fait au simple, comme :

Mordeo, momordi;
Remordeo, remordi.

Il faut en excepter : 1° Tous les composés de *disco, cis, didici*, et de *posco, poscis, poposci.*

Addisco, addidici; deposco, depoposci, etc.

2° Les cinq suivants de *curro* :

Præcurro, præcucurri; excurro, decurro, procurro, percurro, dans lesquels on peut aussi retrancher le redoublement.

3° *Repungo*, qui fait *repupugi* et *repunxi* (de *pungo*).

§ 144. E AU SUPIN.

Les verbes qui changent *a* en *i* dans leurs composés prennent un *e* à la pénultième du supin :

Facio, feci, factum;
Perficio, feci, perfectum.

EXCEPTION. Les verbes composés qui se terminent en *do* et en *go* retiennent *a* au supin, comme leurs simples :

Cado, cecidi, casum, cadere;
Recido, recidi, recasum, recidere.
Ago, egi, actum;
Adigo, adegi, adactum.

Tous les verbes qui n'ont point de prétérit n'ont point de supin. *Labo, labare*, chanceler; *glisco, gliscere*, croître, etc.

EXCEPTION. *Tundo*, dont le prétérit *tutudi* est inusité, fait *tusum* et *tunsum*.

§ 145. SYNCOPE.

La syncope est un retranchement qui se fait souvent aux prétérits, principalement dans ceux qui sont terminés en *vi.*

Petii	au lieu de	*petivi.*
Amasti	—	*amavisti,*
Nôsti	—	*novisti.*
Nôrunt	—	*noverunt.*
Prostrasse	—	*prostravisse.*
Adiisset	—	*adivisset.*

DANS LES POËTES.

Exstinxti	—	*exstinxisti.*
Exstinxem	—	*exstinxissem.*
Evasti	—	*evasisti.*
Surrexe	—	*surrexisse.*

Ces licences ne sont pas à imiter.

§ 146. PREMIÈRE CONJUGAISON.

Les verbes de la première conjugaison font ordinairement leur prétérit en *avi*, et leur supin en *atum.*

N B. On se rappellera que les composés suivent en général la conjugaison des simples.

EXEMPLES.

Amo, amas, amavi, amatum, amare, aimer.
Red umo, as, avi, atum, aimer celui qui aime.
Calceo, as, avi, atum, are, chausser, etc. (Ne confondez pas les verbes en *eo* de la première avec les verbes en *eo* de la seconde.) — (Voy. § 155.)
Nuntio, as, avi, atum, are, annoncer. (Les autres verbes en *io* sont ordinairement de la troisième ou de la quatrième.)

§ 147. EXCEPTIONS : DO ET STO.

Do, das, dedi, datum, dare, donner. (Le prés. de l'ind. pass., *dor*, et celui du subj., *der*, à la 1re pers., ne sont plus en usage.)
Ainsi se conjuguent : *Circumdo*, environner; *pessundo*, fouler aux pieds, abattre; *satisdo*, donner caution; *venundo*, vendre.

Les autres composés de *do* sont de la 3e; ex. : *Edo, is, edidi, editum, ere*, mettre dehors.
Sto, stas, steti, statum, stare, être debout.
Les composés font *stiti, stitum*, et souvent *statum*.
Ex. : *Asto, as, astiti, astitum, are*, être debout, se tenir auprès.
Consto, as, constiti, itum ou *atum*, être ensemble, coûter, etc. Ainsi que *exsto*, être dehors, se montrer; *insto*, insister, être proche; *obsto*, résister, s'opposer; *præsto*, donner, montrer; *resto*, être de reste, s'arrêter; *substo*, demeurer ferme, résister; *disto*, être éloigné, sans prétérit ni supin.

Des supins en *atum* se forment les participes en *rus* fort usités : *præstaturus, constaturus*, etc.

Les composés de *sto* formés d'une préposition de deux syllabes ont le parf. en *eti* : *Circumsto, circumsteti ; supersto, steti*, etc. — Tous les supins sont peu usités.

§ 148. *Lavo, poto, juvo.*

Lavo, as (*lavavi*, rare), *lavi, lotum, lautum, lavatum, lavare*, laver. — (Autrefois *lavere, o, i.*)
Relavo, relaver, idem.
Poto, as, avi, potatum ou *potum, are*, boire. — *Compoto, as, avi, atum*, boire ensemble. — *Perpoto*, boire toujours. — *Epoto, as, avi*, fait aussi *epotum*, boire tout.
Juvo, as, juvi (*jutum*, peu usité), *juvare*, aider. — *Adjuvo, as, vi, tum*, aider.
(*Juvaturus*, de Tacite, Ann. 14-4, n'est pas à imiter.)

§ 149. Verbes qui font UI, ITUM.

Sono, as, ui, itum, are (partic. *sonaturus*), sonner.
Assono, as, ui, itum, are, sonner avec, et ainsi des autres composés.
Cubo, as, ui, itum, are, coucher, être couché.
Accubo, as, ui, itum, are, coucher contre, être assis à table, etc.
(Plusieurs composés de *cubo*, sont de la 3e, et ajoutent *m* au présent, comme *accumbo, is, accubui, itum, ere*, être couché auprès.)
Domo, as, ui, itum, are, dompter.
Tono, as, ui, itum, are, tonner.
On dit *attonitus*, étourdi, et *intonatus*; *intonata tempestas*, tempête déchaînée. Hor.
Veto, as, vetui, vetitum, are, défendre.
Crepo, as, ui, itum, are, craquer, faire bruit. Ainsi que ses composés. — *Discrepo*, sonner diversement, être différent, fait plus souvent *avi, itum* et *atum*.
Mico, ui, sans supin, *micare*, briller, tressaillir. — Ainsi que *emico*, briller, se montrer; *intermico*, briller entre; *promico*, paraître de loin; *dimico*, quelquefois *ui*, mieux *avi, atum, are*, combattre.
(On trouve *emicaturus*.)

§ 150. PLICO.

Plico, *as*, *avi* ou *cui*, *catum* ou *citum*, *are*, plier (peu usité hors les temps formés du présent).

Quatre composés de ce verbe, formés d'*ad*, *con*, *ex*, *in*, ont ce double prétérit et ce double supin.

Applico, *as*, *avi*, *ui*, *atum* et *itum*, appliquer, faire aborder. — Ainsi que :

Complico, plier l'un avec l'autre.

Explico, expliquer, développer.

Implico, envelopper, embarrasser.

Les verbes qui se forment d'un adjectif et de *plico* ont seulement *avi*, *atum* comme *duplico*, *as*, *avi*, *atum*, *are*, doubler, plier en deux; *multiplico*, multiplier, etc. Ainsi que *replico*, *as*, *avi*, *atum*, *are*, replier, répliquer.

Supplico, *as*, *avi*, *atum*, *are*, supplier.

§ 151. Verbes en UI, CTUM.

Frico, *fricui*, *frictum* et *fricatum*, *fricare*, frotter.

Refrico, *ui*, *ctum*, *are*, renouveler, refrotter, etc., *refricaturus*.

Seco, *secui*, *sectum*, *secare*, couper. (*Secaturus.*)

Deseco, *ui*, *ctum*, *are*, couper tout, etc.

Neco, *as* (*cui*, *nectum*, usité seulement dans ses composés; mais pour lui il fait plutôt), *necavi*, *necatum*, *are*, tuer, faire mourir.

Eneco, *as*, *ui*, *ctum* ou *avi*, *atum*, *are*, faire mourir, etc. (On dit *enectus*, *internecatus*, *internectus*.)

§ 152. SECONDE CONJUGAISON.

EO, ES, UI, ITUM, ERE.

Moneo, *es*, *ui*, *itum*, *ere*, avertir.

Admoneo, *es*, *ui*, *itum*, *ere*, avertir, etc.

Arceo, *es*, *arcui* (*arcitum*, inusité), *ere*, chasser, repousser.

Coerceo, *coercui*, *coercitum*, *ere*, retenir, réprimer.

Exerceo, *ui*, *itum*, *ere*, exercer.

Terreo, *es*, *ui*, *itum*, *ere*, effrayer.

Deterreo, *es*, *ui*, *itum*, *ere*, détourner, intimider, etc.

Habeo, *es*, *ui*, *itum*, *ere*, avoir.

Adhibeo, *es*, *ui*, *itum*, *ere*, ajouter, employer.

Debeo, *es*, *ui*, *itum*, *ere*, devoir, etc. Ainsi que *cohibeo*, empêcher, contenir; *exhibeo*, montrer; *inhibeo*, empêcher; *perhibeo*, dire; *prohibeo*, empêcher; *redhibeo*, contraindre le vendeur de reprendre une marchandise défectueuse.

Careo, *es*, *ui*, *itum*, *ere*, manquer de, n'avoir point.

DE LA GRAMMAIRE LATINE.

§ 153. Exceptions pour le supin.

Doceo, es, docui, doctum, docere, enseigner.

Dedoceo, es, ui, ctum, désapprendre, apprendre le contraire, etc.

Teneo, es, ui, tentum, ere, tenir, savoir. Ses composés changent *e* en *i* au présent et au prétérit, mais non au supin.

Abstineo, es, tinui, abstentum, abstinere, s'abstenir.

Contineo, es, ui, tentum, ere, contenir, etc.

§ 154. UI, SUM, STUM, XTUM.

Censeo, es, censui, sum, ere, penser, juger.

Recenseo, es, ui, sum, ere, faire une revue, etc.

Misceo, es, miscui, mistum, mixtum, scere, mêler.

Admisceo, es, ui, istum, mêler parmi, etc.

Torreo, es, ui, tostum, torrere, rôtir, brûler.

§ 155. Verbes neutres sans supin.

Les verbes neutres qui ont le parfait en *ui* n'ont point de supin.

Voir pour les exceptions le § 156.

Clareo, es, ui, ere, être clair, avoir de la réputation.

Floreo, ui, ere, fleurir.

Liqueo, cui, (peu usité, mieux *liquesco*), fondre; *deliqueo, cui,* se résoudre.

Mineo, ui, ere, exister (usité seulement dans ses composés).

Emineo, ui, ere, se montrer, exceller.

Immineo, ui, ere, pencher sur, menacer, etc.

Palleo, ui, ere, être pâle.

Pateo, ui, ere, être ouvert, visible, etc.

Polleo, ui (peu usité), *pollere,* être puissant.

Æquipolleo, es, ere, être aussi puissant.

Præpolleo, es, ere, avoir beaucoup de pouvoir.

Rauceo, raucui, ere, être enroué. On dit aussi *raucio* de la 4e.

Sileo, ui, ere, se taire.

Splendeo, ui, ere, reluire.

Studeo, ui, ere, étudier, désirer.

Timeo, ui, ere, craindre. Il est actif, mais il suit la règle des verbes neutres.

§ 156. Verbes neutres qui ont un supin.

Les verbes suivants ont un supin :

Valeo, es, ui, itum, ere, valoir, pouvoir.

Convaleo, ui, itum, ere, revenir en santé, croître, — etc.

Placeo, cui, placitum, ere, plaire.

Complaceo, ui, itum, ere, être complaisant, plaire beaucoup.

Displiceo, es, cui, citum, ere, déplaire.

Careo, ui, itum, ere, n'avoir point, avoir besoin.

Mereo, *ui*, *itum*, *ere*, mériter, servir, etc.

On dit aussi *mereor*, *eris*, *itus sum*, *eri*. (Ne confondez pas *mereo*, mériter, avec *mœreo*, être affligé.) De même *emereo* ou *emereor*; *promereo* ou *promereor*.

Jaceo, *es*, *jacui* (*jacitum*, d'où vient *jaciturus*, peu usité), *jacere*, être couché, être abattu.

Pareo, *ui*, *itum*, *ere*, paraître, obéir.

Appareo, *ui*, *itum*, *ere*, apparaître, etc.

Liceo, *licui*, *licitum*, *ere*, être mis à prix. (*Liceor*, *eris*, *itus sum*, *eri*, mettre à l'enchère.)

Noceo, *cui*, *citum*, *ere*, nuire.

Doleo, *ui*, *itum*, *ere*, être fâché, affligé.

Indoleo, *ui*, *itum*, *ere*, sentir de la douleur, etc.

Lateo, *ui*, *itum*, *ere*, être caché, inconnu.

Deliteo, *ui*, sans supin, *ere*, être caché ou se cacher.

Caleo, *ui*, *itum*, *ere*, avoir chaud.

Incaleo, *ui*, *itum*, *ere*, être échauffé.

Præbeo, *ui*, *itum*, *ere*, fournir, donner. (Il se prend activement.)

§ 157. OLEO ET SES COMPOSÉS.

Oleo, *ui*, *itum* ou *etum*, *ere*, sentir, rendre une odeur.

Entre ses composés, ceux qui retiennent la signification du simple font au prét. *ui*, au supin *itum*, comme :

Oboleo, *ui*, *itum*, *ere*, sentir, rendre une odeur.

Peroleo, rendre une odeur très-forte.

Redoleo, rendre une odeur.

Suboleo, sentir un peu, se douter.

Les autres composés qui s'éloignent de cette signification font le plus souvent *evi*, *etum*, comme :

Exoleo ou *esco*, *is*, *evi*, *etum*, *ere*, ou *escere*, se passer, s'effacer.

Obsoleo ou *esco*, *is*, *evi*, *etum*, *ere*, ou *escere*, se passer, être hors d'usage.

Aboleo, *evi*, *etum*, *ere*, abolir, anéantir. On dit aussi *abolesco*, en sens passif. *Memoria hujus rei aboleverat*, le souvenir en était presque effacé.

Adoleo ou *esco*, *is*, *evi* (quelquefois *ui*), *adultum*, *ere*, *escere*, croître, brûler de l'encens, etc.

Remarquez que les verbes en *sco* sont de la 3e. *Exolesco*, *escis*, etc.

Ils empruntent le parf. *evi* aux verbes de la 2e conj ; la forme *ui* (*exolui*) est rare.

§ 158. ARCEO ET TACEO.

Arceo, *es*, *arcui* (*arcitum*, inusité), *arcere*, empêcher, repousser.

Ses composés ont le supin : *Coerceo*, *cui*, *coercitum*, *ere*, retenir, réprimer.

Exerceo, *ui*, *itum*, *ere*, exercer, donner de la peine, etc.

Taceo, *tacui*, *tacitum*, *ere*, se taire, taire une chose.

Ses composés n'ont pas de supin.

Conticeo, *conticui*, *ere*, se taire, ne dire mot.

Ainsi que *obticeo*, ne dire mot, *reticeo*, tenir une chose secrète.

DE LA GRAMMAIRE LATINE.

§ 159. DES VERBES EN VEO.

Les verbes actifs en *veo* font *vi* au prétérit, et *tum* au supin.
Caveo, cavi, cautum, vere, prendre garde, prévoir, etc.
Faveo, favi, fautum, vere, favoriser.
Foveo, fovi, fotum, fovere, échauffer, entretenir.

Moveo, vi, tum, vere, mouvoir, émouvoir, remuer.
Emoveo, vi, tum, ere, remuer, éloigner de.
Voveo, vi, tum, ere, vouer, désirer.
Devoveo, vi, tum, ere, faire vœu, consacrer, s'obliger à.

§ 160. VERBES NEUTRES EN VEO (UEO).

Les verbes neutres en *veo (ueo)* n'ont pas de supin.
Langueo, ui, ere, languir.
Paveo, vi, ere, avoir peur.
Plusieurs de ces verbes n'ont ni prétérit ni supin.
Aveo, ere, désirer fort.

Ceveo, ere, flatter (comme font les chiens en remuant la queue).
Flaveo, ere, jaunir, devenir blond ou jaune.
Liveo, ere, être terne, livide, envier.

§ 161.

Ferveo, ferbui, vere, bouillir, être échauffé, être en colère.
Deferveo, deferbui, vere, se refroidir, s'apaiser.

Conniveo, connivi, ixi (plus usité), *vere*, cligner les yeux, dissimuler.

§ 162. VERBES ACTIFS EN EO, VI, ET EO, UI.

Fleo, evi, etum, ere, pleurer.
Defleo, es, evi, etum, ere, pleurer quelqu'un, etc.
Deleo, es, evi, etum, ere, effacer.
Vieo, es, vievi, etum, ere, lier (avec de l'osier).
Pleo, usité seulement dans ses composés :
Adimpleo, es, evi, etum, ere, emplir, etc.
Neo, es, evi, etum, ere, filer.
Cieo, es, civi, citum, ciere, exciter, appeler.

On dit aussi *cio, cis, civi, citum, cire*, de la 4e. Les composés suivent plutôt la 4e que la 2e, comme : *accio, accis, accivi, accitum, accire*, appeler, faire venir, etc.

Sorbeo, sorbui, sorptum, bere, humer, avaler.
Absorbeo, absorbui, ptum, bere, absorber, engloutir, etc. (*Sorpsi* est inusité, *absorpsi* est très rare).

8

§ 163. VERBES EN DI ET SUM.

Prandeo, es, di, pransum, ere, dîner. On dit *pransus,* qui a dîné.

Video, es, vidi, visum, ere, voir.

Invideo, es, vidi, visum, ere, envier, etc.

Sedeo, es, sedi, sessum, ere, être assis, s'asseoir, etc.

Ses composés changent l'*e* du présent en *i,* comme :

Assideo, es, assedi, assessum, assidere, être assis auprès.

Desideo, ere, se tenir oisif; *dissideo, ere,* être en différend, sont très peu usités au prétérit et au supin.

Consideo, sedi, sessum, sidere, être assis ensemble. De même *obsideo,* assiéger, et tous les autres composés.

REMARQ. On voit que les verbes qui ont *e* au prétérit du simple, le retiennent aussi au prétérit du composé, excepté les composés de *teneo,* qui retiennent l'*i* de leur présent au prétérit : *teneo, tenui; obtineo, obtinui.*

Strideo, es, stridi, ere, rendre un bruit aigre et perçant.

On dit aussi *strido, is,* etc.

§ 164. REDOUBLEMENT AU PRÉTÉRIT.

Les verbes suivans redoublent au prétérit la première syllabe; mais ce redoublement se perd dans les composés.

Mordeo, es, momordi, morsum, ere, mordre.

Remordeo, es, remordi, sum, ere, mordre à son tour, affliger, etc.

Tondeo, es, totondi, tonsum, ere, tondre.

Detondeo, es, detondi, detonsum, ere, tondre tout à fait.

Pendeo, es, pependi, pensum, ere, pendre de, être suspendu à, dépendre de quelqu'un.

Appendeo, es, appendi, sum, ere, pendre à quelque chose (*appendo, is,* signifie peser), etc.

Spondeo, spopondi, sponsum, ere, promettre.

Respondeo, es, respondi, sum, ere, répondre, etc.

§ 165. VERBES EN SI, SUM (QUELQUEFOIS XI ET CTUM).

Rideo, es, risi, sum, ere, rire, se moquer, etc.

Arrideo, es, si, sum, ere, rire à quelqu'un, sourire, etc.

Mulceo, es, mulsi, sum (quelquefois *ctum*), *cere,* adoucir, apaiser, etc.

Permulceo, es, si (rarem. *xi*), *sum* (et *ctum*), *ere,* adoucir, plaire, etc.

Suadeo, es, suasi, sum, dere, conseiller.

Persuadeo, es, si, sum, ere, persuader, etc.

Mulgeo, es, mulsi et *xi, sum* et *ctum, gere,* traire le lait.

Emulgeo, es, si, sum, ere, traire.

Hæreo, es, hæsi, sum, rere, être joint à, hésiter.

DE LA GRAMMAIRE LATINE.

Adhæreo, es, si, sum, ere, adhérer à, s'attacher, etc.
Ardeo, es, arsi, sum, dere; brûler, être enflammé.
Exardeo, si, sum, ere, être tout en feu, etc.
Tergeo, es, tersi, sum, gere, essuyer, nettoyer. (On dit aussi *tergo.*)
Detergeo, es, si, sum, ere, essuyer, emporter tout, etc.
Maneo, es, mansi, sum, ere, demeurer, attendre.
Permaneo, es, si, sum, ere, demeurer jusqu'à la fin, persister. — etc.
Jubeo, es, jussi, ssum, bere, commander, ordonner.
Fidejubeo, es, ssi, ssum, ere, répondre, se rendre caution.

§ 166. Il y a deux verbes en SI, TUM.

Indulgeo, indulges, si, indultum, gere, être indulgent, accorder tout.
Torqueo, es, torsi, tortum, torquere, tourner, tordre, lancer.
Contorqueo, es, si, tum, ere, tourner, tordre, jeter, etc. (Les anciens disaient aussi *torsum.*)

§ 167. Il y a trois verbes en XI, CTUM.

Lugeo, luxi, ctum, gere, pleurer, porter le deuil. (*Luxi* vient aussi de *luceo,* luire.)
Elugeo, xi, ere, achever son deuil. (Sans supin.)
Prolugeo, xi, ere, porter longtemps le deuil. (Sans supin.)
Augeo, auxi, ctum, ere, augmenter.
Adaugeo, xi, ctum, ere, augmenter.
Mulgeo, es, mulxi, ctum, gere, (il fait aussi *mulsi, sum*), traire le lait.

§ 168. PRÉTÉRIT EN SI, SANS SUPIN.

Les 4 verbes suivans ont le prétérit en *si,* mais ils n'ont pas de supin.
Algeo, es, alsi, gere, avoir grand froid.
Fulgeo, es, fulsi, gere, reluire.
Affulgeo, es, si, ere, reluire contre, etc.
Turgeo, es, tursi (peu usité), *gere,* être enflé.
Urgeo, es, ursi (peu usité) *gere,* presser, tourmenter.

§ 169. PRÉTÉRIT EN XI, SANS SUPIN.

Ceux-ci ont le prétérit en *xi,* et manquent de supin.
Frigeo, es, frixi, frigere, avoir froid.
Refrigeo, es, xi, ere, se refroidir, etc.
Luceo, luxi, cere, luire.
Colluceo, xi, ere, reluire, etc.

§ 170.

Remarquez que les verbes de la 2ᵉ conjug. sont terminés en *eo*. Il y en a très-peu de cette terminaison dans les autres. Il y a dix verbes en *eo* de la 1ʳᵉ : *beo*, rendre heureux ; *calceo*, chausser ; *creo*, créer ; *cuneo*, fendre avec un coin ; *enucleo*, ôter le noyau, expliquer ; *laqueo*, prendre au filet, mettre une corde au cou ; *lineo*, tracer des lignes ; *meo*, couler, se glisser ; *nauseo*, avoir mal au cœur ; *screo*, tousser pour cracher, ainsi que leurs composés. Ils font *as*, *avi*, *atum*, *are*, etc.

Il y a deux verbes en *eo* de la 4ᵉ : *eo*, aller ; *queo*, pouvoir, ainsi que leurs composés.

§ 171. TROISIÈME CONJUGAISON.

On ne peut établir de règle générale pour le prétérit ni pour le supin.

VERBES EN CIO.

Facio, is, feci, factum, facere, faire.
De ses composés, les uns sont formés d'autres verbes ou d'adverbes, et retiennent *a*, comme :
Arefacio, feci, factum, facere, dessécher.
Assuefacio, accoutumer.
Benefacio, bien faire.
Calefacio, échauffer.
Commonefacio, avertir.
Labefacio, corrompre, casser, ébranler.
Liquefacio, fondre.
Satisfacio, satisfaire.
Stupefacio, étonner.
Tepefacio, attiédir.

Terrefacio, épouvanter.
Les autres composés de *facio* qui sont formés d'une préposition changent l'*a* en *i*, et prennent *e* au supin :
Afficio, affeci, affectum, afficere, faire impression, causer, etc.
Conficio, achever, faire, etc.
Deficio, défaillir, manquer, etc.
Efficio, faire, achever.
Inficio, infecter, teindre.
Interficio, tuer.
Officio (sans supin), nuire.
Perficio, achever.
Proficio, profiter.
Reficio, refaire.
Sufficio, suffire, fournir.

§ 172.

Jacio, is, jeci, jactum, jacere, jeter.

Ses composés changent *a* en *i*, et prennent *e* au supin.

Abjicio, jeci, jectum, jicere, rejeter.
Porricio, reci, ectum, icere, jeter les entrailles de la victime dans le feu. — etc.

§ 173.

De lacio, inusité, vient :

Elicio, is, elicui, elicitum, cere, tirer dehors, attirer.

Les autres composés font *exi, ectum*, comme :
Allicio, exi, ectum, allicere, attirer par caresses. — etc.

§ 174.

Specio est inusité.

Ses composés font *exi, ectum :* ils changent l'*e* en *i*.

Aspicio, is, aspexi, ectum, icere, voir, regarder.
Circumspicio, regarder autour. — etc.

§ 175. VERBES EN DIO ET EN GIO.

Fodio, fodi, fossum, dere, fouir, creuser, percer.
Confodio, odi, fossum, ere, percer. — etc.

Fugio, fugi, itum, gere, fuir.
Defugio, ugi, itum, ere, éviter, échapper. — etc.

§ 176. VERBES EN PIO.

Capio, cepi, captum, pere, prendre.
Ses composés changent l'*a* en *i,* et prennent *e* au supin.
Accipio, is, cepi, eptum, ipere, recevoir, apprendre, etc.
Concipio, comprendre, concevoir. — etc.
Cependant on dit *satiscapio, cepi, eptum, ere,* recevoir un répondant. On dit mieux *satisaccipio.*
On disait autrefois *cœpio, cœpi, cœptum,* commencer ; mais ce verbe n'est plus usité qu'au prétérit et aux temps qui en dépendent : *cœpi, cœperam, cœpero, cœpissem, cœpisse,* commencer, se mettre à.
Ses composés retiennent la diphthongue *œ* au prétérit, de sorte que *incipio* et *occipio,* venant de *cœpio,* font *incœpi, incœptum ; occœpi, occœptum,* et venant de *capio,* ils font *incepi, inceptum ; occepi, occeptum ;* ils signifient toujours commencer.

§ 177.

Rapio, rapui, raptum, pere, ravir, arracher des mains.

Ses composés changent l'*a* en *i* et prennent *e* au supin, comme :
Abripio, pui, abreptum, abripere, ravir, enlever. — etc.

ÉLÉMENS

§ 178.

Cupio, ivi, cupitum, cupere, désirer.

Sapio (quelquefois sapivi ou sapii), mieux sapui, sans supin, sapere, sentir, être sage.

Ses composés changent a en i.
Desipio, desipivi, desipui, ere, devenir fou, radoter.
Resipio, ivi, ui, ere, revenir à son bon sens, se raviser.

§ 179. VERBES EN RIO ET EN TIO.

Pario, is, peperi, partum (pour paritum, d'où pariturus), parere, enfanter, accoucher, acquérir.

Ses composés changent a en e et sont de la 4e, comme aperio, aperui, apertum, ire, ouvrir.

Quatio, (quassi, ssum, vieux), quatere, ébranler, secouer.
Ses composés font cussi, cussum, comme :
Concutio, concussi, ssum, cutere, ébranler, secouer.
Decutio, ssi, ssum, ere, abattre, faire tomber. — etc.

§ 180. VERBES EN UO, UI, UTUM.

Arguo, is, argui, argutum, ere, reprendre, accuser, convaincre.
Redarguo, le même.
Acuo, ui, utum, ere, aiguiser, exciter.
Exacuo, ui, etc., aiguiser, rendre pointu.
Exuo, ui, utum, ere, dépouiller, ôter.
Induo, ui, utum, ere, revêtir, prendre.
Imbuo, ui, utum, ere, répandre dans, tremper, donner une teinture, etc.
Composés de lavo ou de luo, inusité.
Abluo, ui, utum, uere, laver. — etc.
Alluo, couler auprès, laver. — etc.
Minuo, ui, utum, ere, amoindrir, diminuer.
Diminuo, diminuer, déchoir de son rang.

Statuo, ui, utum, ere, ordonner, établir, etc.
Ses composés changent a en i, comme :
Constituo, ui, utum, ere, ordonner, établir, faire le projet de.
Destituo, délaisser, abandonner, — etc.
Spuo, ui, utum, ere, cracher.
Suo, ui, utum, ere, coudre.
Assuo, ui, utum, ere, coudre avec. — etc.
Tribuo, ui, utum, ere, accorder, donner.
Attribuo, ui, utum, ere, attribuer, assigner, donner. — etc.
Ruo, ui, ruitum, ere, tomber en ruines, fondre sur.
Ses composés font utum, suivant la règle générale.
Corruo, is, ui, utum, ere, tomber en ruines, tomber. — etc.
(On trouve eruiturus, d'eruo arracher.)

§ 181. VERBES EN XI, CTUM ET XUM.

Struo, xi, ctum, uere, mettre en ordre, bâtir, machiner.
Adstruo ou *astruo, xi, ctum, ere*, bâtir contre, ajouter. — etc.

Fluo, xi, fluxum, uere, couler, se passer, etc.
Affluo, xi, xum, ere, couler vers, avoir ou être en abondance. — etc.

§ 182. VERBES EN UO, QUI N'ONT PAS DE SUPIN.

Metuo, ui, ere, craindre.
Luo, lui, ere, payer une rançon, être puni.
Congruo, ui, ere, s'accorder.
Ingruo, ui, ere, assaillir, fondre sur.
Respuo, ui, ere, cracher contre, rejeter avec mépris. (Il vient de *spuo, ui, utum, ere*, cracher.)
Les autres composés de *spuo* sont pareillement inusités au supin.
Exspuo, cracher, rejeter.

Inspuo, cracher dessus, dans.
Nuo n'est usité que dans les composés, comme :
Abnuo, ui, ere, faire un signe de refus, refuser.
Annuo, accorder.
Innuo, faire signe, donner à entendre.
Renuo, refuser.
(*Batuo, ui, ere*, battre ; *Cluo*, et *clueo, ere*, être en estime, sont presque inusités.)
Pluo, plui, sans supin ; *pluere*, pleuvoir.

§ 183. VERBES EN BO, BI, BITUM.

Bibo, is, bibi, bibitum, bibere, boire.
Combibo, bibi, itum, ere, boire ensemble. — etc.

Glubo, bi, itum, ere, écorcher, peler.
Deglubo, le même.

§ 184. PSI, PTUM.

Ces deux-ci font *psi, ptum* :
Scribo, scripsi, ptum, bere, écrire.
Adscribo ou *ascribo, psi, ptum, ere*, écrire avec, joindre à. — etc.

Nubo, nupsi, nuptum, bere, se marier, prendre un mari (proprement se voiler).
Obnubo, psi, ptum, ere, couvrir, voiler. — etc.

§ 185. SANS SUPIN.

Les deux suivans n'ont point de supin :
Scabo, scabi, bere, gratter, ratisser.

Lambo, lambi, bere, lécher, laper.

§ 186. COMPOSÉS DE CUBO.

Les composés de *cubo* qui sont de la 3ᵉ, ajoutent une *m* au présent ; mais ils la perdent au prétérit et au supin, comme :

Accumbo, accubui, itum, umbere, être couché, assis auprès.

De même *Discumbo*, être assis, s'asseoir à table.

Incumbo, être couché, appuyé sur, s'appliquer à. — etc.

§ 187. VERBES EN CO, DEUX ONT XI, CTUM, LES AUTRES CI (SI), TUM (SUM).

Dico, is, xi, ctum, cere, dire.
Abdico, xi, ctum, cere, réprouver, refuser, rejeter quelqu'un. — etc.

Duco, uxi, ctum, cere, mener, conduire, guider.
Abduco, xi, ctum, ere, emmener, détourner.

§ 188.

Ico, ici, ictum, icere, frapper.
Vinco, vici, victum, vincere, vaincre.
Parco, peperci et parsi, parcitum et parsum, parcere, pardonner, épargner.
Comparco, parsi, sum, cere, le même.

§ 189. VERBES EN SCO, VI, TUM.

Cresco, scis, crevi, cretum, scere, croître, s'augmenter.
Accresco, evi, etum (peu usité), *escere*, s'accroître. — etc.
Nosco, novi, notum, noscere, connaître, savoir.
Ignosco, vi, tum, ere, pardonner. Cicéron a dit : *Ignoturus*. — etc.
Quiesco, quievi, etum, escere, se reposer.
Acquiesco, evi, etum, ere, se reposer sur, acquiescer à.
Scisco, scivi, scitum, sciscere, ordonner, faire une loi, donner sa voix.
Adscisco, ou *ascisco, ivi, itum, ere*, s'attribuer, prendre pour soi, admettre. — etc.
Suesco, suevi, suetum, escere, avoir coutume.
Assuesco, evi, etum, ere, s'accoutumer. —, etc.

§ 190.

Pasco, pavi, pastum, scere, faire paître, nourrir, repaître.
Depasco, vi, stum, ere, brouter, manger.

Agnosco, agnovi, agnitum, oscere, reconnaître, avouer.
Cognosco, vi, itum, ere, connaître, apprendre. — etc.

§ 191.

Posco, *is*, *poposci*, *poscitum*, *scere*, demander. Ainsi que *Deposco*, demander.

Exposco, demander instamment.
Reposco, redemander.

§ 192.

Disco, *didici* (autrefois *discitum*), *discere*, apprendre.
Addisco, *addidici*, *addiscere*, apprendre.
Edisco, *edidici*, *ere*, apprendre.

Dedisco, *dedidici*, *ere*, désapprendre.
(On se rappellera que les composés de ce verbe conservent le redoublement.)

§ 193.

Compesco, *ui* (autrefois *itum*), *escere* (faire paître ensemble), apaiser, refréner.
Dispesco, *ui* (autrefois *itum*), *escere*, séparer, ramener du pâturage.

Conquinisco (autrefois *conquexi*), sans supin, *conquiniscere*, s'abaisser, s'accroupir.

§ 194. VERBES INCHOATIFS.

Les verbes inchoatifs n'ont d'eux-mêmes ni prétérit, ni supin (ils prennent celui du primitif), comme :
Hisco, *hiscere*, bâiller, s'entr'ouvrir.
Dehisco, le même.
Fatisco, *ere*, s'entr'ouvrir, défaillir.
Labasco, *ere*, être ébranlé, vaciller. — etc.
Ardesco, prend *arsi*, *sum* (d'*ardeo*, *es*), *ardescere*, s'enflammer.

Calesco prend *calui* (de *caleo*, *es*), *calescere*, s'échauffer.
Erubesco, *erubui* (de *rubeo*), *escere*, rougir, avoir honte.
Horresco, *horrui* (de *horreo*), *escere*, être saisi de frayeur, d'horreur.
Refrigesco, *refrixi* (de *frigeo*), *escere*, se refroidir, se ralentir.
Senesco, *senui* (de *seneo*), *senescere*, vieillir.

§ 195. VERBES EN DO, DI, SUM. (RUDO, STRIDO, SANS SUPIN.)

Cudo, *is*, *di*, *cusum*, *ere*, forger, battre.
Excudo, *di*, *sum*, *dere*, tirer du feu d'un caillou, imprimer. — etc.
Cando, usité seulement dans

8.

ses composés; *a* se change en *e* :

Accendo, di, sum, ere, allumer. — etc.

Fendo, usité seulement dans ses composés :

Defendo, di, sum, ere, défendre, préserver de. — etc.

Mando, di, sum, ere, mâcher.

Prehendo ou *prendo, di, sum, ere*, prendre, saisir.

Apprehendo, di, sum, ere, appréhender au corps, saisir, — etc.

Scando, di, sum, ere, monter, escalader, grimper.

Les composés changent *a* en *e*.

Ascendo, di, sum, ere, monter. — etc.

Edo, edi, esum, estum, edere ou *esse*, manger.

Comedo, edi, esum, estum, manger.

Rudo, di, sans supin, *ere*, braire.

Strido, di, sans supin, *ere*, faire du bruit, bruire.

§ 196.

Pando, di, pansum, et *passum ere,* ouvrir, étendre, déployer.

Ainsi que ses composés, comme *dispando*. — etc.

(Plaute a dit *dispendo, endi, ensum* et *essum*, déployer).

§ 197. VERBES EN DO QUI ONT UN REDOUBLEMENT AU PARFAIT.

Les composés perdent le redoublement.

Tendo, is, tetendi, tensum et *tentum, ere,* tendre des tentes, tendre à.

Attendo, attendi, sum, tum, ere, être attentif, s'appliquer. — etc.

Pendo, pependi, pensum, ere, peser, estimer, payer.

Appendo, appendi, sum, ere,

peser, pendre à quelque chose. — etc.

Pedo, pepedi, ere, péter.

Oppedo, oppedi, oppedere, se moquer.

Tundo, (*tutudi,* peu usité), *tunsum, ere,* battre, frapper.

Les composés font *tudi, tusum*, comme :

Contundo, contudi, usum, ere, plier, broyer, briser. — etc.

§ 198. COMPOSÉS DE DO, DAS, DEDI, DATUM, DARE.

La plupart sont de la 3e, et font *didi, ditum,* comme :

Abdo, is, didi, abditum, abdere, cacher. De même :

Addo, ajouter. — *Condo,* bâtir, composer. — *Credo,* croire, confier. — *Dedo,* rendre (se); donner. — *Dido,* diviser. —

Edo, mettre au jour, produire. — *Indo,* mettre dans. — *Perdo,* perdre. — *Prodo,* trahir. — *Trado,* livrer. — *Vendo,* vendre.

Mais on dit *Abscondo, is, abscondi, ditum, ere,* cacher.

DE LA GRAMMAIRE LATINE.

§ 199. SIDO, ET SES COMPOSÉS.

Sido, is, idi, ere, descendre, aller au fond.
Ses composés prennent leur prétérit et leur supin de *sedeo*, comme :
Assido, assedi, assessum, assidere, s'asseoir, être assis auprès. De même : Consido, desido, s'asseoir, s'affaisser ; insido, s'asseoir sur ; obsido, s'asseoir autour, obséder, etc. ; resido, subsido, s'affaisser.

§ 200. VERBES EN NDO, QUI PERDENT N.

Frendo, is, frendi, fressum, frendere, froisser, briser, grincer les dents. (On trouve quelquefois *frendeo*, *es*.)
Fundo, fudi, fusum, fundere, verser, répandre.
Confundo, fudi, fusum, ere, confondre, mêler ensemble. — etc.
Findo, fidi, fissum, findere, fendre, entamer.
Diffindo, idem.

Scindo, scidi, scissum, scindere, trancher, couper, déchirer.
Abscindo, scidi, scissum, ere, couper, retrancher. — etc.
Fido, is, fidi et fisus sum, fidere, se fier. — Confido, idem.
Fido et diffido (se défier) font plutôt *fisus* et *diffisus sum*, pour les distinguer de *fidi*, *diffidi*, parf. de *findo*, *diffindo*, *is*, fendre.

§ 201. Il y a neuf verbes en DO, SI, SUM. (Il faut y joindre les composés.)

Ludo, is, lusi, lusum, ludere, jouer, se moquer. — etc.
Abludo, si, sum, ere, ne pas ressembler. — etc.
Divido, visi, sum, dividere, diviser, distribuer.
Claudo, clausi, sum, claudere, fermer, clore. Ses composés viennent du vieux verbe *Cludo*, comme :
Excludo, clusi, sum, cludere, exclure, mettre dehors. — etc.
Lædo, læsi, sum, dere, blesser, offenser, choquer.
Ses composés changent æ en i long, comme :
Allido, allisi, sum, dere, froisser, briser contre. De même :
Collido, Illido. (On trouve *Illæsus*, sain, entier ; mais c'est un adj. composé de *in* et de *læsus*.)
Trudo, trusi (peu usité), trusum, dere, pousser avec violence.
Abstrudo, si, sum, ere, enfoncer. — etc.
Rado, rasi, sum, dere, raser, ratisser.
Abrado, si, sum, ere, ratisser, ôter en râclant. — etc.
Plaudo, ausi, sum, dere, applaudir.
Complaudo ou -odo, applaudo ou -odo, si, sum, applaudir.
Explaudo ou -odo, si, sum, ere, chasser en poussant, tirer un canon, une machine.
Rodo, rosi, sum, dere, ronger.
Arrodo, si, sum, ere, ronger autour. — etc.
Vado, asi, sum, dere (peu usité), aller.
Evado, si, sum, ere, s'évader, devenir. — etc.

§ 202. CADO, CÆDO et CEDO, avec leurs composés.

Cado, cecidi, casum, cadere, tomber (dans *cecidi, ci* bref), Les composés changent a en *i* bref. (Trois seulement ont le supin : *incido, occido, recido ; incasum, occasum, recasum.*)

Accido, accidi, ere, arriver.

Concido, tomber. — etc. Ne confondez pas *concidi*, je tombai ; *concidi*, je coupai, et *conscidi* (de *conscindo*), je déchirai.

Cædo, cecidi, cæsum, cædere, couper, trancher (dans *cecidi, ci* long) ; le redoublement *cecidi* a l'e simple. — Les composés changent æ en *i* long à la seconde syllabe du présent et du prétérit, et perdent le redoublement, comme :

Abscido, abscidi, abscisum, dere, couper, trancher.

Accido, couper autour ; *circumcido,* le même ; *concido,* couper, hacher.

Decido, couper, décider ; *excido,* couper.

Incido, couper, graver ; *occido,* tuer. — etc.

Cedo, cessi, cessum, cedere, céder.

Abscedo, abscessi, ssum, dere, se retirer. — etc.

§ 203. Verbes en GO et GUO, XI, CTUM (quelquefois XUM).

Cingo, is, cinxi, cinctum, cingere, ceindre.

Accingo, nxi, nctum, gere, se ceindre, se préparer à. — etc.

Jungo, junxi, nctum, jungere, joindre.

Adjungo, nxi, nctum, gere, joindre à, ensemble. — etc.

Mungo, munxi, nctum (peu usité), *mungere,* moucher.

Plango, planxi, nctum, plangere, se plaindre en pleurant, se frapper.

Tingo, tinxi, nctum, tingere, teindre. (Voyez ci-après, *tango, tetigi, tactum,* toucher ; *attingo, -igi, actum.*)

Fligo est usité seulement dans ses composés.

Affligo, is, afflixi, ictum, affligere, affliger, abattre. — etc.

Rego, is, rexi, rectum, regere, conduire, gouverner.

Arrigo, arrexi, arrectum, igere, hausser, dresser en haut.

Porrigo, rrexi, ectum, tendre. — etc.

Les composés de *Stinguo,* inusité, suivent la même règle, comme :

Distinguo, distinxi, nctum, guere, distinguer, séparer. — etc.

Unguo, et *go, unxi, unctum, gere,* oindre, frotter.

Inungo, idem. — etc.

Figo, fixi, xum (quelquefois *ctum*), *gere,* ficher, percer. Les composés font presque toujours *xum.*

Affigo, ixi, xum, gere, attacher contre. — etc.

Frigo, ixi, xum, et *ctum, gere,* frire, fricasser.

Pergo, perrexi, perrectum, pergere, aller, continuer.

Surgo, surrexi, surrectum, surgere, se lever.

Assurgo, idem, se lever devant quelqu'un. — etc.

Pergo, surgo, viennent de *rego,* comme l'indique leur parfait, *per-rexi, sur-rexi.* (*Sursum-rego.*)

DE LA GRAMMAIRE LATINE.

§ 204.

Pingo, is, pinxi, pictum, pingere, peindre.
Appingo, nxi, ictum, gere, ajouter à ce qui est peint.
Ne confondez pas les composés de *pingo,* peindre, avec ceux de *pango, panxi, pegi, pactum, pangere,* ficher, enfoncer; comme *appingo, is, appegi, pactum,* attacher, ajouter.

Stringo, is, strinxi, strictum, ingere, serrer fort, cueillir, élaguer.
Adstringo, nxi, ictum, ingere, serrer, lier, contraindre, etc.
Fingo, finxi, fictum, ingere, faire, inventer, feindre.
Affingo, inxi, ictum, ingere, façonner; attribuer faussement; ajouter. — etc.

§ 205. VERBES EN GO QUI FONT igi OU egi, actum.

Tango, is, tetigi, tactum, tangere, toucher, frapper.
Ses composés changent *a* en *i*; ils ont *a* au supin, comme :
Attingo, attigi, attactum, ingere, atteindre, toucher légèrement. — etc.
Pango, is (pegi, vieux), *panxi, pactum,* ficher, faire.
(Les dictionnaires donnent aussi *Pango, pepigi, pactum, pangere,* contracter, faire un traité, publier, chanter.)
Entre ses composés les uns retiennent *a* et font mieux le prétérit en *anxi,* comme :

Circumpango, anxi, actum, ere, ficher autour.
Ainsi que *Depango,* ficher ; *repango,* replanter.
Les autres changent *a* en *i,* et font au prétérit *egi :*
Compingo, pegi, actum, ingere, ficher, assembler, attacher.
Impingo, jeter contre, heurter.
Suppingo, ficher, planter, attacher dessous (peu usité).
De *Pago,* inusité, vient *pepigi,* j'ai fait alliance.

§ 206. VERBES QUI ONT EGI, ACTUM.

Frango, is, fregi, fractum, frangere, rompre, briser.
Ses composés changent *a* en *i :*
Confringo, egi, actum, ingere, rompre en heurtant. — etc.
Ago, egi, actum, agere, faire, agir, poursuivre.
Les composés changent *a* en *i :*
Abigo, egi, actum, igere, chasser. — etc.

Cogo, coëgi, coactum, cogere, amasser ; assembler, contraindre.
Les trois composés suivans n'ont pas de supin :
Dego, degi, ere, passer (*vitam*), vivre.
Prodigo, egi, prodiguer.
Satago, egi, être soigneux, se mêler de.

§ 207. PUNGO, LEGO, ET LEURS COMPOSÉS.

Pungo, is (*punxi*, peu en usage hors les composés), *pupugi, punctum, pungere*, piquer, élancer.
Compungo, compupugi, punxi, nctum, gere, piquer, aiguillonner.
Repungo, pupugi, punxi, nctum, gere, se venger, riposter.
Dispungo, nxi, nctum, gere, marquer d'un point, biffer, compter, vérifier un compte.
Expungo, nxi, nctum, gere, effacer, raser.
Lego, is, legi, lectum, gere, lire, cueillir, choisir.
Quelques-uns de ses composés retiennent *e*, comme :

Allego, egi, ectum, gere, associer à, ajouter à, choisir.
Prælego, lire auparavant, exposer.
Relego, relire, revoir.
D'autres changent *e* en *i*, comme :
Colligo, egi, ectum, igere, cueillir, amasser, assembler.
Deligo, choisir.
Eligo, idem.
Seligo, mettre à part.

Trois font *exi* :

Diligo, exi, ectum, igere, aimer, chérir.
Intelligo, comprendre, connaître.
Negligo, négliger, mépriser.

§ 208. Mergo, Spargo, Tergo. — SI, SUM.

Mergo, is, mersi, sum, gere, plonger dans l'eau.
Emergo, si, sum, ere, sortir de l'eau, se montrer, etc.
Spargo, rsi, sum, gere, répandre, jeter çà et là.
Ses composés changent *a* en *e*.

Aspergo, aspersi, sum, gere, arroser, saupoudrer. — etc.
Tergo, tersi, sum, gere, essuyer, nettoyer. (Le même que *tergeo*.)
Abstergo, si, sum, ere, essuyer, effacer. — etc.

§ 209. VERBES QUI MANQUENT DE SUPIN, OU DE PRÉTÉRIT.

Ningo, ninxi, gere, neiger.
Ango, auxi, gere, tourmenter.
Clango, xi, ere, sonner de la trompette.
Sans prétérit et sans supin
Vergo, gere, être tourné, penché vers, être sur son déclin.

Devergo, ere, tendre en bas.
Ambigo, ere, être en doute, ou en différend.
C'est à tort qu'on a joint à ces verbes *sugo*, sucer, téter, qui fait *suxi*, *suctum*, *gere*.

§ 210. VERBES EN HO, XI, CTUM.

Traho, is, traxi, tractum, trahere, traîner, tirer.

Abstraho, xi, ctum, ere, entraîner. — etc.

Veho, vexi, ctum, vehere, traîner, porter, conduire en char. — etc.

Adveho, xi, ctum, ere, apporter, amener par eau, à cheval. — etc.

Meio, is, minxi, minctum, mictum, meiere, faire de l'eau, uriner.

§ 211. VERBES EN LO, EN GÉNÉRAL, UI, ITUM;
MAIS IL Y A SOUVENT UNE SYNCOPE AU SUPIN.

Molo, is, ui, molitum, molere, moudre.
Emolo, idem.
Mais alo, alui, alitum, fait par syncope altum, alere, nourrir.
Occulo, ui, ultum, occulere, cacher.
Colo, ui, cultum, colere, cultiver, pratiquer. — etc.
Accolo, is, ui, cultum, ere, habiter auprès. — etc.
Consulo, is, ui, ultum, ere, prendre conseil, avoir soin.
Volo, vis, vult, volui, sans supin, velle, vouloir.

Nolo, non vis, nolui, nolle, ne vouloir pas.
Malo, mavis, malui, malle, aimer mieux.
De l'ancien verbe cello, ui, celsum, viennent les composés :
Antecello, llui, sans supin, ere, exceller, avoir le dessus.
Excello, ui, lsum, ere, exceller.
Præcello, ui, lsum, ere, idem.
Percello, perculi, perculsum, percellere, abattre, frapper.
Recello (ui, dans les dictionn., forme rare), ellere, abaisser, fouler.

§ 212. SECONDE PARTIE DES VERBES EN LO.

Pello, is, pepuli, pulsum, pellere, pousser, chasser.
Les composés perdent le redoublement, comme :
Appello, is, appuli, ulsum, ere, aborder, mener à bord. — etc.
(Ne confondez pas ces verbes avec ceux de la 1re conjugaison appello, as, appeler. — etc.
Vello, is, velli (plus us.), vulsi, vulsum, vellere, arracher, ôter.
Revello, revelli, revulsi, ulsum, ere, arracher, ôter à force de.
La terminaison ulsi est à peu près inusitée dans les verbes suivants :
Avello, avelli, avulsum, ere, arracher.
Divello, is, divelli, ulsum, ere, arracher, désunir.

Evello, arracher, idem.
Sallo, is, salli, salsum, sallere, saler; on dit aussi salio, salivi, salitum, salire, de la 4e.
Fallo, is, fefelli, falsum, ere, tromper.
Refello, refelli, sans supin, refellere, réfuter, reprendre.
Psallo, is, psalli, ere, chanter, toucher d'un instrument à cordes.
Tollo, is, sustuli, sublatum, tollere, ôter, élever, etc.
Attollo, ni prétérit, ni supin, ere, élever en haut, relever.
Extollo, extuli, elatum, tollere, élever, rehausser.
Sustollo, sustuli, sublatum, ollere, élever, enlever, ramasser.

§ 213. VERBES EN MO, UI, ITUM, ET EN MPSI OU MSI,
PTUM OU MTUM.

Fremo, *is*, *ui*, *itum*, *ere*, frémir, être en fureur.
Gemo, *ui*, *itum*, *ere*, gémir, se plaindre.
Tremo, *ui*, sans supin, *ere*, trembler.
Como, *is*, *compsi* ou *comsi*, *comptum*, *comtum*, *ere*, coiffer, orner, peigner.
Demo, *dempsi* ou *msi*, *ptum* ou *mtum*, *demere*, ôter.

Promo, *prompsi* ou *msi*, *ptum*, *mtum*, *ere*, tirer et mettre dehors, exposer au jour.
Depromo, idem. — etc.
Sumo, *sumpsi* ou *msi*, *ptum* ou *mtum*, *sumere*, prendre, employer.
Assumo, idem, prendre pour soi, s'attribuer. — etc.

§ 214. EMO, PREMO ET LEURS COMPOSÉS.

Emo, *emi*, *emptum*, *emere*, acheter ; ses composés changent *e* en *i* bref, mais ils conservent l'*e* au prétérit et au supin, comme :
Adimo, *is*, *ademi*, *ademptum*, *adimere*, ôter, délivrer.
Dirimo, séparer, décider.
Eximo, ôter, délivrer.
Interimo, tuer.

Perimo, tuer, abolir.
Redimo, racheter. — etc.
Premo, *is*, *pressi*, *ssum*, *mere*, presser, poursuivre.
Les composés changent *e* en *i*, et conservent *e* au prétérit et au supin.
Comprimo, *is*, *compressi*, *compressum*, *imere*, presser, comprimer, apaiser. — etc.

§ 215. VERBES EN NO. 1re PARTIE.

Cano, *is*, *cecini*, *cantum*, *canere*, chanter, célébrer.
Ses composés changent *a* en *i*, et font *ui*, *entum*.
Concino, *ui*, *concentum*, *inere*, chanter en partie, s'accorder avec.
Incino, idem, chanter, jouer d'un instrument.
Occino, *inui* (*occanui*, rare), *occentum*, *ere*, chanter (à l'opposite), résonner.
Præcino, donner le ton, commencer le chant, prédire.
Recino, chanter une seconde fois, répéter (comme l'écho). — etc.
Pono, *is*, *posui*, *positum*, *nere*, mettre, placer.
Appono, *sui*, *itum*, *ere*, mettre contre, joindre, aposter. — etc.
Gigno, *is*, *genui*, *genitum*, *gignere*, engendrer, produire.
Progigno, idem.
Temno, *is* (*temsi*, *temtum*, usités seulement dans les composés), *mnere*, mépriser.
Contemno, *msi* ou *mpsi*, *mtum* ou *mptum*, *ere*, mépriser, dédaigner.

216. SECONDE PARTIE DES VERBES EN NO (VI, TUM).

Sterno, is, stravi, stratum, sternere, étendre, couvrir une table, etc.
Consterno, is, stravi, stratum, ere, couvrir, répandre par-dessus, joncher. Il ne faut pas le confondre avec *consterno, as, avi*, consterner, abattre. — etc.
Sperno, is, sprevi, spretum, ernere, mépriser, négliger.
Desperno, idem, rebuter.
Cerno, is, crevi, cretum, cernere, juger, voir, séparer.

(*Crevi* est inusité dans le sens de voir.)
Decerno, idem, ordonner, décerner, arrêter. — etc.
Sino, is, sivi, situm, sinere, permettre, laisser faire.
Desino, desivi ou *desii, desitum, nere*, cesser, s'arrêter, finir.
Lino, is, lini, livi ou *levi, litum, nere*, oindre, frotter, enduire.
Allino, allini, livi ou *evi, itum, ere*, frotter doucement, coller, attacher à. — etc.

§ 217. VERBES EN PO, PSI, PTUM. (*Rumpo, rupi, ruptum; strepo, ui, pitum.*)

Carpo, is, psi, ptum, pere, cueillir, blâmer.
Ses composés changent *a* en *e*.
Decerpo, psi, ptum, ere, cueillir, arracher.
Discerpo, déchirer.
Excerpo, cueillir, extraire.
Clepo, psi, ptum, pere, dérober.
Repo, psi, ptum, pere, ramper.
Irrepo, idem, s'insinuer, se glisser dans. — etc.
Serpo, serpsi, serptum, pere, ramper, s'avancer peu à peu, se répandre.
Inserpo, idem, se traîner, se couler dedans.

Scalpo, scalpsi, scalptum, pere, gratter, graver, ciseler.
Exscalpo, idem, creuser, effacer avec le ciseau.
Sculpo, sculpsi, sculptum, ere, graver, sculpter.
Exsculpo et *insculpo*, idem.
Rumpo, rupi, ruptum, rumpere, rompre, briser.
Abrumpo, rupi, ptum, ere, rompre tout à coup, emporter.
Strepo, strepui, strepitum, pere, faire du bruit.
Constrepo, idem, se quereller. — etc.

§ 218. VERBES EN QUO.

Coquo, is, coxi, coctum, coquere, cuire, digérer.
Concoquo, idem, de plus, mûrir. — etc.
Linquo, liqui, sans supin, *lin-*

quere, laisser, abandonner.
Les composés ont le supin :
Delinquo, deliqui, delictum, ere, manquer, faire une faute. — etc.

§ 219. VERBES EN RO.

Tero, is, trivi, tritum, terere, broyer, user en frottant.
Contero, trivi, itum, ere, broyer, piler. — etc.
Quæro, is, quæsivi, situm, quærere, chercher, acquérir, s'informer.
Les composés changent *æ* en *i* long.
Acquiro, isivi, situm, irere, acquérir. — etc.
Fero, fers, tuli, latum, ferre, porter, supporter. — etc.
Affero ou *adfero, attuli, allatum, afferre*, apporter.
Aufero, abstuli, ablatum, auferre, ôter, emporter.
Differo, distuli, dilatum, differre, porter çà et là. — etc.
Effero, extuli, elatum, efferre, porter en dehors.

Offero, obtuli, oblatum, offerre, offrir.
Suffero, sustuli, sublatum, sufferre, ôter.
Confero, contuli, collatum, conferre, conférer, contribuer.
Defero, tuli, latum, ferre, porter, offrir.
Infero, intuli, illatum, inferre, mettre ou porter dedans.
Perfero, pertuli, latum, perferre, porter jusqu'à, supporter.
Postfero, postuli, latum, ferre, mettre après.
Præfero, prætuli, latum, ferre, porter devant, préférer.
Profero, tuli, latum, ferre, mettre hors.
Refero, retuli, latum, ferre, rapporter.

§ 220.

Gero, is, gessi, gestum, gerere, porter, exercer.
Aggero, ssi, stum, ere, entasser, amasser. — etc.
Curro, is, cucurri, cursum, currere, courir.
Ses composés perdent le redoublement, hors les sept verbes suivants, dans lesquels il se trouve quelquefois :
Accurro, accurri et *accucurri, sum, ere*, accourir.
Concurro (*concucurri*, peu usité), courir ensemble, concourir.
Decurro, courir de haut en bas.

Excurro, faire une sortie, faire une excursion.
Percurro (*percucurri*, rare), parcourir.
Præcurro, courir devant, devancer.
Procurro, courir devant, s'avancer.
Verro, is, verri, versum, verrere, traîner, balayer.
Uro, is, ussi, ustum, urere, brûler.
Aduro, ssi, stum, ere, brûler. — etc.
Furo n'a pas de première personne ; on dit seulement *furis, it, ere*, être furieux, sans prétérit ni supin.

§ 221. SERO.

Sero, is, sevi, satum, serere, semer, planter.
Les composés qui retiennent la même signification font sevi, situm.
Assero, assevi, itum, asserere, planter auprès.
Consero, planter ensemble.
Dissero, planter çà et là.
Insero, planter, enter, imprimer.

Intersero, planter entre, entresemer.
Obsero, planter à l'entour.
Les autres font ui, ertum.
Assero, asserui, ertum, rere, assurer.
Consero, entremêler.
Desero, abandonner.
Dissero, discourir.
Exero, tirer hors de.
Insero, insérer.
Intersero, entremêler.

§ 222. VERBES EN SO, IVI, ITUM.

Arcesso, is, arcessivi, ii, itum, ere, aller chercher, appeler, faire venir.
Facesso, ivi, ii, itum, ssere, attaquer, irriter.
Facesso, ivi, ii ou ssi, itum, ssere, faire, expédier, s'en aller, faire de la peine.
Capesso, ivi, ii, ssi, itum, ere, prendre, entrer en charge, etc.
Incesso, incessi (sivi, peu usité), (itum, peu usité), ere, venir,

assaillir, entrer dans l'esprit.
Pinso, pinsi, ui, pinsitum, pinsum, pistum, pinsere, piler, broyer, pétrir.
Viso, visi, um, ere, visiter.
Inviso, idem.
Reviso, retourner voir.
Depso, (depsui, depsi, vieux), ere, pétrir, mêler, corroyer. (peu usité).
Condepso, idem. (Sans supin.)

§ 223. VERBES EN TO. 1re partie, xi, xum (trois ont aussi xui). Meto (ali ssui, ssum, — Mitto, si, ssum, — Peto, ivi, itum.

Flecto, is, flexi, flexum, flectere, fléchir, courber.
Circumflecto, xi, xum, ctere, tourner, décrire un cercle. — etc.
Pecto, pexi, mieux pexui, pexum, ctere, peigner, carder.
Depecto, xi, xui, xum, ctere, faire tomber avec le peigne.
Necto, xi, xui, xum, ctere, nouer, attacher.

Annecto, xi, xui, xum, ere, nouer à, attacher à. — etc.
Plecto, plexi, mieux plexui, xum, ctere, plier, frapper, punir.
Implecto, xi, xui, xum, ere, entrelacer, envelopper. — etc.
Meto, messui, ssum, tere, moissonner, abattre.
Demeto, idem.
Mitto, misi, missum, ttere, envoyer.

Admitto, si, ssum, ere, admettre, pousser vers. — etc.

Peto, petivi, ii, petitum, ere, demander, aller vers.

Appeto, ivi, ii, itum, ere, désirer, tâcher de, attaquer, approcher. — etc.

Suppeto, is, ivi (itum, peu usité*), ere,* demander à fausses enseignes.

Suppeto, is, ere, être, se trouver sous la main, suffire, d'où *suppetit,* il suffit.

§ 224. SECONDE PARTIE DES VERBES EN TO.

Verto, is, verti, versum, ere, tourner, renverser.

Adverto, ti, sum, ere, tourner vers, prendre garde. — etc.

Sterto, is, stertui, sans supin, *ere,* ronfler, dormir.

Desterto, is, ui, ere, s'éveiller.

Sisto, is, s'arrêter, verbe neutre, prend son prétérit *steti,* de *sto, as :* les composés suivent ceux de *sto,* comme :

Assisto, astiti, assistere, être auprès, se tenir debout.

Absisto, abstiti, ere, se tenir éloigné, se retirer.

Consisto, constiti, constitum [1],

consistere, s'arrêter, consister.

Desisto, destiti, desistere, se désister, cesser.

Existo, exstiti, ere, se montrer, être.

Insisto, institi, ere, insister, presser.

Obsisto, obstiti, ere, résister, contredire.

Persisto, perstiti, ere, persister, durer jusqu'à la fin.

Resisto, restiti, ere, s'arrêter, résister.

Subsisto, substiti, ere, subsister, s'arrêter.

Sisto (actif), *stiti, statum, sistere,* retenir, arrêter. — etc.

§ 225. VERBES EN VO.

Vivo, is, vixi, victum, vivere, vivre.

Convivo, xi, ctum, ere, vivre avec quelqu'un. — etc.

Solvo, vi, solutum, solvere, délier, détacher, payer.

Absolvo, vi, utum, ere, absoudre, achever. — etc.

Volvo, vi, volutum, volvere, rouler, agiter.

Advolvo, vi, lutum, ere, rouler vers. — etc.

Calvo, vi, sans supin, *ere,* tromper, abuser.

§ 226. VERBES EN XO. (Il n'y a que NEXO et TEXO et leurs composés.)

Nexo, is, nexui, nexum, nexere (on dit aussi *nexo, as, are*), fréquentatif de *necto,* nouer, attacher, lier.

Texo, is, xui, textum, texere,

faire un tissu, tresser, ourdir.

Attexo, ui, xtum, ere, faire un tissu, ajouter. — etc.

---

[1] Port-Royal donne les supins en *itum,* nous pensons qu'ils sont peu usités.

§ 227. QUATRIÈME CONJUGAISON.
IVI, II, ITUM.

Audio, is, ivi, ii, itum, ire, écouter, entendre, apprendre.
Exaudio, is, ivi, itum, ire, exaucer, accorder. — etc.
Linio, linivi, nitum, nire, oindre, frotter.
Illinio, ivi, itum, ire, frotter. — etc.
Munio, ivi, itum, ire, fortifier, munir. — etc.
Finio, ivi, itum, ire, finir.
Præfinio, ivi, itum, ire, borner, déterminer. — etc.
Scio, scivi, scitum, scire, savoir.

Conscio, ivi, itum, ire, savoir ensemble, avoir la conscience. — etc.
Condio, ivi, itum, ire, assaisonner, embaumer.
Servio, ivi, itum, ire, servir, rendre service.
Deservio, ivi, itum, ire, servir.
Eo, ivi, itum, ire, aller. (Le futur fait *ibo.*)
Abeo, ivi, itum, ire, s'en aller, se retirer. — etc.

§ 228. VERBES QUI N'ONT POINT DE SUPIN.

Gestio, is, ivi, ire, tressaillir, sauter de joie, désirer ardemment.

Ineptio, ivi, ire, niaiser, badiner.
Cæcutio, ivi, ire, être aveugle.

§ 229. ULTUM ET TUM.

Singultio, is, ivi, singultum, ire, sangloter, avoir le hoquet.
Sepelio, ivi, sepultum, ire, ensevelir, enterrer.
Veneo, is, venivi, ii, sans supin, *venire,* être vendu. (*Venum ire* est pour *ire ad venum*, aller à la vente. *Venum* n'est donc pas un supin.)
Venio, veni, ventum, ire, venir.
Advenio, veni, tum, ire, arriver.

§ 230. SANCIO, VINCIO, AMICIO.

Sancio, is, sanxi (vieux *sancivi, ii*), *sanctum* et *sancitum, cire,* ordonner, décerner.
Vincio, vinxi, vinctum, cire, lier, serrer.

Devincio, xi, ctum, ire, lier, serrer fort. — etc.
Amicio, amicui (*mixi, civi,* peu usités), *amictum, cire,* couvrir, envelopper.

§ 231. VERBES EN SI, SUM; ET EN SI, TUM.

Sentio, is, sensi, sensum, sentire, sentir, s'apercevoir, comprendre.
Assentio, si, sum, ire (et *ior, ssus, ssum, iri*), consentir, approuver, être du même avis. — etc.
Les autres composés, comme *consentio*, ne sont point déponens.
Raucio, rausi, sum, cire, être enroué.
Irraucio, idem.
(*Rauceo, es, cui, cere*, est très-peu usité.)

Fulcio, fulsi, fultum, cire, appuyer, soutenir.
Suffulcio, idem.
Sarcio, sarsi, sartum, cire, coudre, réparer.
Resarcio, si, rtum, cire, refaire, raccommoder.
Farcio, farsi, fartum, cire, farcir, remplir.
Presque tous ses composés changent l'*a* en *e*, comme :
Refercio, refersi, refertum, cire, remplir, garnir.
Infarcio (retient l'*a*), *arsi, artum, cire*, entasser, remplir.

§ 232. HAURIO, SEPIO, SALIO.

Haurio, ris, hausi, haustum, haurire, puiser, avaler, engloutir.
Exhaurio, si, stum, ire, épuiser, vider.
Sepio, sepivi, mieux *sepsi, septum, sepire*, clore de haies, enfermer.
Consepio, psi, ptum, ire, enclore. — etc.
(*Salio* ou *sallio*, saler, suit la règle générale, *salivi, itum, ire*.)
Mais *salio*, sauter, bondir, fait *salivi, salii* ou *salui, saltum, ire*.

Ses composés font *ultum* au supin, et changent *a* en *i*.
Assilio, assilii ou *assilui, assultum, ilire*, sauter contre ou sur, assaillir.
Desilio, ui ou *ii, ultum*, sauter en bas.
Exsilio, ui ou *ii, ultum*, sauter dehors, tressaillir.
Insilio, ui ou *ii, ultum*, sauter dedans, sur.
Resilio, ui ou *ii, ultum*, rejaillir, sauter en arrière, se dédire.

§ 233. COMPOSÉS DE PARIO.

Pario, ere, enfanter, est de la troisième. Ses composés changent *a* en *e*, et sont de la quatrième. Ils font *ui, ertum*; deux font *eri, ertum*.
Aperio, is, aperui, ertum, ire, ouvrir, découvrir.

Operio, ui, ertum, ire, couvrir, enfermer.
Comperio, comperi, compertum, ire, savoir certainement, découvrir.
Reperio, eri, ertum, ire, trouver, inventer.

§ 234. VERBES DE DÉSIR.

Ils sont formés du supin de leur primitif, et n'ont eux-mêmes, en général, ni prétérit, ni supin, comme :

Cænaturio (de *cænatum*), *cænaturire*, avoir envie de souper.

Dormiturio, avoir envie de dormir. — etc.

Quelques-uns ont le prétérit.

Parturio, ivi, ire, être sur le point d'accoucher, accoucher.

Esurio, ivi, ire, avoir faim. (Térence a dit *esuriturus*.) — etc.

Les deux verbes suivans n'ont ni prétérit, ni supin, quoiqu'ils ne soient pas méditatifs.

Ferio, is, ire, frapper, toucher.

Aio, ais, je dis, verbe défectif.

―――――――

§ 235. VERBES DÉPONENS.

Ils se terminent en OR, comme le passif; et ont la signification active.

LA PREMIÈRE CONJUGAISON

a le prétérit en ATUS, comme :

Lætor, aris, lætatus sum, ari, se réjouir.

(*Insector, aris, atus sum, ari*, poursuivre, est peu usité à la première personne du présent.) — Et ainsi des autres.

LA SECONDE CONJUGAISON

a le prétérit en ITUS, comme :

Vereor, eris, veritus sum, vereri, craindre. — Et ainsi des autres.

DANS LA TROISIÈME CONJUGAISON,

le prétérit se forme diversement, suivant le supin de l'actif que l'on suppose, comme :

Amplector, eris, amplexus sum, amplecti, (comme s'il venait d'*amplecto*), embrasser, environner.

Fungor, geris, functus sum, gi, s'acquitter, ainsi que ses composés, comme *defungor*, s'acquitter, se délivrer de, etc.

Irascor, sceris, iratus sum, sci, s'irriter, etc.

Nascor, sceris, natus sum, sci, naître.

QUATRIÈME CONJUGAISON.

Prétérit en ITUS.

Blandior, iris, blanditus sum, blandiri, flatter, etc.
Sortior, iris, sortitus sum, iri, tirer au sort, obtenir par le sort.
— etc.

§ 236. EXCEPTIONS *pour les différentes conjugaisons.*

VERBES EN ÉOR.

Reor, eris, ratus sum, reri, penser.
Misereor, sertus sum, sereri, avoir pitié.
Fateor, fassus sum, fateri, avouer.
Ses composés changent *a* en *i*, et prennent *e* au prétérit :
Confiteor, fessus sum, fiteri, confesser. — etc.

OR.

Loquor, eris, locutus ou *loquutus sum, loqui*, dire, parler, ainsi que ses composés :
Alloquor, adresser la parole.
— etc.
Sequor, secutus ou *sequutus sum, sequi*, suivre, ainsi que ses composés :
Assequor, atteindre, obtenir.
— etc.
Queror, questus sum, queri, se plaindre.
Conqueror, idem.
Nitor, nisus, nixus sum, niti, s'efforcer, ainsi que ses composés :
Adnitor, s'efforcer, s'attacher à.
— etc.
Fruor, fruitus (fructus sum, moins usité), *frui*, jouir.
Perfruor, idem.

Utor, usus sum, uti, se servir.
Abutor, abuser, etc.
Labor, lapsus sum, labi, tomber, ainsi que ses composés :
Delabor, descendre, glisser en bas. — etc.

SCOR.

Apiscor, isceris, aptus sum, apisci, acquérir (peu usité).
Adipiscor, adeptus sum, ipisci, idem.
Ulciscor, ultus sum, ulcisci, punir, se venger, venger un autre.
Nanciscor, nactus sum, nancisci, trouver.
Paciscor, pactus sum, pacisci, faire un pacte, un marché.
Proficiscor, profectus sum, cisci, partir.
Expergiscor, experrectus sum, expergisci, s'éveiller.
Obliviscor, oblitus sum, oblivisci, oublier.
Comminiscor, commentus sum, nisci, inventer, controuver.

IOR.

Gradior, graderis, gressus sum, gradi, marcher. Ses composés changent *a* en *e* : *Aggredior, eris*, attaquer. — etc.

Patior, teris, passus sum, pati, souffrir.
Perpetior, teris, perpessus sum, perpeti, idem.
Experior, iris, expertus sum, iri, éprouver.
Opperior, iris, oppertus sum, iri, attendre.
Ordior, iris, orsus sum, iri, ourdir, commencer.
Exordior, commencer, idem.
Metior, iris, mensus sum, metiri, mesurer, et ses composés, comme :
Dimetior, idem ; *emetior,* etc.
Morior, reris, mortuus sum, mori, mourir (participe, *moriturus*) et ses composés, comme:
Emorior, eris, le même.
Orior, reris, de la troisième ; *iris,* de la 4e, est vieux, *inus.*; *ortus sum* (participe *oriturus*), *oriri,* naître, se lever.

Aborior, eris, ortus sum, périr, mourir.
Nascor, eris, natus sum, nasci (*nasciturus*), naître.

(SANS PRÉTÉRIT.)

Vescor, eris, vesci, se nourrir de.
Liquor, eris, liqui, se fondre.
Medeor, eris, mederi, traiter un malade, remédier à.
Reminiscor, sceris, reminisci, se souvenir.
Divertor, eris, diverti, se détourner.
Prævertor, eris, præverti, devancer.
Ringor, eris, ringi, tordre la bouche, se dépiter.
Diffiteor, eris, diffiteri, nier.

§ 237. *Déponens dont le participe en* US *se prend quelquefois passivement dans les bons auteurs.*

Adeptus. Senectutem ut adipiscantur omnes optant, eamdem accusant adeptam, Cic.
Ne cadat, et multas palmas, inhonestet adeptas, Ovid.
Aggressus. Facillimis quibusque aggressis, Just.
Antegressus. Causas antegressas, Cic.
Arbitratus. Arbitrata quæstio, Gell.
Assensus. Sapiens multa sequitur probabilia, non assensa, sed similia veri, Cic.
Comitatus. Uno comitatus Achate, Virg.
Quod ex urbe parum comitatus exierit, Cic.
Commentitus. Diu et multis lucubratiunculis commentitâ oratione, Q. Cic.
Complexus. Quo uno maledicto scelera omnia complexa esse videantur, Cic.
Conatus. Ne litteræ interceptæ conata palam facerent, Liv.
Confessus. Confessa res et manifesta, Cic.
Consecutus. Consecutâ ansâ, Varr.
Depastus. Depastam arborem relinquunt. Plin.
Despicatus. Quæ nos nostramque adolescentiam habent despicatam, Ter.
Detestatus. Bella matribus detestata, Hor.
Dignatus. Tali honore dignati sunt, Cic.
Dilargitus. Dilargitis proscriptorum bonis, Sall.
Dimensus. Voy. Mensus.

Eblanditus. Eblanditæ preces, PLIN.

Eblandita suffragia, CIC.

Effatus. Interpretari vatum effata incognita, CIC.

Agros et templa effata habento, CIC.

Ementitus. Voy. Mentitus.

Exsecratus. Eamus omnis exsecrata civitas, HOR.

Exorsus. Sua cuique exorsa laborem fortunamque ferent, VIRG.

Expertus. Fortunam sæpiùs clade romanâ expertam, TACIT.

Inopinatus. Voy. Opinatus.

Interpretatus. Interpretatum nomen græcum tenemus, CIC.

Intutus. Intutam urbem, LIV., mal défendue.

Machinatus. Et Lucullum regis curâ machinata fames fatigabat, SALL.

Mensus. Spatia mensa, quia conficiunt cursus lunæ, menses vocantur. CIC., ainsi que *dimensus* Mirari se diligentiam ejus à quo essent ista *dimensa*, CIC.

Mentitus. Mentita et falsa plenaque erroris, CIC. Ementitis auspiciis, CIC.

Mercatus. Trullam unam mercatam à matre familiâs. PLIN.

Meritus. Quæ Cannis corona merita? PL. — CIC.

Metatus. Metato in agello, HOR. Immetata jugera, HOR.

Oblitus. Nunc oblita mihi tot carmina, VIRG.

Opinatus. Improvisa nec opinata nobis, CIC. *Inopinatus* ne se prend jamais autrement.

Pactus. Ex quo destituit Deos, mercede pactâ Laomedon, HOR.; on trouve *pacta conventa* dans CIC.

Partitus. Partitis copiis, CIC.

Stipulatus. Stipulata pecunia, CIC.

Testatus. Res ita notas, ita testatas, CIC.

Il faut aussi prendre garde que le simple se prend quelquefois activement, tandis que le composé suit la signification passive; car *ultus et ausus* (ayant vengé, ayant osé) sont actifs, au lieu que *inultus et inausus* (qu'on n'a pas vengé, qu'on n'a pas osé) sont passifs.

N. B. Ovide et les autres poëtes, ainsi que Justin et plusieurs autres prosateurs, offrent encore beaucoup d'exemples semblables, que nous n'avons pas admis dans la liste que nous avons donnée.

§ 238. RACINES PRIMITIVES ET DÉSINENCES.

L'étude des *racines primitives* est d'un grand secours pour apprendre à connaître la valeur des mots. Nous donnons ici les principales.

AC désigne tout ce qui est piquant, pointu, acide, aigre, tranchant. *Ac-us*, aiguille; *ac-ies*, pointe, tranchant; *ac-idus*, aigre, sûr, etc.

AL, IL, OL, UL, signifient hauteur, élévation. *Al-tus*, haut, élevé; *il-ex*, chêne-vert; *ad-ol-escere*, croître; *ul-mus*, orme.

CP-CAP signifie la capacité, l'action de prendre. *Cap-tus*, compréhension, portée de l'esprit; *cap-ax*, capable, qui contient; *cap-ere*, prendre, etc.

FL désigne le fluide, de quelque espèce qu'il soit. *Fl-atus*, souffle; *fl-ere*, pleurer; *fl-umen*, fleuve; *fl-amma*, flamme.

FR peint le bruit subit et la rupture. *Fr-agor*, bruit (de quelque chose qui se rompt); *fr-emere*, fremir; *fr-igere*, frire.

ML (*mel*, *mol*, *mul*) désigne ce qui est doux, ce qui est mou, ce qui adoucit. *Mel*, miel; *mol-litia*, mollesse; *mul-cere*, adoucir.

SC désigne ce qui est creux, les choses où l'on pénètre. *Sc-alpere*, graver, ciseler; *sc-robs*, fosse; *sc-yphus*, vase, coupe, etc.

ST désigne la fixité, la stabilité. *St-are*, être debout; *st-agnum*, étang, eau dormante; *st-ips*, souche; *st-olidus*, hébété; *st-upidus*, stupide; *st-udere*, étudier, s'attacher à.

Parmi les désinences, nous ferons remarquer les suivantes : — *Ator*, *tor*, *atrix*, *trix*, désignent celui ou celle qui fait l'action : *ven-ator*, chasseur, *ven-atrix*, chasseresse; *ul-tor*, vengeur, *ul-trix*, vengeresse. — *Arius* désigne celui qui exerce l'art, qui a soin de : *argent-arius*, banquier; *aqu-arius*, intendant des eaux, porteur d'eau. — *Men*, *mentum* (du vieux verbe *minere*, être), signifient la même chose que *res*, et expriment l'effet de l'action ; *flu-men*, *men quod fluit*; *orna-mentum*, *mentum quod ornat*. — *Arium*, *orium*, désignent la destination propre des choses : *Aquarium*, abreuvoir; *audit-orium*, salle d'audience. — *Etum* exprime collection, abondance : *ros-etum*, lieu planté de rosiers.

FIN DE LA PREMIÈRE PARTIE.

SECONDE PARTIE.

NOTIONS PRÉLIMINAIRES.

§ 239. DE LA PROPOSITION.

De la Proposition considérée dans ses diverses parties.

La proposition est l'expression d'un jugement. Ex. : *Le soleil est brillant*.

Toute proposition se compose de trois termes : le *sujet*, le *verbe* et l'*attribut*. Ainsi, dans cette proposition que nous venons de citer, *le soleil* est le *sujet* ou l'*objet* dont on parle ; *est*, le verbe, c'est-à-dire le mot qui affirme l'existence du sujet ; *brillant*, l'attribut, c'est-à-dire ce qui est affirmé du sujet.

Quelquefois le sujet est sous-entendu et remplacé par un pronom.

Ex : Voyez cet enfant, *il* (cet enfant) est sage.

Souvent aussi l'attribut est confondu avec le verbe *être* en un seul mot, qu'on appelle par cette raison *verbe attributif*.

Ex. : *L'enfant lit*, pour *l'enfant est lisant*.

Le sujet d'une proposition peut être *simple* ou *composé*, et de plus, le sujet *simple* peut être *incomplexe* ou *complexe*.

Le sujet est *simple* quand il n'indique qu'*une seule* personne ou *une seule* chose, soit que cette personne ou cette chose soit désignée par un *seul* mot ou par *plusieurs* mots. Ex. : DIEU *est juste*. DIEU QUI RÉCOMPENSE LA VERTU ET PUNIT LE CRIME *est juste*. Dans la seconde proposition comme dans la première, le sujet est *simple*, parce qu'il n'indique qu'un *seul* objet, *Dieu*. Mais dans la première proposition, le sujet est *incomplexe*, parce qu'il ne renferme pas (*non complectitur*) plusieurs mots ; dans la seconde ; il est *complexe*, parce qu'il renferme (*complectitur*) plusieurs mots.

La sujet est *composé* quand il indique *plusieurs* personnes ou *plusieurs* choses *différentes*. Ex. : *le père, la mère, le fils, sont bons*. Le *sujet composé* est donc, comme on le voit, la réunion de *plusieurs sujets simples* auxquels convient séparément le même attribut. En effet, on pourrait dire, en *décomposant, le père est bon, la mère est bonne, le fils est bon*.

De même l'*attribut* peut être *simple* ou *composé*, et, de plus, l'*attribut simple* peut être *incomplexe* ou *complexe*.

L'attribut est *simple* quand il n'exprime qu'une *seule* qualité attribuée au sujet, soit qu'il l'exprime en *un seul* mot, comme quand je dis, *Dieu est* JUSTE; soit qu'il l'exprime en plusieurs mots, comme *Dieu est* TOUJOURS JUSTE DANS SES DESSEINS. Dans le premier exemple, l'attribut est *simple et incomplexe*, parce qu'il exprime en un *seul* mot la qualité attribuée au sujet; dans le second, il est *simple et complexe*, parce qu'il exprime en *plusieurs* mots la qualité attribuée au sujet. L'*attribut est composé* quand il exprime *plusieurs qualités* du sujet, comme *Dieu est* JUSTE ET BON. L'*attribut composé* est donc une *réunion de plusieurs attributs simples* qui conviennent à un même sujet. En effet, on peut dire, en décomposant, *Dieu est juste, Dieu est bon.*

De la Proposition considérée selon ses divers rapports dans la phrase.

La proposition ainsi considérée peut être ou *principale*, ou *incidente*, ou *subordonnée*, et la subordonnée est *déterminative* ou *explicative*.

Ex. : *Un enfant qui honore ses parens sera aimé de Dieu.* — *Un enfant sera aimé de Dieu*, voilà la proposition principale ; *qui honore ses parens*, voilà la proposition incidente.

J'aime Dieu qui est bon. J'aime Dieu, voilà la proposition principale ; *qui est bon*, voilà la proposition subordonnée explicative.

Quelquefois aussi deux propositions sont *corrélatives*, c'est-à-dire qu'elles sont tellement liées ensemble, que la seconde est le complément de la première.

Ex. ; *Je crains que le maître ne vienne.*

Première proposition : *je crains — que le maître ne vienne*, seconde proposition, complément de la première.

§ 240. DÉFINITION DES CAS.

Les variations dans la terminaison des noms sont nommées *cas*, du mot latin *casus*, qui signifie *chute, désinence*, parce qu'en latin c'est sur la finale des noms que *tombent* ces variations.

Le mot *nominatif* (*nominativus*, qui sert à nommer) vient de *nominatum*, supin du verbe *nominare*, nommer, qui lui-même vient de *nomen*, nom. Il sert à *nommer le sujet* de la proposition, c'est le cas du sujet (Voy. § 239). On l'appelle aussi cas direct (*rectus*), parce qu'il ne détourne pas le nom des vues de son institution, qui est simplement de nommer les objets. Les autres cas sont appelés *obliqui*, obliques, par une raison contraire.

Le mot *vocatif* (*vocativus*, qui sert à avertir de la voix, à appeler) vient de *vocatum*, supin du verbe *vocare*, appeler, qui a pour racine *vox* (voc-s), voix. La différence qu'il y a entre le nominatif et le vocatif, c'est que ce dernier cas ne se construit jamais avec la première et la troisième personne, mais toujours avec la seconde. Sous ce rapport, il peut être considéré comme le sujet d'une proposition.

Le mot *génitif* (*genitivus*, qui donne l'être, la naissance) vient de *genitum*, supin du verbe *gignere*, donner la naissance. Ce cas est ainsi appelé parce que c'est de lui que se forment tous les autres, excepté le nominatif et le vocatif singuliers : on l'appelle aussi cas du substantif. Il exprime le rapport de possession en général.

Le mot *datif* (*dativus*, qui sert à donner) vient de *datum*, supin du verbe *dare*, donner. Il exprime la chose à l'égard de laquelle le sujet agit, ou par rapport à laquelle il a telle ou telle qualité. Il marque avantage ou désavantage. C'est le cas d'attribution.

Le mot *accusatif* (*accusativus*, qui sert à accuser) vient de *accusatum*, supin du verbe *accusare*, accuser, déclarer, faire connaître.

Ce cas est ainsi appelé parce qu'il fait connaître la personne ou la chose qui éprouve l'action exprimée par un verbe, et le terme d'un rapport indiqué par une préposition ; on l'appelle aussi cas du verbe.

Le mot *ablatif* (*ablativus*, qui sert à enlever, à ôter) vient d'*ablatum*, supin du verbe *auferre*, enlever, ôter, emporter.

Ce cas est ainsi appelé parce qu'il exprime toujours une idée de séparation, d'éloignement. Il est toujours gouverné par une préposition exprimée ou sous-entendue : aussi l'appelle-t-on *cas de la préposition*.

SYNTAXE LATINE.

§ 241.

La Syntaxe est la manière de joindre ensemble les mots d'une phrase, et les phrases entre elles.

Il y a deux sortes de Syntaxe : la Syntaxe d'*accord*, par laquelle on fait accorder deux mots en genre, en nombre, *etc.* ; et la Syntaxe de *régime*, par laquelle un mot régit un autre mot à tel cas, à tel mode, etc.

SYNTAXE DES NOMS.

Accord de deux Noms.

§ 242. Ludovicus *rex*.

RÈGLE. Quand deux ou plusieurs noms désignent *une seule et même* personne, *une seule et même* chose, ces noms se mettent au même cas.

Ex. : Louis roi, *Ludovicus rex* ; de Louis roi, *Ludovici regis*, etc. Esope auteur, *Æsopus auctor* ; à Esope auteur, *Æsopo auctori*. La ville de Rome, *urbs Roma*. Les Latins disaient *la ville Rome*.

---

§ 242. *La ville de Rome.* — La préposition *de* joint *ville* à *Rome*, sans exprimer deux objets différens (comme dans *le livre de Pierre*, *liber Petri*) ; on ne parle que d'un seul objet ; d'une seule ville : voilà pourquoi *ville* et *Rome* se mettent au même cas en latin.

Quelquefois le genre et le nombre des substantifs sont différens, mais le cas doit toujours être le même ; la ville d'Athènes, *urbs Athenæ* (*urbs*, nomin. sing., *Athenæ*, nomin. plur.) ; de la ville d'Athènes, *urbis Athenarum*. — J'écris à Tullie, nos délices, *scribo Tulliolæ* (dat. sing.), *deliciis nostris* (dat. plur.).

REMARQUE. *De* entre deux noms n'empêche pas de mettre ces deux noms au même cas, lorsqu'on peut tourner *de* par *qui s'appelle* : la ville de Rome, tournez la ville *qui s'appelle* Rome.

Régime des noms.

§ 243. Liber Petri.

RÈGLE. Lorsque *de*, *du*, *des*, entre deux noms, ne peuvent pas se tourner par *qui s'appelle*, on met le second au génitif.

— Le fleuve de la Seine, *flumen Sequana* : *flumen*, neutre ; *Sequana*, masc. — C'est ce qu'on appelle *apposition*. L'apposition, de *apponere*, placer auprès, exprime l'union d'un substantif à un autre pour le définir et pour l'expliquer. Dans cette phrase : *Louis, roi*, le substantif *roi* définit et explique le substantif, en indiquant qu'on parle de *Louis* qui est *roi*, et non d'un autre. Il y a en apparence apposition dans la phrase suivante : Les autres fléaux de ce genre, *aliæ pestes id genus*; mais *id genus* est à l'accus., à cause de la prép. *circa* s.-ent.—L'*attribut* ou l'*adjec*. lié au *subst*. par la préposit. *de* s'accorde avec ce *subst*. Il y eut deux hommes *de* tués, *duo homines occisi sunt*. (M. Dutrey.)

Dans le cas où le substantif d'apposition a deux genres, on choisit celui qui correspond au genre du substantif principal. Ex. : La philosophie est la maîtresse (l'école) de la vie, *philosophia magistra est vitæ*. Mais on dit : *Tempus est vitæ magister*. — Le substantif d'apposition se met au pluriel, comme en français, quand il se rapporte à plus d'un substantif. Ex. : Les Égyptiens adoraient le chien et le chat comme des dieux : *Ægyptii canem et felem ut* DEOS *colebant*. — Le mot qui forme l'apposition est souvent précédé de *ut*, *quamvis*. Ex. : J'attends la mort comme la fin de mes misères, *mortem ut finem miserarium exspecto*. Manlius fit mourir son fils Torquatus, quoique vainqueur. *Manlius Torquatum filium, quamvis victorem, occidit*. (Voy. § 252, notes). Il faut supposer l'ellipse de *tanquam*, comme quand le substantif d'apposition est séparé du mot qu'il doit expliquer. Ex : *Ego non eadem senex volo quæ puer volui*.

Lorsque les substantifs sont des noms de choses inanimées, on trouve quelquefois le second au génitif, ce qui n'est pas à imiter. Ex : *In oppido Antiochæ*, Cic. ; *Flumen Rheni*, Liv. Cette construction se rencontre surtout et est admise avec les noms propres d'hommes. *Nomen Mercurii est mihi*, pour *nomen Mercurius*; j'ai nom Mercure.

§ 243. *Le livre de Pierre*. — Lorsque les substantifs liés par la préposition *de* expriment des choses différentes, le second subst. se met au génitif en latin. Quand on dit le livre de Pierre, *liber Petri*, on a en vue deux objets, *Pierre* et *un livre*. Quand on dit la ville

Ex. : Le livre de Pierre, *liber Petri*; la bonté de Dieu, *bonitas Dei*.

Souvent, au lieu du génitif, on se sert d'un adjectif qui a la même valeur. *Ex.* La bonté de Dieu, *tournez*, la bonté divine, *bonitas divina*; le parlement de Paris, *tournez*, le parlement parisien, *senatus parisiensis*.

---

de Rome, *urbs Roma*, on n'a en vue qu'un seul objet, Rome. Quelquefois aussi le second nom est régi par un verbe ou par une préposition, comme : J'ai reçu une lettre de mon père, *accepi litteras à patre meo*. (Voyez ci-après Régime indirect des verbes, § 291.)

Souvent les adjectifs et les pronoms, surtout s'ils sont du neutre, tiennent lieu du substantif, et gouvernent élégamment le génitif : *Quid rei est?* pour *quæ res est?* qu'est-ce ? *Ad id loci*, à ce lieu, à ce point, etc.

Il est élégant de changer le pronom personnel en pronom possessif, en le faisant accorder avec le nom précédent, qui gouverne également le génitif. Ex. : *Tuum hominis simplicis pectus vidimus* (*tuum* pour *tui*, de toi), nous connaissons votre cœur, homme simple. *Quantum meum studium exstiterit defensionis tuæ*, quel a été mon zèle à vous défendre, pour votre défense. On dit toujours *liber meus, tuus*, etc., et non *liber mei, tui*. C'est d'après ce principe que l'on dit : *meâ, tuâ, nostrâ, vestrâ, causâ*, à cause de moi, pour *mei, tui causâ*. Lorsqu'on se sert des adjectifs possessifs *meus, tuus, a, um*, au lieu du génitif des pronoms personn. *mei, tui*, etc., on met au génitif les substantifs ou adjectifs en apposition avec ces pronoms qui seraient aussi à ce cas, s'ils étaient exprimés : *Tuum* (tui) *hominis simplicis pectus; meâ unius operâ; tuâ unius vitâ; noster duorum eventus; utriusque nostrûm absentis desiderium*, etc.; au lieu de *meâ unâ operâ*, etc. On dit aussi avec le génitif des pronoms : *nostri, vestri curam gero; nimia æstimatio sui*. Mais on trouve aussi *invidia tua* pour *tui*, l'envie qu'on te porte. *Desiderium vestrum* (pour *vestri*) *ferre non possum*, je ne puis supporter votre absence (mot à mot, le regret de vous.)

Nous ferons remarquer, *pour faciliter l'intelligence des auteurs*, que le nom verbal peut aussi gouverner le même cas que le verbe d'où il vient, au lieu du génitif. Ex. : *Reditio domum*, le retour à la maison, dans la patrie, comme *redeo domum. Scientiam quid agatur*, comme *scire quid agatur*, savoir ce qui se fait, la connaissance de ce qui se fait, *rei quæ agitur*. Plaute a même dit *spectatio ludos* pour *ludorum*, la vue des jeux, comme on dit regarder les jeux : ces exemples ne sont point à imiter.

Bonitas divina.—Souvent cette tournure est élégante. L'harmo-

§ 244. Quand le nom qui suit *de* exprime une qualité bonne ou mauvaise, on peut mettre ce nom ou à l'ablatif ou au génitif. Ex. : Un enfant d'un bon naturel,

---

nie de Virgile, *virgilianus numerus*; les soldats de Pompée, *pompeiani milites*. Cette construction devient nécessaire pour éviter l'emploi de deux génitifs. *Virtus pompeianorum militum*, au lieu de *virtus Pompeii militum*, le courage, des soldats de Pompée. L'usage le plus ordinaire est de changer les noms de provinces en noms de peuples. Ex. : Ninus, roi d'Assyrie, *Ninus, Assyriorum rex* (roi des Assyriens). — Il faut éviter de faire régir un génitif par un autre, surtout quand il en résulterait quelque obscurité. Ne dites pas *Magna erat multitudo spectatorum ornamentorum fanorum*, mais dites : *eorum qui ornamenta fanorum spectabant*. — Traduisez par un adjectif et non par le génitif les noms de pays qui suivent les substantifs : Cimon d'Athènes, *Cimon Atheniensis*, et non *Athenarum*. Voy. Q. *undè*, § 377.

§ 244. Les noms de qualité ou de propriété, de blâme ou de louange, se mettent à l'ablatif en sous-entendant une des prépositions *à*, *de*, *ex*, *cum*, *in* : Homme d'une probité antique, *homo antiquâ fide* (cum) ; une femme à la fleur de l'âge, *mulier œtate integrâ* (in).

Quelquefois le génitif et l'ablatif se trouvent réunis dans une seule phrase. Ex. : Lentulus, jeune homme de la plus haute espérance et d'une vertu accomplie, *Lentulus, eximiâ spe, summæ virtutis adolescens*. Cic.

Quelquefois on sous-entend *homo*, *vir*, *res*, *negotium*, etc. Ex. : La vertu est d'un grand prix, *virtus est magni pretii* (*negotium* ou *res*). Socrate était d'une grande sagesse, *Socrates erat magnæ sapientiæ* (*vir* s.-ent.). On doit toujours joindre un adj. au subst. de qualité, etc. Ex. : Un homme d'esprit, *vir magni ingenii*, et non *vir ingenii*; ou par l'adjec. : *vir ingeniosus*. Remarquez les idiotismes suivans : *Id temporis* (s.-ent. *circà*), *homo id œtatis, id auctoritatis*, pour *eo tempore, eâ œtate, auctoritate*.

On se sert encore du génitif après le verbe *être*, de cette manière : L'armée des Grecs était de dix mille hommes, *exercitus Græcorum erat decem millium hominum*, c'est-à-dire, *erat exercitus decem millium hominum*; la hauteur de la tour était de cent pieds, *altitudo turris erat centum pedum*, c'est-à-dire, *erat altitudo centum pedum*, etc. (était une armée, une hauteur de).

RÈGLE GÉNÉRALE pour le génitif. — Le génitif qui dépend d'un substantif est de deux espèces en latin : 1° Il exprime la personne ou le sujet qui *fait* quelque chose, à qui la chose appartient ; comme *hominum facta*, *liber Petri*. (On dirait par une autre tournure *homo qui facit*; *Petrus habet librum*.) De là ce cas est appelé *subjectif* ou *génitif du sujet*. — 2° Il désigne la chose qui

puer egregiâ indole ou *egregiæ indolis*; d'un mauvais naturel, *pravâ indole* ou *pravæ indolis*.

§ 245. Tempus legendi.

De, entre un nom de chose inanimée et un infinitif français, se rend en latin par le gérondif en *di*, qui est un véritable génitif.

Ex. : Le temps de lire, *tempus legendi;* de lire l'histoire, *tempus legendi historiam*. Les gérondifs gou-

---

est l'*objet* de l'action du sentiment, comme *amor virtutis, tœdium laboris, remedium doloris*. Ce dernier rapport peut s'indiquer en français par d'autres prépositions ou par d'autres mots que la préposition *de*; ainsi on peut traduire l'amour *pour* la vertu, le remède *contre* la douleur, l'ennui *que cause* le travail. On voit que *virtutis* est l'objet de *amor*. De là le génitif est appelé *objectif*.

Quoiqu'il faille éviter de faire régir un génitif par un autre génitif, cependant cette construction est admise lorsque le régime exprime une chose différente du premier nom. Ex. : *Magnam partem laudis hujus rei ad Libonem esse venturam*, qu'une grande partie de la gloire de cette entreprise rejaillirait sur Libon. Cic. *Themistoclis vitia ineuntis adolescentiæ*, les vices de Thémistocle dans sa première jeunesse. — Un subst. peut régir plusieurs génitifs, pourvu qu'ils soient placés de manière à éviter toute obscurité; *Cupio ab hâc hominum satietate nostrî discedere*; je désire quitter ces gens qui sont las de moi — Il faut remarquer que le génitif peut se prendre; 1° activement : *Providentia Dei*, la providence de Dieu, par laquelle il nous conduit; 2° passivement : *Timor Dei*, la crainte de Dieu, par laquelle nous le craignons; 3° avec ces deux sens réunis : *Victoria Germanorum*, la victoire des Allemands, soit celle qu'ils ont remportée, soit celle qu'on a remportée sur eux. Lorsque le sens est douteux, on peut se servir d'une préposition. Ex. : Au lieu de *metus hostis*, on dira *metus ab hoste*, si l'on veut exprimer la crainte qu'inspire l'ennemi. Pour *odium alicujus*, *odium adversus aliquem*. — Le nom qui devrait être au génitif se met quelquefois avec la conjonction *et* au même cas que le substantif qui le régirait. Au lieu de dire : *Violentiam cursus Nilo eripit latitudo regionum in quas extenditur*, (littéral. la largeur des pays dans lesquels il s'étend ôte au Nil la violence de son cours, on dit : *Cursum Nilo violentiamque eripit*, etc. , ôte au Nil son cours et sa violence. (C'est ce que les *gram*. appellent *hendiadys*, de (ἓν, διά, δυεῖν.)

§ 245. L'infinitif doit être considéré comme un nom neutre verbal (venant du verbe). Il peut se décliner comme le singulier des noms neutres. Nom. acc. *legere*. Gén. *legendi*. (Dans certaines phrases le présent sert aussi pour tous les cas.) Dat. ablat. *legendo*.

vernent le même cas que les verbes d'où ils viennent.

Si le verbe latin gouverne l'accusatif, au lieu du gérondif en *di*, il est mieux d'employer le participe en *dus*, *da*, *dum*, que l'on met au génitif, en le faisant accorder avec le nom en genre, en nombre et en cas : ainsi, au lieu de dire, *tempus legendi historiam*, on dit mieux, *tempus legendæ historiæ*.

Autre acc. *legendum*. (On se rappellera que le gérondif marque obligation.)

Quand on dit *tempus legendi*, le gérondif *legendi*, de lire, remplace le génitif *lectionis*, de la lecture.

Tempus legendæ historiæ. — On emploie cette construction, quand elle ne forme pas une consonnance désagréable ou une équivoque, ce qui peut avoir lieu avec le gén. d'un pronom ou d'un adjectif neutre. Ainsi l'on dira : *Cupiditas plura cognoscendi*, et non *plurium cognoscendorum. Facultas illud*, et non *illius efficiendi*.

Le gérondif en *di* est quelquefois employé comme substantif, alors il peut gouverner le *génitif pluriel*, mais non le *génitif singulier des substantifs*. Ex. : *Fuit exemplorum legendi potestas; legendi exemplorum* pour *legendi exempla*. Cic. On pouvait lire des exemples. (Les livres offraient des exemples.) *Legendi* tient lieu de *lectionis*. C'est comme s'il y avait *lectionis exemplorum*. *Antonio facultas detur agrorum suis latronibus condonandi*. Cic. *Condonandi agrorum* pour *condonandi agros*. Qu'on accorde à Antoine la faculté de distribuer des terres à ses sicaires, etc. La règle d'accord est négligée pour les pronoms personnels ; voilà pourquoi l'on dit, même en parlant d'une femme : *Ego ejus videndi sum cupidus*. Ter. Je suis désireux de la voir. Cependant Cicéron a dit : *Tenendus est ejus* (s.-ent. *voluptatis*) *fruendæ modus*. Les pronoms personnels, *mei*, *tui*, etc., et surtout *sui*, se construisent avec le gérondif en *di*. *Neque sui colligendi hostibus facultatem relinquunt*, ils ne laissent pas aux ennemis le temps de se reformer. *Cupidus sum tui videndi*, en parlant d'un homme ou d'une femme.

Lorsque *de* est placé entre un nom et un infinitif qui n'a point de gérondif en *di*, on peut changer le nom en verbe, de cette manière : Il a le désir de vous être utile, *tournez*, il désire être utile à vous, *tibi prodesse cupit*. Le parf. de l'infin. se traduit par le partic. passé passif. Le soupçon d'avoir tué Cicéron, *suspicio oppressi Ciceronis*. (M. Dut. Voy. § 517.) L'infinitif présent, au lieu du gérondif en *di*, *do*, est un hellénisme qu'il ne faut point imiter. Ainsi ne dites pas *iniit consilium reges tollere* (Corn. Nep.), mais *tollendi*, etc. (Il y a apposition : *il forma un projet, détruire la royauté*.)

§ 246. *De* entre un nom et un infinitif se rend par l'infinitif latin, lorsque cet infinitif peut servir de sujet (nominatif) ou d'accusatif à la phrase. *Ex.* : C'est un péché de mentir, *tournez*, mentir est un péché, *culpa est mentiri.*

Il eut l'intention de commettre cette injustice, *habuit in animo, hanc facere injuriam*, et non *faciendi. Facere* est le régime d'*habuit.*

SYNTAXE DES ADJECTIFS.
Accord de l'Adjectif avec le Nom.

§ 247. Deus *sanctus*.

RÈGLE. L'adjectif s'accorde en genre, en nombre et cas avec le nom auquel il se rapporte.

Ex. : Dieu saint, *Deus sanctus*; du Dieu saint, *Dei sancti*; Vierge sainte, *Virgo sancta*; de la Vierge sainte, *Virginis sanctæ*; temple saint, *templum sanctum*; du temple saint, *templi sancti.*

§ 248. Pater et filius *boni*; mater et filia *bonæ*.

---

§ 246. Le nominatif répond à la question *qui est-ce qui* pour les personnes, *qu'est-ce qui* pour les choses. Qu'est-ce qui est un péché? *Rép.* Mentir, *mentiri.* — Le nom qui accompagne l'infinitif, comme attribut, se met aussi au génitif : *Est angusti animi, amare divitias.* Aimer les richesses est d'une âme étroite. V. § 307.

Quand l'infinitif ne peut pas servir de nominatif ou d'accusatif, il faut se servir du gérondif en *di*. C'est le temps d'étudier, *tempus est studendi.* On ne peut pas dire, étudier est le temps. Il forma le projet de s'éloigner, *iniit consilium abeundi.*

Il y a des propositions entières qui peuvent faire les fonctions de substantif et servir de sujet (nominatif.) *Vinci in amore* (sujet) *turpissimum est*, il est très-honteux d'être vaincu en amitié. — *Quid quæque nox ferat aut dies— incertum*, ce que chaque jour ou chaque nuit apporte est incertain (c'est-à-dire ce qui doit arriver). Dans ces phrases, l'adjectif qui sert d'attribut se met toujours au neutre.

§ 247. *Dieu saint.* — Dieu est du masculin (accord de genre), l'adjectif se mettra au genre masculin. Dieu est du singulier (accord de nombre), l'adjectif se mettra au nombre singulier. Dieu est au nominatif (accord de cas), l'adj. se mettra au cas nominatif.

§ 248. Les participes suivent la même règle. Le père et le fils

Quand un adjectif se rapporte à deux noms, on met cet adjectif au pluriel, parce que deux singuliers valent un pluriel.

Ex. : Le père et le fils bons, *pater et filius boni*; la mère et la fille bonnes, *mater et filia bonæ*.

§ 249. Pater et mater *boni*.

Quand un adjectif se rapporte à deux noms de différents genres, l'adjectif prend le plus noble des deux genres. (*Le masculin est plus noble que les deux autres genres; le féminin est plus noble que le neutre.*)

Ex. : Le père et la mère bons, *pater et mater boni*.

§ 250. Virtus et vitium *contraria*.

Quand les deux noms sont des choses inanimées, c'est-à-dire sans vie, l'adjectif qui s'y rapporte se met

---

bons et aimés, *pater et filius boni et amati*. Il en est de même des noms de famille et autres, quand ils désignent plusieurs personnes ou plusieurs choses : *Cneius et Publius Scipiones* (pour *Scipio*, qui se dit aussi, Cn. et Pub. Scipion.

§ 249. Quand il se trouve dans la phrase un neutre et un féminin, les Latins prennent ordinairement un autre tour de phrase. Au lieu de dire : Lucrèce et son esclave furent chastes. *Lucretia et ejus mancipium fuerunt castæ*, ils disent : *Lucretia et ejus mancipium castitate floruerunt*, Lucrèce et son esclave se distinguèrent par leur chasteté.

Les pronoms suivent la même règle que les adjectifs. Ex. . Le père et la mère qui, *pater et mater qui*.

Si les substantifs sont au singulier, on répète les pronoms possessifs comme en français. Ex. : Mon frère et ma sœur, *frater meus et mea soror*. Au pluriel on pourrait dire : *fratres et sorores mei*.

§ 250. Si les noms de choses inanimées sont du même genre, on peut mettre l'adjectif au genre de ces substantifs. Ex. : La gloire et le salut de tous vous sont très-chers, *omnium gloria, et salus tibi sunt carissimæ*.

Mais on le trouve aussi au pluriel neutre. Ex. : Une année pestilentielle et une année salubre, contraires, *annus pestilens et salubris (annus) contraria*. Cic.

La colère et l'avarice plus puissantes que l'autorité, *ira et avaritia imperio potentiora*. Tite-Live.

On trouve même dans Tite-Live *tria millia quadringenti*

au pluriel neutre. (*Il n'y a d'animé que les hommes et les bêtes.*)

Ex. : La vertu et le vice contraires, *virtus et vitium contraria.*

Lorsque deux adjectifs sont joints ensemble, le premier se change en adverbe. Ex. : Les vrais sages, *vere*

(*milites*) *cæsa*, trois mille quatre cents soldats furent tués ; ce qui n'est point à imiter. Mais on dit bien : *Sex millia vivi in potestatem ejus venerunt.* Et, de même, *capita* (pour *principes*) *conjurationis virgis cæsi.*

On trouve rarement l'adjectif au masculin avec des noms de choses inanimées, dont l'un est du masc. Ex. : *Agros villaque Civilis intactos sinebat.* TAC. Il épargnait les terres et les métairies de Civilis. L'adjectif au féminin est encore plus rare. *Quid de vitibus olivetisque dicam*, QUARUM, etc.? parlerai-je des vignes et des plants d'oliviers dont, etc.? Ces exemples ne sont point à imiter.

Quand il y a un nom de personne dans la phrase, l'adjectif et le participe doivent s'y rapporter. Les deux foudres de notre empire, les Scipions sont éteints, *duo fulmina nostri imperii, Scipiones exstincti sunt*, et non *exstincta*.

Lorsque des substantifs qui désignent des êtres animés sont mêlés avec des noms de choses inanimées, l'usage le plus ordinaire est de construire l'adjectif avec un seul des substantifs, et de le sous-entendre pour les autres. Dans ce cas l'adjectif accompagne ordinairement le premier, quelquefois le dernier des substantifs. Ex. : Les tyrans méprisent Thrasybule et son isolement. *Thrasybulus contemptus est à tyrannis atque ejus solitudo* (sous-ent. *contempta est*). Le salut, les enfans, la fortune de tous vous sont très-chers, *tibi omnium salus, liberi, fortunæ sunt carissimæ.* Cic.

Lorsque des noms de lieu au pluriel sont accompagnés des mots *urbs, oppidum, civitas*, l'adjectif ou l'attribut s'accorde avec ces mots, parce qu'ils sont mieux connus que ceux du lieu. Ex. : Volsinii, la ville la plus opulente des Volsques, fut brûlée par la foudre, *Volsinii, oppidum Volscorum opulentissimum, concrematum est fulmine.*

L'adjectif qui se rapporte à deux substantifs doit s'accorder naturellement avec celui qui est le principal dans le discours. Ex. : Sémiramis passa pour un jeune garçon (pour un jeune prince), *Semiramis puer credita est.* Si les deux substantifs ont à peu près la même valeur, et désignent des objets inanimés, l'adjectif s'accorde ordinairement avec le plus voisin. Ex. : La pauvreté m'a paru un lourd fardeau, *paupertas mihi onus visum est grave* ou *visa est mihi paupertas onus grave.* Toute erreur ne doit pas être appelée sottise, *non omnis error stultitia dicenda.*

Quelques substantifs en *tor* et en *trix* ont le valeur des ad-

sapientes, c'est-à-dire les hommes vraiment sages ; les véritables grands hommes, *viri verè magni*.

La même règle s'observe lorsqu'un substantif français est traduit par un participe en latin. Ex. : les belles actions, *præclarè facta* ; les belles paroles, *præclarè dicta*. — Cependant on peut aussi employer l'adjectif neutre. Ex. : Belle réponse, *præclarum responsum*. Mot plaisant, *facetum* ou *facetè dictum*. (Voy. § 615.)

§ 251. Turpe est *mentiri*.

L'adjectif qui ne se rapporte à aucun nom précédent se met au neutre.

Ex. : Il est honteux de mentir, *turpe est mentiri*.

Il est honteux d'être paresseux, *turpe est esse pigrum*. (*Pigrum* est à l'accusatif masculin : on sous-entend *hominem*.)

L'infinitif *mentiri* est un véritable nom avec lequel s'accorde l'adjectif *turpe* : le mentir est honteux. — Le pronom *ipsum* accompagne souvent l'infinitif employé comme substantif. Ex. : *Cùm vivere ipsum turpe sit nobis*, (littéral.) puisque vivre même est honteux pour nous.

---

jectifs. Ex. : Athènes victorieuse, *victrices Athenæ* ; une province corruptrice, *corruptrix provincia*. Le neutre est inusité, excepté au pluriel, chez les poëtes. *Victricia arma*, des armes victorieuses.

Tout adjectif se rapporte à un substantif exprimé ou sous-entendu. Ex. : Dire peu de paroles, *dicere pauca* (sous-ent. *verba*). L'homme avide de vengeance, *cupidus vindictæ* (sous-ent. *homo*). *Frigidam hausit* (sous-ent. *aquam*) ; il but de l'eau fraîche. *In græcâ Menandri* (s.-ent *fabulâ*), dans la pièce grecque de Ménandre.

Quand un adjectif ne s'accorde pas en genre avec son substantif, il faut expliquer cette irrégularité par un autre substantif sous-ent. Ex. : *Triste lupus stabulis* (sous-ent. *negotium*), le loup est une chose triste pour les étables. Cela n'est pas à imiter. Cependant, pour exprimer une idée générale, on remplace le subst. par un adj. neutre. *Omnium rerum mors est extremum*, la mort est le terme de tout. *Aliud est actio bona, aliud oratio*.

L'ellipse du substantif est plus rare en latin qu'en français ; au lieu de *multi docti*, beaucoup de savans ; dites : *multi viri docti* ; un brave, *vir fortis*, un audacieux, *vir audax*, etc. Cependant on rencontre fréquemment au plur. neut. les adjectifs employés comme substantifs : *multa, externa*, etc. Les Romains ont appris beaucoup des Grecs, *multa* (plur. neut.) *à Græcis Romani didicerunt* (sous-ent. *negotia*). — Plusieurs adj. plur. neutr. doivent se traduire comme des substantifs : *Incerta, subita belli*, les incertitudes, les surprises de la guerre ; *infrequentissima urbis*, les parties les moins peuplées de la ville, etc.

§ 251. On suivrait la même règle s'il y avait plusieurs adjec-

§ 252. *DEUS EST SANCTUS.*

Credo Deum esse sanctum.

L'adjectif qui suit immédiatement le verbe *sum* se met au même cas que le nom ou le pronom qui précède le verbe, et auquel il se rapporte.

Ex. : Dieu est saint, *Deus est sanctus.*

Je crois que Dieu est saint, *Credo Deum esse sanctum.* (En latin on dit *je crois Dieu être saint.*)

Il ne m'est pas permis d'être paresseux, *mihi non licet esse pigro.* (On pourrait dire aussi *pigrum*, sous-entendu *me*; *me esse pigrum.*)

---

tifs et plusieurs infinitifs dans la phrase. Ex. : Il est nuisible, il est honteux de mentir et de médire : *noxium et turpe est mentiri et maledicere.*

Il faut quelquefois changer l'actif en passif pour éviter une amphibologie. Ex. : Il est utile à la république de connaître les mauvais citoyens, *malos cives cognosci utile est reipublicæ*; et non *cognoscere*, qui pourrait signifier, il est utile à la république que les mauvais citoyens connaissent. Remarquez que l'infinitif se construit avec l'accusatif, comme l'indicatif et les autres modes finis se construisent avec le nominatif.

§ 252. Cette règle a lieu toutes les fois que l'adjectif n'est séparé du substantif auquel il se rapporte que par un verbe qui marque simplement un état, c'est-à-dire toutes les fois que le verbe n'est pas actif et ne régit pas l'adjectif, ce qu'on reconnaît quand on ne peut pas mettre après ce verbe *quelqu'un, quelque chose.*

On suit la même règle pour les participes. Ex. : Le temple a été bâti, *templum ædificatum fuit*; les dames furent introduites, *matronæ introductæ fuerunt.*

Mihi non licet, etc. — *Volumus esse beati. Refert adolescentis*, etc. Quand on se sert du datif ou du nominatif, le nom qui suit s'accorde avec le nom précédent par attraction, suivant la syntaxe grecque. Quand on se sert de l'accusatif, cet accusatif a rapport à l'infinitif et à l'accusatif exprimé ou sous-entendu devant lui. *Volumus esse beati*, c'est-à-dire, *nos volumus esse beati*, et *volumus esse beatos*, c'est-à-dire, *nos volumus nos esse beatos.*

Nous voulons être heureux, *volumus esse beati*. *Beati* se rapporte à *nos* sous-entendu devant *volumus*.)

Si cependant le nom qui précède était au génitif, il faudrait mettre l'adjectif à l'accusatif. Ex. : Il importe

---

Quand on se sert de l'accusatif, il faut exprimer le pronom avant l'infinitif, pour éviter l'obscurité.

Avec *licet* l'emploi du datif est plus ordinaire. Il en est de même avec *dare, concedere*, accorder ; *necesse est*, il est nécessaire ; *satius est*, il vaut mieux ; *contigit*, il est arrivé.

Refert adolescentis, etc. Autres exemples : *Fuit magni animi non esse supplicem victori*, il était d'une grande âme de ne pas supplier le vainqueur. *Quo tibi, Tille, fieri tribunum?* Que te sert, Tillus, d'être fait tribun ? Dans ces phrases et autres semblables, il y a deux membres, deux sens différens. La construction est : *Esse impigrum — refert adolescentis*, être laborieux importe à un jeune homme ; *non esse supplicem victori — fuit magni animi*, ne pas être suppliant fut d'une grande âme : *fieri tribunum — quo tibi?* Être tribun t'est-il avantageux? L'infinitif et les mots qui y sont joints servent de nominatif (sujet) à la phrase: ils sont donc indépendans du membre de phrase qui les accompagne, il ne peut donc y avoir attraction. N'oubliez pas que l'infinitif se construit avec l'accusatif (*esse impigrum, supplicem*), comme l'indicatif et le subjonctif se construisent avec le nominatif (*est supplex, impiger*). Il ne faut donc pas que les élèves, en trouvant dans leurs dictionnaires l'accusatif avec l'infinitif d'un verbe neutre ou passif, croient que ce verbe gouverne l'accusatif. — Si après ces verbes il y a un génitif, c'est que le nom précédent est sous-ent. : *Hic liber est Petri*, c'est-à-dire, *est liber Petri* ; ce livre est à Pierre.

Si le verbe *être* est accompagné d'un substantif, ce substantif ne s'accorde pas avec le nominatif en nombre, mais seulement en cas. Ex. : Les prisonniers furent le butin des soldats, *captivi militum præda fuerunt*, et non *prædæ*.

Lorsque le substantif comporte deux formes, l'une pour le masculin, l'autre pour le feminin, comme *rex, regina; magister, magistra; inventor, inventrix; corruptor, corruptrix*, etc , il s'accorde en genre avec le nominatif. Ex. : La justice est la reine des vertus, *justitia est regina virtutum*; la licence corrompt les mœurs, *licentia corruptrix est morum*; la pauvreté est l'école de la tempérance, *paupertas est temperantiæ magistra* (la maîtresse).

Si le nominatif du verbe est du neutre, le substantif attribut se met au masculin. Le temps est le *maître* de la vie, *tempus est vitæ* MAGISTER. (*Voy.* § 242, notes.)

à un jeune homme d'être laborieux, *refert adolescentis esse impigrum* (sous-entendu *ipsum*).

REMARQUE. Avec les verbes qui n'ont pas un sens actif, comme *redire*, revenir; *mori*, mourir; *vivere*, vivre; *existere*, *fieri*, *evadere*, devenir; *nasci*, naître; *manere*, rester; *videri*, paraître; et avec les verbes passifs, comme *dici*, *appellari*, *vocari*, être appelé; *haberi*, *numerari*, *putari*, être regardé comme; *eligi*, *renuntiari*, *declarari*, être élu, proclamé, et autres semblables, l'adjectif ou le substantif qui sert d'attribut au nominatif (sujet) de ces verbes, et qui le suit immédiatement, se met aussi au nominatif. Ex. : Le geai revint tout chagrin, *graculus rediit mœrens*. Aristide mourut pauvre, *Aristides mortuus est pauper*. Je m'appelle lion, *ego nominor leo*. Polémon devint un grand philosophe, *Polemo maximus evasit philosophus*.

~~~~~~

RÉGIME DES ADJECTIFS.

Adjectifs qui gouvernent le Génitif.

§ 253. Avidus *laudum.*

RÈGLE. Les adjectifs *avidus*, avide; *cupidus*, qui désire; *studiosus*, qui a du goût pour; *peritus*, habile

---

§ 253. Les adjectifs qui gouvernent le génitif sont :

Généralement, ceux qui viennent des verbes, comme *avidus laudum*, avide de louanges (de *avere*, désirer avec ardeur); *tenax iræ*, qui conserve sa colère (de *tenere*, tenir), *amans virtutis*, qui aime la vertu (de *amare*, aimer); *fugax vitii*, qui fuit le vice (de *fugere*, fuir); *patiens laboris*, qui supporte le travail (de *pati*, souffrir); *plenus vini*, plein de vin (de *implere*, remplir); *expers metus*, exempt de crainte (de *ex* et de *partiri*, partager); *consors imperii*, qui est associé à l'empire (de *cum* et *sortiri*, obtenir par le sort); *sui compos*, maître de soi-même (de *cum* et de *potiri*, être maître); *insolens infamiæ*, qui n'est pas accoutumé aux affronts (de *in* et de *solere*, avoir coutume)

Particulièrement, 1° ceux qui expriment quelque désir (ils peuvent aussi se ranger, ainsi que les suivans, parmi les adjectifs verbaux), comme *avidus*, avide de; *cupidus*, *appetens*, qui désire, etc.

2° Ceux qui expriment quelque soin, quelque affection, comme *curiosus rei*, qui s'occupe d'une chose, *studiosus*, qui a du goût pour; ainsi que ceux qui expriment le contraire, comme *incu-*

dans ; *expers*, qui manque ; *patiens*, qui souffre ; *rudis*, qui ne sait pas ; *memor*, qui se souvient ; *immemor*, qui ne se souvient pas ; *plenus*, plein, *etc.*, gouvernent le génitif.

Ex. : Avide de louanges, *avidus laudum;* habile dans la musique, *peritus musicæ*; plein de vin, *plenus vini*. (On trouve quelquefois *plenus* avec un ablatif : *plenus vino*.)

Cupidus *videndi*.

Quand les adjectifs *avide*, etc., sont suivis d'un infinitif français, on met en latin cet infinitif au gérondif en *di*.

Ex. : Curieux de voir, *cupidus videndi*; de voir la ville, *videndi urbem;* et mieux *videndæ urbis*, comme nous avons dit plus haut, page 204.

Quelquefois on tourne par un substantif. Ex. : Désireux d'être récompensé, *cupidus mercedis*.

---

riosus, qui n'a pas soin de, qui ne s'occupe pas de ; *negligens*, qui néglige ; *fastidiosus*, qui dédaigne, etc.

3° Quelque science, comme *peritus*, habile dans ; *præscius*, qui sait d'avance, qui prévoit, *gnarus*, qui sait ; *providus*, qui prévoit, etc.

Et ceux qui expriment le contraire, c'est-à-dire l'ignorance, comme *nescius*, qui ne sait pas ; *imperitus*, inhabile dans ; *imprudens*, qui n'a pas d'expérience dans, qui ne sait pas ; *improvidus*, qui ne prévoit pas ; *rudis*, qui ignore ; *insuetus*, qui n'est pas accoutumé à ; *dubius (consilii)*, qui ne sait quel parti prendre.

4° Ceux qui regardent l'esprit, la mémoire et la conscience, comme *memor*, qui se souvient ; *conscius*, qui a la conscience de ; *reus*, accusé de ; *anxius*, qui a l'esprit inquiet pour ; *compertus*, convaincu de, etc.

Ceux qui expriment le contraire, comme *immemor*, qui ne se souvient pas ; *securus*, qui ne s'inquiète pas de, etc.

Conscius régit aussi le datif ; *consultus, peritus, rudis*, régissent aussi l'ablatif. *Conscius facinori*; *artibus peritus, rudis*; *jure consultus*.

N. B. Les poëtes et un grand nombre de prosateurs, tels que Tacite, font un usage très-étendu des adjectifs joints au génitif, soit pour marquer une disposition de l'esprit, comme *segnis occasionum*, lent à profiter de l'occasion ; soit pour remplacer l'ablatif qui répond à la question *comment? en quoi?* comme *integer vitæ*, pour *integer vitâ*. Dans la prose ordinaire, on se sert plutôt

Adjectifs qui gouvernent le génitif ou le datif.

§ 254. Similis *patris* ou *patri*.

Similis, semblable; par, *æqualis*, égal; *affinis*, allié, gouvernent le génitif ou le datif.

Ex. : Semblable à son père, *similis patris* ou *patri* (Voyez *la note*); allié au roi, *affinis regis* ou *regi*.

---

de l'ablatif avec les derniers, et l'on construit mieux les premiers avec une des prépositions *de, in, ad*. Ex. : *Anxius de futuro*, inquiet de l'avenir; *modicus in voluptatibus*, modéré dans les plaisirs; *segnis ad occasiones*, lent à profiter de l'occasion.

Ceux qui expriment *abondance* ou *disette* : *expers*, qui manque de; *compos*, qui est maître de; *dives, locuples*, riche en; *ferax, fertilis* (en parlant des choses), fertile en; *inops, pauper, egenus, indigus*, privé de, pauvre de, manquant de, ayant besoin de, se construisent aussi avec l'ablatif, ainsi que *plenus*, plein de.

Les participes présens se construisent avec le génitif, lorsqu'ils sont employés comme adjectifs verbaux, parce qu'alors ils expriment une qualité durable. Ex. : *Miles patiens frigoris* est un soldat qui supporte facilement le froid; *patiens frigus*, est celui qui est exposé au froid, et qui peut-être ne sait pas le supporter. *Amans virtutem*, qui aime actuellement la vertu; *amans* (pour *amator*) *virtutis*, celui qui aime toujours la vertu. C'est pour cela qu'on trouve *medentes* pour *medici*, les médecins, etc.

§ 254. Ceux qui expriment le contraire gouvernent aussi le génitif et le datif, comme *dissimilis*, différent. Cependant *absimilis* ne se trouve qu'avec le datif, et s'emploie ordinairement avec une négation. C'est surtout comme *substantif* que par régit le génitif : *impar, dispar*, se construisent plutôt avec le datif : *impar laboribus*, incapable de résister aux travaux; mais on dit bien *dispar sui*. — *Communis*, commun; *peculiaris* et *proprius*, particulier; *superstes*, qui survit, suivent la même règle.

Similis, avec le datif, exprime plutôt la ressemblance physique, réelle; avec le gén., la ressemblance morale ou figurée. *Plures Romuli quàm Numæ similes reges fuêre. Otho non absimilis facie Tiberio. Veri similis*, approchant de la vérité. Cependant on dit toujours *mei, tui, nostri, vestri similis*.

On trouve des exemples où ces adjectifs gouvernent non-seulement le datif de la chose ou de la personne à laquelle ils se rapportent, mais encore d'un nom auquel ils ne peuvent se rapporter : *In pari causâ cæteris servis habendus est*, pour *in causâ pari causæ cæterorum servorum*, il faut le traiter comme les autres esclaves.

Adjectifs qui gouvernent le datif seulement.
§ 255. *Mihi utile est.*

Utilis, utile à ; *commodus*, avantageux à ; *infensus*, *iratus*, irrité contre ; *assuetus*, accoutumé à ; *aptus*, *idoneus*, propre à, gouvernent le datif.

Ex. : Cela m'est utile, *id mihi utile est* ; corps accoutumé au travail, *corpus assuetum labori*.

Quand ces adjectifs sont suivis d'un infinitif français, on met en latin cet infinitif au gérondif en *do*. (Le gérondif en *do* est ici un véritable datif.)

Ex. : Corps accoutumé à supporter le travail, *corpus assuetum tolerando laborem*, ou mieux, *tolerando labori*, en se servant du participe en *dus*, *da*, *dum*, et le faisant accorder avec le nom *.

REMARQUE. Après *aptus*, *idoneus* et *natus*, on peut mettre l'accusatif avec *ad*. Ex. : Propre à la guerre, *aptus ad militiam* ; né pour les armes, *natus ad arma*.

(*) Nous n'avons trouvé *suetus*, *assuetus* et *consuetus* qu'avec l'infinitif prés., et jamais avec le gérondif : *assuetus græcari* SUET. ; — *dare lætam sortem*, PLINE Mais on trouve *insuetus navigandi*, qui n'est pas habitué à naviguer, etc. *opera portanda*.

§ 255. Les adjectifs qui expriment l'utilité, *utilis*, utile à ; *commodus*, avantageux à, etc. ; la proximité, *proximus*, près de ; *conterminus*, qui touche à, *vicinus*, voisin de, etc. ; la parenté, *propinquus*, proche parent de, etc , gouvernent le datif. Il en est de même de tous les adjectifs dont la qualité se rapporte à un autre objet que celui qu'ils qualifient, c'est-à-dire qui peuvent être suivis d'un régime indirect, comme *noxius*, nuisible à ; *jucundus*, agréable à ; *injucundus*, désagréable à ; *amicus*, ami de ; *inimicus*, ennemi de (ces deux derniers gouvernent le génitif quand ils sont pris substantivement) ; *facilis*, facile à ; *contrarius*, contraire à, etc. Les adjectifs en *bilis*, comme *flebilis*, déplorable ; *mirabilis*, admirable —*Supplex*, suppliant ; *notus*, connu ; *insolitus*, inusité, etc. veulent aussi le datif (*Insolitus* signifiant *qui n'est pas habitué*, veut le gén. ou plus rarement l'accus. avec *ad*.)

— Même règle pour les adverbes. Il n'y a que *propè*, avec *propior*, *pius*, *proximus*, *proximè*, qui se construisent aussi avec l'accusatif : *Propius urbem* (*ad* sous-ent.) ; on dit aussi *propè a muris*.

Avec ces adjectifs on met à l'accusatif avec *ad* (rarement au datif) la chose à laquelle est propre le nom déterminé par l'adjectif. Ex. : Homme qui n'est propre à rien, *homo ad nullam*

Adjectifs qui gouvernent l'accusatif avec ad.

§ 256. Propensus *ad lenitatem*.

Propensus, pronus, proclivis, porté à.., et tous les adjectifs qui marquent un penchant ou une inclination, une disposition à quelque chose, gouvernent l'accusatif avec *ad*.

Ex. : Porté à la douceur, *propensus ad lenitatem*.

Quand ces adjectifs sont suivis d'un infinitif français, on met en latin cet infinitif au gérondif en *dum*. (Le gérondif en *dum* est un véritable accusatif.)

Ex. : Prompt à se mettre en colère, *pronus ad irascendum*; à venger une injure, *ad ulciscendum injuriam*, ou mieux, *ad ulciscendam injuriam*.

Adjectifs en bundus.

§ 257. Populabundus *agros*.

Les adjectifs en *bundus* gouvernent le même cas que les verbes d'où ils viennent.

Ex. : Ravageant les campagnes, *populabundus agros*. Qui évite les camps, *vitabundus castra*. Félicitant son ami, *gratulabundus amico*.

---

rem aptus ; on dirait aussi *utilis, docilis ad rem*; *ad pugnam inutilis*, etc.

On trouve aussi *assuetus, assuefactus labore*; *insuetus, insolitus navigandi, belli, laboris, ad stabilem pugnam*; *duratus ad plagas*, *duratus laboribus*; *conveniens rei, ad rem*; *cum re congruens*; *consentaneus rei, cum re*; *absonus, absurdus rei* ou *à re*. Il faut expliquer par *idoneus*, ou par, les ellipses suivantes : *Non est solvendo*, il n'est pas solvable, s.-ent. *œri alieno. Divites qui oneri ferendo essent* (*pares oneri ferendo*), les riches en état de porter le fardeau.

§ 256. C'est là la règle du mouvement figuré de tendance vers un objet (*tendere ad rem*, tendre à une chose.) Voir la question *Quo*, § 374. *Paratus, promptus, proclivis*, se construisent avec le datif, et mieux avec *ad* et l'accus. Mais *paratus* est ordinairement suivi de l'infinitif : *Paratus servire, audire*, etc.

Adjectifs qui gouvernent l'ablatif.

§ 258. Præditus *virtute*.

Præditus, doué de ; *dignus*, digne de ; *indignus*, indigne de ; *contentus*, content de, etc., gouvernent l'ablatif. Ex. : Jeune homme doué de vertu, *adolescens virtute præditus*; digne de louange, *dignus laude*; content de son sort, *contentus suâ sorte*.

REMARQUE. On trouve quelquefois *dignus* avec le génitif, parce qu'il vient d'un verbe (*dignari*, juger digne, qui cependant régit l'ablatif.)

---

§ 258. Cet ablatif est appelé ablatif de *cause*, de *manière*. Il est régi par les prépositions *de*, *à*, sous-entendues. Cette règle s'applique à presque tous les adjectifs qui sont joints en français à leur régime par la préposition *de*. Ex. : Malade d'inquiétudes, *æger curis*; malade par quelle cause ? par les inquiétudes, *curis* (sous-ent. *à*) : fatigué de la guerre, *fessus militiâ*. Contentus se trouve avec l'infinitif présent. *Contentus titulum retinere provinciæ*, Vell.; mais il se construit ordinairement avec le *parfait de l'infin.*, même pour exprimer le *présent* : c'est le sens général de la phrase qui indique alors si l'on doit traduire par le *présent* ou par le *passé* : *Hæc breviter demonstrasse contentus*, QUINTIL. — *Barbari hostem pepulisse contenti, non instîtere cedentibus*. Q. CURT. — Être content peut encore se traduire par *satis habere*, *satis mihi*, *tibi est*, avec le présent ou mieux le parfait de l'infinitif. — Contentus ne peut pas régir un nom de personne ; on ne doit pas dire *contentus sum hoc discipulo*, mais *mihi satisfecit hic discipulus*.

Les adjectifs qui marquent *abondance*, *disette*, *privation*, *éloignement*, se construisent aussi avec l'ablatif. — *Abondance* : comblé de toutes sortes de louanges, *cumulatus omni laude*; s.-ent. *de* ou *à*. (Cicéron a même dit, *de nugis referti libri*, livres remplis de futilités.) — *Privation*, disette : le soleil privé de sa lumière, *sol defectus lumine*.

Éloignement : exempt, libre d'inquiétudes, *vacuus curis* (à s.-ent.); exempt du service militaire, *immunis militiâ*; contraire à la dignité, *alienus dignitate* ou *à dignitate*. Alienus se construit surtout avec *à* lorsqu'il signifie éloigné, ennemi. On le trouve rarement avec le génitif et le datif.

Plusieurs adjectifs d'*abondance* et de *privation* se construisent aussi avec le génitif. Ex. : *Locuples pecuniæ*, riche en argent, c'est-à-dire *copiâ* (par l'abondance) *pecuniæ*. — *Fecunda virtutum paupertas*, la pauvreté féconde en vertus (s.-ent. *copiâ*). *Prodigus æris*, prodigue d'argent. *Gallia referta negotiatorum est*, la Gaule est remplie de marchands. *Omnium egenus*, manquant de tout.

§ 259. Mirabile *visu*.

Après les adjectifs *admirable à*, *facile à*, *difficile à*, etc., l'infinitif français se rend en latin par le supin en *u*.

Ex. : Chose admirable à voir (*tournez* à être vue), *res visu mirabilis*, ou *mirabile visu*. (Quand on n'exprime pas le mot chose, l'adjectif latin se met au neutre : on sous-entend *negotium*.)

Chose facile à dire, *res dictu facilis*; à trouver, *inventu*.

Si le verbe latin n'a point de supin, tournez la phrase de cette manière : Ma leçon est difficile à étudier : dites, il est difficile d'étudier ma leçon, *difficile est studere lectioni meæ* (1).

SYNTAXE DES COMPARATIFS ET DES SUPERLATIFS.

§ 260. Doctior *Petro*.

Après le Comparatif exprimé par un seul mot latin, on met le nom à l'ablatif, en supprimant le *que*.

---

§ 259. 1. On peut aussi prendre d'autres tournures : La vraie gloire n'est pas facile à acquérir, *non facile comparatur vera gloria*. — La vertu est agréable à pratiquer, *jucunda est virtutis exercitatio*, ou *virtutis exercitatio habet oblectationem*.

Le supin en *u* répond aux questions *à quoi ? en quoi ?* Il se met après les adjectifs qui, suivis de *à* et d'un infinitif en français, peuvent se construire avec *à être*. *Mirabile visu*, admirable à être vu. — Ces adj. sont ceux qui expriment *propriété, qualité, convenance, aptitude, manière*, comme : *honestus, turpis, fœdus, gratus, jucundus, facilis, difficilis, incredibilis, mirabilis, memorabilis, utilis, dignus, gravis, molestus, intolerabilis, bonus, optimus, pessimus, proclivis, speciosus, necessarius*, etc.

Après *facilis, difficilis* et *jucundus*, les meilleurs écrivains se servent souvent de *ad* avec le gérondif en *dum*: *res facilis ad judicandum. Verba ad audiendum jucunda*.

Le supin en *u* se joint encore aux subst. *fas, nefas, opus*, et à *pudet* : *Si hoc fas est dictu*, s'il est permis de le dire. *Ita dictu opus est*, il faut le dire ainsi. *Pudet dictu*, j'ai honte de le dire.

§ 260. Lorsque le substantif qui suit le comparatif n'est ni sujet ni régime direct, il ne doit pas se mettre à l'ablatif. Alors on exprime toujours le *que* par *quàm*. Ex. : Je ne donne à personne

Ex. : Plus savant que Pierre, *doctior Petro*.

La vertu est plus précieuse que l'or, *virtus est pretiosior auro*. (On sous-entend *præ*, en comparaison de.)

REMARQUE. On peut, après le comparatif, exprimer *que* par *quàm*, et mettre après le même cas que devant.

Ex. : Paul est plus savant que Pierre, *Paulus est doctior quàm Petrus*.

Je ne connais personne plus savant que Paul, *neminem novi doctiorem quàm Paulum*.

---

plus volontiers qu'à un ami malheureux, *nemini do libentius quàm infelici amico* (c'est-à-dire *quàm do infelici*, etc.).

Il faut éviter, en prose, d'employer au génitif ou au datif le comparatif en le faisant suivre d'un ablatif. Ainsi, au lieu de *amor virtutis pretiosioris auro*, dites, *quæ est pretiosior auro*, (M. Burn.)

Le régime du comparatif est quelquefois sous-ent. : *Tristior* (sous ent. *solito*), un peu triste, un peu plus triste qu'à l'ordinaire, ou trop triste, sous-ent. *æquo*. On dit aussi : *Junior princeps*, le jeune prince. *Leo captus junior*, le lion pris jeune, etc. *Minus recte respondisti*, vous n'avez pas bien répondu (moins bien que vous ne pouviez, *quàm poteras*).

On trouve quelquefois la préposition exprimée : *Senior præ cæteris*, Q. Curt., plus vieux que les autres, ce qui n'est pas à imiter.

C'est par la préposition sous-entendue qu'il faut expliquer les comparaisons obliques, c'est-à-dire celles qui se font entre des choses de différente nature. *Ditior opinione*, plus riche qu'on ne le pense, etc. Dans ces comparaisons, on met élégamment à l'ablatif les mots *opinione, spe, æquo, justo, solito, dicto*, etc., en sous-entendant *pro Quàm pro*, après un comparatif, signifie qu'on ne devait l'attendre de : *Prælium atrocius quam pro numero pugnantium editum est*, l'action fut plus meurtrière qu'on ne devait l'attendre du nombre des combattants. — Il faut aussi remarquer l'emploi élégant de *qui, quæ, quod*, à l'ablatif avec son antécédent, devant le comparatif. Ex. : Rien n'est plus funeste que ce fléau, *quâ peste nihil perniciosius*. REMARQUE. *Superior, inferior*, supérieur à, inférieur à, se construisent avec l'ablatif ou avec *quàm*, plutôt qu'avec le datif. Ex. : *Non est patre inferior* ou *quàm pater*, il n'est pas inférieur à son père.

Neminem novi doctiorem quàm Paulum. Dans cette phrase, *Paulum* est à l'accusatif parce qu'on peut dire *quàm novi Paulum esse*, que je connais Paul être. Mais on ne peut pas toujours mettre après le comparatif, suivi de *quàm*, le même cas que devant.

§ 261. Felicior *quàm prudentior.*
Felicius *quàm prudentius.*

Quand après un comparatif le *que* est suivi d'un adjectif ou d'un adverbe, cet adjectif ou cet adverbe se met encore au comparatif et au même cas que le premier.

Ex. : Il est plus heureux que prudent, *felicior est quàm prudentior.*

Le nominatif est le seul cas qui admette toujours cette construction. L'accusatif la reçoit aussi lorsque le premier verbe peut être sous entendu ; autrement il faut se servir du verbe *sum* avec le nominatif.

Ex. : Je la rendrai plus noire qu'un charbon, *hanc ego reddam magis atram quàm carbo est.* On ne peut pas dire ici qu'on rendra le charbon noir, puisqu'il l'est de sa nature. Le sens est nécessairement : Je la rendrai plus noire que ne l'est le charbon. De même on dira *utor Cæsare æquiore quàm Pompeius est,* César est à mon égard plus équitable que Pompée. C'est comme s'il y avait : Je me sers de César plus équitable que Pompée ne l'est. *Hæc verba sunt M. Varronis, quàm fuit Claudius, doctioris* ; ce sont les paroles de Marcus Varron, plus savant que Claude. Le verbe *fuit,* s'il était sous entendu, ne pourrait être suppléé par le verbe précédent. Quelquefois on trouve un génitif ou un datif après *quàm,* mais c'est par *ellipse* : *Brevior est hominum vita quàm cornicum,* c'est-à-dire, *quàm vita cornicum.*

Il y a quelquefois amphibologie après le *que.* Ex. : il vous aime plus que Pierre, peut signifier, 1° plus que Pierre ne vous aime, 2° plus qu'il n'aime Pierre. Il faut alors consulter le sens de la phrase : dans le premier cas, il faudrait dire : *te amat magis quàm Petrus* ; dans le second, *magis quàm Petrum.* Il faut éviter en français cette construction, qui est vicieuse, et dire *plus qu'il n'aime Pierre,* ou *plus que Pierre ne vous aime.*

§ 261. Si l'un des deux adjectifs ou des deux adverbes n'a pas de comparatif, on exprime toujours *plus* par *magis*, et l'on met les deux adjectifs ou les deux adverbes au positif. Le *que* s'exprime toujours par *quàm.*

Ex. : Ils envoyèrent un général plus téméraire qu'habile, *miserunt ducem magis temerarium quàm peritum.*

On doit honorer Dieu avec plus de piété que de magnificence, *Deus colendus est magis piè quàm magnificè.*

On suit la même règle pour le comparatif d'infériorité, qui s'exprime par *minus.* Ex. : Il est moins habile qu'heureux, *minus est peritus quàm felix.*

Certains verbes, tels que *malo,* j'aime mieux ; *præstat,* il vaut mieux, expriment une comparaison, et se construisent avec *quàm.*

Ils envoyèrent un général plus hardi qu'habile, *miserunt ducem audaciorem quàm peritiorem.* — Il a agi plus heureusement que prudemment, *feliciùs egit quàm prudentiùs.* (*Avec plus de bonheur que de prudence.*)

§ 262. Magis pius *quàm tu.*

Quand l'adjectif latin n'a point de comparatif, on exprime *plus* par *magis*, et alors le *que* s'exprime ordinairement par *quàm*, avec le même cas après que devant.

Ex. : Il est plus pieux que vous, *magis pius est quàm tu.*

REMARQUE. Presque tous les adjectifs qui finissent par *eus, ius, uus,* n'ont ni comparatif, ni superlatif en latin.

§ 263. Majori virtute *prœditus.*

Quand l'adjectif français se rend en latin par deux mots (un adjectif qui n'a pas de comparatif, et un nom), on exprime, en général, *plus* par *major, majus; moins* par *minor, minus,* que l'on fait accorder avec le nom.

Ex. : Plus vertueux, *majori virtute prœditus,* et non pas *magis virtute prœditus;* moins vertueux, *minori virtute prœditus.* On dirait plus populeux, *populo frequentior;* plus vertueux que riche, *virtutibus copiosior quàm pecuniâ,* etc., etc.

§ 264. Doctior est *quàm putas.*

Si le *que* après le comparatif est suivi d'un verbe, on exprime toujours *que,* et l'on met en latin le même temps que dans le français.

Ex : Il vaut mieux agir que de parler (les actions valent mieux que les paroles), *facere præstat quàm loqui,* Cic. J'aime mieux être approuvé par un homme de bien que par beaucoup de méchans, *bono probari malo quàm multis malis.*

§ 262. *Antè, præ, præter, suprà,* remplacent *magis* avec le positif, de cette manière : *Felix ante alias virgo* (poét.), vierge plus heureuse que les autres. *Præ nobis beatus,* heureux en comparaison de nous. *Præter alios doctus,* plus savant que les autres. *Catilinæ erat corpus, patiens inediæ suprà quàm cuique credibile est,* Catilina supportait la faim (*plus qu'on ne*), au-delà de ce qu'on pourrait croire.

§ 264. *Nihil turpius est quàm mentiri,* rien n'est plus honteux

Ex : Il est plus savant que vous ne pensez, *doctior est quàm putas*. (*Ne* qui suit le comparatif français ne s'exprime point en latin.)

Rien n'est plus honteux que de mentir, *nihil turpius est quàm mentiri*.

SUPERLATIF.

§ 265. *Altissima arborum* ou *ex arboribus* ou *inter arbores*.

RÈGLE. Le superlatif veut le nom *pluriel* qui le suit, au génitif, ou à l'ablatif avec *ex*, ou à l'accusatif avec *inter*.

Ex. : Le plus haut des arbres, *altissima arborum* ou *ex arboribus* ou *inter arbores*.

---

que *de* mentir ; *de* est ici explétif : c'est comme s'il y avait *que mentir*. *Mentiri* est au nominatif.

Quàm se retranche quelquefois avec *minùs*, *plùs* et *ampliùs*. Ex. : *Minùs duo millia civium*, moins de deux mille citoyens.

Plùs se construit souvent comme adjectif. Ex. : *Ne plùs tertia pars*, pas plus du tiers.

Quelquefois on trouve aussi l'ablatif au lieu de *quàm* avec le nominatif ou l'accusatif. Ex. : *Eo die cæsi sunt Romani minùs quadringentis*, moins de quatre cents Romains furent tués ce jour-là. *Ampliùs duobus millibus. Plùs tertiâ parte*. On sous-entend *præ*.

Ne confondez pas *de*, régime de *plùs*, *moins*, comme, plus, moins de forces, *plùs*, *minùs virium*, avec *de* exprimant comparaison, comme, plus, moins de quatre cents soldats, *plùs*, *minùs* ou *plures*, *pauciores quàm quadringenti milites*.

Plùs (ainsi que *ampliùs* et *minùs*) ne gouverne rien par lui-même. *Plùs virium*, c'est-à-dire, *plùs negotium virium*; *plùs annum obtinere provinciam*, Cic., c'est-à-dire, *ad plùs tempus quàm ad annum*; c'est pourquoi on le trouve avec le nominatif et le verbe au pluriel : *Romani non plùs sexcenti ceciderunt*, c'est-à-dire *sexcenti non ad plùs negotium*, etc.

§ 265. *Altissima* est au féminin, parce qu'on sous-entend *arbor*; *arbor altissima arborum*; *arborum* est au génitif, à cause de *in numero*, dans le nombre, sous-entendu.

Si le substantif principal est d'un autre genre que le génitif pluriel, on peut faire accorder le superlatif en genre avec l'un ou avec l'autre. On dira également : *Leo* (mascul.) *est fortissimus anima-*

REMARQUE. Le superlatif prend, en général, le même genre que le nom pluriel qui le suit : *altissima* est du féminin, parce que son régime *arborum* est du féminin.

Mais si le régime du superlatif était un nom *singulier*, le superlatif ne s'accorderait pas en genre avec ce nom, et alors il ne gouverne que le génitif.

Ex. : Le plus riche de la ville, *ditissimus urbis* (on sous-ent. *homo*), c'est-à-dire l'homme le plus riche de la ville. (On dirait aussi, *ditissimus harum regionum*, le plus riche de ces contrées. Voyez les notes.)

§ 266. Validior *manuum*.

Quand on ne parle que de deux choses, au lieu du superlatif qui est dans le français, on met le comparatif en latin.

Ex. : La plus forte des deux mains, *validior manuum*.

---

lium (neut.) ou *fortissimum*, c'est-à-dire, *animal fortissimum in numero animalium*. (La première construction est la plus usitée.)

Si l'adjectif qui n'a pas de superlatif se rend en latin par deux mots, on exprime le plus par *maximus, a, um*; le moins par *minimus, a, um*. Ex. : Le plus vertueux, *maximâ virtute præditus*; le moins, *minimâ*. Il vaut mieux prendre un autre tour de phrase. Ex. : *Virtute omnium præstantissimus;* — *minimè commendandus*, etc.

Ditissimus harum regionum. On voit par l'exemple que le superlatif ne s'accorde avec le nom pluriel qui le suit, qu'autant que ce nom peut se sous-entendre devant le superlatif. Ici on ne peut pas dire *regio ditissimus*, etc.; le mot sous entendu est *homo*. — Avec le superlatif, le substantif de chose au génitif tient la place d'un adjectif. Ex. : *præstantissimus sapientiæ* pour *sapientium*, etc.

§ 266. Quand on ne parle que de deux choses, il n'y a réellement qu'une comparaison ; voilà pourquoi on met le comparatif. On dira en parlant de l'aîné de deux frères, *natu major fratrum* ; du plus jeune, *natu minor*; de trois ou d'un plus grand nombre, *natu maximus, minimus*, etc. — Rapportez à cette règle les expressions suivantes et semblables où le positif est traduit par le comparatif, parce qu'on suppose qu'il y a comparaison entre les objets. *Cato Major*, Caton l'Ancien. *Cato Minor*, Caton le Jeune. *Phrygia major, minor*, la grande, la petite Phrygie. *Mœsia superior, inferior*, la haute, la basse Mésie. *Domus superior, inferior*, le haut, le bas de la maison, etc., etc.

§ 267. *Maximè* omnium *conspicuus*.

Quand l'adjectif latin n'a point de superlatif, on se sert de *maximè* avec le positif.

Ex. : Le plus remarquable de tous, *maximè omnium conspicuus*.

Quand le superlatif pluriel n'est pas suivi d'un génitif, il faut ajouter *quisque* au superlatif latin. Ex. : Les plus honnêtes gens le favorisent, *optimus quisque illi favet*.

§ 268. Les noms que l'on appelle *partitifs*, c'est-à-dire qui marquent la partie d'un plus grand nombre, comme *unus, quis, aliquis, nemo, multus, plerique, solus, quilibet, alius, alteruter, uterque, tot, pauci*, etc., gouvernent le même cas que le superlatif.

Le superlatif signifie quelquefois moins que le comparatif. Ex.: *Ego sum miserior quàm tu quæ es miserrima*, Cic.

On trouve le superlatif avec des particules qui en augmentent encore la signification. Ex. : *Peroptimus, perquàm maximo exercitu*, Curt ; *multò*, ou *longè jucundissimus, dolorem tam maximum*, Cic., et même *maximè liberalissima*, Cic., ce qui n'est pas à imiter. Tite-Live a dit : *Numitori qui erat stirpe maximus* pour *major*; et Cicéron, *utri potissimum* pour *potius*. Ces exceptions seraient comptées pour fautes aux élèves.

César a dit : *Ex duobus consiliis, explicatius videbatur*, pour *duorum consiliorum*. — On trouve aussi, après le comparatif, le génitif gouverné par un nom sous-ent. Ex. : *Omnium triumphorum lauream adpete majorem*, c'est-à-dire, *adpete lauream majorem (laureá) omnium triumphorum*, cherche un laurier plus glorieux que le laurier de tous les triomphes, etc.

§ 267. On trouve aussi dans les poëtes le positif avec le génitif, *Sancte deorum*. On trouve *quique* avec le comparatif et le positif : *Quisque gravior homo*, Cic. *Bonus quisque liber*, Plin. On dit aussi au pluriel *optimi, proximi quique*, quand on parle de plusieurs personnes à la fois, etc. — *Quisque* avec un nom de nombre se traduit par *tous* : *Decimus quisque dies*, tous les dix jours.

§ 268. Autres exemples : Le huitième des sages, *octavus sapientium*; l'œil droit, *dexter oculorum*. On dirait aussi *dexter oculus*. *Alter consulum*, l'un des consuls, etc.

Unus miles signifierait un soldat en général, et plus souvent un seul soldat; il n'a pas le même sens que *unus militum*, qui signifie un des soldats dont on a déjà parlé. Il en est de même pour *multi milites* et *multi militum*, etc. On trouve l'ablatif avec *de*. Ex. : *Pauci de nostris cadunt*, quelques-uns des nôtres sont tués.

Ex. : Un des soldats, *unus militum* ou *ex militibus* ou *inter milites*.

Qui de nous, *quis nostrûm* et non pas *nostri*; qui de vous, *quis vestrûm*. On ne se sert de *nostri*, *vestri*, qu'après un verbe ou un nom qui n'est pas partitif, comme : Ayez pitié de nous, *miserere nostri*; la meilleure partie de nous-mêmes, c'est l'âme, *melior pars nostri est animus*.

SYNTAXE DES VERBES.

Accord du Verbe avec le nominatif ou sujet.

§ 269. Ego *audio*.

RÈGLE. Tout Verbe, quand il n'est pas à l'infinitif, s'accorde avec son nominatif en nombre et en personne.

Ex. : J'écoute, *ego audio*; tu enseignes, *tu doces*; il lit, *ille legit*.

REMARQUE. On sous-entend ordinairement le pronom nominatif : ainsi l'on dit simplement *audio, doces,*

Le génitif se construit avec le neutre des pronoms et de certains adjectifs; tels sont *hoc, id, illud, idem, aliud, quod, quid, tantum, plurimum, reliquum, dimidium, nimium*. Ex. : *Quod temporis cuique datur. Tibi idem consilii do quod mihimet ipsi*, pour *idem consilium. Nihil præmii*, pour *nullum præmium. Dimidium rerum omnium. Tantum spei*, etc. Les adjectifs neutres de la deuxième déclinaison peuvent être considérés comme substantifs; on dit *aliquid novum* ou *novi*. Mais les adjectifs de la troisième déclinaison n'admettent guère cette construction qu'autant qu'ils sont accompagnés d'un adjectif neutre de la deuxième. Ex. : *Aliquid memorabile*, et non *memorabilis*; mais on peut dire *aliquid novi et memorabilis*.

§ 269. Le nominatif est sous-entendu devant un grand nombre de verbes, comme *pluit*, il pleut (sous-entendu *pluvia*); *ferunt*, on rapporte; *dicunt*, on dit (sous-entendu *homines*), etc. Ne confondez pas le vocatif avec le nominatif. Dans cette phrase : Pierre, écoute, *Petre, audi*, on appelle Pierre, *vocatur Petrus*. — Dans celle-ci : Pierre écoute, *Petrus audit*, on nomme seulement Pierre, *nominatur*.

Quelquefois le verbe doit s'accorder avec un pronom sous-entendu devant le substantif qui sert d'apposition à ce pronom : *Qua-*

legit. Il faut cependant l'exprimer quand il y a deux verbes dont le sens est opposé, ou quand la phrase contient quelque chose de vif.

Ex. : Vous riez, et je pleure, *tu rides, ego fleo.*
Vous osez parler ainsi ? *tu loqui sic audes* ?

§ 270. Petrus et Paulus *ludunt.*

RÈGLE. Quand un verbe a deux nominatifs singuliers, on met ce verbe au pluriel, parce que deux singuliers valent un pluriel.

Ex. : Pierre et Paul jouent, *Petrus et Paulus ludunt.*

---

lis artifex pereo! suppléez *ego (Nero),* quel artiste on perd par ma mort! SUÉT. — *Hoc tibi juventus romana indicimus bellum.* Voilà la guerre que te déclare la jeunesse romaine avec moi. T.-LIV.; constr. *nos juventus romana indicimus,* etc.

§ 270. Lorsque, parmi plusieurs sujets (nominatifs), il en est un qui l'emporte sur les autres en importance, c'est ordinairement avec ce sujet que le verbe s'accorde en nombre. Ex. : *Mittitur ad hostes, colloquendi causâ, C. Arpinejus, eques romanus, et Q. Junius ex Hispaniâ quidam,* Caius Arpinejus, chevalier romain, et un certain Quintius Junius d'Espagne, sont envoyés pour conférer avec les ennemis ; *mittitur* pour *mittuntur. Ætas, forma et super omnia romanum nomen te ferociorem facit,* ta jeunesse, ta beauté, et surtout le nom romain te rendent fier; *facit* pour *faciunt.*

Si un participe passif se rapporte à deux substantifs de genre et de nombre différents, il s'accorde avec celui qui désigne l'idée principale. Ex. : *Balbus tuba belli civilis est appellatus,* Balbus fut appelé la trompette de la guerre civile. — *Gens universa Veneti appellati,* toute la nation est appelée Vénètes. (Le nom de personne et le nom propre l'emportent sur les autres noms.)

Quand les substantifs qui servent de nominatifs aux verbes sont unis par la conjonction *ou, aut,* le verbe se met plutôt au singulier. Ex. : *Si Socrates aut Antisthenes diceret,* si Socrate ou Antisthènes disait. Il en est de même pour *nec* répété.

Si le nominatif est un singulier suivi de *cum,* avec, et d'un autre nom au singulier ou au pluriel, le verbe reste au singulier, d'après la construction grammaticale. Ex. : *Tu ipse cum Sextio scire velim quod cogites,* je voudrais savoir ce que vous pensez vous et Sextius. Cependant le pluriel est très-usité. Ex. : *Bocchus cum peditibus invadunt,* Bocchus attaque avec l'infanterie, etc.

Si, dans l'apposition, le substantif qui est le premier et le principal dans l'ordre naturel, est de chose animée, le verbe (ainsi que l'adjectif) s'accordera avec lui. Ex. : *Tullia, deliciæ nostræ* (apposition), *tuum munusculum flagitat, et non flagitant,* Tullie,

§ 271. Ego et tu *valemus*.

Règle. Si les nominatifs d'un même verbe sont de différentes personnes, le verbe prend la plus noble de ces personnes : la première est plus noble que les deux autres, la seconde est plus noble que la troisième.

Ex. : Vous et moi, nous nous portons bien, *ego et tu valemus.*

Vous et votre frère, vous causez, *tu fraterque garritis.*

Remarque. En français, la première personne se nomme après les autres ; c'est le contraire en latin.

§ 272. Turba *ruit* ou *ruunt.*

Règle. Quand le nominatif est un nom *collectif*, le verbe peut

---

nos délices, demande avec instance votre présent, Cic. *Primum signum aries Marti assignatus est*, le bélier, premier signe (du zodiaque), a été assigné à Mars.

Si le verbe a deux nominatifs, l'un devant, l'autre après lui, il s'accorde tantôt avec l'un, tantôt avec l'autre, suivant le sens de la phrase. Ex. *Cæsar erat omnia*, César était tout. *Magnæ divitiæ sunt composita paupertas*, une sage pauvreté est un grand trésor. On ne dirait pas *composita paupertas est magnæ*, etc.

Lorsque les substantifs qui servent de sujet désignent des choses inanimées et sont du *singulier*, le verbe peut se mettre au *singulier.* Ex. : *Cùm tempus necessitasque postulat*, etc., lorsque les circonstances et la nécessité l'exigent, etc.

§ 271. Cicéron fait souvent rapporter le verbe au dernier sujet, en le sous-entendant après les autres. Ex. : *Vos ipsi et senatus frequens restitit* (pour *restitistis*), vous vous y êtes opposés, vous et un grand nombre de sénateurs. Et cela a toujours lieu lorsque, dans une phrase, il y a plusieurs sujets dont la situation ou les actions ne sont pas les mêmes. Ex. : *Ego in tuto* (s.-ent. *esse cœpi*), *et ille in periculo esse cœpit. Beatè vivere nos in sapientiâ, vos in voluptate ponitis.*

Ego et tu valemus. On doit toujours suivre cette règle, quoiqu'il se trouve quelques exemples du contraire, comme *pater et ego arma tulimus*, mon père et moi, nous avons porté les armes, etc., Tite-Live. — Cette règle doit s'étendre jusqu'aux titres et aux inscriptions des lettres. Ex. : *Cicero Cæsari*, S. D. (*salutem dicit*) Cicéron à César, salut.

§ 272. Le pluriel est moins usité en prose ; cependant on trouve

se mettre au pluriel. (On appelle *collectif* un nom qui, quoiqu'au singulier, signifie plusieurs personnes ou plusieurs choses.)
Ex. : La foule se précipite, *turba ruit* ou *ruunt*.

RÉGIME DES VERBES.

Verbes qui gouvernent l'accusatif.

§ 273. Amo *Deum*.

RÈGLE. Tout verbe actif gouverne l'accusatif.

Ex. : J'aime Dieu, *amo Deum*; vous instruisez les enfans, *doces pueros*; il écoute le maître, *audit magistrum*.

---

souvent chez les bons écrivains (plus rarement dans Cicéron), le verbe au pluriel, surtout après *pro se quisque, uterque* et *quisque, pars... pars* pour *alii... alii* (voilà pourquoi *pars* se construit avec le masculin); *alius... alium, alter... alterum*, à cause de l'idée de pluralité que supposent ces expressions. Ex. : *Pars in crucem acti, pars bestiis objecti*, les uns furent mis en croix, les autres exposés aux bêtes; *decimus quisque ad supplicium lecti*, CURT., on les décima; *pro se quisque dextram ejus amplexi*, LIV., chacun embrassa sa main; *alius alium ut prælium incipiant, circumspectant*, TAC., ils se regardent les uns les autres pour commencer le combat.

Le verbe se met toujours au pluriel lorsqu'il est précédé d'un nom au pluriel. Ex. : *Cæteri suo quisque tempore aderunt*, tous les autres seront présens, chacun au temps marqué.

§ 273. Le régime (complément) direct peut être marqué par *de, du, des*; mais il faut toujours le mettre à l'accusatif et non au génitif. Ex. : Gagner de l'argent, *facere pecuniam*; lever des soldats, *milites conscribere*. On trouve aussi des verbes neutres qui, en se composant avec une préposition, prennent une signification active, et régissent l'accusatif.

Les verbes neutres peuvent toujours gouverner l'accusatif d'un nom qui a la même racine que ces verbes. Ex. : *Vitam jucundam vivere*, mener une vie agréable; *servitutem servire durissimam*, supporter un dur esclavage; — ou qui a une signification approchante. Ex. : *Longam viam ire*, faire une longue route; *sitire humanum sanguinem*, être altéré de sang humain.

Enfin ils gouvernent toute sorte d'accusatifs, lorsqu'ils se prennent dans un sens figuré. Ex. : *Quum Xerxes, Hellesponto juncto, Athone perfosso, mare ambulavisset, terram navigavisset* (au lieu de *in mari, in terrâ*), lorsque Xerxès, ayant jeté un pont sur

§ 274. Imitor *patrem*.

Plusieurs verbes déponens ont la force des verbes actifs et gouvernent l'accusatif.

Ex. : J'imite mon père, *imitor patrem*; nous admirons la vertu, *miramur virtutem*.

§ 275. Musica *me juvat* ou *delectat*.

Les verbes *juvat*, *delectat*, il fait plaisir ; *manet*, il est réservé ; *decet*, il convient, et ses composés *dede-*

---

l'Hellespont et percé le mont Athos, eut marché sur la mer et navigué sur la terre. On trouve aussi, *mais seulement* chez les poëtes, *pallere, pavere, ardere aliquid*, etc.
L'accusatif étant le seul régime qui soit propre au verbe, il faut, dans l'explication des auteurs, le supposer après les verbes qui n'ont point de régime, et surtout après ceux dont l'action est renfermée en eux-mêmes : *terra movet*, la terre s'ébranle (tremble), sous-ent. *se*; *nubere alicui*, se marier avec quelqu'un, sous-ent. *se* ou *vultum*, etc., se voiler pour quelqu'un (se dit des femmes). *Tarquinius Delphos mittere statuit*, s.-ent. *aliquem*.
Beaucoup de verbes reçoivent après eux un accusatif gouverné par une préposition sous-entendue : *Illud non dubito*, je n'en doute pas; sous-ent. *circà*. De là vient l'usage de construire l'accusatif neutre des pronoms avec des verbes intransitifs. Ex. : *Hoc pugno*, je soutiens cela; *hoc lætor*, je m'en réjouis. *Unum omnes student*, tous veulent une seule chose. *Id ne estis auctores mihi ?* Me conseillez-vous donc cela? *Plus habet sapiens quod gaudeat, quàm quod angatur*, le sage a plus souvent de quoi se réjouir que de quoi s'affliger. (Plus de sujets de joie, que d'affliction.) *Magnam partem, id genus, cœtera, reliqua, vicem, summum*, suivent la même règle. *Magnam partem lacte vivunt*, ils vivent de lait en grande partie; *aliquid id genus*, quelque chose de ce genre ; *vir cœtera egregius*, d'ailleurs homme distingué. *Quum suam vicem officio functus sit*, lorsqu'il aura rempli ses devoirs en ce qui le concerne.

§ 274. Les composés de *sequor* et de *sector, assequor, assector*, etc., gouvernent l'accusatif; mais *obsequor* gouverne le datif : *obsequi legibus*, obéir aux lois. — *Æmulari* se construit, suivant le sens, avec l'accusatif ou le datif. Ex. : *Æmulari prudentiam, æmulari aliquem*, imiter la prudence, imiter quelqu'un. *Æmulari alicui*, porter envie à quelqu'un, et être en concurrence avec quelqu'un. *Æmulari cum aliquo*, le disputer à quelqu'un.

§ 275. *Latet*, il est caché, qui se trouve avec l'accusatif dans

cet, etc.; *fugit, fallit, præterit*, employés pour exprimer le verbe français *ignorer*, veulent au nominatif le nom de la chose qui fait plaisir, qui convient, *etc.*, et le nom de la personne à l'accusatif. (Ces verbes diffèrent des impersonnels en ce qu'ils admettent un nominatif de chose.)

Ex. : La musique me fait plaisir, *mot à mot*, me réjouit, *musica me juvat* ou *delectat*. Les beaux-arts font plaisir aux hommes, *liberales artes juvant* ou *delectant homines*. Cet habit me va bien, *hæc me vestis decet*.

Une gloire éternelle nous est réservée, *mot à mot*, nous attend, *gloria æterna nos manet*.

Quand *attendre* a pour nominatif un nom de chose, on l'exprime par *manere*; quand c'est un nom de personne, par *exspectare*.

Nous ignorons bien des choses, *mot à mot*, bien des choses nous échappent, nous trompent, nous passent, *multa nos fugiunt, fallunt, prætereunt*.

Vous savez cela, *ou* vous n'ignorez pas cela, *id te non fugit, fallit, præterit*.

REMARQUE. On trouve aussi *vox eum defecit*, la voix lui manqua, Cic. *Nemo mortem effugere potest*, on ne peut échapper à la mort.

---

certains auteurs, ne se trouve guère qu'avec le datif dans Cicéron : *Nihil moliris quod mihi latere valeat*, tu n'entreprends rien qui puisse m'être caché. *Decet* se trouve quelquefois avec le datif ; *Decet principi terrarum populo*, il convient au premier peuple de la terre, TITE-LIVE ; mais Cicéron ne l'emploie jamais qu'avec l'accusatif. — Térence a dit : *Non te hæc pudent?* N'avez-vous pas honte de cela? et Horace : *Parvum parva decent*, la petitesse convient aux petits. On trouve le passif d'*effugio* ; *hæc incommoda morte effugiuntur*, on échappe à ces maux par la mort. Cic. Voy. la note, pag. 157.

Verbes qui gouvernent le datif.

§ 276. Studeo *grammaticæ.*

RÈGLE. La plupart des verbes neutres gouvernent le datif.

Ex. : J'étudie la grammaire, *studeo grammaticæ.*
Nous favorisons la noblesse, *favemus nobilitati.*
Il a contenté le maître, *satisfecit præceptori.*

§ 277. Defuit *officio.*

Les composés du verbe *sum* gouvernent le datif, excepté *absum*, qui veut l'ablatif avec *à* ou *ab.*

Ex. : Il a manqué à son devoir, *defuit officio.*

Il était présent à ce spectacle, *aderat huic spectaculo.*

Il est absent de la ville, *abest ab urbe.*

§ 278. Les trois verbes *imminere, impendere, instare*, gouvernent le datif.

---

§ 276. On appelle neutres les verbes qui, renfermant leur action en eux-mêmes, n'ont point de régime direct, ou n'agissent qu'indirectement sur l'objet, c'est-à-dire au moyen d'une préposition, comme *à*. Nuire à quelqu'un, *nocere alicui*, et non pas nuire quelqu'un.

Pour se rendre raison du datif qui suit ces verbes, il faut remarquer qu'ils renferment en eux-mêmes leur régime direct. Ainsi *Studeo grammaticæ* équivaut à *studium do grammaticæ.* — *Favemus nobilitati* équivaut à *tribuimus favorem nobilitati.* — *Satisfecit præceptori* équivaut à *fecit satis præceptori*, il a fait assez au maître (pour le maître). *Obedire, parere, morem gerere alicui*, obéir, complaire à quelqu'un. *Servire iracundiæ*, être esclave de sa colère.

Cette règle peut encore s'expliquer par le datif d'avantage ou de désavantage. Ex. : Nuire à quelqu'un (désavantage). Favoriser la noblesse (avantage). Satisfaire le maître (avantage). Un verbe peut être *neutre* en latin et *actif* en français, et réciproquement.

§§ 277 et 278. La plupart des verbes dans la composition desquels entrent des prépositions, et en particulier *ad, ante, cum*

Ex. : Un grand malheur vous menace, *magna calamitas tibi imminet, impendet, instat.*

REMARQUE. Quand le verbe *menacer* a pour nominatif un nom
de chose inanimée, c'est-à-dire sans vie, on l'exprime par *imminere, impendere, instare**.

§ 279. Id mihi *accidit, evenit, contingit.*

Les verbes *accidit, evenit, contingit,* il arrive ; *conducit, expedit,* il est avantageux ; *placet,* il plaît, etc.,
veulent le nom de la personne au datif.

Ex. : Cela m'est arrivé, *id mihi accidit;* cela vous
est avantageux, *hoc tibi expedit.*

§ 280. Homo irascitur *mihi.*

Les verbes déponens *irasci,* se mettre en colère;
blandiri, flatter ; *opitulari,* secourir ; *minari,* menacer, etc., gouvernent le datif.

(con), *de, e, inter, ob, post, præ, pro, re, sub* et *super,* se
construisent avec le datif (qui est alors le régime indirect),
lorsqu'on ne répète pas la préposition ; si on la répète, le nom
se met au cas qu'elle demande. Ex. : *Adhibere remedia vulne-
ribus,* appliquer des remèdes aux blessures ; *adhibere tibias ad os,*
emboucher la flûte ; *detrahere alicui fidem,* décréditer quelqu'un ;
detrahere de suo jure, relâcher de son droit ; *incidere portis* ou
in portas, graver sur les portes. Il faut prendre garde qu'il est
certains verbes après lesquels on ne peut pas répéter la préposition : *Obstat, repugnat voluptas sanitati,* le plaisir est contraire
à la santé. *Mentis quasi luminibus officit altitudo fortunæ,* la
grandeur de la fortune obscurcit les lumières de l'esprit. *Occur-
rere alicui,* aller au-devant de quelqu'un.

Les verbes qui ont la *signification active* à cause de la préposition qui entre dans leur composition, gouvernent toujours
leur régime direct à l'accusatif, comme *adire aliquem* ou *ad
aliquem,* aller trouver quelqu'un ; *subire pericula,* s'exposer aux
dangers.

* *Menacer,* au figuré, se traduit par *imminere,* même avec un
nom de personne : *hostis imminet urbi,* l'ennemi menace la ville.
(*Imminet* et non *minatur.*)

§ 279. Il en est de même, en général, de tous les verbes qui
peuvent se construire en français avec le datif, c'est-à-dire avec
le régime indirect marqué par *à.*

§ 280. Il en est de même de tous les verbes qui expriment l'a-
vantage ou le *désavantage,* le *but* Quand on dit *homo irascitur
mihi,* cet homme se fâche contre moi ; le datif *mihi* exprime le

Ex. : Cet homme se fâche contre moi, *homo irascitur mihi;* il me menace, *minatur mihi.*

---

but de la colère. *Opitulatur miseris*, il secourt les malheureux ; le datif *miseris* exprime le but auquel se rapportent les secours. *Medetur animo virtus*, la vertu guérit l'âme. (Voy. § 634.)

Les verbes qui signifient *secourir*, *servir* (excepté *juvare, adjuvare, levare, allevare*, qui gouvernent l'*acc.*); ceux qui signifient *nuire, être porté pour, être contraint à, plaire, déplaire, se fier, se défier, s'approcher, menacer, s'irriter, épargner, supplier, flatter, résister, porter envie, insulter, médire, obéir, commander et persuader* (excepté *jubeo*), gouvernent le datif. Ex. : *Succurrere alicui; opitulari alicui; imperare copiis*, commander les troupes (*imperare copias* signifierait commander de fournir des troupes); *supplicare, parcere, insultare alicui*, etc.

Avec *jubeo* on tourne toujours la phrase par l'infinitif. Ordonner quelque chose à quelqu'un, *jubere aliquid fieri ab aliquo*. On préfère le passif à l'actif pour éviter l'amphibologie qui pourrait résulter de deux accusatifs, comme si l'on disait : *Jussit centurionem militem ad mortem ducere*, au lieu de *jussit à centurione militem ad mortem duci*, il ordonna au centurion de conduire le soldat au supplice. *Jubeo* ne gouverne jamais l'accusatif de la personne ; cet accusatif est toujours gouverné par un infinitif sous-entendu : *ut me jubet Acastus*, c'est-à-dire *me facere*, comme Acaste me l'ordonne. Il en est de même pour les noms de choses : *Jubere aliquid* (sous-entendu *fieri*), ordonner quelque chose.

Les verbes d'*excellence*, excepté *superare*, qui veut l'accusatif, se construisent avec le datif et avec l'accusatif, comme *præstare aliquem* ou *alicui*, l'emporter sur quelqu'un ; *excellere aliis* ou *inter alios, antecedere alteri* ou *alterum, antecellere aliis* ou *alios*. Si l'on trouve l'ablatif, c'est ordinairement le nom de la chose par laquelle on l'emporte sur quelqu'un. Ex. : *Præstare aliquem* ou *alicui prudentiâ*, l'emporter sur quelqu'un en prudence. *Superare*, verbe neutre, avec le datif, signifie être de trop, rester, survivre : *superant illi divitiæ*, il regorge de richesses ; *superare urbi captæ*, survivre à la prise de la ville.

Les verbes de *ressemblance* et de *différence*, *congruo, consentio*, être d'accord, et *abhorreo, dissideo*, être éloigné de, etc., se construisent aussi avec le datif, mais mieux avec les prépositions *cum, ab*, suivant le sens. Les verbes de comparaison se construisent avec le datif ou l'ablatif avec *cum* : *Comparare aliquem alicui* ou *cum aliquo*. Les verbes d'*opposition* ne se construisent guère avec le datif que chez les poëtes, en prose ils sont suivis de

REMARQUE. Le verbe *menacer* s'exprime par *minari*, quand il a pour nominatif un nom de *personne*.

§ 281. Est *mihi* liber.

Quand on se sert du verbe *sum* pour signifier *avoir*, on met le nom de la personne au datif, et alors le régime du verbe *avoir* devient le nominatif en latin.

Ex. : J'ai un livre, *tournez*, un livre est à moi, *est mihi liber*.

§. 282. Hoc erit *tibi dolori*.

Quand on se sert du verbe *sum* pour signifier *causer, apporter, procurer*, il gouverne deux datifs.

Ex. : Cela vous causera de la douleur, *tournez*, cela sera à douleur à vous, *hoc erit tibi dolori*.

Les verbes *do, verto, tribuo*, suivent la même règle.

Ex. : Il m'a fait un crime de ma bonne foi, *crimini dedit mihi meam fidem*.

Blâmer quelqu'un de quelque chose, *vitio vertere aliquid alicui;* c'est-à-dire, tourner quelque chose à défaut à quelqu'un.

---

cum : *certare, altercari, bellare, contendere, pugnare, luctari alicui* ou mieux *cum aliquo*. On dit *assuefacere aliquem rei* ou *re*, et *assuescere* (s'accoutumer) *rei, ad rem* ou *re*. *Acquiescere rei, re, in re*, trouver du repos, de la satisfaction dans. *Supersedere re*, mieux que *rei* et *rem*, surseoir quelque chose ; *loqui cum aliquo*, mieux que *alicui*, parler à quelqu'un. *Alloqui aliquem*, adresser la parole à quelqu'un.

§ 281. Dans ces expressions, *j'ai nom, ton nom est, nous nous nommons*, etc., on peut mettre le nom propre au nominatif, au génitif ou au datif : *Est mihi nomen Davus, i, o*. Cependant le nominatif est plus usité. Le verbe *esse* exprime quelquefois l'aptitude à faire quelque chose ; il se construit alors avec le gérondif en *do*, et si le gérondif est suivi d'un *substantif*, on se sert du participe en *dus, da, dum*, que l'on met au *datif*, en le faisant accorder en genre et en nombre avec le substantif. Ex. : *Contulerunt quæ restinguendo igni forent*, ils apportèrent ce qui était propre à éteindre le feu (*littéral*).

§ 282. Même règle pour les verbes *duco, habeo, puto, relinquo*, et pour tous ceux qui peuvent se prendre dans le même sens. ex. : *Do, relinquo tibi pignori*, je vous donne, je vous laisse en gage. *Studio id sibi habet*, il prend plaisir à cela. *Id sibi laudi putat, ducit*, il se fait honneur de cela. *Canere receptui*, sonner la retraite. *Alicui auxilio venire*, etc.

Verbes qui gouvernent l'ablatif.

§ 283. Abundat *divitiis*, *nullá re* caret.

RÈGLE. Les verbes neutres qui signifient *abondance* ou *disette* gouvernent l'ablatif.

Ex. : Il regorge de biens, *abundat divitiis*. Il ne manque de rien, *nullá re caret*.

Le verbe *gaudere*, se réjouir, gouverne aussi l'ablatif : se réjouir du bonheur d'autrui, *gaudere felicitate aliená*.

§ 284. Fruor *otio*.

Les sept verbes déponens qui suivent, et leurs composés, gouvernent l'ablatif : *fruor otio*, je jouis du repos ; *fungor officio*, je m'acquitte du devoir ; *potior urbe*, je suis maître de la ville ; *vescor pane*, je me nourris de pain ; *utor libris*, je me sers de livres ; *gloriari alienis bonis*, se glorifier des avantages d'autrui ; *lætor rác re*, je me réjouis de cela.

---

§ 283. Ces verbes se construisent avec l'ablatif, en vertu d'une préposition sous-ent (*à, de, cum*)

Le régime de ces verbes répond à la question *de quoi, avec quoi*. Ex. : Emplir un tonneau de vin, *implere dolium* (de quoi ?) *vino*, de vin ; combler quelqu'un de bienfaits, *cumulare aliquem* (de quoi ?) *beneficiis*, etc Mettez toujours la réponse à l'ablatif. *Florere, laborare, fidere, confidere, diffidere*, gouvernent l'ablatif de la chose ; *fidere* et ses composés régissent aussi le datif. Le nom de *personne* doit toujours se mettre à ce dernier cas. Comparez cette règle à celle du nom de cause, de manière. § 361.

Egeo, indigeo, avoir besoin de, manquer de, se construisent aussi avec le génitif. Ex : Les poëtes n'ont pas besoin *des secours* de l'art, *non artis indigent poetæ*, CIC.

§ 284. Même règle pour les composés *abutor, perfruor, defungor, perfungor*. Ces verbes gouvernent l'ablatif en vertu de la préposition *de* sous-entendue. Le régime répond à la question *de quoi*. *Potiri* se construit souvent avec le génitif. Dans l'expression *rerum potiri*, être maître du souverain pouvoir, le *génitif* est seul usité.

Fruor, fungor et *potior* se construisent quelquefois avec l'accusatif.

Dignor, juger digne, gouverne aussi l'ablatif. Ex. : *Dignari aliquem honore*, juger quelqu'un digne d'honneur. *Dignari* signifie aussi *être jugé digne*.

§ 285. *Verbes qui gouvernent le génitif.*

Les verbes *miserere*, *miserescere*, avoir pitié, gouvernent le génitif ou l'accusatif.

Ex. : Je me souviens des vivans, et je ne puis oublier les morts, *vivorum* ou *vivos memini, nec possum oblivisci mortuorum*. — *V.* § 295, avertir, informer, etc.

On trouve *gloriari de divitiis* et *gloriari in virtute*, Cic., se glorifier de ses richesses, de sa vertu. *Justitiæ fruendæ causâ*, pour jouir de la justice. *Ad perfruendas voluptates. Ad suum munus fungendum. Omnia bona ei utenda tradiderat*, Cic. *Accipere aliquid utendum. Hostes in spem potiundorum castrorum venerant*, Cæs. *Nitor*, s'appuyer sur, gouverne aussi l'ablatif. On dit *angor animi* et *animo*, je suis en peine, Ter., Cic., *animi* et *animis pendeo*, je suis en doute, Cic.

§ 285. On remarquera que ces verbes ont un sens actif, et renferment leur régime direct (accusatif) en eux-mêmes, et c'est ce régime qui gouverne le génitif. Dans avoir pitié, pitié est le régime direct ; *misereri* est donc pour *habere misericordiam* ; *meminisse*, avoir le souvenir de, pour *habere memoriam*, etc. En latin, le régime direct est confondu avec le verbe. Cicéron a dit : *Venit mihi Platonis in mentem*, je me souviens de Platon, c'est-à-dire *recordatio Platonis venit*, etc., le souvenir de Platon, etc. Avec *oblivisci*, *meminisse*, les gén. *mei*, *nostri*, sont préférables aux accusatifs *me*, *nos*.

On dit quelquefois *meminisse de aliquo*, mais alors ce verbe signifie faire mention de quelqu'un. *Miserari*, avoir pitié, déplorer, gouverne l'accusatif seulement. Ex. : *Miserari casum suum*, déplorer son malheur.

On trouve dans les poëtes le génitif après les verbes *satiare*, *desinere*, *desistere*, *abstinere*, *regnare*, *decipi*, ce qui n'est pas à imiter. Ex. : *Desine mollium tandem querelarum ; abstineto irarum*, etc. Hor.

RÉGIME INDIRECT DES VERBES.

Il y a des verbes qui, outre le nom à l'accusatif, que l'on appelle *régime direct*, gouvernent un autre nom, que l'on appelle leur *régime indirect*; ce régime indirect des verbes est marqué en français par *à, au, aux*, ou par *de, du, des*.

§ 286. Do vestem *pauperi*.

RÈGLE. Les verbes qui signifient *donner, dire, promettre*, etc., veulent au datif leur régime indirect marqué par *à*. Ex. : Je donne un habit au pauvre, *do vestem pauperi*.

Dieu promet une vie éternelle au juste, *Deus vitam æternam justo promittit*.

§ 287. Minari mortem *alicui*.

MÊME RÈGLE. Les verbes déponens *minari*, mena-

---

§ 286. Il en est de même, en général, de tous les verbes dont le régime direct (accusatif) est suivi d'un régime indirect marqué par *à, aux*. — On dit *suadeo tibi hanc rem*, je te conseille cela; mais *persuadeo* se tourne par le passif, *mihi quidem nunquam persuaderi potuit*, je n'ai, on n'a jamais pu me persuader.

§ 287. Ne confondez pas *minari* avec *imminere, impendere, instare* (§ 278). — *Gratulari* se construit aussi avec *de* et l'ablatif de la chose : *Gratulari alicui de re*. On trouve même : *tibi etiam in hoc gratulor. Gratulor tibi* affinitate *viri optimi*. Cic. Mais l'accus. est plus usité. — *Adulari*, flatter, se construit avec l'accusatif, mais mieux avec le datif.

N. B. Les élèves doivent s'habituer de bonne heure à comprendre, par le raisonnement, l'emploi du datif; voici les principales règles qui pourront les guider.

Le datif (de *dare*, donner) est le cas d'attribution (*attribuere*, attribuer, accorder à). Il marque l'intention en bien ou en mal, le but, la fin à laquelle on rapporte quelque chose. Il répond pour les personnes à la question *à qui? pour qui? à l'avantage de qui?* et pour les choses à la question, *à quoi? pour quoi?* Ex. : Le monde obéit à Dieu, *mundus paret*, à qui? *Deo*. Épargner quelqu'un, *parcere alicui*; c'est comme si l'on disait, faire grâce à quelqu'un; s'appliquer aux lettres, *studere*, à quoi? *litteris*.

cer ; *gratulari*, féliciter, veulent le nom de la chose à l'accusatif, et le nom de la personne au datif.

Tibi soli amas, vous n'aimez que *pour vous*. *Non omnibus dormio*, je ne dors par *pour tous*. *Nubere alicui*, prendre le voile pour quelqu'un, se marier.

On trouve dans le même sens le datif après certains substantifs : mais le génitif est plus régulier Ex. : *Annibal pollicitus est caput Italiæ omni Capuam fore*, Annibal promit que Capoue serait la capitale de toute l'Italie. Cependant les formules suivantes sont consacrées par l'usage : *Triumviri reipublicæ constituendæ* (au datif), Triumvirs pour constituer le gouvernement. *Decemviri legibus scribundis*, Décemvirs pour rédiger les lois. *Quindecim viri sacris faciundis*. *Hujus rei Marcello sum testis*; j'appuie, sur ce point, Marcellus de mon témoignage.

Il est essentiel de bien comprendre la différence qu'il y a pour le sens dans l'emploi du datif, de l'accusatif et de l'ablatif avec certains verbes.

Arridere alicui, complaire à quelqu'un ; *Flavius id arrisit*, Flavius a agréé cela. *Cavere alicui*, veiller sur quelqu'un ; *cavere insidias, ab insidiis*, être en garde contre les pièges.

Horrere alicui, être dans l'angoisse pour le sort de quelqu'un ; *horrere divinum numen*, craindre et respecter la divinité.

Consulo, prospicio, provideo tibi, je suis inquiet pour vous, je pense à vous ; *consulo aliquem*, je consulte quelqu'un ; *prospicio, provideo aliquid*, je prévois quelque chose ; je me pourvois de.

Manet mihi, il me reste, je garde ; *id me manet*, cela m'est réservé.

Peto rem tibi, je demande une chose pour vous (vous êtes le but de ma demande, c'est à vous que se rapporte ma demande) ; *peto à te rem mihi*, je vous demande une chose pour moi.

Metuere alicui ou *de aliquo*, craindre pour quelqu'un ; *metuere aliquem*, craindre quelqu'un ; *Ulysses ab Ajace sibi periculum metuebat*, Ulysse craignait quelque danger pour lui de la part d'Ajax. — *Velle* ou *cupere alicui benè*, favoriser quelqu'un ; *nolle alicui*, être défavorable à quelqu'un ; *velle aliquid*, vouloir quelque chose. *Studere lectioni*, étudier sa leçon ; *studere aliquid*, désirer quelque chose.

Vacare rei, s'occuper d'une chose ; *vacare (à) culpâ*, être exempt de faute. *Invidere alicui*, porter envie à quelqu'un ; *invidere aliquid alicui*, envier quelque chose à quelqu'un.

Dans ces exemples, le datif exprime *avantage* ou *désavantage*, *intention*.

Les mots composés des adverbes *satis*, *benè*, *malè*, se constru-

Ex. : Menacer quelqu'un de la mort, *tournez*, menacer la mort à quelqu'un, *minari mortem alicui*.

Féliciter quelqu'un d'une victoire, *tournez*, complimenter la victoire à quelqu'un, *gratulari victoriam alicui*.

§ 288. Hæc via ducit *ad virtutem*.

Quand le verbe signifie quelque mouvement, comme *conduire à...*, ou une inclination vers quelque chose, comme *exhorter à*, *exciter à*, etc., le régime indirect marqué par *à* se met à l'accusatif avec *ad*.

Ex. : Ce chemin conduit à la vertu, *hæc via ducit ad virtutem*.

Je vous exhorte au travail, *te hortor ad laborem*.

§ 289. Doceo *pueros grammaticam*.

Les verbes *docere*, instruire; *rogare*, prier; *celare*, cacher, veulent deux accusatifs : le nom de la personne et celui de la chose.

---

sent avec le datif par la même règle : *Omnibus satisfecisti*; *mihi malefecisti*. *Cui bono benedixit unquàm Gellius?* Quel est l'homme de bien dont Gellius ait jamais bien parlé? Cic. *Mihi maledixisti*, tu as médit de moi.

Il faut remarquer que le datif des pronoms personnels est souvent superflu pour le sens. Ex. : *Quid mihi Celsus agit?* Que fait Celsus? *Hic mihi quisquam misericordiam nominat*, et l'on parle encore de compassion (et l'on vient me parler....).

§ 288. Cette règle est la même que celle de *tendance*; c'est-à-dire, qu'elle répond à la question *quò*, où? Voy. § 376.

Un verbe signifie mouvement, impulsion vers quelque chose, lorsqu'il admet après lui la question où, à quoi? Ex. : Exciter à la vertu; exciter à quoi? réponse, *ad virtutem*. Ce chemin conduit à la vertu; conduit où? réponse, *ad virtutem*.

Après les substantifs qui viennent de ces verbes, *à* se traduit aussi par *ad* avec l'accusatif, lorsqu'il indique le but de l'exhortation, etc. Ex. : Exhortation à la vertu, *ad virtutem exhortatio*; *oratio ad milites*; *verba Indibilis ad Scipionem*, etc.

§ 289 Les verbes suivans gouvernent deux accusatifs.

1° Ceux qui signifient enseigner, comme *doceo*, et ses com-

Ex.: J'enseigne la grammaire aux enfans, *tournez*, j'instruis les enfans sur la grammaire, *doceo pueros grammaticam*.

---

posés *edoceo*, apprendre; *dedoceo*, faire oublier ce qu'on avait appris; ainsi que *erudio*, instruire, qui cependant se construit mieux avec *in*. Ex.: *Oratorem erudire in jure civili*, instruire l'orateur dans le droit civil: ou avec *ad*, mais dans un sens différent, *ad majorum instituta*, former suivant les maximes des ancêtres; et avec l'ablatif seul. Ex.: *Omnibus doctrinis filium erudiit*, Cornel. Nepos.

2° Les verbes qui signifient exiger, prier, demander, interroger, comme *posco, reposco, postulo, flagito* (demander avec instance), *oro, rogo, interrogo, consulo, percontor*. Ex.: *Poposci aliquem eorum qui aderant causam disserendi*, Cic., je priai quelqu'un de la compagnie de proposer le sujet de la conférence. On dit aussi *rogare, consulere, percontari aliquem de re*. On verra ci-après, § 291, que les verbes qui signifient demander, comme *posco, reposco*, etc., veulent aussi à l'ablatif leur régime indirect. *Peto*, demander, et *quæro*, s'informer, se construisent toujours ainsi.

Le double accusatif s'emploie surtout lorsque la chose peut s'exprimer d'une manière indéterminée, par le neutre d'un pronom ou d'un adjectif: *Hoc te vehementer rogo*, je vous le demande instamment. *Nihil aliud vos orat atque obsecrat*, c'est là tout ce qu'il vous demande, tout ce qu'il désire. *Hoc quod te interrogo, responde*, répondez à la question que je vous fais.

L'accusatif neutre des pronoms se construit aussi avec quelques autres verbes. Ex.: *Pauca milites hortatus*, après avoir exhorté ses soldats en peu de mots.

On construit aussi *celare* avec *de* et l'ablatif, surtout au passif.

Les verbes *docere, edocere*, mais seulement lorsqu'ils signifient avertir, rappeler, se construisent aussi avec *de*. Ex.: *De itinere hostium senatum edocet*, il avertit le sénat de la marche des ennemis.

Les verbes composés de la préposition *trans*, tels que *transduco, transjicio*, ou mieux *traduco, trajicio*, etc., se construisent aussi avec deux accusatifs, à cause de la préposition dont ils sont composés. Ex.: *Agesilaüs Hellespontum copias trajecit*, Agésilas fit traverser l'Hellespont à son armée.

Nous avons déjà vu qu'il faut expliquer par la préposition sous-entendue certaines phrases, comme *magnam partem in his occupati sunt*, ils sont occupés à cela en grande partie; *nunc id prodeo*, c'est pour cela que je sors; *cætera prudens*, au reste prudent, sous-ent. *ad*. (Voy. § 274, notes.)

Ce que les grammairiens appellent *synecdoque* se rapporte à

REMARQUE. *Grammaticam* est à l'accusatif à cause de la préposition *ad* ou *secundum*, sous-ent. (Voy. § 440, observation sur *doceor*.)

§ 290. Scribo *ad te* ou *tibi* epistolam.

Les trois verbes *scribo*, j'écris ; *mitto*, j'envoie ; *fero*, je porte, veulent leur régime indirect à l'accusatif avec *ad*, ou au datif.

Ex. : Je vous écris une lettre, *scribo ad te* ou *tibi epistolam*.

la même règle. *Omnia Mercurio similis, vocemque*, etc., semblable en tout à Mercure, et par la voix, etc. *Clari genus*, distingués par leur naissance, sous-ent. *secundum*. Ces phrases sont poétiques.

Les poëtes construisent avec deux accusatifs les verbes qui expriment l'action de vêtir : *Induitur galeam*, il met son casque, etc.; mais, en prose, on ne doit les construire qu'avec le nom de la personne à l'accusatif et le nom de la chose à l'ablatif, ou la personne au datif et la chose à l'accusatif. Ex. : *Induo te veste* ou *induo tibi vestem*, je vous mets ce vêtement.

Les verbes qui signifient *nommer, estimer, regarder comme, prendre pour*, etc., prennent à l'actif deux accusatifs, celui de l'objet et celui de l'attribut. C'est la règle d'apposition. Ex. : *Ciceronem universus populus consulem declaravit*, tout le peuple proclama Cicéron consul. *Epaminondas habuit philosophiæ præceptorem Lysim Tarentinum*, Épaminondas eut pour maître de philosophie, Lysis de Tarente. *Cicero unum ex libris suis inscripsit Oratorem*, Cicéron a intitulé un de ses traités l'*Orateur*. Cependant on trouve aussi une préposition après ces verbes, au lieu de l'accusatif de l'attribut. Ex. : *Habere aliquid pro beneficio*. L'emploi de cette préposition est nécessaire quand il s'agit d'éviter une équivoque. Ex. : *Ex inimico quemque cogita posse fieri amicum*, pensez qu'un ennemi peut devenir un ami. *Ex inimico*, au lieu de *inimicum*, qui pourrait signifier qu'un ami peut devenir un ennemi, et de même avec le nominatif, *ex sutore medicus factus*, de cordonnier devenu médecin, au lieu de *sutor medicus factus*.

§ 290. Ces verbes se construisent aussi avec *ad*, parce qu'ils expriment un mouvement figuré vers un but.

Ces verbes ne se construisent pas toujours indifféremment avec le datif ou avec *ad* et l'accusatif. On se sert principalement de *ad* pour marquer le but, mais on se sert plutôt du datif lorsqu'on veut exprimer *avantage* ou *désavantage*. Ex. : Régulus demanda qu'on lui (à lui) envoyât un successeur en Afrique, *Regulus petivit ut sibi successor mitteretur in Afri-*

§ 291. Accepi litteras *à patre meo*.

Les verbes *demander, recevoir, emprunter, acheter, espérer, attendre, obtenir*, etc., veulent leur régime indirect à l'ablatif, avec *à* ou *ab*.

Ex. : J'ai reçu une lettre de mon père, *accepi litteras à patre meo*.

Il a demandé une grâce au roi, *petivit beneficium à rege*.

Si le régime indirect du verbe *recevoir* est une chose inanimée, on le met à l'ablatif avec *è* ou *ex*. On fait de même après les verbes *allumer à, juger à, puiser à, pendre à*.

Ex. : J'ai reçu une grande joie de votre lettre, *accepi magnam voluptatem ex tuis litteris*.

Puiser de l'eau à une fontaine, *haurire aquam ex fonte*.

cum. On ne dirait pas aussi bien *ad se*. Mais on dira : *M. Regulus, cum captus esset à Pœnis, Romam ad senatum missus est*, et non *senatui*, fut envoyé à Rome vers le sénat; et avec *ad* ou le datif : *Cæsar nunquam ad suorum quemquam litteras misit, quin Attico mitteret*. — On dit aussi *dare litteras alicui* ou *ad aliquem*, donner une lettre pour quelqu'un; et seulement *dare litteras alicui*, donner une lettre à quelqu'un, pour la remettre à un autre, *ad aliquem*. Ex. : *Litteras datas esse sibi ad Catilinam Vulturcius dicebat*.

§ 291. Verbes d'éloignement. Voyez la question *undè*, § 377.

Tous les verbes qui expriment une séparation, un mouvement figuré d'éloignement, régissent l'ablatif avec *à* ou *ab*, lorsqu'ils ont pour régime un nom de personne, et l'ablatif seul, ou avec une des prépositions *ab, de* ou *ex*, suivant le sens, lorsqu'ils ont pour régime un nom de chose. On trouve *prohibere hostes ab oppidis*, écarter les ennemis des villes, et *prohibere rempublicam à periculo*, protéger la république contre un danger.

Les verbes *abdicare* (*magistratu*), abdiquer; *exsolvere*, délier de; *exonerare*, décharger, et *levare*, soulager de, se construisent avec l'ablatif seul; mais les verbes *differre, discrepare*, être différent de; *distare*, être éloigné de; *abhorrere*, avoir de l'éloignement pour; *alienare* et *abalienare*, aliéner de, exigent en général une préposition. — *Emere* se construit aussi avec *de* : *Mille jugerum de M. Pilio emit*. Cic. *De Crasso domum emi*. Cic.

Pour connaitre si un verbe signifie éloignement, voyez si après

§ 292. Id audivi *ex amico* ou *ab amico meo*.

Les verbes *audire*, apprendre ; *quærere*, *sciscitari*, *percontari*, s'informer, veulent leur régime indirect à l'ablatif, avec *à* ou *ab*, *è* ou *ex* ; mais après *cognoscere*, apprendre, c'est toujours *è*, *ex*.

Ex. . J'ai appris cela de mon ami, *id audivi ex* ou *ab amico meo*.

J'ai connu par votre lettre, *ex litteris tuis cognovi*.

---

ce verbe, vous pouvez vous faire cette question : D'où, *undè* ? de qui, *à quo* ? Des exemples éclairciront cette règle.

J'ai reçu une lettre de mon père ; de qui vient la lettre ? (*à quo* ?) *à patre meo*. — Il a demandé une grâce au roi ; de qui doit venir la grâce ? du roi, *à rege*.

Il emprunta au travail les forces que la nature lui avait refusées, *eas à labore mutuatus est vires quas ipsi natura denegaverat*. D'où vinrent les forces qu'il emprunta ? *à labore*.

J'ai reçu une grande joie de votre lettre, *accepi magnam voluptatem ex tuis litteris*. D'où vient la joie ? *ex litteris*. Un voleur alluma sa lanterne à l'autel de Jupiter, *fur accendit lucernam ex ard Jovis*. La flamme vient de l'autel. — Son épée est pendue à son lit, *ejus gladius pendet è lecto*. — Je juge à vos discours, *ex tuis verbis conjicio*. — Le renard prit sur l'autel un tison enflammé, *vulpes ab ard rapuit ardentem facem*.

Il ôta l'anneau qu'il avait au doigt, *de digito annulum detraxit*.

En général, on se sert de *à* pour marquer simplement l'éloignement, comme *vulpes ab ard rapuit ardentem facem* (sur l'autel et non dans l'intérieur de l'autel) ; de *ex* pour indiquer que l'action part de l'intérieur de la chose (*haurire aquam ex fonte*). *Fur accendit lucernam ex ard Jovis*, c'est-à-dire au feu (dans l'intérieur du feu) allumé sur l'autel. — *De* marque éloignement d'une surface et mouvement de haut en bas. *Manum de tabulâ amovere*, éloigner la main du tableau. — *De digito detrahere*, ôter du doigt. — *De* marque encore séparation de l'une des parties d'un *tout* : *Cohortes de exercitu meo postulat*.

REMARQUE. Lorsqu'après un verbe A et DE peuvent se tourner par *touchant*, *sur*, ils s'expriment par *de* avec l'ablatif.

Ex. : Je vous écrirai à ce sujet, *tibi scribam ed de re*. Je vous ai entretenu de ce projet, *tecum de hoc consilio collocutus sum*.

Lorsque *à* signifie *pour*, il s'exprime par le datif. J'ai acheté un anneau à ma fille, *annulum filiolæ emi*. Mais on dirait : *emi annulum à mercatore*, j'ai acheté un anneau *au marchand*.

Cognoscere ayant pour régime un nom de personne, se con-

§ 293. *Christus redemit hominem à morte.*

Les verbes *délivrer, racheter, éloigner, arracher, ôter, séparer, détourner,* etc., veulent leur régime indirect à l'ablatif, avec *à* ou *ex*, et quelquefois sans préposition.

Ex. : Jésus-Christ a racheté l'homme de la mort, *Christus redemit hominem à morte.*

Délivrer quelqu'un de la servitude, *eximere aliquem a* ou *ex servitute,* ou *servitute,* sans préposition.

Voyez les notes du § 291.

§ 294. *Implere dolium vino.*

Les verbes actifs qui expriment *abondance*, *disette* et *privation*, veulent leur régime indirect à l'ablatif sans préposition.

Ex. : Emplir un tonneau de vin, *implere dolium vino.*

Combler quelqu'un de bienfaits, *cumulare aliquem beneficiis.*

Priver quelqu'un de secours, *nudare aliquem præsidio.*

§ 295. *Admonui eum periculi* ou *de periculo.*

Les verbes *avertir, informer,* veulent leur régime indirect marqué par *de, du, des,* au génitif, ou à l'ablatif avec *de.*

Ex. : Je l'ai averti du danger, *admonui eum periculi,* ou *de periculo.*

---

struit avec *ex* et avec *per,* suivant le sens de la phrase. Ex. : Il apprend du Babylonien Bagistane, que le roi n'est point enchaîné, mais qu'il est menacé de la mort ou des fers. *Cognoscit ex Bagistane Babylonio, non equidem vinctum regem, sed in periculo esse aut mortis aut vinculorum.* Curce. On se sert de *ex*, quand DE ne signifie pas *par le moyen de*, et de *per*, quand DE signifie *par le moyen de* : Il apprit par ses espions, *per speculatores cognovit.*

§ 294. — Voir le § 283. On trouve *implere spei, completus mercatorum carcer,* ce qui n'est pas à imiter.

§ 295. Ces verbes gouvernent : 1° le génitif, parce qu'ils mar-

Plût à Dieu que j'eusse été informé de votre dessein !
utinam factus essem tui consilii certior!

REMARQUE. Avec *moneo*, l'on met bien les accusatifs neutres *hoc, id, illud, unum* : je les avertis de cela, *hoc eos moneo*; d'une chose, *unum*.

§ 296. Insimulare aliquem *furti* ou *furto*.

Les verbes *accuser, condamner, absoudre, convaincre*, veulent leur régime indirect au génitif ou à l'ablatif, mais mieux au génitif.

Ex. : Accuser quelqu'un de larcin, *insimulare aliquem furti* ou *furto*.

quent une opération de l'esprit, et renferment leur régime direct en eux-mêmes ; *monere*, c'est-à-dire *dare monitum periculi*. — 2° Ils gouvernent l'ablatif avec *de*, parce que DE peut se tourner par *touchant, sur*.

On trouve aussi avec l'accusatif : *Moneo te hanc rem*, je t'avertis de cette affaire; mais le mot *rem* et les accusatifs neutres *hoc, id*, etc., sont les seuls régimes de cette espèce qu'on trouve dans les bons auteurs.

Ne confondez pas informer, *certiorem facere, monere aliquem*, avec s'informer, *quærere, inquirere de aliquâ re*.

Après ces verbes, l'infinitif précédé de la préposition *de* se traduit par le subjonctif avec *ut* ou *ne*, suivant le sens de la phrase. Ex. : Je l'ai averti de venir, *monui eum ut veniret*; de ne pas venir, *ne veniret*. On se sert de *ut* quand on veut que la chose soit, et de *ne* quand on ne veut pas que la chose soit.

REMARQUE. On dit *donare alicui rem*, ou mieux *aliquem re*. Les verbes *aspergo, inspergo, circumdo, circumfundo, inuro, impertio-or, munero-or, levo*, suivent la même règle.

§ 296. Ces verbes expriment aussi une opération de l'esprit; c'est la même règle que la précédente. Il en est de même de tous les verbes dont la signification est approchante, comme *postulare repetundarum* (sous-ent. *pecuniarum*), accuser de concussion. — *Interrogare repetundarum*. — *Absolvere injuriarum*. — *Convincere levitatis et infirmitatis*. — *Agere cum aliquo injuriarum*, poursuivre quelqu'un pour une injustice (demander réparation). — *Cupiditatis ejusdem teneri*. — *Liberare, purgare*, justifier. — *Agere, arcessere, citare, deferre*, citer, etc.

Le génitif qui accompagne ces verbes doit s'expliquer par l'ellipse des ablatifs *crimine, nomine, actione, judicio*, qui se trou-

Absoudre quelqu'un d'un crime, *absolvere aliquem criminis* ou *crimine*. (*Crimen* signifie proprement accusation.)

Ire REMARQUE. Avec le verbe *condamner*, le nom de la peine particulière et déterminée se met à l'accusatif, avec *ad*.

Ex. : Condamner quelqu'un aux galères, *damnare aliquem ad triremes* ; à tourner la meule, *ad molam*.

IIe REMARQUE. Les verbes *accuser*, *condamner*, suivis d'un infinitif, s'expriment ; *accuser*, par *arguere*, et *condamner*, par *jubere*, avec l'infinitif latin.

Ex. : Il est accusé d'avoir trahi la République, *arguitur prodidisse Rempublicam* : il fut condamné à sortir de la ville ; *tournez*, il reçut ordre de sortir de la ville, *jussus est ab urbe discedere*.

---

vent quelquefois exprimés : *Damnatus nomine conjurationis* Ces noms se mettent toujours à l'*ablatif* devant un subst. au *génitif*. Comme *de* peut se tourner par *touchant*, on le rend aussi par *de*, surtout avec les verbes *accuso, anquiro, arguo, absolvo, condemno, damno, defero, postulo, purgo* : *De vi condemnatus est; nomen alicujus de parricidio deferre*, intenter une accusation de parricide ; *excusare de epistolarum negligentiâ*. On trouve aussi *accusare negligentiam consulum*. Avec *castigo, increpo, reprehendo*, cette construction est préférable à celle du génitif. Ex. : *Castigare inertiam alicujus*, et non *aliquem inertiâ* ou *inertiæ*, etc.

La punition à laquelle on a été condamné s'exprime également par le génitif, ou par les prépositions *ad* et *in*, plus rarement par l'ablatif : *Ad bestias, ad metalla, in expensas damnare*, condamner aux bêtes, aux mines, aux dépens. — Les phrases : *Capitis accusare, damnare, absolvere*, etc., sont des expressions consacrées, lorsqu'il s'agit de cause capitale. *Capitis* paraît plus usité que *capite*, qui se dit aussi.

Multare se construit toujours avec l'ablatif, *pecuniâ multatus*, condamné à une amende. On dit *voti, votorum, damnari*, être condamné à l'accomplissement de son vœu, c'est-à-dire avoir été exaucé. — Les adjectifs *reus, manifestus, noxius, innoxius*, se trouvent avec le génitif, au lieu de *convictus, accusatus, absolutus*, etc. Ex. : *Manifestus rerum capitalium*.

§ 297. *Deus amat* virum bonum, *illique favet*.

Quand deux verbes n'ont qu'un régime en français, et que les verbes latins gouvernent différens cas, on met le nom au cas du premier verbe, et l'on se sert d'un des pronoms *is*, *ille*, *ipse*, pour le mettre au cas du second.

Ex. : Dieu aime et favorise l'homme de bien ; dites, Dieu aime l'homme de bien, et le favorise, *Deus amat virum bonum, illique favet*. Nous devons secourir et protéger l'homme de bien, *debemus opitulari viro bono, illumque tueri*.

RÉGIME DES VERBES PASSIFS.

§ 298. *Amor à Deo*.

RÈGLE. Le régime du verbe passif se met à l'ablatif, avec *à* ou *ab*, quand c'est un nom de chose animée.

Ex. : Je suis aimé de Dieu, *amor à Deo*.

---

§ 297. On peut aussi prendre un autre tour, en changeant les verbes en substantifs, et cette construction devient quelquefois nécessaire pour éviter l'obscurité. Ex. : Auguste aimait et favorisait Horace, ce poëte célèbre, dont les ouvrages sont entre les mains de tous les gens instruits. *Amabat Augustus, magnâque in gratiâ habebat Horatium, poetam illum celeberrimum, cujus scripta inter manus doctissimi cujusque versantur*.

§ 298. Avec les participes *natus*, *prognatus*, *genitus*, *satus*, *editus*, *ortus*, *oriundus*, né, issu de, on met à l'ablatif, ordinairement sans préposition ; même les noms de personnes. Ex. : *Orpheus et Rhesus sunt Musâ matre nati*. Orphée et Rhésus eurent une muse pour mère, Cic. Mais on trouve aussi *natus ex*, *oriundus ex*, *ab*.

Mœrore conficior. Remarquez bien que les noms de choses se mettent à l'ablatif, sans préposition. Quand cette préposition est exprimée, elle marque l'éloignement ou l'origine : *Portus ab Africo tegebatur*, le port était protégé contre le vent du S.-Ouest. *Gallia dividitur à Germaniâ flumine Rheno*, la Gaule est séparée de la Germanie par le fleuve du Rhin. *Non ingene-*

Mœrore conficior.

Quand le régime du verbe passif est un nom de chose inanimée, on met l'ablatif, sans préposition.

Ex. : Je suis accablé de chagrin, *mœrore conficior*.

Rem. Avec *probor, improbor, videor*, et les participes en *dus, da, dum*, on met mieux le nom au datif qu'à l'ablatif. Ex. : Ce sentiment n'est approuvé ni de lui ni de nous, *hæc sententia neque nobis, neque illi probatur*. Je dois pratiquer la vertu, *mihi colenda est virtus*.

rantur hominibus mores tam à stirpe generis, quàm, etc. La préposition devant les noms de personnes peut aussi exprimer l'éloignement. Ex. : *Socrates dixit innata sibi vitia ratione à se dejecta.* Socrate dit qu'il s'était corrigé par la raison des vices qui lui étaient naturels (*à se dejecta*, avoir été éloignés de lui). On exprime la préposition devant les noms de choses lorsqu'ils sont personnifiés. Ex. : La pomme d'or jetée par la Discorde, *malum aureum à Discordiâ immissum*. — D'un autre côté, le nom de personne employé comme nom de chose se met à l'ablatif sans préposition ; *Triginta millibus peditum agmen claudebatur*.

Rem. — On trouve encore le datif après d'autres verbes passifs. *Ego auditum tibi putabam*, je croyais que vous aviez appris ; *honesta bonis viris non occulta quæruntur*, les gens de bien cherchent ce qui est honnête et non ce qui est caché, etc. Cic. Le datif est surtout usité chez les poëtes, et il se trouve souvent dans la prose avec les participes en *us, a, um*; *dilectus mihi*, mieux que *à me*, qui m'est cher, etc.

Par, avec un verbe passif, se traduit quelquefois par la préposition *per* : *Sæpè per has lacrymas flecti principis ira solet*; *per* signifie alors *par le moyen de*.

Per s'emploie aussi dans le même sens que *ab*. Ex. : *Nisi ab improbis expulsus essem, et per bonos restitutus.* — *Nisi jam aliquid factum est per Flaccum, fiet à me.* Cic. Dans ces exemples, et autres semblables, *per* conserve toujours la signification de *par le moyen de, par l'œuvre de*. On ne pourrait donc pas dire *amor per Deum*.

Le passif peut se traduire en français par l'actif, qui alors prend pour sujet le pronom *on*, et pour régime le sujet (nominatif) du verbe passif. Ex. : *amor*, je suis aimé, *ou* on m'aime, etc. Il y a même certains verbes qu'il faut toujours traduire par l'actif : *Irrideor*, on me raille, on se moque de moi; *jubeor*, on m'ordonne, etc. Ils expriment aussi une sorte de *concession* : *Exoror* (je suis fléchi), je me laisse fléchir, etc.

RÉGIME DES VERBES

Pertinet, Attinet, Spectat.

§ 299. Hoc *ad me* pertinet.

Les trois verbes *pertinere*, appartenir ; *attinere, spectare*, regarder, avoir rapport à, veulent le nom de la personne à l'accusatif, avec *ad*.

Ex. : Cela me regarde ou m'appartient, *hoc ad me pertinet* ou *spectat*; pour ce qui me regarde, *quod ad me attinet*.

RÉGIME DES IMPERSONNELS.

Poenitet, Pudet, Piget, etc.

§ 300. Me *pœnitet culpæ meæ*.

Les cinq verbes *pœnitet, pudet, piget, tædet, miseret*, veulent à l'accusatif le nom ou pronom qui précède le verbe français, et au génitif le nom qui le suit.

Ex. : Je me repens de ma faute, *me pœnitet culpæ meæ*.

Le roi a pitié de cet homme, *Regem miseret hominis*. (V. pour le parfait de ces verbes, page 156, notes.)

---

§ 299. C'est la règle de tendance. Voyez la question *quò*.

N. B. Ces verbes ne sont point impersonnels. On peut dire *hæc ad nos pertinent*.

Dans les phrases suivantes et semblables, il faut sous-entendre *pertinet, attinet*. Ex. : *Nihil ad me*, cela ne me regarde pas. *Rectè an secus, nihil ad nos*, bien ou mal, cela ne nous fait rien. *Quid hoc ad Epicurum?* etc.

§ 300. Cette construction vient de ce que ces verbes renferment

§ 301. Incipit *me* pœnitere *culpæ meæ*.

Tous les verbes, excepté *volo*, *nolo*, *malo*, *audeo*, *cupio*, deviennent impersonnels devant *pœnitet*, *pudet*, etc., c'est-à-dire qu'on les met à la troisième personne du singulier, et le nom ou le pronom qui les précède se met à l'accusatif.

Ex. : Je commence à me repentir de ma faute, *incipit me pœnitere culpæ meæ*.

Vous devez avoir honte de votre paresse, *debet te pudere tuæ negligentiæ*.

---

leur nominatif en eux-mêmes. Quand on dit *me pœnitet*, c'est comme si l'on disait *pœna tenet me*, la peine tient moi; *miseret*, *misericordia tenet*, la pitié tient; *tædet*, *tædium tenet*, l'ennui tient; *piget*, *pigredo tenet*, la peine tient.

Ainsi, au lieu de *pœna tenet me culpæ meæ*, dites, en réunissant les deux mots, *pœnitet me*, etc. Il ne faut donc pas s'étonner de ne point trouver de nominatif dans ces phrases, puisqu'en décomposant le verbe, on voit qu'il est renfermé dans ce verbe même. On trouve l'accus. neutre des pronoms avec ces verbes : *Sapientis proprium est nihil quod pœnitere possit facere*. — On trouve aussi l'accus. de la personne avec *miseretur*, *miserescit* et *veritum est*, on a craint; *Te fratrum misereatur*. Cic. — *Te miserescat mei*. Ter. — ...*quos non est veritum in voluptate summum bonum ponere*. Cic. Qui n'ont pas craint, qui n'ont pas rougi de placer...

Si après *pœnitet*, *pudet*, etc., il y a un verbe au lieu du nom de chose, on met ce verbe au présent de l'infinitif. Ex. : *Socratem non puduit fateri se multas res nescire*, Socrate ne rougissait pas d'avouer qu'il ignorait bien des choses.

§ 301. Tous les verbes qui peuvent avoir pour nominatif un nom de chose, se mettent à la troisième personne du singulier devant *pœnitet*, etc.

Ainsi l'on dit : Je commence à me repentir, *incipit me pœnitere*, c'est-à-dire *incipit pœna tenere me*. — *Debet te pudere*, c'est-à-dire *debet te pudor tenere*, etc.

Mais les verbes qui ne peuvent pas avoir pour nominatif un nom de chose, tels que *cupio*, *audio*, *volo*, *nolo*, *malo*, *audeo*, c'est-à-dire ceux qui expriment une action qui ne convient qu'aux personnes, ne peuvent se mettre à la troisième personne du singulier que quand ils y sont déjà dans la construction. Ainsi l'on dit : Je veux me repentir, *volo me pœnitere*, c'est-à-dire, *volo pœnam tenere me*; je veux le repentir tenir moi; tu veux, *vis te*; il veut, *vult pœnitere*. (Nous pensons que les pronoms sont souvent s.-ent.)

Si le verbe qui précède *pudet*, etc., est au passif, il faut mettre les temps composés, tels que le parfait, le plus-que-parfait, le futur passé, à la troisième personne du singulier et au neutre.

11.

RÉGIME *des verbes* Refert, Interest, *il importe à, il est important à, il est de l'intérêt de.*

§ 302. Refert, Interest *Regis.*

Les verbes *refert, interest,* veulent au génitif le nom qui suit le verbe français *il importe.*

Il importe au Roi, *refert* ou *interest Regis.*

REMARQUE. On sous-entend *re* ou *causâ* devant ce génitif. *Interest* (causâ) *Regis,* il importe pour le Roi.

§ 303. Refert, interest *meā, tuā, nostrā, vestrā, suā.*

Avec *refert, interest,* ces pronoms *me, te, nous, vous, lui, leur,* s'expriment par *meā, tuā, nostrā, vestrā, suā;* on sous-entend *causā.*

Ex. : Il m'importe, *refert, interest meā;* il vous importe, *tuā;* il nous importe, *nostrā.*

Ex. : Tu as paru te repentir de ta faute, *te visum est pœnitere culpæ tuæ.* — Cet homme avait paru se repentir, *hunc hominem visum erat pœnitere.* — Nous aurons paru, *visum erit nos;* vous auriez paru, *visum esset vos,* etc.

La construction est *visum est pœnam tenere te,* il a paru la peine tenir toi (que tu te repentais). La conjonction *que* qui unit deux verbes, en français, ne s'exprime pas en latin; le second verbe se met à l'infinitif, et son nominatif se met à l'accusatif. (*Voir la méthode.*) — *Pudet* avec le génitif, sans accusatif, se trouve dans le sens de je rougis pour toi, pour lui, etc., *pudet hujus legionis,* j'en rougis pour cette légion. *Pudet deorum hominumque,* etc. *Pudet dictu,* je rougis de le dire.

§ 302, 303 et 304. Cicéron a dit : *Interest meā oratoris,* il importe à moi orateur; cependant, avec les noms de dignité ou de qualité, il vaut mieux user de circonlocution et tourner par *qui suis, qui êtes,* etc. Ex: : *Id meā minimè refert qui sum natu maximus,* il ne m'importe nullement à moi qui suis l'aîné ; au

Le maître croit qu'il lui importe; *en latin on dit*: Le maître croit importer à soi, *magister credit suā referre*. (On ne met *suā* que quand *lui* se rapporte au nominatif de la phrase; autrement ce serait *ejus*. Je crois qu'il lui importe, *credo ejus referre; ejus* et non *suā*. *Lui* ne se rapporte pas au nominatif *je*.)

§ 304. Si après *il importe*, ces pronoms *à moi*, *à toi*, etc., sont suivis d'un adjectif ou d'un nom, l'on met au génitif cet adjectif ou ce nom.

Ex. : Il importe à vous seul, *interest tuā unius*.

Il importe à moi César, *refert meā Cæsaris*.

§ 305. Ces phrases : Il nous importe *à tous deux*, il

---

lieu de *meā*, *natu maximi*. *Tuā qui es orator interest*, il vous importe à vous orateur, etc.

Au lieu du génitif, on peut tourner par le vocatif, après *tuā*, *vestrā* : *Magis nullius interest quam tuā*, Tite Otacili... Il n'importe à personne plus qu'à toi, T. Octacilius... On dit aussi *Cujā refert*. Ex. : *Cædes crimini detur ei cujā interfuit*, qu'on accuse de ce meurtre celui qui y était intéressé. Cic. *Cujā* est peu usité.

Qu'importe se traduit par *quid refert*, sous-ent. *ad*. Après il importe, *de* suivi d'un infinitif se traduit par l'infinitif latin ou par *ut*, ou par *ne*, pour signifier de ne pas, ou se tourne par combien, quel, *quàm*, *qualis*, avec le subjonctif. Ex. : Il n'importe pas (il est inutile) de se servir d'une lampe au soleil, *in sole lucernam adhibere*, *nihil refert*; ou *ut adhibeas*; — il importe, non d'avoir beaucoup de livres, mais d'en avoir de bons, *non refert*, *quàm multos libros*, *sed quàm bonos habeas*.

Il vous importe de ne pas faire cela, *vestrā refert ne illud agatis*.

Intéresser, être intéressant, ne doivent pas toujours se prendre pour, il importe, il est de l'intérêt de. Ex. : Les auteurs qui ont le mieux écrit sont ceux qui ont le plus intéressé, *qui elegantissimè scripserunt auctores, iidem legentium animos maximè ceperunt*. Il est intéressant de lire l'histoire, *operæ pretium est legere historiam*.

§ 305. Autres exemples. Il est de votre intérêt et du mien, *nostrā utriusque* ou *utriusque nostrūm interest*. Il est de votre intérêt et du sien, *vestrā utriusque* ou *utriusque vestrūm inter-*

vous importe, il leur importe *à tous deux*, se tournent ainsi :

Il importe *à l'un et à l'autre de nous, de vous, d'eux*, *utriusque nostrûm, vestrûm, illorum interest*.

REM. Les génitifs *ipsius*, *ipsorum*, *solius*, *unius*, *utriusque*, *amborum*, *cujusque*, *omnium*, se construisent avec *meâ*, *tuâ*, *nostrâ*, etc., *meâ unius*, *ipsius*; *nostrâ ipsorum*, etc.

§ 306. Lorsque les verbes *refert*, *interest*, ont pour régime un nom de chose inanimée, on met ce nom à l'accusatif, avec *ad*.

Ex. : Il importe à notre honneur, *ad honorem nostrum interest*.

---

est; c'est-à-dire il nous, il vous importe à tous deux, etc. Il faut se servir de *suâ utriusque* pour exprimer *leur*, quand il se rapporte au nominatif de la phrase. Ex. : Ils croient qu'il leur importe à tous deux, *credunt suâ utriusque referre*.—REMARQUE. Lorsque *causâ* se construit avec un gérondif ou un participe futur passif, il demande *mei*, *tui*, *nostri*, *vestri*: *Venerunt sui* (pour *se*) *purgandi causâ*; pour se justifier.

§ 306. On doit préférer cette construction avec le nom de chose. Les exemples du génitif sont plus rares, cependant le génitif n'est point une faute : *Plurimum refert compositionis*, QUINTIL.; *Tu nihil referre iniquitatis existimas*, PLIN., etc ; *Multùm interest rei familiaris tuæ, te quamprimum venire*, CIC. fam. 4. 10. L'accusatif avec *ad* se rapporte à la règle de tendance (question *quò*).

On se sert du génitif quand on veut personnifier le nom de chose : *interest reipublicæ*.

La chose qui importe ne doit pas s'exprimer par un substantif, mais par l'infinitif, ou par *ut* ou *ne* avec le subjonctif. Ex. : Le salut de César intéresse la république, *reipublicæ interest uti Cæsar salvus sit*. Tout le monde est intéressé à bien faire, *interest omnium rectè facere*; à ne pas mal faire, *ne perperàm faciant*; au succès de l'entreprise, *interest omnium rem feliciter geri*.

Ne confondez pas *refert*, il importe, composé de *re*, ablatif de *res*, qui se prononce long, avec *refert*, il rapporte, composé de la particule *re*, qui est brève.

Régime du verbe impersonnel EST, *il appartient à.*

§ 307. Est *regis.*

Le verbe impersonnel *est* veut au génitif le nom qui suit le verbe français.

Ex. : Il est d'un roi, il appartient à un roi de défendre ses sujets, *est regis tueri subditos.*

REMARQUE. On sous-entend *negotium* devant ce génitif ; c'est comme s'il y avait : *Tueri subditos est negotium regis.*

§ 308. *Est meum, tuum, nostrum, vestrum, suum.*

Quand on se sert du verbe *est* pour exprimer *il appartient à, c'est à*, ces pronoms *à moi, à toi, à nous, à vous, à lui, à eux*, se rendent en latin par *meum, tuum, nostrum, vestrum, suum.*

Ex : C'est à moi de parler *ou* il m'appartient de parler, *meum est loqui* (sous-entendu *negotium*).

Le maître croit que c'est à lui de..... *ou* qu'il lui appartient de......; *tournez*, le maître croit être son

---

§ 307. Quelquefois, au lieu de *negotium*, il faut sous-entendre un autre mot, comme *proprium, officium, signum, opus*, etc., qui se trouvent souvent exprimés. Ex. : *Proprium est animi bene constituti lætari bonis rebus*, il est d'une âme bien réglée (sage) de se réjouir de la prospérité. *Magnæ indolis signum est sperare semper*, c'est la marque d'un grand caractère d'avoir toujours de l'espoir. *Esse* se construit aussi avec des substantifs de qualité, *est stultitiæ ; est levitatis ; moris est*, etc. Le verbe *fieri* veut aussi le génitif. Ex. : *Asia Romanorum facta est*, l'Asie tomba au pouvoir des Romains (sous-ent. *possessio*). — *Sum ejus opinionis*, je suis de cette opinion ; suppléez *vir, doctor*, etc. *Ars earum rerum est quæ sciuntur*, l'art porte sur les choses que l'on sait.

§ 308. Ces pronoms deviennent alors possessifs ; la phrase latine signifie : *C'est mon devoir*, etc.

affaire, *magister credit suum esse*. (On ne met *suum* que quand *lui* se rapporte au nominatif de la phrase; autrement ce serait *ejus*. Je crois que c'est à lui, à eux, *credo ejus, eorum esse*.)

§ 309. Mais si ces pronoms *à moi, à toi*, etc., peuvent se tourner par *mien, tien, notre, votre*; on les exprime par *meus, tuus, noster, vester*, que l'on fait accorder avec le nom.

Ex. : Ce livre est à moi, *tournez*, ce livre est le mien, *hic liber est meus*.

Régime de l'impersonnel OPUS EST, *il est besoin*.

§ 310. Mihi opus est *amico*.

RÈGLE. Quand on exprime *avoir besoin* par l'impersonnel *opus est*, on met en latin au datif le nom ou pro-

---

§ 309. C'est-à-dire que si le nominatif (sujet) de la phrase est un substantif de choses, ces pronoms deviennent possessifs et s'accordent avec le substantif; *Hic liber est meus*.

§ 310. Avec l'ablatif pour régime, *opus est* est considéré comme impersonnel; mais il s'emploie aussi personnellement avec le nominatif. Ex. : *Dux nobis opus est*, nous avons besoin d'un général (un général est besoin); et avec l'acc., *Dices nummos mihi opus esse*, tu diras que j'ai besoin d'argent. Si *avoir besoin* est suivi d'un infinitif, il faut mettre cet infinitif au présent, ou se servir du subjonctif avec *ut*. Ex. : Qu'est-il besoin d'affirmer? *quid opus est affirmare* ou *ut affirmem*? L'infinitif est préférable.

On se sert aussi très-élégamment de l'ablatif du participe parfait passif. Ex. : *Priusquàm incipias, consulto; at ubi consulueris, maturè facto opus est*, avant de commencer, il faut réfléchir, mais quand on a réfléchi, il faut se hâter d'agir. *Opus fuit Hirtio convento*, il fallait parler à Hirtius. — On trouve quelquefois, mais rarement, l'ablatif du supin. Ex. : *Ita dictu opus est*, il est nécessaire de parler ainsi. — On se sert aussi de *usus est*. Ex. : *Ut reduceret naves quibus consuli usus non esset*, pour qu'il ramenât les vaisseaux dont le consul n'aurait pas besoin.

DE LA GRAMMAIRE LATINE.

nom qui précède le verbe français, et à l'ablatif le nom qui le suit.

Ex. : J'ai besoin d'un ami, *tournez*, besoin est à moi, *mihi opus est amico*.

Régime du verbe INTERDICO.

§ 311. *Interdico tibi domo meá.*

Le verbe *interdico* veut le nom de la personne au datif, et le nom de la chose à l'ablatif.

Ex. : Je vous interdis ma maison, *interdico tibi domo meá*.

Régime d'un verbe sur un autre verbe.

§ 312. *Amat ludere. Desiit loqui.*

RÈGLE. Quand deux verbes sont de suite, et que le

§ 311. L'ablatif est la construction la plus usitée, parce que le verbe *interdicere* renferme la même idée que *prohibere*, c'est-à-dire une idée d'éloignement. Il faut donc éviter de construire un verbe avec l'accusatif, quoiqu'on en trouve quelques exemples, comme : *Interdicere alicui patriam ; usum coloris*, etc. On trouve aussi : *Prætor interdixit de vi hominibus armatis*. C. Cæcin. 8. — Au passif ce verbe doit s'employer comme *unipersonnel*. On lui a interdit l'eau et le feu, *illi aquá et igni interdictum est*... La tournure personnelle est rare : *Philosophi urbe et Italiá interdicti sunt*. GELL.

Le verbe *intercludere* gouverne : 1° le datif de la personne avec l'accusatif de la chose, comme *itinerum angustiæ multitudini fugam intercluserant*, des défilés étroits avaient interdit la fuite à la multitude ; *intercludere alicui aditum ad aliquem* ; 2° l'accusatif de la personne et l'ablatif de la chose : *ut frumento Cæsarem intercluderet*, pour couper les vivres à César, etc.

§ 312. Nous pensons qu'on ne doit employer *amat* devant l'infinitif qu'au présent, et quand le nominatif (sujet) est un nom de chose : *Palma toto anno bibere amat*, le palmier demande à être arrosé toute l'année. PL. — Horace dit aussi : *Hic ames dici pater*.

Remarquez bien qu'on dit *loqui* et non *loquendi*. Dans ces phrases, l'infinitif est considéré comme un accusatif gouverné par les verbes qui précèdent. — L'infinitif est souvent considéré comme un nom verbal indéclinable : voilà pourquoi on trouve dans les poètes *cupidus discere* pour *discendi* ; *dig us amari* pour *amore* ; *apta regi* pour *regimini* ; c'est une licence qu'il ne faut point imiter.

premier ne marque point de mouvement, on met le second à l'infinitif.

Ex. : Il aime à jouer, *amat ludere.*
Il cessa de parler, *desiit loqui.*

§ 313. Eo *lusum.*

Si le premier verbe signifie mouvement pour aller ou venir en quelque lieu, on met le second au supin en *um.*

Ex. : Je vais jouer, *eo lusum*; je viens jouer, *venio lusum.*

§ 314. Quand le second verbe n'a point de supin, il faut le tourner par *pour*, et l'exprimer par *ad*, avec le gérondif en *dum*, ou par *afin que*, et l'exprimer par *ut*, avec le subjonctif.

Ex. : Je viens étudier, tournez, pour étudier, *venio ad studendum*, ou afin que j'étudie, *venio ut studeam* (le verbe *studeo* n'a point de supin).

---

§ 313. Nous ajoutons quelques exemples pour l'intelligence de la règle.

Coriolanus in Volscos exsulatum abiit, Coriolan alla en exil chez les Volsques. — *Themistocles Argos habitatum concessit*, Thémistocle alla s'établir à Argos. — *Eumenes in finitimâ regione Persidis hiematum copias divisit*, Eumènes distribua (envoya) ses troupes en quartier d'hiver sur les frontières de la Perse. — *Legati ad Cæsarem gratulatum convenerunt*, les ambassadeurs vinrent féliciter César. — On dit aussi *nuptum dare*, donner une femme en mariage.

On voit que le nom précédé du supin en *um* suit *ordinairement* la règle de mouvement, c'est-à-dire qu'il se met à l'accusatif. — Voy. question *quò*, § 374.

On trouve souvent le verbe *ire* joint au supin en *um*, seulement pour donner plus de vivacité à la phrase. Ex. : *Ne bonos omnes perditum eant*, qu'ils ne causent pas la perte de tous les gens de bien, pour *ne perdant.* — *Raptum et ereptum eunt*, pour *eripiunt.* — *Armis ultum ire*, pour *ulcisci.*

On se sert aussi du participe en *rus, ra, rum*, comme : *Venio salutaturus amicos*, je viens rendre visite à mes amis.

§ 315. Redeo *ab ambulando*.

Lorsque deux verbes sont de suite, et que le premier signifie mouvement pour venir de quelque lieu, on met le second au gérondif en *do*, avec *à* ou *ab*.

Ex. : Je reviens de me promener, *redeo ab ambulando*.

REMARQUE. Si le second verbe a un régime, et qu'il gouverne l'accusatif, il est mieux de se servir du participe en *dus, da, dum*, et alors on met le participe et le régime à l'ablatif, avec *à* ou *ab*, en les faisant accorder.

Ex. : Je revenais de visiter mes terres, *redibam ab agris invisendis*.

§ 316. Te hortor *ad legendum*.

RÈGLE. Après les verbes qui signifient mouvement vers quelque lieu, ou inclination vers quelque chose, comme *pousser à, exhorter à*, etc., on exprime *à* par *ad*, et l'on met le verbe au gérondif en *dum*.

Ex. : Je vous exhorte à lire, *te hortor ad legendum*; à lire l'histoire, *ad legendum historiam*.

---

§ 315. Cette règle se rapporte à la question d'éloignement (*undè*). On la reconnaît quand on peut se faire cette question : d'où? *undè*? Je reviens d'où? de me promener, *ab ambulando*.

Il en est de même avec tous les verbes qui expriment éloignement *au propre* ou *au figuré*, comme : *Discrepat à timendo confidere : litter.*, avoir de la confiance diffère de craindre (la confiance diffère de la crainte), — *Aristotelem à scribendo non deterruit amplitudo Platonis*, la réputation de Platon ne détourna pas Aristote d'écrire. — *Prudentia ex providendo est appellata*, la prudence a été ainsi appelée (prudence est dérivé) de prévoir.

§ 316. Cette règle se rapporte à la question de tendance (*quò*). On la reconnaît quand on peut se faire cette question : Où? à quoi? Je vous exhorte à quoi? à lire, *ad legendum*.

Si le second verbe n'a pas de gérondif en *dum*, on se sert de *ut* avec le subjonctif. Ex. : Je vous engage à assister à la séance, *te hortor ut adsis consessui*. — On trouve souvent le gérondif en *dum* avec *inter*, sans régime direct; il se traduit par *pendant que*. Ex. : Pendant qu'on allait (en allant), *inter eundum*; pendant qu'on buvait (en buvant), *inter bibendum*.

REMARQUE. Si le second verbe a un régime, et qu'il gouverne l'accusatif, il est mieux de se servir du participe en *dus, da, dum*, que l'on met à l'accusatif, avec *ad*, en le faisant accorder avec son régime.

Ex. : Je vous exhorte à lire l'histoire, *te hortor ad legendam historiam*.

§ 317. Consumit tempus *legendo*.

Quand *à* devant un infinitif français peut se tourner par *en* et le participe présent, on met cet infinitif au gérondif en *do*, avec ou sans la préposition *in*.

Ex. : Il passe son temps à lire, tournez, en lisant,

---

§ 317. Cette règle se rapporte à celle de la manière, de l'instrument. Ce gérondif est à l'ablatif et répond à la question de quelle manière ? comment ? avec quoi ?

Il passe son temps, de quelle manière ? rép. en lisant, *legendo*. Il y a souvent plus de mal à craindre que dans ce qu'on craint (la crainte fait souvent plus de mal que le mal qu'on craint), *sæpè plus in metuendo mali est, quàm in ipso illo quod timetur*.

Souvent on traduit le substantif français par le gérondif en *do*. Ex. : Les Stoïciens sont très prudens *dans la discussion*, *Stoici prudentissimi in disserendo sunt*.

On se sert aussi du gérondif en *do* pour exprimer *en* suivi du partic. prés. Ex. : Nos généraux se sont perdus *en divisant* leurs troupes, *dividendo copias periere duces nostri*.

En, devant le participe *présent*, s'exprime de différentes manières : Ex. : *En voulant* trop avoir, souvent on n'a rien ; tournez, celui qui ; *qui plura appetit, ille sæpius nihil consequitur*. Un jeune homme bien né, *en cherchant* à atteindre ses rivaux, quelquefois les surpasse ; tournez, *tandis qu'un*, etc., *ingenuus adolescens æmulos dùm assequi studet, nonnunquàm superat*. En détruisant les lois, on détruit la société, *sublatis legibus, tollitur hominum societas*, c'est-à-dire les lois étant détruites.

Au lieu du gérondif en *do* on peut quelquefois se servir élégamment d'un substantif. Ex. : Chacun déclame contre son siècle, *en louant* le temps passé, *unusquisque in ætatem invehitur præsentem, præteriti temporis laudator*.

On trouve *in* sous-entendu devant le participe en *dus*. Ex. : Les grâces du style se développent par la lecture des orateurs et des poëtes, *omnis loquendi elegantia augetur legendis oratoribus et poëtis*. C'est la règle du nom de manière. Coriolan ne se lassait point de donner à sa mère des preuves de son amour et de son respect, *Coriolanus matre oblectandá et colendá satiari non poterat*.

consumit tempus legendo ; à lire l'histoire, *legendo historiam*, et mieux, *in legendâ historiâ.*

§ 318. *Dedit mihi libros legendos.*

Quand *à* devant un infinitif français peut se tourner par *pour* avec l'infin. passif, on se sert du part. en *dus, da, dum,* que l'on fait accorder avec le nom qui précède.

Ex. : Il m'a donné des livres à lire, c'est-à-dire pour être lus, *dedit mihi libros legendos.*

§ 319. *Vidi eum ingredientem.*

Après les verbes *voir, sentir, comprendre, écouter, entendre, admirer,* l'infinitif français se met en latin au

---

Lorsque le participe présent précédé de *en* n'exprime pas la manière, il faut le traduire par le nominatif. Ex. : Alexandre en mourant avait donné son anneau à Perdiccas, *Alexander moriens annulum suum Perdiccæ dederat.* Ici le participe exprime *l'état* du sujet (nominatif). — Rappelez-vous que le gérondif en *do* se trouve comme datif après les adjectifs qui marquent aptitude, habitude, utilité. Ex. : *Scribendo impiger, utilis est bibendo aqua nitrosa,* etc. Cependant on doit préférer le gérondif en *dum* avec *ad,* c'est-à-dire l'accusatif.

§ 318. Il en est de même quand *à* peut se tourner par *devant être* avec le participe passé : Il a eu beaucoup d'obstacles à vaincre, *multa illi fuêre impedimenta superanda.*

On se sert aussi du participe en *dus, da, dum,* avec *dare, tradere, locare, conducere* (prendre à loyer), *mittere, permittere, suscipere,* etc., pour marquer le but pour lequel on donne, on loue, on se charge, etc. Ex. : Aristote se chargea d'instruire Alexandre, *Aristoteles suscepit Alexandrum erudiendum.* Il livra au pillage, il laissa piller les provinces, *provincias permisit diripiendas.* Il fit porter la loi, *ferendam legem curavit.*

Si le verbe n'a pas de passif, il faut tourner par l'actif, et se servir du subjonctif avec *ut,* ou mieux *qui, quæ, quod,* qui se met alors au cas que demande le verbe qui est au subjonctif. Ex. : Il m'a donné des livres à étudier, *dedit mihi libros quibus* (pour *ut eis*) *studerem.*

Rem. On met le second verbe à l'imparfait du subjonctif, quand le premier verbe est à l'un des trois parfaits (imparfait, parfait et plus-que-parfait). Si le premier verbe est au *présent* ou au *futur,* on met le second au *présent du subjonctif.*

§ 319. Cette construction peut avoir lieu quand l'infinitif exprime une action qui se fait, qui est présente au moment où l'on voit, où l'on entend, etc. Quand est-ce qu'il entrait ? au moment où je l'ai vu. — Quand est-ce qu'il parlera ? au moment où vous l'entendrez, etc.

participe présent, que l'on fait accorder avec le régime des verbes *voir*, *sentir*, etc.

Ex. : Je l'ai vu entrer ; *tournez* j'ai vu lui entrant, *vidi eum ingredientem;* vous l'entendrez parler, *illum loquentem audies.*

~~~~~~

SYNTAXE DES PRONOMS.

Accord du pronom avec l'antécédent.

§ 320. Deus *qui* regnat.

RÈGLE. Le pronom relatif *qui*, *quæ*, *quod*, s'accorde en genre et en nombre avec le nom ou le pronom qui précède et que l'on nomme *Antécédent*.

Ex. : Dieu qui règne, *Deus qui regnat;* ma mère qui

On trouve aussi l'infinitif. Ex. : *Videmus volucres fingere et construere nidos*, nous voyons les oiseaux former et construire leurs nids. *Sentimus calere ignem*, nous sentons que le feu a de la chaleur. Mais alors on ne veut pas marquer une action qui se fait précisément dans le moment où l'on voit, etc., mais une action ou un état habituel.

Si le verbe n'a pas de participe, on se sert de l'infinitif. Les poëtes préfèrent l'infinitif.

On se sert aussi de l'*infinitif passif* quand les verbes *voir*, *sentir*, etc., n'ont pas de régime, et que l'infinitif vient d'un verbe actif. Ex. : César voyant *massacrer* les prisonniers, *cùm Cæsar captivos trucidari videret.* On évite ainsi toute amphibologie.

§ 320. *Relatif* (de *referre*, *retuli*, *relatum*), signifie qui a rapport à ; *Antécédent* (de *antecedens*, part. prés. de *antecedere*), qui marche devant.

Le pronom relatif *qui* (*qui*, *quæ*, *quod*), qu'il ne faut pas confondre avec le relatif *que*, représente toujours le nominatif de la phrase secondaire, et s'accorde seulement en *genre* et en *nombre* avec son antécédent. Ex. : J'aime Dieu qui règne, *amo Deum qui regnat.* Ici *qui* est au nombre singulier et au genre masculin, parce qu'il se rapporte à son antécédent *Deum*, qui est du nombre singulier et du genre masculin ; mais quoique *Deum* soit à l'accusatif, *qui* se met au nominatif, parce qu'il représente le nominatif du second verbe *règne*, c'est-à-dire parce qu'il s'accorde avec *Deus* sous-entendu. En faisant la construction, il faudrait dire *amo Deum qui* (*Deus*) *regnat.*

est malade, *mater mea quæ ægrotat*; l'animal qui court, *animal quod currit.*

Il importe à moi qui enseigne, *refert meá qui doceo* (*meá* tient lieu du génitif *mei*).

§ 321. Si le *qui* relatif a deux antécédens, il se met au pluriel (comme les autres adjectifs), et si les antécédens sont de différens genres, il s'accorde avec le plus noble. Ex. : Le père et la mère qui sont bons, *pater et mater qui sunt boni.*

§ 322. Virtus et vitium *quæ* sunt *contraria.*

Si les deux antécédens sont des choses inanimées, le relatif se met au pluriel neutre.

Ex. : La vertu et le vice qui sont opposés, *virtus et vitium quæ sunt contraria.*

A quel cas faut-il mettre le relatif *qui*, *quæ*, *quod* ?

RÈGLE GÉNÉRALE. Le relatif se met au cas où l'on mettrait l'antécédent dont il tient la place : pour le connaître, il n'y a qu'à exprimer cet antécédent au lieu du relatif qui le représente.

RÈGLES PARTICULIÈRES.

§ 323. QUI *relatif.*

Qui se met au nominatif, comme on voit par l'exemple *Deus qui regnat.*

Puer quem pœnitet.

Cependant, lorsque le verbe latin veut à un autre

---

§ 323. *Puer quem pœnitet.* Cette règle est la même que celle de *Deus quem amo* ci-après, § 325. Le relatif s'accorde en genre, en nombre et en cas avec le second nom sous-entendu. Ex. : L'enfant qui se repent est digne de pardon, *puer quem (puerum) pœnitet, dignus est veniá. Quem* signifie alors *que* : *puer quem pœna tenet*, l'enfant que la peine tient. *Magister cui opus est, magister cui (magistro) opus est.* — *Rex cujus (regis) interest.*

cas le nom qui est au nominatif en français, alors le *qui* relatif se met au cas que le verbe latin demande.

Ex. L'enfant qui se repent, *puer quem pœnitet*; je mets *quem*, parce que les verbes *pœnitet*, *pudet*, *tœdet*, etc., veulent à l'accusatif latin le nom ou le pronom qui précède le verbe français *se repentir*, etc.

Le maître qui a besoin, *magister cui opus est*; je mets *cui*, parce qu'avec *opus est*, le nominatif français se met au datif en latin : le Roi qui a intérêt, c'est-à-dire à qui il importe, *Rex cujus interest*.

Mitte quem voles.

§ 324. Si le *qui* français peut se tourner par *celui que*, mettez-le au cas que gouverne le verbe précédent.

Ex. Envoyez qui vous voudrez ; tournez, celui que vous voudrez, *mitte quem voles*. (Sous-entendu *mittere*.)

Deus quem amo.

§ 325. *Que* relatif se met toujours au cas que demande le verbe suivant :

Ex. : Dieu que j'aime, *Deus quem amo*; la grammaire que j'étudie, *grammatica cui studeo*.

La grammaire que je veux étudier, *grammatica cui volo studere* (*cui* parce qu'il est régime du second verbe).

Remarquez que le premier antécédent lui-même est souvent sous-entendu; *Maximum ornamentum amicitiæ tollit, qui ex eâ tollit verecundiam*, c'est-à-dire *homo qui ex*, etc. C'est ôter à l'amitié son plus bel ornement, que d'en ôter la retenue — *Xerxes præmium proposuit, qui invenisset novam voluptatem*, c'est-à-dire *proposuit homini qui*, etc. Xerxès proposa une récompense à celui qui trouverait un nouveau plaisir. — *Semper in prælio maximum est periculum, qui maxime timent (iis qui)*. Dans un combat, ce sont toujours ceux qui craignent le plus, qui courent le plus grand danger.

§ 324. Si le *qui* français peut se tourner non par *celui que*, mais par *celui qui*, il se met au nominatif, et on se sert ordinairement du pronom *is, ea, id*, pour exprimer le régime du premier verbe. Ex. : Aimez qui vous aime, *eum ama, qui te amat*.

§ 325. Le *que* relatif suit la règle du *qui* relatif, c'est-à-dire qu'il

Pater et mater *quos amo.*

Quand le relatif *qui, quæ, quod,* a deux antécédens, on le met au pluriel ; et si les antécédens sont de différens genres, le relatif s'accorde avec le plus noble. Il se met au neutre avec des noms de choses inanimées et de différens genres.

Ex. : Le père et la mère que j'aime, *pater et mater quos amo.* L'oisiveté et la paresse que je hais, *otium et pigritia quæ odi.*

§ 326. Si le *que* relatif est gouverné par deux verbes qui veulent différens cas, on l'exprime deux fois, et on le met au cas que demande chaque verbe.

Ex. : Les pauvres que nous devons aimer et secourir, *pauperes quos amare et quibus opitulari debemus.*

---

s'accorde seulement en genre et en nombre avec son antécédent. Quand on dit *Deus quem amo,* on met *quem* à l'accusatif à cause de *Deum* sous-entendu, *Deus quem (Deum) amo.*

Dieu (que j'aime) est bon, *Deus (quem amo) est bonus.* Remarquez qu'il faut dire *bonus,* et non *bonum,* parce que l'adjectif s'accorde toujours en genre, en nombre et en cas avec le nominatif de la phrase principale. *Quem amo* forme une phrase incidente, qu'on pourrait retrancher sans altérer le sens de la phrase principale *Deus est bonus.* — Les livres que je veux étudier sont utiles, *libri, quibus (libris) studere volo, sunt utiles. Libri,* nominatif, *utiles,* nominatif ; *quibus* est au datif parce qu'il est le régime d'étudier, *studere.*

Ainsi, quand dans la phrase incidente, il y a deux verbes, *que* est toujours le régime du second verbe, qui est ordinairement à l'infinitif : Dieu que je désire de servir, *Deus cui servire cupio.* — Dieu que je vous exhorte à servir, *Deus cui te hortor ut servias ;* — à honorer, *ad quem colendum te hortor.*

Il faut se servir de *ut* quand le second verbe gouverne le datif, et de *ad* ou de *ut* quand il gouverne l'accusatif.

Quand il y a deux *que* dans la phrase, il faut la tourner de cette manière : Dieu *que* je désire *que* vous serviez, dites : *Deus cui te servire cupio,* litter., Dieu que (à qui) je désire vous servir. Le premier *que* est relatif, et le second est une conjonction.

§ 326. On voit par tous ces exemples que les pronoms relatifs QUI, QUE, doivent être considérés comme placés entre deux cas d'un même nom, exprimés ou sous-entendus. Ex. : *Ultra eum locum, quo in loco Germani consederant,* au-delà du lieu où les Allemands s'étaient campés, Cæs. Cette répétition devient quelquefois nécessaire pour éviter l'ambiguïté. Ex. : Je connais Léodamas, disciple de Cléophile, qui, etc. *Novi Leodamantem Cleophili discipulum, qui Cleophilus,* etc.

Qui, quæ, quod, entre deux noms auxquels il se rapporte également, s'accorde mieux avec celui qui suit. Ex. : L'animal que nous appelons lion, *animal quem vocamus leonem* (1)

Il est élégant de n'exprimer l'antécédent qu'après le *qui* ou *que* relatif, et alors on met l'antécédent au même cas que le relatif. Ex. : La lettre que vous avez écrite m'a été agréable. Au lieu de dire : *litteræ quas scripsisti, mihi fuerunt jucundissimæ*; dites : *quas scripsisti litteras, eæ mihi fuerunt jucundissimæ*. La construction est : *hæ litteræ, quas litteras scripsisti*, etc. (2)

§ 327. *Dont ou de qui.*

Dont, *de qui*, est toujours gouverné par le mot de la phrase après lequel on peut mettre par interrogation *de qui ? de quoi ?* Ce mot est ou un *nom*, ou un *adjectif*, ou un *verbe*.

---

(1) Il faut en général faire accorder le relatif avec le nom sur lequel on veut appeler l'attention : *Homines domicilia conjuncta, quas urbes dicimus, mœnibus sepserunt.* Les hommes entourèrent de murs les habitations réunies que nous appelons villes. Cic. *Flumen est in Britanniâ, quod appellatur Tamesis.* Il y a dans la Bretagne un fleuve qu'on appelle Tamise. — *Ad flumen Oxum perventum est, qui, quia limum vehit, turbidus semper est*, etc.

(2) Autres exemp. *Bestiæ, in quo loco natæ sunt, ex eo non se commovent.* Les bêtes ne s'éloignent pas du lieu où elles sont nées. *Quibus rebus efficiuntur voluptates, hæ non sunt in potestate sapientis.* Ce qui produit les plaisirs n'est pas au pouvoir du sage.

Dans les phrases difficiles il faut toujours rétablir la construction. Ex. : *Urbem quam statuo vestra est :* pour *ea urbs, quam urbem statuo, vestra est*, la ville que je bâtis est la vôtre. — *Sunt quibus in satyrâ videor nimis acer*, pour *sunt homines quibus hominibus videor*, etc. (*Quibus* pour *et his.*) — On trouve aussi après un substantif pluriel le *que* relatif avec un substantif au singulier. Ex. : *Themistocles de servis suis quem habuit fidelissimum misit*, Thémistocle envoya le plus fidèle de ses esclaves; c'est-à-dire *eum servum quem habuit fidelissimum*.

§ 327. *Dont, de qui*, se mettent toujours au cas où l'on mettrait le nom qu'ils représentent, c'est-à-dire qu'ils sont toujours placés entre deux noms, dont le second est sous-entendu. Ex. : Dieu, dont nous admirons la providence, *Deus, cujus (Dei) miramur providentiam*. Nous admirons la providence, de qui? de Dieu, *Dei*, représenté par *cujus*.

La récompense dont vous êtes digne. Vous êtes digne de quoi ? de la récompense, *mercede*. *Dont* représente le mot récompense, il se mettra au même cas (*quâ*). — Les livres dont je me sers. Je me sers de quoi? des livres, *libris*. *Dont* représente *des livres*, il se mettra au même cas (*quibus*).

1° Quand *dont* est gouverné par un nom, il se met au génitif.

Ex. : Dieu, dont nous admirons la providence (on peut demander : *la providence de qui ?*) *Deus, cujus providentiam miramur.*

2° Quand *dont* est gouverné par un adjectif, il se met au cas que régit cet adjectif.

Ex. : La récompense dont vous êtes digne (on peut demander : *digne de quoi ?*), *merces quâ dignus es.*

3° Quand *dont* est gouverné par un verbe, il se met au cas que régit ce verbe.

Ex. : Les livres dont je me sers, *libri quibus utor.*

§ 328. *A qui.*

A qui se met au cas que demande le verbe ou l'adjectif auquel il se rapporte.

Ex. : L'homme à qui vous avez rendu service, *homo cui officium præstitisti*, ou par un autre cas, *homo in quem officium contulisti.*

L'enfant à qui cela est utile, *puer cui id utile est.*

§ 329. *Par qui.*

Par qui, suivi d'un verbe passif, se met à l'ablatif avec *à*.

Ex. : Romulus par qui Rome fut fondée, *Romulus à quo Roma condita fuit.*

Par qui, signifiant *par le moyen duquel*, s'exprime par *per*, avec l'accusatif.

Ex. : Celui par qui j'ai obtenu ma grâce, *c'est-à-dire par le moyen duquel*, *is per quem veniam impetravi.*

---

§ 328. *A qui* se met au même cas que l'on mettrait le nom qu'il représente. *Homo cui (homini) officium præstitisti.*

§ 329. L'exemple suivant fera comprendre la différence qu'il y a entre *à* et *per* : *Alcibiades per Thrasybulum, Lycium, ab exercitu recipitur*, Alcibiade, par l'entremise de Thrasybule, fils de Lycus, est reçu par l'armée.

Pronoms *me, te, se, nous, vous, le, la, les, en, y.*

§ 330. Les pronoms *me, te, se, nous, vous,* se mettent au cas que gouverne le verbe ou l'adjectif auquel ils se rapportent.

Ex. : Il m'a obéi, *c'est-à-dire* il a obéi à moi, *mihi paruit* Je vous ai donné un livre, *c'est-à-dire* j'ai donné à vous, *tibi dedi librum.* Cela nous sera utile, *id nobis erit utile.* Vous me louez, *me laudas.* Vous me favorisez, *mihi faves.*

§ 331. *Le, la, les,* se mettent toujours au cas que régit le verbe suivant, et ils s'accordent en genre et en nombre avec le nom auquel ils se rapportent.

Ex. : Je vous ai promis un livre, je vous le donnerai, *tibi promisi librum, hunc tibi dabo.*

Si *le* n'est pas précédé d'un nom auquel il se rapporte, on le tourne par *cela,* et on l'exprime par *hoc, id, illud.*

Ex. : Je ne le ferai pas, *tournez,* je ne ferai pas cela, *hoc non agam* (sous-ent. *negotium*).

§ 332. *Lui, leur,* se tournent toujours par *à lui, à elle, à eux,* et ils sont gouvernés par un verbe ou par un adjectif.

Ex. : Vous lui direz, *tournez,* vous direz à lui, *dices ei.*

Cela leur est facile, *tournez,* est facile à eux, *id illis facile est.*

---

§ 331. *Le, la, les,* suivent la même règle que le relatif *que,* c'est-à-dire qu'il faut les considérer comme placés entre deux cas du même nom. Ils s'accordent avec le nom suivant, qui est sous-entendu et qu'ils représentent, en genre, en nombre et en cas. Ex. : Ce livre est à moi, vous me le rendrez, *hic liber est meus, hunc (librum) mihi reddes.* — *Le* ne s'exprime pas en latin lorsqu'il représente, non un substantif, mais un membre de phrase, et qu'il ne peut pas se tourner par *cela.* Ex. : Vous voudriez revenir sur le passé, mais vous ne le pouvez pas : *præteritum tempus repetere velles, sed non potes,* etc.

§ 333. *En* se tourne par *de lui, d'elle, d'eux, d'elles*, et il est gouverné, ou par un nom, ou par un adjectif, ou par un verbe.

Ex. : J'ai vu votre maison, et j'en ai admiré la beauté, *c'est-à-dire* la beauté d'elle, *vidi tuam domum, et illius pulchritudinem miratus sum*.

Vous en êtes bien content, *illâ sanè contentus es.* (Vous êtes content d'elle.)

J'aime cet enfant, et j'en suis aimé, *c'est-à-dire* je suis aimé de lui, *puerum diligo, et ab eo diligor.*

§ 334. *Y* se tourne par *à lui, à elle, à eux, à elles*, et se met au cas du verbe suivant, c'est-à-dire au cas où se mettrait le nom représenté par *y*.

Ex. : L'affaire est très-importante, j'y donnerai mes soins, *c'est-à-dire* à elle (à l'affaire) ; *res est gravissima, huic operam dabo.*

Voyez *en, y*, dans les adverbes de lieu.

§ 335. SE.

1° On exprime SE par *sui, sibi, se*, en le mettant au cas régi par le verbe, quand le nominatif est une chose animée, qui fait sur elle-même l'action que marque le verbe.

Ex : L'orgueilleux se loue : comme c'est l'orgueilleux qui se loue lui-même, dites, *superbus se laudat*: il se flatte, *sibi blanditur.*

---

§ 333. Même règle que pour *dont*, *de qui*. Voyez par l'interrogation quel est le mot qui régit *en*. Est-ce un nom substantif? mettez *en* au génitif ; est-ce un adjectif? mettez *en* au cas que demande l'adjectif ; est-ce un verbe ? mettez *en* au cas que régit le verbe ; J'ai admiré la beauté, de quoi ? de votre maison , *tuæ domûs*, génitif représenté par *illius*, etc.

§ 335. *Superbus se laudat.* Dans cette phrase le pronom *se* tient la place de *superbum*. On dit *superbus se laudat*, au lieu de *superbus laudat superbum.*

§ 336. 2° Si le pronom SE a rapport à un nominatif de chose inanimée, ou même animée, qui ne fasse pas sur elle-même l'action marquée par le verbe, on tourne ce verbe par le passif.

Ex. : Ce mot se trouve dans Phèdre, *tournez*, ce mot est trouvé dans Phèdre, *vox illa invenitur apud Phædrum*.

Il s'effraye de vos menaces, *tournez*, il est effrayé, *minis terretur tuis*.

REMARQ. Dans les phrases suivantes et semblables, les nominatifs sont regardés comme choses animées :

Le poison se glisse dans les veines, *venenum sese in venas insinuat*. Si l'occasion se présente, *si se dederit occasio*. Si la chose se passe ainsi, *si res ita se habeat*. Voy. C. de thèmes, 2e p., § 169.

§ 337. 3° Quand SE a rapport à deux nominatifs qui font l'un sur l'autre l'action que marque le verbe,

§ 336. Dans ces phrases, le nominatif ne fait pas sur lui-même l'action marquée par le verbe, car on ne peut pas dire que le mot se trouve lui-même.

Minis terretur tuis. Le nominatif de la phrase est ici le pronom *il*, qui ne fait pas l'action marquée par le verbe. On pourrait tourner la phrase par *vos menaces l'effraient*, et l'on voit que l'action serait faite par le nom de chose *menaces*. — Les pronoms qui servent à former les verbes pronominaux en français ne s'expriment pas en latin, excepté avec les verbes impersonnels : Je me plains, *queror*; il se plaint : *queritur*; ils se taisent, *tacent*, etc. Mais il se repent, *illum pœnitet*.

§ 337. *Invicem* exprime la réciprocité (*in vicem*, tour à tour, mutuellement). Si l'on disait simplement *se laudant*, on ferait entendre que Pierre et Jean se louent eux-mêmes, mais non pas réciproquement. — Lorsque *inter se* ne peut pas se rapporter au sujet de la phrase, on se sert de *inter ipsos* Ex : *Grammaticis inter ipsos et philosophis pugna est* — *Pugna* est le nominatif, et *inter ipsos* se rapporte à *grammaticis* et à *philosophis*.

Observation. Comme l'usage des pronoms *son*, *sa*, *ses*, *leur*, *leurs*, est très-fréquent, nous avons cru devoir donner ici les règles les plus nécessaires sur leur construction Lorsque ces pronoms se rapportent au sujet (nominatif) de la phrase, on les exprime par *suus*, *sua*, *suum*. Ex : Pierre aime son père, *Petrus amat patrem suum* — Pierre aime le père de qui? de lui, Pierre (représenté par *son*): *son* se rapporte au nominatif de la phrase, voilà pourquoi il s'exprime par *suus* — *Son*, *leur* s'expriment encore par *suus*, lorsqu'ils se rapportent au régime (lorsqu'ils le représentent) Ex. : Je leur ai rendu *leurs* livres. *suos eis libros reddidi*. J'ai rendu à eux les livres d'eux. On place toujours *suus*, *sua*, *suum*, à côté du régime. — Mais *son* et *leur* s'expri-

on ajoute l'adverbe *invicem* au pronom *sui*, *sibi*, *se*, à moins qu'il ne soit gouverné par une préposition.

Ex. : Pierre et Jean se louent, *Petrus et Joannes se invicem laudant*; ils se battent, *inter se pugnant*. (Ils combattent entre eux.)

§ 338. Qui *interrogatif*.

Le *Qui* interrogatif n'a point d'antécédent : on le connaît quand il peut se tourner par *quelle personne?*

Quis *vestrûm*, ou *ex vobis*, ou *inter vos*.

Le *Qui* interrogatif s'exprime par *quis*, *quæ*, *quod*, ou *quisnam*, *quænam*, *quodnam*, et le nom pluriel qui suit se met au génitif, ou à l'ablatif avec *e*, *ex*, ou à l'accusatif avec *inter*.

Ex. : Qui de vous ? *Quis vestrûm*, ou *ex vobis*, ou *inter vos?*

---

ment par *ejus*, *illius*, *eorum*, *earum*, quand ils ne se rapportent ni au nominatif ni au régime. Ex. : Un père aime son fils, mais il n'aime pas ses défauts, *pater amat suum filium, non verò ejus vitia*. (Un père n'aime pas les défauts de qui ? de son fils.) *Ses* ne représente pas le nominatif de la phrase, *père*, il représente *fils*. Voilà pourquoi on met *ejus*.

§ 338. Le *qui* interrogatif se met au masculin et au singulier, parce qu'il se rapporte à *homo* sous-entendu. S'il se rapportait à des noms fém. ou neut., il faudrait se servir de *quæ* ou *quod*. Cependant *quis*, comme interrogatif et indéfini, est quelquefois du genre commun : *Quis tu es mulier quæ me insueto nuncupasti nomine?* Var. etc. *Quisquis ades..., vir mulier que...* Tibul. Ce qui n'est pas à imiter.

On se sert de *quis* lorsque, dans l'interrogation, on parle de plus de deux, et de *uter* quand on ne parle que de deux. — *Quis* signifie qui ? quelle personne ? *qui* signifie quelle est la qualité, quel est le caractère de la personne. Ex. : Qui ignore ce que tu es ? *Quis ne cit qui tu sis?* *O qui tuarum, corve, pennarum est nitor!* O corbeau, quel est l'éclat de ton plumage ! *Qui* (et non *quis*) pour *quantus*. Quand on veut ajouter une idée de doute à l'interrogation, on se sert de *ecquis*, *ecquæ*, *ecquid*, *ecquod : Ecquæ civitas est tam barbara, rex denique ecquis ?* etc. peut-il se trouver une cité assez barbare, un roi ? etc. On se rappellera que *quod* est adjectif et *quid* substantif. Ainsi l'on dit *quod facinus ?* et *quid facinoris ?* *Quis*, dans les meilleurs auteurs, est souvent employé dans le sens de *quispiam*, quelqu'un. Exemple : *Ubi*

Qui est content de son sort? *Quis suâ sorte contentus est?*

(Dans *quisnam*, *nam* est explétif.)

§ 339. *Uter est doctior, tu-ne, an frater?*

Qui des deux ou *lequel des deux*, s'exprime par *uter, utra, utrum*, et les deux noms qui suivent, se mettent au même cas que *uter*; on met *ne* après le premier, et *an* devant le second : le superlatif français se met au comparatif en latin.

Ex. : Lequel des deux est le plus savant, vous ou votre frère? *uter est doctior, tu-ne, an frater?*

§ 340. *Qui* interrogatif est tantôt le nominatif, et tantôt le régime du verbe suivant.

---

semel quis *pejeraverit, ei credi posteà non oportet*, Cic., dès qu'un homme s'est parjuré, il ne faut plus le croire. (*Quisquam* et *quispiam* sont substantifs et s'emploient seuls : *aliquis* et *ullus* sont adjectifs et s'emploient avec un substantif.)

§ 339. Les deux noms qui suivent se mettent au même cas que *uter*, c'est-à-dire au cas que demande le verbe auquel *uter* sert de nominatif ou de régime, parce que ce verbe est sous-entendu devant les deux noms. Ex. : *Uter est doctior, tu-ne, an frater?* la construction entière serait *tu-ne es, an frater est doctior?* — Lequel des deux favorisez-vous? Pierre ou Paul? *utri faves, Petro-ne, an Paulo?* c'est-à-dire, *faves-ne Petro, an faves Paulo?* etc. — On se sert du comparatif au lieu du superlatif, parce qu'il ne s'agit que de deux objets. C'est la règle de *validior manuum*. — *Celui, celle qui*, se traduisent aussi par *uter*, quand il ne s'agit que de *deux* : choisissez celui (*des deux* s.-ent.) que vous voudrez, *elige utrum velis*. J'attends l'un des deux: celui qui arrivera.. *horum alterum exspecto..... uter adveniet :*

Souvent *lequel* n'est pas suivi de *deux*, mais il faut toujours l'exprimer par *uter* lorsqu'il ne s'agit que de deux objets. Ex. : Lequel a écrit, Pierre ou Paul? *uter scripsit, Petrus-ne, an Paulus?* Laquelle préférez-vous, la gloire ou la vertu? *utram anteponis, gloriam-ne, an virtutem?* On trouve dans les auteurs *qui*, au lieu de *uter*, même en parlant de deux, lorsqu'on n'a en vue que l'une des personnes à la fois. Ex. : *Formica et musca contendebant acriter quæ pluris esset*, au lieu de *utra pluris* — *Pulfio et Varenus perpetuas inter se controversias habebant quinam anteferretur? quinam* au lieu de *uter*.

§ 340. *Quem vocas?* Qui appelez-vous? Dans cette phrase le nominatif est le pronom *vous*. On voit donc que le *régime* est placé *avant* le verbe, et le *nominatif après*.

Les exemples suivans serviront de développemens à ces règles. — Lequel jugez-vous le plus digne de votre amitié, Pierre ou Paul?

1° Il est le nominatif, quand on peut le tourner par *qui est celui qui...?* Ex. : Qui vous a appelé? *c'est-à-dire* qui est celui qui vous a... *quis te vocavit?*

2° Il est le régime, quand on peut le tourner par *qui est celui que....* Ex. : Qui appelez-vous? *c'est-à-dire* qui est celui que vous.... *quem vocas?*

§ 341. QUE *interrogatif.*

Le *Que* interrogatif se tourne par *quelle chose,* et il s'exprime par *quid*, lorsque le verbe suivant gouverne l'accusatif.

Ex. : Que faites-vous? *tournez,* quelle chose faites-vous? *Quid agis?*

Mais si le verbe suivant gouverne un autre cas, il faut exprimer le mot *chose.*

Ex. : Qu'étudiez-vous? *c'est-à-dire* quelle chose étudiez-vous? *Cui rei studes?*

§ 342. *Quoi* ou *que* au commencement d'une phrase se tourne par *quelle chose,* et s'exprime par *quid.* Ex. : Quoi de plus beau que la vertu? *Quid virtute pulchrius?* Que sera-ce si....? *Quid futurum est si....?*

Utrum existimas digniorem tuâ amicitiâ, Petrum-ne, an Paulum?
A qui importe-t-il, à vous ou à moi? *Utrius nostrûm interest, med-ne, an-tud?* — Qui (pour lequel des deux) se repentira le premier; vous ou lui? *utrum (vestrum* sous-ent.) *pœnitebit priorem, te-ne, an illum?* (*te-ne pœnitebit, an illum pœnitebit.*) *Priorem* et non *primum*, parce qu'on ne parle que de deux.

§ 341. *Cui rei studes?* Lorsque le verbe qui suit *que* ne gouverne pas l'accusatif, il faut exprimer le mot *chose,* parce que *cujus, qui, quo,* ne servent qu'à désigner les noms de personnes. Ex. : *Cujus refert?* à qui importe-t-il? *Cui opus est?* qui a besoin? *Quo uteris?* (littéralement de qui vous servez-vous?) qui fréquentez-vous? Servez-vous toujours du mot *res* pour les noms de chose. Ex. : De quoi s'agit-il, *quâ de re agitur?* ou *quæ res agitur?*

Les mots interrogatifs *que, comment, pourquoi,* etc., peuvent se construire avec le *présent de l'infinitif,* en français, mais en latin il faut toujours se servir des différents temps de *l'indic.* ou du *subjonc.* suivant le sens : Que dire? *Quid dicam, dices, dicturus sum,* etc.; pourquoi tarder? *Quid* ou *cur moror, moraris, moramur,* etc. Quel parti prendre? *Quid consilii capturus sum?*

QUEL, QUELLE.

§ 343. *Quel, quelle,* s'expriment aussi par *quis, quæ, quod,* ou *quisnam, quænam, quodnam,* et s'accordent avec le nom suivant en genre, en nombre et en cas.

Ex. : Quelle mère n'aime pas ses enfants ? *Quæ* ou *quænam mater liberos suos non amat ?*

Quel avantage y a-t-il dans la vie ? *Quod commodum habet vita ?* ou mieux : *Quid commodi habet vita ?* (*Quel,* suivi d'un nom de chose, s'exprime mieux par *quid,* avec le génitif.)

§ 344. *Quel, quelle,* signifiant *quantième,* s'expriment par *quotus, quota, quotum,* et l'on répond par le nombre ordinal.

Ex. : Quelle heure est-il ? Sept heures. *Quota hora est ? Septima.*

§ 345. *Quel, quelle,* quand on peut ajouter le mot *grand,* s'expriment par *quantus, quanta, quantum.*

Ex. : Quel malheur nous menace ! c'est-à-dire quel grand malheur ! *Quanta nobis instat pernicies !*

---

§ 343. *Quid commodi habet vita ?* — Faites attention que dans ces phrases, le nominatif est souvent placé après le verbe. Ainsi *quid commodi* est le régime, *vita* le nominatif.

§ 344. On se sert de *quotus,* qui vient de *quot,* combien, et qui exprime le nombre. *Quis, quæ,* signifient quelle personne, quelle chose ?

Quel est le jour du mois (le quantième du mois)? Le dix. *Quotus est dies mensis ? Decimus.* On se sert des nombres ordinaux, *septima, decimus,* parce qu'il faut seulement désigner une certaine heure, *la septième;* un certain jour, *le dixième,* etc.; et non pas un nombre quelconque d'heures, de jours, *sept, dix,* etc.

§ 345. Lorsqu'on peut ajouter le mot *petit, quel* s'exprime par *quantulus, a, um.* Ex. : Quel homme ! (dans le sens de quel petit homme) *quantulus homo !* — Dans le style emphatique on traduit *quel* par *qualis* : *Qualis hæc philosophia est...?* Quelle est donc cette philosophie ? etc.

§ 346. QUIS TE REDEMIT? JESUS-CHRISTUS.

RÈGLE. La réponse se met ordinairement au même cas que la demande.

Ex. : Qui vous a racheté ? Jésus-Christ. *Quis te redemit ? Jesus-Christus.*

Qui a pitié des paresseux ? Personne. *Quem miseret pigrorum ? Neminem.*

REMARQUE Le verbe de la demande est toujours sous-entendu dans la réponse ; ainsi, quand on dit, *qui vous a racheté ?* et que l'on répond *Jésus-Christ,* c'est comme si l'on disait : *Jésus Christ m'a racheté.*

Cependant avec les impersonnels *est*, *refert*, *interest*, la réponse, quand elle se fait par un pronom, se met à un autre cas.

Ex : A qui importe t-il ? A moi. *Cujusnam interest? Meâ*.* A qui appartient-il de parler ? A vous. *Cujus est loqui ? Tuum.* (A lui, *illius.*)

§ 347. OBSERVATION.

Quand on interroge sans négation, on met en latin *nùm* devant le premier mot, ou *ne** après, et la réponse se fait par le verbe de l'interrogation.

Ex.: Dormez-vous? *Nùm dormis?* Non. *Non dormio.* (*Nùm* s'emploie quand on prévoit que la réponse doit être négative.)

---

§ 346. * Ce régime dépend de *est*, *interest*, sous-entendu : *meâ interest, tuum est.*

Si l'on interroge plusieurs personnes, et que la réponse se rapporte aussi à plusieurs personnes, il faut se servir du pluriel A qui importe-t-il ? à vous tous. *Quorum interest? vestrâ omnium.* Interrogation avec un verbe de prix : Combien vous a coûté ce livre? Vingt sous. *Quanti tibi constitit hic liber? Viginti assibus.* (C'est-à-dire, *constitit mihi* (pro sous-ent.] *viginti asibus.*) Combien se rend par *quanti*, avec un verbe de prix ou d'estime.

§ 347. * On ne doit se servir de *an* que dans le second membre d'une interrogation. Ainsi il ne faut pas dire *an dormis? An vidisti regem?* Mais on dira, *Romamne venio, an hic maneo?* CIC. Si l'on trouve *an* au commencement d'une phrase, c'est qu'il y a un premier membre sous-entendu.

Ne est proprement le signe de l'interrogation et se place après les verbes, les noms et les pronoms sur lesquels tombe l'interrogation. *Ne* avec les noms et les pronoms fait supposer que la ré-

Avez-vous vu le Roi ? *Vidisti-ne regem* ? Oui. *Vidi*.

---

ponse sera négative : *Mene istud potuisse facere putas* ? Pensez-vous que j'aie pu faire cela ? *Ne* avec le verbe principal fait supposer que la réponse sera afirmative ; *Videsne ut in proverbia sit ovorum inter se similitudo* ? Voyez-vous comme la ressemblance des œufs a passé en proverbe ? — Nous ferons remarquer, dès à présent, que les conjonctions, les adverbes et les pronoms interrogatifs, placés entre deux verbes, veulent le second verbe au subjonctif. — Souvent *ne* est sous-entendu: *Incertum erat bellum an pax cum Celtiberis esset*. On ne savait si l'on était en paix ou en guerre avec les Celtibériens. Au lieu de *bellumne*, *an*, on dit aussi : *Pax bellumne*, etc., en sous-entendant *an*. *Utrùm* (lequel des deux) s'emploie dans les interrogations qui marquent opposition : il est suivi de *an*, *ne*, *anne*. Ex. : *Utrum corporis an ingenii vires malis tibi dari* ? *Utrùm pluris amicum adulatoremne facis* ? ou *anne adulatorem*, etc. *Utrum* peut être suivi de *ne... an*. Ex. : *Quærebat Scipio utrùm esset Siculis utilius, suisne servire, an populo romano obtemperare* ? — Quand on prévoit que la réponse doit être négative, on se sert aussi de *nùm*, *numquid* : *Numquid duas habetis patrias* ? *an est illa patria communis* ? — Souvent *nùm* ne suppose pas de réponse : *Num cogitat quid dicat* ? *nùm facti eum piget* ? peut signifier : Il ne pense donc pas à ce qu'il dit ? Il n'est pas fâché de ce qu'il a fait ?

On peut aussi supprimer les particules interrogatives, surtout quand le deuxième membre de phrase se rattache au premier par le sens, et quand il renferme une négation. Ex. : *Ergò hæc veteranus miles facere poterit, doctus vir sapiensque non poterit* ? Remarquez bien que dans les interrogations de doute *ou* se traduit par *an* et non par *aut* : *Rectè an perperàm feci* ? ai-je bien ou mal fait ?

Dans les interrogations, la réponse se fait ordinairement par la répétition du mot interrogatif : *Estis-ne vos legati* ? — *Sumus*. *Abiitne solus* ? — *Solus*. *Dasne hoc nobis* ? — *Do sanè*. *Non irata es* ? — *Non sum irata*. *Non existimas cadere in sapientem ægritudinem* ? — *Prorsùs non arbitror*. *Quid* ? *Poeta nemo, nemo physicus obscurus* ? — *Illi verò* (sous-entend. *sunt*, il y en a). Oui se traduit quelquefois par *sanè*, *verò*, *ita*, *est*, *ita sanè* ou *planè*, *ita enimvero*, *profectò*, *certè*. Ex. : *Miser M. Crassus* ? *ita planè*. — *Fuisti sæpe in scholis philosophorum* ? *Verò ac libenter quidem*, etc. — *Non* se traduit par *non*, *non verò*, *minimè verò*, *nihil minus*. Ex. : *An tu hæc non credis* ? *Minimè verò*.

N. B. On trouve encore *numne*, *numnam*, *numquid*, *ecquid*, *numquidnam*, dans le sens de *num*, et *anne* dans le sens de *ne*.

Si l'interrogation tient lieu de *lorsque*, on l'exprime par *quùm*. Avait-il soupé ? il s'en allait : tournez, lorsqu'il avait soupé, il... *Quùm cœnaverat, abibat*. Elle peut encore tenir lieu de aussitôt que, *statim ut*; à peine... que, *vix... quùm*.

Si l'interrogation se fait par deux négations, *ne je pas*, *ne tu pas*, etc., on met *nonne* devant le premier mot, où *necne* dans le second membre de phrase.

Ex. : N'avez-vous pas vu le Roi? *Nonne vidisti Regem ?* Non. *Non vidi*. As-tu dit cela ou ne l'as-tu pas dit ? *Hoc dixisti, nec-ne ?* sous-entendu *utrùm*.

(*Nonne* est proprement le signe de l'interrogation affirmative : *Canis nonne lupo similis est ?* Le chien ne ressemble-t-il pas au loup ? *An non*, de même que *an*, ne doit se placer que dans le deuxième membre d'une interrogation à deux membres.*)

§ 348. Quand on commande, le verbe se met à l'impératif.

Ex. : Laquais, chassez les mouches, *puer, abige muscas*.

§ 349. Si le verbe est à la troisième personne, on emploie la troisième personne du présent du subjonctif, et l'on n'exprime pas le *que* français.

Ex. : Qu'il s'en aille, le traître ! *abeat, proditor !*

---

* Quelquefois *ne* est sous-entendu après *non* : *Tu non intelliges ?* Ne comprendras tu pas ?

§§ 348—349. Au singulier on se sert de la troisième personne du subjonctif, parce que la troisième personne de l'impératif (en *ito*) pourrait former amphibologie avec la seconde, qui est aussi en *ito*. Il faut sous-entendre dans ces phrases un verbe de commandement, de désir, comme *præcipio, opto ut, veto ne*, etc.

On se sert aussi de l'*impératif* pour *inviter*, pour *prier*. Ex. : Ayez pitié de moi, *miserere mei*. Ce mode devrait donc s'appeler aussi *invitatif*. Dans ce dernier sens, on se sert aussi du subjonctif. Ex. : *Emas non quod opus est, sed quod necesse est*, achetez non ce dont vous avez besoin, mais ce qui vous est nécessaire. — Les formes en *to*, *tor* (*sunto, facito*, etc.), s'emploient dans la rédaction des lois, ou lorsqu'on veut parler avec énergie : *Regio imperio duo* sunto; *iique consules appellantor*. Pour rendre l'invitation plus pressante, on se sert de *fac, cogites* : *Fac animo forti magnoque sis*. Quelquefois l'impératif est remplacé par le futur : *Sed valebis, meque negotia videbis* ; mais portez-vous bien, et veillez à mes affaires. Cic.

§ 350. Quand on défend, on met *ne* avec le subjonctif ou l'impératif; ou bien l'on se sert de *noli* pour le singulier, *nolite* pour le pluriel, avec l'infinitif.

Ex. : N'insultez pas les malheureux : *ne insultes* ou *ne insulta miseris*; ou bien *noli*, *nolite insultare miseris*.

§ 351. Lorsque le verbe est à la troisième personne, on se sert toujours de *ne*, avec le subjonctif.

Ex. : Qu'il ne dise pas, *ne dicat*; qu'il ne sorte pas de la maison, *domo ne exeat*.

§ 352. SYNTAXE DES PARTICIPES.

Il y a en latin deux participes de l'actif, comme *amans*, aimant; *amaturus*, devant aimer : deux du passif, comme *amatus*, aimé; *amandus*, devant être aimé.

Les participes sont de véritables adjectifs, qui s'accordent en genre, en nombre et en cas avec le nom auquel ils se rapportent, et, de plus, ils gouvernent le même cas que les verbes d'où ils viennent.

§ 353. *Participes joints au nominatif.*

Le participe qui se rapporte au nominatif du verbe, s'accorde avec ce nominatif en genre, en nombre, et en cas.

Ex : Un coq, cherchant de la nourriture, trouva une perle, *gallus, escam quærens*, margaritam reperit*.

Cicéron devant prononcer un discours, *Cicero orationem habiturus*.

---

§ 350. On trouve aussi *non* : *Non assuescat infans ei sermoni qui deinde dediscendus sit*, mais il y a une nuance dans le sens, et l'on peut traduire ainsi : L'enfant *ne doit pas* s'habituer (*ne s'habituera pas*) à un langage qu'il lui faudra désapprendre dans la suite.

§ 353. * Dans cette phrase et autres semblables, le participe présent pourrait être précédé de *en*; un coq *en* cherchant. etc. Mais il faut toujours faire accorder le participe avec le nominatif, et non le traduire par le gérondif en *do* (*quærendo*), dont on ne se sert que pour exprimer le nom de manière, avec le *sens d'intention*.

L'enfant ayant été interrogé, répondit, *puer interrogatus, respondit.*

Devant être interrogé, il craignait, *interrogandus, timebat.*

§ 354. *Participes joints au régime du verbe.*

Le participe qui se rapporte au régime du verbe, s'accorde avec ce régime en genre, en nombre et en cas. (Le participe se rapporte ordinairement au régime du verbe, quand ce régime est un des pronoms *le*, *la*, *lui*, *leur*).

Ex. : La ville ayant été prise, l'ennemi la pilla, tournez, l'ennemi pilla la ville prise, *urbem captam hostis diripuit.*

---

§ 354. Dans ces phrases, *le*, *la*, *les*, *lui*, *leur*, représentent le nom qui servirait de régime au verbe. L'ennemi *la* pilla, est pour pilla *la ville.*

Souvent on se sert du participe en latin, quoiqu'il ne soit pas exprimé en français. Cette tournure est très-élégante, surtout avec les participes présens au génitif, au datif et à l'accusatif. Ex. : Il fut glorieux pour Lentulus d'avoir bien supporté la pauvreté, *Lentulo gloriæ fuit benè tolerata paupertas.* Si vous venez de bonne heure, on louera votre diligence ; *tua maturè venientis laudabitur diligentia.* Laissons les comédiens s'habiller magnifiquement, *concedendum est scenicis magnificè se vestientibus.* On observe la lune avec attention seulement *quand elle souffre* une éclipse, *nemo observat lunam, nisi laborantem.* Dans ces phrases *urbem captam, civibus ferro necandis,* etc., on n'exprime pas le régime *la, leur,* etc., mais il faut l'exprimer lorsque la clarté de la phrase le demande, c'est-à-dire avec les pronoms personnels *me, te, il,* etc. En allant chez vous (lorsque j'allais chez vous), je rencontrai cet homme, *mihi domum tuam petenti fuit iste obvius.*

Les participes servent aussi à remplacer certains substantifs qui manquent en latin, ou du moins qui sont peu usités, ceux, par exemple, qui signifient *prendre, bâtir, écrire, entendre, lire, résoudre,* etc., etc. (*prise, construction, composition, audition, lecture, résolution,* etc.), et certains temps des verbes. Ex. : *La lecture* de ces lettres causa une grande affliction, *hæ litteræ recitatæ magnum luctum fecerunt.* Chacun ambitionnait l'honneur *de tuer* le roi (Darius), *sibi quisque cæsi regis decus expetebat,* etc. Voy. *Cours de thèmes,* 2° partie, § 197 et suiv.

Les citoyens devant être passés au fil de l'épée, le vainqueur leur pardonna, *tournez*, le vainqueur pardonna aux citoyens devant être passés... *Civibus ferro necandis, victor pepercit.*

On dirait en français : Les citoyens devaient être passés au fil de l'épée, mais, etc.

§ 355. *Ablatif absolu.*

Quand le participe ne se rapporte ni au nominatif, ni au régime du verbe, on met à l'ablatif ce participe et le nom auquel il est joint, en les faisant accorder en genre et en nombre.

Ex. : Les parts étant faites, le lion parla ainsi : *partibus factis, sic locutus est leo.*

On sous-entend une préposition, *à partibus factis*, après les parts faites.

La lettre étant déjà écrite, votre esclave est venu, *scriptâ jam epistolâ, venit puer tuus.* Voyez *Participes français*, ci-après, § 466.

---

§ 355. Dans la phrase *partibus factis*, il ne se trouve pas de mot qui puisse représenter *leo*, ces deux phrases sont indépendantes l'une de l'autre, voilà pourquoi on se sert de l'ablatif absolu. (*Absolvo, -vi, -olutum*, détacher, séparer.)

Il faut éviter de construire ensemble deux ablatifs consécutifs et indépendans l'un de l'autre. Ne dites pas : *Pompeio de cœlo tacto mortuo*, mais dites : *Quum Pompeius, de cœlo tactus, mortuus esset.*

Souvent, comme nous l'avons déjà dit, le participe n'est pas exprimé en français, mais il est élégant de s'en servir en latin. Ex. : Lorsque le voleur fut tué, le soldat fanfaron accourut, *occiso latrone, accurrit gloriosus miles.* Cette règle se rapporte à celle de la manière, de la cause, de l'instrument, et à la question de temps *quando*, quand ? Ex. : *Partibus factis, sic locutus est leo.* Quand est-ce que le lion parla ? Réponse, *partibus factis.*

— Ayant saisi son épée, il se tua, *gladio correpto, se interfecit* (instrument). Quand la nature résiste, le travail est inutile, *reluctante naturâ, irritus est labor* (cause). En trahissant ses amis, il s'est trahi lui même, *proditis amicis, se ipse prodidit* (manière).

On peut aussi substituer au participe certains substantifs qui expriment l'action du verbe, comme *dux, comes, adjutor, adjutrix, auctor, testis, judex, interpres, magister, magistra, præceptor,*

§ 356. SYNTAXE DES PRÉPOSITIONS.

On a vu dans la première partie qu'il y a trente prépositions qui gouvernent l'accusatif, et quinze qui gouvernent l'ablatif.

Les prépositions servent principalement à marquer de quelle manière une chose se fait, en quel lieu, dans quel temps, c'est-à-dire les différentes circonstances de temps, de lieu, de manière, etc. On sous-entend quelquefois les prépositions, quoiqu'elles soient toujours la véritable cause du régime. J'indiquerai entre parenthèses les prépositions sous-entendues.

---

præceptrix... Ex.: *Natura duce*, p. *ducente*. *Judice Polybio*, pour *judicante*. *Magis auctoribus*, p. *suadentibus*. *Paupertate magistra*, pour *docente*, etc. — La construction suivante n'est point à imiter : *Alexander*, audito *Darium appropinquare*, etc. Alexandre ayant appris que Darius approchait, dites : *Quum Alexander audivisset*, etc.

Voyez § 466, de quelle manière on traduit le participe français, lorsque le participe latin n'existe pas.

Avec les verbes *habeo*, *teneo*, *possideo*, et autres semblables, on se sert souvent du participe passé, pour exprimer une chose qui a eu lieu, mais dont les suites durent encore. Ex.: *Siculi ad meam fidem, quam habent spectatam et diu cognitam, confugiunt*, les Siciliens ont recours à ma loyauté, qu'ils ont éprouvée et qu'ils connaissent depuis long-temps. — *Habes forsan jam statutum, quid tibi agendum putes*, vous avez peut-être déjà déterminé ce que vous croyez avoir à faire. — *Eum locum, quem nobilitas præsidiis firmatum tenebat, me duce rescidisti*, c'est sous ma conduite que vous avez forcé ce poste où la noblesse se tenait retranchée. — *Roscii patrimonium domestici prædones vi ereptum possident*, des brigands domestiques possèdent le patrimoine de Roscius, qu'ils lui ont arraché par force.

On s'en sert aussi avec *volo*, *nolo*, *cupio*. — *Cura te levatum volo*, je veux vous délivrer de ce soin. — *Me excusatum volo*, je veux (je vous prie de) m'excuser. — *Miser ille qui patriam exstinctam cupit*, malheureux est celui qui désire la ruine de sa patrie.

Avec *facio* et *oportet*, *Missos faciant honores*, qu'ils renoncent aux honneurs. *Lucullo integram rem servatam oportuit*, il fallait conserver à Lucullus sa fortune tout entière (il fallait que Lucullus conservât, etc.).

§ 357 *Nom de matière.*

Vas *ex auro.*

Le nom qui exprime la matière dont une chose est faite se met à l'ablatif avec *è* ou *ex.*

Ex. : Un vase d'or, *vas ex auro.*

Une statue d'airain, *signum ex ære.*

On pourrait aussi du nom de matière faire un adjectif, qui doit s'accorder avec le nom. Ex. : Un vase d'or, *vas aureum;* une statue d'airain, *signum œneum.*

§ 358. *Noms de mesure, de temps et d'espace.*

Velum longum *tres ulnas,* ou *tribus ulnis.*

Le nom qui marque la mesure ou la distance se met

---

§ 357 *Or, airain,* etc., sont des noms de matière. — Cette règle se rapporte encore à la question d'éloignement *undè* : *vas conflatum ex auro*, *statua ducta ex ære*. Il est évident qu'on ne peut changer le substantif en adjectif (*æneum* au lieu de *ex ære*) quand le nom de matière est suivi lui-même d'un adjectif. Ex. : Une statue d'airain de Corinthe, *signum ex ære corinthiaco.*

§ 358. Le nom de mesure est marqué par *trois aunes*, le nom de distance par *vingt pas*, etc. Avec l'accusatif on sous-entend *ad*, jusqu'à (c'est la question *quò*); avec l'ablatif, on sous-entend *ex, de* (c'est la question *undè*). — Ces phrases répondent aux questions quelle est l'étendue, la longueur, la largeur, la profondeur, l'épaisseur, l'éloignement? On répond par le nom *de mesure, de distance*. — Si l'on veut désigner le lieu où quelque chose se passe, on se sert plutôt de l'ablatif. Ex. : Arioviste vint se placer *à six milles* du camp de César. *Ariovistus millibus passuum sex à Cæsaris castris consedit.* — Le subst. *spatium*, lorsqu'on l'exprime, se met à l'ablat : *A Chalcide Aulis trium millium spatio distat*, la distance de Chalcis à Aulis est de trois milles.

Le nom qui désigne la dimension, comme longueur, largeur, se met à l'accusatif avec *in*. Ex. : *Helvetiorum fines in longitudinem millia passuum ducenta et quadraginta, in latitudinem centum et octoginta patebant*, les frontières des Helvétiens avaient en longueur deux cent quarante mille pas et cent quatre-vingt mille en largeur. — On trouve quelquefois le génitif avec *longus, latus*. Ex. : *Cæsar fossam viginti pedum latam duxit*, César fit creuser un fossé large de vingt pieds, on sous-entend *mensurà*. Enfin on dit aussi *platanus longitudine quindecim cubitorum*, un platane de quinze coudées de long. Lorsque le nom de *mesure* est au génitif, il est régi par un substantif sous-ent. : *Castra aberant bidui*, sous-ent. *iter*. Le camp était à deux journées (de marche).

DE LA GRAMMAIRE LATINE. 281

à l'accusatif ou à l'ablatif, sans préposition, mais mieux à *l'accusatif*.

Ex. : Un voile long de trois aunes, *velum longum tres ulnas* (ad), ou *tribus ulnis* (ex).

Il est éloigné de vingt pas, *abest* ou *distat viginti passus*, ou *viginti passibus*.

§ 359. Si le nom de mesure est précédé d'un comparatif, il se met toujours à l'ablatif.

Ex. : Vous n'êtes pas plus grand que moi de deux doigts, *duobus digitis major me non es*.

§ 360. Le lieu précis où une chose est arrivée, se met à l'ablatif sans préposition, ou à l'accusatif avec *ad*, et alors on se sert du nombre ordinal, *primus, secundus, tertius*, etc.

Ex. : Il est tombé à dix pas d'ici, *cecidit decimo abhinc passu, ad decimum abhinc passum*.

§ 361. *Noms de l'instrument, de la cause, de la manière*, etc.

Le nom de l'instrument dont on se sert pour faire quelque chose, la cause pourquoi elle se fait, la ma-

---

§ 359. On se sert de l'ablatif parce qu'on ne peut pas sous-entendre la préposition *ad* (C'est la règle de manière.)
L'expression de la mesure, de la quantité dont une chose est plus grande ou plus petite, se met aussi à l'ablatif, et s'exprime par *paulò, multò, tantò, tantulò, quantò, aliquantò, eò, hoc, dimidio*, etc., qui précèdent le comparatif Ex. : *Hibernia est dimidio minor quàm Britannia*, l'Hibernie est *moitié* moins grande que la Bretagne. — Remarquez que *aliquantò* signifie *quelque chose de plus, encore plus*; et que *paulò* signifie *un peu plus* (pas beaucoup plus) *Paulò crudelior*, un peu plus cruel; *aliquantò*... encore plus cruel. Corn. Nep.

§ 360. Le nombre cardinal marque simplement la distance, sans préciser le lieu. On connaît le lieu précis quand la phrase française peut se construire avec le nombre ordinal. Il est tombé au *dixième* pas, au *troisième* mille de la ville, *ad tertium ab urbe lapidem*; mais je dirai : il a fait dix pas, *decem passus progressus est*, et non *decimum passum*.

§ 361. Ne confondez pas l'ablatif *d'instrument* avec l'ablatif

nière dont elle se fait, et le nom de la partie, se mettent à l'ablatif, sans préposition.

EXEMPLES :

Du nom d'instrument.

Frapper de l'épée *ou* avec l'épée, *ferire gladio (cum).*

d'accompagnement, c'est-à-dire celui par lequel on désigne les instrumens qu'on porte sur soi, et devant lequel on exprime la préposition *cum*. Ex. : *Servi cum telis comprehensi sunt*, des esclaves furent arrêtés avec des armes. *Ingressus est cum gladio*, il est entré avec une épée.

On doit faire la même distinction pour le nom de *cause* et pour le nom de *manière* ; *Romam veni cum febri*, je suis venu à Rome avec la fièvre. *Egit cum prudentiâ*, il a agi avec prudence. — Autres exemples du nom de manière ou d'instrument : Etre sur un char, à cheval, sur un vaisseau, *equo, curru, nave vehi*. Les habitans de l'intérieur de la Bretagne vivent de lait et de chair, *Britanni interiores lacte et carne vivunt*. Les barbares du Nord boivent dans des cornes de buffles, *urorum cornibus barbari septentrionales potant*.

Le nom de cause est très-souvent accompagné d'un participe, comme *ductus, adductus, commotus, impulsus, compulsus, incensus, inflammatus, lacessitus, captus, delinitus, victus, impeditus*. Ex. : *Officio, ductus* par devoir ; *necessitate adductus, compulsus*, par nécessité ; *irâ inflammatus*, enflammé de colère, dans sa colère ; *captus misericordiâ*, par compassion, etc. — Avec les verbes neutres, au lieu de l'ablatif, on emploie souvent les prépositions *propter* et *per* avec l'accusatif, ce qui a toujours lieu avec les noms de personnes. Ex. : *Propter metum* (pour *metu*) *legibus paret*. — On se sert de l'ablatif dans les locutions suivantes : A mon avis, *meâ sententiâ* ; Cic. Syrien de nation, *natione Syrus* ; surnommé Barcas, *cognomine Barcas*, etc. — On admet l'accusatif dans les expressions où entre le substantif *pars*. Ex. : *Magnam partem ex iambis constat oratio*. Cic. Le discours se compose en grande partie d'iambes. — Les participes *junctus* et *conjunctus* se construisent avec l'ablatif sans *cum* : *Infinitum bellum junctum miserrimâ fugâ*... jointe à un exil. etc.

Nom de partie. — Autres exemples, *Cadere animis*, se décourager. *Agesilaus fuit claudus altero pede*, Agésilas était boiteux d'un pied. *Membris omnibus captus*, paralysé de tous ses membres. *Linguâ hæsitare*, bégayer, etc.

Autres exemples ayant rapport au nom de manière, de cause, etc. *Ad præscriptum omnia gerere*, faire tout comme on nous l'a com-

Du nom de cause.

Il mourut de faim, *fame interiit (præ).*

Du nom de manière.

Vous l'emportez en beauté, en grandeur, *vincis formâ, vincis magnitudine.*

Du nom de la partie.

Je tiens le loup par les oreilles, *teneo lupum auribus.*

§ 362. *Nom du prix, de la valeur.*

Hic liber constat *viginti assibus.*

Le nom qui marque le prix, la valeur de quelque chose, se met à l'ablatif, sans préposition.

Ex. : Ce livre coûte vingt sols, *hic liber constat viginti assibus (pro).*

---

mandé. *Ad usum hominum,* pour l'usage des hommes. *A frigore,* à cause du froid, contre le froid. *A fronte,* par devant. *Multis de causis,* pour beaucoup de raisons. *Pro merito,* selon son mérite. *Pro nostrâ amicitiâ,* à cause de notre amitié.

§ 362. Autres exemples. — *Isocrates viginti talentis unam orationem vendidit,* Isocrate vendit un seul discours vingt talens. *Hæc domus venit decem millibus nummorum,* cette maison se vend dix mille écus. (Ne confondez pas *venire, veneo, venii,* vendre, avec *venire, venio, veni,* venir.) — *Lis æstimatur centum talentis,* le procès (l'amende) est estimé cent talens. — *Quod non opus est, asse carum est,* ce qui est inutile, est cher à un as. *Sextante sal Romæ erat,* à Rome, le sel était à un sixième d'as. — *Emere talento,* acheter un talent. — *Multo sanguine ea victoria Romanis stetit,* cette victoire coûta beaucoup de sang aux Romains. — On trouve aussi l'accusatif avec *ad.* Ex. : *Si mercatus esset ad eam summam quam volueram,* s'il l'avait acheté pour le prix que j'avais fixé, Cic. C'est par la même règle qu'on emploie l'ablatif des adjectifs neutres *magno, tanto, quanto, nimio, parvo, plurimo, minimo, vili, duplo, dimidio,* etc. *Venditori expedit rem venire quam plurimo,* Cic. Il est de l'intérêt du vendeur que sa chose se vende le plus cher possible.

§ 363. *Nom de temps.*

Question *Quando.*

Veniet *die dominicâ.*

Si l'on veut marquer quand une chose s'est faite ou se fera, *quando*, le nom de temps qui répond à la

---

§ 363. Lorsqu'il y a un nom de nombre dans la réponse, on se sert du nombre ordinal parce qu'il faut préciser le jour, l'heure ; *Tertiâ horâ, tertio die,* la troisième heure, le troisième jour ; *tribus horis, tribus diebus,* signifieraient pendant trois heures, trois jours.

Les expressions *de jour, de nuit,* se rendent souvent par *interdiù, noctu.*

Deux, trois, quatre, énonçant non le nombre, mais l'ordre et le rang, se traduisent par *secundus, tertius, quartus,* etc. L'an de Rome (ou de la fondation de Rome) 672 ; *anno ab Urbe conditâ sexcentesimo septuagesimo secundo.*

Pour exprimer la date d'un mois, d'une année, il faut toujours exprimer le mot *jour* et le mot *année* sous-entendus en français, et mettre le nom du mois au génitif. Ex. : Le huit janvier 1799, *octavo die mensis Januarii, anno millesimo septingentesimo imo nonagesimo nono.* (En latin, on dit toujours mil cent, mil deux cents, etc. ; au lieu de soixante-dix, quatre-vingt-dix, onze, etc., on dit septante, nonante, nonante et un, etc.)

Les noms de nombre qui accompagnent les noms propres de rois, les chapitres, les titres, etc., d'un livre, se traduisent aussi par le nombre ordinal : Sous le règne de Henri IV, *regnante Henrico Quarto.* — Chapitre 6, livre 5, *capite sexto, libro quinto,* etc., etc. L'an trois mil, *anno ter millesimo* (trois fois millième. Voyez ci-après les noms de nombre.)

On trouve la préposition *in* lorsqu'il s'agit de marquer quelques circonstances difficiles ou importantes : *Hoc quidem in tempore,* Cic. *In tali tempore,* Liv. On dit très-souvent *bello* au lieu de *in bello,* surtout avec un adjectif ou un génitif : *Bello Latino ; bello Latinorum ; Gallico bello ; pugnâ Cannensi. Senectute diem obiit supremum.*

Pour désigner le temps avec plus de précision, lorsqu'on répond à la question *quando*, on se sert des prépositions. Ex.: *Cum* : Il est venu au point du jour, *cum primâ luce venit. —Ad* : D'ici à dix ans, *ad decem annos. — Sub* : Environ l'heure du combat, *sub horam pugnæ. — Super* : Tué pendant le souper, *super cœnam occisus* (super pour *inter*). — *In* : pour le présent,

question quand? *quando*? se met à l'ablatif sans préposition.

Ex. : Il viendra dimanche, *veniet die dominicâ* (sous-ent. *in*); le mois prochain, *mense proximo*; à trois heures, *horâ tertiâ*. (A la question *quando*, l'on se sert du nombre ordinal).

§ 364. Question *Quamdiù?*

Regnavit *tres annos* ou *tribus annis*.

Quand on veut marquer combien de temps une chose a duré ou durera, *quamdiù*, le nom de temps qui ré-

---

pour l'avenir, *in præsens, in futurum* (*in* pour *ad*). Je suis venu à temps, *veni in tempore*. — De : à la quatrième veille, *de quartâ vigiliâ*.

On dit *Circiter Calendas* (*ad*), environ les Calendes. Dans les expressions suivantes, le génitif est un pléonasme : *Tunc temporis*, alors; *posteà loci*, ensuite; *ad id locorum*, jusqu'à présent. Ces deux dernières locutions sont peu usitées. *In præsentiarum* (pour *in præsentiâ rerum*), pour le présent).

§ 364. On se sert ici du nombre cardinal, parce qu'il ne s'agit pas de préciser une année du règne, mais seulement d'indiquer le nombre d'années. Ex. : *Appius cæcus multos annos fuit*. Appius fut aveugle pendant plusieurs années. *Inediam biduum aut triduum ferunt*, ils peuvent passer deux ou trois jours sans manger. *Sunt regiones ubi sol sex mensibus continuis non videtur*, il y a des pays où, pendant six mois de suite, on ne voit pas le soleil. On se sert de l'un ou de l'autre de ces deux cas, suivant que la clarté de la phrase l'exige.

L'ablatif paraît moins usité que l'accusatif pour exprimer la durée. On dit *tribus annis post*, ou *tribus post annis*, ou *post tres annos decessit*; on se sert de l'accusatif lorsqu'on place la préposition avant le nom de nombre. Même construction pour la préposition *ante*.

Peu avant se traduit par *paulo antè*; peu après, *paulo post*; on sous entend *tempore*.

On peut dire *post tertium annum*; *tertio post anno quàm venerat*. Il faut remarquer les phrases suivantes : *Ipse octo diebus quibus has litteras dabam, cum Lepidi copiis me conjungam*, huit jours après la date de cette lettre, je me réunirai aux troupes de Lépide. *Quatriduo quo is occisus est*, quatre jours après qu'il fut tué. *Biduo quo hæc gesta sunt*, deux jours après cet événement.

La préposition *per* accompagne quelquefois l'accusatif : *Anni*

pond à la question *quamdiù* ? se met à l'accusatif ou à l'ablatif, sans préposition, et l'on se sert du nombre cardinal.

Ex. : Il a régné trois ans, *regnavit tres annos* (*per*) ou *tribus annis* (*in*).

§ 365. Question *A quo tempore* ?

Tertium annum regnat. — *Tribus abhinc annis mortuus est.*

Quand on veut marquer depuis quel temps une chose se fait, *à quo tempore*, le nom de temps se met à l'accusatif, et l'on se sert du nombre ordinal ou cardinal.

Ex. : Il y a trois ans qu'il règne, *tertium annum regnat* (*per*), Crc. On dit aussi *à tribus annis*.

Il y a plusieurs années que je suis lié avec votre père, *multos annos utor familiariter patre tuo*.

§ 366. Si le temps est passé, et qu'il ne dure plus,

---

bal *Italiam per annos sexdecim variis cladibus fatigavit.* On a vu qu'on se servait des prépositions pour préciser la durée du temps. Ex. : *Ad tempus*, pour un temps. *Ad summam senectutem*, jusque dans une extrême vieillesse.

La réponse à la question pour combien de temps, se met à l'accusatif avec *in*. Ex. : *Induciæ in centum annos factæ*, une trêve faite pour cent ans. *Phaethon currus paternos in diem rogavit.* Phaéton demanda le char de son père pour un jour.

§ 365. On emploie cette construction lorsque le verbe marque le présent comme *règne*. On met aussi le nombre ordinal à l'ablatif. Ex. : *Septimo fere anno Cæsar morabatur in Gallis*, il y avait sept ans environ que César était dans la Gaule, ou depuis sept ans, etc. *Lysander Athenienses, sexto et vicesimo anno bellum gerentes, confecit*, Lysandre défit les Athéniens qui faisaient la guerre depuis vingt-six ans.

§ 366. Cette construction a lieu lorsque le verbe est au parfait. La même idée s'exprime aussi par *ante* avec le pronom *hic* : *Ante hos sex menses maledixisti mihi*, il n'y a pas six mois que tu as médit de moi. — Autres exemples : *A pueritiâ, à puero, à pueris*, dès l'enfance *A morte Cæsaris*, depuis la mort de César.

L'âge se rend en latin par *natus* accompagné de l'accusatif. Ex. :

on met le nom de temps à l'accusatif ou à l'ablatif, avec *abhinc*, et l'on se sert du nombre cardinal.

Ex. : Il y a trois ans qu'il est mort, *tribus abhinc annis (à)* ou *tres abhinc annos (antè) mortuus est.*

§ 367. Id fecit *intrà tres dies.*

Quand on veut marquer en quel espace de temps une

Decessit Alexander mensem unum, annos tres et triginta natus, Alexandre mourut à l'âge de trente-trois ans et un mois ; mais on dirait *Alexander mortuus est quarto et trigesimo ætatis anno*, si l'on voulait seulement marquer l'année dans laquelle l'événement a eu lieu. On ne dirait pas *magnus natu*, comme l'on dit *natu major*; mais *magno natu* Timothée dans un âge avancé, *Timotheus quum esset magno natu.*

Lorsqu'on n'exprime pas *natus*, on met le nom au génitif. Ex. : *Valerius Corvinus annorum trium et viginti consul est factus*, Valérius Corvinus fut élu consul à vingt-trois ans.

L'accusatif accompagne aussi le comparatif *major* ou *minor* avec ou sans *quàm.* Ex : *Major annos sexaginta natus*, Nep. *Annos natus major quadraginta*, Cic., âgé de plus de soixante, de quarante ans. *Principes Macedonum cum liberis majoribus quàm quindecim annos natis*, les grands de la Macédoine avec ceux de leurs enfans qui avaient plus de quinze ans. Enfin avec *major* ou *minor* les noms qui expriment l'âge se mettent au génitif ou mieux à l'ablatif. Ex. : *Minor annorum triginta*, avant l'âge de trente ans, Plin. *Minores quinque et triginta annis*, âgés de moins de trente-cinq ans (avant l'âge de), Liv. *Major biennio quàm nos*, plus âgé que nous de deux ans, Cic. — On se sert aussi des adjectifs en *arius. Vir quadragenarius*, un homme de quarante ans. *Major sexagenario*, âgé de plus de soixante ans.

La construction de la phrase exige quelquefois qu'on se serve du nombre ordinal. Ex. : Il était âgé de cinquante-quatre ans, et en avait régné vingt sept, lorsqu'il fut assassiné, *quartum et quinquagesimum ætatis annum, regni verò septimum et vigesimum agebat, quùm interfectus est.*

On trouve aussi *ad* dans certains sens : *post sexennium* ou *ad sexennium*, dans six ans.

§ 367. On dit encore : *Vix decem annis unam cœpit urbem ; multi intrà vicesimum diem dictaturâ sese abdicaverunt. Sol triginta ferè annis cursum conficit*, pour *intrà triginta annos.*

On se sert aussi de l'ablatif *spatio.* Ex. : L'armée d'Alexandre traversa le Caucase en dix-sept jours, *septemdecim dierum spatio Caucasum superavit Alexandri exercitus.* — Dans l'emploi de ces différentes locutions, il faut consulter la clarté de la phrase.

chose s'est faite ou se fera, *quanto tempore*, le nom de temps se met à l'accusatif avec *intra*.

Ex. : Dieu a créé le monde en six jours, *Deus mundum creavit intra sex dies*.

§ 368. *Dans*, suivi d'un nom de temps, s'exprime par *post*, avec l'accusatif, quand il peut se tourner par *après*.

Ex. : Je partirai dans trois jours, c'est-à-dire après trois jours, *post tres dies proficiscar*.

§ 369. *Nom de lieu*.

Il y a quatre questions de lieu : *ubi*, où l'on est ; *quò*, où l'on va ; *undè*, d'où l'on vient ; *quà*, par où l'on passe.

---

§ 369. Pour connaître à quel cas il faut mettre le nom de lieu, faites-vous les questions suivantes : *Où*, *ubi* ? Le nom qui répond à cette question marque le lieu *où l'on est*, où l'on *fait* quelque chose.

Où, *quò* ? Le nom qui répond à cette question marque le lieu *où l'on va*, où l'on *vient*, enfin un *mouvement pour approcher d'un but*, soit au propre, soit au figuré.

D'où, *undè* ? Le nom qui répond à cette question marque le lieu *d'où l'on vient*, d'où l'on *sort*, enfin un *mouvement d'éloignement*, soit au propre, soit au figuré.

Par où, *quà* ? marque le lieu *par où l'on passe*.

Remarquez qu'il n'est pas nécessaire, pour qu'un nom dépende de ces questions, qu'elles soient exprimées, il faut seulement qu'on puisse les sous-entendre. Ex. : Vous êtes en France : on peut dire : Où êtes-vous ? *Ubi es* ? Le mot *France*, par lequel vous répondriez, dépendrait de la question *Ubi*, et se mettrait au cas qu'elle demande, c'est-à-dire au cas de la préposition.

Pour connaître à quelle question appartient un nom de lieu, il faut considérer la nature du *verbe*. Les *verbes de repos* ou les *verbes de mouvement* qui n'expriment point *passage d'un lieu à un autre*; *changement de lieu*, indiquent la question *Ubi*. Ceux qui expriment *mouvement vers un lieu*, indiquent la question *Quò*. Ceux *d'éloignement*, la question *Undè*. Ceux qui expriment le *passage par*, la question *Quà*.

§ 370. QUESTION *UBI*.

Quand on marque le lieu où l'on est, où l'on fait quelque chose, c'est la question *ubi*.

Sum *in Galliâ, in urbe.*

1° A la question *ubi*, le nom de lieu se met à l'ablatif, avec *in*.

Ex. : Je suis en France, *sum in Galliâ*; dans la ville, *in urbe.*

Il se promène dans le jardin, *ambulat in horto.* (On met *horto* à l'ablatif, parce qu'on ne sort pas du lieu.)

§ 371. Natus est *Avenione, Athenis.*

2° On sous-entend la préposition, quand c'est un nom propre de ville.

Ex. : Il est né à Avignon, *natus est Avenione* ; à Athènes, *Athenis.*

§ 372. Habitat *Lugduni, Romæ.*

3° Si le nom propre de ville est au singulier, et de

---

§ 370. Les noms de provinces, de royaumes, les noms de grands lieux, comme *Europe, France, Angleterre, Provence*, et les noms communs, comme *ville, lieu, endroit, village, bourg*, etc., se mettent à l'ablatif avec *in*.

A la question *ubi*, le *verbe* peut exprimer mouvement; mais on met toujours le nom à l'ablatif, parce qu'il n'y a pas passag d'un lieu à un autre. Ex. : Il errait dans la ville, dans la France, *in urbe, in Galliâ errabat.* — Au figuré : Il fait des progrès dans les lettres, *in litteris proficit.*

§ 371. On sous-entend aussi la préposition *in* avec *rure* ou *ruri*. *Rure* ou *ruri agere vitam*, vivre à la campagne; avec *loco, locis, viâ* et *itinere*, quand ils sont accompagnés d'un adjectif : *Hôc loco, multis locis, gabinâ viâ*, par le chemin de Gabie; avec l'adjectif *totâ, toto* : *Urbe totâ, Siciliâ totâ, toto campo, toto flumine Ibero.* On dit encore *superioribus litteris*, dans votre dernière lettre ; *eo* ou *in eo libro.*

§ 372. Cette règle s'applique aussi aux noms des petites îles. Ex. :

la première ou de la seconde déclinaison, on le met au génitif.

Ex. : Il demeure à Lyon, *habitat Lugduni*; à Rome, *Romæ*.

Les noms *domus*, *humus*, se mettent aussi au génitif, *domi*, *humi*... Est-il à la maison ? *Est-ne domi* ? On dit aussi *militiæ*, *belli*, en temps de guerre (sous-entendu *tempore*).

(*Militiæ*, *belli*, ne se construisent de la sorte que quand ils répondent à la question *ubi*, et qu'ils sont opposés à *domi*, Ex. : *Domi belliqué*, dans la paix et dans la guerre.)

Les génitifs des noms propres de villes, ainsi que *domi*, *humi*, *militiæ*, *belli*, sont pris adverbialement, ainsi que cela a lieu en grec; voilà pourquoi ils ne se construisent pas avec des adj. Ainsi l'on dit *est in magnâ Româ*, et non *magnæ Romæ*. *Voy*. les notes.

§ 373. *Cœnabam apud patrem*.

4° Le nom de la personne se met à l'accusatif avec *apud*.

Ex. : Je soupais chez mon père, *cœnabam apud patrem*.

Conon plurimum Cypri vixit, Iphicrates in Thraciâ, Timotheus Lesbi, Conon vécut la plupart du temps dans l'île de Cypre, Iphicrate dans la Thrace, et Timothée à Lesbos. Les noms propres de villes en *e* de la première déclinaison, comme *Mitylene*, gén. *es* ou *æ*, doivent se mettre au gén. en *æ*. Ex. : *Negotiatur Mitylenæ*, il fait le commerce à Mitylène.

* Cependant on dit *domi meæ*, *tuæ*, *suæ*, *nostræ*, *vestræ*, *alienæ*, *illius*, *Cæsaris*.

Il ne faut pas confondre *Domus* et *ædes*; *ædes* est le corps de logis, *domus* est la maison avec toutes ses dépendances. *Domi* tient souvent la place de *in urbe*, *in civitate* (l'État). Ex. : *Parvi sunt foris arma, nisi est consilium domi*, littéral., c'est peu d'avoir des armes au dehors, si l'on n'a pas la prudence dans l'État (dans l'intérieur.) *Domi autem creati decem prætores*, dans la ville on créa dix préteurs. On dit *humi jacere*, être étendu par terre ; *stratus humi*, étendu par terre; *prosternere aliquem humi*, renverser quelqu'un par terre; *abjicere humi*, etc.

§ 373. Le nom de la chose, et quelquefois celui de la personne, se met à l'accusatif avec *ad*. Ex. : *Ad focum, ad lampadem sedens*, assis près de son feu, à la clarté de sa lampe. *Ad judicem dicere*, parler devant le juge. On se sert de *apud*, et de *ad* parce qu'on ne peut être qu'auprès d'une personne ou d'une chose. Dans ce dernier cas, on suit la même règle pour les noms de lieux. Ex. : *Habet exercitum ad urbem* ; il a son armée près de la ville. *Ad Cannas*, à Cannes. *Ad secundum lapidem*, à la deuxième borne. *Cæsar erat ad portas*. César était aux portes.—*V*. § 379, *not*.

§ 374. QUESTION *QUÒ*.

La question *quò* se connaît lorsque le verbe signifie mouvement pour aller, venir en quelque lieu, partir pour quelque lieu.

---

§ 374. Il faut rapporter à la question *quò* tous les verbes qui expriment mouvement vers un but et changement de lieu, soit au propre, soit au figuré. Ex. : *Proficiscor Athenas*, je pars pour Athènes. *Ingredior cubiculum* ou *in cubiculum*, j'entre dans la chambre (on peut quelquefois retrancher la préposition quand elle se trouve exprimée dans le verbe). *Injicere terrorem in animos*, inspirer la terreur (jeter dans l'âme) — Couper, fendre, déchirer, diviser, partager en deux, etc., *secare, diffindere, scindere, dividere, partiri in duas partes*, etc.

Lever les yeux au ciel, *tollere oculos ad cœlum*. — Le Tibre s'éleva à une hauteur extraordinaire, *Tiberis excrevit in immensam altitudinem*. — S'étant levé (appuyé) sur le coude, *levatus in cubitum*. — Sur la fin du dîner, *sub finem prandii* (c'est-à-dire lorsque le dîner tirait à sa fin). — A l'approche de la nuit, *sub noctem*. — Il vivra éternellement, *vivet in æternum* (c'est-à-dire *vita producetur in æternum*). Il y a un mouvement figuré du présent à l'avenir. — Admettre quelqu'un dans le sénat, *aliquem legere in senatum*, littéralement, choisir dans. Il n'y était pas, on l'y admet, il y a mouvement. — Il fait inscrire cinq mille colons pour Capoue, *quinque millia colonorum Capuam scribi jubet*. — Le peuple se partage en sentimens différens, *scinditur studia in contraria vulgus*. — Recevoir à sa table, *adhibere ad cœnam*. — Il raillait le Pythagoricien, *jocabatur in Pythagoricum* (Littéral. : il plaisantait sur). — Chercher l'occasion, *imminere in occasionem*. — S'appliquer à quelque chose, *incumbere in* ou *ad aliquid*. (Se coucher sur) — Il tâche de le perdre, *incumbit in ejus perniciem*. — Divulguer, publier, *indicare in vulgus*. Jurer d'obéir aux lois, *jurare in leges*. Eustathius dans son commentaire sur Homère, *Eustathius in Homerum*. Il dit plusieurs choses sur ce sujet, *in hanc sententiam multa dixit*.

Quo est un ancien accusatif pluriel en *o*, qui est encore usité dans *quocirca*, c'est pourquoi ; *quousque*, jusques à quand ; *quoad*, tant, autant que.

Il y a plusieurs verbes qui se construisent tantôt avec l'*accusatif*, tantôt avec l'*ablatif*. Avec l'accusatif on considère l'action comme *passant d'un objet à un autre*, avec l'ablatif on considère l'action comme *se faisant dans un certain lieu*. Ex. : *Includere in carcerem*, mettre en prison (c'est-à-dire *faire entrer dans la prison*); *includere in carcere* : vous supposez qu'on est déjà dans la prison, au moment où l'on y est enfermé. Graver dans l'esprit,

Eo *in Galliam, in urbem.*

1° A la question *quò*, le nom du lieu où l'on va se met à l'accusatif, avec *in*, quand on entre dans le lieu, et *ad*, quand on ne va qu'auprès.

Je vais en France, *eo in Galliam;* à la ville, *in urbem.*

Ils vinrent au même ruisseau, *venerunt ad eumdem rivum.*

§ 375. Ibo *Lutetiam, Lugdunum.*

2° On sous-entend la préposition, quand c'est un nom propre de ville, et devant *rus, domum, domos.*

Ex. : J'irai à Paris, *ibo Lutetiam;* à Lyon, *Lugdunum.*

Je vais à la campagne, *eo rus;* à la maison, *eo domum.*

Ils invitent leurs amis à *venir dans* leurs maisons, *domos suas invitunt amicos.*

---

imprimere in animo et *in animum.* Graver sur l'airain, *incidere in æs* et *in ære.* Ponere se construit presque toujours avec l'ablatif, *ponere in capite; ponere spem in armis.* Cependant Aulu-Gelle a dit *ponere coronam in caput;* et Cicéron, *ponere dies multos in rem aliquam; quacumque ingredimur, vestigium in aliquam historiam ponimus.* Avec *imponere,* et en général avec tous les verbes composés de la préposition *in,* signifiant *sur,* quand on répète la préposition, déjà contenue dans le composé, on met l'*accusatif,* et on met le *datif,* quand on emploie simplement le composé. Ex. : *Imponere in collum; imponere arces montibus.*

Les substantifs et les adjectifs qui expriment mouvement, peuvent se construire aussi avec *in* ou *ad*, et l'accusatif. Ex. : On peut revenir au port, *patet reditus ad portum. Propensus ad lenitatem,* etc.

§ 375. *Observation.* Quelquefois on trouve *ad* exprimé devant un nom propre de ville ; il signifie alors auprès, devant. Ex. : *Ad Trojam,* devant Troie. *Adolescentulus miles profectus sum ad Capuam, quinque annos post ad Tarentum quæstor,* c'est-à-dire *in castra ad Capuam, ad Tarentum. Ad me legati venerunt in castra ad Iconium,* Cic. On voit par ce dernier exemple qu'après un verbe de mouvement, le régime des prépositions qui en dépendent se met ordinairement à l'*accusatif: Ad me in castra,* et non *in castris.*

Si l'on se sert du verbe *petere* pour exprimer *aller*, on met toujours le nom de lieu à l'accusatif, sans préposition : Je vais au collége, *peto collegium*.

§ 376. *Eo ad patrem, ad sacram concionem.*

3° Le nom de la personne et celui de la chose se mettent à l'accusatif, avec *ad*.

Ex. : Je vais chez mon père, *eo ad patrem*; au sermon, *ad sacram concionem*.

§ 377. QUESTION *UNDE*.

La question *unde* se connaît lorsque le verbe signifie mouvement pour partir ou venir de quelque lieu.

Redeo ex Gallia, ex urbe.

1° A la question *unde*, le nom du lieu d'où l'on part, d'où l'on vient, se met à l'ablatif, avec *e* ou *ex*.

---

§ 376. On emploie souvent le nom du peuple au lieu du nom de pays : *Proficisci in Persas*, partir pour la Perse.

§ 377-378. Il faut rapporter à cette règle tous les verbes qui expriment éloignement, soit au propre, soit au figuré. Ex. : *Accepi litteras tuas datas Placentiâ*, j'ai reçu votre lettre datée de Plaisance.—*Dionysius Platonem Athenis arcessivit*, Denis fit venir Platon d'Athènes. — *Demaratus fugit Tarquinios Corintho*, Démarate s'enfuit de Corinthe à Tarquinies. Voyez § 298 Not.

Remarquez qu'un verbe peut *se rapporter à la fois* à la question *quo* et à la question *unde*. Dans ce dernier exemple, *fugit* marque éloignement, parce qu'il se rapporte à *Corintho* (question *unde*), et mouvement vers un but, parce qu'il se rapporte à *Tarquinios* (question *quo*).

Accepi litteras à patre meo; petivit beneficium à rege; liberare à morte; rempublicam à periculo prohibere.

Doleo à capite, j'ai mal à la tête. D'où vient la douleur? de la tête. *Ab aspectu decorus*, beau à voir. D'où est-il beau? *ab aspectu*. *A pueris*, dès l'enfance. *A prandio*, après le dîner. *Secundus à rege*, le premier après le roi. *Prope à muris*, près des murs.

Observation. En général on met la préposition *à* devant les noms propres de villes, lorsqu'on veut exprimer seulement la proximité. Ex. : *A Româ profectus est Capuam*, il partit d'auprès de Rome pour se rendre à Capoue.

Româ, sans préposition, signifierait, il partit de Rome, de l'intérieur de Rome. (On trouve aussi la préposition *à* dans ce dernier sens, ce qui n'est pas à imiter.)

Le lieu d'où l'on tire son origine s'exprime plutôt par un ad-

Ex. : Je reviens de la France, *redeo ex Galliâ*; de la ville, *ex urbe*.

Il est sorti de sa chambre, *egressus est è cubiculo*.

§ 378. Redeo *Lugduno, Româ*.

2° On sous-entend la préposition, quand c'est un nom propre de ville, et devant *rure, domo*.

On dit aussi, sans préposition : *tollere humo, movere loco, cedere loco, foro*.

Ex. : Je reviens de Lyon, *redeo Lugduno* ; de Rome, *Româ* ; de la campagne, *rure* ; de la maison, *domo*.

§ 379. Venio *à patre meo, à venatione*.

3° Le nom de la personne et celui de la chose se mettent à l'ablatif, avec *à* ou *ab*.

Ex. : Je viens de chez mon père, *venio à patre meo*; de la chasse, *à venatione*.

§ 380. QUESTION *QUA*.

Quand on marque le lieu par où l'on passe, c'est la question *quà*.

---

jectif formé du nom du lieu : Cimon d'Athènes, *Cimon Atheniensis* ; mais on dit aussi *Athenis natus*.

Les adjectifs d'éloignement se construisent aussi avec l'Abl. régi par la préposition *à*. Ex. : *Animum alienum ab aliquo habere*, avoir de l'éloignement pour quelqu'un.

§ 378. On n'exprime point la préposition devant *domus* lorsqu'il signifie *au* ou *du logis, dans* ou *de ce pays*, et devant *rus*, lorsqu'il signifie *à* ou *de la campagne*, dans un sens général.

§ 379. Les pronoms personnels joints aux prép. *apud, ad, à*, désignent la demeure de la personne dont on parle. *Pompeius venit ad me, à se*, Pompée est venu de chez lui, chez moi.

§ 380. *Quà* est proprement un ablatif féminin. Ainsi, quand on dit *quà transiit*, on sous-entend *parte, urbe, regione*, etc. Aussi trouve-t-on souvent l'abl., au lieu de l'accusatif avec la préposition *per*. Ex. : *Totâ ambulat Româ*. — *Totâ Asiâ vagatur*. — *Multæ insidiæ mihi terrâ marique factæ sunt*, par (sur) terre et par (sur) mer. Ces exemples se rapportent aussi à la question *ubi*. — *Ibam forte viâ sacrâ*, pour *per viam sacram*. *Lupus Esquilinâ portâ ingressus*, un loup entra par la porte Esquiline. *Pado naves commeatus subvehebant*, les transports se faisaient par le Pô.

Toutes les prépositions qui expriment *passage par*, peuvent se rapporter à la question *quà*. Ex. : Passer de bouche en bouche,

Iter feci per *Galliam*, per *Lugdunum*.

A la question *quà*, tous les noms des lieux par où l'on passe se mettent à l'accusatif, avec *per*.

Ex. : J'ai passé par la France, *iter feci per Galliam*; par Lyon, *per Lugdunum*.

§ 381. Quand on se sert de *transire*, verbe composé de *ire*, aller, et de *trans*, au delà, on met l'accusatif, sans la préposition *per*. Ex. : Il passa par la ville, *transiit urbem*.

§ 382. Iter faciam *per domum avunculi mei*.

Par chez, avec un nom de personne, se tourne ainsi: par la maison de, et se dit en latin *per domum*.

Ex. : Je passerai par chez mon oncle, *iter faciam per domum avunculi mei*.

Observations.

§ 383. Quand, après un nom propre de ville, se trouve le nom commun, *ville*, *endroit*, on met d'a-

---

circumferri per ora. Il courait *dans* les rues de la ville, *per vias urbis discurrebat*.

§ 381. Après les verbes composés de la préposition *trans*, il est nécessaire d'exprimer une autre préposition (*in* ou *ad*), lorsqu'ils ont rapport à la question *quò*. Ex. : *Transire ad hostes*, passer du côté de l'ennemi. *Transcendere in Macedoniam*, pénétrer jusqu'en Macédoine. *Transire in alterius sententiam*, se ranger de l'avis d'un autre.

§ 382. Avec un nom de peuple, on se sert aussi de *per* : par chez les Éduens, *per Æduos* ou *per regionem Æduorum*, etc.

§ 383. *Remarques sur les questions de lieu.*

Quoique Cicéron ait dit : *Cassius in oppido Antiochiæ cum omni exercitu est*, l'usage veut qu'on se serve de l'ablatif *Antiochiá*. De même, au lieu de, *Archias Antiochiæ natus est, celebri quondam urbe et copiosá*, dites *in celebri quondam urbe*, etc. Cependant la préposition est souvent supprimée.

Lorsque les noms propres de villes sont accompagnés d'un adjectif, qui ne forme pas avec eux un nom composé, ils ne se met-

bord le nom propre au cas marqué dans chaque question; mais on exprime la préposition devant le nom commun.

Ex. : Ils s'arrêtèrent à Corinthe, lieu célèbre, *constiterunt Corinthi, in loco nobili.*

-tent jamais au génitif, mais à l'ablatif avec la préposition *in.* Ex. : *Est in magnâ Româ*, et non *magnæ Romæ. Discedit à magnâ Româ.*

Domi se construit avec les génitifs *meæ, tuæ, suæ, nostræ, vestræ, alienæ.*

Les noms composés suivent la règle des simples. Ex. : Il tint les états à Carthagène, *Carthagine novâ conventus egit.* — Je vais à Montpellier, *eo Montempessulanum.*

Exemples de construction sur les différens régimes des questions. Vous habitiez Vienne, ville d'Allemagne, lorsque je partis de Paris, capitale de la France, pour me rendre à Florence, ville d'Italie, en passant par Milan, ville ancienne, *habitabas Vindobonæ, in urbe Germaniæ, quùm profectus sum Lutetiâ, ex urbe præcipuâ Galliæ, ut me conferrem Florentiam, in urbem Italiæ, itinere habito per Mediolanum, urbem antiquam.* — Je partirai de la ville de Mâcon pour (aller) dans la ville de Marseille, mais je passerai quelque temps dans la ville de Lyon, *proficiscar ex urbe Masticone (ad eundum sous-entendu) in urbem Massiliam, sed commorabor aliquandiù in urbe Lugduno.*

On se rappellera qu'après les verbes composés on peut se dispenser de répéter la préposition. Ex. : *Ad-ire oppida*, aller dans les villes; *ex-cedere muros*, sortir des murs (*ex* pour *extra*); *excedere terrâ*, sortir de terre (*ex* pour *e*). On peut aussi la répéter. *ad aliquem adire*, aller trouver quelqu'un. *Nihil non consideratum exibat ex ore*, il ne sortait de sa bouche rien que de judicieux.

On trouve aussi *in* avec l'accusatif où il n'y a point de mouvement. *Esse in magnum honorem*, Ter. *Esse in amicitiam ditionemque populi romani*, etc. Et on le trouve avec un ablatif où il y a mouvement. *Veni in senatu*, Cic. Ces exemples sont rares et contre l'usage.

Les auteurs n'ont pas toujours suivi, pour le régime des questions de lieu, les règles établies par les grammairiens; c'est une licence contre laquelle on doit prémunir les élèves, qui doivent toujours suivre les règles de la grammaire, parce qu'elles ont été établies d'après l'usage le plus général. Ainsi ne dites pas à la question *ubi* : *in Alexandriâ*, Cic. *in Hispali* (à Séville), Cæs. *Quùm*

Je vais à Rome, ville d'Italie, *eo Romam, in urbem Italiæ*.

Je reviens de Lyon, ville de France, *redeo Lugduno, ex urbe Galliæ*.

Si le nom commun, *ville*, est devant le nom propre, il faut exprimer la préposition, et mettre le nom propre au cas régi par la préposition.

Ex. : Il demeure dans la ville de Lyon, *habitat in urbe Lugduno*. Il se rendra dans la ville de Marseille, *se conferet in urbem Massiliam*.

Domus et *rus*, suivis d'un génitif ou d'un adjectif, prennent la préposition. Il demeure dans la maison de César, dans une campagne agréable, *habitat in domo Cæsaris, in rure amœno*.

---

essem Siciliæ, Cic. *Natus regione*, Suet., mais dites : *Alexandriæ, Hispali, in Siciliâ, in regione*.

A la question *quò* : *Sardiniam venit*, il vint en Sardaigne. *Italiam se venturum promisit*, Cæs. *In Messanam venire*, venir à Messine. Cic. Dites : *in Sardiniam, in Italiam; Messanam venire*.

A la question *undè* : *Ægypto remeans*, Tac. *Si Pompeius Italiâ cedit*. Cic. *Ab Alexandriâ*, Cic. Dites : *Ex Ægypto*, etc.

Au lieu de *natus est Antiochiæ, loco nobili*, Cic., dites plutôt *in loco nobili*.

Cependant la préposition *in* est souvent sous-entendue à la question *ubi. Pompeius se oppido tenet*, Cic. *Castra Gallorum opportunis locis erant posita*, Cæs. D'un autre côté on trouve souvent la préposition *a* devant les noms propres de villes, pour préciser le sens ou pour marquer seulement une partie ou le voisinage de la ville. Ex. : *A Româ Æquis bellum afferre*, c'est-à-dire *a senatu populoque romano*. *A Brundusio navibus profectus erat*, c'est-à-dire *e portu brundusino. Ab Athenis proficisci in animo habebam*, Cic. *Ex rure in urbem revertebatur*, Cic. *Ex domo in domum videbatur migrare*, Corn. Nep.

§ 384. ADVERBES DE LIEU.

QUESTION *Ubi.*	QUESTION *Quò.*	QUESTION *Undè.*	QUESTION *Quà.*
Où, *ubi.*	Où, *quò.*	D'où, *undè.*	Par où, *quà.*
Ici où je suis, *hìc.*	Ici où je suis, *hùc.*	D'ici où je suis, *hinc.*	Par ici où je suis, *hàc.*
Là où tu es, *istìc.*	Là où tu es, *istùc.*	De là où tu es, *istinc.*	Par là où tu es, *istàc.*
Là où il est, *illìc.*	Là où il est, *illùc.*	De là où il est, *illinc.*	Par là où il est, *illàc.*
Là, y, *ibi.*	Là, y, *eò.*	De là, en, *indè.*	Par là, y, *eà.*
Ailleurs, *alibi.*	Ailleurs, *aliò.*	De quelque part, *alicundè.*	Par quelque endroit, *aliquà.*
Quelque part, *alicubi, uspiam.*	Quelque part, *quopiam.*	De quelque endroit que ce soit, *undecumque.*	Par quelque endroit que ce soit, *quacumque.*
Partout où, en quelque lieu que ce soit, *ubicumque.*	Partout où, en quelque lieu que ce soit, *quocumque.*		
Là même, *ibidem.*	Là même, *eòdem.*	Du même lieu, *indidem.*	Par le même lieu, *eàdem.*
Nulle part, *nusquam.*	Nulle part, *nusquam.*		
Dehors, *foris.*	Dehors, *foras.*		
Dedans, *intus.*	Dedans, *intrò.*		

§ 385. *Adverbes de lieu.*

On doit ajouter au tableau les adverbes suivans, dont l'usage est plus rare :

QUESTION *Ubi.*

Ubiubi, en quelque lieu que ce soit.
Inibi, là même.
Ubivis, ubilibet, partout où.
Nullibi, nulle part.

Utrobi, auquel des deux endroits?
Utrubi, de quel côté.
Utrobique, dans les deux côtés, dans les deux parties.
Neutrubi, ni en un lieu, ni en un autre.

QUESTION Quò.	Utrò citròque, de part et d'autre.
Aliquò, quelque part.	
Quòquam, quelque part (sens négatif).	QUESTION Undè.
Quoquò, quovis, quolibet, partout où.	Aliundè, d'ailleurs.
Utrò, duquel des deux côtés?	QUESTION Quà.
Utroque, utroqueversùs, des deux côtés.	Quaquà, par quelque endroit que ce soit.
Neutrò, ni d'un côté, ni d'un autre.	Eà, par là.

Il y a encore des adverbes qui répondent à la question *quorsùm*, de quel côté ? comme :

Aliquoversùm, vers quelque endroit.
Aliorsùm, vers un autre endroit.
Introrsùm, dedans, au dedans.
Sursùm, en haut.
Deorsum, en bas.

TABLEAU DE CONSTRUCTION.

QUESTION Ubi.	QUESTION Quò.	QUESTION Undè.	QUESTION Quà.
Où suis-je, *ubi sum*?	Où allez-vous? *quò vadis*?	D'où venez-vous? *undè venis*?	Par où passez-vous? *quà transis*?
Si vous étiez ici (où je suis) *si hic esses*.	Venez ici (où je suis), *veni huc*.	Il sort d'ici (où je suis), *hinc exit*.	Vous passerez par ici (où je suis), *hàc transibis*.
Si j'étais là (près de vous), *si assem istic*.	J'y viendrai (là où vous êtes), *veniam istùc*.	Je sortirai de là (où tu es), *istinc exibo*.	Je passerai par là (où vous êtes), *istàc transibo*.
Si nous étions là (où il est), *si essemus illic*, etc.	(Là où il est), *veniam illùc*, etc.	De là (où il est), *illinc exibo*, etc.	(Où il est), *illàc transibo*, etc.

§ 386. SYNTAXE DES ADVERBES.
Régime.
Les adverbes de quantité gouvernent le génitif.

EXEMPLES :

Peu de vin, *parùm vini.*
Beaucoup d'eau, *multùm aquæ.*
Plus de force, *plus virium.*
Moins de vertu, *minùs virtutis.*
Assez de paroles, *satis verborum.*
Trop de pièges, *nimis insidiarum.*

§ 387. Les adverbes de temps et de lieu gouvernent e génitif.

Ex. : En quel lieu du monde ? *ubi terrarum ?*

---

§ 386. *Syntaxe des adverbes.*

Autres exemples — Adverbes de quantité.

Abundè, affatim verborum, assez de paroles.
Paululùm aquæ, un peu d'eau.
Partim hujus prædæ devoravit lubido, les fantaisies dévorèrent une partie de ce butin (*partim* pour *partem*). *Eorum autem beneficiorum partim ejusmodi sunt, ut ad universos cives pertineant, partim,* etc. De ces bienfaits une *partie,* c'est-à-dire les uns se répandent sur tous les citoyens, les autres, etc.

Nihil omnium rerum, rien de toutes ces choses (*nihil* pour *ne hilum. Hilum* signifie la petite marque noire qu'on voit au bout d'une fève).

Quoad ejus facere poteris, autant que vous pourrez le faire. Ces adverbes peuvent se rapporter au verbe, et alors leur régime devient celui du verbe : *Si satis consilium* (pour *consilii*) *quadam de re haberem.* Cic. Si je pouvais prendre une certaine résolution sur quelque point, etc.

§ 387. *Adverbes de temps.*

Pridiè est pour *priori die,* le jour d'avant. — *Postridiè,* pour *posteriori die,* le jour d'après.

Suppléez ainsi : *Priori die* (*antè*) *Calendas,* ou (*antè diem*) *Calendarum.*

Dans les phrases suivantes, qui expriment le temps, le génitif est un véritable pléonasme.

Tunc temporis, alors.

Posteà loci, ensuite ; *ad id locorum,* jusqu'à présent ; *intereà loci,* en attendant.

Id temporis, id ætatis, sont pour *eo tempore, ed ætate.*

Nulle part, en aucun lieu du monde, *nusquàm gentium.*

Pridiè, la veille, *postridiè*, le lendemain, veulent le génitif ou l'accusatif.

Ex. : Le jour de devant les Calendes, *pridiè Calendarum* ou *Calendas*. (On sous-entend *antè*.)

Le jour d'après les Ides, *postridiè Iduum* ou *Idus* (sous-entendu *post*).

En, ecce, voici, voilà, veulent après eux le nominatif ou l'accusatif, mais mieux le nominatif : Voici, voilà le loup, *en, ecce lupus* (sous-entendu *adest*); *en, ecce lupum* (sous-entendu *aspice*).

Ergò, employé pour *causâ*, veut le génitif, et se met après son régime : A cause de lui, ou pour l'amour de lui, *illius ergò*.

Instar, comme, veut le génitif, et se met avant ou après son régime : Comme une montagne, *montis instar.*

Lettre comme un volume, *epistola instar voluminis*, Cic., etc. (*Instar* signifie ressemblance ; on sous-entend *ad*).

Obviàm, au-devant, veut le datif : Aller au-devant de quelqu'un, *ire obviàm alicui.*

Voici, voilà, se traduisent quelquefois par *hic, hæc, hoc*. Ex. : Voilà mes sortilèges, *hæc sunt mea veneficia*.

Voilà la récompense de votre travail, *en habes præmium laboris.*

Adverbes de lieu.

Ecce avec l'accusatif ne se trouve guère que dans ces formules de comédie : *Ecce me ; eccillum, eccillam*, me voici ; le, la voilà.

Hic viciniæ, ici dans le voisinage. *Huc, eò insolentiæ venit*, il en est venu à un tel point d'insolence. *Quò amentiæ progressi estis ?* à quel degré de folie en êtes-vous venus ? *Minimè gentium* signifie point du tout. *Longè gentium*, bien loin d'ici. *Ubicunque erit gentium*. Partout où il sera. *Res eodem est loci, quo reliquisti*. L'affaire en est encore au point où vous l'avez laissée. *Cumarum tenùs*. Jusqu'à Cumes.

Ergò et *gratiâ* ne se mettent qu'après leur régime ; *causâ* peut quelquefois se mettre avant son régime. Si *causâ* est accompagné d'un adjectif, la préposition *de* est nécessaire : *gravi de causâ*, pour un motif grave.

§ 388. SYNTAXE DES CONJONCTIONS.
Régime.

Parmi les conjonctions, les unes gouvernent le subjonctif, les autres gouvernent l'indicatif. Voici celles dont l'usage est le plus fréquent.

§ 388. REMARQUES SUR LE RÉGIME DES CONJONCTIONS.

Quùm, lorsque, se trouve aussi souvent avec l'imparfait de l'indicatif qu'avec celui du subjonctif ; cependant il se construit avec *l'imparfait* et le *plus-que-parfait* du *subjonctif* lorsqu'il exprime une action antérieure qui est la cause de la suivante. Ex. : Zenonem, quùm *Athenis* essem, *audiebam frequenter*, lorsque j'étais à Athènes, j'assistais souvent aux leçons de Zénon. (J'assistais... *parce que* j'étais à Athènes.) Mais on dirait : *Res*, quùm *hæc* scribebam, *erat in summum adducta discrimen.* (Ce n'est pas parce que j'écrivais que l'affaire périclitait, et l'action d'écrire n'est pas antérieure au fait énoncé dans le deuxième membre de la phrase ; elle est simultanée.) — Quùm *in Hispaniâ hæc gerebantur, comitiorum jam appetebat dies*, etc. *Cæsar*, quùm *Pompeium vicisset, in Asiam trajecit*, lorsque César eut vaincu (après avoir vaincu) Pompée, César passa en Asie. Lorsqu'on parle d'actions répétées ou habituelles, *quùm* se construit avec le plus-que-parfait de l'indicatif, ce qui a lieu quand le verbe du deuxième membre de phrase est à l'imparfait. *Sic* (*Verres*) *confecto itinere*, quum *ad aliquod oppidum venerat, eadem lectica usque in cubiculum deferebatur. Quùm venisset*, signifierait *Verres étant arrivé*, et non *quand Verres arrivait* ; et il faudrait *delatus est*, et non *deferebatur.* (*Verres à son arrivée*, fut porté, au lieu de *était porté*).
— Quùm exprimant une *condition*, une *supposition*, régit le *subjonctif : Fraus fidem in parvis sibi præstruit, ut*, quùm *operæ pretium sit, cum mercede magnâ fallat.* Le fourbe cherche à gagner la confiance dans les petites choses, pour tromper avec plus d'avantage dans les grandes. (Littéral. *quand* ou *si* cela en vaut la peine). *Opinor* quum *hæc fierent, tum causa agi videretur.* Cic. Si cela se faisait, alors la cause paraîtrait marcher. — *Quùm* signifiant *quoique*, régit encore le subjonctif. *Quum dives esse posset, tamen*, quoiqu'il pût être riche, cependant, etc. — *Quùm* se construit aussi avec l'*infinitif historique :* Quùm *Appius, quàm asperrimè poterat, jus de pecuniis creditis dicere.* (S.-ent. *cœpit.*)

Quanquàm, *etsi*, *tametsi*, quoique, se construisent *ordinairement* avec l'indicatif, quelquefois avec le subjonctif.

Quamvis, *licet*, *etiamsi*, quoique, bien que, se construisent avec le subjonctif, rarement avec l'indicatif.

Quandò, *quandoquidem*, puisque, suivent la même règle.

Quòd, signifiant parce que, veut l'indicatif ou le subjonctif.

En général ces conjonctions régissent l'indicatif lorsque la phrase n'exprime ni la supposition, ni le doute, mais un fait

Quùm, signifiant *lorsque, pendant que*, ne veut le subjonctif que devant l'imparfait et le plus-que-parfait.

Ex. : Lorsque la ville d'Athènes florissait, *quùm Athenæ florerent*.

Quùm, signifiant *puisque, vu que, comme, quoique*, régit toujours le subjonctif. (Voy. *les notes*.)

Ex. : Puisque vous le voulez, *quùm id velis*.

Puisque vous l'avez voulu, *quùm id volueris*.

Dùm, signifiant *tandis que*, ne veut le subjonctif que devant l'imparfait.

Ex. : Tandis qu'un chien portait de la chair, *dùm canis ferret carnem*.

Dùm, signifiant *pourvu que, jusqu'à ce que*, veut toujours le subjonctif. (Voy. *les notes*.)

Ex. : Pourvu que je porte mon bât, *clitellas dùm portem meas*.

Si régit le subjonctif devant l'imparfait et le plus-que-parfait.

Si tu le faisais, si tu l'avais fait à cause de moi, *id si faceres, si fecisses causâ meâ*. (Voy. ci-après § 557.)

REMARQUE. Quand après *si* il y a un second verbe au futur, on met bien le premier verbe au même futur.

Ex. : Si vous venez, vous me ferez plaisir, *si veneris, pergratum mihi feceris**.

* On se sert du futur passé après *si*, quand l'action exprimée par le premier verbe doit avoir eu lieu pour que l'action exprimée par le second verbe ait eu lieu elle-même.

---

existant : *Me quamvis pietas et cura moratur*. Hor. *Ista veritas etiamsi jucunda non est, mihi tamen grata est*.

Voyez conjonctions françaises, ci-après, § 545.

Cic. *Quando te id video desiderare*. Cic. *Quando-quidem tu mihi affuisti*. Cic.

Les conjonctions *dum, donec, quoad*, régissent l'indicatif, quand elles signifient, 1° *tant que* (*quamdiu*). *Cato, quoad vixit, virtutum laude crevit*. — *Lacedæmoniorum gens fortis fuit, dum Lycurgi leges vigebant*. Cic. — 2° *Jusqu'à ce que*, si elles indiquent simplement le moment jusqu'au quel l'action dure ou a duré : *Retine Phormionem dum huc ego servos evoco*. Ter. *J. Cæsar exanimis aliquandiu jacuit, donec lecticæ impositum tres servuli domum retulerunt*. Suet. — 3° Elles régissent *le subjonctif*, si elles indiquent le but de l'action qui précède : *Iratis subtrahendi*

Si vous lisez ce livre, j'en serai charmé, *quem li-brum si leges, lœtabor.*

Ut, signifiant *afin que, pour, supposé que, de sorte que, quoique,* gouverne toujours le subjonctif.

Ex. : Afin que je repose pendant le jour, *luce ut quiescam.*

Ut, signifiant *comme, de même que,* veut l'indicatif.

Ex. : Comme l'on dit, *ut aiunt.*

Ut, signifiant *aussitôt que, dès que, après que,* veut l'indicatif

Ex. : Dès que je fus sorti de la ville, *ut ab urbe discessi.* Voyez *Conjonctions françaises,* ci-après, § 545.

§ 389. — *Exclamations et Interjections.*

Dans les exclamations on met à l'accusatif, avec ou sans les interjections *proh! o! heu! eheu!* le nom de la chose ou de la personne qui fait l'objet de l'exclamation. Ex. : *Heu me miserum!* Malheureux que je suis! *Testes egregios!* O les beaux témoins! *O fallacem hominum spem!* O trompeuse espérance des hommes! *Operam tuam multam! Qui et hæc cures et mea expedias!* Cic. Quelle activité! vous occuper de cela, et de plus faire mes affaires! *Me cæcum! qui hæc ante non viderim!* Cic. Aveugle que je suis, de n'avoir pas vu cela auparavant! On sous-entend *dico, video,* etc. On trouve aussi le vocatif. — *Væ* et *hei* se construisent avec le datif. *Væ victis!* Malheur aux vaincus! *Hei misero mihi!* Hélas! malheureux que je suis! On trouve le génitif dans les poëtes : *O mihi nuntii beati!* O heureuse nouvelle!

---

sunt ii, in quos impetum conantur facere, dum seipsi colligant, aut rogandi, etc. — Herba cum crescere desiit, et æstu arescit, subsecari falcibus debet, et quoad perarescat, furculis versari. Var.

Quasi, ceu, vero, comme si, gouvernent le subjonctif.

Tanquàm, comme si, gouverne le subjonctif — *Tanquàm,* comme, gouverne l'indicatif.

Perinde, comme, régit l'indicatif. — *Perinde ac si,* comme si, régit toujours le subjonctif.

Ne, servant à faire défense, se construit avec l'impératif ou avec le subjonctif. Lorsqu'il sert à interroger, il régit plutôt l'indicatif. — S'il exprime quelque doute, il gouverne le subjonctif. — *Ne* (pour *ut ne*), de peur que ne, gouverne le subjonctif.

Num, an, utrum, Si, entre deux verbes, veulent le second au subjonctif.

REMARQUES SUR LA SIGNIFICATION DES PRÉPOSITIONS.

PRÉPOSITIONS QUI GOUVERNENT L'ACCUSATIF. v. § 115.

AD exprime *le terme*, *le but*, pour *le temps* et pour *le lieu*. Il répond aux questions *où*, *jusques à quand*. Ex : *Venio ad te*. *Ad summam senectutem*, jusque dans une extrême vieillesse. *Ad horam*, *ad diem*, *ad tempus facere aliquid*, *venire*, faire quelque chose, venir à l'heure, au jour, au temps fixé. *Ad tempus*, pour un temps, pour quelque temps. *Ad lucem*, vers le jour. *Ad extremum*, enfin. *Ad urbem esse*, être près de la ville. *Ad portas urbis*, aux ou près des portes. *Urbs sita ad mare*, ville située sur la mer. *Ad manum esse*, être sous la main. *Ad ducentos*, environ deux cents. *Omnes ad unum*, tous, jusqu'au dernier. *Ad speciem*, pour, quant à l'apparence. *Ad* désigne encore l'exemple, le modèle, le terme de comparaison. Ex. : *Ad similitudinem*, à la ressemblance. *Ad voluntatem*, *ad arbitrium*, à la volonté. *Terra ad universum cœli complexum*, la terre en comparaison de la circonférence du ciel. *Nihil ad hanc rem*, ce n'est rien en comparaison de cette chose. *Ad verbum*, mot pour mot.

APUD, chez, auprès, devant. *Apud me hoc nihil valet*, cela ne peut rien sur moi. *Apud* ou *ad judicem dicere*, parler devant le juge. *Apud* ou *ad focum sedere*, être assis auprès du, devant le feu. *Apud Platonem*, dans Platon, au lieu de *in Platone*, qui est moins usité.

CITRÀ pour *sine*, etc. *Citrà invidiam*, sans envie. *Citrà spem*, contre l'espérance.

ADVERSUS et CONTRA signifient proprement *vis-à-vis* : mais ils expriment aussi le rapport d'une action à un objet. *Contra* marque simplement opposition. *Contra naturam*, contre la nature. *Adversus* peut aussi se prendre en bonne part, comme *erga*, *adversus hostem*, contre l'ennemi. *Pietas adversus deos*, la piété envers les dieux.

EXTRA pour *sine* : *Extrà jocum*, sans plaisanterie.

INTER, joint à *se*, exprime la réciprocité : *Pugnant inter se*, ils se battent. — *Inter bibendum*, en buvant.

INTRA signifie *dedans*, avec ou sans mouvement, et *dans l'espace de*.

JUXTA signifie quelquefois *après*. *Juxtà Varronem doctissimus*, le plus savant après Varron. *Juxtà*, adverbe, signifie *autant*, *comme*. *Juxtà boni malique*, les bons comme les méchans.

Ob s'emploie quelquefois pour *antè* : *Ob oculos versari*, être devant les yeux.

Penès, au pouvoir. *Penès te est*, il dépend de vous.

Per signifie : 1° *à travers* ; 2° *dans*, avec l'idée de distribution. *Per proximas civitates dissipati sunt*; ils se dispersèrent dans les villes voisines. 3° *Pendant* ; 4° *Per* exprime encore la manière dont une chose se fait. *Per injuriam, per potestatem auferre*, enlever injustement, en vertu de son pouvoir. *Per iram*, par colère, etc. 5° Quelquefois *per* signifie *à cause de*. *Per ætatem*, à cause de son âge. *Per me licet*, je ne m'y oppose pas. 6° Dans les attestations, il signifie *par*. *Per deos immortales* ! par les dieux immortels !

Præter, à côté, devant, outre, excepté, marque aussi : 1° la supériorité. *Præter omnes excellere*, se distinguer entre tous les autres. *Præter oculos*, devant les yeux. 2° Il prend le sens de *contre*. *Præter exspectationem*, contre l'attente.

Propter, à *cause de*, se trouve pour *propè*, près. *Propter patrem cubantes*, couchés près de leur père.

Secundum, de *sequi*, signifie proprement *après*. *Secundum comitia*, après les comices. Il signifie aussi : 1° selon ; 2° le long de : *Secundum flumen*, le long, sur le bord du fleuve ; 3° en faveur : *Secundum te decrevit*, il a décidé en votre faveur.

Suprà, au-dessus de, signifie encore : 1° au delà : *Suprà vires*, au delà de ses forces : 2° outre : *Suprà modum*, outre mesure ; 3° plus : *Suprà fidem*, plus qu'on ne saurait croire ; 4° avant : *Paulò suprà hanc memoriam*, un peu avant notre temps.

Ultra, outre, au delà, a aussi le sens de *plus*. *Ultrà feminam mollis*, plus efféminé qu'une femme. *Ultrà modum*, outre mesure, plus qu'il ne faut.

PRÉPOSITIONS QUI GOUVERNENT L'ABLATIF.

V. § 116 et 118.

A, ab, abs, se disent *du lieu et du temps*. *Ab initio*, dès le ou au commencement. *A puero*, dès l'enfance (en parlant d'un seul) ; *à pueris* (en parlant de plusieurs). *Ab occasu*, au couchant, du côté du couchant. *A fronte*, par devant. *A tergo*, par derrière. Dans ce sens, *ab* indique le côté où quelque chose se passe, la direction d'où la chose vient : de là, les expressions *stare à senatu*, tenir pour le sénat. *Hoc totum est à me*, cela m'est tout à fait favorable, c'est-à-dire est pour moi. *Hæc facitis à nobis contra nos ipsos*, vous agissez pour nous (dans nos intérêts) contre vous (contre les vôtres). *A Platone esse*, être sectateur de Platon. *Firmus ab equitatu*, fort en cavalerie. *Legare pecuniam à filio*, léguer une somme à prendre sur son fils. — *A* sert aussi à exprimer les offices, les charges. *Esse alicujus* ou *alicui à pedibus*, être le valet de pied de quelqu'un ; *ab epistolis*, le secrétaire. Il marque le rang. *A Cicerone*, après Cicéron.

Cum, *avec*, signifie aussi *à, pour. Venit cum magnâ calamitate provinciœ*, il vint pour le malheur de, etc. *Cum*, avec les verbes qui expriment l'inimitié, a le sens de contre. *Cum aliquo bellum gerere*, faire la guerre à ou contre quelqu'un. *Cum aliquo queri*, se plaindre de quelqu'un.

De, *sur, touchant*, signifie aussi : 1° *de haut en bas* : *Descendere de rostris*, descendre de la tribune aux harangues ; 2° *pendant. De nocte*, pendant la nuit ; *de die*, en plein jour ; 3° *d'après* ; *De consilio meo*, d'après mon conseil ; 4° *la manière* : *De improviso*, à l'improviste.

E, ex, marque le lieu d'où l'on fait quelque chose, le point de départ. *Ex equo pugnare*, combattre à cheval. *E regione*, vis-à-vis. *Diem ex die exspectare*, attendre de jour en jour. —*E* marque la manière. *Ex animo laudare*, louer sincèrement. *Ex œquo*, avec équité ou également.

Præ, *devant*, se construit dans ce sens avec *fero. Præ me fero*, je porte devant moi, je montre. — *Præ*, en comparaison : *Præ se omnes contemnit*, il méprise tout le monde en comparaison de lui. —*Præ* marque aussi un obstacle, et se traduit par *à cause de. Præ sagittarum multitudine*, à cause de la multitude des flèches.

Pro, *pour, devant, en avant de. Pro vallo*, devant le retranchement. *Pro rostris laudare*, louer du haut de la tribune. —*Pro*, à proportion de. *Pro numero militum*, suivant le nombre des soldats. *Pro tempore*, suivant les circonstances. *Pro virili parte*, suivant ses forces.

Tenus marque restriction. *Verbo tenus*, à un mot près.

PRÉPOSITIONS QUI GOUVERNENT L'ACCUSATIF OU L'ABLATIF.

Voyez § 117.

In, avec l'accusatif, exprime la direction. *Decem pedes in latitudinem*, dix pieds en largeur. *Amor in patriam*, l'amour pour la patrie. *In contumeliam*, pour insulter. *In has leges*, à ces conditions. — Avec les noms de temps. *In posterum diem*, pour le lendemain. *In diem vivere*, vivre au jour le jour. *In præsens*, pour le présent. *In perpetuum*, pour toujours (s. ent. *tempus*). *In capita*, par tête. *In dies*, de jour en jour. — *In* s'emploie dans certaines formules pour marquer la manière. *Mirum in modum*, d'une manière étonnante. *In universum*, en général. *In commune*, en commun. *In vicem*, tour à tour. *In locum*, à la place. — *In*, avec l'ablatif, marque la situation d'un objet dans un lieu. Avec les subst. qui expriment le nombre, il a la signification de *inter. Esse, numerari*, etc., *in bonis civibus*, être compté parmi les, être mis au nombre des bons citoyens. *Aliquid in manibus est*, signifie que quelque chose est sur le point de se faire. *In manibus habere*, être occupé de quelque chose. *In oculis esse*, être manifeste. *Esse in eo ut*, être sur le point de. *In* a quelquefois le sens de *malgré* : *In summâ copiâ oratorum, nemo tamen*, etc., malgré cette foule d'orateurs, etc. Il signifie aussi *au sujet de*. *Ut dixit Isocrates in Ephoro et Theopompo*, comme le dit Isocrate en parlant de, au sujet d'Éphore, etc. L'ablatif est remplacé par l'accusatif dans certaines formules du barreau. *In potestatem, in amicitiam, in ditionem, in moram*, etc., *esse*.

Sub, avec l'accusatif, signifie : 1° *sous*, avec mouvement ou changement d'état : *Mittere sub jugum : Sub imperium redire*; 2° aussitôt après : *Senatum non putabamus posse esse frequentem sub dies festos*, nous ne pensions pas que les sénateurs pussent se rassembler en grand nombre *aussitôt après les jours de fête*. — Avec l'abl., *sub* signifie *sous*; 2° au moment de, *sub ipsâ profectione*, au moment du départ.

Super, avec l'ablatif, signifie *touchant, au sujet de*. *Super aliquâ re scribere*, écrire au sujet de, ou sur quelque chose. Avec l'accus., il se traduit par *sur*, *au-dessus de*, avec ou sans idée de mouvement. *Super aliquem sedere. Super cœnam* signifie *pendant le repas*. *Super bellum, etiam*, etc., outre la guerre, etc. *Super tres modios*, au delà de trois boisseaux.

Subter, *au-dessous de*, ne se construit avec l'*ablatif* que chez les poëtes. Il s'emploie ordinairement avec l'*accusatif*, même sans rappeler une idée de mouvement. *Virtus omnia subter se habet*, la vertu a tout au-dessous d'elle.

REMARQUES SUR LES ADVERBES.

Lorsqu'il y a deux négations dans la phrase, elles s'entre-détruisent et valent une affirmation. Ex. : *Nemo non tibi assentitur*, il n'est personne qui ne soit de votre avis.

Ne signifiant *afin que ne, de peur que ne*, est une conjonction. *Timeo ne veniat*, je crains qu'il ne vienne. *Ne*, pris pour *non*, est adverbe : *Ne unus quidem*, pas même un seul. *Ne insulta miseris*, n'insultez pas les malheureux.

Quidem donne plus de force à l'expression. *Decipere hoc quidem est*, c'est assurément tromper. Il se prend dans le sens de *saltem*, du moins. *Utinam Flacco gratiam referre possimus, habebimus quidem semper*, plaise à Dieu que nous puissions reconnaître les services de Flaccus, du moins nous en serons toujours reconnaissans. — *Equidem*, pour *ego quidem* : *vellem equidem*, en vérité je voudrais. Un grand nombre d'auteurs l'emploient dans le sens de *quidem*. *Vanum equidem hoc consilium est*, Sall. *Cognoscit non equidem vinctum regem, sed*, etc. Il apprit qu'à la vérité le roi n'était pas enchaîné, mais, etc. Q. Cur.

Utique (*uti que*) signifie *sans doute, certainement, dans tous les cas*. *Tu utique ille non es*, assurément, ou, dans tous les cas, ce n'est pas toi, tu n'es pas cet homme-là.

Sic et ita, précédés de *ut*, remplacent la conjonction *et*. *Ut Romanus, sic* ou *ita Pœnus affectabat Siciliam*, les Romains et les Carthaginois (les Carthaginois, ainsi que les Romains), aspiraient à la conquête de la Sicile Ils accompagnent les superlatifs, comme *quò* et *eò*, les comparatifs: *Ut quisque vitiosissimus, ità miserrimus est*, plus on est vicieux, plus on est malheureux ; on pourrait dire, *quò quis vitiosior, eò miserior est*

ITA. UT exprime quelquefois une restriction. *Vestri imperatores ità triumphârunt, ut ille (Mithridates) pulsus superatusque regnâret*, vos généraux ont triomphé, il est vrai; Mithridate a été repoussé et vaincu, cependant il règne encore. Il faut sousentendre *tamen* après *ità*. *Ità tamen ut*. — *Tantus, a, um*, dérivé de *tam*, synonyme de *ità*, exprime aussi restriction. *Tantùm indulsit dolori ut eum pietas vinceret*, il ne s'abandonna pas à sa douleur au point de manquer à ses devoirs envers sa mère, *ou* il se livra à la douleur, mais sans manquer, etc. — Il ne faut pas confondre *tunc* et *tum*; *tunc* signifie alors, par opposition à *nunc*, maintenant. *Tùm* correspond à *quùm*. — *Nunc* marque le présent; *tùm* se construit avec l'imparfait. *Nunc rides, tum flebas*. De même *etiamnunc* et *quùmmaximè* se rapportent au présent; *etiamtùm* et *tummaximè*, au passé. Ex.: *Etiamnunc puer est*, il est encore enfant. *Etiamtùm puer erat*, il était encore enfant. *Adest quùmmaximè frater meus*, mon frère est ici dans ce moment même. *Aderat tummaximè frater meus*, mon frère était présent au moment même.

JAM, avec une négation, signifie *plus*. Ex.: *Nihil jam spero*, je n'espère plus rien. *Jam* employé comme conjonction signifie *d'ailleurs, or*. Ex.: *Jam quid ego commemorem*, d'ailleurs pourquoi rapporterais-je ? *Jam factum est ut*, or il arriva.

IMO, *bien plus*, a le sens de *non*, lorsque le membre de phrase où il se trouve a plus de force que le précédent, et que l'on nie. Ex.: *Si patriam prodere conabitur pater, silebit-ne filius? Imo verò obsecrabit patrem ne id faciat*. Si le père veut trahir sa patrie, le fils gardera-t-il le silence? non, mais il conjurera son père de ne pas le faire.

FERÈ, *presque*, signifie aussi *pour l'ordinaire*. *Sic ferè fieri solet*, il en est presque toujours ainsi, *ou* pour l'ordinaire il en est ainsi. *Fermè* a le même sens. — PENÈ et PROPÈ signifient *presque, à peu près*. *Propè* exprime approximation; *penè* marque enchérissement. *Hi viri propè æquales sunt*. *Non solùm in civitatibus, sed penè etiam in singulis domibus factiones sunt*.

TEMERÈ est opposé à *consul*, o et signifie *sans raison, sans motif*. Avec *non*, *temerè* a le sens de *presque, peu*. Ex.: *Nullus temerè dies intercessit*, il ne se passa presque aucun jour.

SECUS signifie *autrement, différemment*. *Rectè an secus, nihil ad nos*, bien ou mal, il ne nous importe. *Secùs cedere*, réussir mal. Le comparatif *secius*, joint à *nihilo* et à *quo*, a le même sens que *nihilominus, quominus*. Ex.: *Nihilo secius*, néanmoins, aussi bien.

USQUE a quelquefois le sens de *toujours*. *Natura usque recurrit*, le naturel revient toujours.

NOMS DE NOMBRE.

On se rappellera que les trois premiers noms de nombre cardinaux (*unus, duo, tres*) sont déclinables, et que les autres, jusqu'à *centum*, sont indéclinables. De *ducenti*, deux cents, à *nongenti*, neuf cents, ils se déclinent (voyez, après le Tableau, les remarques sur la construction des noms de nombre, et sur *unus, mille*, etc. § 395).

TABLEAU DES NOMS DE NOMBRE.

§ 390. Les noms de nombre sont *adjectifs* ou *adverbes*. Les noms de nombre adjectifs répondent aux questions *combien? le quantième? combien à la fois? combien de fois aussi grand, plus grand?*

Les noms de nombre adverbes répondent aux questions *combien de fois? pour la quantième fois?*

Les noms de nombre cardinaux * expriment seulement le nombre.	Les noms de nombre ordinaux ** expriment l'ordre et le rang.
Ils répondent à la question Combien? *Quàm multi, quot?*	Ils répondent à la question Le quantième? *Quotus?*
Chiffres romains : I. V.	X. L. C. D. M.
Chiffres arabes : 1. 5.	10. 50. 100. 500. 1000.
1. I. Unus, a, um, *un*.	Primus, a, um, *premier*.
2. II. Duo, æ, o, *deux*.	Secundus, a, um, *second*.
3. III. Tres, ia, *trois*, etc.	Tertius, a, um, *troisième*, etc.
4. IIII *ou* IV. Quatuor.	Quartus, a, um.
5. V. Quinque.	Quintus, a, um.
6. VI. Sex.	Sextus, a, um.
7. VII. Septem.	Septimus, a, um.
8. VIII *ou* IIX. Octo.	Octavus, a, um.
9. VIIII *ou* IX. Novem.	Nonus, a, um.
10. X. Decem.	Decimus, a, um.
11. XI. Undecim.	Undecimus, etc.
12. XII. Duodecim.	Duodecimus.
13. XIII. Tredecim, decem et tres.	Tertius decimus, decimus et tertius.
14. XIIII *ou* XIV. Quatuordecim *ou* decem et quatuor.	Quartus decimus *ou* decimus et quartus.

---

* Cardinaux, de *cardo, inis*, gond sur lequel tourne une porte : de là dans Cicéron, *cardo rei*, le point fondamental de l'affaire ; et du gén. *cardinis*, vient l'adjectif *cardinal* pour dire *radical, fondamental*.

** Ordinaux, de *ordo, inis*, ordre.

DE LA GRAMMAIRE LATINE. 311

15. XV. Quindecim. — Quintus decimus, etc.
16. XVI. Sedecim *ou* sexdecim. Sextus decimus.
17. XVII. Decem et septem *ou* septemdecim. Septimus decimus.
18. XVIII. Decem et octo *ou* duodeviginti*. Octavus decimus, duodevicesimus *ou* vigesimus.
19. XIX. Decem et novem *ou* undeviginti. Nonus decimus *ou* undevicesimus.
20. XX. Viginti. Vicesimus *ou* vigesimus.
21. XXI. Unus et viginti *ou* viginti unus, a, um. Unus et vicesimus *ou* vicesimus unus, primus et vicesimus *ou* vicesimus primus.**
22. XXII. Duo et viginti *ou* viginti duo. Secundus et vicesimus *ou* alter et vicesimus; etc. ***.
23. XXIII. Viginti tres, etc. Tertius et vicesimus, etc.
28. XXVIII. Octo et viginti *ou* duodetriginta. Octavus et vicesimus *ou* duodetricesimus.
29. XXIX. Novem et viginti *ou* undetriginta. Nonus et vicesimus *ou* undetricesimus.
30. XXX. Triginta. Tricesimus *ou* trigesimus.
40. XXXX *ou* XL. Quadraginta. Quadragesimus.
50. L. Quinquaginta. Quinquagesimus.
60. LX. Sexaginta. Sexagesimus.
70. LXX. Septuaginta. Septuagesimus.
80. LXXX. Octoginta. Octogesimus.
90. LXXXX *ou* XC. Nonaginta. Nonagesimus.
99. XCIX. Novem et nonaginta *ou* undecentum. Nonus et nonagesimus *ou* undecentesimus.
100. C. Centum. Centesimus, a, um.
101. CI Centum unus *ou* et unus. Centesimus unus *pour* primus.
102. CII. Centum et duo, etc. Centesimus secundus, etc.
200. CC. Ducenti, æ, a. Ducentesimus, a, um.
300. CCC. Trecenti, æ, a. Trecentesimus, a, um.
400. CCCC. Quadringenti. Quadringentesimus, etc.
500. D *ou* Iↄ. Quingenti. Quingentesimus.
600. DC *ou* Iↄc. Sexcenti. Sexcentesimus.
700. DCC *ou* Iↄcc. Septingenti. Septingentesimus.
800. DCCC. Octingenti. Octingentesimus.

---

* *Octodecim* est presque inusité, *novemdecim* ne se trouve pas ou du moins est contesté. — *Duo-de-viginti*, deux (ôtés) de vingt, *Un-de-viginti*, un (ôté) de vingt.

** *Primus et vicesimus* et *vicesimus primus* paraissent être moins usités. Mais on trouve dans Cicéron : *Præsto fuit* uno et vicesimo *die.* Ad div. ep. 5. 74. Uno et octogesimo *anno mortuus est.* Sen. 5. *Duæ legiones congressæ sunt,* una et vicesima. Tac. Piso unum et tricesimum ætatis annum explebat. Tac.

*** On trouve aussi *duo et vicesimus* : duo et vicesimo *anno.* Fab. apud Gel. 5. 4. (*Legiones*) quinta et duo et vicesima *secutæ.* Tac. h. 2. c.

900.	DCCCC. Nongenti *ou* no-ningenti.	Nongentesimus (noningentesimus, *moins usité*).
1,000.	M *ou* cIɔ. Mille.	Millesimus.
2,000.	MM. Duo millia *ou* bis mille (*deux fois mille*).	Bis millesimus.
5,000.	Iɔɔ. Quinque millia *ou* quinquies mille.	Quinquies millesimus.
10,000.	ccIɔɔ. Decem millia *ou* decies, etc.	Decies millesimus.
50,000.	Iɔɔɔ. Quinquaginta millia.	Quinquagies millesimus.
100,000.	cccIɔɔɔ. Centum millia.	Centies, etc.
500,000.	Iɔɔɔɔ. Quingenta millia.	Quingenties, etc.
1,000,000.	ccccIɔɔɔɔ. Decies centena millia *ou* decies centum millia *ou* mille millia.	Millies millesimus.
2,000,000.	Vicies, etc.	

N. B. On forme, des noms de nombre ordinaux, les adjectifs *primanus*, *secundanus*, *tertianus*, *vicesimanus*, etc., qui servent à indiquer à quelle classe appartient un objet ou un individu. Les écrivains romains les emploient pour nommer les légions, et s'ils sont composés, le premier mot reste au féminin. Ex. : *Tertia decimani*, *tertia et vicesimani*, soldats de la treizième, de la vingt-troisième légion.

§ 391. *Distributifs.*

Ils répondent à la question : Combien pour chacun ? combien à la fois ? *quoteni ?*

1. Singuli, æ, a, un à un (in singulos, *par tête, pour chacun*).	14. Quaterni deni.
	15. Quini *ou* quindeni.
	16. Seni deni.
2. Bini, æ, a (*deux pour chacun ou deux à la fois*).	17. Septeni deni.
	18. Duodeviceni, octonideni.
3. Terni, æ, a.	19. Undeviceni, novenideni.
4. Quaterni, etc.	20. Viceni.
5. Quini.	21. Viceni singuli.
6. Seni.	22. Viceni bini.
7. Septeni.	23. Viceni terni, etc.
8. Octoni.	28. Duodetriceni.
9. Noveni.	29. Undetriceni.
10. Deni.	30. Triceni.
11. Undeni.	40. Quadrageni.
12. Duodeni.	50. Quinquageni.
13. Terni deni.	60. Sexageni.

70. Septuageni.
80. Octogeni.
90. Nonageni.
99. Undecenteni.
100. Centeni.
110. Centeni deni.
120. Centeni viceni.
200. Duceni.
300. Treceni, trecenteni.
400. Quadringeni, quadringenteni.

500. Quingeni.
600. Sexceni, sexcenteni.
700. Septingeni.
800. Octingeni.
900. Nongeni.
1,000. Milleni, singula millia.
2,000. Bis milleni, bina millia, etc.
10,000. Decies milleni, dena millia, etc.

§ 392. *Multiples.*

Ils répondent à la question combien de fois aussi grand ? *quotuplex ?*

1. Simplex, *simple.*
2. Duplex, *double.*
3. Triplex, *triple.*
4. Quadruplex, *quadruple.*
5. Quintuplex, *quintuple.*
6. *manque* (sexies duplicatus).
7. Septemplex, *sept fois autant.*
8,
9. *manquent.*
10. Decemplex.
100. Centuplex.

§ 393. *Proportionnels.*

Ils expriment le rapport et répondent à la question *combien e fois plus ?*

1. *Simplus*, simple, qui n'est pas double.
2. *Duplus*, double.
3. *Triplus*, triple.
4. *Quadruplus*, quadruple.
5. *Quintuplus*, quintuple (douteux).
6. *Sextuplus*, sextuple (douteux).
7. *Septuplus*, septuple.
8. *Octuplus*, huit fois autant.

Les autres noms de nombre multiples et proportionnels ne se trouvent pas. On peut les traduire par les adverbes de nombre avec les adverbes de quantité, comme: *novies tantùm*, neuf fois autant, etc.

§ 394. *Adverbes numéraux.*

1° Les uns répondent à la question combien de fois ? *quoties.*

1. Semel, *une fois.*
2. Bis, *deux fois.*
3. Ter.
4. Quater.
5. Quinquies.
6. Sexies.
7. Septies.
8. Octies.

9. Novies.
10. Decies.
11. Undecies.
12. Duodecies.
13. Tredecies.
14. Quaterdecies.
15. Quindecies.
16. Sedecies.
17. Septies decies.
18. Duodevicies.
19. Undevicies.
20. Vicies.
21. Vicies semel *ou* semel et vicies.
22. Bis et vicies.
23. Ter et vicies, etc.
29. Undetricies.
30. Tricies.

40. Quadragies.
50. Quinquagies.
60. Sexagies.
70. Septuagies.
80. Octogies.
90. Nonagies.
99. Undecenties.
100. Centies.
110. Centies decies.
200. Ducenties.
300. Trecenties.
400. Quadringenties.
500. Quingenties.
600. Sexcenties.
700. Septingenties.
800. Octingenties.
900. Noningenties *ou* nongenties.
1,000. Millies.

2° Les autres adverbes numéraux répondent à la question *pour la quantième fois?* et dérivent des nombres ordinaux; ils prennent la terminaison en *um* ou en *o*.

1° Primùm, ò, *pour la première fois*.
2° Secundùm, ò (iterùm).
3° Tertiùm, ò.
4° Quartùm, ò.
5° Quintùm, ò, etc., etc.
10° Decimum, ò,
11° Undecimùm, ò, etc.

La terminaison en *um* est plus usitée que la terminaison en *o*.

§ 395. SYNTAXE DES NOMS DE NOMBRE.

Construction des nombres cardinaux et ordinaux.

Au-dessous de *vingt*, le plus petit nombre se place le premier sans la conjonction *et*, ou le dernier avec la conjonction. Ex.: *Tredecim* ou *decem et tres*.

Depuis *vingt* jusqu'à *cent*, le plus petit nombre se place le premier, en mettant une conjonction entre les deux nombres. Ex.: *Unus et viginti*, *duo et triginta*, etc. Si l'on ne met point de conjonction, on place le plus grand nombre le premier. Ex.: *Viginti unus*, *triginta duo*, etc. Au-dessus de *cent*, le plus grand nombre se place toujours le premier, soit qu'on emploie ou non la conjonction. Ex.: *Centum unus*, *centum et unus*, etc. Pour compter les mille, on suit la règle des nombres au-dessous de *cent*, *sex et viginti millia* ou *viginti sex millia*.

De même, pour les nombres *ordinaux*, on place, jusqu'au *vingtième*, le plus grand nombre le premier avec la conjonction, ou le dernier sans conjonction. Ainsi on dira *decimus et tertius* ou *tertius decimus*, etc.

Au-dessus du *vingtième*, le plus petit nombre se place le premier avec la conjonction, ou le dernier sans la conjonction : *Quartus et vicesimus* ou *vicesimus quartus*.

Au-dessus du *centième*, on commence toujours par le nombre le plus grand. Ex. *Centesimus quartus*.

On suit cette construction pour les nombres distributifs, et pour les adverbes de nombre. Ex. : *Viceni singuli* ou *singuli et viceni*, vingt et un pour chacun ou vingt et un à la fois; *vicies semel* ou *semel et vicies*, vingt et une fois, etc.

Unus, Ambo, Duo.

Le pluriel de *unus* ne se construit qu'avec des noms qui n'ont pas de singulier, *una castra*, un seul camp; *unæ litteræ*, une seule lettre (missive).

Ambo signifie *les deux*, *deux à la fois*, et se décline comme *duo*. Quelquefois *duorum, arum*, se contractent en *duum*.

Mille.

Mille est indéclinable au singulier ; au pluriel, il se décline, *millia, ium, ibus*. Les milliers s'expriment par l'addition de *bis*, deux fois, *ter*, etc., devant *mille*, qui reste indéclinable, ou par *duo, tria, unum et viginti*, etc., suivis de *millia* déclinable. — On dit indifféremment au singulier, *mille homines* ou *mille hominum*. Ex. : *Ibi occiditur mille hominum*, c'est-à-dire *un millier d'hommes*, ou *ibi occiduntur mille homines*, mille hommes y sont tués. — Au pluriel on dit plutôt *millia hominum*. Ex. : *Mardonium in Græcia reliquit cum trecentis millibus armatorum*, il laissa Mardonius dans la Grèce avec trois cent mille hommes. — Mais si *millia* est suivi d'un autre nom de nombre, il ne régit pas le génitif. Ex. : *Habuit tria millia trecentos milites*, il avait trois mille trois cents soldats. *Duo millia viginti et unum nummos insumpsit*, il employa deux mille vingt et un écus. Remarquez dans cette phrase *unum* suivi d'un nom pluriel (*nummos*, et non pas *nummum*).

Quand MILLE, en français, marque un nombre indéterminé, on l'exprime ordinairement par *sexcenti* ou bien par *permulti* : mille dangers, *sexcenta, permulta pericula*. — Mille fois, *sexcenties*; je l'ai vu mille fois, *sexcenties eum vidi*, ou *sæpissime*, etc.

Un million se dit *decies centena* ou *centum millia* (dix fois cent mille), ou *decies* seul avec l'ellipse de *centena millia*, surtout devant *sestertium*, exprimé souvent par le signe HS. Deux millions, *vicies centena millia* (c'est-à-dire vingt fois cent mille) :

trois millions, *tricies*.....; huit millions, *octogies*.....; dix millions, *centies*...; cent millions, *millies*...; deux cents millions, *bis millies*... — Un milliard, *millies mille millia*, mille fois mille milliers.

Soixante-dix, quatre-vingt-dix.

Soixante-dix, quatre-vingt-dix doivent toujours se traduire comme s'il y avait *septante, nonante*. Ex. : Soixante-quatorze lieues, *quatuor et septuaginta leucæ*; quatre-vingt-dix-huit, *octo et nonaginta*, etc.

§ 396. *Nombres ordinaux.*

Un, deux, trois, etc., énonçant, non le nombre, mais l'ordre et le rang, se traduisent par *primus, secundus, tertius*, etc. Ex. : L'an dix-sept cent soixante-seize l'hiver fut très-rigoureux, *anno millesimo septingentesimo septuagesimo sexto hiems fuit acerrima*. Remarquez qu'en latin on ne dit pas onze cents, douze cents, dix-sept cents, mais *mille cent, mille deux cents, mille sept cents*, etc.

Le deux, le trois juillet, je rencontrai, etc., *die secundo, tertio mensis Julii, mihi occurrit*, etc. (Voy. question *quando*). L'an 5000 de la création, *anno ab orbe condito quinquies millesimo*, cinq fois millième.

§ 397. *Noms de nombre distributifs.*

On dit indifféremment *viceni quaterni, quaterni et viceni*, etc.

Les noms de nombre distributifs ne s'emploient qu'au pluriel, et ils ont les trois genres; ils font le génitif en *um*.

Il ne faut pas confondre les nombres distributifs avec les nombres cardinaux. Les exemples suivans feront connaître la différence qu'il y a dans l'emploi de ces noms.

Scipio et Annibal cum singulis interpretibus congressi sunt, Scipion et Annibal vinrent à la conférence, chacun avec un interprète, et non *cum uno interprete*.

Legavit Augustus prætorianis militibus singula millia nummúm, Auguste légua à chaque soldat prétorien mille sesterces; *mille nummos* signifierait mille écus entre tous les prétoriens. *Dentes triceni bini viris attribuuntur*, chaque homme a trente-deux dents. *Triginta duo* signifierait trente-deux dents pour tous les hommes. *Conscribebantur pueri senúm* (pour *senorum*) *septenúmque denúm* (pour *orum*) *annorum*, on enrôlait des enfans de seize et de dix-sept ans. *Quina dena jugera agri data in singulos pedites*, on donna quinze mesures de terre à chaque fantassin.

REMARQUE. On se sert du nombre cardinal, lorsqu'on veut exprimer le nombre, sans idée de distribution.

Ces noms distributifs doivent aussi se construire avec les substantifs qui n'ont point de singulier, ou dont le singulier n'a pas le même sens que le pluriel. *Bina castra*, signifie deux camps. *Una castra facta ex binis videbantur*, de deux camps, on paraissait n'en avoir fait qu'un. *Binæ ædes*, deux maisons.

Duo castra signifierait deux châteaux; *duæ ædes*, signifierait deux temples. *Binæ litteræ*, deux lettres; *duæ* signifierait deux caractères de l'alphabet. *Quotidiè quinas vel senas litteras accipio*, et non *quinque vel sex*, je reçois cinq ou six lettres par jour. Ils se construisent encore avec les substantifs qui expriment deux objets réunis par l'usage. *Bini censores sunto*, qu'il y ait deux censeurs. Mais on dirait : *Duo censores inclyti fuerunt*, il y eut deux censeurs célèbres. *Binos habebat scyphos sigillatos*, il avait deux coupes ornées de figures en relief. *Bini, æ, a*, répond aux substantifs *couple, paire*. — Voy. § 584, manière de compter les sesterces. — On a formé de ces noms distributifs des adjectifs en *arius*, qui servent à désigner les objets par le nombre d'unités qu'ils contiennent. Ex. : *senex octogenarius*, un vieillard de quatre-vingts ans, un octogénaire.

Ne confondez pas *trini, quadrini*, etc., avec *terni, quaterni*, etc. *Trini* signifie triple. Ex. : *Trinis hibernis hiemare*, prendre ses quartiers d'hiver en trois endroits. — *Terni* signifie trois pour chacun, trois de chaque côté, trois à trois.

La même différence existe entre *uni, æ, a*, un, une, et *singuli, æ, a*, un pour chacun.

§ 398. Les nombres qui désignent les parties *aliquotes* s'expriment par le moyen de *pars*; comme : la moitié, *dimidia pars*; le tiers, *tertia pars*; le quart, *quarta pars*; deux tiers, *duæ partes*; trois quarts, *tres partes*; deux septièmes, *duæ septimæ*; trois septièmes, *tres septimæ*; un huitième, *octava pars* ou *dimidia quarta*; le tiers d'un septième ou un vingt-et-unième, *tertia septima*; un tiers et un septième, c'est-à-dire dix vingt-et-unièmes, *tertia et septima*, etc.

§ 399. Certains substantifs ou adjectifs se forment des noms de nombre combinés avec des substantifs ; ainsi de *annus*, on fait *biennis, triennis, quadriennis*, de deux, trois, quatre ans ; *biennium, triennium, quadriennium, quinquennium, decennium*, un intervalle de deux, trois, quatre, cinq et dix ans ; *bimus, trimus, quadrimus*, enfant de deux, trois, quatre ans. De *dies* on forme *biduum, triduum, quatriduum*, un espace de deux, trois, quatre jours. Enfin de *vir* viennent *duumviri, tresviri* et *triumviri, decemviri, centumviri*, commission de deux, trois, dix, cent personnes, et au singulier *triumvir, decemvir*, etc., l'un des membres de cette commission.

Voyez, à la note du § 453, les remarques sur *Unus, Ambo, Duo, Alter*, etc.

NB. Les poëtes emploient souvent les distributifs au lieu des cardinaux, et réciproquement. *orbem per duodena* (pour *duodecim*) *regit mundi sol aureus astra*. V. — *Duo* (pour *bina*) *quisque alpina coruscant gæsa manu*. V. — Au lieu du nombre supérieur, ils emploient le nombre inférieur avec des adverbes : *Bisquinque viri*, pour *decemviri*, les decemvirs.

FIN DE LA SECONDE PARTIE.

TROISIÈME PARTIE.

§ 400. MÉTHODE OU MANIÈRE *de rendre en latin les* Gallicismes *qui se rencontrent le plus fréquemment.*

Les différences qui se trouvent entre les deux langues, relativement aux noms et aux adjectifs, sont indiquées dans le dictionnaire: il suffit d'avertir les enfans de faire attention au genre de chaque nom latin; ils doivent aussi, quand ils cherchent un verbe, remarquer s'il est actif, neutre ou déponent.

CHAPITRE PREMIER.
§ 401. DES VERBES.
Verbes à l'indicatif ou au subjonctif en français qu'il faut tourner par l'infinitif en latin.

La fonction la plus ordinaire de l'infinitif en latin est de lier ensemble deux propositions. Il remplace, en latin, la conjonction *que* usitée en français. Je crois *que* vous lisez; en latin on dit: je crois vous lire, *credo te legere.* Dans cette phrase et autres semblables, l'infinitif et le nom ou les noms qui s'y rapportent sont à l'accusatif et servent de régime au premier verbe. En latin, *credo,* je crois, verbe régissant, a pour régime direct *te legere,* vous lire (ou que vous lisez); et les deux mots *te legere* sont à l'accusatif par la raison qui fait employer ce cas dans *amo Deum.*

---

§ 400. On appelle *gallicisme* une locution particulière à la langue française, qui, traduite littéralement en latin, formerait une construction barbare. Ex. : *C'est se tromper que de croire* ne peut se traduire littéralement par *errare est putare*; il faut prendre un autre tour et dire, *errat qui putat,* il se trompe celui qui croit.

§ 401. On se rappellera que l'infinitif se construit toujours avec l'accusatif.

Quelquefois cependant on trouve l'infinitif avec le nominatif; mais alors ce nominatif se rapporte à un verbe sous-entendu. Ex : Dès que le signal est donné, Curtius fond sur l'ennemi *signo dato, Curtius in hostem irruere,* c'est-à-dire *cœpit irruere.*

On trouve souvent l'infinitif de narration dans les historiens; cet *infinitif* est toujours *au présent,* et son *sujet* reste au *nominatif. Tum Catilina pollicei; Alexander territos castigare.*

On a vu que l'*infinitif* peut être considéré comme un *sub-*

§ 402. RÈGLE. Après les verbes *croire*, *savoir*, *assurer*, *être persuadé*, *prétendre*, *promettre*, *espérer*, etc.,

stantif neutre, qui a deux cas, le *nominatif* et l'*accusatif*. Il est au *nominatif* quand il est le *sujet* de la proposition : *Culpa est, turpe est mentiri*. *Virtus est vitium fugere*, pour *fug: vitii virtus est*. *Parentes suos non amare, impietas est*. L'infinitif est à l'*accusatif* quand il est le *complément* d'un verbe transitif ou de tout autre verbe considéré comme tel, c'est-à-dire après lequel on peut faire la question *quoi?* ou *de faire quoi?* *Ferre laborem consuetudo docet*, l'habitude apprend (quoi?) à supporter la fatigue. *Solent diu cogitare omnes qui magna negotia volunt agere*. Ceux qui veulent (quoi?) faire de grandes choses, ont coutume (*de faire quoi?*) de réfléchi pendant longtemps.

Or le nom ou les noms qui servent de sujet (*nominatif*) ou de régime (*accusatif*) à l'infinitif, et forment avec cet infinitif ce qu'on appelle une *proposition infinitive*, se mettent toujours à l'accusatif, soit que l'infinitif s'emploie comme sujet (*nominatif*) de la proposition, soit qu'il s'emploie comme régime (*accusatif*). Ex. : (*infin.* comme *nominatif*) *Omnibus bonis expedit rempublicam esse salvam*. Construisez : *rempublicam esse salvam expedit omnibus bonis*. La rép. être sauve, c'est-à-dire le salut de la république intéresse tous les gens de bien. Il faut rapporter à cette construction les phrases où, en français, l'*infinitif* dépend d'un *verbe impersonnel* ou d'une locution équivalente : Ex. : Il ne convient pas que le plus âgé obéisse au plus jeune. *Non est rectum, minori parere majorem*. Constr. *Majorem parere minori, non est rectum*. Il en est de même lorsque le nom qui sert de sujet à l'infinitif est suivi d'une proposition incidente déterminative. Ex. : *Par est omnes omnia experiri, qui res magnas concupiverunt*. Constr. *omnes* (*homines*) *qui concupiverunt res magnas, experiri omnia est par*. Il convient que tous ceux qui aspirent à de grandes choses mettent tout en œuvre pour réussir. — (*Infinitif comme accusatif*) *Thales milesius dixit aquam esse initium rerum*. Thalès de Milet dit que l'eau est le principe des choses. *Spero amicitiam nostram non egere testibus*. J'espère que notre amitié n'a pas besoin de témoins, etc.

L'*infinitif* peut encore être considéré comme formant apposition, soit avec des substantifs, soit avec des pronoms démonstratifs ou des adjectifs : *Hæc benignitas reipublicæ est utilis, redimi captos, locupletari tenuiores*. C'est une bonté utile à la république de racheter les captifs, d'enrichir les pauvres. *In scientia excellere, pulchrum putamus*. Et dans les phrases impersonnelles : *Rem te bene gessisse, fama exierat*. le bruit courait que vous aviez réussi. Construisez : *fama exierat* (*scilicet*), *te rem bene gessisse*.

§ 402. *Credo te flere*. — On suit cette règle pour tous les verbes qui expriment croyance, persuasion, promesse, espoir, assu-

on n'exprime pas *que*; mais on met à l'accusatif le nom ou pronom qui suit, et le second verbe à l'infinitif latin.

Ex. : Je crois que vous pleurez, *tournez*, je crois vous pleurer, *credo te flere*.

§ 403. Quand la conjonction *que* est suivie d'une phrase *incidente*, ce n'est pas le verbe de la phrase incidente qui se met à l'infinitif, mais c'est l'autre verbe, qui est ordinairement le dernier. Ex. : Soyez persuadé qu'un enfant (qui honore ses parens) sera aimé de Dieu : *persuasum habeto puerum (qui parentes veretur) à Deo amatum iri*. On appelle *phrase incidente* celle qui est jointe à une autre par un de ces mots, *qui, pour, si*, etc.

§ 404. A quel temps de l'infinitif latin faut-il mettre le verbe français qui suit le *que non exprimé en latin*?

REGLE GÉNÉRALE.

Comparez les temps que marquent les deux verbes.

1° Si les deux actions, exprimées par les deux verbes, se font ou ont été faites en même temps, mettez le second verbe français au présent de l'infinitif latin.

2° Si l'action du second verbe était déjà faite dans le temps que marque le premier verbe, mettez le parfait de l'infinitif.

3° Si l'action du second verbe était encore à faire dans le temps que marque le premier verbe, mettez le futur de l'infinitif.

RÈGLES PARTICULIÈRES.

§ 405. *Temps du verbe français qu'il faut mettre au présent de l'infinitif latin.*

1° Mettez au présent de l'infinitif le présent de l'indicatif français.

---

rance, conviction, science, en un mot toutes les fois que la conjonction *que*, entre deux verbes, ne peut pas se tourner par *afin que, ut*, — *de peur que, ne*, — *jusqu'à ce que, dùm*, — *si, an, utrum*, — *parce que, quod*, — *pourquoi, cur*, — *que ne, quin*, c'est-à-dire lorsqu'elle ne marque ni le désir ni l'intention, je souhaite que vous lisiez (*cupio ut legas*); ni la crainte, je crains que vous ne lisiez (*timeo ne legas*); ni l'attente, j'attends que vous lisiez (*exspecto dùm legas*); ni le doute, je doute que vous lisiez (*dubito an legas*); ni la cause, je suis étonné que vous lisiez (*miror quod legas*); l'ennui est cause que vous lisez, *tæ-*

Ex. : Je crois qu'il lit, *credo illum legere.*

2° Mettez au présent de l'infinitif l'imparfait de l'indicatif, quand le premier verbe est à l'un des trois parfaits.

Ex. : Je croyais, j'ai cru, j'avais cru qu'il lisait, *credebam, credidi, credideram illum legere.*

Si cependant le second verbe marque un temps plus ancien que le premier, mettez ce second verbe au parfait de l'infinitif latin. Ex. : Je vous ai dit que Phèdre était esclave : *tibi dixi Phædrum fuisse servum.* (Phèdre était esclave longtemps avant le moment où je vous l'ai dit.)

3° Mettez encore au présent de l'infinitif le présent du subjonctif, quand on peut le tourner par le présent de l'indicatif, en transportant la négation du premier verbe au second.

Ex. : Je ne crois pas qu'il lise ; *on peut tourner,* je crois qu'il ne lit pas, *non credo illum legere* *.

§ 406. *Après un* que non *exprimé en latin, mettez au parfait de l'infinitif latin les trois temps suivans :*

1° Le parfait et le plus-que-parfait de l'indicatif français.

Ex. : Je crois qu'il a lu, qu'il avait lu, *credo illum legisse.*

2° L'imparfait de l'indicatif, quand le premier verbe est au présent ou au futur.

Ex. : Je crois, je croirai qu'il lisait, *credo, credam illum legisse.*

3° Le futur passé et le parfait du subjonctif, quand on peut les tourner par le parfait de l'indicatif.

---

dium causâ est cur legas) ; ni l'empêchement, il m'a empêché de partir (*impedivit ne proficiscerer*) ; peu s'en est fallu qu'il ne tombât (*paulùm abfuit quin caderet*).

§ 403. Le verbe *gouvernant, soyez persuadé,* est séparé du verbe *gouverné, sera aimé,* par la phrase incidente *qui honore ses parens.* On appelle cette phrase incidente (de *incidere,* tomber), parce qu'elle tombe entre les deux autres.

§ 405. * Je ne crois pas qu'il lise. — Je ne crois pas *maintenant* qu'il lise *maintenant,* dans le moment où je dis : je ne crois pas. Remarquez que la négation, qui se trouve dans le premier ou

Ex. : Je crois qu'il aura déjà dîné ; *tournez*, je crois qu'il a déjà dîné. *credo illum jam prandisse.*

Je ne crois pas qu'il ait encore dîné ; *tournez*, je crois qu'il n'a pas encore dîné, *non credo illum jam prandisse.*

§ 407. *Après un que non exprimé, mettez au futur de l'infinitif latin les trois temps suivans :*

1° Le futur de l'indicatif français.

Ex. : Je crois qu'il viendra demain, *credo illum cras venturum esse.*

2° Le présent du subjonctif, quand on peut le tourner par le futur de l'indicatif, en transportant la négation du premier verbe au second.

Ex. : Je ne crois pas qu'il vienne demain ; *on peut tourner*, je crois qu'il ne viendra pas demain, *non credo illum cras venturum esse.*

3° L'imparfait du subjonctif terminé en *rais*. (C'est-à-dire le *conditionnel présent.*)

Ex. : Je croyais qu'il viendrait demain, *putabam eum cras venturum esse.*

§ 408. *Après un que non exprimé, mettez au futur passé de l'infinitif latin :*

Le plus-que-parfait du subjonctif français. (C'est-à-dire le *conditionnel passé.*)

---

le second membre de phrase, ne change rien au rapport des temps. Quand je dis, *je ne crois pas qu'il lise* ou *je crois qu'il ne lit pas*, je ne fais qu'énoncer négativement deux propositions ou deux jugemens qui ont également rapport à la même époque de la durée, c'est-à-dire au présent, *je ne crois pas actuellement*, et *il ne lit pas actuellement*. Il faut donc employer le présent en latin, comme si les deux propositions étaient affirmatives ; *credo eum non legere*.

§ 406. Je crois *maintenant* qu'il aura déjà dîné, avant le moment où je dis : *je crois* ; donc le passé, *prandisse.*

§ 407. Je ne crois pas *maintenant* qu'il vienne, *demain, tout à l'heure, bientôt. Demain, tout à l'heure, bientôt*, sont à venir par rapport au moment où je dis : *je ne crois pas* ; donc le futur : *venturum esse cras, modo, mox*, etc.

RÈGLE GÉNÉRALE pour les temps du conditionnel et du subjonctif qui expriment le futur.—Le conditionnel (*je viendrais*), l'imparfait du subjonctif (*que je vinsse*), se traduisent en latin comme le futur de l'indicatif *je viendrai*. Les Latins ne considèrent pas l'idée de doute ou de condition attachée aux modes français : ils n'ont égard qu'au rapport de temps.

Ex. : Je crois qu'il serait venu, si....., *credo illum venturum fuisse, si.....*

Cependant, s'il peut se tourner par le plus-que-parfait de l'indicatif, mettez-le au parfait de l'infinitif.

Ex. : Je ne savais pas que vous fussiez arrivé, *tournez*, que vous étiez arrivé, *nesciebam te advenisse.*

§ 409. REM. — L'imparfait du subjonctif, terminé en *asse*, *irsse*, *isse*, *usse*, se tourne quelquefois par l'imparfait de l'indicatif, et alors il en suit la règle.

Ex. : Je ne croyais pas, je n'ai pas cru, je n'avais pas cru que vous fussiez malade; *tournez*, que vous étiez, *non credebam, non credidi, non credideram te ægrotare.* (Je mets le présent *ægrotare*, parce que le premier verbe est à l'un des trois parfaits.)

Je ne crois pas, je ne croirai pas que vous fussiez malade, *tournez*, que vous étiez, *non credo, non credam te ægrotavisse.* (Je mets le parfait de l'infinitif, parce que le premier verbe est au présent ou au futur.)

Quelquefois l'imparfait en *asse, irsse*..... se tourne par le futur de l'indicatif, et alors il suit la règle du futur.

Ex. : Si je croyais que vous vinssiez bientôt, je vous attendrais; *tournez*, que vous viendrez, *si putarem te brevi venturum esse, te exspectarem.*

---

§ 408. Je crois qu'il serait venu si. — *Serait venu* marque à la fois l'avenir et le passé (*serait*, l'avenir, *venu*, le passé); donc il faut mettre le futur passé, *venturum fuisse.*

Je ne savais pas que vous fussiez arrivé. — Vous étiez arrivé (l'action d'arriver était faite) avant que je le susse; donc le passé *advenisse.*

§ 409. Je ne croyais pas, je n'ai pas cru, je n'avais pas cru que vous fussiez malade. — Vous étiez malade *du moment* où je dis : je ne croyais pas, je n'ai pas cru, je n'avais pas cru; l'état exprimé par le verbe était *présent* au moment où je ne croyais pas; donc le présent *ægrotare.*

Je ne crois pas, je ne croirai pas que vous fussiez malade *avant* le moment où je parle, où je dis que je ne crois pas; donc le passé *ægrotavisse.*

Si je croyais que vous vinssiez bientôt. — Que vous *vinssiez bientôt* marque l'avenir par rapport au moment où je dis : si je croyais; donc le futur *venturum esse.*

§ 410. *PREMIÈRE OBSERVATION.*

Lorsque après la conjonction *que* non exprimée en latin, on doit mettre le verbe à l'un des deux futurs de l'infinitif, et que le verbe latin n'en a point :

1° Exprimez le futur de l'indicatif et le présent du subjonctif français par *fore ut* ou *futurum esse ut* avec le présent du subjonctif latin.

Ex. : Je crois que vous vous repentirez, *credo fore ut te pœniteat*. Je crois que Pierre étudiera, *credo fore ut Petrus studeat*.

2° Exprimez l'imparfait du subjonctif français par *fore ut*, avec l'imparfait du subjonctif latin.

Ex. : Je croyais que vous vous repentiriez, *credebam fore ut te pœniteret* ; que Pierre étudierait, *fore ut Petrus studeret*.

3° Exprimez le plus-que-parfait du subjonctif fran-

---

§ 410. 1° *Credo fore ut te pœniteat.* — Dans cette phrase, *te* est à l'accusatif, non à cause de l'infinitif *fore*, mais parce qu'il est le régime de *pœniteat* (*pœna teneat te*), qui veut à l'accusatif le nom qui est au nominatif en français. L'accusatif est sous-entendu devant *fore* : c'est le mot cela, *hoc* (*hoc fore ut pœna teneat te*). On doit donc traduire je crois que Pierre étudiera, par : *Credo fore ut Petrus studeat*, et non *Petrum*. On voit qu'après *fore ut* ou *futurum esse ut*, le sujet du second verbe (Pierre) doit se mettre au nominatif.

2° *Credam futurum fuisse ut te pœniteret.* C'est-à-dire je croyais avoir dû être que vous vous repentiriez. Autre exemple :

Je crois que Pierre aurait étudié, *credo futurum fuisse ut Petrus studeret*. Dans ces phrases, *fuisse* étant au parfait, le verbe latin qui suit ce parfait doit se mettre à l'imparfait du subjonctif.

Les exemples qu'on trouve dans les auteurs viennent à l'appui de cette règle. Cette tournure est usitée même au passif. Ex. : La plupart pensaient que la ville aurait été perdue, *existimabant plerique futurum fuisse ut oppidum amitteretur*. Cæs. *Theophrastus dicebat futurum fuisse ut hominum vita erudiretur.* Cic. *Tusc.* III, 28.

On trouve aussi le plus-que-parfait du subjonctif avec *fore ut*. Ex. : *Credebam fore ut epistolam scripsisses*, je croyais que vous auriez écrit la lettre.

çais (c'est-à-dire *le conditionnel passé*) par *futurum fuisse ut*, avec l'imparfait du subjonctif latin.

Ex.: Je croyais que vous vous seriez repenti, *credebam futurum fuisse ut te pœniteret*.

§ 411. On se sert encore de *fore ut*, avec le parfait du subjonctif, pour exprimer le futur passé et le parfait du subjonctif, quand ils marquent l'avenir.

Ex.: Vous croyez qu'il aura bientôt terminé cette affaire, *credis fore ut brevi illud negotium confecerit*.

Je ne crois pas qu'il ait sitôt terminé cette affaire, *non credo fore ut tam cito illud negotium confecerit*.

§ 412. *SECONDE OBSERVATION.*

Quand les verbes *croire*, *espérer*, *promettre*, *menacer*, *se souvenir*, etc., sont suivis d'un infinitif français, exprimez les pronoms personnels devant l'infinitif, lorsque ces pronoms lui servent de sujet.

Ex.: Je crois avoir lu ; *tournez*, moi avoir lu, *credo me legisse*.

---

§ 411. Vous croyez qu'il aura bientôt terminé cette affaire. — Vous croyez *maintenant* qu'il aura terminé, *après* le moment où vous croyez. — Je ne crois pas qu'il ait sitôt terminé ; je ne crois pas *maintenant* qu'il ait terminé sitôt, *après* le moment où je crois. — On dit *fore ut confecerit* et non *confecturum fuisse*, qui pourrait signifier *aurait terminé* (conditionnel passé). Ex. : Je crois qu'il aurait terminé, *credo eum confecturum fuisse*. — Cette règle peut s'énoncer ainsi : Si l'action du second verbe marque un temps futur, par rapport au premier verbe, mais que ce temps futur doive être passé dans un autre temps *à venir* par rapport au moment où l'on parle, il faut alors, pour exprimer ce double rapport de *futur* et de *passé*, se servir de *fore ut*, qui marque l'avenir, avec le parfait du subjonctif, qui marque le passé. — Je crois qu'il *aura terminé* cette affaire quand *vous viendrez*. Aura terminé est *à venir* par rapport au *présent* je crois ; mais il exprime le *passé* par rapport au *futur* quand vous viendrez.

§ 412. Je crois avoir lu. — Dans cette phrase et autres semblables, il y a ellipse du pronom personnel ME, TE, etc., en français ; mais il s'exprime toujours en latin.

Il espère *soi* devoir partir, etc. *Promettre*, *espérer*, *s'attendre*,

Vous croyez être heureux ; *tournez*, vous être heureux, *credis te esse beatum.*

---

et tous les verbes qui marquent l'*avenir*, demandent après eux le futur de l'infinitif latin. *Spero*, lorsqu'il ne marque pas l'avenir, est suivi du présent de l'infinitif : *Spero nostram amicitiam non egere testibus*, Cic., j'espère que notre amitié n'a pas besoin de témoins.

Dans ces phrases il faut toujours exprimer le régime devant l'infinitif, parce que ce dernier mode n'exprimant ni le nombre ni la personne, le sens de la phrase serait vague et indéfini. Si l'on disait *credis legere*, on ne saurait si c'est vous, lui, nous qui lisons. On trouve quelques exemples de l'ellipse des pronoms, mais ce sont des exceptions qui ne font pas règle. — Lorsque le sujet n'est pas un pronom personnel, il est ordinairement sous-entendu. Ex : Il est toujours utile d'être homme de bien, *semper utile est esse virum bonum*, c'est-à-dire *aliquem esse virum bonum*, que quelqu'un soit.

Avec *Memini* on trouve aussi le *parfait* lorsqu'on énonce simplement un fait. Ex. : *Meministis me ita distribuisse initio causam?* Cic. Vous souvenez-vous que j'avais d'abord divisé ainsi de plaidoyer? *Ego memini summos in nostrâ civitate fuisse viros*, je me rappelle qu'il y a eu de très-grands hommes dans notre ville, Cic.

On se sert en latin du parfait de l'infinitif dans certains cas où l'on se sert du présent en français. Ex. Il n'a pas eu honte de faire cela, *non eum puduit hoc fecisse.*

Lorsqu'on rapporte les pensées ou les paroles d'un autre, on conserve l'infinitif, même dans les interrogations, lorsque ces interrogations n'attendent point de réponse. Ex. : *Quòd si veteris contumeliæ oblivisci vellet, num etiam recentium injuriarum memoriam deponere posse?*... pouvait-il oublier les injures récentes? etc.

Règles pour le passif. Au passif on suit en général les mêmes règles qu'à l'actif. Ex. Je crois qu'il est aimé, *credo illum amari.*

Cependant il faut remarquer que *je suis*, *tu es*, etc., avec un participe passé, comme *aimé*, *pris*, etc., je suis aimé, tu es, il est pris, peuvent marquer le *passé*. Ex. Je crois que la ville est prise, *credo urbem expugnatam esse*, et non *expugnari*, qui marquerait la prise *actuelle et non consommée*. Et pour exprimer le parfait il faudrait se servir de *fuisse*. Ex. Je crois que la ville a été prise, *credo urbem expugnatam fuisse*. Ainsi ne confondez pas *esse* avec *fuisse.*

N'employez pas non plus indistinctement le futur de l'infinitif (*laudatum iri*), et le futur du participe (*laudandum -am, esse*), qui marque presque toujours nécessité, obligation. Ex. : Je crois qu'il sera loué, *credo illum laudatum iri*. — *Laudandum esse si-*

Il espère partir bientôt ; *tournez*, soi devoir partir bientôt, *sperat se brevi profecturum*.

Je me souviens d'avoir lu ; *tournez*, moi avoir lu, *memini me legere* (après *memini* on met mieux le présent que le parfait de l'infinitif. *Recordor* suit la même règle).

---

gnifierait qu'on sera obligé de le louer. On peut traduire le conditionnel et l'imparfait du subjonctif passif par *fore ut*. Ex. : Ptolémée avait persuadé à Othon qu'il serait appelé à l'empire, *Ptolomœus Othoni persuaserat, fore ut in imperium adsciceretur.*

Servez-vous encore de *fore* avec le *participe parfait* pour exprimer le *futur passé passif*, quand il marque l'avenir ; exprimez de même le conditionnel. Ex. : Je crois que la lettre aura été écrite, *credo epistolam scriptam fore.* — *Quos spero brevi tempore societate victoriæ tecum copulatos fore*; qu'ils seront réunis à vous, Cic. *Quòd videret nomine pacis bellum involutum fore*... parce qu'il voyait que la guerre serait cachée sous le nom de la paix, Cic. Si le futur passé marque le passé, servez-vous du parfait de l'infinitif. Ex. : Je crois que la lettre aura déjà été écrite, *credo epistolam jam scriptam fuisse.*

Si le verbe n'a pas de passif, changez le passif en actif de cette manière : Je crois qu'il est favorisé par vous, *credo te illi favere*; — qu'il a été... *te illi favisse*; — qu'il sera... *fore ut illi faveas*; — qu'il aura été favorisé, *fore ut illi faveris*, si l'on veut marquer l'avenir (devoir être que vous l'ayez favorisé). On dirait, *te illi favisse*, si l'on voulait exprimer le passé, etc. — S'il y avait amphibologie en changeant le passif en actif, il faudrait prendre une autre tournure. Ex. : Je crois que Pierre imite Paul, *Petrus, credo, imitatur Paulum.* — Pierre, je crois, imite Paul.

On se rappellera que l'infinitif doit toujours être accompagné de l'accusatif. Ex. : *Contentum suis rebus esse maximæ sunt certissimæque divitiæ*, être content de ce qu'on a, c'est avoir les richesses les plus grandes et les plus sûres. *Aliud est iracundum esse, aliud iratum*, autre chose est d'être irascible, autre chose est d'être irrité (*littéral*). — Après les verbes *soleo, audeo, possum, debeo, incipio, desino, persevero*, l'attribut se met au nominatif. Ex. : *Solet tristis videri*, et non *tristem. Aude sapiens esse.* Avec *volo, cupio, nolo, malo, curo*, quand le sujet est le même pour les deux verbes, on se sert du nominatif, ou de l'accusatif en exprimant le pronom. Ex. : *Volo cupio eruditus fieri*, ou *me eruditum fieri. Vos liberi esse non curatis. Valere malo quàm dives esse*, etc. Mais si le sujet n'est pas le même pour les deux verbes, on se sert toujours de l'acc. Ex. : *Volo ... te eruditum fieri.*

Si l'infinitif actif est accompagné de deux accusatifs, celui du sujet et celui du régime, et qu'il puisse en résulter une amphibologie, on tourne l'actif par le passif; le régime devient alors le sujet de l'infinitif, et le nom qui était au nominatif en français devient le régime du verbe passif. Ex.: Vous croyez que Pierre aime Paul, *credis Paulum a Petro amari*; et non *Petrum amare Paulum*. (Parce qu'on ne saurait si c'est Pierre qui aime Paul, ou Paul qui aime Pierre. (Voy. § 434.)

L'*accusatif* s'emploie surtout avec l'*infinitif passif* accompagné de *velle* : *Hoc velim intelligi* : et si l'on veut exprimer une volonté ferme, on se sert du *participe* passif : *Hoc factum* (pour *fieri*) *volo*. *Corinthum patres vestri exstinctam esse* (pour *exstingui*) *voluerunt*.

Avec *licet*, il est permis, on peut mettre l'accusatif; mais le datif est plus usité. Ex.: *Civi romano licet esse Gaditanum* ou *Gaditano*, il est permis à un citoyen romain d'être de Gadès. *His esse liberis non licet*, il ne leur est pas permis d'être libres.

On trouve aussi : *Nullum tempus ei relinquebatur sobrio*, Corn. Nep. — *Mediocribus esse poëtis non di.... concessere*, les dieux n'ont pas permis aux poëtes d'être médiocres. — *Dederim quibus esse poëtis*, ceux à qui j'accorderai d'être poëtes, Hor. — *Vobis necesse est fortibus viris esse*, Liv. — *Maximo tibi et civi et duci esse contigit*, Cic. Ces exemples sont à remarquer pour l'intelligence des auteurs.

Il ne faut point imiter les poëtes qui mettent, comme les Grecs, le *nominatif* avec l'*infinitif* : *Sensit medios delapsus in hostes*, pour *se delapsum*.

L'accusatif avec l'infinitif accompagné d'une particule interrogative, exprime l'indignation. Ex.: *Adeone esse hominem infelicem quemquam, ut ego sum!* Y a-t-il donc un homme aussi malheureux que moi! *Ergo me potius in Hispaniâ fuisse tum!* etc. Faut-il donc que je me sois trouvé en Espagne! Sous-entendez *credibile est*, etc. On se sert aussi de *ut* avec le subjonctif : *victamque (patriam) ut quisquam victrici patriæ præferret?* Un homme préférerait-il sa patrie vaincue à sa patrie victorieuse (*littéral*.)? Sous-ent. *imperas, fieri potest ut*.

On a vu que l'infinitif (accompagné de l'accusatif) se construit souvent par apposition avec les pronoms démonstratifs, les adjectifs et les substantifs : *Revertor ad illud, quod mihi in hâc omni est oratione propositum, omnibus malis rempublicam esse confectam*. J'en reviens à *ce que* j'ai constamment en vue dans ce discours, *c'est que* la république *est accablée* de maux.

DE LA GRAMMAIRE LATINE.

VOICI UN TABLEAU QUI POURRA SERVIR A DIRIGER LES ÉLÈVES.

PRÉSENT.

(Simultanéité d'actions, c'est-à-dire actions faites en même temps.)

Je crois Je croirai	} que tu lis, *tournez*	toi lire, *credo, credam te legere.*
Je croyais J'ai cru J'avais cru	} que tu lisais	toi lire, *credebam, credidi, credideram te legere.*
J'aurai cru J'aurais cru	} que tu lisais	toi lire, *credidero, credidissem te legere.*
Je ne crois pas Je ne croirai pas	} que tu lises (maintenant),	toi lire, *non credo, non credam te legere.*
Je ne croyais pas Je n'ai pas cru Je n'avais pas cru Je ne croirais pas	} que tu lusses,	toi lire, *non credebam, non credidi, non credideram, non crederem te legere.*
Si je croyais Si j'avais cru	} que vous écoutassiez, que vous vinssiez, que vous partissiez, que vous lussiez (maintenant),	toi écouter, etc. ; *si crederem, si credidissem te audire, venire, proficisci, legere nunc,* etc.

PASSÉ.

Je crois Je croirai	} que tu lisais,	toi avoir lu, *credo, credam te legisse.*
Je croyais (ce matin)	que tu lisais (hier),	toi avoir lu, *credebam (hodiè manè) te legisse (heri).*
Je crois Je croirai	} que tu as lu, que tu lus, que tu avais lu,	toi avoir lu, *credo, credam te legisse.*
Je crois que tu auras déjà lu,		toi avoir déjà lu, *credo te jam legisse.*
Je ne crois pas que tu aies déjà lu,		toi avoir lu, *non credo te jam legisse.*
Je ne croyais pas Je n'ai pas cru Si j'avais cru Je ne croirais pas Je n'aurais pas cru	} que tu eusses déjà lu,	toi avoir lu, *non credebam, non credidi, si credidissem, non crederem, non credidissem te jam legisse.*

FUTUR.

Je crois que tu liras,		toi devoir lire, *credo te lecturum esse.*
Je ne crois pas que tu lises (demain),		toi devoir lire, *non credo te lecturum esse (cras).*

Je crois Je croyais J'ai cru J'avais cru	} que tu lirais,	*credo, credebam, credidi, credideram te lecturum esse.*
Si je croyais	que vous écoutassiez, que vous vinssiez, que vous partissiez, que vous lussiez (demain, etc.),	toi devoir écouter, etc., *si crederem te auditurum esse, venturum, profecturum, lecturum, lecturam esse (cras).*
Il espère Il s'attend à Il promet de	} lire,	*sperat, existimat, pollicetur se lecturum esse.*
Je crois Je croyais J'ai cru J'avais cru Je croirai J'aurais cru	} que tu aurais lu, si,	toi avoir dû lire, *credo, credebam, credidi, credideram, credam, credidissem te lecturum fuisse, si,* etc.

FUTUR passé et Parfait du Subjonctif marquant l'avenir (Parfait du Subjonctif avec *fore ut.*)

Je crois que Pierre aura bientôt lu, *tournez :* devoir être que Pierre ait bientôt lu, *credo fore ut Petrus brevi legerit.*

Je ne crois pas que Pierre ait bientôt lu, *non credo fore ut Petrus brevi legerit.*

MANIÈRE de traduire le Futur lorsque le verbe latin n'en a point.

Je crois que Pierre vous favorisera, *credo fore ut* ou *futurum esse ut Petrus tibi faveat.*

FUTUR PASSÉ.

Je crois, je croyais, etc., que Pierre vous aurait favorisé, *credo, credebam futurum fuisse ut Petrus tibi faveret* (avoir dû être qu'il vous favorisât), ou *fore ut Petrus tibi favisset* (devoir être qu'il vous eût favorisé).

Voyez ci-après, § 434, la manière d'éviter l'amphibologie.

§ 413. *Verbes après lesquels le* QUE *ou* DE *français se rend en latin par plusieurs conjonctions.*

Conseiller de, *suadere ut.*

RÈGLE. Après les verbes *conseiller, persuader, souhaiter, faire en sorte, commander, prier, avoir soin,*

---

§ 413. Après un verbe qui marque l'*intention*, le *motif*, le *désir*, on se sert de *ut*, toutes les fois qu'on veut, qu'on désire, ou qu'*il faut* que la chose soit, et de *ne* (pour *ut ne*), quand on *ne* veut pas, quand il *ne faut pas* que la chose soit. Ex. : Je vous conseille de lire, mon intention est que vous lisiez, je désire que vous lisiez, *ut legas* ; je vous conseille de ne pas jouer, mon intention est que vous ne jouiez pas, *ne ludas.* — Il nous importe de servir Dieu, *nostrâ refert ut Deo serviámus*. On met *ut*, parce que servir Dieu est une chose nécessaire, un devoir qu'il faut remplir. (Quand la négation *ne* est déjà exprimée devant le verbe, on met toujours *ut* après Ex. : Je ne désire pas que vous jouiez, *non cupio ut ludas*, et non pas *ne ludas*, parce qu'on exprimerait deux fois la négation.)

On exprime encore *de* ou *que* par *ut*, quand ils peuvent se tourner par *de sorte que, de telle sorte que.* Ex. : Il arrive souvent que les hommes sont trompés, *sæpe accidit ut homines decipiantur*, c'est-à-dire les choses arrivent de telle sorte que, etc.

Ut et *ne* sont quelquefois sous entendus. *Tu fac bono animo magnoque sis* (*ut sis*). *Bibliothecam tuam cave cuiquam despondeas* (*ne despondeas*). On trouve aussi *ut ne* : *Peto ut ne quid novi decernátur*, Cic, etc.

Il y a une distinction à établir entre l'emploi de *ne* (pour *ut ne*) et celui de *ut non*. — *Ne* indique ce qui ne doit pas arriver, ce qu'on ne veut pas qu'il arrive, c'est-à-dire l'*intention* ou un effet prévu ; mais *ut non* indique simplement ce qui n'arrive pas. Il signifie *de sorte que* et indique seulement une conséquence. Ex. : *Cura ne in morbum incidas*, ayez soin de ne pas tomber malade. (On ne veut pas que vous tombiez malade.) *Tum forte ægrotabam, ut non possem ad tuas nuptias venire*, j'étais alors si malade, *que* je ne pouvais venir à votre noce. *Socrates locutus est ita ut non ad mortem trudi videretur*, Socrate parla de manière qu'il ne semblait pas être traîné au supplice. *Ut non* s'emploie encore quand la négation ne se rapporte pas à la proposition entière, mais à un membre de proposition ou à un seul mot. Ex. : *Confer te ad Mallium, ut à me non ejectus videaris sed*, etc., littérale-

il faut, il est juste, il est nécessaire, il arrive, il importe, etc.; le *de* ou *que* s'exprime par *ut*, avec le subjonctif, et, s'il est suivi d'une négation, par *ne*, pour *ut ne*.

Ex. : Je vous conseille de lire ; tournez, que vous lisiez, *suadeo tibi ut legas*; de ne pas jouer, *ne ludas*.

ment, transporte-toi auprès de Mallius, *de manière que tu ne paraisses pas chassé par moi, mais*, etc. (Rends-toi auprès de Mallius, on ne dira plus que je t'ai chassé, etc.)

La particule *neve* ou *neu*, ou pour ne pas, et pour ne pas, ne doit pas se confondre avec *neque* ou *nec*. *Neve* ou *neu* s'emploie pour *ne*; *nec* ou *neque* s'emploie pour *non*. Ex. *Daret operam ne quod iis inter se colloquium, neve quæ consilii communicatio esset*; qu'il veillât à ce qu'ils ne pussent s'entretenir ou se communiquer leurs projets (*neve* et non pas *neque*).

Nous ferons remarquer, dès à présent, l'emploi élégant du relatif *qui*, et des adverbes *ubi, quo, qua, unde*, pour *ut* et un pronom. Ex. : *Socrates, quum ei orationem Lysias attulisset*, quam (pour *ut eam*) *edisceret*, etc. — *Pontem fecit quâ* (pour *ut eâ*, adverbe de lieu) *copias traduceret*. — *Habent propinquam provinciam quò* (pour *ut eo*) *facile excurrant ubi*, (pour *ut ibi*) *libenter negotium gerant*.

REMARQUE. Après les verbes *dire, il faut, il est juste*, on peut aussi se servir de l'infinitif ; et l'on suit toujours cette règle, lorsque *de* ou *que* ne peuvent pas se tourner par *afin que*. Ex. : Avertissez-le, dites-lui que je suis arrivé, *mone illum me advenisse*. *Que* n'exprime pas l'intention, on ne peut pas dire *afin que* je sois arrivé, comme on dirait ; avertissez-le *de* venir, c'est-à-dire qu'il vienne, *ut veniat*.

Après *jubeo*, ordonner, on doit toujours mettre l'infinitif. Ex.: Il lui ordonna de mettre à mort ce soldat, *jussit hunc militem ab eo interfici* (être tué par lui). On tourne par le passif pour éviter l'amphibologie, voyez § 434. Si *jubeo* a pour régime un nom de personne, l'infinitif peut rester à l'actif. Ex. : *Militem gladium tradere jussit*. *Veto*, défendre, suit la même règle : *Vetuit castra muniri*. *Vetuit legatos ab opere discedere*.

Volo, nolo, malo, cupio, sino, permitto, patior, justum, æquum, rectum, verisimile, verum, consentaneum, apertum, certum est, utile est, opus est, convenit, expedit, intelligitur, perspicitur, et autres expressions semblables se construisent aussi avec l'infinitif. Cet infinitif sert de sujet (nominatif) à la phrase, lorsqu'il est construit avec les impersonnels *æquum est, expedit*, etc. Il est régime lorsqu'il dépend d'un verbe personnel. Ex. : *Victorem parcere victis æquum est*, il est juste que le vainqueur épargne les vaincus : *victorem parcere victis* sert de sujet à *æquum est*. *Omnibus bonis expedit salvam esse rempublicam*. — *Salvam esse*

Ayez soin de vous bien porter, *cura ut valeas*; de ne pas tomber malade, *ne in morbum incidas*.

Dites-lui, avertissez-le de prendre garde à lui ; tournez, qu'il prenne garde.... *dic illi, mone illum ut sibi caveat*.

REMARQUE. Après *curare*, avoir soin, on met élégamment le participe du futur en *dus, da, dum*, si le verbe a un régime avec lequel on puisse le faire accorder. Ex. : Il a eu soin de me faire tenir la lettre, *litteras ad me perferendas curavit*.

REMARQUE. Après *oportet, volo, nolo, malo*, on met élégamment le participe passé en *us, a, um*. Ex. : Je veux vous avertir d'une chose, *unum te monitum volo*.

REMARQUE. Après *dire, avertir, persuader, écrire*, le *que* ne s'exprime pas, quand il ne peut pas se tourner par *de*.

Dites-lui, avertissez-le que je suis arrivé, *dic illi, mone illum me advenisse*. (De même après *jubere*, commander, le *que* ne s'exprime presque jamais, et le verbe suivant se met au présent de l'infinitif.)

§ 414. IL N'IMPORTE PAS que.... ou de.... *nihil refert utrum.... an*.

RÈGLE. Quand après *il n'importe pas, il importe peu, qu'importe*, il y a deux *que* ou deux *de* ; on les tourne

rempublicam est le sujet (nominatif) de la phrase *expedit omnibus bonis*. *Cupio me esse clementem*; *me esse clementem* est le régime de *cupio*. — Après les verbes qui signifient *faire en sorte, s'efforcer, décider*, l'emploi de *ut* est plus fréquent, si l'action exprimée par le second verbe est encore à faire, ou si les nominatifs des deux verbes sont différents. Ex. : *Omne animal, simul ut ortum est, id agit, ut se conservet*, tout animal, dès sa naissance, cherche à se conserver. *Senatus statuit ut bellum Samnitibus indiceretur*, le sénat décida que la guerre serait déclarée aux Samnites.

§ 414. On suit cette règle lorsque le second membre de la phrase exprime un sens contraire au premier et une idée de doute. Ex. : (1er membre) Il ne m'importe pas d'être riche (2e membre) ou pauvre. Être pauvre est opposé, contraire à être riche.

Quand ces verbes ne sont pas accompagnés d'une négation ou d'une interrogation, les deux *que* ou *de* s'expriment par *ut*. Ex. : Il m'importe qu'il vienne ou qu'il écrive, *med refert ut ille veniat aut (ut) scribat*.

par *si*, et on exprime le premier par *utrùm*, et le second par *an*, avec le subjonctif.

Ex. : Il ne m'importe pas, que m'importe d'être riche ou pauvre? *tournez*, si je suis riche...... *nihil meá refert, quid meá refert utrùm dives sim an pauper?* (Au lieu d'*utrùm* on peut mettre *ne* après le premier mot, *divesne sim an pauper.*)

Après se mettre peu en peine, *parùm curare*, les deux *que* s'expriment aussi par *utrùm*, *an* ; et si, à la place du second *que*, il y a ces mots : *ou non*, on les exprime par *annon* ou *nec-ne*.

Ex. : Je me mets peu en peine que vous m'écoutiez ou non, *parùm curo utrùm me audias nec-ne*.

§ 415. *OBSERVATION.*

A quel temps du subjonctif latin faut-il mettre l'infinitif français qui suit *de* exprimé par *ut*, *ne an*, *utrùm*, *quin*?

---

§ 415. Il faut remarquer qu'après le parfait on trouve souvent le parfait du subjonctif. Ex. : *Fuit tantá liberalitate Cimon, ut nunquam in hortis custodem imposuerit* pour *imponeret*, telle était (littéralement, telle a été) la libéralité de Cimon, qu'il ne mit jamais (littéralement, qu'il n'a jamais mis) de gardien dans ses jardins, etc. L'imparfait (était) se traduit alors par le parfait (*fuit*).

Non-seulement on trouve le *parfait*, mais encore le *présent* du subjonctif après le parfait. Cette construction peut avoir lieu quand, en latin, le parfait est employé dans le sens du parfait indéfini en français (*j'ai été*, *j'ai lu*, etc.), ainsi qu'on le voit dans l'exemple ci-dessus. On dirait aussi avec le *présent* du subjonctif : *Atticus fecit ut verè dictum videatur* ; littéralement, Atticus s'est conduit de manière qu'*il* semble dit avec raison, etc. Je n'ai pas su ce que vous faites, *nescivi quid agas*.

Cependant on trouve souvent l'*imparfait du subjonctif* après le *parfait indéfini* ; mais cet *imparfait* se traduit alors par le *présent*. Ex. : *Adduxi hominem, in quo satisfacere exteris nationibus possetis* (pour *possitis*), j'ai traduit devant vous un homme par la punition duquel *vous pouvez* (et non *vous pourriez*) donner satisfaction aux nations étrangères.

Mais quand le *parfait latin* est employé dans le sens du parfait défini *je fus*, *je lus*, *je dis*, etc., il se construit avec l'im-

Si le premier verbe est au présent ou au futur, on met en latin le second au présent du subjonctif, et le régime du premier verbe devient le nominatif du second.

Exemple :

| Je vous conseille | de lire. | Tibi suadeo | ut legas. |
| Je vous conseillerai | | Tibi suadebo | |

Mais si le premier verbe est à l'un des trois parfaits, on met le second à l'imparfait du subjonctif.

Exemple :

Je vous conseillais	de lire.	Tibi suadebam	ut legeres.
Je vous ai conseillé		Tibi suasi	
Je vous avais conseillé		Tibi suaseram	

parfait du subjonctif. Ex. : Je vous conseillais de lire, *tibi suasi ut legeres.* Il souhaita de vous voir, *optavit ut te videret.*

La différence qui existe entre l'*imparfait* et le *parfait* du subjonctif, c'est que le parfait énonce un fait accompli, comme : *Puer de tecto decidit, ut crus fregerit*, l'enfant est tombé du toit, en sorte qu'il s'est cassé la jambe (en tombant... l'enfant s'est cassé la jambe) ; tandis que l'imparfait énonce quelque chose d'indéterminé. Ex. : *Puer de tecto decidit, ut crus frangeret*, l'enfant est tombé du toit de manière à se casser la jambe. (Il ne se l'est peut-être pas cassée.)

On remplace l'imparfait du subjonctif par le plus-que-parfait de ce mode, lorsque l'action exprimée par le premier verbe ne peut avoir lieu qu'après que l'action exprimée par le deuxième verbe aura déjà eu lieu. Ex. : *Sol Phaëthonti filio facturum se esse dixit quidquid optasset*, le Soleil dit à son fils Phaéton qu'il ferait tout ce qu'il *désirerait*, c'est-à-dire tout ce *qu'il aurait pu désirer.* L'action de désirer a déjà eu lieu. Mais on dit : *Phaëthon optavit ut in currum patris tolleretur*, Phaéton désira de monter sur le char de son père ; *ut tolleretur*, parce que l'action de monter est encore à faire.

Lorsque la chose dont on parle *a lieu dans tous les temps*, il faut mettre au *présent du subjonctif* le verbe de la proposition subordonnée. Ex. : *Scipio prædicabat neque Romanis si vincantur animos minui, neque si vincant secundis rebus insolescere* ; — *vincantur, vincant* et non *vincerentur, vincerent*, parce que Scipion veut faire voir que c'est le caractère des Romains

§ 416. CRAINDRE de, *ou* que ne..., *timere ne.*
CRAINDRE de ne pas, *ou* que ne pas..., *timere ut* ou *ne non.*

RÈGLE. Après *craindre, appréhender, avoir peur,* etc., *de* ou *que*, suivi de *ne*, seulement, s'exprime par *ne* avec le subjonctif.

Ex. : Je crains que le maître ne vienne, *timeo ne præceptor veniat.*

Mais après ces verbes, *que* ou *de*, suivis de *ne pas* ou *ne point*, s'expriment par *ut*, ou *ne non.*

Ex. : Je crains que le maître ne vienne pas, *timeo ut præceptor veniat*, ou *ne non præceptor veniat.*

de ne se laisser jamais abattre par les revers, ni enorgueillir par les succès. — *Stultum est in luctu capillum sibi evellere, quasi calvitio mæror levetur.* Il y a de la sottise à s'arracher les cheveux dans la douleur, comme si la calvitie soulageait le chagrin.

N. B. Voici la règle générale qu'on peut établir sur la dépendance des temps: Après le *présent*, le *parfait indéfini* et les *deux futurs*, suivent le *présent* et le *parfait* du subjonctif: après l'*imparfait*, le *parfait défini* et le *plus-que-parfait*, suivent l'*imparfait* et le *plus-que-parfait* du subjonctif.

§ 416. Après tous les verbes qui expriment la crainte, on se sert de *ne* (pour *ut ne*), quand on veut, quand on désire que la chose ne soit pas, et de *ut* ou *ne non*, quand on veut, quand on désire que la chose soit. Ex.: Je ne crains pas que vous fassiez quelque chose par lâcheté; (veut-on que vous fassiez quelque chose par lâcheté? non. Donc on dira): *Non vereor* NE *quid timidè facias.* — On ne veut pas que la chose soit, NE.

Je crains qu'il ne puisse pas avoir une bonne armée (je crains qu'il ne puisse pas, donc je désire qu'il puisse); *vereor* NE *firmum exercitum habere* NON *possit*; NE NON ou UT *possit*. — On veut que la chose soit.

Je ne crains pas que votre vertu ne réponde pas à l'opinion que les hommes ont de vous, *non vereor* NE *tua virtus opinioni hominum* NON *respondeat.* — On veut que la vertu réponde, NE NON.

Il faut rapporter à la même règle toutes les expressions d'une signification analogue : *Timor Romæ grandis fuit, ne iterum Galli Romam redirent.* — *Improbi.... semper sunt in metu ne afficiantur pœnâ.* — *Pavor ceperat milites ne mortiferum esset vulnus Scipionis.* — *Num est periculum ne quis putet....* Est-il à craindre qu'on ne pense?

Quand le verbe *craindre* signifie *faire difficulté*, on l'exprime par *dubitare*, avec l'infinitif; et s'il signifie *ne pas oser*, on l'exprime par *non audere*. Ex. : Il ne craint pas d'avouer ; tournez, il ne fait pas difficulté d'avouer, *fateri non dubitat*; je crains de dire ; tournez, je n'ose dire, *non audeo dicere* *.

§ 417. PRENDRE GARDE de ou que ne, *cavere ne*.

RÈGLE. Après les verbes *prendre garde*, *dissuader*, *de* ou *que ne* s'exprime par *ne*, avec le subjonctif.

Ex. : Prenez garde de tomber, *ou* que vous ne tombiez, *cave ne cadas*.

Dissuadez-le de partir, *illi dissuade ne proficiscatur*.

Prendre garde, signifiant *avoir soin*, *faire en sorte*, s'exprime par *curare*, *dare operam*, et *que* par *ut*, avec le subjonctif.

Ex. : Prenez garde que tout soit prêt, *c'est-à-dire*, ayez soin que... *da operam ut omnia sint parata*.

Si *prendre garde* signifie *remarquer*, on l'exprime par *animadvertere*, et le *que* se retranche. Ex. : Il ne prend pas garde qu'on se moque de lui, *c'est-à-dire*, il ne remarque pas..., *non animadvertit se derideri*.

---

* On trouve *timeo* et *metuo* avec l'infinitif dans le sens de *prévoir avec crainte*, *hésiter à*. Ex. : *Sylla timens accidere posse corpori*, etc. — *Critobulus metuebat admovere manum vulneri*, etc.

§ 417. Même observation que pour la règle précédente.—*Cave ne cadas*, on ne veut pas que vous tombiez.—*Da operam ut*, etc., on veut que tout soit prêt.—Cette règle s'applique à tous les verbes qui ont le même sens, comme *videre*, *providere*, *consulere*, *prospicere*, *facere*, *velle*. On supprime souvent la conjonction *ut* ou *ne*, surtout après l'impératif de ces verbes qui alors forme avec le verbe de la proposition complétive (c'est-à-dire avec le verbe régi par *ut* ou *ne*) un impératif périphrastique, qui peut se traduire en français, par l'impératif de ce dernier verbe : *Fac cogites* (s.-ent. *ut*), pensez. *Cave existimes* (s.-ent. *ne*), ne pensez pas ou gardez-vous de penser. De même : *Hoc nolim me jocari putes*, ne croyez pas que je dise cela en plaisantant, ou que je veuille plaisanter.

15

§ 418. N'AVOIR GARDE de... se garder bien de...
non committere ut.

RÈGLE. Après *se garder bien de... n'avoir garde de*, on exprime *de* par *ut*, avec le subjonctif.

Ex. Je me garderai bien de vous quitter, *non committam ut à te discedam*.

§ 419. MÉRITER, être digne *de*, ou *que*...
Dignum esse ut*.

RÈGLE. Après *mériter, être digne*, *de* ou *que* s'exprime par *ut*, avec le subjonctif.
Ex. Il mérite de commander ; *tournez*, qu'il commande, *dignus est ut imperet*. On dit mieux, *dignus est qui imperet.* (*Qui* tient lieu de *ut ille*.)

---

§ 418. C'est-à-dire *non committam id ut*, je ne commettrai pas une faute telle que de vous quitter. — On met aussi *non committam* pour le présent, je n'ai garde.

§ 419. Pour reconnaître quand vous pouvez vous servir de *qui, quæ, quod*, faites-vous la question *qui est-ce qui? qui est-ce que?* Si le nom qui y répond est le même que le nominatif du verbe *mériter, être digne*, servez-vous de *qui* ; s'il n'est pas le même, servez-vous de *ut*. Ex. : César mérite de commander. — Qui est-ce qui mérite? César. — Qui est-ce qui doit commander? César. On dira donc avec *qui* : *Cæsar dignus est qui imperet*. — *Dignus est ut eum* ou *quem colam*. Qui est-ce qui mérite? C'est *lui*. — Qui est-ce que j'honore? C'est *lui*; donc on peut mettre *quem*.
Vous méritez bien que j'agisse ainsi. — Qui est-ce qui mérite? C'est *vous*. Qui est-ce qui agit? C'est *moi*. On ne répond pas par le nominatif du verbe mériter, donc *ut sic agam*.
On suit la même règle pour *être indigne, ne pas mériter*, et pour les expressions d'une signification analogue : *Non sum indignus cui copiam scientiæ tuæ facias*. Je ne suis pas indigne que vous me communiquiez votre science. — *Philosophi mentem solam censebant idoneam cui crederetur*. Les philosophes pensaient que l'esprit seul *mérite* notre confiance.
On trouve quelquefois *mereri* avec l'infinitif, ce qui n'est pas à imiter.

* *Ut conjux essem tua digna videbar*, OVID. *Respondit se meruisse ut...* CIC., de Orat. 1, 232.

Il ne mérite pas que j'aie pitié de lui, *non dignus est ut illius me misereat*, ou *cujus me misereat*. (*Cujus* tient lieu de *ut illius*.)

Vous méritez qu'il vous favorise, *dignus es ut tibi faveat*, ou *cui faveat*. (*Cui* tient lieu de *ut tibi*.)

Il mérite que je l'honore, *dignus est ut eum colam*, ou *quem colam*. (*Quem* tient lieu de *ut eum*.)

Vous méritez qu'il vous rende service, *dignus es ut de te benè mereatur*, ou *de quo benè mereatur*. (*De quo* tient lieu de *ut de te*.)

REMARQUE. *Qui, quæ, quod*, est employé pour *ut* et un pronom, et il se met au cas où l'on mettrait le pronom : ainsi, quand après *mériter* il n'y a point de pronom qui se rapporte au nominatif de ce verbe, on ne peut pas employer *qui, quæ, quod*; mais il faut se servir de *ut*. Ex. : Vous méritez bien que j'agisse ainsi, *dignus sanè es ut sic agam*, et non pas *qui sic agam*.

§ 420. EMPÊCHER, défendre de ou que ne, *prohibere ne* ou *quominùs*.

Ne pas empêcher, ne pas défendre de ou que, *non prohibere quin*, ou mieux *quominùs*.

RÈGLE. Après les verbes *empêcher*, *défendre*, quand ils ne sont pas accompagnés d'une négation ou d'une

---

§ 420. Tous les verbes qui expriment un obstacle admettent cette construction : tels sont *deterrere*, *impedire*, *intercedere*, *obstare*, *officere*, *prohibere*, *recusare*, *repugnare*, *interdicere*, etc. On doit se servir de *vetare* pour exprimer la défense de faire quelque chose, de *prohibere* pour exprimer l'action d'empêcher, et d'*impedire* pour exprimer obstacle à quelque chose ; *defendere* signifie défendre, préserver. Avec *vetare*, on trouve presque toujours le nom de la personne à l'accusatif et le verbe suivant à l'infinitif. Ex. : *Lex peregrinum vetat in murum ascendere*, la loi défend qu'un étranger monte sur le mur. *Hoc fieri in provinciâ nulla lex vetat*. CIC., aucune loi ne défend que cela ne se fasse (de faire cela) dans la province. Les exemples sont beaucoup

interrogation, *de* ou *que ne* s'exprime par *ne* ou *quominùs*, avec le subjonctif, et le régime de la personne sert de nominatif au second verbe.

Ex. : Dieu nous défend de mentir ; *tournez*, défend que nous ne mentions, *Deus prohibet* ne mentiamur*.

* Rem. *Prohibere* exprime *l'action* d'empêcher ; *veto*, exprime la défense de faire. (*Prohibemus factis, vetamus dictis*).

plus rares avec *prohibere* et *impedire*, et ne doivent pas être imités. Cependant l'infinitif se construit bien après le passif *prohibeor* : *Prohibentur parentes adire ad filios*. Cic. Ver. 5-45.

Remarques sur les conjonctions quin *et* quominùs.

Quin se met après les phrases négatives ou dans les phrases interrogatives qui renferment une négation :

1° Pour *qui, quae, quod non*. Ex. : *Nemo est* quin *aptas malit omnes partes corporis, quàm detortas habere. Quis est* quin *cernat quanta vis sit in sensibus ? Nihil est..,* quin *intereat... Nullam intermisi diem* quin *ad te scriberem*.

2° Pour *ut non* (quand il y a deux négations dans la phrase), et pour *cur non*. Ex. : *Nunquàm tam malè est Siculis* quin *aliquid facetè et commodè dicant* (pour *ut non aliquid*). *Quin ad diem decedam, nulla causa est* (pour *cur non ad*) *Deesse mihi nolui* quin *te admonerem*.

3° Pour *quòd non*. Ex. : *Consilium tuum reprehendere non audeo, non* quin *ab eo dissentiam, sed quòd,* etc.

On se sert de *ut non*, quand la première proposition n'est pas négative. Ex. : *Fieri potest ut id ipsum quod interest non sit magnum*. Mais on dirait : *Nemo adeò ferus est ut non* ou quin *mitescere possit*. En outre, on doit se servir de *qui non* au lieu de *quin* quand cette conjonction n'exprimerait pas assez clairement ou assez fortement le rapport entre les deux membres de phrase (l'antécédent et le conséquent). Ex. : *Quis est qui hoc non sentiat? Nulla est civitas quae non improbos cives habeat*.

Les expressions négatives après lesquelles on se sert le plus souvent de *quin*, sont : *non dubito* ; *non* ou *nihil est dubium* ; *facere non possum*; *fieri non potest*; *haud multùm, paulùm, non procul abest* ; *nihil praetermitto* ; *non recuso*; *tenere me* ou *temperare mihi non possum*; *vix resisto*; *aegrè abstineo*; *deesse mihi nolui*, et autres expressions semblables.

Quominùs (pour *ut eò minùs*) se met après les verbes *empêcher*, etc., avec ou sans négation : *Parmenio deterrere voluit eum* (*Alexandrum*) quominùs *medicamentum biberet*. Avec *deterreo* le nom de la personne se met à l'accusatif.—*Cimon nunquàm in hortis custodem imposuit ne quis impediretur* quominùs *ejus rebus frueretur*. On trouve quelquefois *ne* après les verbes *empêcher, défendre*, accompagnée d'une négation ; mais il vaut mieux se servir de *quin*. On trouve aussi *dii prohibeant ut hoc praesidium existimetur*, Cic., mais il faut préférer *ne*.

Cela a empêché Pierre de partir, *id impedivit ne* ou mieux *quominùs Petrus proficisceretur.*

Mais, quand il y a une négation, ou une interrogation, jointe aux verbes *empêcher*, *défendre*, *de* ou *que ne* s'exprime par *quin* ou mieux *quominùs*.

Ex. : Je ne vous empêche pas; qui vous empêche de partir? *tournez* ; que vous ne partiez; *non impedio, quis impedit quin* ou mieux *quominùs proficiscaris?*

§ 421. Après *il ne tient pas à moi, à quoi tient-il? que ne* s'exprime aussi par *quin,* et mieux par *quominùs*, avec le subjonctif.

Ex. : Il ne tient pas à moi que vous ne soyez heureux, *per me non stat quin* ou *quominùs sis beatus.*

§ 422. Dans cette façon de parler; *je ne puis, je ne saurais m'empêcher, me défendre,* les verbes *s'empêcher, se défendre,* se tournent par *ne pas,* qu'on exprime par *non*, avec l'infinitif.
Ex. : Je ne puis m'empêcher de parler; *tournez*, je ne puis pas parler, *non possum non loqui* ; je ne puis m'empêcher de rire ; *tournez,* je ne puis ne pas rire , *non possum non ridere.*

On trouve aussi *quò seciùs* : *cur judices reipublicæ munere impediantur, quò seciùs suis rebus inservire possint.* Cic.

421. *Per me non stat*, etc., offre la même idée que, je n'empêche pas.
A quoi tient-il que vous soyez heureux? *quid obstat quin* ou *quominùs sis beatus?* c'est-à-dire qu'est-ce qui empêche? — Il tient à vous, il dépend de vous d'être.... *per te stat quominùs sis.* Il ne tient presque à rien que, *propè est ut.* On trouve *quominùs* après *per me, per te stat,* sans négation. *Cæsar cognovit per Afranium stare , quominùs prælio dimicaretur.* — Autres constr. : *Si te infirmitas valetudinis tenuit, quominùs ad ludos venires.* — *Me subinvitaras, ut aliquid ad te hujusmodi scriberem , quominùs te prætermisisse ludos pæniteret,* Cic. (de vous donner (mander) quelques détails afin que vous eussiez moins de regrets, etc.). — *Neque recusavit, quominùs legis pænam subiret,* Cic. — *Præter quercum dodonæam* (de Dodone) *nihil desideramus, quominùs Epirum ipsam possidere videamur,* Cic. *Deterrere aliquem quominùs,* Cic. — *Si sensero te quidquam conari, quominùs* (pour *ne*), Ter.

§ 422. Après *possum,* on peut aussi se servir de *quin.* Ex. : *Non possum quin loquar.*
Quand il n'y a ni interrogation, ni négation avec ces verbes, on se sert seulement de *possum* avec *non.* Ex. : Je puis m'empêcher de parler, *possum non loqui.*

§ 423. SE RÉJOUIR de... ou que... gaudere quòd.

RÈGLE. Après *se réjouir, se repentir, être fâché, avoir honte, s'étonner, être surpris, remercier, savoir bon gré*, etc., *de* ou *que* se tourne par *de ce que*, et s'exprime par *quòd* avec le subjonctif ou l'indicatif.

Ex. : Je me réjouis de vous avoir été utile ; tournez, de ce que je vous ai été utile, *gaudeo quòd tibi profuerim*.

J'ai honte de ne vous avoir pas encore répondu, *me pudet quòd ad te nondùm rescripserim*.

REMARQUE. Après ces verbes, on peut encore ne pas exprimer le *que*, *gaudeo me tibi profuisse*. Cependant, quand on veut exprimer la reconnaissance ou la joie, les verbes *gratias agere, gratulari*, ne se construisent guère qu'avec *quod*. Ex. : *Gratulor tibi quòd vales*, etc.

---

§ 423. On suit cette règle avec tous les verbes après lesquels on peut tourner *de* par *de ce que*. — *Quòd* se construit plutôt avec l'*indicatif* lorsque le motif de la joie, de la douleur, etc., est représenté comme *réel* ; et avec le *subjonctif* quand il est représenté comme *supposé*, ou quand on exprime l'opinion d'un autre : *Aristides nonne ob eam causam expulsus est patriâ, quòd præter modum justus esset?* Cic. (*Esset* et non *erat*, parce qu'on exprime l'opinion de ceux qui bannirent Aristide.)—*Laudat Africanum Panætius quod fuerit abstinens*. (*Fuerit* et non *fuit*. Cicéron fait connaître l'opinion de Panétius au sujet de Scipion.) Remarquez que ces expressions *être surpris, être étonné*, se traduisent en latin par *mirari*, admirer. Ex. : Je suis surpris, étonné que, *miror quòd* et non *miratus sum*, c'est-à-dire, j'admire que ; j'étais surpris, *mirabar*, etc. Quelquefois, après *s'étonner*, il y a *si* au lieu de *que* ; on se sert également de *quod* ou de *si*. Ex. : Je ne suis pas surpris s'il est des derniers, *non miror quòd* ou *si sit in extremis*.

Que signifiant *en tant que, par la raison que*, se traduit par *quòd* avec l'indicatif. Il se rapporte à *hoc, id, illud, in eo*, etc. exprimés ou sous-entendus. Ex. : *Mihi quidem videntur homines hâc re maximè belluis præstare quòd loqui possunt. Quanta est benignitas naturæ quòd tam multa.... gignit*. Et au commencement d'une phrase. *Quod scribis te velle scire, qui sit reipublicæ status : summa dissensio est*. Quant à l'état de la république sur lequel vous me questionnez, vous saurez que, etc., ou vous m'écrivez que vous désirez savoir quelle est la situation de la rép. ; vous saurez que. Et avec le subj. *Epicurus unus, quod sciam*. Epicure seul, que je sache. — On se sert de *tantum quòd* pour exprimer, 1° *excepté que* devant un verbe. Ex. : *Tantum quòd hominem non nominat*, excepté qu'il ne nomme pas cet homme ;...

§ 424. ATTENDRE que, *exspectare dùm* ou *donec*.

RÈGLE. Après *attendre*, *que* se tourne par *jusqu'à ce que*, et s'exprime par *dùm* ou *donec*, avec le subjonctif.

Ex. : Attendez que le roi soit arrivé, *exspecta dùm rex advenerit*.

Ne confondez pas *s'attendre* avec *attendre*. Après *s'attendre*, en latin *existimare, persuasum habere, sperare, confidere*, on n'exprime pas le *que*, et l'on met ordinairement le verbe suivant au futur de l'infinitif. Ex. : Je m'attendais que vous m'écririez, *te ad me scripturum esse existimabam*.

Quand *s'attendre* signifie *prévoir*, il s'exprime par *prævidere*, et l'on n'exprime pas le *que*. Ex. : Je m'étais bien attendu qu'il en serait ainsi, *ità futurum sane prævideram*. (On met le futur de l'infinitif parce que *prévoir* marque l'avenir.)

§ 425. CELA est cause que, *ea causa est cur*.

RÈGLE. Après *être cause*, *que* s'exprime par *cur*, avec le subjonctif.

Ex. : La maladie a été cause que je n'ai pas été vous voir, *morbus causa fuit cur te non inviserim*.

2° pour exprimer *à peine* : *Tantùm quod advenerat*, il était à peine arrivé. (Voyez Cours de thèmes, troisième partie, § 57.)

§ 425. *Causa* se met toujours au singulier, même lorsqu'il est précédé d'un nom au pluriel. Ex. : Ces malheurs sont cause que, *hæ calamitates causa sunt cur*. On a vu que dans les phrases négatives on se sert aussi de *quin* au lieu de *cur non*. Ex. : *Quin ad diem decedam nulla causa est*, etc. — *Quid causæ est quin ?* — *Cur* se place de même après tous les mots qui ont une signification analogue : *Afferunt rationem cur negent*. — *Argumenta cur esset vera divinatio, collecta sunt*. C.

§ 426. DOUTER que, *dubitare an.*

Ne pas douter que, *non dubitare quin.*

RÈGLE. Quand le verbe *douter* n'est accompagné ni d'une négation, ni d'une interrogation, on tourne *que* par *si*, et on l'exprime par *an* ou par *num* ou *ne*, suivant le sens, avec le subjonctif. (Voy. la Remarque).

Ex. : Je doute qu'il se porte bien, tournez, s'il se porte bien, *dubito an* ou *num valeat*.

Mais quand le verbe *douter* est accompagné d'une négation ou d'une interrogation, on exprime *que* par *quin*. (*Quin* renferme le *ne* français suivant.)

§ 426. Quand on peut tourner *ne pas douter* par *être sûr*, ou *être persuadé*, on peut se servir de l'infinitif; c'est la construction qu'emploie toujours Cornélius Népos; cependant il est plus correct de se servir de *quin*. Ex. : Je ne doute pas qu'il n'y en ait plusieurs, c'est-à-dire je suis persuadé qu'il y en aura plusieurs, *non dubito fore plerosque qui....* Pompée ne doute pas que je n'approuve beaucoup ce qu'il pense maintenant, *Pompeius non dubitat ea quæ nunc sentiat mihi valde probari*, Cic.

On a vu, § 416, qu'après *dubito* pris dans le sens de *faire difficulté*, *hésiter*, on doit employer l'infinitif; mais on trouve quelquefois *quin*.

REM. Après *dubito*, *si* peut s'exprimer par *num* ou par *ne*, quand on doute que la chose soit, quand on pense qu'elle n'est pas : *Dubito num melius ou melius ne sit*, je doute qu'il soit mieux, je pense qu'il n'est pas mieux. *Dubito num idem tibi suadere debeam?* Pl. ép. 6. 27. *Dubito an*, *haud scio*, *nescio an*, *incertum est an*, et les expressions semblables ont plutôt un sens affirmatif, et peuvent souvent se traduire par *peut-être*. Ex. : *Si per se virtus sine fortuna ponderanda sit*, *dubito an hunc* (*Thrasybulum*) *primum ponam*, si l'on doit estimer la vertu par elle-même et sans avoir égard à la fortune, je ne sais si je ne le préférerai pas, peut-être le préférerai-je à tous les autres. *Moriendum enim certe est*, *et id incertum*, *an eo ipso die*, il est certain qu'il faut mourir; et il est incertain si ce n'est pas (peut-être sera-ce) aujourd'hui même. *Dubitavit an obtemperaret*, il était indécis s'il devait obéir (il était porté à obéir).

Peut-être se traduit souvent par *haud scio an* : *Haud scio an satis sit*, peut-être suffit-il. *Est id quidem magnum*, *atque haud scio an maximum*, c'est une chose grande, et peut-être la plus grande de toutes. (C'est comme s'il y avait *haud scio an non*.)

Dans les phrases de doute, *que*, après le comparatif, se rend

Ex. : Je ne doute pas qu'il ne se porte bien, *non dubito quin valeat.*

Qui doute que la vertu ne soit aimable ? *Quis dubitat quin virtus sit amabilis ?*

Ne confondez pas *se douter* avec *douter* : après *se douter suspicari, prævidere, subodorari, præsentire,* on n'exprime pas le *que.* Ex. : Je me doutais bien que la chose irait mal, c'est-à-dire je soupçonnais que.... *suspicabar rem male cessuram.*

§ 427. VERBES *à l'indicatif dans le français qu'il faut mettre au subjonctif en latin.*

Vous ne savez pas qui je suis ; *en latin,* qui je sois.

ordinairement par *an* et non par *quàm.* Ex. : Je ne sais si mes revenus sont plus modiques qu'incertains, *reditus, nescio minor an incertior.*

§ 427-29. On se sert du subjonctif dans les interrogations indirectes, c'est-à-dire dans celles où le mot interrogatif n'est pas le premier mot de la phrase, mais est précédé d'un verbe : *Nescis quis ego sim, quis* est précédé du verbe *nescis.* — On s'en sert encore après les relatifs, lorsque la phrase où ces pronoms se trouvent indique une conséquence de ce qui a été énoncé dans la phrase précédente. Ex. : *O miserum senem qui mortem contemnendam esse.... non viderit,* au lieu de *non vidit : qui non viderit* donne la raison de l'épithète *miserum. Ut cubitum discessimus, me qui ad multam noctem vigilassem, arctior somnus complexus est ;* qui a le sens de *parce que.* (Je m'endormis profondément parce que j'avais veillé.) Il en est de même lorsque le relatif marque opposition et signifie *quoique : Quis est qui Fabricii Curii, non cum caritate aliquâ et benevolentiâ, memoriam usurpet, quos nunquàm viderit ? (Quamvis eos nunquàm viderit.)*

REMARQUE. — *Qui* ou *quel* interrogatif, les *adverbes de lieu,* les conjonctions interrogatives et de doute, et l'adverbe *combien,* sont placés entre deux verbes, non-seulement lorsqu'ils sont précédés et suivis immédiatement de ces deux verbes, comme, je ne sais qui est là, mais encore lorsqu'ils sont dans la même proposition (dans le même sens), qu'ils soient séparés ou non du second verbe par un ou plusieurs mots, et même par une phrase incidente. Ex. : Dites-moi si votre ami, *depuis que je l'ai quitté,*

15.

RÈGLE. *Qui* ou *quel* interrogatif entre deux verbes, veut le second au subjonctif en latin.

EXEMPLES.

Vous ne savez pas qui je suis, *nescis quis ego sim*.

Dites-moi quelle heure il est, *dic mihi quota hora sit*.

Je ne sais lequel des deux a été le plus éloquent, *nescio uter fuerit eloquentior*.

Écrivez-moi ce que vous faites, c'est-à-dire, quelle chose vous faites, *ad me scribe quid agas*.

Écrivez-moi ce qui se passe là où vous êtes, c'est-à-dire, quelle chose se passe... *ad me scribe quid istic agatur*.

REMARQUE. *Ce qui*, *ce que*, s'exprime par *quid*, quand on peut le tourner par *quelle chose*, comme dans l'exemple précédent; mais *ce qui*, *ce que*, s'exprime par *quod*, quand on ne peut pas le tourner par *quelle chose*, parce qu'alors il n'est pas interrogatif. Ex. : Il a fait ce que je lui avais commandé, *fecit quod ei præceperam*.

§ 428. Les adverbes de lieu, *ubi*, *quo*, *qua*, *unde*, et les conjonctions *cur*, *quare*, *quomodo*, *an*, *utrum*, *num*, *ne*, etc., entre deux verbes, veulent le second au subjonctif en latin.

Ex. : Je voudrais savoir où vous êtes, *scire velim ubi sis*; d'où vous venez, *unde venias*; où vous allez, *quo eas*.

S'il a de quoi vous payer, *an habuerit unde tibi solvat*.

Interrogé pourquoi elle disait cela, *interrogata cur hoc diceret*.

---

s'est toujours bien porté, *dic mihi tuusne amicus*, *ex quo ab eo discessi*, *recte semper valuerit*.

La phrase incidente (*depuis que je l'ai quitté*) peut se déplacer sans altérer le sens de la phrase principale : Dites-moi si votre ami s'est toujours bien porté, depuis que je l'ai quitté.

DE LA GRAMMAIRE LATINE.

§ 429. *Combien*, entre deux verbes, veut toujours le second au subjonctif en latin.

Ex. : Vous voyez combien je vous aime, *vides quantum te amem*.

Je dirai en peu de mots combien la liberté est douce, *quam dulcis sit libertas, breviter proloquar*.

Il y a beaucoup d'autres conjonctions après lesquelles le verbe latin se met au subjonctif ; nous en avertirons dans l'occasion.

Qui interrogatif, devant un futur de l'indicatif et un imparfait du subjonctif, c'est-à-dire un conditionnel présent, veut le verbe au présent du subjonctif en latin : Qui croira ? *Quis credat ?* Qui n'admirerait pas cette action ? *Quis non illud factum miretur ?*

OBSERVATIONS.

Lorsque *nescio quis* est employé pour *aliquis*, il ne régit aucun mode particulier : *Nescio quid majus nascitur Iliade*, quelque chose de plus grand que l'Illiade paraît. *Vidi hominem nescio quem*, j'ai vu je ne sais quel homme.

Nous donnerons ici quelques règles essentielles sur la différence qu'il y a dans l'emploi de l'indicatif et dans celui du subjonctif.

Le *subjonctif* s'emploie dans les propositions qui expriment une *supposition* et non pas un *fait*. Il exprime l'idée de la possibilité, du doute, du devoir ; *Hic quærat quispiam*, on me demandera maintenant. *Dies deficiat, si velim numerare*, le jour

---

§ 429. *Quis credat*. — On se sert de cette tournure toutes les fois que la phrase renferme l'idée du présent, quand on suppose que la chose doit être nécessairement. Ex. : Qui n'admirerait la vertu, c'est-à-dire qui n'admire ? (On doit nécessairement admirer la vertu.) *Quis non virtutem miretur ?*

Le *futur passé* s'emploie quelquefois pour le *futur simple*, pour exprimer la précipitation, en considérant l'action comme déjà accomplie. Ex. : *Da mihi hoc, jam tibi maximam partem defensionis præcideris*, accorde-moi cela, et tu te dispenseras de la plus grande partie de ta défense.

Les expressions *je devrais, il faudrait*, etc., lorsqu'elles peuvent se tourner par *je dois, il faut*, etc., se traduisent par le présent de l'indicatif. Ex. : *Debes esse diligentior ; oportet te esse diligentiorem*, tu devrais être, il faudrait être plus diligent. *Longum est narrare*, il serait long de raconter. Et non *deberes*, *oporteret*, *esset*.

me manquerait, si je voulais, etc. *Quid videatur ei magnum in rebus humanis, cui æternitas... nota sit?* Qu'y a-t-il (ou qu'y aurait-il) de grand sur la terre pour celui qui connait (ou qui connaîtra) l'éternité?

Il y a une différence à observer dans l'emploi des temps du subjonctif. Si vous supposez qu'une chose soit possible, servez-vous du *présent* ou du *parfait* du subjonctif; mais si vous supposez que la chose est impossible, qu'on ne peut ou qu'on ne veut pas la faire, servez-vous de l'*imparfait* ou du *plus-que-parfait*. Ex. : *Si velit, possit*, s'il veut, il pourra. On admet que la personne pourra vouloir. *Si vellet, posset*, s'il voulait, il pourrait; on suppose que la personne ne veut pas, ne voudra pas.

En général, le *subjonctif* se met après le relatif et les conjonctions, dans les phrases incidentes, lorsqu'on rapporte la pensée ou le discours d'un autre, ou lorsqu'on expose ses propres pensées en parlant de soi comme d'une troisième personne. Ex. : Socrate avait coutume de dire que tous les hommes étaient assez éloquens pour exprimer ce qu'ils savaient; *Socrates dicere solebat omnes in eo quod scirent* (et non *sciebant*) *satis esse eloquentes*. Cicéron rapporte la pensée d'un autre, de Socrate. La phrase incidente, *omnes in eo quod scirent*, appartient au discours de Socrate, il faut donc l'y joindre; il faut donc mettre le *subjonctif*. (Subjonctif : de *subjungo*, joindre en dessous, après.

On se sert encore du *subjonctif* quand une phrase sert à en expliquer une autre et s'y rattache. Ex. : N'est-il pas tout-à-fait évident qu'il existe un Dieu qui gouverne ce monde? *quid potest esse tam apertum Deum aliquem esse, à quo hic mundus regatur?* — *Quo hic mundus regatur* est une dépendance de *Deum aliquem esse*, voilà pourquoi on met *regatur* et non *regitur*.

Si la phrase secondaire n'est qu'une addition de celui qui parle, on se sert de l'*indicatif*. Ex. : *Cave amicos (hos) esse credas, quos vicisti*. La phrase *quos vicisti* est une addition de celui qui parle, pour désigner les personnes dont il s'agit.

En général, on se sert du subjonctif, 1° quand on exprime le *pouvoir* de faire ou de ne pas faire (*modus potentialis*). *Roges me... nihil fortasse respondeam*, tu me demanderas (tu pourras me demander), peut-être ne répondrai-je pas (je pourrai bien ne rien répondre). *Cimoni quotidie sic cœna coquebatur ut, quos invocatos vidisset in foro, omnes devocaret.* — *Vidisset*, qu'il pouvait voir. (On se sert en latin du plus-que-parfait au lieu de l'imparfait, quand il faut qu'une chose ait déjà eu lieu, pour qu'une autre chose ait lieu ensuite.

2° Pour exprimer une *condition nécessaire* (*modus conditionalis*). *Quid faciam? invenias argentum*, TER. Que dois-je faire? tu dois trouver de l'argent. — *Nunc id dicam, quod ta-*

citus, tu mihi assentiare, je dirai maintenant une chose que tu dois approuver tacitement.

3° Pour exprimer *un désir, un souhait* (*modus optativus*). *Dii prohibeant à nobis impias mentes !* que les dieux éloignent de nous les pensées impies !

4° Pour exprimer *une permission, une concession* (*modus permissivus* ou *concessivus*). On se sert surtout de ce mode lorsque, par ennui de la discussion, on paraît accéder à une chose à laquelle on est opposé. Ex. : *Si certum est facere, facias*, si tu as résolu de le faire, fais-le (*concedo ut facias.*). Ce mode a beaucoup de rapport avec le mode *potentiel*.

§ 430 à 432. *Conjugaison périphrastique.*

Souvent, pour exprimer l'*avenir*, on se sert de la conjugaison périphrastique formée du participe futur actif ou passif et du verbe *sum*.

Exemples :

INDICATIF.

Auditurus sum, je dois écouter.
Auditurus fui, j'ai dû écouter.
Auditurus eram, je devais écouter.
Auditurus fueram, j'avais dû écouter.
Auditurus ero, je devrai écouter.

Fuero ne se combine jamais avec un participe futur actif; on ne dit pas *auditurus fuero*. (Il ne se trouve pas d'exemple de cette construction.)

SUBJONCTIF.

Auditurus sim, que je doive écouter.
Auditurus fuerim, que j'aie dû écouter.
Auditurus essem, je devrais *ou* que je dusse écouter.
Auditurus fuissem, j'aurai dû *ou* que j'eusse dû écouter.

Auditurus sim et *auditurus essem* servent de subjonctif au futur *audiam*; et *auditurus fuerim* et *auditurus fuissem* au futur passé *audivero*.

N. B. Cette conjugaison exprime ordinairement l'*intention* ou *la volonté* de faire une action qui n'est pas encore commencée. On dit *scripturus sum*, je suis sur le point, dans l'intention d'écrire; *scripturus eram*, j'étais dans l'intention d'écrire; *scripturus ero*, je serai sur le point d'écrire. Ex. : *Hoc oratori primum præcipiemus, quascumque causas erit acturus, ut,* etc., nous recommanderons d'abord à l'orateur, quelles que soient les causes qu'il devra plaider, etc., etc.

Qu'avez-vous voulu faire ? je vous le demande ; *quæro quid facturus fuisti ?* Cic. Alexandre avait été sur le point de marcher avec une puissante armée pour détruire Athènes. *Alexander excursurus cum valido exercitu fuerat ad Athenas delendas.* Justin.

Le futur en *rus* avec *sum* remplace quelquefois le futur ordinaire. Ex. : Si l'âme périt avec le corps, *si unà est interiturus animus cum corpore.* Cic.

Le participe futur passif en *dus* se construit de même, mais il marque presque toujours *obligation, devoir.* Ex. : Il devait mourir quelques années après, *paucis post annis ei moriendum fuit.* Cic. S'il faut retenir par cœur un long discours, *si longior complectenda memoriâ fuerit oratio.* Quintil. — On trouve aussi le participe en *us* avec *essem, fuissem*, etc. *Ni prius in scopulum transformata foret* (pour *esset*), si, avant, elle n'eût été changée en écueil. Ovide.

§ 430. *A quel temps du subjonctif faut-il mettre le verbe latin après les mots qui veulent le subjonctif, comme* ut, ne, an, quin, *etc. ?*

Mettez tous les temps de l'indicatif français aux

§§ 430 et 431. On peut encore se servir, pour exprimer le futur, de *futurum sit, esset ut*, avec le subjonctif. Ex. : Je ne sais s'il se repentira, *nescio an futurum sit ut illum pœniteat*; mais le subjonctif seul est plus usité. Je ne sais lequel des deux se repentira le premier, *nescio uter futurus sit quem priorem pœniteat*; ou simplement, *utrum priorem pœniteat.*

Les verbes *oportere, necesse esse, debere, convenire*, et le verbe *esse*, dans les expressions *æquum esse, melius esse*, etc., se mettent à l'*imparfait*, au *parfait*, au *plus-que-parfait* de l'indicatif, si l'on exprime qu'une chose qui n'a pas eu lieu aurait dû avoir lieu. Ex. : *Hoc facere debebas*, tu aurais dû faire cela, *Longè utilius fuit angustias aditûs occupare*, il aurait été bien plus utile, etc. *Aut non suscipi bellum oportuit*, aut, il n'aurait pas fallu, etc. Même observation pour le participe en *dus* : *Bellum non suscipiendum fuit*, il n'aurait pas fallu entreprendre la guerre.

La périphrase *futurum sit, esset ut*, s'emploie surtout avec le passif, lorsqu'il s'agit d'exprimer simplement le futur, sans marquer l'obligation, le devoir, ce qui est le propre du participe en *dus*. Ex. : Je ne doute pas qu'il ne soit loué, *non dubito quin*

mêmes temps du subjonctif latin, excepté les deux futurs.

Exemples.

Je ne sais
- ce que vous faites,
- ce que vous faisiez,
- ce que vous avez fait,
- ce que vous aviez fait,

Nescio
- *quid agas.*
- *quid ageres.*
- *quid egeris.*
- *quid egisses.*

Le futur de l'indicatif, après *quin, an,* etc., se met au participe du futur en *rus, ra, rum,* pour l'actif, en *dus, da, dum,* pour le passif, avec *sim, sis, sit.*

Ex. : Je ne sais s'il écoutera, *nescio an auditurus sit ;* s'il sera écouté, *an audiendus sit.*

Si le verbe latin n'a pas de participe du futur, mettez simplement le présent du subjonctif, en y joignant quelque adverbe qui marque le futur.

Ex. : Je ne sais s'il se repentira, *nescio an illum unquam pœniteat.*

---

futurum sit ut laudetur. — *Multi non dubitabant quin futurum esset ut Cæsar à Pompeio vinceretur ;* au lieu de *quin Cæsar vincendus esset.*

REMARQUE. Le subjonctif n'a point de futur ; on remplace ces temps de différentes manières. Lorsque le futur est déjà indiqué dans un des membres de la phrase, les autres temps du subjonctif tiennent lieu du futur ; le présent et l'imparfait remplacent le futur simple ; le parfait et le plus-que-parfait remplacent le futur passé. Ex. : Vous m'assurez que, si je vous accorde ce bienfait, vous en serez charmé, *Affirmas mihi, si hoc beneficium tibi tribuam, te magnoperè gavisurum ;* si *tribuam* pour *tributurus sim,* parce que le *futur* est déjà indiqué par *gavisurum. Affirmabas mihi, si hoc beneficium tibi tribuerem (pour tributurus essem), te magnoperè gavisurum esse.* — Et pour le *futur passé,* on dirait : *Affirmas mihi, si hoc beneficium tibi tribuerim (pour tributurus fuerim), te magnoperè gavisurum esse.—Affirmabas mihi, si hoc beneficium tibi tribuissem (pour tributurus fuissem), te magnoperè gavisurum.* — Même règle pour le passif : *Affirmas mihi, si hoc beneficium tibi tribuatur (pour si futurum sit ut hoc beneficium tibi tribuatur), te magnoperè gavisurum,* etc.

Mais si l'on n'a encore employé dans la phrase *aucun futur,*

§ 431. Si le verbe français est au subjonctif, et qu'il marque l'avenir, mettez en latin le participe du futur, avec *sim, sis, sit*, pour exprimer le présent du subjonctif; avec *essem, esses, esset*, pour l'imparfait; avec *fuissem, fuisset, fuisses*, pour le plus-que-parfait du subjonctif.

Ex. : Je doute que le roi vienne bientôt, *dubito an* ou *num rex brevi venturus sit* ou *rexne*, etc.

Je ne savais si le roi viendrait, je doutais que le roi vînt bientôt, *nesciebam an, dubitabam an* ou *num brevi rex venturus esset*.

Je ne sais si le roi serait venu, je doute que le roi fût venu, *nescio an rex, dubito an* ou *num rex venturus fuisset*.

Quand le verbe qui est au subjonctif ne marque pas l'avenir, ou qu'il n'a pas de participe du futur en latin mettez le temps du subjonctif français aux mêmes temps du subjonctif latin.

Ex. : Je doute qu'il se repente jamais, *dubito an* ou *num illum unquam pœniteat* ou *illumne*, etc.

Je ne sais s'il se repentirait, *nescio an illum unquam pœniteret*.

Je ne sais s'il se serait repenti, *nescio an illum unquam pœnituisset*.

§ 432. Le futur passé, après *ne pas savoir si*, et le parfait du subjonctif, après *douter que*..., se mettent au parfait du subjonctif, quand ils marquent le passé, et que la construction demande le futur du subjonctif, on se sert alors du participe en *rus* avec les temps convenables du verbe *sum*. Ex. *Non dubito quin rediturus sit*, je ne doute pas qu'il ne revienne (un jour), qu'il ne doive revenir, *rediturus fuerit*, qu'il n'ait dû revenir. — *Non dubitabam quin rediturus esset*, je ne doutais pas qu'il ne dût revenir; *quin rediturus fuisset*, qu'il n'eût dû revenir. — Et pour le passif, *non dubito quin futurum sit ut laudetur*, je ne doute pas qu'il ne soit loué (un jour); *non dubitabam quin futurum esset ut laudaretur*, je ne doutais pas qu'il ne fût loué.

§ 432. Ces deux temps peuvent marquer l'*avenir*, même quand ils ne sont pas suivis de *lorsque*. Ex. : Je doute que vous ayez

Ex. : Je ne sais s'il aura soupé, je doute qu'il ait soupé de si bonne heure, *nescio an, dubito an tam mature cœnaverit.*

Mais si ces deux temps marquent l'avenir, ce qui arrive quand ils sont suivis de *lorsque*, mettez-les aux futurs en *rus, ra, rum*, ou en *dus, da, dum*, avec *sim, sis, sit*, en changeant *lorsque* par *avant que*.

Ex. : Je ne sais s'il aura terminé, je doute qu'il ait terminé l'affaire, lorsque vous viendrez ici, *nescio an, dubito an prius rem confecturus sit quam huc venias*; c'est-à-dire s'il terminera avant que vous veniez.

Si le verbe latin est au passif, on peut mettre le participe passé, avec *futurus, a, um, sim, sis, sit.* Exemple de Cicéron, lib. 6, Epist. 12 : « Je ne doute pas
» l'affaire n'ait été réglée, lorsque vous lirez cette
» lettre; *non dubito quin, te legente has litteras,*
» *confecta jam res futura sit.* »

---

§ 433. VERBES *au passif dans le français, qu'il faut tourner par l'actif en latin.*

Je suis favorisé de la fortune.; *tournez*, la fortune me favorise.

---

vu Pompée avant la fin du mois, *dubito num futurum sit ut ante finem mensis Pompeium videris.*

§ 433. On peut aussi changer les verbes en substantifs. Ex. : Je crois qu'il est aimé, favorisé, estimé, etc., de tout le monde, *credo eum sibi conciliasse omnium amorem, benevolentiam, existimationem,* etc. Néron était haï de tous les Romains, *Romanis omnibus invisus erat Nero*, ou *in odium venerat*, etc.

Remarque sur les temps du passif. *Monetur* signifie il est averti; présent, état non accompli. *Monitus est*, il est (il a été) averti; présent, état accompli. — *Monebatur*, il était averti, on l'avertissait ; passé, état non accompli. *Monitus erat*, il était (il avait été) averti; passé, état accompli. *Monebitur*, il sera averti, on l'avertira ; futur, état non accompli. — *Monitus erit*, il sera (il aura été) averti; futur, état accompli. — On dit *monitus sum* ou *monitus fui; eram* ou *fueram; ero* ou *fuero*; mais la deuxième forme, *monitus fui, fueram, fuero*, exprime mieux le passé accompli.

RÈGLE. Quand un verbe au passif dans le français est neutre ou déponent en latin, il faut tourner le passif en actif, et pour cela on prend le régime pour en faire le nominatif, et le nominatif pour en faire le régime.

Ex. : Je suis favorisé de la fortune, *mihi favet fortuna*. (*Faveo* n'a point de passif).

Il est admiré de tout le monde ; tournez, tout le monde l'admire, *illum omnes admirantur*.

REMARQUE. S'il n'y a point de régime dont on puisse faire le nominatif, mettez le verbe à la troisième personne du pluriel (en sous-entendant *homines*).

Ex. : Cicéron était admiré quand il parlait, *admirabantur Ciceronem quum diceret*.

§ 434. VERBES *à l'actif dans le français, qu'il faut tourner par le passif latin.*

Il faut changer l'actif en passif quand il y a *amphibologie*, c'est-à-dire, quand, après un *que non exprimé en latin*, le nominatif français et le régime seraient mis tous deux à l'accusatif latin, sans que l'on pût distin-

---

§ 434. Amphibologie (ἀμφίβολος, ambigu), double sens d'une phrase. — *Exemples du futur.* Je suis persuadé que nos soldats vaincront les ennemis, *mihi persuasum est hostes a militibus nostris superatum iri*, et non *milites nostros superaturos esse hostes.*

Si le verbe n'a pas de passif, on se sert de *fore ut* ou *futurum esse ut* avec le subjonctif. Ex. : Je crois que les uns accompagneront les autres, *credo fore ut alii alios comitentur*; — accompagneraient, *comitarentur*; — auraient accompagné, *futurum fuisset ut comitarentur.* Quelquefois on peut tourner la phrase de cette manière : Je crois que Pierre aime Paul, *Petrus, credo, amat Paulum* (*je crois* forme alors une parenthèse). On suit cette règle lorsqu'il serait impossible d'éviter l'amphibologie par la tournure ordinaire. Ex. : Je crois que vous l'imitez; *tu, credo, eum imitaris*, *Imitari*, étant un verbe déponent, ne peut se tourner par le passif. (Les meilleurs écrivains emploient les deux accusatifs toutes les fois que l'amphibologie ne peut pas avoir lieu.)

guer l'un de l'autre : alors on tourne par le passif, en prenant le régime direct pour en faire le nominatif, et le nominatif pour en faire le régime.

Ex. : Vous dites que Pierre aime Paul : vous ne pouvez pas mettre, *dicis Petrum amare Paulum*, parce qu'on ne saurait qui est celui qui aime, si c'est Pierre qui aime Paul, ou si c'est Paul qui aime Pierre; il faut donc changer l'actif en passif de cette manière : Vous dites que Paul est aimé de Pierre, *dicis Paulum à Petro amari*.

On change encore l'actif en passif avec le pronom français, *on*, *l'on*.

CHAPITRE SECOND.

DES PRONOMS.

§ 435. *Pronoms français qui manquent en latin*, on, l'on.

Il y a deux manières de rendre en latin *on*, *l'on*.

PREMIÈRE MANIÈRE.

On aime la vertu ; *tournez*, la vertu est aimée.

RÈGLE. Le verbe qui suit *on*, *l'on*, est-il actif, tournez par le passif.

Ex. : On aime la vertu, *virtus amatur*.

Si le verbe n'a point de régime dont on puisse faire le nominatif du verbe passif, mettez ce verbe à la troisième personne du singulier passif : plusieurs verbes neutres même ont cette troisième personne.

Ex. : Non-seulement on ne porte pas envie aux jeu-

---

§ 435. *On* est une syncope du mot homme (*homo*). Il signifie les hommes en général. Ainsi quand on dit *on aime* la vertu, c'est comme si l'on disait, *les hommes aiment* la vertu (*homines*) *amant virtutem*. On peut dire aussi *amamus virtutem*.

L'on se met au lieu de *on*, par *euphonie*.

nes gens, mais on leur est même favorable, *adolescentibus non modo non invidetur, verum etiam favetur.*

On raconte, *narratur*; on rapporte, *fertur*; on va, *itur*; on est venu, *ventum est.*

§ 436. SECONDE MANIÈRE.

On aime la vertu, *amant virtutem.*

Mettez le verbe qui suit *on, l'on*, à la troisième personne du pluriel : ce qu'il faut toujours faire quand ce verbe est neutre ou déponent en latin.

Ex. : On admire la vertu, *admirantur virtutem.*

On hait celui que l'on craint, *oderunt quem metuunt.*

On dit, *aiunt, ferunt, memorant, perhibent.*

REMARQUE*. Devant les impersonnels *pœnitet, pudet, tædet, miseret, piget,* il faut exprimer le mot *homines*: On se repent d'avoir mal vécu, *homines pœnitet male vixisse.*

On peut expliquer le passif des verbes neutres en les décomposant. Ainsi *favetur* représentera *favor habetur*. *Mendaci non creditur etiam verum dicenti*, c'est-à-dire, *fides non habetur*; on ne croit pas le menteur, même quand il dit la vérité. — Rappelez-vous qu'on peut faire impersonnels tous les verbes actifs et neutres. Voy. § 139.

§ 436. * On doit exprimer *homines*, parce qu'alors il n'est plus nominatif, mais régime. *Pœna tenet homines*. On ne peut sous-entendre que le nominatif.

Quand *on* peut se tourner par *quelqu'un*, il s'exprime par *aliquis*. Ex. : on vient, *aliquis venit*. On frappe à la porte, *pulsat aliquis fores*.

On se sert aussi de la seconde personne du singulier du subjonctif. Ex. : C'est en vain qu'on voudra, *frustra velis*. On croirait, *credas, crederes*, etc.

Jubeo et *veto*, employés au passif prennent pour nominatif le datif de la personne. Ex. : On *nous* défend de faire cela, *vetamur hoc facere*. On ordonna *aux* consuls de lever une armée, *consules jussi sunt exercitum scribere*. On m'ordonne de revenir, *redire jubeor*.

§ 437. Si le verbe qui suit *on* est accompagné d'une négation, on tourne par *personne ne*, *nemo*; et le verbe se met à la troisième personne du singulier.

Ex. : On ne peut être heureux sans la vertu; tournez, personne ne peut....; *nemo sine virtute potest esse beatus.*

§ 438. *Quand on*, *lorsqu'on*, se tournent par *celui qui*, *ceux qui*.

Ex. : Quand on désire le bien d'autrui, on perd justement le sien; tournez, celui qui désire....*qui bonum alienum appetit, merito amittit proprium.*

Si on, *si l'on*, se tournent par *si quelqu'un*, *si quis*.

Ex. : Si l'on vous demande, *si quis te interroget.*

REMARQUE. On ne dit pas *si aliquis*, mais *si quis*; après *si*, *nisi*, *ne*, *num*, *sive*, *quò*, on retranche *ali* dans les mots qui commencent ainsi : *si quando* pour *si aliquando*, *ne quando*, etc.

On voit, *on trouve des gens qui....* s'exprime par *videas*, *reperias qui...*, *videre est*, *reperire est qui*; et le verbe suivant se met au subjonctif.

Ex. : On voit des gens qui aspirent aux honneurs, *videas homines qui honores appetant.*

REMARQUE. Il en est de même dans toutes les expressions générales et dans celles qui ont un sens négatif ou interrogatif, c'est-à-dire, où *qui*, *quæ*, *quod*, sont précédés d'une négation ou forment une interrogation. Ex. *Nihil est quod tam miseros faciat*, etc. *Quæ latebra est in quam non intret metus mortis? Est aliquis qui, quis est qui se inspici, æstimari fastidiat?* On trouve l'indicatif après *est qui*; mais nous n'avons trouvé que le subjonctif après *videas*, etc.

§ 438. *Quand on*, etc., s'exprime aussi par *si quis*, par la deuxième personne du subjonctif, par le participe. Ex. : *Si quis cupiat, quum cupias, cupienti cuilibet*, etc.

Aliquid s'emploie après *si* et *ne* pour servir d'opposition à *omnia* ou *multa*. Ex. : *Timebat Pompeius omnia ne aliquid vos timeretis. Create consulem T. Otacilium, non dico si omnia hæc, sed si aliquid eorum præstitit.*

§ 439. ON DIT QUE..... on croit que...... il semble, il paraît que......

On dit, on croit, etc., s'expriment en latin de deux manières :

1° *Personnellement,* en prenant le nominatif du second verbe, pour en faire le nominatif des verbes *on dit, on croit,* etc.

Ex. : On dit que les cerfs vivent très-longtemps ; *tournez,* les cerfs sont dits vivre..... *cervi dicuntur diutissimè vivere.*

Il paraît que vous êtes malade ; *tournez,* vous paraissez être malade, *videris ægrotare.*

2° *Impersonnellement,* en tournant par la troisième personne du singulier passif, *il est dit que....... il est cru que.....;* alors le *que* ne s'exprime pas et le verbe se met à l'infinitif.

Ex. : On dit que les cerfs vivent très-longtemps ; *tournez,* il est dit que les cerfs..... *dicitur cervos diutissimè vivere.*

REMARQUE. On exprime toujours de cette seconde manière *on dit, on croit,* quand ils sont suivis d'un verbe impersonnel.

Ex. : On dit que vous vous repentez de votre faute ; *tournez,* il est dit que vous..... *dicitur te tuæ culpæ pœnitere.*

---

§ 439. La construction impersonnelle est moins usitée en latin que la construction personnelle, excepté dans les temps passés (*traditum est; memoriæ proditum est*), et quand ces mots *on dit, on croit,* etc., sont suivis d'un verbe impersonnel. Ex. : On dit que vous avez honte, *dicitur pudere te* (*dicitur pudorem tenere te*), Vous avez paru vous repentir de votre faute. *visum est te tuæ culpæ pœnitere* (*visum est pœnam tenere te*), il a paru que le repentir tenait, etc.

Videor est presque toujours employé *personnellement.* Ex. : *Amens mihi fuisse videor,* il me semble que j'ai été insensé, et non *videtur mihi me amentem fuisse.*

Videor mihi videre imminentes reipublicæ tempestates, il me semble que je vois les orages qui menacent la république.

OBSERVATION *sur le verbe français* ON ENSEIGNE.

§ 440. Pour tourner ce verbe par le passif, il faut faire attention à la signification du verbe latin *doceri*, qui veut dire *être instruit*. Comme cela ne peut se dire que d'une personne, et non d'une chose, le verbe pas-

---

Si hoc tibi intellexisse videris, s'il te semble que tu as compris. Au pluriel : *Si hoc vobis intellexisse videmini*, s'il vous semble, etc.

REMARQUE. 1° *On veut, il est question de*, se traduit souvent par *id agor, agi ut*, avec le subjonctif. Ex. : Le bruit courait qu'on voulait recommencer la guerre, *fama erat id agi ut bellum renovaretur.* — 2° Dans les expressions *on peut, on a coutume de dire, de blâmer,* etc., l'infinitif joint à *potest, solet,* se met au passif. Ex. : On peut dire, *dici potest.* On n'a pas coutume de blâmer celui, etc., *non solet vituperari is,* etc. — 3° Avec *licet*, on se sert de l'infinitif actif *videre* ; les autres verbes se mettent à l'infinitif passif. Ex. : On peut voir, *videre licet.* On peut comprendre, *intelligi licet.* Les verbes *cœpisse* et *desinere* s'emploient *ordinairement* au passif devant un *infinitif*, et cet infinitif lui-même se met au *passif : Pons institui cœptus est*, on commença, on se mit en devoir de bâtir un pont. — *Desitum est quidquam injustum videri*, littéral. quelque chose cessa de paraître injuste, c'est-à-dire dès-lors rien ne parut injuste. — Cependant on dit aussi : *Postquam apud Cadmœam pugnari... cœpit.* NEP. *conventus fieri desierunt.* CIC. etc. — 4° Quand *on exhorte*, quand *on souhaite*, quand *on exige*, on se sert de la première personne du pluriel du présent du subjonctif, lorsque ce qu'on énonce peut s'appliquer aussi à la personne qui parle. Ex. : On doit éviter l'orgueil, *superbiam fugiamus.* — Quand la phrase n'exprime ni le *désir*, ni le *devoir*, on se sert de la première personne du pluriel du présent de l'indicatif. Ex. : On admire la vertu de Scipion, *Scipionis virtutem miramur.* Dans ces constructions, il faut que le verbe soit à la même personne au commencement et dans le corps de la phrase.

§ 440. Autres exemples sur *doceri*. — La grammaire que l'on vous enseigne, *grammatica quam doceris.* Nous à qui l'on enseigne la grammaire, *nos qui grammaticam docemur,* etc.

Les verbes *rogare*, prier ; *celare*, cacher (au passif *rogari, celari*), gouvernent aussi l'accusatif de la chose ; mais le verbe *celare* n'admet guère ce régime qu'avec un pronom. Ex. : *Hoc* ou *id celabar.* Du reste, il se construit avec la préposition *de*, surtout au passif. Ex. : *Non est profecto de illo veneno celata mater,* assurément on n'a pas caché à la mère cet empoisonnement.

sif *doceor* veut toujours pour nominatif le nom de la personne.

Ex. : On enseigne la grammaire aux enfans ; *tournez*, les enfans sont instruits sur la grammaire, *pueri docentur grammaticam*, sous-entendu *secundum*.

Les enfans à qui l'on enseigne la grammaire, *tournez*, les enfans qui sont instruits sur la grammaire, *pueri qui docentur grammaticam*, sous-entendu *secundum*.

La grammaire que l'on enseigne aux enfans ; *tournez*, la grammaire sur laquelle les enfans sont instruits, *grammatica quam pueri docentur*. (*Tournez de même cette phrase* : la grammaire qui est enseignée aux enfans.)

§ 441. PRONOMS *français que l'on exprime d'une manière différente en latin.*

Il, le, la, les, lui, leur, qu'il faut quelquefois tourner en latin par *soi, à soi*, etc., et exprimer par *sui, sibi, se*.

Le renard dit qu'il n'était pas coupable ; *tournez*, dit soi n'être pas.....

---

§ 441. Les Latins, dans l'emploi de ces pronoms, cherchaient surtout à éviter l'obscurité.

Voici les règles qu'on peut établir d'après l'autorité des grammairiens, et les exemples qu'on trouve dans les auteurs classiques :

Lorsque ces pronoms se rapportent évidemment au nominatif principal de la phrase, de manière qu'ils n'indiquent avec lui qu'une seule et même personne, on les exprime par *sui, sibi, se* (pour le singulier et pour le pluriel).

Ex. : HOSTES *fatentur bellum* SIBI *mali plurimùm intulisse*, les *ennemis* avouent que la guerre *leur* a fait beaucoup de mal. *Sibi*, et non *eis*, parce qu'il se rapporte à *hostes*, nominatif principal, et ne représente avec lui qu'une seule et même personne. (*Sibi hostibus*). — CÉSAR contraignit une ville, qui commandait aux nations, à se soumettre à LUI, *Cæsar, civitatem gentibus imperantem, servire* SIBI *coëgit* (*sibi Cæsari*). — LE PEUPLE donna au sénat le pouvoir de LE gouverner, *senatui* POPULUS *ipse regendi suî potestatem tradidit* (*suî populi*).

RÈGLE. Quand les pronoms *il*, *elle*, *le*, *la*, *les*, *lui*, *leur*, après un *que* exprimé ou non exprimé, se rappor-

Admirant leur fidélité, le TYRAN leur demanda d'être admis en tiers dans leur amitié, *admiratus eorum fidem*, TYRANNUS *petivit ut SE ad amicitiam tertium adscriberent* (*se tyrannum*).
Mais si l'emploi du pronom *sui*, *sibi*, *se*, formait quelque ambiguïté, alors on se servirait de *ipse*, *a*, *um*, pour représenter le nominatif du premier verbe, et de *sui*, *sibi*, *se*, pour représenter le nominatif le plus proche. Les exemples suivans feront connaître la différence qu'il y a dans l'emploi de *sui*, *sibi*, *se*, et de *ipse*. — Denys apprit à ses filles à raser, et *se* faisait brûler par elles la barbe et les cheveux avec des coquilles de noix ardentes, *Dionysius filias suas tondere docuit instituitque, ut barbam* SIBI *et capillum adurerent candentibus juglandium putaminibus*. SIBI *se* rapporte à *Dionysius*, et non au nominatif du verbe *adurerent*, parce qu'il ne peut y avoir d'ambiguïté, puisque les filles n'ont point de barbe. Mais il faudrait dire avec *ipsi*: *Dionysius instituit ut filiæ suæ capillum* IPSI *adurerent*, et non *sibi*, parce que cela pourrait s'entendre aussi des cheveux des filles. — Jugurtha envoie des ambassadeurs au consul pour le prier de *lui* accorder la vie, à *lui* et ses enfans, *Jugurtha legatos ad consulem mittit, qui* IPSI *liberisque vitam peterent*. *Ipsi* se rapporte à *Jugurtha*, nominatif du premier verbe. *Sibi* pourrait se rapporter à *qui* représentant *legati*. — La mère espère que ses filles prendront ses intérêts, *sperat mater suas filias* IPSI *consulturas esse* (*ipsi matri*). *Sibi* pourrait se rapporter à *filias*. — Ambiorix arrive chez les Nerviens et les exhorte à ne point perdre l'occasion de se délivrer à jamais de la servitude, *Ambiorix in Nervios pervenit, hortaturque ne* SUI *in perpetuum liberandi occasionem amittant*, Cæs. *Sui* se rapporte à *Nervii* sous-entendu devant *amittant*, qui est le nominatif le plus proche. On remarquera que *sui* se construit avec le gérondif en *di* : *sui liberandi*, au lieu de *se liberandi*. (Voy. p. 104, note.)
On se sert encore de *sui*, *sibi*, *se*, lorsque la proposition est générale, et lorsque le verbe, dont le pronom est régime, est à l'infinitif ou au participe. Ex. : *Imperare sibi maximum est imperium*. — *Imperantem sibi maximum exercere imperium puto*.
Lorsque *inter se* ne se rapporte pas au nominatif de la phrase, il se remplace par *inter ipsos*. Ex. : *Grammaticis inter ipsos et philosophis pugna est*; mais on dit : *Omnes artes quasi cognatione quâdam inter se continentur*.
Ces pronoms s'expriment par *is*, *ejus*, *ipse*, *ipsius*, etc.; quand ils ne se rapportent ni au nominatif du premier ni au nominatif du second verbe. Ex. : Sextius se rendit à Marseille

16

tent au nominatif du premier verbe, on les exprime par *sui, sibi, se*.

Pour connaître si ces pronoms se rapportent au nominatif du premier verbe, faites l'interrogation suivante : *qui il? qui elle?*

Ex. : Le renard dit qu'il n'était pas coupable de la faute : *qui il?* Réponse : *Le renard.* Quand le mot de la réponse est le même que le nominatif du premier verbe, exprimez *il* par *se*; ainsi dites : *Vulpes negavit se esse culpæ proximam.*

Diogène ordonna qu'on le jetât à la voirie : *qui le?* Réponse : *Diogène.* Comme le mot de la réponse est le même que le nominatif du verbe, dites : *Diogenes jussit se projici inhumatum.*

Ce philosophe disait qu'il lui importait peu : *qui lui?* Réponse : *Le philosophe. Hic philosophus dicebat suâ parvi referre.*

Mais je crois qu'il mentait : *qui il?* Réponse : *Ce philosophe.*

Quand le mot de la réponse n'est pas le même que le nominatif du verbe, exprimez *il* par *ille, illa, illud*; ainsi dites : *At credo illum mentitum fuisse.* (Il, elle,

---

auprès de Scipion et *lui* amena sa fille. *Sextius Massiliam, profectus est ad Scipionem, et ad eum filiam ejus adduxit,* et non *ad se.* — Arioviste répondit qu'*il* avait passé le Rhin, non de son propre mouvement, mais sur la demande et l'invitation des Gaulois, qu'il occupait, dans la Gaule, l'établissement qu'ils lui avaient cédé, qu'il avait les otages qu'*eux-mêmes* lui avaient donnés volontairement. *Ariovistus respondit, transiisse Rhenum se, non suâ sponte, sed rogatum et accessitum a Gallis; sedes habere in Galliâ ab ipsis concessas, obsides ipsorum voluntate datos.* — Dans le premier membre de phrase, qu'*il* avait passé le Rhin, *il* représente Arioviste, nominatif principal, et se traduit par *se*; dans le second membre de phrase, accordées par *eux, ab ipsis concessas, ipsis* ne se rapporte plus au nominatif principal Arioviste, mais à *Gallis* : voilà pourquoi on se sert de *ipsis*. (On peut déjà voir par l'emploi de *ipsorum, ipsorum voluntate,* par leur volonté), que les pronoms *son, sa, ses, leur, leurs,* suivent la même règle.

etc., ne peuvent jamais se rapporter à un nominatif de la première ou de la seconde personne.)

~~~~~~~~~~~~~~~~~~~~~~~~~~~~~~~~

SON, SA, SES, LEUR, LEURS, qu'il faut quelquefois tourner en latin par *de lui, d'elle, d'eux, d'elles*, et exprimer par *ejus, eorum, earum*.

§ 442. Son, sa, ses, leur, leurs, après un seul verbe.

Pater amat *suos liberos*.

RÈGLE. *Son, sa, ses...*, après un seul verbe, s'expriment par *suus, sua, suum*, quand ils se rapportent au nominatif de ce verbe.

Pour connaître s'ils se rapportent au nominatif du verbe, faites l'interrogation suivante : *De qui ?*

Ex. : Un père aime ses enfants : les enfants *de qui ?* Réponse : *Du père*.

Quand le mot de la réponse est le même que le nominatif du verbe, servez-vous de *suus, sua, suum* ; ainsi dites : *Pater amat suos liberos*.

Quand le mot de la réponse n'est pas le nominatif du verbe, exprimez *son, sa, ses*, par *ejus* ; *leur, leurs*, par *eorum, earum*.

Ex. : Mais il n'aime pas leurs défauts : les défauts *de qui ?* Réponse : *des enfants*. Comme ce mot, *enfants*, n'est pas le nominatif du verbe, dites : *at eorum vitia odit*.

Cependant, quand le verbe est de première ou de seconde personne, on se sert de *suus, a, um*, pourvu qu'il se rapporte à un second régime.

Ex. : J'ai rendu à César son épée, *suum Cæsari gladium restitui*.

§ 443. *Son, sa, ses, leur, leurs*, après deux verbes.

RÈGLE. Quand *son, sa, ses*, etc., sont placés après deux verbes, on les exprime par *suus, sua, suum*, pourvu qu'ils se rapportent au nominatif de l'un des deux verbes.

(A moins que les verbes ne soient tous deux de la troisième personne : car alors il faut que *son, sa...* se rapportent au nominatif du verbe *principal* (c'est-à-dire de celui qui gouverne l'autre) pour éviter l'ambiguïté.)

La mère vous prie de pardonner à son fils, c'est-à-dire, que vous pardonniez, *mater te orat ut filiolo ignoscas suo*. (*Son* ici se rapporte au nominatif du premier verbe).

J'écris à mon ami de me confier son affaire, c'est-à-dire, qu'il me confie, *ad amicum scribo ut mihi negotium committat suum*. (*Son* ici se rapporte au nominatif du second verbe.)

Mais on exprime *son, sa, ses*, par *ejus* ou *illius*; *leur, leurs*, par *eorum, earum*, quand ils ne se rapportent ni à l'un ni à l'autre de ces deux nominatifs.

Ex. : Je vous prierai de prendre ses intérêts, *te rogabo ut illius commodis inservias*. (*Son, sa, ses*, ne peuvent jamais se rapporter à un nominatif de première ou de seconde personne.)

---

§ 443. On exprime *son* par *suus, sua, suum*, lorsqu'il se rapporte au sujet (nominatif) du verbe principal. Ex. : Un père pria le philosophe Aristippe de se charger de l'éducation de son fils, *pater quidam Aristippum philosophum rogavit ut filium suum erudiendum susciperet*. *Suum* se rapporte évidemment à *pater*. On exprime encore *son* par *suus* lorsqu'il n'y a pas d'ambiguïté dans la phrase, quoiqu'il ne se rapporte pas au nominatif du verbe. Ex. : Il rétablit sur-le-champ le toit dans son premier état, *tectum continuò in statum suum restituit*.

§ 444. *Son, sa, ses, leur, leurs*, au commencement d'une phrase.

Ejus indoles est optima.

Ire RÈGLE. *Son, sa, ses*, au commencement d'une phrase, s'expriment par *ejus* ou *illius*; *leur, leurs*, par *eorum, earum*, quand ils ne se rapportent pas au régime du verbe suivant.

Ex. : Son caractère est excellent ; *tournez*, le caractère de lui,... *ejus indoles est optima.*

§ 445. *Sua* eum commendat modestia.

IIe RÈGLE. *Son, sa, ses*, même au commencement d'une phrase, s'expriment par *suus, sua, suum*, quand ils se rapportent au régime du verbe suivant, ce qui arrive lorsqu'ils sont suivis de *le, la, les*, ou précédés d'un *que* relatif.

Ex. : Sa modestie le rend recommandable, *sua eum commendat modestia.*

L'enfant que sa modestie rend recommandable, *puer quem sua commendat modestia.*

§ 444. Remarquez les exemples suivans : Votre frère et son épouse viendront, *tuus frater et ejus uxor venient.* Il y a ici deux sens distincts, deux nominatifs : votre frère viendra, son épouse viendra, *frater veniet, ejus uxor veniet.* Pour abréger, on les réunit en disant : *tuus frater et ejus uxor venient.* On livra au supplice Lentulus et ses complices, *supplicium sumptum est de Lentulo et de sociis ejus.* C'est comme s'il y avait : On livra au supplice Lentulus, on livra au supplice les complices de *lui* (Lentulus).

Mais on se servira de *suus, sua, suum*, si l'on tourne la phrase de telle sorte qu'il n'y ait dans cette phrase qu'un nominatif auquel *son* puisse se rapporter (le nominatif principal). Ex. : *Tuus frater veniet cum sua uxore. Sua* se rapporte à *frater.* — *Lentulus traditus est supplicio cum suis sociis. Suis* se rapporte à Lentulus.

§ 445. *Sua hominem perdet ambitio.* — Lorsque le nominatif

On ajoute en latin *suus*, *a*, *um*, au nominatif, quand le nominatif français est suivi d'un génitif et de *le*, *la*, *les*.

Ex. : L'ambition de cet homme le perdra ; *tournez*, son ambition perdra cet homme, *sua hominem perdet ambitio*.

---

de la phrase est suivi d'un génitif qui exprime la possession, on se sert du pronom possessif *suus*, *sua*, *suum*, pour exprimer le rapport de possession.

Ex. : L'ambition de cet homme le perdra, au lieu de dire : *ambitio hujus hominis eum perdet*, on remplace *eum*, qui n'exprime pas la possession, par *suus*, *sua*, *suum*, de cette manière : *Sua hominem perdet ambitio*, son ambition perdra cet homme. C'est-à-dire que les pronoms personnels *le*, *la*, *les*, se tournent en un adjectif possessif, et s'expriment aussi par *suus*, *sua*, *suum*, lorsqu'ils se trouvent dans la même proposition que l'objet qu'ils représentent.

Les Latins emploient cette locution pour exprimer un sens réfléchi, et quand on peut, en français, ajouter l'adjectif *propre* à *son*, *sa*, *ses*, *leur*, *leurs*. Ex : Les concitoyens d'Annibal le bannirent, ou Annibal fut banni par ses propres concitoyens. *Hannibalem sui cives civitate ejecerunt*. — Chacun cède à son penchant particulier, *trahit sua quemque voluptas*. — Alexandre, tyran de Phères, fut tué par sa propre épouse. — *Alexandrum, qui apud Phereos tyrannidem occuparat, uxor sua occidit*.

On n'exprime pas les pronoms possessifs lorsqu'il est facile de les suppléer. Ex. : Manlius punit de mort la valeur de son fils, *Manlius virtutem filii morte multavit (sui filii)*. — J'ai passé ma vie à l'étude de la philosophie, *in philosophiæ studio ætatem consumpsi (meam ætatem)*.

§ 446. Observations sur *son*, *sa*, *ses*.

La construction de ces pronoms est la même que celle des pronoms *il*, *le*, *lui*. La principale règle à suivre, c'est encore d'éviter l'ambiguïté. Cependant un grand nombre d'exemples semblent autoriser à établir les règles suivantes :

1° *Son*, *sa*, *ses*, s'expriment par *suus*, *sua*, *suum*, quand ils se rapportent *évidemment* au nominatif principal de la phrase.

Ex. : On dit que Papirius frappa de son bâton la tête d'un Gaulois qui lui caressait la barbe (littér. qui caressait sa barbe). *Papirius dicitur Gallo, barbam suam permulcenti, in caput baculum incussisse*. Ici *suam* se rapporte au nominatif principal *Papirius*. — Les hommes peuvent se servir des bêtes pour leur usage, *bestiis homines uti ad utilitatem suam possunt*. — Tous

les efforts de Lysandre ne tendirent qu'à tenir les villes sous sa
dépendance, *Lysander nihil aliud molitus est quàm ut omnes
civitates in suâ teneret potestate.* — Il en est de même lorsque
ces pronoms se trouvent au commencement d'une phrase secondaire corrélative à la première. Ex. : Pétus m'a donné tous
les livres que son frère laisserait, (phrase principale) *Pœtus
omnes libros,* (phrase secondaire) *quos frater suus reliquisset,
mihi donavit.* Suus et non *ejus.* — Cimon devint l'objet de
l'envie, comme son père, *Cimon incidit in eamdem invidiam
quam pater suus.* (Quos et quam mettent en rapport la 2º phrase
avec la 1re).

2º. On se sert encore de *suus, sua, suum,* quoiqu'ils ne se rapportent pas au nominatif principal, lorsqu'ils se rapportent évidemment au régime direct ou indirect.

Ex. : Les Romains n'envièrent point aux femmes leur gloire,
Non inviderunt laudes suas mulieribus viri romani. — Scipion
rendit aux Syracusains leurs richesses, *Scipio suas res Syra-
cusanis restituit.* — Asinius Gallus rappela à Tibérius ses vic-
toires, *Asinius Gallus Tiberium victoriarum suarum admo-
nuit (suarum* se rapporte à *Tiberium).* — Il fallait combattre un ennemi tant de fois vainqueur, non-seulement avec
courage, mais encore avec sa propre tactique, *adversus hostem
toties victorem, non virtute tantùm, sed suis etiam pugnare
consiliis, oportebat. Suis* se rapporte à *hostem,* c'est-à-dire, *consiliis hostis.* — On suit toujours cette regle avec *quisque.* Ex. :
La justice accorde à chacun ce qui lui appartient, *justitia
suum cuique tribuit.* — Les stoïciens aiment à appeler chaque
chose par son nom, *placet stoicis suo quamque rem nomine ap-
pellare.*

N. B. Il faut autant que possible, rapprocher *suus* du régime.

3º On se sert encore de *suus,* quand il se rapporte à un second nominatif dans une phrase secondaire. Ex. : Caton voulait chasser Lucius Flaminius du sénat, mais il échappa sous la
censure de son frère, (1re) *Cato, quùm L. Flaminium è senatu
ejiceret,* (2º) *hic, Tito, fratre suo, censore, elapsus est. Suo* se
rapporte à *hic.*

Lorsque les pronoms *son, sa, ses, leur, leurs,* ne sont pas
réfléchis, c'est-à-dire quand ils ne se rapportent ni au nominatif
ni au régime, dans une phrase corrélative, on les exprime par
ejus, illius, eorum, illorum, etc.

Ex. : Cléopâtre se fit mordre par un aspic, *et périt par son
venin* (littéralement), *Cleopatra sibi aspidem admisit, et veneno
ejus exstincta est.* Je mets *ejus* et non *suo,* parce qu'en décomposant la phrase on aurait : *Cleopatra sibi aspidem admisit, et Cleopatra exstincta est veneno ejus (aspidis).* — On voit clairement que
son, ejus, ne peut se rapporter au nominatif.

Je ne parle pas d'Isocrate ni de ses disciples, *omitto Isocratem
discipulosque ejus* (c'est-à-dire *et omitto discipulos ejus).* — Après

la mort d'Alexandre, Antigone et *son* fils Démétrius s'emparèrent des gouvernemens, *post obitum Alexandri imperia ceperunt Antigonus et hujus filius Demetrius*, c'est-à-dire *Antigonus cepit, et Demetrius filius hujus* (*Antigoni*) *cepit*.

Milon rencontre Clodius sur sa propriété, *Milo fit obviam Clodio ante fundum ejus* (*Clodii*). C'est comme s'il y avait *Milon rencontre Clodius, et cela a lieu devant la propriété de celui-ci*.

On se sert de *suus*, lorsqu'on représente le régime par *ipse*. Ex. : Les oiseaux, quand ils trouvent leurs petits assez forts, leur font prendre l'essor, et les abandonnent à leurs propres forces, *aves fetus suos, quùm visi sunt adulti, libero cœlo, suæque ipsorum fiduciæ permittunt* (*ipsorum fetuum*).

Lorsqu'après deux verbes de la 3ᵉ personne il y aurait ambiguïté dans la phrase en faisant rapporter *suus, a, um*, au nominatif principal, on peut le remplacer par *ipse*, et faire rapporter *suus, sua, suum*, au nominatif du second verbe. Ex. : Caïus pria mon père d'instruire ses enfans, *Caius a patre meo petiit ut liberos ipsius erudiret* (*ipsius Caii*; *suos* pourrait signifier les enfans de mon père). Nabarzanes et Bessus priaient Artabaze de défendre leur cause, *Nabarzanes et Bessus Artabazum orabant ut causam* IPSORUM *tueretur* (*ipsorum*, et non *suam*, qui pourrait se rapporter à *Artabazum*).

§ 447. 1° TEL QUE... telle que... ; *is qui, ea quæ*.

RÈGLE. *Tel, telle que*, se tournent en latin par *celui, celle que*, et s'expriment, *tel, telle*, par *is, ea, id*, et *que*, par *qui, quæ, quod*, que l'on met au nominatif devant *sum*, etc., *sim*; et à l'accusatif devant *esse* sous-entendu, après un *que* non exprimé.

Ex. : Je ne suis pas tel que vous ; *tournez*, je ne suis pas celui lequel vous êtes, *non is sum qui tu* (sous-entendu *es*). *Tel* s'exprime aussi par *talis*, et *que* par *qualis* : *Non sum talis qualis tu*.

Il n'est pas tel que vous pensez ; *tournez*, il n'est pas celui lequel vous pensez qu'il est, *non is est quem putas* (sous-entendu *eum esse*).

§ 447. Après *tel*, le *que* se met toujours au cas que demande le verbe exprimé ou sous-entendu. Ex. : J'aime un homme tel que vous, *Hominem probo talem qualis tu es*. On se servira de *talis qualis* pour exprimer une *qualité*; *is qui* marquent *parité*.

2° *Tel*, quand il n'est pas suivi de *que*, s'exprime par *is* ou *talis*.

Ex. : Tel a été mon père, *is* ou *talis fuit pater meus*.

3° Lorsque *tel*, au commencement d'une phrase, est suivi de *qui*, on tourne *tel* par quelques-uns, *quidam*, ou il y en a qui... *sunt qui*.

Ex. : Tel rit aujourd'hui qui pleurera demain ; tournez, quelques-uns rient..... *quidam hodie rident, qui cras flebunt*, ou *sunt qui hodie rident qui*, etc.

§ 448. TEL répété, *qui*, *is*.

4° Quand *tel* est répété, le premier s'exprime par *qui*, *quæ*, *quod*, et le second par *is*, *ea*, *id*; ou bien le premier par *qualis*, et le second par *talis*.

Ex. : Tel père, tel fils, *qui pater est, is est filius*, ou *qualis pater est, talis filius*; c'est comme s'il y avait, le fils est tel que le père ; mais la phrase est renversée.

5° Quand *tel*, suivi de *que*, ne peut pas se tourner par *le même* ou *semblable*, on exprime *que* par *ut*, avec le subjonctif.

Ex. : La libéralité doit être telle qu'elle ne nuise à personne, *ea esse debet liberalitas, ut nemini noceat*.

---

§ 448. *Ea esse debet liberalitas, ut nemini noceat* : dans cet exemple, le *que* se rend par *ut*, parce que *tel..... que* n'exprime pas comparaison. Il n'y a pas deux objets comparés dans la phrase, on ne parle que de la libéralité ; *que* exprime une conséquence. Cette règle a lieu toutes les fois que *tel..... que* ne peut pas se tourner par *le même que*. On ne peut pas dire, la libéralité est *la même qu'elle ne nuise*, comme on dirait le père est le même que le fils.

Après *sic, tam, talis, is, hujusmodi*, etc., on trouve le relatif *qui, quæ, quod*, qui peut se résoudre par *ut* et un pronom : ainsi *qui* est pour *ut ego, ut tu, ut ille, ut is*; *cujus* est pour *ut mei, ut tui, ut illius, ejus* ; *cui* pour *ut mihi, tibi*, etc. ; *qui*, au

La force de la vertu est telle que nous l'aimons même dans un ennemi, *ea vis est probitatis, ut illam vel in hoste diligamus*.

§ 449. Quand *tel* peut se tourner par *de cette sorte*, on l'exprime par *hujusmodi* en bonne part, et *istiusmodi* en mauvaise part. Ex. : Qui n'aimerait de tels enfants ? *Quis hujusmodi puerulos non amet ?* Qui ne haïrait de telles gens ? *Quis istiusmodi homines non oderit.*

pluriel, est pour *ut nos, vos, illi*, etc.; *quorum* pour *ut nostri, vestri, illorum*, etc. Ex. : *Multæ res sunt ejusmodi, quarum exitus nemo providere possit*; pour *ejusmodi ut earum*. *Non sumus ii quibus nihil verum esse videatur*; *quibus* est pour *ut nobis.* — *Quis sum* se construit de même : *Quis sum cujus aures lædi nefas sit*; *cujus* est pour *ut aures meas*, (pour *mei*) *lædi*, etc. Quelquefois *talis, ejusmodi*, etc., sont sous-entendus : *Non sum ego consul qui, ut plerique, nefas esse arbitrer Gracchos laudare*, c'est-à-dire *Consul ejusmodi ut ego*, etc. (On voit par cet exemple que le verbe s'accorde avec le pronom renfermé dans *qui*; ici c'est avec *ego*). *Nonne satius est mutum esse quam quæ nemo intelligat dicere*, c'est-à-dire *verba hujusmodi, ut ea*, etc. Quand la conjonction *que* ne se rapporte pas à *sic, ita, talis, hoc, illud*, le verbe reste à l'infinitif. Ex. : *Sic mihi persuasi, sic sentio, non posse animum nostrum esse mortalem. Hoc te intelligere volo, pergraviter illum esse offensum.* Dans ces phrases, *sic, ita, hoc*, etc., forment pléonasme.

Observations sur tel.

1° On sous-entend souvent *talis* devant *qualis*. Ex. : Alexandre ceignit un diadème tel que celui qu'avait porté Darius, *Alexander capiti circumdedit diadema, quale habuerat Darius.* — 2° Il est élégant de traduire *tel que*, comme *tel* répété. Ex. : Il se montra tel qu'il était, *qualis erat, talis patuit.* — 3° Dans certaines phrases, quoique *tel* ne soit pas exprimé en français, il faut l'exprimer en latin. Ex. : Miltiade était à un âge où l'on pouvait fonder sur lui de grandes espérances; *ea erat ætate Miltiades, ut jam de eo bene sperare possent cives sui.* — 4° Lorsque la proposition n'est pas conditionnelle, mais affirmative, *is.. qui, talis... qualis* se construisent avec l'indicatif. Ex. : *Præsta te eum qui mihi cognitus es* (et non *sis*).

§ 449. Si *tel* peut se tourner par *meilleur*, on l'exprime par *melior, melius, potior, potius*, etc. Ex. : Il n'est rien tel que la vertu, *nihil est virtute melius* ou *potius.* Voy. *Cours de thèmes, troisième partie*, § 105. *Tel et tel* se rend par *hic et ille* : *Non dicam hoc signum ablatum esse et illud; hoc dico*, etc. Je ne dis pas qu'on a enlevé telle et telle statue; je dis, etc.

§ 450. 1° LE MÊME que, *idem qui*, ou *ac, atque*.

RÈGLE. *Le même, la même*, s'expriment par *idem, eadem, idem*, et *que* par *qui, quæ, quod*, que l'on met au cas que gouverne le verbe suivant, ou par *ac, atque*.

Ex. : Vous n'êtes pas le même à mon égard que vous avez été autrefois, *non idem es erga me qui* ou *ac fuisti olim*.

Ma mère n'est pas aujourd'hui la même que je l'ai vue autrefois, *non eadem est hodie mater mea quam vidi olim* (sous-entendu *eam esse*).

Je me sers des mêmes livres que vous, *iisdem libris utor quibus tu* (sous-entendu *uteris*).

REMARQUE. *Le même*, devant un nom ou pronom, s'exprime par *idem* : le même homme, *idem homo*.

Même, après un nom ou pronom, s'exprime par *ipse, ipsa, ipsum*. L'homme même, *homo ipse*; moi-même, *ego ipse*; vous-même, *tu ipse*.

§ 450. *Idem qui*, etc. Dans ces phrases, on établit toujours une comparaison entre deux objets; cependant le *que* ne s'exprime jamais par *quàm*, mais seulement par *qui, quæ, quod*, ou par *ac* et *atque*. On trouve quelquefois *idem* suivi du datif ou de *cum*, ce qui n'est pas à imiter. Ex. *Invitum qui servat, idem facit occidenti*, c'est-à-dire, *idem ac si occidat*, sauver un homme malgré lui, c'est la même chose que de le tuer. — *Interpretationi tuæ idem existimo*, je me range à votre interprétation. — *Eodem mecum* (c'est-à-dire, *quo ego*) *patre genitus*, né du même père que moi. Ce tour est un hellénisme. — *Idem* s'emploie quand deux attributs accompagnent un seul sujet (nominatif). Il se met pour *etiam* quand ces attributs sont de même nature, et pour *tamen* quand ils sont différens. Ex : *Viros fortes eosdem esse bonos volumus* (*eos etiam esse bonos*), nous voulons que les hommes courageux soient en même temps hommes de bien. — *Multam operam in res obscuras atque difficiles quidam conferunt, easdemque non necessarias* (*et tamen non necessarias*), quelques-uns se donnent beaucoup de peine pour des choses obscures et difficiles, et qui cependant ne sont pas nécessaires. — *Laudas mores antiquæ plebis et idem recusas*, tu loues les mœurs d'autrefois et cependant tu refuserais..., etc.

Quand le pronom *même* se rapporte au nominatif du verbe, on met toujours le pronom au nominatif, quoiqu'en français il soit joint au régime. Ex. : L'avare se nuit à lui-même, *avarus sibi ipse nocet ;* mais si *même* ne se rapporte pas au nominatif, on le fait accorder avec le régime. Ex. : Le temps ronge le fer même, *vetustas ferrum ipsum exedit.*

§ 451. 2° *Ne pas même* s'exprime par *ne quidem*, que l'on sépare en mettant un mot entre *ne* et *quidem*.

Ex. : Je ne l'ai pas même vu, *eum ne vidi quidem.*

3° *De même que si*, signifiant *comme si*, s'exprime par *non secùs ac... perinde ac... tanquam.*

Ex. : Je l'aime de même que si c'était mon frère, *illum perinde amo ac si esset frater meus.*

4° *De même*, non suivi de *que*, se rend par *item*. Il n'en est pas de même des Romains, *non item de Romanis. Et même* s'exprime par *imò..... quin etiam.* (*Que dis-je* se rend aussi par *imò.*)

Ipse avec les pronoms se met au nominatif, quand on veut faire ressortir l'idée du *sujet* ; mais si l'*objet* est la partie essentielle de la phrase, on le fait aussi accorder en cas avec cet objet. Ex. : *Me ipsum diligo*, je me chéris moi-même (je suis l'objet de mon affection). *Ut constare possimus nobismetipsis*, pour que nous puissions être d'accord avec nous-mêmes. Avec *ipse* on sous-entend quelquefois les pronoms, surtout celui de la troisième personne : *Par est, primùm ipsum esse virum bonum, tùm alterum similem sui quærere* ; il faut d'abord être homme de bien soi-même, ensuite chercher quelqu'un de semblable a soi. — *Ipsum*, au neutre, se joint aux adverbes de temps : *Regulus tum ipsum quùm vigiliis et fame cruciaretur*, etc., Régulus, alors même que, etc.

Remarque sur *ipse*. *Ipse* s'emploie assez souvent quand le même attribut accompagne un second sujet ; c'est le contraire de *idem*, qui s'emploie quand un sujet a deux attributs. Ex. de *idem* : Vir (*sujet*) prudens (*attribut*) idem et acer (*attribut*). Ex. de *ipse* : Pater (*sujet*) est prudens (*attribut*) et ipse filius (*sujet*).

§ 451. Remarquez qu'il faut toujours placer entre *ne* et *quidem* le mot qu'exige le sens de la phrase. Ex. : Il ne lui donna rien, pas même un sou, *nihil ei, ne assem quidem, dedit*; et non pas *ne dedit quidem.* (Voy. ci-après, 4ᵉ part., Synt. d'élég., §.616-620.)

§ 452. AUTRE, autrement que... *alius, aliter quàm...*
ac... atque...

RÈGLE. *Autre* s'exprime par *alius, alia, aliud*, et *que* par *quàm, ac, atque*.

Ex. : Il n'est pas autre qu'il n'était autrefois, *non alius est quàm erat olim*. on n'exprime pas *ne* après *autre*.

Il parle autrement qu'il ne pense, *aliter loquitur ac* ou *atque sentit*.

Au lieu de *quàm, ac*, on répète quelquefois *alius, aliter*. Il parle autrement qu'il ne pense, *aliter loquitur, aliter sentit*.

Tout autre, signifiant *quelque autre que ce soit*, s'exprime par *quivis alius, quilibet alius*; tout autrement, *longè aliter*, et *que* par *ac, atque*.

Ex. : Tout autre peuple que le peuple romain eût perdu courage, *quivis alius populus ac romanus despondisset animum*.

Mais si *tout autre* signifie *tout différent*, il s'exprime par *longè alius*.

Ex. : Vous êtes tout autre que vous n'étiez, c'est-à-dire tout différent, *longè alius es atque eras*.

---

§ 452. *Autre* exprime une comparaison : voilà pourquoi le *que* s'exprime par *quàm*. Phèdre a dit, avec l'ablatif : *Alius Sejano*, un autre que Séjan. Cette construction n'est pas à imiter.

Après *alius, aliter, quàm* a plus de force que *ac*. Les mots qui admettent après eux *ac, atque*, sont les suivans : *Alius, aliter, secus* (autrement), *similis, dissimilis, par, dispar, diversus, similiter, pariter, æquus, æquè, juxtà, idem, item, totidem, perindè, proindè, simul* (aussitôt), *contra, contrarius*. On peut se servir de *pro eo ac* pour exprimer *comme*. Voyez *Cours de thèmes*, 3ᵉ partie, § 131.

§ 453. Après *lequel des deux* (en latin *uter, utra, utrum*), *autre* s'exprime aussi par *uter*.

§ 453. *Uter, uterque, alter* sont usités au pluriel.

On dirait en parlant de deux partis : *obediunt alteri, alteri detrectant imperium*, les uns obéissent, les autres refusent d'obéir. Ainsi il ne faut pas confondre *alter*, qui signifie *l'un, l'autre*, avec *alius*, qui signifie *différent*. Ex. : Autre est un lâche, autre est un homme de cœur, *alius est homo ignavus, alius vir fortis*.

Quand les nominatifs sont des noms propres, on tourne la phrase de manière à exprimer réciprocité d'action. Ex. : César et Pompée se haïssaient l'un l'autre, *Cæsar et Pompeius se invicem oderant* (*invicem*, réciproquement).

On trouve le pluriel après *alius* et *alter*, *quisque*, *uterque*, à cause de l'idée de pluralité que supposent ces expressions, ou parce qu'ils ne forment qu'une phrase incidente après un nominatif pluriel. Ex. : *Babylonii, alius è muris, alius culmine sui quisque tecti, prospectabant*; ici *prospectabant* peut se rapporter à *Babylonii*; les Babyloniens regardaient, les uns du haut des murs, les autres du faîte de leurs maisons. — *Ambo commilitones alter alterum complexi*, les deux soldats s'embrassent l'un l'autre. *Uterque eorum è castris exercitum educunt*, ils font sortir l'un et l'autre leur armée de leur camp. — *Pro se quisque, dextram ejus amplexi*, chacun d'eux embrasse sa main.

REMARQUE sur *unus, alter, duo, ambo, bini, uter, uterque, neuter*.

Lorsque *seul* est précédé de *un*, il doit se traduire par *unus*, et non par *solus*. Ex. : De deux ne faire qu'un seul, *efficere unum ex duobus*. (*Solus* signifie qui n'est pas accompagné.) — *Duo*, deux, se dit de deux choses séparées. *Ambo*, les deux, exprime simultanéité (action faite en même temps). On s'en sert aussi pour parler collectivement. Ex. : On décréta par des plébiscites qu'on ne pourrait exercer *deux* magistratures dans la même année, et qu'il serait permis de choisir *les deux* consuls parmi les plébéiens, *plebiscitis cautum, ne quis* DUOS *magistratus uno anno gereret, utique liceret consules* AMBOS *plebeios creari*. Ils sont sortis *tous deux* ensemble, *unà* AMBO *abierunt foras*.

Uterque, l'un et l'autre (chacun des deux), se dit de deux qui font quelque chose séparément. Ex. : Ils font sortir *l'un et l'autre* leur armée de leur camp, UTERQUE *eorum ex castris exercitum educunt*.

Alter se prend dans le sens de *second* lorsqu'il ne s'agit que de deux; dans ce dernier cas, il signifie aussi *l'autre*. Ex. : C'était déjà *le second* jour qu'on attendait en vain Asinius, *Asinius*

Ex. : Examinez lequel des deux a dressé des embûches à l'autre, *quære uter utri insidias fecerit.*

L'un... l'autre, les uns... les autres, quand on parle de plus de deux, s'expriment par *alius, alia, aliud,* que l'on répète.

Ex. : Les uns jouent, les autres chantent, *alii ludunt, cantant alii.*

Mais si l'on ne parle que de deux, on se sert de *alter* répété, ou de *unus, alter.*

Ex. : L'un dit oui, l'autre dit non, *alter ou unus ait, negat alter.*

Quand *l'un* est répété, et *l'autre* aussi répété, on les tourne par l'adjectif *différent*, et on les traduit par *alius, alia, aliud,* de cette manière :

Ex. : Les uns aiment une chose, les autres une autre ; *tournez,* différentes personnes aiment différentes choses, *alii aliis rebus delectantur.*

Les uns s'en allèrent d'un côté, les autres de l'autre, *alii alio dilapsi sunt.*

§ 454. *Ni l'un ni l'autre* (quand le nominatif est un pronom) s'exprime par *neuter, neutra, neutrum; l'un l'autre* par *uterque, utraque, utrumque;* et ils sont or-

---

unum jam et ALTERUM *diem desiderabatur.* Un second Mars. *Mars alter.* Corn. Nepos a dit : *Hæc (Pelopidas) fuit altera persona Thebis, sed tamen secunda....* était *aussi un personnage....* mais ce n'était que le *second. Alias,* autre, se dit de trois ou d'un plus grand nombre.

Alter, uter, uterque, neuter, s'emploient au pluriel lorsqu'il s'agit de marquer la pluralité entre plusieurs objets ne formant que deux parties. Ex. : Je ferai ce *second* envoi de livres à notre ami Brutus, *ad Brutum nostrum hos libros* ALTEROS *mittemus.* La flamme ayant été aperçue par les assiégés et par les assiégeans, *les uns et les autres* crurent.... *flamma ut ab oppidanis et oppugnatoribus est visa,* UTRISQUE *venit in opinionem,* etc. — Ils attendirent assez longtemps (de part et d'autre) quelle armée se mettrait en devoir de passer la première, *satis diù inter ipsos exspectatum ab* UTRIS *transeundi fieret initium.* — Rester neutre, *in* NEUTRIS *partibus esse.* — etc.

dinairement suivis de *alter, altera, alterum*, et alors on n'exprime pas *se*.

Ex. : Ils ne s'aiment ni l'un ni l'autre, *neuter alterum amat*.

Ils se haïssent l'un l'autre, *uterque alterum odit*.

L'un des deux, l'un ou l'autre, s'expriment par *alteruter, alterutra, alterutrum*.

Ex. : Je vous enverrai l'un ou l'autre, *alterutrum ad te mittam*.

L'un après l'autre s'exprime par *singuli, singulæ, singula*.

Ex. : Il se mit à les manger l'un après l'autre, *cœpit vesci singulis*.

§ 455. *Le premier, le second*, quand on ne parle que de deux, s'exprime, *le premier* par *prior*, et *le second* par *posterior*, ou par *alter* répété.

Ex. : Le premier riait toujours, le second pleurait sans cesse, *prior semper ridebat, posterior indesinenter flebat*.

Mais si l'on parle de plus de deux, servez-vous de *primus, secundus*.

Celui-ci, celui-là, s'expriment, *celui-ci* par *hic*, *celui-là* par *ille*.

Ex. : Celui-ci riait toujours, celui-là pleurait sans cesse, *hic semper ridebat, ille indesinenter flebat*.

---

§ 454. *Singuli* n'a pas de singulier.

§ 455. Quand on parle de plus de deux, *celui-ci, celui-là*, s'expriment par *hic, ille, alius*. Ex. : Celui-ci avouera, celui-là niera, cet autre, etc., *hic fatebitur, negabit ille, alius autem*, etc., ainsi de suite, en alternant les pronoms.

Hic se dit des objets voisins; *ille*, de ceux qui sont éloignés. *Iste* se rapporte aux objets voisins de la personne à qui l'on s'adresse, et emporte souvent une idée de mépris, quand on s'adresse à un adversaire. Ex. : *Mamertini isto prætore omnium rerum immunes fuerunt*, les Mamertins sous sa préture furent exempts de toute espèce de charge. Les objets qui appartiennent à cette personne se construisent avec *iste*. Ainsi *iste liber* peut signifier *son* ou *ton* livre, etc. — *Ille* désigne la troisième personne, c'est-à-dire l'objet dont on parle. *Ille liber* signifie le livre dont il s'agit. — Dans les lettres, *hic* se rapporte à la première personne

Celui des deux qui, s'exprime par *uter, utra, utrum*.

Ex. : Celui des deux qui se dédira paiera l'amende, *uter demutaverit, pecuniâ mulctatibur*.

§ 456. Quel, Quelle, suivis de *que*, *quicunque*, *quantuscunque*.

Règle. *Quel, quelle que*, s'expriment par *quicunque*, *quœcunque*, et si la chose peut se dire grande,

et à tout ce qui touche à celui qui écrit ; *iste* à celui à qui l'on écrit, *ille* à une troisième personne dont il est question. Au barreau, l'accusateur se désigne lui-même et ceux de son parti par *hic*; il désigne l'accusé et ce qui le regarde par *iste*; les témoins, les juges, les auditeurs, par *ille*. — *Iste* désigne un objet dont il a été question ; *hic*, un objet dont on va parler ou dont on a parlé immédiatement avant.

Remarque sur le relatif *qui, quœ, quod*. On a vu que le substantif s'accorde avec le relatif qui le précède. Ex. : *Quam Deo debes vitam conserva*. Dans certaines phrases, le substantif est considéré comme étant en apposition avec la phrase qui précède : *Omnes antiquas gentes regibus paruerunt, quod genus imperii*, etc. *Alexander Callisthenem torsit*, *quam crudelitatem seca consecuta est pœnitentia*, etc. ; c'est comme s'il y avait *et hoc genus imperii*, *et hanc crudelitatem*, etc.

§ 456. *Cunque* ajouté à un pronom ou à un adverbe relatif généralise la signification du relatif : *Utcunque se res habuit*, de quelque manière que la chose se soit passée. *Quicunque* est adjectif et demande un substantif ; mais *quisquis* est substantif et s'emploie seul.

En français, on met le subjonctif après les expressions *quelque*, *de quelque manière que*, et semblables. En latin, on doit se servir de l'indicatif après *quisquis, quotquot, quicunque, quantuscunque, utut, utcunque*, etc., lorsque l'action qu'on exprime n'est pas douteuse. Ex. : *Quidquid erit*; *utcunque, quoquo modo sese res habet, tua est culpa. Quocunque aspexisti, tuæ tibi occurrunt injuriæ*. — Même observation pour *sive*. Ex. : *Sive tacebis, sive loqueris, mihi perindè est. Sive habes aliquam spem, sive desperas*, etc., etc.

Quelque, non suivi de *que*, s'exprime par *aliquis*. Ex. : *Aliqua cura*, ou mieux, *aliquid curæ*, quelque soin. Ou par *quidam*. Quelqu'un se traduit aussi par *quidam*. Ex. : Quelqu'un m'a

par *quantuscunque*, *quantacunque*, qui renferme *que* et veut ordinairement le subjonctif.

Ex. : Quelle que soit sa mémoire, il oublie cependant bien des choses, *quantacunque sit ejus memoria, multa tamen obliviscitur.*

Qui que ce soit qui.... s'exprime par *quicunque.... quilibet.....*, et si l'on ne parle que de deux, c'est par *utercunque, utracunque.*

Ex. : Qui que ce soit des deux partis qui remporte la victoire, nous périrons, *utracunque pars vicerit, tamen perituri sumus.*

§ 457. QUELQUE que... suivi d'un nom.

Si c'est un nom de choses qui ne se comptent pas, on l'exprime par *quicunque.... qualiscunque...*; et si

---

dit, *quidam mihi dixit*. Quelqu'un peut encore se traduire par *aliquis*, *quispiam*, *quisquam*, *ullus* ; mais il faut remarquer que *quisquam* est substantif et *alius* adjectif, et que tous les deux renferment une idée négative, et ne s'emploient que dans les phrases où se trouvent *non*, *neque*, *neve*, un verbe négatif ou une expression de doute. Ex. : *Nego fore quemquam qui* ou *ullum hominem qui*, etc. (avec le *subjonctif*), je dis qu'il n'y aura personne, etc. *Aliquis* (adjectif) et *quispiam* (substantif), s'emploient l'un et l'autre dans le sens affirmatif.

§ 457. *Quelque que*, suivi d'un verbe actif, est toujours régime de ce verbe. Dans cette phrase, *quelque parti que* vous preniez, *vous* est le nominatif, et *quelque parti* le régime.

Quel que ne se rapporte pas toujours au mot qui le suit immédiatement, mais souvent au mot après lequel se trouve *que*. Ainsi dans *Quel que soit le parti que*; *quel que que* se rapporte à *parti*, *quodcunque sit consilium quod*. On se rappellera qu'en français *tout* peut se mettre pour *quelque*; tout riche qu'il est, *quantumvis dives sit*.

Quand *tout* peut se tourner par *quel grand*, *combien*, on l'exprime par *tantus*, *tot... quantus*, *quot*, *quam*, etc. Ex. : Quand on ne retirerait pas de l'étude des lettres *tous* les avantages qu'il est constant qu'on en retire, *si non tantus fructus ex studio litterarum perciperetur*, *quantum percipi constat*, etc.

On emploie cette construction toutes les fois que le sens de la

la chose peut se dire grande, par *quantuscunque, quantacunque*, etc.

Ex. : Quelque parti que vous preniez, *quodcunque consilium capias.*

Si c'est un nom de choses qui se comptent, on exprime *quelque que* par *quotcunque*, ou *quantumvis multi, æ, a.*

Ex. Quelques services que vous rendiez à un ingrat, vous ne lui en rendrez jamais assez, *quotcunque apud ingratum officia posueris, nunquam satis multa contuleris.*

~~~~~~

§ 458. QUELQUE que... suivi d'un adjectif.

Si *quelque.... que* est suivi d'un adjectif, d'un adverbe, ou d'un participe, on l'exprime par *quantumvis*; et si c'est le participe d'un verbe de prix, par *quanticunque.*

Ex. : Quelque savant qu'il soit, il ignore cependant bien des choses, *quantumvis sit doctus, multa tamen ignorat.*

Quelque estimable que soit la science... *quanticunque æstimanda sit doctrina.*

Quelque grand que... s'exprime par *quantuscunque, quantacunque...; quelque petit que*, par *quantuluscunque, quantulacunque.*

---

phrase peut l'admettre. Ex. : Qui ignore les dissensions cruelles qui déchirèrent Rome, *quis nescit quàm cruentis dissidiis lacerata fuerit Roma*, etc.

Voyez pour les différentes manières de rendre *tout*, Cours de thèmes 3e partie, § 135.

PRONOMS *français qui ne s'expriment pas en latin.*

§ 459. Je crois qu'il faut ; *tournez*, je crois falloir.

RÈGLE. *Il*, devant un impersonnel, ne s'exprime pas, excepté devant *pœnitet, piget, pudet, tœdet, miseret.*

Ex. : Je crois qu'il faut, *credo oportere.*

Vous savez qu'il est honteux de mentir, *scis mentiri turpe esse.*

§ 460. Quand *celui, celle* ou *ceux*, suivis d'un génitif, sont employés pour un nom précédent, on ne se sert pas de *ille, illa, illud*, mais on répète le nom qui précède.

Ex. : Les qualités de l'âme sont bien préférables à celles du corps, *animi dotes, corporis dotibus, longè præstant.*

La vie des hommes est plus courte que celle des corneilles, *brevior est vita hominum quàm cornicum vita.* (On peut ne pas répéter le nom quand il doit être mis au même cas, et dire, *brevior est hominum, quàm cornicum vita*).

§ 461. Dans les phrases suivantes, *c'est ainsi que*, *est-ce ainsi que?* on n'exprime ni *c'est* ni *que*.

Ex. : C'est ainsi qu'il parla ; *tournez*, il parla ainsi, *sic locutus est.*

---

§ 459. *Il* dans ces phrases se résout par l'infinitif latin. Ex. : *Vous savez quoi?* Rép. mentir être honteux. Mais il faut dire : Je crois qu'il se repent, *credo illum pœnitere*, parce que *il* représente un nominatif de personne.

§ 460. Quoiqu'il ne faille pas employer le pronom, comme en français, pour éviter simplement la répétition du substantif, cependant on se sert de *hic, hæc, hoc, ille, illa, illud*, dans les phrases emphatiques, surtout quand le nom répété serait au même cas que le premier : *Nullam virtus aliam mercedem laborum desiderat*, præter hanc *laudis et gloriæ*, Cic. *Quùm omnis arrogantia odiosa est, tum illa ingenii atque eloquentiæ*, Cic. *Verba oratoris non tam acrem curam desiderant, quàm est illa poëtarum (cura)*, etc., etc. — Le second nom est souvent sous-entendu, même quand il doit être mis à un autre cas que le précédent : *Quis possit conferre vitam Trebonii, cùm Dolabellæ*, Cic.

§ 461. Dans *siccine*, *ne* marque l'interrogation, *ci* est ajouté à *sic* par *euphonie* (pour adoucir la prononciation); *sic* ne serait trop dur.

Est-ce ainsi que vous défendez vos amis? *tournez*, défendez-vous ainsi?... *siccine tuos amicos defendis?* (ou *itane tuos*, etc.)

C'est vous-même que je cherche, *te ipsum quæro*.

§ 462. *Ce n'est pas que* se rend en latin par *non quòd* (avec le subjonctif), *mais c'est que*, par *sed quòd*.

Ex. : Ce n'est pas que j'approuve, mais c'est que...., *non quòd approbem, sed quòd...*

S'il suit un comparatif, rendez *ce n'est pas que* par *non quò.... sed quò* : Ce n'est pas que l'un me soit plus cher que l'autre, *non quò mihi sit alter altero carior*.

S'il suit une négation, par *non quin....* Ce n'est pas que je ne pense, *non quin existimem*.

§ 463. *Ce n'est pas à dire pour cela que... Est-ce à dire pour cela que....?* se rendent par *continuò, non ideò, an continuò, an ideò...?*

Ex. : Quoique j'aie salué des méchants, ce n'est pas à dire pour cela que je sois méchant, *quamvis improbos salutaverim, non continuò sum improbus*.

§ 464. *Ce qui* ou *ce que*, suivis de *c'est* et d'un nom, ne s'expriment pas en latin.

Ex. : Ce qui me chagrine le plus, c'est la mauvaise santé de mon père; *tournez*, la mauvaise santé de mon père me chagrine le plus, *valetudo patris me potissimùm sollicitat*.

Ce qui, ce que, s'expriment par *illud*, quand ils sont suivis de *c'est que*, et *c'est que* se tourne par *que*.

Ex. : Ce que j'espère, c'est que je vivrai éternellement, *illud spero me futurum immortalem*. (T. J'espère cela que... Après *espérer* on n'exprime pas le *que*.)

---

§ 462. Au lieu de *non quin* on trouve aussi *non quia non*. Cic.

§ 463. On rend de même *il ne s'ensuit pas pour cela que*. On remarquera que *an continuò, an ideò?* servent pour l'interrogation.

Dans la phrase suivante et semblables, on n'exprime ni le *que* ni le verbe qui peut l'accompagner : O la belle chose que la vertu ! *o res præclara virtus !*

Ce que je crains, c'est que... *illud vereor ne...* (Après *craindre*, le *que* s'exprime par *ne*.)

Ce dont je doute, c'est que... *illud dubito an...* (Après *douter*, le *que* s'exprime par *an*.)

Ce qui me console, c'est que... *illud me consolatur quòd...*

§ 465. *C'est*, devant un infinitif suivi de *que de*, se tourne par *celui qui*.

Ex. : C'est se tromper que de croire... ; *tournez*, celui qui croit... se trompe, *errat qui putat.*

---

§ 464. Quand *ce qui*, *ce que*, s'expriment par *illud*, *c'est que* se tourne par *que*, et s'exprime suivant la construction qu'exige la phrase. Ex. : Ce dont je ne doute pas, c'est qu'il ne vienne bientôt, *illud non dubito, quin brevi venturus sit.* Ce dont je vous prie, c'est de (pour *que*) vous intéresser à cette affaire, *illud te rogo, ut huic rei consulas*, etc.

§ 465. On peut encore dire : *Si quis putat.* — C'est vous tromper que de croire, *erras si putas.* — Ce serait... *errares si putares*, etc.

S'il se trouve entre *c'est* et *que*, un substantif ou un adjectif, au lieu d'un infinitif, exprimez *c'est* par *est*, avec l'infinitif. Ex. : C'est un crime que de ne pas nourrir ses parents, *parentes non alere nefas est.* Je me porte bien, si c'est se bien porter que de vivre dans l'incertitude et dans l'anxiété, *ipse valeo, si valere est suspensum et anxium vivere.* Dans ces exemples, l'infinitif avec l'accusatif est placé comme attribut.

Toutes les fois qu'on peut tourner *que* par *de ce que, parce que*, on l'exprime par *quòd.* Ex. : Il est fâcheux que les bons soient soumis aux méchans, *grave est quòd boni improbis serviant.*

Dans la formule de transition *quid? quod...*, on sous-entend *dicam de eo.* Ex. : *Quid? quòd eâdem mente res dissimillimas comprehendimus?* C'est-à-dire *quid de eo dicam quòd*, etc. Dirai-je qu'avec la même intelligence nous comprenons les choses les plus dissemblables ?

Ce, devant le verbe *être*, se traduit ainsi : Ce sont là (voilà) des consolations, *hæc sunt solatia.*

CHAPITRE TROISIÈME.

DES PARTICIPES.

§ 466. *Participes français qui manquent en latin.*

Le verbe *sum* n'a ni le participe du présent *étant*, ni le participe du passé *ayant été*; on se sert des conjonctions *lorsque, après que, puisque, quùm, postquàm*.

Ex. : Cicéron étant consul, la conjuration fut découverte; *tournez*, lorsque Cicéron était consul la conjuration fut découverte, *quùm Cicero esset consul, detecta fuit conjuratio*.

On peut aussi mettre les deux noms à l'ablatif, et dire : *Cicerone consule, detecta fuit conjuratio*. (On sous-entend *sub*.)

Cicéron, ayant été consul, fut néanmoins envoyé en exil; *tournez*, après que Cicéron eut été consul... *Cicero, postquàm fuisset consul, in exsilium tamen actus est*.

§ 467. Le participe passé actif, comme *ayant aimé*, manque en latin (excepté dans quelques verbes déponens); on le tourne par *lorsque, puisque*.

Ex. Un rat ayant rencontré un éléphant, *mus elephanto, quùm fuisset obvius*.

---

§ 466. On ne peut se servir de l'ablatif qu'avec le participe présent. Ainsi cette phrase : Cicéron, ayant été consul, fut néanmoins envoyé en exil, ne peut se traduire que par *Cicero, postquàm fuisset consul, in exsilium tamen actus est*.

§ 467. Quelques verbes actifs et neutres ont cependant, sous la forme passive, un participe passé avec le sens actif: ce sont, *juratus* (de *jurare*), qui a juré; *cœnatus* (de *cœnare*), qui a soupé; *pransus* (de *prandere*), qui a dîné. Il faut y joindre *confisus* (de *confido*, qui a confiance; *exosus, perosus*, (de *odisse*; qui hait; et *pertæsus* (de *tædet*), qui s'ennuie. Ce dernier gouverne le génitif, rarement l'accusatif: *Pertæsus ignaviam suam*, Suéton. las de son inaction. — *Lentitudinis eorum pertæsa*, Tac., fatiguée de leur lenteur.

§ 468. Le participe passé du passif manque en latin quand le verbe est neutre, et souvent quand il est déponent ; alors on tourne par l'actif, et l'on se sert des conjonctions *quùm, postquàm*.

Ex. : Étant favorisé de Dieu, il vint à bout de son

---

§ 468. Il faut éviter de se servir du participe passé des verbes déponens dans le sens passif.

Nous ajouterons ici quelques constructions remarquables avec le participe.

Dans les expressions qui signifient *savoir, déterminer*, on dit *perspectum, cognitum, exploratum, persuasum habeo*, pour *perspexi, cognovi, exploravi, persuasus sum*, etc. *Inchoatum, institutum, absolutum, indictum habeo*, disent plus que *inchoavi, institui, absolvi, indixi*. Ex. : *Bellum habet indictum diis*, il a déclaré la guerre aux dieux, etc.

Risus interdum ita repentè erumpit ut eum cupientes *tenere nequeamus*, le rire nous échappe quelquefois si vite, que nous ne pouvons le retenir, quoique nous le voulions. *Concedendum est scenicis magnificè se* vestientibus, laissons les comédiens s'habiller magnifiquement. *Quarum (legum) altitudo fallit nos investigantes*, la profondeur de ces lois échappe à nos recherches. *Homines fallit vita sensim* effluens, la vie s'écoule sans qu'on s'en aperçoive.

Perpendenti cuilibet, patebit, si l'on examine, on verra. Il le suit, *euntem* (au lieu de *eum*) *sequitur*.

Les participes présens au nominatif sont peu usités, on se sert plutôt des conjonctions *quùm, dùm, quippe (qui), quamvis*, etc. Ex. : Darius voulant porter la guerre en Scythie, *Darius quùm bellum Scythis inferre vellet*. Ou l'on tourne par *celui qui*, etc. Ex. : En voulant trop avoir, souvent on n'obtient rien, *qui plura appetit, sæpiùs ille nihil consequitur*.

Les prépositions et les conjonctions sont souvent exprimées par des participes en latin. Ex. : Avec de si grands secours, *tantis auctus opibus*. Cet homme aborda le roi comme il, tandis qu'il se promenait, *regem fortè inambulantem homo adiit*, etc. — Les participes servent encore à remplacer certains substantifs qui manquent en latin, ou du moins qui sont peu usités. Ex. : *Hæ litteræ recitatæ magnum luctum fecerunt*, la lecture de ces lettres causa une grande affliction. *Ob receptum Annibalem*, à cause de la retraite d'Annibal. *Ante Epaminondam natum*, avant la naissance d'Épaminondas. *Angebant Annibalem Sicilia Sardiniaque amissæ*, la perte de la Sicile et de la Sardaigne inquiétait vivement Annibal. *Ob iram cæsi domini*, irrité du meurtre de son maître. Par l'emploi du participe dans cette dernière phrase et autres semblables, on évite de faire régir un génitif par un autre. Voy. § 352, 355.

entreprise ; *quum Deus ei favisset, consilium perfecit suum.*

Ayant été poursuivi des voleurs, il s'échappa, *quùm latrones eum persecuti essent, evasit.*

§ 469. PARTICIPES *français qui s'expriment en latin par une préposition et un nom.*

Ayant autant de prudence ; *tournez*, eu égard à votre prudence.

RÈGLE. *Ayant autant de...* avec un nom, *étant aussi...* avec un adjectif, se tournent en latin par *eu égard à... pro,* avec l'ablatif du nom.

Ex. : Ayant autant de prudence que vous en avez, étant aussi prudent que vous l'êtes, *pro tuâ prudentiâ.*

REMARQUE. On peut encore tourner *quelle est votre prudence*, et dire, *quæ tua est prudentia*, ou *quâ es prudentiâ.*

---

§ 469. On trouve quelquefois le nom au génitif.

Ex. : *Cujus lenitatis est Galba.*

On se sert encore de *quantùm* et de *ut est* avec le nominatif, dans le même sens.

Ex. : *Hominibus scelestis,* quantùm importunitatis *habent, parùm est impunè malè fecisse,* c'est peu pour les scélérats, *vu leur audace,* d'avoir fait le mal impunément. (Telle est l'audace des scélérats, que, etc.) — *Agamemnon, sive, ut crudelitas est* (sous-entendu *ejus*), *potiùs Atreus,* Agamemnon, ou plutôt, *si l'on considère sa cruauté,* Atrée lui-même.

Qui, quæ, quod, a une signification approchante avec les verbes qui signifient *nommer*.

Ex. : *Doceo legem istam,* quam vocas, *non esse legem,* je fais voir que cette (prétendue) loi, *comme vous voulez bien l'appeler,* n'est pas une loi, etc., etc.

Avec un nom de la troisième personne, il faut se servir de *ejus* avec *pro,* lorsqu'il y aurait amphibologie dans la phrase en se servant de *suus.* Ex. : *Achæi Macedonum regem suspectum habebant pro ejus crudelitate,* et non *pro suâ,* les Achéens se méfiaient du roi de Macédoine (eu égard à) à cause de sa cruauté. Voyez la règle de *son, sa, ses.*

17.

CHAPITRE QUATRIÈME.

DES ADVERBES.

§ 470. QUE *adverbe*.

Que tardez-vous ? *tournez*, pourquoi tardez-vous ?

Le *que* interrogatif adverbe se tourne par *pourquoi*, et s'exprime par *quid* ou *cur*; mais s'il est suivi d'une négation, on tourne par *pourquoi ne*, et on l'exprime par *quin* ou *cur non*.

Ex. : Que tardez-vous ? *Quid* ou *cur moraris* ?

Que n'accourez-vous ici ? *Quin* ou *cur non huc advolas* ?

Si le *que* interrogatif peut se tourner par *combien*, on l'exprime, avec un verbe de prix, par *quanti*.

Ex. : Que vous a coûté cette maison ? *tournez*, combien vous a coûté.. *quanti tibi constitit hæc domus* ?

§ 471. QUE *de désir*.

Que ne puis-je ! Que je voudrais ! *utinam* !

Le *que* de désir se connaît lorsqu'on peut le tourner

---

§ 470. *Quanti tibi constitit hæc domus.* — N'oubliez pas que, dans ces phrases, le nominatif se place après le verbe. Qu'est-ce qui a coûté ? c'est la maison qui a coûté ; *domus* et non *domum*.

§ 471. *Utinam* se met pour *ut* par euphonie ; on sous-entend *opto*. Quand *plût à Dieu que* est suivi de *ne pas*, on exprime la négation par *ne* ou par *non*. *Illud utinam ne verè scriberem* ! plût à Dieu que je ne vous écrivisse pas cela avec vérité ! *Hoc utinam susceptum non esset* ! Plût à Dieu que cela n'eût pas été entrepris ! *O si* remplace quelquefois *utinam* : *O mihi præteritos referat si Jupiter annos* !

Loin de moi, de vous, etc., *à Dieu ne plaise*, et autres expres-

par *plaise à Dieu que...* et se rend en latin par *utinam*, avec le subjonctif, sans exprimer *ne*.

Ex. : Que ne puis-je vous entretenir ! *utinam tecum loqui possim!*

§ 472. *Ne que* signifiant *seulement, solummodò.*

Ne que signifiant *seulement*, se rend en latin par *solummodò*, ou par *solus, sola, solum*, que l'on fait accorder avec le nom qui suit.

Ex. : La louange n'est due qu'à la vertu, c'est-à-dire, est due seulement... *laus virtuti solummodò debetur*, ou bien, est due à la seule vertu, *laus soli virtuti debetur.*

Si *ne que* signifie *rien autre chose que*, on exprime *rien autre chose* par *nihil aliud*, et *que* par *nisi* ou *quàm.*

Ex. : Il n'a pris que sa robe ; c'est-à-dire, rien autre chose que... *nihil aliud nisi togam sumpsit.*

§ 473. Que entre deux négations.

Si *que* entre deux négations est relatif, c'est-à-dire s'il est précédé d'un nom auquel il se rapporte, on

---

sions semblables, peuvent se rendre par *absit ut*. Ex. : A Dieu ne plaise que je reçoive votre présent ! *absit ut munus tuum accipiam!*

Dans les formules d'imprécation, on se sert de *ne* pour exprimer le souhait : *Ne vivam!* que je perde la vie ! *Ne sim salvus!* que je perde la santé !

§ 472. *Pourvu que, il ne s'agit que de, si toutefois*, s'expriment par *dùm, dummodò, modò* ou *modò ut, tantummodò ut*; — s'il ne, pourvu que ne, se rendent par *tantùm ne, modò ne*. Ex. : *Dùm sibi regnum pararet, nihil quidquam pensi habebat. — Manent ingenia senibus, modò remaneat studium et industria. — Sciès modò ut tacere possis. — Peripateticis mediocritas rectè placet, modò ne* (ou *tantùm ne*) *laudarent iracundiam.*

s'exprime par *qui*, *quæ*, *quod*, et on le met au cas du verbe suivant, qui doit être au subjonctif.

Ex. : Le sage n'assure rien qu'il ne prouve, *sapiens nihil affirmat quod non probet*.

Mais, s'il est adverbe, on l'exprime par *quin*, *nisi*, *priusquàm*, avec le subjonctif.

Ex. : Je ne partirai pas d'ici que je ne vous aie vu, *non hinc proficiscar, quin* ou *nisi* ou *priusquàm te viderim*.

§ 474. QUE *d'admiration*.

Le *que* d'admiration se connaît quand il peut se tourner par *combien*; et il s'exprime de même que *combien*.

REMARQUE. Lorsque le *que* d'admiration ou l'adverbe *combien* est joint au mot *grand*, on l'exprime par *quantus, quanta, quantum*.

Ex. : Que ma joie serait grande! *quanta esset mea lœtitia!*

Lorsqu'il est joint au mot *petit*, on l'exprime par *quantulus, quantula, quantulum*. Ex.: Que cette classe est petite! *quantula est hæc schola!*

§ 475. Après un *que* d'admiration, la négation française ne s'exprime pas en latin. Ex. : Que de malheurs n'a-t-il pas essuyés! *Quot et quantas calamitates hausit!*

---

§ 473. Le sage n'assure rien, c'est-à-dire aucune chose, laquelle chose il ne prouve.

§ 475. *Quot et quantus calamitates hausit*; — *non hausit* signifierait qu'il ne les a pas essuyés. On exprime *que* ou *combien* par *quot* et par *quanti, æ, a*, quand la chose peut se compter et se dire grande. Remarquez bien que dans ces phrases le régime est placé avant le verbe. On exprime la négation quand elle ne forme pas pléonasme, comme dans l'exemple précédent : Que d'hommes ne semblent pas meilleurs que les bêtes ! *quàm multi homines belluis meliores esse non videntur!*

§ 476. ADVERBES DE QUANTITÉ.

Les adverbes de quantité s'expriment de différentes manières en latin, selon les différents mots auxquels ils sont joints.

Que *ou* combien d'eau, *Quantùm aquæ.*

Devant un nom de choses qui ne se comptent pas,

ON EXPRIME

Que *ou* combien,	*Quantùm,*	
Peu,	*Parùm,*	
Beaucoup,	*Multùm,*	
Moins,	*Minùs,*	Avec le génitif.
Plus,	*Plus,*	
Autant, tant,	*Tantùm,*	
Assez,	*Satis,*	
Trop,	*Nimis, nimiùm,*	

Exemples :

Que *ou* combien d'eau,	*Quantùm aquæ.*
Peu d'eau,	*Parùm aquæ.*
Beaucoup d'eau,	*Multùm aquæ.*
Moins d'eau,	*Minùs aquæ.*
Plus d'eau,	*Plus aquæ.*
Tant, autant d'eau,	*Tantùm aquæ.*
Assez d'eau,	*Satis aquæ.*
Trop d'eau,	*Nimis, nimiùm aquæ.*

Un peu, quelque peu, devant un nom, s'exprime par *tantillùm, aliquantulùm,* avec le génitif. Un peu d'eau, *tantillùm aquæ.*

Un peu, devant un adjectif ou un adverbe ou un verbe, s'exprime par *leviter.* Un peu blessé, *leviter vulneratus.* Il se fâche un peu, *leviter irascitur.*

§ 477. REMARQUE. Quand la chose qui ne se compte pas peut se dire grande,

ON EXPRIME

Que *ou* combien,	*Quantus, a, um.*	
Peu,	*Parvus, a, um.*	

§ 478. Les adverbes de quantité sont de véritables adjectifs qui se mettent au neutre, parce qu'ils se rapportent au substantif *negotium* sous-entendu : voilà pourquoi ils gouvernent le génitif (*Quantum negotium aquæ*). L'adverbe *quoad,* autant que, se construit avec *ejus : Quoad ejus fieri poterit,* autant que cela sera possible.

Beaucoup, Magnus, a, um.
Moins, Minor, us.
Plus, Major, us.
Autant, tant, PAR Tantus, a, um.
Assez, Satis magnus, a, um.
Trop, Nimius, a, um, ou Nimis magnus, a, um.

On fait accorder ces adjectifs avec le nom.

Exemples :

Que ou combien de science, Quanta doctrina.
Peu de science, Parva doctrina.
Beaucoup de science, Magna doctrina.
Moins de science, Minor doctrina.
Plus de science, Major doctrina.
Autant, tant de science, Tanta doctrina.
Assez de science, Satis magna doctrina.
Trop de science, Nimia ou Nimis magna doctrina.

§ 478. Devant un nom pluriel de choses qui se comptent,

ON EXPRIME

Que ou combien, Quot ou quàm multi, æ, a.
Peu, Pauci, cæ, ca (et non parvi).
Beaucoup, Multi, æ, a (et non magni).
Moins, Pauciores, ra (et non minores).
Plus, Plures, ra (et non majores).
Autant, tant, PAR Tot ou tam multi, æ, a (et non tanti).
Assez, Satis multi, æ, a (et non satis magni).
Trop, Nimis multi, æ, a (et non nimii).

Voyez *assez* et *trop....* pour, § 508-510.

On fait accorder ces adjectifs avec le nom pluriel qui suit.

Exemples :

Que ou combien de livres, Quot ou quàm multi libri.
Peu de livres, Pauci libri.
Beaucoup de livres, Multi libri.
Moins de livres, Pauciores libri.
Plus de livres, Plures libri.
Autant, tant de livres, Tot libri.
Assez de livres, Satis multi libri.
Trop de livres, Nimis multi libri.

DE LA GRAMMAIRE LATINE.

REMARQUE. Quand l'adverbe *combien* signifie *combien de personnes*, on l'exprime toujours par *quàm multi*. Vous voyez combien nous sommes ici, *vidés quàm multi hìc adsimus*, et non pas *quot adsimus*. (*Quot* et *tot* ne s'emploient que devant un nom exprimé.)

Combien, signifiant *combien peu*, s'exprime par *quotusquisque, quotaquæque* : Combien y en a-t-il qui soient éloquens? *quotusquisque est disertus*.

(*Qui* après *quotusquisque* veut le *subj.*: Combien y en a-t-il qui nient que le plaisir soit un bien? *Quotusquisque est qui voluptatem neget esse bonum?* Cic.).

§ 479. Devant un adjectif ou un verbe,

ON EXPRIME

Que *ou* combien,	*Quàm ou ut*.
Peu,	*Parùm*.
Beaucoup, bien, fort,	*Multùm, valdè*.
Moins,	*Minùs*.
Plus,	*Magis*, ou un comparatif.
Tant, aussi, si,	*Tam*.
Assez,	*Satis*.
Trop,	*Nimis*.

PAR

Voyez *assez*, *trop*, suivis de *pour*, § 508—510,

Exemples :

Que *ou* combien il est modeste!	*Quàm ou ut modestus est!*
Peu modeste,	*Parùm modestus*.
Bien modeste,	*Multùm modestus* ou *modestissimus*.
Moins modeste,	*Minùs modestus*.
Plus modeste,	*Magis modestus ou modestior*.
Aussi, si modeste,	*Tam modestus*.
Assez modeste,	*Satis modestus*.
Trop modeste,	*Nimis modestus ou modestior*.

REMARQUE. *Si grand, aussi grand*, s'expriment par *tantus, a, um; si petit, aussi petit*, par *tantulus, a, um*.

§ 480. Devant un comparatif ou un verbe d'excellence, comme *excello, præsto, supero, malo*,

ON EXPRIME

Que *ou* combien,	*Quanto*.
Un peu,	*Paulo*.

PAR

Bien, beaucoup,	PAR	*Multò*, ou *longè* (et non *magno*).
Autant, tant,		*Tantò*.

Exemples :

Qu'il est *ou* combien est-il plus savant ! *quantò doctior est!* un peu plus savant, *paulò doctior*; bien *ou* beaucoup plus savant, *multò doctior*.

Vous l'emportez autant sur les autres, *tantò præstas aliis*.

REMARQUE. Combien, un peu, beaucoup, autant, devant les adverbes *antè*, *post*, *suprà*, *aliter*, *secùs*, s'expriment de même : Combien auparavant, *quantò antè*; un peu auparavant, *paulò antè*; beaucoup auparavant, *multò antè* (sous-entendu *tempore*); *multò secùs*, *aliter*, etc., bien autrement.

§ 481. Devant un verbe ordinaire,

ON EXPRIME

Que *ou* combien,	PAR	*Quàm*, *quantùm*, *ut*.
Peu,		*Parùm*.
Beaucoup,		*Multùm*, *valdè*, *plurimùm*.
Moins,		*Minùs*.
Plus,		*Magis*, *plùs*, *ampliùs*.
Autant, aussi, si,		*Tantùm*, *tàm*.
Assez,		*Satis*.
Trop,		*Nimis*, *nimiò plus*, *plus æquo*.

Exemples :

Qu'il *ou* combien il est aimé !	*Quàm*, *quantùm amatur !*
Il est peu aimé,	*Parùm amatur*.
Il est beaucoup aimé,	*Multùm*, *valdè amatur*.
Il est moins aimé,	*Minùs amatur*.
Il est plus aimé,	*Plùs*, *magis amatur*.
Il est aussi, autant aimé,	*Tantùm*, *tàm amatur*.
Il est assez aimé,	*Satis amatur*.
Il est trop aimé,	*Nimis*, *nimiò plus amatur*.

REMARQUE. *Plus*, *moins*, *trop*, avec *refert*, *interest*, s'expriment par *magis*, *minùs*. Il vous importe plus, *tuâ magis interest*. Il m'importe moins, *meâ minùs interest*.

§ 482. Devant un verbe de prix ou d'estime,

ON EXPRIME

Que ou combien,		Quanti.
Peu,		Parvi.
Beaucoup,		Magni, permagni, plurimi, maximi.
Moins,	PAR	Minoris, minimi (le moins).
Plus,		Pluris.
Tant, autant, aussi, si,		Tanti.
Assez,		Satis magni.
Trop,		Nimiò pluris.

§ 482. Remarques sur les adverbes de quantité.

Mon peu, ton peu, son peu, etc., peuvent s'exprimer en latin par un substantif dont le sens est opposé à celui du substantif français. Ex. : Je ne puis souffrir votre peu d'exactitude, c'est-à-dire votre négligence, *incuriam tuam ferre non possum.* Au lieu de *pauci, œ, pauca,* on peut dire : *Non ità multi.* Ex : Peu d'écus, *pauci nummi* ou *non ità multi nummi.* — Devant un adjectif ou un adverbe, *parùm* peut aussi se remplacer par *non ità.* Ex. : Des statues peu anciennes, qui ne sont pas très-anciennes, *parùm* ou *non ità antiqua simulacra. Non ità accuratè,* peu exactement. — Devant un verbe, *non ità multùm, magni, multò,* etc.

Un peu s'exprime aussi par *nonnihil.* Ex. : Cela m'est un peu désagréable, *nonnihil hæc molesta sunt mihi.* — Un peu de temps, *paulisper.* — Un peu, quelque peu, devant certains adjectifs ou certains verbes, peuvent aussi s'exprimer par *sub.* Un peu amer, *subamarus.* Se douter un peu, soupçonner, *subodorari,* etc.

Quoiqu'on dise avec *refert* et *interest, quanti, parvi, magni, tanti, satis magni,* cependant avec ces mêmes verbes il faut exprimer plus, trop, par *plus, magis;* le plus, par *plurimùm, maximè;* le moins, par *minimè.* On trouve rarement *pluris* avec *refert: Parentum pluris interest quàm tuâ,* Cic. *Hoc non pluris refert quàm si,* Plaut.

On trouve dans les meilleurs auteurs un grand nombre d'exemples où les adverbes de quantité se construisent devant *refert* et *interest* comme devant un verbe ordinaire. — *Quorum id nihil interest:* — *Quantùm interesset Clodii,* Cic.

N. B. On trouve rarement *majoris* au lieu de *pluris.* Phèdre a dit : *Multò majoris nicum veneunt alapæ,* avec moi, les soufflets se vendent beaucoup plus cher.

Les ablatifs *magno, permagno, plurimo, parvo, nihilo, duplo, dimidio, vili, paululo, nimio,* accompagnent souvent les verbes de vente ou d'achat et de loyer. Ex. : *Conduxit non magno*

17.

Exemples :

Qu'il *ou* combien il est estimé !	*Quanti æstimatur !*
Il est peu estimé.	*Parvi æstimatur.*
Il est fort estimé,	*Magni æstimatur.*
Il est moins estimé,	*Minoris æstimatur.*
Il est plus estimé,	*Pluris æstimatur.*
Il est tant, autant, aussi, si estimé,	*Tanti æstimatur.*
Il est assez estimé,	*Satis magni æstimatur.*
Il est trop estimé,	*Nimio pluris æstimatur.*

On n'emploie jamais, ou du moins très-rarement, *multi* et *majoris.*

Ire REMARQUE. *Combien*, *peu*, *beaucoup*, *autant*, *assez*, devant les verbes *refert*, *interest*, s'expriment par *quanti*, *parvi*, *magni*, *tanti*, *satis magni*. Il m'importe beaucoup, *meâ magni refert.*

domum, il a loué une maison à un prix modéré. — *Permagno vendidisti*, vous avez vendu très cher. *Parvo fames constat, magno fastidium*, l'appétit coûte peu, le dégoût coûte très-cher. *Frumentum quàm plurimo vendere*, vendre du blé à très-haut prix. *Quanti res emptæ ? parvo*, qu'avez-vous acheté cela ? peu de chose ; on sous-entend *pretio*. Ces ablatifs sont très-rares avec les verbes d'estime : on dit aussi *benè*, *pulchrè*, *rectè*, *malè*, *carè emere*. — *Quanti cœnat ?* combien lui coûte sa table ? *Quanti habitat ?* combien lui coûte son loyer ? On se rappellera qu'après les verbes qui signifient *estimer*, *priser*, comme *æstimare*, *ducere*, *facere*, *habere*, *putare*, *esse* (dans le sens passif) ; ceux qui signifient *vendre*, *acheter*, *donner ou prendre à loyer*, *emere*, *vendere*, *locare*, *conducere*, et avec *stare*, *licere* (être mis à prix), *venire* (être vendu), le mot qui exprime la *valeur* ou le *prix* se met au génitif si c'est un *adjectif*, et à l'ablatif si c'est un *substantif* : *Tanti vendere. Quanti est æstimanda virtus*, etc. *Hic liber constat viginti assibus.*

Avec les verbes de prix ou d'estime, et surtout avec *habere*, *ducere*, *æstimare*, on trouve encore les génitifs suivans : *assis* (as), *flocci* (flocon), *nauci* (zeste de noix), *pensi* (peine, soin), *pili* (poil), *nihili* (rien), *hujus* (cela). — On dit aussi *æqui bonique facere*, *consulere*, prendre en bonne part ; *lucri facere*, mettre à profit ; *pro nihilo habere*, ne faire aucun cas.

Avec les verbes d'excellence et les comparatifs, on trouve aussi les adverbes *quanto*, *paulo*, *multo*, qui sont de véritables ablatifs ; ils se rapportent à la règle de la manière. Ex. : *Multo præstat*, il l'emporte, de quelle manière ? beaucoup, *multo*. On dit aussi *nihilo copiosior fuit Curius*, Curius ne fut pas plus riche. On dit *multo jucundissimus*, etc., Cic.

IIe Remarque. *Plus*, devant *odisse* et *fugere*, se rend par *pejus*. Je le haïssais plus, *eum pejus operam*.

§ 483. Que après plus, moins.... Quàm.

Règle. De quelque manière qu'on exprime *plus*, *moins*, le *que* suivant se rend toujours par *quam*.

Plus Moins	} de courage que de prudence.
Plùs Minùs	} *fortitudinis quàm prudentiæ*.
Plus Moins	} de villes que de bourgs.
Plures Pauciores	} *urbes quàm vici*.
Il est { plus moins }	estimé que son frère.
Pluris Minoris	} *æstimatur quàm frater*.

§ 484. Que après autant, aussi.

1° S'il est devant un nom de choses qui ne se comptent pas, on l'exprime par *quantùm* avec le génitif.

Ex. : Autant de modestie que de science, *tantùm modestiæ, quantùm doctrinæ*. On dit aussi, *tanta modestia, quanta doctrina*.

2° Devant un nom de choses qui se comptent, on l'exprime par *quot*.

Ex. : Autant de fruits que de fleurs, *tot fructu quot flores*.

---

§ 484. Lorsque *autant que* signifie *aussi longtemps que*, il s'exprime par *tamdiù, quamdiù*. Ex. : La gloire d'Achille durera autant que le souvenir de Troie, *tamdiù florebit Achillis gloria, quamdiù manebit rerum trojanarum memoria*.

TABLEAU DE CONSTRUCTION.

Tam...	quam.
Tantùm...	quantùm.
Tantus.	quantus.

3° Devant un adjectif ou un adverbe, par *quàm*.

Ex. : Il est aussi prudent que brave, *tàm prudens est quàm fortis*.

4° Devant un verbe ordinaire, par *quantùm*.

Ex. : Je vous aime autant que vous m'aimez, *tantùm te amo, quantùm me amas*.

5° Devant un verbe de prix ou d'estime, par *quanti*.

Ex. : Je vous estime autant que vous m'estimez, *tanti te facio, quanti me facis*.

REMARQUE. Après *autant*, *aussi*, *que* suivi de *peu* s'exprime par *quàm*, et alors *autant* s'exprime par *tàm magni*. Ex. : Il vous importe autant qu'il m'importe peu, *tuâ tàm magni refert, quàm parvi meâ*.

Tàm magnus...		*quàm magnus, parvus* ou tout autre adjectif ou adverbe.
Tàm magni...	AVEC	*quàm magni, parvi*, etc.
Tanti...		*quanti*.
Tot...		*quot*.
Tàm multi...		*quàm multi, pauci*.

Lorsqu'un des verbes n'est pas de même nature que l'autre, c'est-à-dire, si l'un est un verbe *ordinaire*, et l'autre un verbe de *prix* ou d'*estime* ou d'*excellence*, il faut exprimer *autant* et *que* suivant le verbe auquel ils se rapportent. Ex. : Je vous estime autant que je vous aime, *te tanti facio quantùm te amo*. J'ai pour vous autant d'affection et d'estime que j'en ai pour Pierre, *te tantùm amo tantique facio, quantùm amo quantique facio Petrum*. Dans cette phrase et autres semblables, il faut prendre un autre tour, pour éviter une répétition désagréable, et dire, par exemple : *Te non minùs amo minorisque facio quàm Petrum*, ou *non minori te amicitiâ et existimatione prosequor quàm Petrum*, etc. Même observation pour les adjectifs.

Il a autant de prudence que vous en avez peu, *in eo inest tàm magna prudentia, quàm parva in te*, au lieu de, *tanta prudentia*, Mais on peut dire *tanta prudentia, quantula in te*.

Il faut aussi remarquer que souvent on sous-entend un verbe. Ex. : Il l'emporte autant sur les autres en modestie qu'en science, *tantò cæteros præstat modestiâ, quantò doctrinâ (quanto præstat)*.
— Il est aussi estimé que vous (l'êtes). *tanti fit, quanti tu fis* (sous-entendu).

§ 485. 6° *Autant que*, au commencement d'une phrase, s'exprime par *quantùm*. Ex. : Autant que je puis prévoir, *quantùm propiscere possum*. (Sous-ent. *tantùm*.)

§ 486. 7° *Autant, aussi*, à la fin d'une phrase, s'expriment par les adverbes suivans :

S'ils se rapportent

à un nom de choses qui ne se comptent pas,		*Tantùmdem.*
à un nom de choses qui se comptent,	PAR	*Totidem.*
à un adjectif,		*Item.*
à un verbe ordinaire,		*Tantùmdem.*
à un verbe de prix,		*Tantidem.*

Ex. : Vous avez beaucoup de loisir, je n'en ai pas autant, *habes multùm otii, non habeo tantùmdem*.

J'ai beaucoup de livres, vous n'en avez pas autant, *sunt mihi libri benè multi, non sunt tibi totidem*.

§ 487. Après *aussi, autant, plus*, on exprime de cette manière :

Qu'homme du monde, Que qui que ce soit,	*Quàm qui maximè.*
Que chose du monde, Que quoi que ce soit,	*Quàm quod maximè.*
Que jamais,	*Quàm quùm maximè.*
Qu'en aucun lieu du monde,	*Quàm ubi maximè.*

Tuâ tàm magni refert, quàm parvi meâ. Dans cet exemple et autres semblables, *autant* ne peut pas s'exprimer par *tanti*, parce que, devant l'adjectif *parvi*, le *que* doit s'exprimer par *quàm*, et doit être précédé de *tàm* : c'est la règle de *tàm.... quàm* devant un adjectif. On se sert seulement de *tanti, tantùm, tantò*, lorsqu'on exprime le *que* par *quanti, quantùm, quanto*.

§ 485. Quelquefois *tantùm, tanti, tantò, tantus*, sont sous-entendus. Ex. : *Me amat quantùm te*, il m'aime autant qu'il vous aime.

§ 486. Exemples à ajouter :

Vous me ferez beaucoup de plaisir et à Scévola aussi (ou ainsi qu'à Scévola), *pergratum mihi feceris, item Scævolæ*. — Il y a autant de chemin, *tantùmdem viæ est*. — Je l'estime beaucoup, il est vrai, mais je vous estime autant, *illum quidem magni facio, te verò tantidem*, etc.

Avec un verbe de prix ou d'estime, mettez *quanti* au lieu de *quàm*, et *plurimi* au lieu de *maximè*.

Exemples :

Il est aussi prudent qu'homme du monde, que qui que ce soit ; tournez, que celui qui l'est le plus, *tàm prudens est quàm qui maximè**.

Il est aussi estimé que qui que ce soit, *tanti fit quanti qui plurimi*.

Cela m'est aussi agréable que quoi que ce soit ; tournez, que ce qui me l'est le plus, *id mihi tàm gratum est quàm quod maximè*.

Il est aussi paresseux que jamais ; tournez, que lorsqu'il l'est le plus, *tàm piger est quàm quùm maximè*.

La vieillesse était aussi honorée à Lacédémone qu'en aucun lieu du monde, *senectus tantùm honorabatur Lacedæmone, quantùm ubi maximè*.

§ 488. AUTANT *répété*.

Quand *autant* est répété, le premier tient lieu de *que* et s'exprime de même par *quantùm, quot, quanti*, etc.; le second par *tantùm, tot, tanti*, selon les mots auxquels ils sont joints.

Ex. : Autant ce jeune homme avait de science, autant il avait de modestie, *quantùm doctrinæ in eo*

---

§ 487. *On peut remplacer *quàm* par *ut*; et alors on peut ne pas exprimer *autant, aussi* : *Grata ea res est, ut quæ maximè senatui unquàm fuit*; pour *tàm grata quàm*, etc. *Te semper sic colam ut quem diligentissimè* au lieu de *te tantùm colam quantùm quem*, etc. *Domus ita celebratur ut quæ maximè*.

§ 488. *Autres exemples.*

Autant on estime la vertu, autant on méprise le vice, *quanti fit virtus, tantùm contemnitur vitium*. — Autant il l'emporte en science, autant il l'emporte en modestie, *quanto doctrinâ, tanto modestiâ præstat*. — Autant vous avez de livres, autant j'en ai peu, *quàm multi libri sunt tibi ; tàm pauci mihi*, etc.

En rétablissant la construction naturelle dans ces phrases, on aurait, *vitium tantùm contemnitur, quanti fit virtus*, etc., c'est-à-dire que *quantùm, quanti, quanto*, se placent toujours

adolescente, tantùm modestiæ inerat. C'est comme s'il y avait ce jeune homme avait autant de modestie que de science; mais la phrase est renversée.

Autant d'hommes, autant de sentimens, *quot homines, tot sententiæ.*

Autant la politesse plaît, autant la grossièreté déplaît, *quàm delectat urbanitas, tàm offendit rusticitas.*

§ 489. D'AUTANT devant *plus, moins que...* eò... quò ou quòd.

RÈGLE. 1° *D'autant* devant *plus, moins...* s'exprime par *eò* ou *tantò.* 2° *Plus, moins,* s'expriment ensuite selon les mots auxquels ils se rapportent. 3° *Que* s'exprime par *quò* ou *quantò,* s'il est suivi d'un comparatif auquel il se rapporte *.

Ex. : Il est d'autant plus modeste qu'il est plus savant, *tournez,* il est plus modeste, par cela qu'il est plus savant, *eò modestior est, quò doctior.*

Il est d'autant moins estimé qu'il est plus orgueilleux, *eò minoris fit, quò superbior est.*

* Cette règle a lieu même quand *d'autant plus* est suivi de deux *que.* Ex. : *Tibi eò plus debebo, quò tua in me humanitas fuerit excelsior (quàm in te mea.* Cic., ad *Attici,* lib. 3, *Epist.* 20.

devant le mot auquel ils se rapportent, quelle que soit la construction de la phrase.

L'expression *qu'autant.... que* se tourne ordinairement par *seulement,* par *si ce n'est* ou par *enfin.* Ex. : L'or et l'argent n'ont de valeur *qu'autant* que le produit de la terre leur en donne, *aurum et argentum id solùm ou tantùm ou demùm habent pretii, quod mutuantur à frugibus terræ.* La terre ne nous fournit ses productions *qu'autant* qu'elles sont achetées par le travail, *suas nobis suppeditat terra fruges, non nisi labore venales.* Il n'est recommandable *qu'autant que, eo demùm nomine commendandus est, si.*

§ 489. *Eò, tantò,* sont de véritables ablatifs qui se joignent au comparatif, parce qu'ils répondent au nom de manière. Il est plus modeste : Comment, de quelle manière ? par cela que, *eò quò.*

§ 490. Que, après *d'autant plus*, s'exprime par *quod*, s'il n'est pas suivi d'un comparatif.

Ex. : Cela a paru d'autant plus surprenant, qu'on ne s'y attendait pas, *id eò mirabilius visum est, quod à nemine exspectabatur*.

REMARQUE. *A proportion que* se tourne par *d'autant plus*, et s'exprime de même.

Ex. : Il est plus modeste, à proportion qu'il est plus savant, *eò modestior est, quò doctior*; c'est-à-dire, il est d'autant plus modeste qu'il est plus savant.

§ 491. QUÒ... EÒ *devant* PLUS OU MOINS *répétés*... *quò*, *eò*.

Plus, moins répétés, sont la même chose que *d'autant plus, d'autant moins*; mais la phrase est renversée; ainsi l'on met *quò* devant le premier *plus* ou *moins*, *eò* devant le second, en exprimant toujours *plus* ou *moins*, selon les mots auxquels ils se rapportent.

Ex. : Plus il est savant, plus il est modeste, *quò doctior, eò modestior est*.

§ 491. Remarquez bien que *quò* et *eò* ne rendent pas *plus*.

Autres exemples : Plus il est modeste, plus il est estimé, *quò modestior est, eò pluris fit*. — Plus l'avare amasse, plus il est misérable, *quantò plura colligit avarus, eò fit miserior*. — Moins vous mépriserez les autres, moins ils vous mépriseront, *quò minùs alios aspernaberis, eò te minùs aspernabuntur*. Moins il a d'amis, plus il est à plaindre, *quò pauciores habet amicos, eò magis sors ejus dolenda est*.

Si *plus* ou *moins* sont joints à deux verbes différens, c'est-à-dire à un verbe de prix ou d'estime et à un autre, on les répète deux fois, et on les exprime selon que chaque verbe le demande. Ex. : Plus les enfans sont diligens, plus on les aime, plus on les estime, *quò diligentiores sunt adolescentuli, eò magis amantur eòque pluris fiunt*.

S'il se trouve des verbes neutres avec les verbes actifs, on peut prendre un autre tour. Ex. : Plus on les aime, plus on les estime, plus on les favorise, *eò majori amore, existimatione et benevolentiâ eos prosequimur*, etc., etc.

§ 492. *Plus on*, *plus une personne*, se tournent par *plus quelqu'un*, quò quis, avec un comparatif; *plus une chose* se tourne par *plus quelque chose*, quò quid (pour quò aliquis, aliquid; après quò on retranche ali).

Ex. : Plus on est vicieux, plus on est malheureux; *tournez*, plus quelqu'un est vicieux.... *quò quis vitiosior, eò miserior est.*

Tout le monde convient que plus une chose est difficile, plus il faut y apporter de soin, *fatentur omnes, quò quid difficilius est, eò majorem ad id adhibendam esse curam.* Lorsqu'on n'exprime pas le *que* devant le premier *plus* ou *moins*, c'est le verbe qui est après le second *plus* ou *moins* qui se met à l'infinitif.

§ 493. Le premier *plus on* peut encore s'exprimer par *ut quisque*, avec un superlatif, et le second par *ità*, avec un superlatif encore.

Ex. : Plus on est vicieux, plus on est malheureux; *ut quisque vitiosissimus, ità miserrimus est.*

LE PLUS, LE MOINS.

§ 494. Devant un adjectif,

Le plus s'exprime par un superlatif ou par *maximè*, avec le positif.	*Le moins* s'exprime par *minimè*, avec le positif.
Exemple:	*Exemple:*
Le plus savant de tous, *omnium doctissimus*, ou *maximè doctus.*	Le moins savant de tous, *omnium minimè doctus.*

Servez-vous aussi de *maximè*, *minimè*, avec un verbe ordinaire.

---

§ 493. Il est toujours élégant de se servir de *ut quisque*; mais il faut surtout l'employer dans des phrases où se trouvent des mots d'une signification vague, comme *personne*, *on*, qui se traduisent par *quisque*. Ex. : Je pense que plus on est vertueux, plus on a de peine à croire que les autres soient méchans, *puto; ut quisque est vir optimus, ita eum difficillimè cæteros esse malos suspicari.* — N'oubliez pas qu'il faut toujours exprimer le pronom (*eum*) devant l'infinitif, quand on n'exprime pas la conjonction *que*.

§ 495. Devant un verbe de prix, d'estime,

Le plus s'exprime par *maximi, plurimi*.

Exemple:

L'enfant que j'estime le plus, *puer quem plurimi omnium facio.*

Le moins s'exprime par *minimi*.

Exemple:

L'enfant que j'estime le moins, *puer quem minimi omnium facio.*

§ 496. Devant un adjectif ou un adverbe, suivi d'un *que* adverbe,

Le plus s'exprime par le superlatif, devant lequel on met *quàm*.

Exemple:

Soyez le plus indulgent que vous pourrez, *esto quàm facillimus.*

Le moins s'exprime par *quàm minimè*, avec le positif.

Exemple:

Soyez le moins indulgent que vous pourrez, *esto quàm minimè facilis.*

§ 497. Devant un nom singulier, suivi d'un *que* adverbe,

Le plus s'exprime par *quàm plurimùm* avec le génitif, ou par *quàm plurimus, a, um*, que l'on fait accorder avec le nom.

Exemple:

Il a employé le plus de diligence qu'il a pu, *adhibuit quàm plurimùm potuit diligentiæ*; ou *quàm plurimam potuit diligentiam.*

Le moins s'exprime par *quàm minimùm*, avec le génitif, ou par *quàm minimus, a, um*, que l'on fait accorder avec le nom.

Exemple:

Il a employé le moins de diligence qu'il a pu, *adhibuit quàm minimùm potuit diligentiæ*, ou *quàm minimam potuit diligentiam.*

§ 498. Devant un nom pluriel de choses qui se comptent, suivi d'un *que* adverbe,

Le plus s'exprime par *quàm plurimi, mæ, ma*, que l'on fait accorder avec le nom.

Exemple:

Il a lu le plus de livres qu'il a pu, *quàm plurimos potuit libros legit.*

Le moins s'exprime par *quàm paucissimi, mæ, ma*, que l'on fait accorder avec le nom.

Exemple:

Il a lu le moins de livres qu'il a pu, *quàm paucissimos potuit libros legit.*

Voyez la note du § 499.

§ 499. Devant un adjectif suivi d'un *qui* ou *que* relatif.

Le plus s'exprime par le superlatif; *qui* ou *que* par *qui, quæ, quod*, avec le subjonctif.	*Le moins* s'exprime par *minimè*, avec le positif, *qui* ou *que* par *qui, quæ, quod*, avec le subjonctif.
Exemple :	*Exemple :*
Il est le plus savant que je connaisse ; c'est-à-dire le plus savant de tous ceux que je connaisse, *est omnium quos noverim doctissimus.*	Il est le moins savant que je connaisse, c'est-à-dire, de tous ceux que je connaisse, *est omnium quos noverim minimè doctus.*

§ 500. TANT QUE.

1re RÈGLE. Si *tant que* est précédé d'une négation, on le tourne ordinairement par *autant que*, et on l'exprime de même.

Ex. : Il n'a pas tant de science que de présomption, c'est-à-dire, autant de science que de présomption, *non in eo inest tantùm doctrinæ, quantùm arrogantiæ.*

Il n'y a pas tant de fruits que de fleurs, *non sunt tot fructus, quot flores.*

Tant devant un comparatif se rend par *tantò*. Tant pis, *tantò pejus* ; tant mieux, *tantò melius*.

_____

§ 499. REMARQUE sur *le plus*, *le moins*. — Dans ces phrases : *quàm plurimos*, *paucissimos libros legit*, etc., *quàm*, devant le superlatif, est en rapport avec *tam* sous-entendu, *tam multos libros legit, quàm plurimos legere potuit.* — Le superlatif peut se construire avec *qualis*, *quantus*, *ut*, *vel*, *longè*, *multò*. Ex. : Le corps de cavalerie, en aussi bon ordre que possible, *equitum acies, qualis quæ esse instructissima potest.* Avec tout le soin que j'ai pu, *quantâ maximâ diligentiâ* ou *ut diligentissimè potui*. La guerre la plus terrible, *bellum multò* ou *longè gravissimum*. Les plus petits oiseaux, *avium vel minimæ*. — On se rappellera que si l'on parle seulement de deux, *le plus*, *le moins*, s'expriment par le comparatif. Ex. : Lequel des deux aimez-vous le plus? *utrum magis amas?* estimez-vous le plus, *pluris æstimas*, etc.; le moins, *minùs, minoris*, etc.

§ 501. 2ᵉ Règle. Si *tant* ne peut pas se tourner par *autant* (c'est-à-dire, s'il n'y a pas de comparaison), le *que* suivant s'exprime toujours par *ut*, avec le subjonctif.

Ex. : Il a reçu tant de coups, qu'il en est mort, *tot plagas accepit, ut mortuus sit.*

J'estime tant la vertu, que je la préfère à tous les trésors, *tanti facio virtutem, ut eam thesauris omnibus anteponam.*

§ 502. *Tant que* signifiant *tandis que, tant de temps que*, s'exprime par *dùm, donec, quamdiù.*

Ex. : Tant que vous serez heureux, vous compterez beaucoup d'amis, *donec eris felix, multos amicos numerabis.*

Tant qu'il a vécu, *quamdiù vixit.*

§ 503. *Tant ... que* signifiant *non-seulement, mais encore*, s'exprime par *tùm* répété, ou par *quùm, tùm.*

Ex. : Les philosophes, tant anciens que modernes, *philosophi, tùm veteres, tùm recentiores*, ou *quùm veteres, tùm recentiores.*

§ 504. *Non pas tant pour.... que pour....* s'exprime par *non tàm ut... quàm ut...*, avec le subjonctif.

Ex. : Je vous écris non pas tant pour vous louer que pour vous féliciter, *ad te scribo non tàm ut te laudem, quàm ut tibi gratuler.*

---

§ 501. L'expression *si tant est que* peut signifier *s'il est vrai que, si toutefois.* Ex. : Si tant est qu'il soit venu, *si tamen* ou *quòd si ille venerit*, etc.

§ 503. *Soit répété* s'exprime de même. — Souvent il est élégant de se servir de *tùm* répété, quoique *tant .... que* ne soit pas exprimé en français. Ex. : Un magistrat doit avoir beaucoup de vertu, mais surtout de l'intégrité, *quùm multis aliis virtutibus, tùm præsertim integritate ornetur necesse est qui magistratum gerit.*

On se sert aussi de *quà* répété, dans le même sens. Ex. : L. Papirius était distingué par la gloire de son père et par la sienne, *insignis erat L. Papirius, quà paternâ gloriâ, quà suâ.*

§ 505. *Tant... tant il est vrai...* se rend en latin par *adeò* devant un adjectif ou un verbe ordinaire ; par *tanti* devant un verbe de prix ; par *tantò* devant un comparatif.

Ex. : Tant est rare une amitié fidèle ! *adeò rara est fidelis amicitia !*

Tant il est vrai qu'on estime la vertu ! *tanti fit virtus !*

~~~~~~

§ 506. Si *adverbe*.

Quand *si... que...* peut se tourner par *aussi... que*, on l'exprime de même ; voyez *que* après *aussi*, § 484.

Quand *si* ne peut pas se tourner par *aussi*, on l'exprime par *tàm, adeò, ità*, devant un adjectif, un adverbe et un verbe ordinaire ; par *tanti*, devant un verbe de prix ou d'estime, et le *que* s'exprime toujours par *ut*.

Ex. : Dieu est si bon, qu'il aime les hommes, *Deus est tàm bonus, ut amet homines.*

Il fut si frappé de cette nouvelle, qu'il mourut, *eo nuntio ità perculsus est, ut mortuus sit.*

Il est si estimé, que... *tanti fit, ut.*

§ 507. *Si grand* s'exprime par *tantus, ta, tum*; *si petit*, par *tantulus, la, lum*; et quand *si* ne peut pas

---

§ 506. Dans toutes ces phrases, il n'y a pas de comparaison. *Dieu est si bon, qu'il aime les hommes* : on ne compare pas la bonté de Dieu à celle des hommes ; il ne s'agit que d'une seule bonté, celle de Dieu.

Si.... que forme une comparaison lorsqu'il peut se tourner par *aussi*; alors il est précédé d'une négation. Ex. : Il n'est pas si prudent (aussi prudent) que vous, *non est ille tàm prudens, quàm tu.*

se tourner par *aussi*, le *que* suivant se rend par *ut*, avec le subjonctif.

Ex. : La bonté de Dieu est si grande, qu'il nous aime, *tanta est Dei bonitas, ut nos amet*.

Cette étoile est si petite, qu'on ne peut la voir, *stella hæc tantula est, ut perspici non queat*.

Mais quand *si grand* peut se tourner par *aussi grand*, on exprime *que* par *quantus, ta, tum*; et quand *si petit* peut se tourner par *aussi petit*, on exprime *que* par *quantulus, la, lum*.

Ex. : La terre n'est pas si grande que le soleil; tournez, n'est pas aussi grande, *non tanta est terra, quantus sol*.

Cette classe n'est pas si petite que la nôtre, c'est-à-dire aussi petite, *hæc schola non tantula est, quantula est nostra*.

Assez... pour... en latin, Tant... ou si que.

§ 508. RÈGLE. Quand *assez* est suivi de *pour*, on tourne *assez* par *tant* ou *si*, qu'on exprime selon les mots auxquels il se rapporte ; *pour* se tourne par *que*, et s'exprime par *ut*, avec le subjonctif.

Ex. : Avez-vous assez de loisir pour lire même des fa-

---

§ 508. On traduit *assez*.... *pour* par *satis*..... *ad*, quand ils ne peuvent pas se tourner par *si* ou *tant*..... *que*. Ils signifient alors *suffisamment, en assez grande quantité*, etc.. *pour*. Ex. : *Percontari cœpit, satisne ei videretur instructus ad obterendum hostem*. CURT. Il lui demanda s'il le croyait assez fort pour écraser l'ennemi. — *Breve..... tempus ætatis satis est longum ad bene honesteque vivendum*. CIC. La vie, bien qu'elle soit courte, est encore assez longue pour vivre bien et honorablement. — *Ut ad dicendum temporis satis habere possim*. CIC. Afin que je puisse avoir assez de temps pour parler. etc Si *pour*, après *assez*, est suivi d'une négation, il se traduit par *quin*. Ex. : *Nunquam tam male est Siculis, quin aliquid facete et commode dicant*. CIC. La position des Siciliens n'est jamais assez fâcheuse pour les empêcher de dire quelque plaisanterie, quelque bon mot; (*littér*. pour qu'ils ne disent pas) Nous pensons que c'est la construction que l'on doit employer lorsque *assez* est suivi d'un nom de choses : Il a assez de soldats pour vaincre, *satis multos milites* ou *satis mi-*

bles? *tournez*, avez-vous tant de loisir, *que vous lisiez...* est-ne tibi tantùm otii, ut etiam fabulas legas?

Je ne suis pas assez insolent pour me croire roi; *tournez, si insolent que je me croie... non sum tàm insolens, ut regem esse me putem.*

Au lieu de *ut*, on peut se servir de *qui, quæ, quod*, comme après *mériter... Non sum tàm insolens, qui regem esse me putem.*

Il n'est pas assez estimé pour que je me fie à lui; *tournez, si estimé, que je me fie... non tanti fit, ut ei confidam* (et non *cui*, parce que le nominatif du second verbe n'est pas le même que celui du premier.)

Il l'emporte assez sur ses condisciples, pour.. *tanto præstat suis condiscipulis, ut..*

§ 509. *Assez peu*, suivi de *pour...*, se tourne par *si peu que...* et s'exprime, *assez* par *tàm*, *peu* selon le mot auquel il se rapporte, et *pour* par *ut*.

Ex.: J'ai assez peu d'ambition pour mépriser les honneurs; *tournez*, j'ai si peu d'ambition, que je méprise...; *inest in me tàm parùm ambitionis, ut honores despiciam.*

~~~~~~~~~~~~~~~~~~~~~~~~~~~~~~~~

§ 510. Trop... pour... *en latin*, plus que (il ne faut) pour...

Règle. Quand *trop* est suivi de *pour*, on tourne *trop* par *plus*, qu'on exprime selon les mots auxquels il

---

litum habet ad vincendum. — N. B. La locution *satis.... ut* étant contestée, nous avons supprimé les exemples que nous en avions donnés.

§ 509. *Assez peu.* — Estimez-vous assez peu la vertu pour la sacrifier aux richesses? *num virtutem tàm parvi facis, ut eam divitiis posthabeas?*

Ne confondez pas *assez.... pour*, pouvant s'exprimer par *tàm..... ut*, avec *assez pour*, signifiant eu égard à. Il était assez savant pour un Romain, *multæ, ut in homine romano, erant litteræ*, etc. Voyez § 535.

§ 510. On construit le comparatif avec *quàm pro*, quand on veut comparer une chose avec elle-même, et faire entendre

se rapporte; et *pour* s'exprime par *quàm ut* avec le subjonctif.

Ex.: Il a avalé trop de poison pour recouvrer la santé, *plus veneni hausit, quàm ut sanitati restituatur.* On peut dire aussi, *quàm qui sanitati restituatur.* (*Qui,* parce que le nominatif des deux verbes est le même.)

Il a commis trop de crimes pour que les juges aient pitié de lui, *plura admisit scelera, quàm ut illius judices misereat.* On peut dire aussi, *quàm cujus judices misereat.*

Je suis trop élevé pour que la fortune puisse me nuire, *major sum, quàm ut fortuna mihi nocere possit* (ou *quàm cui*).

Je vous estime trop pour vous blâmer, *pluris te facio, quàm ut te vituperem.*

§ 511. *Ne pas assez... pour...* ⎫ en latin, *moins que*
trop peu... pour... ⎭ *(il ne faut) pour...*

RÈGLE. *Trop peu* se tourne par *moins,* et s'exprime de même; *pour* s'exprime par *quàm ut.*

Ex.: Il n'a pas assez, il a trop peu d'esprit pour conduire cette affaire; *tournez,* il a moins d'esprit que... *minùs habet ingenii, quàm ut rem gerat.*

Il n'avait pas assez, il avait trop peu de soldats pour vaincre, *pauciores habebat milites, quàm ut vinceret.*

Il n'était pas assez, il était trop peu estimé pour..., *minoris æstimabatur, quàm ut...*

---

qu'elle est plus grande ou plus petite, etc., qu'on ne le pensait. On sous-entend alors certains verbes, tels que *videretur, exspectaretur, opus erat,* etc. Ex.: *Major quàm pro numero hominum editur pugna,* (littéralement) le combat s'engage avec plus d'acharnement qu'on ne *pouvait l'attendre* du nombre des combattans. — *Minor quàm pro tumultu cædes edita est,* le carnage fut moindre qu'*il ne devait l'être* dans une pareille déroute.

§ 511. Quant *trop peu* n'est pas suivi de *pour,* on l'exprime souvent par *parùm.* Ex.: Personne n'a trop peu vécu, quand, etc., *nemo parùm diù vixit, qui....* Cic. — Ni trop, ni trop peu, *nec nimiùm, nec parùm,* Cic.

Adverbes de temps.

A PEINE.... QUE.... *Vix... quùm...* AUSSITÔT QUE....
Statim ut...

§ 512. *A peine* s'exprime par *vix*, et le *que* suivant par *quùm* avec l'indicatif.

Ex. : A peine fut-il arrivé, qu'il tomba malade, *vix advenit, quùm in morbum incidit*.

Aussitôt que s'exprime par *statim ut*; *ne pas plus tôt que* est la même chose.

Ex. : Aussitôt qu'il fut arrivé (il ne fut pas plutôt arrivé qu') il tomba malade, *statim ut advenit, in morbum incidit*.

§ 513. *Plus tôt* signifiant de *meilleure heure*, s'exprime par *maturiùs*; s'il signifie *plus vite*, par *citiùs, celeriùs*.

Ex. : Il s'est levé plus tôt qu'à l'ordinaire, *maturiùs solito surrexit*.

Il est arrivé plus tôt qu'on ne pensait, *citiùs venit quàm putabant* (ou *celeriùs opinione*).

§ 513. *Autres exemples.*

Plus tôt vous ferez le chemin, plus tôt vous arriverez, *quò citiùs viam confeceris, eo citiùs* (ou *maturiùs*, suivant le sens) *advenies*. Plus tôt il se lèvera, plus tôt il partira, *quò maturiùs surrexerit, eo maturiùs proficiscetur*.

Au plus tôt, le plus tôt possible, s'expriment par *quàm primùm, propediem*. Ex. : Je le verrai au plus tôt, le plus tôt possible, *illum quàm primùm* ou *propediem conveniam*.

Tôt ou tard s'exprime par *seriùs, ociùs* (plus tard, plus tôt). Ex. : Tu seras puni tôt ou tard, *seriùs, ociùs, dabis pœnas*. — *Au plus tôt, au plus tard*, s'expriment encore par *ut* ou *quàm maturrimè*, etc.; *quàm tardissimè, serissimè*, etc., suivant le sens de la phrase. — Mieux vaut tard que jamais, *serò, verùm aliquandò tamen*.

§ 514. Quand *plutôt* marque la préférence d'une chose sur une autre, on l'exprime par *potiùs*, et *que* de par *quàm* avec le subjonctif.

Ex. : Combattez plutôt que de devenir esclave, *depugna potiùs quàm servias*.

§ 515. Après les adverbes et les noms de temps, on exprime *que* par *quùm* (ou *ex quo*, quand il se peut tourner par *depuis que*).

Ex. : Présentement que... *nunc quùm*...

Hier que... *heri quùm*...

La dernière fois que je vous vis, *proximè quùm te vidi*.

Un jour que j'étais avec vous, *quâdam die quùm tecum essem*.

Il y a longtemps que je vous attends, *diu est quùm te exspecto*. (*Il y a, il y avait*, se tournent par le verbe *être*.)

Du temps que Rome florissait, *tùm quùm Roma floreret*.

Un jour viendra que... *venit ou erit tempus quùm*...

Il y a souvent des temps que.... *incidunt sæpe tempora quùm*.

Il y a deux ans qu'il est mort, *duo anni effluxere ex quo mortuus est* (sous-entendu *tempore*), et non pas *ex quibus*.

Ce n'est pas d'aujourd'hui que je vous connais, *non hodiè primùm te novi*.

---

§ 514. On dit aussi avec l'infinitif : *Emori potiùs quàm servire*.

§ 515. On peut dire : *Eum triduo quùm has litteras dabam, exspectabam*, je l'attendais trois jours après la date de cette lettre (après avoir écrit), ou *triduo quo*, etc.

CHAPITRE CINQUIÈME.

Prépositions françaises.

§ 516. *Préposition* DE.

DE, au commencement d'une phrase, s'exprime par è ou *ex* avec l'ablatif.

Ex. : De tous les vices, il n'en est pas de plus grand que l'orgueil, *ex omnibus vitiis, nullum est majus superbiâ*.

§ 517. *De*, entre un nom et le présent de l'infinitif actif, veut le gérondif en *di*.

Ex. : Le temps de prier, *tempus orandi*.

De, entre un nom et l'infinitif passif, ou tout autre verbe qui n'a point de gérondif*, s'exprime par différentes conjonctions, selon le verbe d'où le nom est dérivé.

Ex. : Il tremblait de crainte d'être surpris, *contremiscebat ne deprehenderetur*. (Après *craindre*, *de* s'exprime par *ne*.)

Il a une grande joie d'être le premier, *summâ perfunditur lætitiâ quòd primas teneat*. (Après *se réjouir*, *de* s'exprime par *quòd*.)

---

§ 516. *Sur* a quelquefois la même signification. Ex. : Sur dix écus, il y en avait cinq de faux, *ex decem nummis, erant quinque adulterini*.

§ 517. *Exemples*.

* Je ne doute pas du désir que vous avez d'être avec moi, *de tuâ cupiditate ut unà simus non dubito*, Cic. — Il était en danger d'être écrasé, *periculum erat ne obrueretur*, etc. — Quand *de* est placé devant le parfait de l'infinitif, on tourne par le participe passé passif. Le soupçon d'avoir tué Cicéron, *suspicio oppressi Ciceronis*. (M. Dutr.)

§ 518. Quand *de* suivi d'un infinitif peut se tourner par *si*, on l'exprime en latin par *si*.

Ex. : Vous me ferez plaisir de lui écrire ; *tournez*, si vous lui écrivez, *pergratum mihi feceris, si ad eum scripseris*.

§ 519. Quand *de*, suivi d'un infinitif, peut se tourner par *moi qui*, *vous qui*... on l'exprime par *qui*, *quæ*, *quod*, avec le subjonctif.

Que vous êtes malheureux d'avoir couru de vous-même à la mort ! *ó te infelicem qui ultro ad necem cucurreris!*

~~~~~~

§ 520. *Préposition* A *devant un infinitif.*

Quand la préposition *à*, précédée d'un nom, peut se tourner par *qui*, *que*, on l'exprime par *qui*, *quæ*, *quod*, avec le subjonctif.

Ex. : Je n'avais rien à vous écrire ; *tournez*, que je vous écrivisse, *nihil habebam quod ad te scriberem*.

§ 521. Quand *à* peut se tourner par *si*, on l'exprime en latin par *si*.

Ex. : A l'entendre parler, vous diriez ; *tournez*, si

---

§ 518. Ne confondez pas cette règle avec celle de *tempus legendi*, dans laquelle *de* n'est pas conditionnel et ne peut pas se tourner par *si*.

§ 519. Dans cette phrase : *O te infelicem qui*, etc., *qui* représente *vous* nominatif du premier verbe. L'accusatif est gouverné par *dico* sous-entendu. *O dico te infelicem, tu qui*, etc.

§ 520. *A* marque la relation de la seconde partie de la phrase avec la première ; il tient donc la place du *qui* relatif. Je n'avais rien à vous écrire, c'est-à-dire aucune chose, laquelle chose, etc. On dit aussi *nihil habebam tibi dicendum*. C'est la règle de *dedit mihi libros legendos*.

§ 521. *A* se tourne par *si* lorsque, dans le second membre de la phrase, le verbe est au conditionnel, comme, *vous diriez*.

vous l'entendiez parler,... *quem si loquentem audias, dicas...*

REMARQUE. On met élégamment en latin le présent du subjonctif au lieu de l'imparfait.

§ 522. Quand *à* peut se tourner par *pour*, on l'exprime par *ut*, avec le subjonctif; et s'il suit une négation, c'est par *ne*.

Ex. : A dire vrai, *tournez,* pour dire vrai, *ut verum dicam.*

A ne pas mentir, *ne mentiar.*

§ 523. *Être homme à.....; femme à.....;* tournez, être celui, celle qui.

RÈGLE. *N'être pas homme à..., femme à..., capable de...,* se tourne par *n'être pas celui, celle qui*, et s'exprime par *non is.... qui, non ea.... quæ,* avec le subjonctif; et le second verbe est toujours à la même personne que le premier.

Ex. : Je ne suis pas homme à reculer, *non is sum qui pedem referam.*

Votre mère n'est pas femme à élever mal ses enfans, *non ea est tua mater quæ liberos suos malè instituat.*

Si *être* ou *n'être pas capable* a pour nominatif un nom de chose inanimée, on l'exprime par *posse, possum.* Ex. : Tous les trésors du monde ne sont pas capables de satisfaire son avarice, *thesauri quilibet illius avaritiam satiare non possunt.*

On met en latin le présent du subjonctif, toutes les fois que l'imparfait peut exprimer le présent. *Quem si loquentem audias, dicas,* c'est-à-dire *futurum est ut dicas,* il arrivera que tu dises (présent du subjonctif), si tu l'entends. Mais autrement on se sert de l'imparfait. Ex. : S'il venait demain, nous partirions, *si cras veniret, proficisceremur.* Venait n'exprime pas le présent.

§ 522. Dans ces phrases, *à* exprime l'intention, le motif.

§ 523. Être ou *n'être pas capable* s'exprime de même. Ex.

§ 524. *Préposition* POUR.

Pour s'exprime de différentes manières, suivant ses différentes significations.

Quand *pour* signifie *envers*, il s'exprime par *in* ou *ergà*, avec l'accusatif.

Ex. : Mon zèle pour vous, *meum in te*, ou *ergà te studium*.

§ 525. Quand *pour* peut se tourner par *de*, on le rend par le génitif.

Ex. : L'amour pour la liberté nous est naturel; tournez, l'amour de la liberté... *amor libertatis nobis est innatus*.

§ 526. Quand *pour* signifie *au lieu de*, il s'exprime par *pro*, avec l'ablatif, ou par *loco*, avec le génitif.

Ex. : Pour une épée, il prit un bâton; *pro gladio*, ou *loco gladii, fustem sumpsit*.

Vous n'êtes pas capable de me tromper, *non is es qui me fallas*.

Dans tous ces exemples, le second verbe est toujours à la même personne que le premier, parce qu'il a pour nominatif *qui*, représentant le nominatif du premier verbe. *Non is es* (2ᵉ personne) *qui me fallas* (2ᵉ personne).

Si le second verbe demande un autre cas que le nominatif, *qui* se met au cas que demande ce verbe. Ex. : Il est incapable de, il n'est pas homme à se repentir, *non is est quem pœniteat*. — Je ne suis pas homme à avoir besoin de vous, *non is sum cui opus sit tuâ operâ*.

Lorsque le sens de la phrase le comporte, il est élégant de se servir de *is qui*. Ex. : Mécène consentait à tout souffrir, pourvu qu'on lui laissât la vie, *is erat Mæcenas qui quodvis mallet perpeti, dummodò vitæ usura ipsi concederetur*.

§ 526. Mourir pour la patrie, *mori pro patriâ*. — Si *pour* signifie *sur, touchant*, il s'exprime par *de* avec l'ablatif. Ex. : Il se fâche pour rien, *de nihilo irascitur*. — Pour de très-bonnes raisons, *maximis justissimisque de causis*.

DE LA GRAMMAIRE LATINE.

§ 527. Quand *pour* signifie *à cause de*, il s'exprime par *ob* ou *propter*, avec l'accusatif.

Ex. : Je l'aime pour sa modestie, *illum propter modestiam amo*.

Quand *pour* signifie *pour l'amour de*, il se rend par *causâ* ou *gratiâ*, avec le génitif.

Ex. : Je ferai volontiers cela pour lui, *id libenter illius causâ faciam*; pour vous, *tuâ causâ* (au lieu des génitifs *mei*, *tui*, on dit mieux *meâ*, *tuâ*, devant *causâ*).

§ 528. Quand *pour* marque l'intention, le motif, il se rend par *in*, avec l'accusatif.

Ex. : Employez tous vos soins pour votre santé, *omnem curam in valetudinem confer*.

§ 529. *Pour*, signifiant *à l'avantage*, *au désavantage de*, se rend en latin par le datif.

Ex. : Je craignais pour votre vie, *vitæ tuæ metuebam*.

Demander grâce pour quelqu'un, *veniam alicui petere*.

§ 530. *Pour*, devant un infinitif, s'exprime par *ad*, avec le gérondif en *dum*; ou par *ut*, avec le subjonctif, ou par *causâ*, *gratiâ*, avec le gérondif en *di*.

Ex. : Il se leva pour répondre, *surrexit ad respondendum*; ou *ut responderet*, ou *respondendi causâ*.

On se sert aussi du futur en *rus*, *ra*, *rum*, que l'on fait accorder avec le nominatif, *surrexit responsurus*.

---

§ 528. *Omnem curam in valetudinem tuam confer*. Dans cette phrase et autres semblables, *pour* exprime un mouvement figuré de la question *quò* — Inviter *pour* le lendemain, *invitare aliquem in posterum diem*; pour aujourd'hui, *in hodiernum diem*; pour l'avenir, *in futurum*. — S'irriter pour de telles choses, c'est une folie, *ad ista irâ concitari, insania est*.

§ 529. *Vitæ tuæ metuebam*. Dans cette phrase et autres semblables, *pour* indique le but, l'objet; votre vie était l'objet de ma crainte.

Si *pour* est suivi d'un comparatif, au lieu de *ut* on se sert ordinairement de *quò*.

Ex. : Reposez-vous pour mieux travailler, *otiare quò meliùs labores*.

Quand *pour* est accompagné d'une négation, il se rend par *ne*, avec le subjonctif.

Pour ne pas vous ennuyer, *ne vobis tædium afferam* (sous-ent. *ut*; on ne veut pas que la chose soit).

§ 531. Si *pour*, devant un infinitif, peut se tourner par *qui*, *que*, on l'exprime par *qui, quæ, quod*, avec le subjonctif.

Ex. : Il envoya quelqu'un pour m'avertir; tournez, quelqu'un qui m'avertît, *misit hominem qui me moneret*.

§ 532. *Pour*, devant le parfait de l'infinitif, suivi de ces mots : *ce n'est pas à dire pour cela que...* se tourne par *quoique*.

Ex. : Pour avoir salué des méchans, ce n'est pas à dire pour cela que je sois un méchant, *quamvis improbos salutaverim, non continuò sum improbus*. Est-ce à dire, *an continuò sum*, etc.

§ 533. *Pour peu que*, se tourne par *si peu que*, et s'exprime par *si vel minimum*.

Ex. : Pour peu que vous vouliez réfléchir, vous

---

§ 531. *Misit hominem qui*, etc. Dans cette phrase, *qui* se rapporte au régime du premier verbe, et sert de nominatif au second; il représente *ut ille*, comme après *mériter* : *misit hominem ut ille homo*, etc.

§ 532. On peut encore se servir de *non si,... ideò, idcircò*. *Non si improbos salutaverim; ideò sum*, etc.

Pour, dans l'acception suivante, s'exprime par *quamvis, quùm, qui, quæ*, avec le subjonctif. Ex. : Vous êtes bien ignorant pour avoir étudié si longtemps, *tu quidem indoctissimus, quamvis tam diù litteris studueris*, etc.

§ 533. *Pour peu* se rend encore par *paulùm modò*, seulement un peu; *vel paululùm*, même un peu; *tantillùm*, tant soit peu; *aliquantulùm*, quelque peu.

comprendrez la chose, *si vel minimum cogitare volueris, rem percipies.*

§ 534. *Pour*, dans ces façons de parler, *pour moi*, *pour vous*, se rend par *vero*, que l'on met après le pronom.

Ex. : Pour moi, je suis prêt, *ergo vero sum paratus.*
Pour vous, il vous importe, *tuâ vero interest.*

§ 535. *Pour*, signifiant *eu égard à....*, se rend en latin par *ut*, et quelquefois par *pro*, qui gouverne l'ablatif.

EXEMPLES :

Il avait assez de littérature pour un Romain, c'est-à-dire, eu égard à un Romain, *erant multæ, ut in homine romano, litteræ.*

Il était habile pour ce temps-là, *erat, ut illis temporibus, eruditus.*

Il est assez savant pour son âge, *pro ætate satis est eruditus.*

~~~~~~

Préposition SANS, *devant un infinitif français.*

§ 536. RÈGLE I. Quand le verbe qui précède *sans* n'a ni négation ni interrogation, on tourne *sans* par *et ne pas*, et on l'exprime par *nec*.

Ex. : Il est sorti sans fermer la porte ; *tournez*, et il n'a pas fermé la porte, *exiit, nec fores clausit.*

---

§ 534. *Vero* est employé dans les réponses pour rappeler à l'esprit l'idée à laquelle on répond. Ex. : *Scribis te, si velim, ad me venturum, ego vero te hic esse volo*, vous m'écrivez que, si je le désire, vous viendrez près de moi, *assurément je le désire.*—Le verbe est souvent sous-entendu après *vero*. On pourrait dire simplement *ego vero*.

Pour moi, etc. Autres exemples : Pour lui, il a paru se repentir, *eum vero visum est pœnitere*. — Pour nous, nous avons besoin, *nobis vero opus est*, etc. Remarquez bien qu'on ne dit pas *tu vero tuâ interest ; ille vero, illum visum est pœnitere*, etc.

(Voyez Cours de thèmes, 3ᵉ partie, § 216-226.)

§ 537. RÈGLE II. Quand le premier verbe est accompagné d'une négation ou d'une interrogation, on tourne *sans* par *que ne*, et on l'exprime par *quin* ou *nisi*, suivant le sens de la phrase.

Ex. : Personne ne devient savant, qui peut devenir savant sans lire beaucoup? *tournez*, qu'il ne lise....., *nemo fit doctus, quis potest doctus fieri, quin* ou *nisi multa legat?*

On tourne aussi quelquefois *sans* par *avant que*, *priusquam*. Je ne partirai pas sans vous avoir dit adieu ; *tournez*, avant que je vous aie dit adieu, *non proficiscar priusquam tibi valedixerim.*

§ 538. *Différentes manières d'exprimer la préposition* SANS *devant un infinitif*.

1° Par un nom dérivé d'un verbe. Sans pleurer, *sine lacrymis*; sans craindre, *sine metu*.

---

§ 537. Lorsque le verbe qui précède *sans* est accompagné d'une négation ou d'une interrogation, on ne doit pas employer indifféremment *quin*, *nisi* ou *priusquam*. — Exemples : Sésostris croyait qu'il ne pouvait être roi sans faire du bien à ses sujets, *non sibi rex esse videbatur Sesostris, nisi suis benefaceret.* Sans signifie ici *si ne*; on ne peut pas le traduire par *quin*, qui signifie *que ne*.

Il ne put sortir de la ville sans être présenté au roi. *homini prius urbe exire non licuit, quàm regi sisteretur.*

Au lieu de *quin* on trouve aussi *ut non*. Ex. : *Potest L. Cornelius damnari, ut non C. Marii factum condemnetur?* peut-on condamner L. Cornélius, sans condamner aussi la conduite de C. Marius? *Ut non* est même nécessaire si le premier membre de la phrase ne contient pas une négation ou une interrogation.

Sans doit souvent se traduire par un participe devant lequel on met *non* ou un autre mot qui renferme une négation. Ex. : Sans être admis, *non admissus.* Il est venu sans tarder, *nihil cunctatus venit.* Les larmes tombent sans que nous le voulions, *lacrymæ cadunt nolentibus nobis.* Sans attendre le signal, *signo non exspectato*, etc.

§ 538. Différentes manières d'exprimer *sans*.

Il ne put voir sans admiration, *non mirari non potuit.* — Sans mépris pour personne, Cyrus....., *nullius contemptor, Cyrus.* Le palais du prince, sans la ville, est si vaste, que..., *regia sedes, urbs etsi nulla foret, adeo lata, ut...,*

2° Par un adjectif. Passer la nuit sans dormir, *noctem insomnem ducere*; sans blesser sa conscience, *salvâ fide*; sans se plaindre, *œquo animo*.

3° Par un adverbe. Sans faire semblant de rien, *dissimulanter*; sans y penser, *temere, imprudenter*.

4° Par un participe. Vous comprendrez cela, sans que je vous le dise, *id etiam me tacente intelliges*; sans rire, *remoto joco*; sans tarder, *nullâ interpositâ morâ*.

~~~~~~

§ 539. APRÈS, *suivi d'un nom*.

Après s'exprime par *post*, avec l'accusatif. Après le dîner, *post prandium*.

Quand *après* marque la seconde place, le second rang, on l'exprime par *secundùm, juxtà*, avec l'accusatif, ou par *à*, avec l'ablatif.

Ex.: Après Cicéron, il est, sans contredit, le premier des orateurs, *secundùm Ciceronem*, ou bien *à Cicerone, est oratorum facilè princeps* (ou *juxtà Ciceronem*).

Après, signifiant *immédiatement après*, se rend par *sub*, avec l'accusatif. Ex.: Après cette lettre, on lut la vôtre, *sub eas litteras recitatæ sunt tuæ*.

On ne peut y faire un pas sans rencontrer des colonnes de marbre, *vix pedem moveris, quùm passim surgunt columnæ marmoreæ*. — Sans parler d'Athènes, *ut omittam Athenas*. — Sans se douter de rien, *sine ullâ suspicione*. — Sans y prendre garde, *per imprudentiam*. — Sans que son père le sût, *inscio patre*. — Sans Agésilas, c'en était fait de Sparte, *nisi Agesilaüs fuisset, Sparta futura non fuit*. — Il est puni sans l'avoir mérité, *pœnas dedit, licet innoxius*. — Sans garder de mesure, *citra modum*. — L'homme ne sait rien sans l'avoir appris, *sine doctrinâ nihil scit homo*. — Voyez Cours de thèmes, troisième partie, § 227-231.

§ 539. *Sub eas litteras*. C'est la question *quo*, une chose venue après une autre. (*Venir après* marque mouvement). — *Sub* avec l'ablatif répond à *circa*, au moment de, pendant; *Sub ipsâ profectione*, au moment du départ.

§ 540. APRÈS, *suivi d'un infinitif français.*

RÈGLE. *Après*, suivi du parfait de l'infinitif actif, se tourne par *après que*, et s'exprime par *postquàm*, *quùm*, et le verbe se met à différens temps de l'indicatif, de cette manière.

EXEMPLES :

Après avoir lu, j'écris, *c'est-à-dire,* après que j'ai lu, *postquàm legi, scribo.*

Après avoir lu, j'écrivais, *c'est-à-dire,* après que j'avais lu..., *postquàm legeram, scribebam.*

Après avoir lu, j'ai écrit, *c'est-à-dire* après que j'eus lu... *postquàm legi, scripsi.*

Après avoir lu..... j'écrirai, *c'est-à-dire* après que j'aurai lu..., *postquàm legero, scribam.*

---

§ 540. *Après avoir lu,* etc. — Si le second verbe est au *présent,* le premier se met au *parfait* de l'indicatif.

Si le second est à l'*imparfait,* le premier se met au *plus-que-parfait.*

Si le second est au *parfait,* le premier se met au *parfait.*

Si le second est au *futur,* le premier se met au *futur passé.*

Différentes manières de rendre *après*.

Après l'avoir tant aimé, il le hait cependant, *quamvis illum tantoperè amaverit, nunc tamen odit.* — Après avoir soupé, il alla se coucher, *cœnatus, lectum petivit.* — Après les semailles, *sementè peractâ.* — Peu de jours après, *paucis post diebus,* ou *paucos post dies,* ou *paucis (aliquot) diebus interpositis.* — Remettre au jour d'après, *in posterum diem differre.* — Il a été dit ci-après, *infrà dictum est.* — Lâcher les chiens après quelqu'un, *in aliquem incitare canes.*

Il y a longtemps que je suis après cette affaire, *jam diù in hâc re desudo.* — D'après nature, *ad veritatem.* — D'après Apelles, *ex Apelle.* — Eh bien ! après ? *quid tum ?* — *Après* se traduit encore par *quùm,* ou par l'ablatif absolu, ou par le participe en *us* des verbes déponens. Ex. : Après la destruction de Carthage, *everså Carthagine.* Après avoir essayé leurs armes, les barbares, etc., *experti vim armorum, barbari,* etc.

§ 541. AVANT, *suivi d'un infinitif français.*

RÈGLE. *Avant*, suivi d'un infinitif, se tourne par *avant que*, antequàm, priusquàm, avec le subjonctif, de cette manière.

EXEMPLES :

Je lis, je lirai avant d'écrire ; *tournez*, avant que j'écrive, *lego, legam, antequàm scribam.*

Je lisais, j'ai lu, j'avais lu avant d'écrire ; *tournez*, avant que j'écrivisse, *legebam, legi, legeram antequàm scriberem.*

Avant, suivi du parfait de l'infinitif, peut se rendre par le participe passé, en y ajoutant une négation. Ex. : Il est parti avant d'avoir terminé l'affaire, *c'est-à-dire*, l'affaire n'étant pas terminée, *infecto negotio profectus est.* (*In* ajouté à un adjectif équivaut souvent à *non.*)

§ 542. AU LIEU DE, *suivi d'un nom.*

Au lieu de s'exprime par *pro*, avec l'ablatif, ou par *loco*, avec le génitif.

Ex. : Au lieu d'épée, il se servit d'un bâton, *pro gladio*, ou *loco gladii, fuste usus est.*

AU LIEU DE, *suivi d'un infinitif.*

1° On tourne par *lorsque je devrais, tu devrais, il devrait...*, quand il y a obligation de faire la chose.

Ex. : Au lieu de lire, il joue ; *tournez*, lorsqu'il devrait lire..., *quùm legere deberet, ludit.*

2° On tourne par *lorsque je pourrais, tu pourrais*,

il pourrait..., quand il n'y a qu'une simple permission de faire la chose.

Ex. : Au lieu de jouer, il lit; *tournez*, lorsqu'il pourrait jouer..., *quùm posset ludere, legit.*

§ 543. *Au lieu de...* précédé d'un verbe à l'impératif s'exprime par *non autem*, et le second verbe se met aussi à l'impératif en latin.

Ex. : Lisez au lieu de badiner; *tournez*, lisez et ne badinez pas, *lege, non autem nugare.*

Au lieu que se tourne par *au contraire*, et s'exprime par *verò, autem*, que l'on met après un mot.

Ex. : Il lit, au lieu que vous badinez; *tournez*, vous, au contraire, vous badinez, *legit ille, tu verò nugaris.*

Quand *au lieu de*, suivi d'un infinitif, peut se tourner par *bien loin de*, on l'exprime de même.

§ 544. BIEN LOIN DE, *suivi d'un infinitif.*

RÈGLE. *Bien loin de*, suivi d'un infinitif, s'exprime par *nedum*, avec le subjonctif, et le membre de phrase où il se trouve devient le second.

Ex. : Bien loin de m'aimer, il me regarde à peine; *tournez*, il me regarde à peine, bien loin qu'il m'aime, *vix me aspicit, nedùm amet.*

§ 544. On peut aussi se servir de *tantùm abest ut* : *tantùm abest ut me amet, ut contrà me vix aspiciat*; ou de *adeò non* : *me adeò non amat, ut contrà*, etc., ou *non modò, non me amat, sed etiam me vix aspicit.*

Nedùm est composé de *ne* et de *dum*; assez souvent on supprime *dum* après *ne*. Ex. : *Novam eam potestatem eripuere patribus nostris, ne nunc dulcedine capti ferant desiderium*, ils ont arraché à nos pères cette magistrature alors nouvelle, bien loin de s'en laisser priver aujourd'hui qu'ils en connaissent la douceur; c'est-à-dire, ne croyez donc pas qu'ils s'en laisseront priver maintenant qu'ils, etc. (Cette remarque est utile à faire pour l'intelligence des auteurs.)—*Nedùm* s'emploie dans le sens de *ne dicam*, sans être accompagné d'un verbe. Ex. : *Ægrè inermis tanta multitudo, nedùm armata, sustineri potest.*

CHAPITRE SIXIÈME.

§ 545. Conjonctions françaises.

La principale conjonction française est *que*; nous en avons parlé dans différens articles.

Si *conditionnel*.

Si, au commencement d'une phrase, se traduit par *si*, et veut le subjonctif devant un imparfait ou un plus-que-parfait.

Ex. : Si vous le faisiez, si vous l'aviez fait pour l'amour de moi, *id si faceres, si fecisses causá meá*.

Ire Remarque. Quelquefois, au lieu de répéter *si*, on met *que* en français.

Ex. : Si vous aviez voulu, et que vous eussiez pu, *si voluisses et potuisses*.

IIe Remarque. Quand le second verbe est au futur, il vaut mieux mettre aussi le premier au futur en latin. Ex. : Si vous lisez ce livre, j'en serai charmé, *quem librum si leges, lætabor*.

§ 546. Quand *si* est suivi de *ne* seulement, on le traduit par *nisi*, avec le subjonctif.

Ex. : Si vous ne prenez garde, *nisi caveas*.

---

§ 545. On se sert quelquefois de la conjonction explétive, *quòd*, pour lier à la proposition précédente une proposition qui commence par *si* ou *nisi*. Ex. : *Quòd si omnium animantium formam vincit hominis figura*, si donc la figure de l'homme l'emporte sur celle de tous les animaux.

On préfère le subjonctif après *si, nisi, etiamsi, tametsi*, quand la chose n'est que supposée et que l'on emploie ou que l'on peut employer en français *si toutefois, supposé* etiamsi *id non consequare, tamen*, etc., signifie quand même tu n'obtiendrais pas (supposé que tu n'obtinsses pas); *etiamsi id non consequeris* (2e prés. ind.) signifie si tu n'obtiens pas cela.

§ 546. *Si*, joint à une négation, s'exprime par *nisi*, quand il

Quand *si* est suivi de *ne pas*, *ne point*, on le traduit par *si non*, *si minùs*; et ces mots, *au moins*, *du moins*, *pour le moins*, s'expriment par *saltem*, *at certè*, *ut minimùm*.

Ex. : Si vous ne craignez pas les hommes, au moins craignez Dieu, *si non homines*, *at certè Deum time*.

§ 547. *Si* signifiant *quand*, *parce que*, ne veut pas le subjonctif; ce qui arrive lorsqu'il est suivi de deux imparfaits, ou de deux parfaits.

Ex. : Si je l'appelais, il s'en allait; tournez, quand je l'appelais..., *quem si arcessebam*, *abibat*.

REMARQUE. *Que si*, s'exprime par *quòd si*; *mais si*, par *sin*, *sin autem*; *si au contraire*, *si cela n'était pas*, par *sin aliter*, *sin minùs*.

Si ce n'est que, *à moins que*, par *nisi*, *nisi forte*, *nisi vero*, *nisi si*; *si ce n'est*, suivi d'un nom, par *nisi*, et même cas que devant; ou par *præter*, avec l'accusatif.

Avec *nisi*, *nisi forte*, *nisi verò*, on met ordinairement l'indicatif si la phrase conditionnelle sert à modifier le sens de la proposition précédente. Ex. : *Nemo ferè saltat sobrius*, *nisi forte insanit*, un homme sobre ne danse guère, à moins d'avoir perdu la raison. *Nisi forte* s'emploie surtout dans l'ironie. — *Nisi* se construit encore avec l'indicatif quand il peut se tourner par *s'il n'y a pas*, *quand il n'y a pas*. Ex. : C'est peu d'avoir la force au dehors, si (quand) la prudence ne se trouve pas au dedans, *parvi sunt arma foris*, *nisi est consilium domi*. On se sert encore de *si non* : Ex : *Æquitas tollitur omnis*, *si habere suum cuique non licet*, l'équité ne peut plus exister, s'il n'est pas permis à chacun d'avoir ce qui lui appartient.

---

peut se tourner par *à moins que*; ce qui arrive lorsque le second verbe, s'il était exprimé, se mettrait au futur, comme : Si vous ne prenez garde, vous serez trompé, *nisi caveas*, *decipiaris*. — Il s'exprime par *si non*, quand on peut le tourner par *puisque*; si vous ne craignez pas les hommes, c'est-à-dire, puisque vous ne craignez pas, etc.

§ 548. Si *dubitatif.*

Si, après les verbes de doute, comme *douter si, examiner si, ne pas savoir si, délibérer si,* demander, juger, dire, *s'informer si,* etc., s'exprime par *an, utrùm.* Ou *si* s'exprime par *an.* Ou *non* s'exprime par *annon, necne.*

Ex. : Elle demanda si elle était plus grosse que le bœuf, *interrogavit an esset latior bove.*

Je ne sais s'il dort, ou s'il écoute, *nescio utrùm dormiat, an audiat*; s'il dort, ou non, *utrùm dormiat, necne.*

Rappelez-vous qu'il est plus régulier de mettre *utrùm, ne, nùm* dans le premier membre de phrase, et *an* ou *ne* dans le second.

§ 549. COMME, DE MÊME QUE.

Comme, de même que, dans le premier membre d'une comparaison, s'expriment par *ut* ou *quemadmodùm,* avec l'indicatif, et *de même,* dans le second membre, s'exprime par *sic* ou *ità.*

Ex. : Comme le feu éprouve l'or, de même l'adversité éprouve l'homme courageux, *ut* ou *quemadmodùm ignis aurum probat, sic* ou *ità miseria fortes viros.*

REM. Quand *si* exprime comparaison, il se traduit par *quidem,* à la vérité, ou par *ut... ità,* etc. Ex. : Si les mœurs des anciens étaient plus simples que les nôtres, combien n'étaient-elles pas plus cruelles, *veteribus quidem mores fuere nostris simpliciores ; at quanto crudeliores* ; ou *ut veteribus... ità multò crudeliores.*

---

§ 549 Souvent il est élégant d'établir en latin une comparaison, quoiqu'elle ne soit pas indiquée dans le français. Ex. : Les Romains et les Carthaginois aspiraient à la conquête de la Sicile, *affectabat ut Romanus, ità Pœnus Siciliam.*

Observations sur l'emploi des Conjonctions.

Et sert à lier des idées indépendantes. — *Que* sert à unir des idées de la même nature et accessoires, *jus potestatemque habeo*; il marque une progression, une dépendance. *Neque* (*ne que*) est pour *et non*; cependant il ne faut pas toujours les employer indifféremment. On se sert de *et non* lorsque la négation

§ 550. *Comme*, signifiant *pendant que, puisque, vu que*, se rend par *quùm*, et il veut le subjonctif.

Ex. : Comme on le menait au supplice....; *tournez*, pendant qu'on le...., *quùm ad supplicium duceretur.*

ne se rapporte qu'à une idée ou à un mot. Ex. : *Aliud quiddam, et non id quod suscepisti, disputas*, vous discutez autre chose et non ce que vous avez avancé. — Ou lorsqu'il y a opposition entre les mots que cette conjonction réunit : *Si verbis legum ac non sententiis pareatur*, si l'on suivait la lettre et non le sens de la loi.

Etiam a un sens plus étendu que *quoque*. Il se met au commencement de la phrase ou après quelques mots; *quoque* ne se rapporte qu'à un seul mot après lequel il se place toujours. Souvent on met *et* au lieu de *etiam*. Ex. : *Nam et hic Alexander est*, celui-ci est aussi Alexandre.

Aut indique une opposition plus forte que *vel*, et s'emploie surtout lorsque l'un des deux cas exclut l'autre. *Quidquid enuntiatur aut verum est, aut falsum*, tout ce qu'on énonce est vrai ou faux. — *Ve* accompagne les mots séparés et non pas les propositions : *Leo aperve*. Il se met toujours après un mot. — *Sive* n'exprime guère qu'une différence de synonymie : *Mavors sive Mars*. *Aut... aut* exprime une opposition réelle où l'un des termes exclut l'autre; — *vel... vel* ne suppose pas une opposition nécessaire et peut se traduire par *soit, soit*. — *Sive... sive*, ou *seu*, expriment des idées qui tendent à un même résultat.

Modò... modò; Nunc... nunc, signifient tantôt... tantôt.

Quùm, suivi de *tùm*, se construit avec l'indicatif ou avec le subjonctif : *Quùm ad paucorum dominationem scripta sit, tùm*, etc., Cic. Elle a été écrite dans l'intérêt de la puissance d'un petit nombre, et, etc. — *Quùm per se dignus putaretur, tùm*, etc., Cic. On l'en jugeait digne par lui-même, et aussi, etc. — On a vu que *quà... quà* a le même sens. Ex : *Paternà quà gloriâ, quà suâ insignis*, illustre tant par la gloire de son père que par sa propre gloire.

Ac et *atque* deviennent conjonctions comparatives, après les adjectifs ou les adverbes, qui expriment une ressemblance, ou une différence. *Hannibal Minutium Rufum, pari ac dictatorem imperio, fugavit*, Annibal défit Minucius, dont l'autorité était égale à celle du dictateur. Dans cet exemple, on voit que le substantif (*dictatorem*) qui sert de terme à la comparaison se met à l'accusatif. *Similem Romæ pavorem fore, ac bello gallico fuerit*, qu'il y aurait à Rome la même terreur qu'à l'époque de la guerre des Gaulois. — *Cum totidem navibus rediit atque profectus erat*, il revint avec autant de vaisseaux qu'il en avait

Comme la chose est ainsi, c'est-à-dire, *puisque* la chose est ainsi, *quùm ità se res habeat.*

DIFFÉRENTES LOCUTIONS FRANÇAISES.

§ 551. ALLER, DEVOIR, IL FAUT, *suivis d'un infinitif.*

Quand *aller, devoir,* suivis d'un infinitif, marquent seulement qu'une chose est près de se faire, on n'exprime pas le verbe *aller, devoir,* mais on met le verbe suivant au participe du futur, avec le verbe *sum, es, est,* que l'on met au même temps que le verbe *aller* en français.

EXEMPLES :

Je vais *ou* je dois partir, *mox profecturus sum.*
Il devait partir, *profecturus erat.*
La ville doit être pillée demain, *urbs cras diripienda est.*

à son départ. — *Proindè* (on *perindè*) *eum habebo ac si,* je le traiterai comme si.

On préfère *non magis quàm,* à *tam quàm,* et à *non minus quàm. Non meâ magis quàm tuâ causâ sollicitus sum,* je suis aussi inquiet pour vous que pour moi. — *Verò* est opposé à *quidem : tu quidem, ille verò.*

Ut, tametsi, conjonctions concessives, signifient supposé que, quand même. Ex. : *Ut desint vires, voluntas tamen laudanda est,* quand même les forces manqueraient, il faut louer l'intention.

L'adverbe *undè* s'emploie aussi au lieu de l'adjectif conjonctif. Ex. : *Nec ulla vox excidit undè res deprehendi posset,* il ne laissa échapper aucune parole qui pût faire découvrir la chose.

Nam, etenim, nempè, nimirùm, videlicet, scilicet, se mettent à la tête de la phrase ; *enim* se met après un mot.

Quippe signifie en effet, et se construit surtout avec *qui, quæ, quod,* ou avec *quùm, quòd,* et régit ordinairement le subjonctif, parce qu'il exprime *le motif, la cause.* (Plato) *quùm à Dionysio tyranno crudeliter violatus esset, quippe quem venundari jussisset* (car il l'avait fait vendre). Même observation pour *ut qui, ut pote qui.* Cependant *utpote qui* se trouve aussi avec *l'indicatif : Eâ nos, ut pote qui nihil contemnere solemus, non pertimescebamus,* Cic. On peut sous-entendre le verbe après *utpote,* et alors

§ 552. Quand les verbes *devoir*, *il faut*, marquent obligation, on tourne la phrase par le passif, et l'on se sert du futur en *dus*, *da*, *dum*.

Ex. : Il faut réprimer ses passions ; *tournez*, les passions doivent être réprimées, *comprimendæ sunt libidines*.

Exprimez de même par le participe en *dus*, *da*, *dum*, AVOIR BESOIN, suivi d'un infinitif... Il a besoin d'être excité au travail, *is ad laborem est incitandus*.

§ 553. Si le verbe qui suit *devoir*, *il faut*, ne gouverne pas l'accusatif, servez-vous du participe neutre en *dum*, avec *est*, et mettez au cas du verbe le nom ou le pronom suivant.

Il faut servir Dieu, *serviendum est Deo*. (Le verbe *servire* gouverne le datif.)

(On peut aussi se servir de *debere*, *oportet*. *Oportet Deo servire*.)

Il ne faut pas, peut quelquefois se traduire par *non est quòd*, avec le subjonctif Ex. : Il ne faut pas que tous les ingrats qu'on rencontre nous rendent moins empressés à faire du bien ; *non est quòd turba ingratorum nos faciat ad benè merendum tardiores*.

~~~~~~~~~~~~~~~~~~~~~~~~~~~~~~~~~~~~

TANT S'EN FAUT QUE... ÊTRE SI ÉLOIGNÉ DE...

§ 554. *Tant s'en faut* s'exprime par *tantùm abest*, et les deux *que* suivans par *ut*, avec le subjonctif.

Ex. : Tant s'en faut qu'il vous haïsse, qu'au contraire il vous aime, *tantùm abest ut te oderit, ut contrà te amet*.

On peut exprimer *tant s'en faut que* par *adeò non*,

---

l'adjectif ou le participe qui se rapporte au substantif exprimé avant *utpote* s'accorde avec ce substantif. (Il y a apposition.) *Pater meus puerulo me, utpote non amplius novem annos nato, in Hispaniam proficiscens*, etc. (..... quand j'étais encore enfant, car je n'avais pas plus de neuf ans).

Autem, mais, se place après un mot. — *Porro*, *atqui*, or, se placent dans une conclusion. — *Verùm enim verò* indique une opposition énergique.

Adeò signifie quelquefois *plutôt*. Ex. : *Id adeò ipso senatus-consulto cognoscite*, connaissez-le plutôt par le décret du sénat.

§ 553. *Serviendum est*, etc. On ne peut employer cette tour-

et le second *que* par *ut. Adeo non te odit, ut contra te amet.* On peut encore le tourner par *bien loin de*, et l'exprimer de même : *te amat, nedum oderit.*

§ 555. PEU S'EN FAUT, IL S'EN FAUT PEU QUE, etc.

Peu s'en faut, il ne tient à rien que, s'expriment par *paulum abest,* et *que,* par *quin,* avec le subjonctif.

EXEMPLES.

Peu s'en faut que je ne sois très-malheureux, *paulum abest quin sim miserrimus.*

Peu s'en est fallu, il n'a tenu à rien qu'il ne tombât, *paulum abfuit quin caderet.*

On peut encore exprimer *peu s'en est fallu* par *tantum non,* ou par *pene.* Peu s'en est fallu qu'il ne tombât ; tournez, seulement il n'est pas tombé, *tantum non cecidit ;* ou il est presque tombé, *pene cecidit.*

Penser, faillir, manquer, suivis d'un infinitif, sont la même chose que *peu s'en faut.* Il a pensé tomber, etc.

§ 556. IL S'EN FAUT BEAUCOUP QUE...
ÊTRE BIEN ÉLOIGNÉ DE...

Il s'en faut beaucoup s'exprime par *multum abest...; combien s'en faut-il,* par *quantum abest ;* et le *que* suivant par *ut,* avec le subjonctif.

Ex. : Il s'en faut beaucoup que vous surpassiez vos

nure qu'avec les verbes qui ne gouvernent pas l'accusatif. Ainsi, on ne pourrait pas dire *amandum est virtutem.* Il faut dire *amanda est virtus.*

§ 556. Après *il ne s'en faut pas beaucoup,* qui répond à *peu s'en faut,* le *que* s'exprime par *quin.* Ex. : Il ne s'en faut pas beaucoup que vous ne surpassiez, etc. *Non multum, haud procul abest quin superes,* etc.

condisciples, *multùm abest ut tuos superes condiscipulos*.

Cette façon de parler, *faut-il que*, mise par exclamation, ne s'exprime pas ; on met le nom ou pronom à l'accusatif, et le verbe suivant à l'infinitif. Ex. : Faut-il que je sois si malheureux! *Me ne ità miserum esse!* (Sous-entendu *oportet*.)

REMARQUE. *Faut-il que* peut encore se traduire suivant le sens, par le *participe futur*, par *quid*, *cur*, etc. Ex. : Faut-il vous renvoyer cet homme? *istumne ad te missurus sum?* Faut-il craindre la mort quand on a bien vécu ? *cur mortem timeat qui benè vixerit?* Faut-il s'étonner ? *quid mirum?* Pourquoi faut-il qu'un des premiers arts que l'homme ait inventés, soit celui de détruire ses semblables! *Quàm malè humano generi, quòd homo hominis occidendi artem in primis excogitaverit!*

~~~~~~

FAIRE, *suivi d'un infinitif français*.

§ 557. Quand le verbe *faire* signifie *faire en sorte*, on l'exprime par *facere* ou *dare operam ut*, avec le subjonctif.

Ex. : Faites-moi savoir ; tournez, faites en sorte que je sache, *fac ut sciam*.

Faire connaître, quand il a pour nominatif un nom de chose inanimée, se tourne de la manière suivante.

Ex. : Votre lettre m'a fait connaître ; tournez, j'ai connu par votre lettre, *ex litteris tuis cognovi*.

§ 558. Quand *faire* signifie *contraindre*, *commander*, *engager*, on l'exprime par *cogere*, *jubere*, *impellere*.

EXEMPLES :

Vous me faites mourir, c'est-à-dire, vous me contraignez... *mori me cogis*.

Il le fit tuer, c'est-à-dire, il ordonna qu'il fût tué, *jussit eum occidi*. (Après *jubeo* on met toujours le verbe au présent de l'infinitif.)

Cela m'a fait croire, c'est-à-dire, cela m'a engagé à croire, *id me impulit ut crederem*.

§ 559. *Ne faire que de...* se tourne par *tout à l'heure*, et s'exprime par *modò*.

Ex. : Il ne fait que d'arriver ; *tournez*, il est arrivé tout à l'heure, *modò advenit*.

Ne faire que se tourne par *toujours* et s'exprime par *semper, perpetuò*. Ex. : Il ne fait que badiner ; *tournez*, il badine toujours, *perpetuò nugatur*.

Se faire donner quelque chose par force, *aliquid extorquere*.

Faire sa paix avec quelqu'un, *in gratiam redire cum aliquo*.

Faire espérer à quelqu'un que...., *aliquem in spem adducere* (le *que* ne s'exprime pas).

Faire concevoir une bonne opinion de soi, *bonam sui* ou *de se spem conciliare*.

Les autres significations du verbe *faire* se trouvent dans le dictionnaire.

(Voyez Cours de thèmes, 3ᵉ partie, § 256-257.)

§ 560. VENIR DE... devant un infinitif français.

Venir de..., devant un infinitif, se tourne par *tout à l'heure*, *modò*.

Ex. : Il vient de partir ; *tournez*, il est parti tout à l'heure, *modò profectus est*.

§ 561. *Venir à... n'aller pas...*, devant un infinitif, ne s'expriment pas en latin.

EXEMPLES :

S'il vient à savoir cela ; *tournez*, s'il sait cela, *id si rescierit*.

N'allez pas vous imaginer, *tournez*, ne vous imaginez pas, *ne existimes*, ou *noli existimare*.

§ 562. ÊTRE PRÈS ou SUR LE POINT DE...

Etre sur le point de..., devant un infinitif, se tourne par *dans peu*, *bientôt*, MOX ou JAMJAM ; et le verbe suivant se met au futur en *rus*, *ra*, *rum*, pour l'actif; en *dus*, *da*, *dum*, pour le passif, avec *sum*... *eram*.

Ex. : Il était sur le point de prendre la ville, *mox*, ou *jamjam oppido potiturus erat*. On dit encore : *in eo erat ut oppido potiretur*.

Il faut se servir de *in eo sum*, *eram ut*, pour traduire le futur passif, plutôt que du participe en *dus*, qui marque obligation. Ex. : La ville allait être prise, *in eo erat oppidum ut expugnaretur*. On dit encore *propè erat ut oppidum expugnaretur*.

§ 563. NE MANQUER PAS DE...

Ne manquer pas de..., devant un infinitif, se tourne par *certainement*, *profectò*.

Ex. : Je ne manquerai pas de lui écrire ; *tournez*, je lui écrirai certainement; *ad illum profectò scribam*.

§ 564. Mais quand on commande quelque chose, *ne manquez pas* se tourne par *souvenez-vous*, *memento*, au pluriel *mementote*.

Ex. : Ne manquez pas de l'avertir, *memento ut illum moneas*.

---

§ 562. *In eo erat ut*, etc. On se sert toujours de cette tournure lorsque le verbe n'a pas de participe futur.

§ 563. *Ne manquer pas de* se tourne quelquefois par *toujours*, *exactement*, etc. Ex. : Ils ne manquèrent pas de se réunir au jour dit, *die dictâ, diligenter convenerunt*, etc.

§ 565. LAISSER, *devant un infinitif*.

Laisser, devant un infinitif, se tourne par *permettre que*, et s'exprime par *sinere*. (Le *que* ne s'exprime pas, et le verbe suivant se met à l'infinitif.)

Ex. : Vos chants ne me laissent pas dormir, *cantus tui non sinunt me dormire*.

§ 566. *Ne laisser pas de*, devant un infinitif, se tourne par *cependant*, *tamen*.

Ex. : Quoique je vous attende vous-même, ne laissez pas de donner une lettre, *quanquàm te ipsum exspecto, da tamen epistolam*.

§ 567. S'OCCUPER à.... SE METTRE à.... SE MÊLER DE....

Les verbes *s'occuper à, se mêler de*, devant un infinitif, ne s'expriment pas ordinairement en latin.

Ex. : Il s'occupe à lire ; *tournez*, il lit, *legit*.

Il se mêle de critiquer ceux qui valent mieux que lui, *carpit meliores*. — *S'occuper* s'exprime quelquefois : Les méchants s'occupent à nuire aux bons, *id student, in hoc operam ponunt, in hoc incumbunt mali ut bonis noceant*, etc.

---

§ 565. On dit aussi *sinere ut, pati ut*. Ex. : *Sine* ou *patere ut tibi respondeam*, permettez-moi de vous répondre.

On tourne quelquefois la phrase par *per*, par le moyen de. Ex. : Je le permets, *per me licet* ; votre âge vous le permet, *per ætatem id facere potes*. — S'il est permis de le dire, *si hoc fas est dictu* ; — de le croire, *si credere fas est*. On dit aussi *hoc permitto tibi*, ou *permitto tibi ut hoc facias*, je vous permets de le faire.

Quelquefois le verbe *sino* s'exprime en latin, quoique le verbe *laisser* ne soit pas exprimé en français. Ex. : *Que je sache si je suis venue vers un ennemi ou vers un fils*, *sine ego sciam ad hostem an ad filium venerim*.

19

Se mettre à..., devant un infinitif, s'exprime en latin par *cœpisse, cœpi* : il se mit à pleurer, *flere cœpit*.

§ 568. AVOIR LA FORCE DE..... LA HARDIESSE DE.....

Avoir la force de...., devant un infinitif, s'exprime par *sustinere, audere*, avec l'infinitif latin.

Ex. : Avez-vous bien eu la force de nier cela? *Sustinuisti, ausus es id negare?*

§ 569. SERVIR à... NE SERVIR QU'à...

Servir à..., devant un infinitif, ne s'exprime pas en latin.

Ex. : Cela sert à aigrir ma douleur; *tournez*, cela aigrit..., *hoc dolorem meum exulcerat*.

Ne servir qu'à, peut s'exprimer par *ad id tantum valeo, es, ut*, avec le subjonctif; cela ne sert qu'à.... *hoc ad id tantum valet, ut...*

---

§ 568. *Venir à l'esprit, se dire, penser*, s'expriment par *succurro, is*. Ex. : Ne pensez-vous pas, ne voyez-vous pas que si nous vivons, c'est que, etc., *non vobis succurrit nos vivere, quòd*, etc. Il ne t'est pas venu à l'esprit, tu ne t'es pas dit, etc., *non tibi succurrit*, etc.

§ 569. *Servir* peut quelquefois s'exprimer par des substantifs comme *ope, beneficio*, par le moyen de ; par *magis, acrius*, etc. Ex. : Le commerce sert à faire fleurir les États, *mercaturæ beneficio florent civitates*. Cela servira à l'exciter, *hoc acrius incitabitur*, etc.

§ 570. SAVOIR, *devant un infinitif français.*

Savoir, devant un infinitif, ne s'exprime pas en latin.

Ex. : Il sut profiter de cette occasion ; *tournez*, il profita de... *eâ occasione usus est.*

§ 571. IL ME TARDE DE...
JE SUIS DANS L'IMPATIENCE DE...

Il tarde de... être dans l'impatience de... s'expriment par *nihil longius est quàm*, avec l'infinitif, ou *quàm ut...* avec le subjonctif.

Ex. : Il me tarde de vous voir, *nihil mihi longius est quàm ut te videam.*

§ 572. IL NE TIENT QU'À...

Il ne tient qu'à moi, qu'à vous, qu'à lui que cela ne se fasse, *per me, per te, per illum unum stat quominus id fiat.*

---

§ 570. Quand *savoir* exprime quelque *science*, quelque *habileté*, on peut l'exprimer par *scire, callere*. Il sait habilement peindre, *pingendi artem callet*, etc.

§ 571. Il n'a rien plus à cœur que de vous imiter, *nihil illi antiquius quàm ut te imitetur.*

§ 572. Il dépend de vous, de nous, etc., *per te, per nos stat quominus...* À quoi tient-il que...? *quid obstat quin* ou *quominus...* Il ne tient à rien que, *paulùm abest quin ; propè est ut* avec le subjonctif), etc.

§ 573. AVOIR BEAU.

Avoir beau...., devant un infinitif, se tourne par *en vain*, frustrà, ou *quoique*, quamvis.

Ex. : Vous avez beau crier; *tournez*, vous criez en vain, *frustrà vociferaris*, ou quoique vous criiez, *quamvis vociferere*.

§ 574. AVOIR DE LA PEINE à...

Avoir de la peine à... devant un infinitif, se tourne par *difficilement.*

Ex. : Il a eu de la peine à obtenir cela ; *tournez*, il a obtenu difficilement, *ægrè id impetravit.*

N'avoir pas de peine à... se tourne par *facilement.* (*Facile impetravit.*)

§ 575. A FORCE DE.

A force de..., devant un infinitif, se rend par le nom dérivé du verbe, avec *multus, a, um*.

Ex. : A force de travailler, il est devenu savant; *tournez*, par beaucoup de travail... *multo labore doctus evasit.*

---

§ 575. *A force de* se rend quelquefois par une autre tournure. Ex. : A force d'entendre dire cela, il crut que... *quæ quùm sæpiùs audivisset, credidit...* — A force de s'exposer aux dangers, on y succombe, *pericula si sæpiùs adeas, periculis occumbas.* A force de supporter des refus, Marius, etc., *patientiâ repulsarum, Marius*, etc.

§ 576. POUR NE PAS DIRE.

Pour ne pas dire s'exprime par *ne dicam*, et le nom ou l'adjectif suivant se met au même cas que celui qui précède, quand on renvoie le premier verbe à la fin.

Ex. : Vous êtes un enfant, pour ne pas dire un badin, *tu puer, ne dicam, nugator es.*

Autrement : *tu puer es, ne dicam nugatorem* (sous-entendu *te esse*).

§ 577. AVOIR LE BONHEUR DE...
AVOIR LE MALHEUR DE...

Avoir le bonheur de... s'exprime par *contingere ut...*; *le malheur de...*, par *accidere ut.*

Ex. : J'ai eu le bonheur de voir le roi ; tournez, il m'est arrivé de..., *mihi contigit ut regem viderem.*

J'ai eu le malheur d'être vaincu, *mihi accidit ut vincerer.*

§ 578. AVOIR LIEU, SUJET OU RAISON.

Avoir lieu, sujet ou *raison*, se tourne par le verbe *être*, et l'infinitif suivant se met au gérondif en *di.*

Ex. : Vous n'avez pas lieu de craindre, c'est-à-dire, lieu n'est pas à vous de craindre, *tibi non est timendi locus.*

---

§ 578. On traduit aussi par *non est quòd* ou *cur* les expressions qui ont un sens approchant, comme *il ne faut pas que, vous ne devez pas, on ne doit pas*, etc. Vous ne devez pas, il ne faut pas, vous n'avez pas lieu de vous repentir de cette action, *non est quòd te hujus facti pœniteat.*

(On peut encore exprimer *de* par *quòd* ou *cur*, avec le subjonctif : *non est quòd* ou *cur timeas*.)

§ 579. Vous ne sauriez croire.

Souvent l'imparfait du subjonctif, au commencement d'une phrase, se met en latin au présent du subjonctif, surtout avec *volo*, *nolo*, *malo*, *audeo* et *possum*.

Ex. : Vous ne sauriez croire, *vix credas*, ou *vix credideris*.

Vous le prendriez pour un homme sage, *eum sapere putes*.

§ 580. Malgré.

Malgré, devant un nom de personne, s'exprime par *invitus, a, um*, que l'on fait accorder avec ce nom.

Ex. : Il a fait cela malgré lui, *id invitus fecit*.

Je l'ai renvoyé malgré lui, *illum invitum dimisi*.

J'ai fait cela malgré lui, *id illo invito feci*.

§ 581. *Malgré*, devant un nom de chose, se tourne par *quoique*, avec un verbe.

Ex. : Il le tua, malgré ses cris redoublés ; tournez, quoiqu'il criât beaucoup, *illum, quamvis clamitaret, interfecit*.

---

§ 579. C'est-à-dire *vix* (*fieri potest ut*) *credas*. — On peut se servir du présent du subjonctif toutes les fois que la phrase exprime l'idée du présent : vous ne sauriez croire au moment où je vous parle, présentement.

§ 580. *Malgré* peut encore se rendre par les participes des verbes qui expriment *refus*, *négation*, *opposition*, et par *in*, *tamen*, etc. Ex. : Malgré l'état désespéré des affaires, *in causâ rerum tam desperatâ, tamen*, etc. Malgré notre résistance, *nobis reluctantibus*, etc.

§ 582. AU HAUT DE..., AU MILIEU DE...

AU BAS DE..., etc.

Le haut, le sommet d'un arbre, d'un rocher, d'une montagne, *summa arbor, summa rupes, summus mons*.
Au haut de l'arbre, *in summâ arbore*.

Le milieu d'un arbre, d'un rocher, d'une montagne, *media arbor, media rupes, medius mons*.

Au milieu du marché, *in medio foro*.

Le bas d'un arbre, d'une montagne, *ima arbor, imus mons*.

Le bout des doigts, *extremi digiti*.

Le fond de la mer, *imum mare*.

---

§ 582. Le fond des entrailles, *intima præcordia*.
Le creux de la main, *cava manus*.
L'intérieur de la maison, *domus interior*.
Le dehors de la maison, *domus exterior*.
La partie de derrière, *postica pars*.
Au milieu de l'été, *mediâ æstate*.
Au commencement du printemps, *ineunte vere*.
Le reste du temps, *reliquum tempus*.
A la fin de l'hiver, *extremâ hieme*.
Il le loue beaucoup, *multus est in eo laudando*.

Lui-même était *au milieu*, tenait *le milieu* avec les légions romaines, *ipse medius erat cum legionibus romanis*.

L'intervalle d'un jour, d'une nuit, *dies unus interjectus, una nox intermissa*. Il a perdu un bras, etc., *brachio minor est*, etc.

N. B. On ne doit pas imiter les auteurs qui disent *in summo arboris*, *in medio urbis*, etc. Voyez pour tous ces gallicismes, *Cours de thèmes*, troisième partie, § 250—277.

FIN.

DIVISION DU TEMPS CHEZ LES ROMAINS.

§ 583. Le Calendrier romain, établi par J. César, ne diffère du nôtre que par la division des mois.

Le premier jour de chaque mois était nommé *Kalendæ*, Calendes (de *calare*, καλεῖν appeler, proclamer), parce que, ce jour-là, un pontife proclamait combien il y avait de jours jusqu'aux *Nones*.

Le 7e jour des mois de *Mars*, *Mai*, *Juillet* et *Octobre*, et le 5e des autres mois (*Janvier*, *Février*, *Avril*, *Juin*, *Août*, *Septembre*, *Novembre*, *Décembre*) étaient appelés *Nonæ*, Nones, c'est-à-dire le 9e jour avant les Ides, *Idus*, dénomination que, dans les mois de *Mars*, *Mai*, *Juillet* et *Octobre*, portait le 15e, et dans les autres mois (*Janvier*, *Février*, *Avril*, *Juin*, *Août*, *Septembre*, *Novembre*, *Décembre*), le 13e jour. Le mot *Idus* vient du verbe étrusque *iduare*, diviser, parce que ce jour divise le mois en deux portions presque égales.

Ces trois jours, *Kalendæ*, *Nonæ*, *Idus*, établissaient trois divisions du mois, dans chacune desquelles on comptait les jours à rebours; par exemple, on disait le 4e jour avant les *Nones* de janvier, pour dire le 2 janvier; le 4e avant les *Ides* de Janvier, pour le 10 Janvier; le 14e avant les Calendes de Février, pour le 19 Janvier.

Par une autre bizarrerie, le jour d'où l'on partait était compté pour passé; ainsi le 2e jour avant les *Nones* était appelé 3e avant les *Nones*. Le jour qui précédait immédiatement un des points de départ n'était nommé ni le 1er ni le 2e, mais *pridies* (usité à l'ablatif *pridie*).

Le tableau suivant expliquera ce qui pourrait être obscur dans ce que nous venons de dire.

DE LA GRAMMAIRE LATINE.
CALENDRIER ROMAIN.

Jours de nos Mois	Mars, Mai, Juillet, Octobre.	Janvier, Août, Décembre.	Avril, Juin, Septembre, Novembre.	Février.
	Martius, Maius, Julius (ou quintilis), October. 31 Jours.	Januarius, Augustus (ou sextilis), December. 31 Jours.	Aprilis, Junius, September, November. 30 Jours.	Februarius. 28 Jours, et tous les 4 ans 29.
1	KALENDIS.	KALENDIS.	KALENDIS.	KALENDIS.
2	VI	IV } ante	IV } ante	IV } ante
3	V } ante	III } Nonas.	III } Nonas.	III } Nonas.
4	IV } Nonas.	Pridie Nonas.	Pridie Nonas.	Pridie Nonas.
5	III	NONIS.	NONIS.	NONIS.
6	Pridie Nonas.	VIII	VIII	VIII
7	NONIS.	VII	VII	VII
8	VIII	VI } ante	VI } ante	VI } ante
9	VII	V } Idus.	V } Idus.	V } Idus.
10	VI } ante	IV	IV	IV
11	V } Idus.	III	III	III
12	IV	Pridie Idus.	Pridie Idus.	Pridie Idus.
13	III	IDIBUS.	IDIBUS.	IDIBUS. An. Biss.
14	Pridie Idus.	XIX	XVIII	XVI XVII
15	IDIBUS.	XVIII	XVII	XV XVI
16	XVII	XVII	XVI	XIV XV
17	XVI	XVI	XV	XIII XLV
18	XV	XV	XIV	XII XIII
19	XIV	XIV	XIII	XI XII
20	XIII	XIII } ante	XII } ante	X XI
21	XII } ante	XII } Kalen-	XI } Kalen-	IX X
22	XI } Kalen-	XI } das	X } das	VIII IX
23	X } das	X } mensis	IX } mensis	VII VIII
24	IX } mensis	IX } seq.	VIII } seq.	VI VII
25	VIII } sequen-	VIII	VII	V VI
26	VII } tis.	VII	VI	IV V
27	VI	VI	V	III IV
28	V	V	IV	Pr. Kal. III
29	IV	IV	III	Pr. Kal. Martias.
30	III	III	Pridie Kalend. mensis seq.	
31	Pridie Kalend. mensis seq.	Pridie Kalend. mensis seq.		

(Ante Kal. mens. seq. Martias.)

N. B. On ne dit pas *primo Nonas*, mais on dit *Nonis*, le jour des Nones ; ni *secundo Nonas*, parce que *secundus* vient de *sequor*, suivre, mais *pridie* (ante, sous-entendu) *Nonas* ou *Nonarum*, la veille des Nones. *Secundo Nonas* signifierait le *second jour après* les Nones.

19.

Le nom de bissextil vient de *bissextus* (deux fois 6e). C'était un jour qu'on intercalait tous les quatre ans dans le mois de février. Ce jour était, non le 29e, mais le 25e; on l'appelait, de même que le 24e, le 6e jour avant les Calendes de Mars, et cependant, pour le distinguer du 24e, on le nommait *bissextus*.

On a fait les deux vers latins qui suivent pour indiquer combien de jours on doit compter avant les Nones et les Ides de chaque mois.

Sex Maius Nonas, October, Julius et Mars;
Quatuor at reliqui; dabit Idus quilibet octo.

En Mai, Octobre, Juillet et Mars, on compte 6 jours avant les Nones.

Quatre jours dans les autres; dans tous les mois, on compte huit jours avant les Ides (depuis les Nones).

EXEMPLES DE CONSTRUCTION.

Voyez le tableau. — QUESTION, *Quando*, quand?

Le matin des ides de Septembre (le 13 Septembre), Crassus se rendit au sénat, sur l'invitation de Drusus, *Mane idibus Septembris, Crassus, vocatu Drusi, in curiam venit.*

Aux ides de Mars (le 15 Mars), *idibus Martiis*, etc.

Auguste naquit le 9e jour avant les calendes d'Octobre (le 23 Septembre), *natus est Augustus IX calendas octobres* (*nono die ante calendas*).

On dit aussi: le 13e jour avant les calendes de Janvier (le 20 Décembre), *ante diem XIII* (*tertium decimum*) *calendas januarias*.

QUESTION, *Pour quel jour?*

Aux nones de Février (le 5 Février), *ad nonas februarias*. — Catilina fixa le massacre des premiers citoyens au 5 avant les calendes de Novembre (le 28 Octobre), *Catilina cædem optimatum contulit in ante diem V* (*quintum*) *calendas Novembris* (pour *quinto die ante calendas*, dont on peut aussi se servir.

QUESTION, *Depuis quel jour?*

Du 4e jour avant les Nones de Juin, jusqu'à la veille des calendes de Septembre (du 2 Juin au 31 Août), *ante diem quartum nonas junias, usque ad pridie calendas Septembris* (pour à *quarto die*), etc.

Les Romains ne connaissaient pas la division du mois en semaines de sept jours (*hebdomades*); cependant ils paraissent avoir eu une espèce de semaine de huit jours (*ogdoades*), après lesquels on tenait les marchés (*nundinæ*). Les semaines de sept jours furent introduites par les Chrétiens, qui les prirent des Juifs.

Le jour se composait de douze heures. La première commençait à six heures du matin, et ainsi de suite.

Les douze heures de la nuit se divisaient en quatre veilles, et chaque veille se composait de trois heures. La première commençait à six heures du soir.

Les semaines sont composées de sept jours.

Dimanche,	*Solis*	
Lundi,	*Lunæ*	
Mardi,	*Martis*	
Mercredi,	*Mercurii*	*dies*.
Jeudi,	*Jovis*	
Vendredi,	*Veneris*	
Samedi,	*Saturni*	

Solis et *Saturni dies* sont remplacés par *Dominica* et *Sabbati dies*.

Rem. Traduisez les jours de la semaine Sainte ainsi qu'il suit :

Mercredi Saint,	*Pridie sacram Domini Cœnam*.
Jeudi Saint,	*Sacræ Cœnæ Dies*.
Vendredi Saint,	*Sacra dies mortis Domini*.
Samedi Saint,	*Postridie mortem Domini*.

On peut encore les traduire par *feria prima*, *secunda*, etc., lundi, mardi, etc.

~~~~~~

PRINCIPALES MONNAIES ROMAINES.

Monnaies de cuivre.

§ 584. La première monnaie portait l'empreinte de la figure d'un animal, *pecus*, d'où vient le mot *pecunia*, qui signifie toute espèce de monnaie. Elle fut appelée *as*, de *æs*, parce qu'elle était de cuivre ou d'airain, et *libra*, livre, du poids qu'on lui donnait (*librare*, peser).

L'As ou Libra était une pièce de cuivre pesant d'abord 12 onces, valant aujourd'hui sept centimes environ. Il se multipliait de la manière suivante : *dupondium*, 2 as ou 2 livres; *tressis*, 3 as ou 3 livres; *quadrussis*, 4 as; *quincussis*, 5 as;

sextussis, 6 as, etc. ; *decussis*, 10 as ; *vigessis*, 20 as ; *trigessis*, 30 as ; — *centussis*, 100 as. — L'*as* fut réduit, dans la suite, de 12 onces à une demi-once, et s'appela *libella*. — Comme il formait un tout solide, on lui donna le nom de *solidum*, qui, plus tard, s'appliqua à une somme entière, quelle qu'elle fût.

Semissis (*semi-assis*) ou *semis*, génitif *semissis*, moitié de l'as. *Triens*, le tiers. *Quadrans*, le quart. *Sextans*, le sixième. — *Uncia*, une once. — *Dodrans*, neuf onces ou trois quarts ; les trois quarts du jour, de l'heure, etc. *Quincunx*, cinq onces, cinq douzièmes. *Bes*, *bessis*, les deux tiers de tout ce qui se divise en 12 parties.

Monnaies d'argent.

Argent, *argentum*, du mot grec ἄργυρος (arguros), blanc ; appelé ainsi à cause de sa blancheur.

L'argent ne fut guère connu à Rome que vers l'an 485 de la fondation de cette ville, cinq ans avant la première guerre punique.

Le DENIER, *denarius*, de *deni*, dix à dix, était une petite pièce d'argent qui valut d'abord 82, 79, 78, 73, et enfin, sous les règnes de Galba et de Domitien, 70 centimes. — Le *Quinaire*, *quinarius*, valait la moitié du denier.

Les deniers portaient d'un côté l'empreinte d'un char attelé de *deux* ou de *quatre chevaux* ; on les appelait alors *bigati* ou *quadrigati*. Ceux sur lesquels était empreinte une *Victoire* s'appelaient *victoriati*.

Le SESTERCE, *sestertius*, valait le *quart* du *denier*, ou deux as et demi ; c'est-à-dire qu'il valut d'abord environ 21, 20, 19, 18 et enfin 17 centimes. Pour indiquer qu'il valait 2 as et demi, ou 2 livres et demi, on le marquait ainsi, LLS ; les deux L marquaient deux *livres* ou *as*, et l'S signifiait *semi*, deux livres et demie.

Ensuite on a fait un H des deux LL, et l'on a eu HS, comme on le trouve dans les auteurs. Le *Sesterce* s'appelle aussi *Nummus argenti*.

Le grand sesterce (*sestertium*, *ii*, neutre) valait MILLE petits sesterces (*sestertius*, *ii*, masc.), aujourd'hui 177 francs 90 centimes environ.

Monnaies d'or.

L'or, *aurum*, de *aura*, éclat. — L'or fut connu des Romains 62 ans après l'argent.

L'*aureus* (sous-entendu *nummus*) ou *solidus* valait 25 deniers d'argent ou 100 petits sesterces, aujourd'hui 17 francs 79 centimes.

Nummus, ou *numus* (du grec νόμος [nomos], usage, loi) était un nom commun à plusieurs monnaies : *nummus œreus*, l'as; *nummus argenteus*, le denier d'argent; *nummus aureus*, l'aureus.

Manière de compter les sesterces.

Depuis *un* jusqu'à *mille*, on compte simplement par l'ordre des nombres, sans rien sous-entendre. Ex. : 10 sesterces, *sestertii decem*; 20, *viginti*, 1000, *mille*, etc. Au-dessus d'un mille, on peut dire *bis mille*, *ter mille*, *decies mille sestertii*, etc., deux mille, trois mille, dix mille sesterces; on se servir de *sestertia* au neutre, comme *dena sestertia*, dix grands sesterces, c'est-à-dire dix mille petits sesterces; ou enfin en mettant *sestertiûm* au génitif pluriel, par syncope pour *sestertiorum*, *decem millia sestertiûm*, dix mille sesterces. On écrit cent mille sesterces, *centena millia sestertiûm*, ainsi qu'il suit : C̄H̄S : la barre annonce que le nombre s'élève à mille et le C indique cent.

Depuis *un million* et au-dessus, on compte par les adverbes de nombre, *decies*, *vicies*, *centies*, etc., dix fois, vingt fois, cent fois, etc., et il faut sous-entendre *centena millia*. Ex. : Un million de sesterces, *decies sestertiûm*, c'est-à-dire *decies centena millia sestertiûm*, dix fois cent mille sesterces. Il était pauvre avec dix millions de sesterces, *cui sestertiûm centies egestas fuit*, c'est-à-dire *centies centena millia*, cent fois cent mille sesterces.

Le sens de la phrase indique quelle est la différence qu'il y a entre *sestertiûm*, *ii*, le grand sesterce, et *sestertius ii*, le petit sesterce, lorsque les nombres sont indiqués seulement par des chiffres ou des lettres. *Exemple* :

Mihi Q. Actius in hac med fugâ HS. XIII non reddit, quæ dedi ejus filio mutua, Cic. Quintus Actius, dans ma fuite, ne me rendit pas *treize mille sesterces* que j'avais prêtés à son fils. *Quæ et mutua*, étant au neutre, indiquent qu'il s'agit du grand sesterce valant mille petits sesterces : HS. XIII signifient donc ici *treize mille*.

Autres exemples : *HS. dena*, dix mille petits sesterces; *HS. decies*, un million de sesterces, c'est-à-dire dix fois cent mille petits sesterces. — *Tribuni candidati apud Catonem HS quingena deposuerunt*, les candidats pour la charge de tribun déposèrent entre les mains de Caton cinq cent mille sesterces (500 grands sesterces). — *Caligula immensas opes, totumque illud Tiberii Cæsaris vicies ac septies millies sestertiûm, non toto vertente anno, absumpsit*, l'année n'était pas encore écoulée, que Caligula avait déjà dépensé des sommes immenses et toutes les économies de Tibère qui s'élevaient à deux billions sept cents millions de sesterces (vingt-sept mille fois cent mille (sous-ent.) sesterces, ou deux mille sept cents millions).

MONNAIES GRECQUES[*].

L'*Obole* valait 15 centimes.
La *Drachme* valait 6 oboles, 92 centimes.
L'*Aureus*, 20 drachmes, 18 francs 33 centimes.
La *Mine*, 100 drachmes, 91 fr. 66 centimes.
Le *Talent*, 6,000 drachmes ou 60 mines; 5,500 fr. ou 4,920 fr. selon les différens pays.
La *Darique*, monnaie persane, 18 francs.

MESURES.

La lieue commune de France est de 2282 toises.
Le stade grec était de 94 toises et demie.
Le mille romain, de 756 toises (huit stades grecs).
La coudée égyptienne avait 20 pouces et demi.
La coudée grecque, 18 pouces.
Le pied grec, 11 pouces 4 lignes.
Le pied romain, 10 pouces 10 lignes 6 dixièmes.
Le médimne, mesure du blé à Athènes, pesait 120 livres.

MILICE.

La légion romaine fut d'abord de trois, quatre, cinq, et enfin, depuis Marius, de six mille hommes.
La cohorte fut de trois, quatre, cinq et six cents hommes.
La centurie était le sixième de la cohorte.

§ 585. TABLEAU DES PRINCIPALES ABRÉVIATIONS EMPLOYÉES PAR LES ROMAINS.

Prénoms.

A. Aulus.	N. Numerius.
APP. Appius.	P. Publius.
C. ou G. Caïus.	Q. Quintus.
CN. ou GN. Cnæus.	SER. Servius.
D. Decimus.	SEX. Sextus.
K. Kæso.	SP. Spurius.
L. Lucius.	T. Titus.
M. Marcus.	TI. Tiberius.
M'. ou M'? Manius.	

---

[*] Voyez l'excellent Traité de M. GIROD, professeur au collége royal de Bourbon.

Noms de parenté et autres.

C. conjux.
M. maritus.
P. pater.
F. filius.
M. F. Marci filius.
FR. frater.
N. nepos.

PRON. pronepos.
ABN. abnepos.
L. libertus.
CONL. conlibertus.
H. hæres.
A. amicus.

Pour les noms de femmes, on renverse les lettres, comme :

Ↄ. Caia, conjux.
Ⅎ. filia.

Ⅎ. liberta.
Ԝ. mater, etc.

Autres abréviations.

A. D. ante diem.
A. V. C. anno urbis conditæ, *ou mieux* ab urbe condita.
COS. consul, consule.
COSS. consules, consulibus.
COS. II. consul iterum.
COS. III. tertium, etc.
D. dives.
D. D. dono dedit.
D. D. D. dat, dicat, dedicat.
D. M. Diis Manibus.
D. O. M. Deo optimo maximo.
H-S. *ou* HS. sestertius, sestertium.
HS. X. sestertii decem.
HS. X̄. sestertia decem.
HSX. sestertium decies.
ID. idus.
IMP. imperator.
KAL. kalendæ *ou* calendæ.
L. libra.
L. L. dupondius, *deux livres*.
P. posuit, passus, pedes.
P. C. patres conscripti.
PS. plebiscitum.
P. M. pontifex maximus.
R. Roma, Romanus.
R. P. C. reipublicæ causâ.
S. salutem, sacrum.
S. C. senatûs-consultum.

S. D. salutem dicit.
S. P. D. salutem plurimam dicit.
S. P. Q. R. senatus populusque romanus.
S. V. B. E. E. Q. V. si vales, bene est; ego quoque valeo.
S. E. V. si eis videretur (dans les décrets du sénat).
TR. PL. tribunus plebis.
TR. POT. tribunitia potestate.
X. V. decemvir.
XV. VIR. S. F. quindecimvir sacris faciundis.
III. V. R. C. triumvir reipublicæ constituendæ.
A. absolvo.
C. condemno.
N. L. non liquet.
V. R. uti rogas.
F. C. faciendum curavit.
H. S. E. hic situs est. C. conditus est.
OB. obiit.
V. vixit.
V. S. voto suscepto.
O. E. B. Q. C. ossa ejus bene quiescant condita.
S. T. (E.) T. L. Sit tibi (ei) terra levis.

EXEMPLES D'INSCRIPTIONS.

I. O. M.
C. ANTONIVS.
IVLIANVS. PROC.
P. P. X. V. S. L. L. M.

C'est-à-dire :

Jovi Optimo maximo,
Caius Antonius
Julianus, Procurator.
per provinciam decimæ votum solvit libentissimè merito.

IOVI VICTORI.
K. AIMILIVS. K. F. QVIR.
ARRINVS. MIL. LEG. X̄. AVG.
S. P. P. D. D.

C'est-à-dire :

Jovi victori,
Kæso Æmilius, Kæsonis filius, Quirinâ (tribu),
Arrinus, miles legionis decimæ Augustæ,
suâ pecuniâ positum dono dedit.

QUELQUES ABRÉVIATIONS MODERNES.

A. C. *anno Christi.*	extr. *extremo.*
a. C. n. *antè Christum natum.*	Fin. *fine.*
p. C. n. *post Christum natum.*	h. a. *hujus anni, hoc anno.*
a. c. *anno currente.*	h. l. *hoc loco.*
a. p. *anno præterito.*	h. e. *hoc est.*
Cet. *(et) cetera.*	i. e. *id est.*
Cf. *conferatur.*	i. q. *idem quod.*
Cod. *codex.*	J. C. *Jesus Christus.*
Codd. *codices.*	l. c. *loco citato.*
D. N. *Dominus noster.*	L. ou Lib. *liber.*
d. *die.*	lin. *linea.*
del. *deleatur.*	MS. *manuscriptus liber.*
ed. *edidit, editio.*	MSS. *manuscripti libri.*
e. c. ou g. *exempli causâ* ou *gratiâ.*	N. *numero.*
	NB. *nota benè.*

Not. *nota, notetur.*
N. T. *novum testamentum.*
Obs. *observatio.*
obs. *obsoletum.*
P. S. *postscriptum.*
p. t. *pro tempore.*
pag. *pagina.*
Q. D. B. V. *quod Deus benè vertat.*
Q. F. F. F. S. *Quod felix, faustum, fortunatum sit.*
R. *rex, recipe.*
Rs. *rescriptum, responsum.*
s. *sive.*

sc. *scilicet.*
sect. *sectio.*
s. h. v. *sub hác voce.*
sq. *sequens.*
s. v. *salvá veniá.*
s. v. v. *sit venia voci.*
v. *versus.*
vert. *vertatur.*
vid. *videatur.*
V. Cl. *vir clarissimus.*
v. c. ou g. *verbi causa ou gratiá.*
V. D. D. *viri doctissimi.*
V. T. *vetus testamentum.*

VÉRITABLE MANIÈRE D'ASSEMBLER LES SYLLABES.

Lorsqu'il se rencontre une consonne entre deux voyelles, il faut toujours la joindre avec la dernière : comme *a-mor*, *le-go*, etc.

Si une même consonne est employée deux fois de suite, la première appartiendra à la première syllabe, et la seconde à la syllabe suivante, comme *an-nus*.

Les consonnes qui ne peuvent se joindre ensemble au commencement d'un mot ne s'y joignent pas ordinairement au milieu : comme *ar-duus*, *por-cus*. Autrement on doit aussi les joindre au milieu. Ex. :

bd.	he—bdomas	(*parce que l'on dit*)	bdellium.
cl.	Co—cles,		claudo.
cn.	te—chna,		Cneus.
ct.	do—ctus,		Ctesiphon.
fr.	A—frica,		frigidus.
gn.	a—gnus,		gnatus.
mn.	o—mnis,		Mnemosyne.
ps.	scri—psi,		psittacus.
pt.	a—ptus,		Ptolemæus.
sc.	pi—scis,		Scamnum.
sm.	Co—smus,		smaragdus.
sp.	a—sper,		spes.
st.	pa—stor,		sto.
tl.	A—tlas,		Tlepolemus.
tm.	La—tmus, etc.		Tmolus.

Exceptions.

Sont exceptés de cette règle les composés des prépositions, dans lesquels il faut toujours séparer la particule de composition : comme *in-ers, ab-esse, abs-trusus, ab-domen, dis-cors*, etc.

Il en est de même pour les composés d'autres mots : comme *juris-consultus, alter-uter, et-enim*, etc.

Quand on veut séparer une voyelle d'une autre, on se sert du tréma. Ex. : *aëra*, et non *œra*.

On se sert de l'apostrophe pour retrancher une voyelle. Ex. : *viden', egon', ain', nostin'*, pour *videsne, egone, aisne, nostine*.

FIN DE LA TROISIÈME PARTIE.

QUATRIÈME PARTIE.

N. B. Nous donnons ici quelques notions élémentaires de cette quatrième partie de la grammaire désignée par les grammairiens allemands sous le nom de *Syntaxis ornata*. Le temps et l'espace ne nous ont pas permis d'entrer dans les développemens que demanderait un traité de ce genre. Mais si l'expérience nous prouve qu'un traité plus complet peut paraître utile, nous mettrons à profit les recherches *que nous avons déjà faites*, et que nous ne pouvons consigner ici, et nous essaierons d'en former un ouvrage qu'on puisse mettre avec quelque avantage entre les mains des élèves des classes supérieures.

Ceux qui prendront la peine de lire nos notes sur la syntaxe et sur la méthode y trouveront plusieurs règles de la syntaxe élémentaire d'élégance, que nous avons insérées dans le corps de l'ouvrage, incertain que nous étions de pouvoir ajouter cette quatrième Partie aux trois autres. Nous avons cru inutile de répéter ici ces notes, lorsqu'elles nous ont paru suffisamment développées.

ÉLÉMENS
DE LA
SYNTAXE D'ÉLÉGANCE.

QUELQUES PARTICULARITÉS DANS L'EMPLOI DU DISCOURS.

§ 586. On remplace l'adjectif par le substantif abstrait pour donner plus d'énergie à l'expression. Ex. : Au milieu de penchans si différens, il ne saurait y avoir aucun accord, au lieu de *in tam variis studiis*, dites : *In hâc tantâ varietate studiorum consensus esse non potest*. Isocrate dut sa célébrité aux disciples illustres dont il s'était entouré, *floruit Isocrates nobilitate discipulorum*, pour *nobilibus discipulis*.

Au contraire, pour exprimer l'âge, on remplace les noms abstraits *pueritia, adolescentia, senectus*, etc., par les noms concrets *puer, adolescens, juvenis, senex.* Ex. : Dans la jeunesse on ne s'aperçoit pas que la vie s'écoule, *fallit juvenes vita sensim effluens.* Caton étudia les lettres grecques dans sa vieillesse (dans un âge avancé), *Cato græcis litteris studuit senex* ou *senior*.

Lorsque les noms de charge servent à désigner le temps, on préfère aussi les noms *concrets* aux noms *abstraits*. Ex. : *Ante* ou *post Ciceronem consulem*, pour *ante* ou *post consulatum Ciceronis*; *Cicerone consule*, pour *in consulatu Ciceronis*. *Post te prætorem*, pour *post tuam præturam*.

Quelquefois aussi il est élégant de se servir des noms abstraits au lieu des noms concrets. Ex. : *Nobilitas* pour *nobiles*; *vicinia* pour *vicini*, *servitium* pour *servi* : *juventus* se dit pour *juvenes* et pour *adolescentes*, mais *adolescentia* ne se prend presque jamais dans ce sens, et n'exprime que l'âge.

§ 587. Le substantif *nemo*, personne, se construit assez souvent avec les noms qui désignent un homme, et remplace l'adjectif *nullus, a, um.* Ex. : *Nemo pictor, nemo fere adolescens.* Je n'ai point encore rencontré de poëte qui ne se trouvât excellent, *adhuc neminem* (pour *nullum*) *novi poetam qui sibi non optimus videretur.*

On trouve aussi *nullus* pris substantivement pour *nemo*, surtout au génitif *nullius*, pour remplacer *neminis* qui paraît peu usité.

§ 588. Le substantif *nihil* s'emploie adverbialement pour nier plus fortement que *non*. Ex. : Tu ne me trompes pas (tu ne me trompes en rien), *nihil me fallis.*

Non nihil s'emploie aussi adverbialement et signifie *un peu, quelque peu*. Ex. : cela me console un peu, *id non nihil me consolatur.*

§ 589. Certains substantifs, tels que *genus, ratio, animus*, forment des périphrases, et perdent quelquefois leur sens propre. *Genus*, signifiant genre, espèce, s'emploie dans les phrases suivantes et semblables. Ex. : *In hoc genere*, en cela. *In omni genere te quotidie desidero*, je vous désire en tout, pour toutes sortes de raisons. *Omni genere virtutis florere*, avoir toute sorte de vertus.

— *Ratio*, compte, rapport. Ex. : *Propter rationem brevitatis*, pour *brevitatis causâ*, pour abréger. On dit encore, par circonlocution, *ratio comitiorum* pour *comitia*, les comices ; *ratio talium largitionum* pour *tales largitiones*, etc.

On emploie par circonlocution *animus*, pour une seule personne, et au pluriel *animi*, quand on parle de plusieurs personnes, au lieu des pronoms personnels *je, nous, il, ils*, etc. Ex. : *Animus meus abhorret*, pour *ego abhorreo*; *cogitare aliquid cum animo suo*, au lieu de *secum*; *statuere apud animum suum*; *animum alicujus* (pour *aliquem*) *movere*. Socrate s'exerçait à la patience, *animum ad patientiam exercebat Socrates.*

On se sert aussi de *corpus*, au lieu de *me, se*, etc. Ex. : *Imponere corpus lecto*, se mettre au lit. *Nomine*, ablatif de *nomen*, pris dans le sens de *à cause de*, s'emploie aussi par circonlocution. Ex. : *Neque isti me meo nomine interfici, sed vigilantem consu-*

lem, etc. Ce n'est pas moi-même qu'ils veulent tuer, c'est un consul vigilant.

§ 590. Les noms de *peuples* remplacent très-souvent les noms de *pays*, dont quelques-uns même sont employés très-rarement. Ex. : *In Persas* proficisci, pour *in Persidem. In Sabinis natus*, né dans la Sabine; *vastare Samnites*, pour *vastare agros Samnitum*.

ADJECTIFS.

§ 591. L'adjectif remplace l'adverbe et accompagne le verbe, lorsque la manière dont se fait l'action dépend de la disposition d'esprit de celui qui la fait. Ex. : *Socrates venenum lætus hausit*, Socrate but le poison avec joie; *lætus* et non *lætè*, parce qu'on veut marquer la disposition d'esprit de Socrate, qui, au lieu d'avoir de la joie, pouvait avoir de la tristesse. Mais on dira *tardus* ou *tardè venit*, parce que dans ce cas l'action peut ne pas dépendre seulement de la volonté de celui qui la fait, mais aussi de circonstances indépendantes de sa volonté. Les poëtes emploient de préférence l'*adjectif*.

§ 592. On a déjà vu que le lieu ou le pays d'où l'on tire son origine s'exprime plutôt par des adjectifs formés du nom de lieu que par le nom du lieu même. Ex. : Thrasybule d'Athènes, *Thrasybulus Atheniensis*. — On trouve aussi les participes *natus, ortus, profectus*, etc., suivis du nom de lieu. Ex. : *Athenis natus*, d'Athènes. *Pythagoras Samo profectus*, Pythagore de Samos.

Plusieurs adjectifs neutres font les fonctions d'adverbes. Tels sont: *multum, multa; nimium, quantum, sublime, recens*. Ex. : *Sonus naturâ sublime fertur*, le son tend naturellement à s'élever, *Id multum faciebam*, je le faisais souvent. *Multa deos venerati sunt*, ils honorèrent, ils prièrent souvent les dieux. *Roma recens condita*, Rome nouvellement fondée, etc.

Le génitif des substantifs se remplace souvent par des adjectifs dérivés de ces substantifs. Ex. : L'Hercule de Xénophon, *Hercules xenophonteus*; le fils du maître, *herilis filius*. La guerre des esclaves, *bellum servile*; des Cimbres, *cimbricum*. On remplace de même les pronoms personnels, *ego, tu*, etc., par les adjectifs possessifs, *meus, tuus*, etc., surtout avec les mots *epistola; litteræ*. Ex. : J'ai reçu plusieurs lettres de vous en même temps, *multas litteras tuas uno tempore accepi*.

(Voyez pour les expressions *au haut de, au milieu de*, le § 581.)

§ 593. Les adverbes d'ordre, *priùs, primùm, posteriùs, postremùm*, lorsqu'ils se rapportent à un nom, sont remplacés élégamment par les adjectifs *primus, postremus*. Ex. : Ce furent d'abord les Tyriens qui enseignèrent ou apprirent les lettres, *Tyriorum gens litteras prima aut docuit aut didicit*. On dit de même en français, *le premier, le dernier*, etc. — On remplace de même les adverbes *modò, solùm, tantùm*, par les adjectifs *solus, unus*, que l'on fait accorder avec le nom. Ex. : Scévola ne gouverna l'Asie que *neuf* mois, ou *seulement* neuf mois, *Scœvola solos novem menses Asiæ præfuit.*

§ 594. *Nullus, a, um*, s'emploie pour l'adverbe *non*, non-seulement avec *esse*, et autres verbes qui ont la même signification, mais encore avec les verbes qui expriment une action déterminée. Ex. : Ne pensez pas que, quand je me serai éloigné, je ne serai nulle part ou que je *ne* serai *plus* ; mais croyez que je serai toujours le même, quoique vous *ne* me voyiez *plus. Nolite existimare me, quùm à vobis discessero, nusquàm aut nullum fore, eumdem verò esse me creditote, etiamsi nullum videbitis.* On ne doit pas toujours employer *nullus* pour *non* ; mais il faut considérer le sens de la phrase.

§ 595. Il faut remarquer l'emploi élégant de *multus* dans les phrases suivantes et semblables : *Theophrastus multus est in laudando,* Théophraste fait un grand éloge. *Ne multus sim,* pour abréger. *Multus est in eâ re,* il s'applique beaucoup à cela, etc.

§ 596. Au lieu de *quàm*, devant le superlatif, on se sert souvent de *quantus, a, um*, que l'on met au même cas que le superlatif. Ex. : Il s'avança à marches forcées contre l'ennemi, *quantis* (pour *quàm*) *maximis potuit itineribus ad hostem contendit.*

Pour donner plus de force au superlatif, on y joint le mot *unus, a, um.* Ex. : Je me suis détourné de la ville qui avait le plus d'affection pour moi, *urbem unam mihi amicissimam declinavi.* On peut encore ajouter le génitif *omnium.*

§ 597. On se sert des noms et des adverbes de nombre *sexcenti* et *sexcenties*, pour traduire le mot *mille*, exprimant en français une multitude indéterminée. Ex. : Intentez-moi *mille* procès, je ne paierai rien, *sexcentas scribito mihi dicas, nihil do.* — Cependant on trouve aussi *mille, millies.*

PRONOMS.

§ 598. On ne se sert des *pronoms personnels* que pour faire ressortir le sujet de la proposition, quand la phrase exprime quelque chose de vif, comme la colère, l'étonnement, etc. Le pronom *tu* s'emploie surtout dans les phrases interrogatives, pour marquer l'indignation. Ex. : Tu veux paraître dans le Forum, voir la lumière ! *Tu in Forum prodire, tu lucem conspicere conaris* ! Tu favoriseras l'ennemi ! *Faveas tu hosti* ! On l'emploie aussi dans les règles et dans les préceptes. Ex. : *Tu ne cede malis,* ne cède pas aux maux.

§ 599. Le pronom de la première personne prend souvent le pluriel au lieu du singulier. Ainsi l'on dit, *nos* pour *ego, noster* pour *meus*, comme en français, *nous* pour *je*, *notre* pour *mon. Sex libros de Republicâ scripsimus.* Nous avons (pour j'ai) composé six livres sur la République.

§ 600. *Ipse* désigne le temps précis et répond aux adverbes *même, précisément* ; il indique la correspondance entre deux époques. Ex. : Je suis parti de Dyrrachium, le jour *même* qu'on a porté la loi, *Dyrrachio sum profectus, ipso illo die quo lex lata est.* Il y avait précisément trente jours (*ni plus ni moins*), à la date de cette lettre, que je n'avais pas reçu de lettres de vous, *triginta dies erant ipsi, quùm has dabam litteras, per quos nullas à vobis acceperam.*

Ipse signifie aussi *simplement*, *seulement*. Ex. : Un homme dont le nom seul suffit pour défendre les alliés, *qui ipso nomine socios defendit.*

Ipse construit avec les pronoms se met au nominatif, si l'on veut faire ressortir l'idée du sujet; mais il s'accorde avec l'objet (le régime), si l'objet est le mot principal de la phrase. Ex. : Il se tua lui-même, *sibi ipse mortem conscivit.* Je me chéris moi-même, *me ipsum diligo.* Afin de pouvoir être d'accord (conséquens) avec nous-mêmes, *ut constare possimus nobis metipsis.* (Voyez 3ᵉ part., § 450, Notes sur *idem.*)

§ 601. *Idem* s'emploie quand un objet a deux attributs; il se met pour *etiam* quand les attributs sont de même nature, et pour *tamen* quand ils sont différens. Ex. : Tout ce qui est honnête est en même temps utile, *quidquid honestum, idem est utile.* Il est des gens qui donnent trop de soins à des choses obscures et difficiles, et qui cependant ne sont pas nécessaires, *quidam nimis magnum studium in res obscuras atque difficiles conferunt, easdemque non necessarias.*

L'emploi de *idem* pour *tamen* est surtout remarquable lorsqu'il sert à unir des attributs qui ont un sens opposé. Ex. : Quoiqu'il (Épicure) dise que la nature de Dieu est excellente et parfaite, cependant il nie que la bonté se trouve en Dieu, *quùm optimam et præstantissimam naturam Dei dicat esse, negat idem esse in Deo gratiam.*

Au contraire, on emploie quelquefois *ipse*, quand le même attribut accompagne un second sujet. Ex. : Commode ne rappela son père en rien, excepté par les succès qu'il obtint *aussi* contre les Germains. *Commodus nihil paternum habuit, nisi quòd contrà Germanos feliciter et ipse pugnavit.*

§ 602. *Is* renvoie à quelque chose qui précède, et donne plus de force à l'expression : il se joint alors à une conjonction, comme *et is, isque, et is quidem*; et à une négation, comme *nec is.* On dit aussi *sed is* quand l'attribut qu'on ajoute marque opposition. Ex. : Des liens [et des liens] éternels, *vincula verò et ea sempiterna.* Dans une seule maison, [maison] bien petite [encore], *una in domo, et eâ quidem angustâ.* Quelques jeunes gens [et] qui n'étaient point d'une basse naissance, *adolescentes aliquot, nec ii tenui loco orti.* J'approuve la sévérité, mais [une sévérité] modérée, comme tout doit être, *severitatem probo, sed eam, sicut alia, modicam.*

Iste est pour *is tuus*; *hic* est pour *hic meus* : *Cur non isthæc* mihi *œtas*, aut tibi hæc *sententia*! Que *n'ai-je ton* âge, ou que *n'as-tu mes* sentimens! *Istos rastros depone*, laissez-là *tes* râteaux.

§ 603. *Ille*, et surtout *hic* servent à traduire l'adjectif *suivant*, qui ne doit jamais s'exprimer par *sequens*. Ex. : De la manière suivante, *hoc modo*. — Il faut remarquer que *hoc dico* s'emploie ordinairement pour *hoc tantùm dico*, je dis seulement.

Ille lorsqu'il n'est point opposé à *hic*, se dit souvent d'une chose connue, fameuse, ancienne ou éloignée, mais présente à l'esprit de tout le monde ; il répond en français à l'expression *ce, cette célèbre*, etc. Ex. : Mithridate s'enfuit d'abord de son royaume, comme autrefois, dit-on, [*la célèbre*] Médée s'était enfuie de ce même pays, *primùm ex suo regno sic Mithridates profugit, ut ex eodem Ponto Medea illa quondam profugisse dicitur.*

Ille et *hic* se joignent, dans ce sens, aux adjectifs : *Accepimus patres vestros* asperrimos *illos*, etc. *Unguentis minùs diù delectamur summâ suavitate conditis, quàm his moderatis*, l'odorat savoure moins longtemps les parfums exquis que les odeurs simples. (Voyez les notes sur *is, ille, iste*, 3e partie, § 455.)

On se sert de *ille, illa, illud*, accompagné de *quidem*, pour rendre *ce, cet*, quand on veut appuyer sur le pronom ; il répond alors à l'expression française, *il est vrai, j'en conviens*. Ex. : *Est enim tarda illa quidem medicina, sed tamen magna*, ce remède est lent, j'en conviens, mais il est efficace. *Multi jam esse latini libri dicuntur scripti ab optimis illis quidem viris, sed non satis eruditis*, un grand nombre d'ouvrages latins, dit-on, ont été composés par des hommes recommandables, il est vrai, par leurs vertus, mais qui manquaient d'érudition.

§ 604. *Quidam* s'emploie très-rarement dans le sens de *nonnulli, aliquot*. *Quidam* se construit souvent avec les adjectifs et les substantifs pour adoucir ou affaiblir l'expression, surtout quand elle doit se prendre dans un sens figuré. Les meilleurs écrivains latins, et surtout Cicéron, en font un fréquent usage. Il répond aussi à l'expression française *pour ainsi dire*, en latin, *ut ita dicam*, dont on se sert également. Ex. : *Ex litteris tuis cognovi præposteram quamdam festinationem tuam*, votre lettre m'a fait connaître qu'il y avait eu de votre part une sorte d'empressement déplacé. — On trouve aussi *quasi quidam* ; *Omnes artes quasi cognatione quâdam inter se continentur*, tous les arts ont entre eux une sorte de parenté. On peut se servir de *quidam* pour traduire Un, une : *Incredibili quâdam magnitudine ingenii fuisse fertur Themistocles*, Thémistocle, dit-on, avait *une* incroyable élévation de génie.

§ 605. *Quisque* avec le superlatif d'un adjectif, au singulier et au pluriel, comme *optimus quisque*, ou *optimi quique*, est, en général, l'équivalent d'*omnes* avec le positif; mais lorsqu'il est suivi d'un verbe, il augmente la force du superlatif qu'il accompagne. Il répond au mot français *précisément*. Ex. : *Ex cœteris philosophis nonne* optimus quisque *et* gravissimus *confitetur multa se ignorare?*

parmi les autres philosophes, [*précisément*] les meilleurs et les plus respectables ne conviennent-ils pas qu'ils ignorent bien des choses?

Nous ferons observer que l'on trouve *quis* dans le sens de *aliquis*. Ex. : *Ubi enim* quid *esset quod disci posset, eò veniendum judicaverunt*; ils crurent devoir aller partout où il y avait quelque chose à apprendre. *Quid* pour *aliquid*. *Illis promissis standum non est, quæ coactus metu,* quis *promiserit*, il ne faut point tenir les promesses qui ont été arrachées par la crainte.

Voir la Méthode pour *aliquis*, *quispiam*.

VERBES.

§ 606. Le verbe *faire* suivi d'un infinitif, qui se traduit ordinairement par *curare*, *jubere*, *cogere*, *impellere*, etc., est souvent omis en latin et rentre dans la signification du verbe qu'il précède en français. Ex. : *Piso annulum sibi fecit*, Pison se *fit faire* un anneau. *Verres securi percussit archipiratam*, Verrès *fit trancher* la tête au chef des pirates.

§ 607. Lorsqu'on veut désigner des personnes par l'action qu'elles exécutent, ou par les circonstances où elles se trouvent temporairement, au lieu du substantif on emploie plutôt le verbe qui exprime cette action, en le faisant précéder d'un pronom relatif, comme *ii qui adsunt* au lieu de *præsentes*; *ii qui audiunt*, au lieu de *auditores*. — Cependant on emploie souvent les participes *audientes*, *adstantes*, *spectantes*, etc., surtout au génitif et au datif. Ex. : *Spectantes* (pour *spectatores*) *in re ficta plaudebant*, les spectateurs applaudissaient à une fiction. — Des curiosités, *ea quæ visenda sunt*.

§ 608. Lorsqu'on veut ajouter à un verbe précédent une nouvelle circonstance qui complète le sens de la phrase et qui lui donne plus de force, on répète ce verbe. Ex. : Pompée a été élevé aux plus grands honneurs de la république, dans un âge moins avancé que tous ceux qui y parvinrent avant lui, *Pompeius summos in republica honores assecutus est, et assecutus est maturius quam quisquam antè eum.*

Il faut rapporter à cette construction la répétition du participe passé passif, pour exprimer qu'une chose est accomplie. Ce participe remplace les adverbes *ensuite*, *puis*, *après*. Ex. : Il me chargea d'écrire la lettre, puis de la lui remettre, *mandavit mihi ut epistolam scriberem, scriptam sibi darem*.

§ 609. Dans les propositions négatives on remplace *dicere non* par *negare*, et *jubere non* par *vetare*. Ex. : Xénophon dit que les Perses ne mangent pas autre chose avec leur pain que du cresson, *negat Xenophon Persas ad panem adhibere quidquam præter nasturtium*. Ils nous ordonnent de ne pas le faire, ils ne veulent pas que nous le fassions, *hoc à nobis fieri vetant*.

§ 610. Les pronoms *en*, *y*, joints aux verbes *douter*, *empêcher*, etc., peuvent se rendre en latin de la manière suivante. Ex. : Je n'en doute pas, *non dubito quin hoc ita sit*. Bien des choses m'en ont empêché, *multa me impediverunt quominùs id facerem*.

§ 611. On a vu que, dans les interrogations, on répond ordinairement par le verbe de la demande. Ex. : Niez-vous donc? Oui, sans doute, *nempè negas? Prorsùs nego*. Quand la réponse doit être affirmative, on ajoute souvent l'adverbe *verò*. Ex. : M'accordez-vous que les âmes existent encore après la mort? Oui, *dasne animos manere post mortem? Do verò*. — Avec *verò* on sous-entend souvent le verbe de la réponse, et on le remplace par un pronom. Ex. : Dirai-je ce que je pense, *Dicamne quod sentio? Oui, Tu verò*. Voyez *Syntaxe*, § 347, *notes*.

§ 612. On a déjà vu dans la seconde partie que, pour exprimer l'ablatif de cause, on employait par circonlocution les participes *ductus, motus, commotus, adductus, incensus, impulsus*, et semblables. Ex. : Par amour pour sa patrie, *caritate patriæ ductus*. Il l'a promis par crainte, *hoc coactus metu promisit*. Dans l'espoir de, *spe impulsus*. Je m'en suis chargé par compassion, *hoc suscepi misericordiâ adductus*.

§ 613. *Soleo* est souvent employé pour *sæpè*, surtout à l'infinitif. Ex. : Il nous racontait que son père disait souvent, *narrabat patrem suum solitum fuisse dicere*.

§ 614. *Haud scio an*, *nescio an*, remplacent l'adverbe *peut-être, fortassè*. Ex. : On vous a accordé des honneurs qui, peut-être, n'ont été accordés à aucun autre, *tanti tibi honores habiti sunt, quanti haud scio an nemini*.

Après *haud scio*, *nescio an*, employés pour traduire *peut-être*, on se sert de *nullus, nemo, nihil, nunquàm*, et non pas de *ullus, quisquam, unquàm*, pour traduire *aucun, personne, jamais*. On ne cite qu'un passage où *nihil* est remplacé par *quidquam*, encore l'emploi de *quidquam* est-il contesté : *Haud scio an, exceptâ sapientiâ, quidquam* (ou *nihil*) *melius homini sit datum*, je ne sais si, à l'exception de la sagesse, rien de plus précieux a été donné à l'homme, etc.

ADVERBES.

§ 615. Lorsqu'un adjectif, en français, est pris *substantivement*, ou lorsqu'on traduit par un participe, en latin, un substantif français, on peut et l'on doit même, dans certains cas, remplacer par un adverbe l'adjectif qui accompagne ces substantifs. Voyez deuxième partie, § 250. Ex. : Les actions courageuses, *fortiter facta* (les traits de courage). On trouve aussi *fortia, illustria, gloriosa facta*. Mais on ne dirait pas *veri sapientes*; il faudrait dire *verè sapientes*, etc. Ce changement de l'adjectif en adverbe a lieu surtout pour les adjectifs de la deuxième déclinaison.

§ 616. Les expressions adverbiales *avec vérité*, *avec courage*, et semblables, se traduisent ordinairement par des adverbes. Ex. : Je puis le dire avec vérité, *verè hoc dicere possum*.

§ 617. Au lieu des adverbes numéraux *primùm*, *secundò* (*secundùm* est moins usité), *tertiùm*, *quartùm*, quand il n'est pas nécessaire d'indiquer rigoureusement l'ordre et le rang, on emploie de préférence les adverbes d'ordre *primùm*, *deindè*, *tùm*, *deniquè*, dans l'ordre que nous indiquons ici ; quelquefois même, au lieu de *deindè* on répète deux fois *tùm*, ou l'on emploie les expressions *hùc accedit*, *hùc adde*. Après *deniquè* on peut encore ajouter, pour conclure, *postremò*.

§ 618. 1° *Non-seulement... mais encore, mais même*, se traduit par *non modò*, *non solùm... sed etiam*, lorsqu'on passe *du petit au grand*. *Tullus Hostilius non solùm proximo regi dissimilis, sed ferocior etiam Romulo fuit*. Tullus Hostilius, non-seulement ne ressembla pas au roi son prédécesseur, mais il fut encore (il fut *même*) plus belliqueux que Romulus.

2° Lorsqu'on passe *du grand au petit*, on emploie ordinairement *sed* sans *etiam*. Ex. : *Jecissem me ipse potiùs in profundum, ut cæteros conservarem, quàm illos meî tam cupidos non modò ad certam mortem, sed in magnum vitæ discrimen adducerem*, je me serais précipité au fond de la mer, pour conserver tous les autres, plutôt que d'exposer, je *ne dis pas* à une mort certaine, *mais même* à un danger imminent, des gens qui ont pour moi tant d'affection. En latin, comme en français, on peut remplacer *non modò* par *non dicam*. Ex. : *Nullius tantum est flumen ingenii, nulla dicendi aut scribendi tanta vis, tantaque copia, quæ non dicam exornare, sed enarrare, res tuas gestas possit*, il n'est point de génie assez fécond, de bouche assez éloquente, de plume assez habile, je *ne dis pas* pour embellir vos actions, mais pour en faire le simple récit.

On trouve aussi *ne dicam* (pour *nedùm*) dans le même sens. Ex. : *Quæ civitas est in Asiâ quæ unius tribuni militum spiritus capere possit, ne dicam* (*nedùm*) *imperatoris aut legati*, quelle cité, en Asie, peut suffire à l'ambition d'un simple tribun militaire, bien loin de pouvoir suffire à celle d'un général ou d'un lieutenant ; ou peut suffire, je ne dis pas à l'ambition d'un général ou d'un lieutenant, mais même à celle, etc.

§ 619. Les propositions négatives, *non-seulement*, *ne pas... mais ne pas même*, se traduisent par *non modò non... sed ne quidem*. Ex. : *Ego non modò tibi non irascor, sed ne reprehendo quidem factum tuum*, non-seulement je ne m'emporte point contre vous, mais je ne blâme pas même ce que vous avez fait.

§ 620. Lorsque deux propositions négatives ont un attribut commun, on peut exprimer ou supprimer la négation après *non modò* dans la première proposition. Ex. : *Enunquam cre-*

ditis fando auditum esse, *Numam Pompilium*, non modo non *patricium*, *se ne civem quidem romanum*, *Romæ regnasse?* croyez-vous qu'on n'ait jamais ouï dire que Numa Pompilius, sans être, je ne dis pas patricien, mais même citoyen romain, régna à Rome? — *Anci filii semper pro indignissimo habuerant*, *regnare Romæ advenam*, *non modo civicæ*, *sed ne italicæ quidem stirpis*, les fils d'Ancus ne pouvaient souffrir de voir régner à Rome un étranger, qui non-seulement n'était point d'origine romaine, mais pas même d'origine italienne. *Non modo civicæ*, pour *non modo non civicæ*. *Talis vir non modo facere* (pour *non facere*), *sed ne cogitare quidem quidquam audebit*, etc.

Il faut remarquer que les mots qui contiennent une négation, tels que *nullus*, *nemo*, *nunquam*, conservent encore cette négation après *non modo*. Ex. : *Quod non modo Siculus nemo*, *sed ne Sicilia quidem tota potuisset*, non-seulement aucun Sicilien, mais la Sicile tout entière, etc.

§ 621. *Tantùm non* répond au grec μόνον ούκ. Il remplace *ferè*, *penè*, *propemodum*, presque, peu s'en faut. Ex. : *Hostes tantùm non accersiverunt*, peu s'en est fallu qu'ils n'aient appelé les ennemis.

Tantùm quòd a un sens approchant, lorsqu'il est suivi d'une négation. Ex. : *Tantùm quòd hominem non nominat*, excepté qu'il ne nomme pas, il nomme presque l'homme. — Quand il n'est pas suivi d'une négation, il répond à *vix*, à peine. Ex. : *Tantùm quòd pueritiam egressus*, à peine sorti de l'enfance.

§ 622. *Non ità* signifie pas aussi, pas autant, pas très, pas beaucoup. Ex. : *Non ità longè aberat*, il n'était pas aussi loin (sous-entendu qu'on pouvait le penser) ou pas très loin. — *Simulacra præclara*, *sed non ità antiqua*, de belles statues, mais non fort anciennes.

§ 623. *Non item*, non de même, non également, non autant, etc., marque opposition. Ex. : *O spectaculum uni Crasso jucundum*, *cæteris non item*, ô spectacle agréable au seul Crassus, mais non également aux autres.

§ 624. *Minùs* et *parùm* sont souvent employés pour *non*, par élégance, et pour adoucir l'expression; on sous-entend *quàm possum*, *poteram*, *as*, *quàm debebam*, *as*, etc. Ex. : *Minus rectè respondisti*, vous n'avez pas bien répondu, c'est-à-dire aussi bien que vous pouviez.

CONJONCTIONS.

§ 625. La conjonction *dùm*, tandis que, change de signification après une négation, et répond à encore. Ex. : *Nondùm venit*, il n'est pas encore venu. On dit aussi *hauddùm*, *nequedùm*, *necdùm*, pas encore ; *nullusdùm*, pas encore un seul ; *nihildùm*, rien encore ; *vixdùm*, à peine, à grand'peine.

§ 626. *Atque adeò*, et même, signifie aussi ou plutôt. *Quam legem corrigit*, atque adeò *totam tollit*, il amende cette loi, ou plutôt il l'abroge.

§ 627. On dit mieux *nec ullus*, *nec quisquam*, *nec unquàm*, *nec usquàm*, que *et nullus*, *et nemo*, *et nunquàm*, *et nusquàm*. Ex. : *Impedit consilium voluptas*, nec habet ullum *cum virtute commercium*, pour *nullumque habet*, etc. La volupté corrompt le jugement, et ne peut s'allier avec la vertu. *Horæ quidem cedunt, et dies, et menses, et anni*, nec *præteritum tempus* unquàm *revertitur*, pour *et nunquàm*, etc. Les heures, les jours, les mois, les années s'écoulent, et le temps passé ne revient plus. — On dit aussi : *ne ullus*, *ne unquàm*, *ne usquàm*, etc., pour *ut nemo*, *ut nunquàm*, etc. Ex. : *Te moneo magnitudinem animi tui ne unquàm* (pour *ut nunquàm*) *inflectas*.

§ 628. *Si quis* a un sens indéterminé, et répond aux expressions *un peu*, *quelque*. Ex. : *Nuda ferè Alpium cacumina sunt, et si quid est pabuli, obruunt nives*, le sommet des Alpes est presque nu, et le peu d'herbe qui s'y trouve est enfoui sous la neige. *Si quam habemus facultatem*, le peu de talent que nous avons.

On se sert des conjonctions *igitur*, *itaque*, *verùm*. *verùmtamen*, *sed*, *sedtamen*, *nam*, pour rappeler l'idée énoncée dans la phrase principale, lorsque la construction a été suspendue par une phrase incidente. Ces conjonctions remplacent *inquam*, dis-je. Ex. : *Cæsar quùm ostendisset se, priusquàm proficisceretur, Dolabellam consulem esse jussurum ; quùm negant esse regem qui et faceret semper ejusmodi aliquid et diceret ; sed quùm Cæsar ita dixisset, tùm hic bonus augur*, etc. César ayant fait connaître qu'avant son départ, il ferait proclamer Dolabella consul ; César qui, dit-on, n'est point roi, quoiqu'il agisse et parle toujours ainsi ; César, dis-je, ayant annoncé cela, alors cet honnête augure, etc.

§ 629. On a déjà vu que *nisi*, avec ellipse du verbe qui s'y rapporte, quand cette conjonction se rapporte elle-même au verbe principal, s'emploie dans le sens de *præter*, *præterquàm*, excepté ; mais cela n'a lieu qu'après les négations ou les interrogations négatives. Ex. : *Athenienses auxilium* nusquàm nisi *à Lacedæmoniis petiverunt*. On dirait aussi *præterquàm à Lacedæmoniis*. Les Athéniens ne demandèrent du secours qu'aux Lacédémoniens. — *Quem unquàm civem senatus nisi* (ou *præter*) *me nationibus exteris commendavit* ? Quel citoyen, excepté moi, a jamais été recommandé par le sénat aux nations étrangères ? On doit toujours se servir de *præter*, *præterquàm*, quand le premier membre de phrase n'est pas négatif. Ex. : *Præda omnis, præterquàm hominum captorum, militi concessa est*, (on ne dirait pas *nisi hominum*), tout le butin, excepté les prisonniers, fut abandonné aux soldats. Cependant on se sert indifféremment de *nisi quòd* ou *præterquàm quòd*. Ex. : *Tusculanum et Pompeianum me valdè oblectant*, nisi quòd *me ære alieno obruerunt*, ma maison de Tusculum et celle de Pompéi font mes délices, sauf toutefois les dettes énormes qu'elles m'ont fait contracter. — *Nisi ut* s'emploie dans un autre sens; *ut* conserve la signification qui lui est propre. Ex. : *Nihil aliud ex hac re quœro, nisi ut homines intelligant*, en cela, je n'ai d'autre but que de faire comprendre (aux hommes).

Il y a une différence à observer dans l'emploi de *nisi* et de *quàm* après *nihil aliud*. Il ne faut se servir de *quàm* qu'autant qu'on peut sous-entendre *tàm* avant *quàm*. Autrement on doit se servir de *nisi*. Ex. *Nihil aliud est discere, nisi recordari*, apprendre n'est autre chose que se rappeler, *nisi* et non *quàm*. *Bellum ita suscipiatur, ut nihil aliud nisi ou quàm pax quæsita videatur*, quand on entreprend la guerre, on doit paraître ne chercher que la paix. On peut se servir de *quàm*, parce que le sens de la phrase est : on ne doit chercher rien autre chose autant que la paix. *Nihil aliud molitus est quàm ut civitates in suâ teneret potestate*. (*Tàm molitus est quàm*.)

§ 630. Les conjonctions *et*, *que*, *atque*, réunissent souvent deux substantifs, dont le second devrait être gouverné par le premier au génitif, ou devrait faire les fonctions d'adjectif. Ex. : *Ut sœpè homines ægri morbo gravi, quùm æstuque febrique jactantur*, etc., comme il arrive souvent que dans une maladie grave, quand le malade est agité par les transports de la fièvre (*æstu febrique*, pour *æstu febris*). *Quòd ex his studiis hæc quoque censetur oratio et facultas*, pour *facultas dicendi*, c'est à ces études qu'est dû le talent de la parole. *Veteranos coloniamque deducere*, pour *coloniam veteranorum*, etc.

DU PLÉONASME.

§ 631. Souvent on répète, après le *qui* relatif, le substantif antécédent pour donner de la force ou de la clarté à la phrase. Ex.: *Quùm in eo ordine videamus esse multos non idoneos, qui ordo industriæ propositus est et dignitati*, puisque nous voyons beaucoup de gens incapables dans cet ordre qui doit donner l'exemple des talens et de la dignité. Ce pléonasme a lieu avec *dies*. Ex. : *Fore in armis certo die, qui dies futurus erat a. d. VI. cal. (ante diem sextum calendas) Novembris*, il devait prendre les armes à un jour fixé, et ce jour devait être le sixième avant les Calendes de Novembre. La répétition du substantif devient nécessaire quand le relatif est précédé de deux substantifs et qu'on ne pourrait reconnaître auquel des deux il doit se rapporter. Ex. : *Litteras misit de villico P. Septimi, hominis ornati, qui villicus cædem fecerat*; il envoya la lettre écrite au sujet du métayer de l'honorable *P. Septimus* : c'était ce métayer qui avait commis le meurtre.

§ 632. Les pronoms *is* et *ille* forment, comme on l'a vu ci-dessus, un pléonasme avec *quidem*. Ex. : *Ludo autem et joco uti illo quidem licet, sed sicut somno et quietibus cæteris, tum*, etc. On peut se permettre les jeux et les plaisanteries, mais comme le sommeil et les autres délassemens, lorsque, etc. — *Ille* est encore redondant après *at*. Ex. : *Hi magnopere suadebant ut retrò abiret, spatiososque Mesopotamiæ campos repeteret; si id consilium dam-*

naret, at ille *divideret saltem copias innumerabiles*, ils insistaient fortement pour qu'il revînt sur ses pas, et regagnât les vastes plaines de la Mésopotamie ; s'il n'approuvait point ce projet, du moins il devait diviser ses troupes innombrables.

§ 633. La préposition *inter* se répète élégamment après les verbes dans la composition desquels elle entre. Ex. : *Sic te ipse abjicies atque prosternes, ut nihil* inter *te atque* inter *quadrupedem aliquam putas interesse* ? T'abaisseras-tu, te dégraderas-tu au point de penser qu'il n'existe aucune différence entre ta nature et celle de la brute?

D'autres prépositions monosyllabes, telles que *ab*, *de*, *ex*, *in*, se répètent quand les substantifs et les adjectifs qui leur servent de régime sont l'un et l'autre précédés de *et*. Ex. : *Ut eorum et in bellicis et in civilibus officiis vigeat industria*, afin qu'ils paraissent avec distinction dans les emplois civils et militaires.

§ 684. On a déjà vu que souvent on se sert, par une sorte de pléonasme, du datif des pronoms personnels pour donner plus d'énergie à l'expression : *Ad illa* mihi *pro se quisque acriter intendat animum. Quid* mihi *Celsus agit?* etc. Mais le datif *sibi*, joint à *suus*, et plus souvent à l'ablatif *suo*, forme un véritable pléonasme. Ex : *Suo sibi hunc gladio jugulo*, je l'égorge avec sa propre épée. *Factus est Scipio* consul *ibis*, *primum ante tempus, iterum sibi suo tempore, reipublicæ penè serò*. Scipion fut deux fois consul, d'abord avant l'âge prescrit, puis en son temps, et presque trop tard pour la République.

§ 635. On trouve aussi souvent *potius*, *magis*, avec *malle* et *præstare*, et quelquefois avec le comparatif. Ex. : *Ut emori potius quàm servire præstaret.* — *Qui magis verè vincere, quàm diù imperare malit.*—*Mihi quævis fuga* potiùs *quàm ulla provincia esset optatior*. (La construction est : *Mihi quævis fuga esset optatior potiùs quàm ulla*, etc.) Nous pensons qu'il faut rarement imiter ce pléonasme.

§ 636. *Sic*, *ita*, *hoc*, *illud*, forment souvent pléonasme avec le verbe de la proposition qu'ils annoncent. Ex. : *Quùm sibi ita persuasisset ipse, meas de se accuratè scriptas litteras maximum apud te pondus habituras*, comme il s'était persuadé qu'une lettre, où je le recommanderais vivement, serait d'un grand poids auprès de vous, etc. *Hoc te intelligere volo, pergraviter illum esse offensum*, je veux que vous compreniez qu'il se trouve gravement offensé. *Illud te admoneo ut quotidiè meditere*, etc., je vous avertis de réfléchir chaque jour, etc. *Sic*, *ita*, *hoc*, *illud*, ainsi placés, donnent plus de force à l'expression.

§ 637. C'est encore une espèce de pléonasme que l'emploi du verbe *dico* et semblables, dans la citation indirecte du discours d'un autre. Ainsi, au lieu de dire : *A Pausaniâ, Lentuli liberto, audivi te secum esse questum quòd...*, Cicéron a dit : *A Pausaniâ, Lentuli liberto, audivi quùm diceret te secum esse questum quòd tibi obviam non prodiissem*, j'ai entendu dire à (j'ai appris de)

Pausanias, affranchi de Lentulus, que vous vous étiez plaint à lui que je ne fusse point allé au-devant de vous. *Sæpe ex Sulpicio audiebam, quùm se scribere, neque consuesse neque posse diceret,* pour *audiebam... se scribere neque consuesse neque posse.* J'ai souvent entendu dire à Sulpicius qu'il n'avait point l'habitude d'écrire et qu'il ne le pouvait pas. *Atque ita locutus est ut auctoritatem vestram vitæ suæ se diceret anteferre,* pour *dixit se anteferre.* Il déclara qu'il préférait votre autorité à sa vie même, etc.

On trouve souvent un semblable pléonasme dans l'emploi des verbes *putare, existimare,* après des verbes synonymes employés dans la proposition principale. Ex. : *Cogitate nunc... quid ex cœteris locis exportatum putetis,* pour *cogitate quid exportatum sit,* etc. Pensez à ce qui a été exporté des autres lieux. — *Ed vos conjecturâ perspicite, quantum illud bellum futurum putetis,* pour *quantum futurum (esset) illud bellum,* voyez par là combien serait devenue redoutable cette guerre, etc. — Les pléonasmes suivans sont encore de la même nature. Ex. : *In hâc fuere sententiâ ut existimarent,* leur opinion fut. *Neque enim permissum est ut impunè nobis liceat,* pour *non impunè licet nobis.* — *Delphos deliberatum missi sunt qui consulerent Apollinem,* pour *Delphos missi sunt qui consulerent Apollinem,* on envoya une députation à Delphes, pour consulter Apollon.

Videri, dans les propositions dépendantes, forme souvent un pléonasme ; Cicéron affectionne cette circonlocution. Ex. : *Restat ut de imperatore... deligendo dicendum esse videatur,* pour *restat ut dicendum sit,* il reste maintenant à parler (il nous paraît à propos de parler maintenant) du choix d'un général. *Reliquum est ut de Q. Catuli auctoritate et sententiâ dicendum esse videatur,* etc.

§ 638. On se sert très-souvent de *facere ut, est ut,* par circonlocution. Ex. : *Invitus quidem feci ut L. Flaminium è senatu ejicerem,* pour *invitus ejeci,* c'est bien malgré moi que j'ai expulsé L. Flaminius du sénat. — *Faciendum mihi putavi ut litteris tuis breviter responderem,* j'ai cru devoir répondre brièvement à votre lettre. — *Facio libenter ut per litteras tecum colloquar,* c'est avec plaisir que je m'entretiens avec vous par lettres. — *Ille erat ut odisset defensorem salutis meæ,* pour *oderat,* il haïssait (il devait haïr) mon défenseur. — *Est ut plerique philosophi nulla tradant præcepta dicendi,* la plupart des philosophes (pour l'ordinaire, la plupart des philosophes) ne donnent point de préceptes sur l'art de parler. — Mais *est ut* diffère de *non est ut* employé pour *licet.* Ex. : *Non est ut veniat,* il est impossible qu'il vienne.

§ 539. C'est encore par pléonasme que les Latins emploient deux négations au lieu de l'affirmation : non-seulement ils ôtent la négation aux mots tels que *nemo, nullus, nihil, nunquàm, nusquàm, nescio, ignoro,* en les faisant suivre ou précéder de *non,* mais ils donnent aussi la signification de *et* à la conjonction négative *neque*, par l'addition d'un mot négatif. Ex. : *Neque hæc non evenerunt*, et en effet cela arriva. *Neque tamen ea non pia et probanda fuerunt*, et cependant cela était juste et digne d'approbation.

Deux négations ne s'entre-détruisent pas, lorsque la proposition principale négative est coupée par une phrase incidente également négative, ou quand elle est suivie d'une phrase secondaire négative ; mais *neque... neque, nec... nec*, dans la phrase secondaire, ont la même valeur que *et*. Ex. : *Nemo unquam neque* (pour *et*) *poeta, neque* (pour *et*) *orator fuit, qui quemquam meliorem quàm se arbitraretur*, jamais ni poëte ni orateur n'a pensé que personne pût lui être supérieur. *Non medius fidius præ lacrymis possum reliqua nec cogitare, nec scribere*, non, je ne puis ni porter plus loin ma pensée, ni écrire davantage ; les larmes m'en empêchent.

§ 640. *Ne non*, après *vide*, peut se traduire par *si*, ou *peut-être*. Ex. : *Vide ne non sit necesse*, voyez s'il est nécessaire (peut-être n'est-il pas...). *Vide igitur ne nulla sit divinatio*, voyez s'il existe un art de prédire l'avenir (peut-être n'existe-t-il pas, etc.).

§ 641. Il faut remarquer que *non* placé devant un autre mot négatif, non-seulement lui donne un sens affirmatif, mais aussi rend, en même temps, l'expression plus réservée, surtout avec les superlatifs. Ainsi *homo non indoctus* signifie *homo sanè doctus*, homme qui n'est point sans instruction ; *non imperitissimus,* — *sanè peritus*, qui est loin de manquer d'habileté. *Non ignoro, non nescio,* — *scio equidem*, je sais bien, etc.

§ 642. *Nemo, nullus, nihil, nunquàm*, ont un sens différent, suivant que *non* les précède ou les suit.

Non nemo signifie quelqu'un ; *nemo non*, chacun (tout le monde).

Non nulli, quelques ; *nulli non*, chacun, tous.

Non nihil, quelque chose ; *nihil non*, tout.

Non nunquàm, quelquefois ; *nunquàm non*, toujours.

De même *nusquàm non* signifie partout, mais *non nusquàm* n'est pas usité et se remplace par *alicubi*. On a déjà vu que *non nisi, nisi non*, signifie *ne...., que, seulement*; *nisi in bonis amicitia esse non potest*, l'amitié ne peut exister qu'entre les gens de bien. — *Modò non* ou *tantùm non*, presque. *Tantùm non jam capta Lacedæmon erat*, Lacédémone était presque prise. *Non possum non* signifie je ne puis m'empêcher : *Non possum non timere*, je ne puis m'empêcher de craindre. Si l'on met un infinitif entre une négation et *non*, la négation n'est plus détruite : *Nihil agere animus non potest*, il est impossible à l'âme de ne rien faire, de rester dans l'inaction.

§ 643. C'est aussi un pléonasme que la répétition d'une conjonction, quand les deux membres de phrase sont séparés par une incidente. En. : *Si quis vobis humillimus homo de plebe, si quis ex his*, si l'un des derniers de cette populace, que.... ; si l'un de ceux, etc. *Quivis ut, quùm adspexisset, non se prætoris convivium, sed ut cannensem pugnam nequitiæ videre arbitraretur*, à la vue [de ces tristes effets de la débauche], le spectateur n'eût pas reconnu la table d'un préteur, il aurait cru, dans ce désordre, voir les débris d'une autre bataille de Cannes.

Et paraît former pléonasme après *multi*, quand il est suivi d'un autre adjectif. Ex. : *Multæ et magnæ res*, beaucoup d'affaires importantes, etc.

DE L'ELLIPSE.

N. B. Parmi les ellipses dont nous donnons ici des exemples, quelques-unes se rattachent à la syntaxe d'élégance ; d'autres doivent être connues pour l'intelligence des auteurs.

§ 644. On trouve *Annibal Gisconis*, sous-entendu *filius*, ce qui n'a guère lieu que pour les noms barbares. *Terentia Ciceronis*, sous-entendu *filia*. *Hectoris Andromache*, sous-entendu *uxor*. L'ellipse de *uxor* n'est pas ordinaire. — On fait souvent l'ellipse de *ædes*, *templum*, mais seulement lorsque ces mots doivent être précédés d'une préposition. Alors le nom de la divinité reste au génitif. Ex. : *Habitabat rex ad Jovis Statoris*, le roi habitait près du temple de Jupiter Stator. *A Vestæ ducta est*, on la conduisit depuis le temple de Vesta, etc.

§ 645. Les autres substantifs dont l'ellipse a lieu le plus souvent sont : *locus* devant les adverbes de lieu : *Habes ubi ostendas virtutem tuam* (*habes locum ubi*, etc.), voici une occasion de montrer votre vertu (ou votre courage). *Tempus* avec les locutions *ex eo, ex quo, brevi* (sous-entendu *tempore*). *Pars* avec les adjectifs *tertia*, le tiers, *decuma*, le dixième, la dîme, etc., et au pluriel, *partes*, rôles, avec *primæ, secundæ*. Ex. : *Primas agere, tenere*, jouer le premier rôle, tenir le premier rang, etc. *Aqua* avec les adjectifs *frigida, calida* ; *caro* avec les adjectifs *ferina, agnina, bubula, canina, porcina*, etc. *Mare* avec *altum*, la pleine mer. *Prædium*, une terre, avec les adjectifs qui dérivent des noms des villes : *In Pompeianum properabam, in Tusculano eram*, etc. etc. *Ordo*, rang, suite, dans l'expression *in quatuor decim sedere*, être au quatorzième rang, c'est-à-dire avoir place parmi les chevaliers. *Modius*, boisseau ; *Millia frumenti* (s.-ent. *modiorum*), des milliers de boisseaux de froment, etc. — *Causâ* est quelquefois sous-entendu : *Jusjurandum rei servandæ institutum est* (*causâ*).

§ 646. On omet souvent *is*, *ea*, *id*, devant et après le relatif, surtout quand ils doivent être mis tous deux au même cas ; mais on le conserve aussi pour donner plus de force à l'expression : *Malè se res habet, quùm quod virtute effici debet, id tentatur pecuniâ.* (On aurait pu supprimer *id*.) C'est un malheur quand on cherche à obtenir par de l'argent ce qu'on ne doit obtenir que par le mérite.

On supprime souvent les adjectifs démonstratifs quand on peut les suppléer par les relatifs, c'est-à-dire, quand ils doivent être mis au même cas. Ex. : *Discipulum maximè probo qualem te fore promisisti;* pour *talem qualem. Quantâ potuit celeritate cucurrit;* pour *tantâ quantâ;* surtout en ajoutant *maximus : Quantâ maximâ curâ potero.* Le démonstratif est quelquefois supprimé devant les adverbes relatifs : *Undè semel pecuniam sumpsisti, iterùm sume;* (*indè iterùm*).

On n'exprime pas le pronom *is* quand il doit se mettre au même cas oblique que le nom précédent auquel il se rapporte. Ex. : *Multos illustrat fortuna, dùm vexat;* pour *dùm eos vexat.*

§ 647. On se sert souvent de la formule de transition *quid? quod,* pour *quid dicam de eo quod.* Ex. : *Facilè intelligi potest animum et audire et sentire, non eas partes quæ quasi fenestræ sunt animi... Quid? quod, eâdem mente res difficillimas comprehendimus;* il est évident que c'est l'âme qui voit et qui entend, et que ce ne sont pas les parties du corps qui ne servent, pour ainsi dire, que d'ouvertures extérieures à l'âme; de plus, la même âme réunit des perceptions bien différentes. — On se sert de *quid multa, plura? Ne multa, ne plura, ne multis* (s.-ent. *dicam*), pour exprimer en un mot.

§ 648. *Nihil ad me,* peu m'importe, sous-entendu, *pertinet. Quo mihi hanc rem? Quo mihi fortunam?* à quoi bon cela? à quoi bon la fortune? sous-entendu *offers, das,* etc. *Quid mihi cum* (*hâc re,* etc.)? qu'ai-je de commun avec? etc.

On sous-entend souvent *inquit* quand on passe au style direct : *Turpemque, aperto pignore, errorem probans ; En hic declarat* (sous-entendu *inquit*) *quales sitis judices;* et leur donnant une preuve évidente de leur grossière erreur : Voilà qui prouve, dit-il, quels bons juges vous êtes. Et dans les dialogues : *Tùm ille : huic ego,* sous-entendu *inquit.* Avec *bene,* on sous-entend *facit : Bene igitur Chrysippus,* etc. — On sous-entend quelquefois *oro, rogo,* dans les apostrophes suivantes : Ex. : *Per ego vos deos patrios, vindicate patriam;* pour *per deos patrios ego vos oro.*

§ 649. Il est élégant de sous-entendre dans le deuxième membre de phrase le verbe duquel dépend l'infinitif, quand ce verbe serait le même que celui du premier membre de phrase. *Ut enim cupiditatibus principum et vitiis infici solet tota civitas, sic emendari et corrigi continentiâ* (sous-entendu *solet*) si, pour l'ordinaire, les passions et les vices des grands corrompent un état, (ordinairement aussi) leur modération peut corriger et réformer les mœurs.

L'ellipse du verbe est encore permise avec un changement de personne : *Magis ego te amo quàm tu me;* sous-entendu *amas.*

On trouve aussi l'ellipse de *dico,* quand il est précédé de *nego. Plerique negant Cæsarem in conditione mansurum,* postulataque hæc ab eo interposita esse, quominus, etc., c'est-à-dire *et dicunt postulata hæc ab eo*, etc. Il faut encore remarquer les ellipses suivantes : *Opus est te animo valere, ut corpore possis* (sous-entendu *valere*). — *Ne illam quidem consequentur quam putant gloriam*, c'est-à-dire *quam putant se consecuturos*.

On sous-entend souvent le verbe *sum*. Ex. : *Summum jus, summa injuria* (sous-entendu *est*); *omnia præclara rara* (*sunt*); *jucundi acti labores.*

§ 650. Au lieu de *ut*, après *tantum abest ut*, on se sert quelquefois de *vix*. *Tantum abfuit ut inflammares animos nostros, somnum vix tenebamus*, loin que vos discours nous enflammassent, nous avions peine à ne pas nous endormir.

On supprime quelquefois la conjonction *si* dans les phrases interrogatives : *Casus medicusve levarit ægrum ex præcipiti, mater delira, necabit*, si le hasard ou le médecin a sauvé le malade du danger, une mère insensée le tuera. Les conjonctions *vero*, *autem*, sont souvent sous-entendues. *Vincere scis, Annibal : victoria uti nescis*, tu sais vaincre; mais tu ne sais pas profiter de la victoire.

La suppression de la conjonction a encore lieu quand on oppose deux mots isolés. Ex. : *Velim nolim*, je puis vouloir et ne pas vouloir, que je veuille ou ne veuille pas. *Maxima minima*, le plus grand comme le plus petit. *Prima postrema*, depuis le premier jusqu'au dernier. *Ire redire*, aller et venir, etc.

§ 651. Il faut remarquer l'abréviation qui consiste à mettre au pluriel un *prénom* ou un *nom* qui appartient à plusieurs personnes. Ex. : Spurii *Cassius et Melius*, pour *Spurius Cassius et Spurius Melius*; *Tiberius et Caius* Gracchi, pour *Tiberius Gracchus et Caius Gracchus*. *Cum legionibus secunda et tertia*, pour *cum secunda et tertia legione*.

ORDRE DES MOTS ET CONSTRUCTION DE LA PÉRIODE.

§ 652. Il y a deux règles principales à suivre dans la construction des mots : 1° Le mot le plus important pour la pensée et pour le sentiment se place le premier; 2° les mots qui sont nécessaires à exprimer complétement l'idée se suivent sans interruption.

Dans la plupart des langues modernes, on suit ordinairement la construction naturelle; en latin, au contraire, quelle que soit la partie qui commence la phrase, l'ordre des autres parties reste libre; on peut séparer l'adverbe du verbe, l'adjectif du substantif, la préposition de son complément (régime); l'importance de l'idée décide de la place que doivent occuper les mots qui l'expriment.

Mais comme on ne parle pas toujours avec force, et que dans la langue ordinaire on cherche l'expression la plus simple pour rendre les pensées, il y a dans chaque langue un ordre de mots dont on ne s'écarte pas sans motif. En latin, cet ordre consiste à placer dans le récit le *sujet* (nominatif) immédiatement après les *conjonctions*, ensuite *les cas obliques* (génitif, datif, etc.) avec tous les autres mots accessoires. Il faut, en général, que l'idée principale soit précédée plutôt que suivie des déterminations accessoires : après le premier mot de la proposition, c'est le dernier qui est le plus important pour le sens, et quand on ne termine pas la proposition par le verbe, ce doit être par un mot encore plus significatif.

Cependant on ne place pas le verbe à la fin de la proposition, quand la phrase serait trop longue pour que l'attention de l'auditeur se soutînt jusqu'à la fin, ou quand elle se terminerait par plusieurs verbes. Ainsi, au lieu de *se incolumem esse non posse demonstrat*, il vaut mieux dire : *demonstrat se incolumem esse non posse*. Dans le *style épistolaire et familier* on ne s'astreint pas non plus à terminer la phrase par un verbe.

§ 653. On donne pour règle générale que les cas obliques, et surtout le génitif, se placent devant les mots qui les régissent : cependant, il vaut mieux déterminer l'ordre des mots par l'importance qu'on donne à chacun de ces mots, et placer d'abord le mot sur lequel on veut appeler l'attention. Ainsi l'on dira bien, en plaçant le génitif devant le nominatif de la phrase : STELLARUM *globi* TERRÆ *magnitudinem facilè vincunt*, plutôt que *globi stellarum magnitudinem terræ*, etc. — *Quotiès* FELICITATIS *causa et initium fuit quod calamitas vocabatur!* — *Terra quæ* VITIBUS *apta est, etiam* ARBORIBUS *est utilis*, pour *apta vitibus*, etc. — Mais on dira avec la construction naturelle : *Similes parentibus ac majoribus suis filii plerumquè creduntur.* — *Is profectò mortem attulit qui causa mortis fuit.*

§ 654. On peut dire : *In legendis imitandisque scriptoribus*, ou *in scriptoribus legendis et imitandis*, et non *in legendis scriptoribus et imitandis*, parce qu'on ne doit pas placer entre plusieurs mots les expressions qui déterminent ces mots.—On dira de même : *Quùm respondere neque vellet, neque posset*, et non : *Quùm neque vellet respondere, neque posset*.—*Habentur et dicuntur tyranni*.—*Amicitiam nec usu nec ratione habent cognitam*, et non *nec usu habent cognitam nec ratione*, etc. Cependant on s'écarte quelquefois de cette règle par une négligence apparente, surtout dans le style familier et quand l'harmonie l'exige. Ex. : *Philosophia et litteris græcis percipi potest et doctoribus*.

§ 655. L'adjectif se place avant ou après le substantif, suivant l'effet qu'on veut produire ; cependant il faut éviter de placer un substantif monosyllabe après un adjectif polysyllabe, parce que le substantif s'effacerait complètement ; ainsi, ne dites pas : *Immortales dii*; mais *dii immortales*! dites *Rex potentissimus*, et non *potentissimus rex*.

Il est élégant de placer entre l'adjectif et le substantif des mots qui n'en dépendent pas, mais qui déterminent l'idée du nom, Ex. : *Magnum* animo cepi *dolorem*; animo détermine l'idée de *dolorem* et n'en est pas le régime. *Ut cuperem quàm celerrimè res nostras monumentis commendari tuis*.

§ 656. On peut séparer une préposition et son complément (régime) par un génitif qui ne forme qu'une idée avec le substantif dont il dépend. Ex. : *Nomen legati ejusmodi esse debet, quod non modò* inter *sociorum* jura, *sed etiam* inter *hostium* tela *incolume versetur*. Mais on ne dirait pas : *Ad* præsidiis *firmanda mœnia. In* mihi *invisum locum* ; parce que *præsidiis* et *mihi* ne forment pas une seule et même idée avec *mœnia* et *locum*.—Un adverbe peut suivre la préposition, si le verbe vient immédiatement après. Ex. : *Ad rectè discendas litteras græcas*.—Il faut éviter de terminer les phrases ou les périodes de manière à rappeler la mesure des vers hexamètres, comme par *esse videtur*.

§ 657. Les mots qui tiennent lieu de titres se placent ordinairement après les noms propres, à moins qu'ils n'expriment une idée qu'on veuille faire ressortir. Ex. : *Q. Mucius* augur *multa narrare de C. Lælio* soceno *suo... solebat. Lysimachus* rex, etc. Mais on dirait : *Ad Coriolanum* mater *Veturia* et Uxor *Volumnia venerunt*.

Les mots qui sont en opposition se placent volontiers à côté l'un de l'autre. Ex. : *Alius alium vituperat. Alius aliundè venit. Manus manum lavat. Cuneus cuneum trudit*. Il en est de même pour les pronoms possessifs et personnels. Ex. : *Mea mihi conscientia pluris est quàm omnium sermo. Sequere quò tua te natura ducit*.

Quand *non* se rapporte à un seul mot, il se place toujours devant ce mot. Ex. : Non *te reprehendo, sed fortunam*. Mais si la négation tombe sur la proposition tout entière, *non* se place devant le verbe duquel dépend un infinitif. Ex. : *Cur tantoperè te angas, intelligere sanè* non *possum*. On a vu qu'au lieu de *dico non*, je dis que non, on se sert de *nego*. *Negavit eum adesse*.— Les mots négatifs *non, neque, nemo, nullus*, se placent devant les adjectifs et les adverbes négatifs *quisquam, ullus, unquàm*. Ex. : *Nemini quidquam*, et non *quidquam nemini. Nemo unquàm*, et non *unquàm nemo*.

§ 658. Il y a certaines formules où l'ordre des mots paraît déterminé. Ex. : *Civis romanus. Populus romanus. Terrà marique. Pontifex maximus. Magister equitum. Jupiter optimus maximus*, etc. Les ablatifs *opinione, spe, justo, solito*, et semblables, se placent presque toujours devant le comparatif : *solito tristior ; dimidio minor; opinione major. Quisque* se place après *suus : suum cuique pulchrum videtur*. On dit *mihi crede*, plutôt que *crede mihi*.

Quand on cite les paroles de quelqu'un, *inquit* se place après un ou plusieurs mots, ou mieux encore il forme incise dans le discours de celui qu'on fait parler. Ex. : *Tum Cocles : Tiberine pater, inquit, te, sancte, precor*, etc. *Ait* se place au commencement ou au milieu du discours qu'on rapporte. Les poëtes seuls se servent aussi de *dicit*, *dixit*.

§ 659. Pour lier les phrases entre elles et éviter la répétition de *et*, on se sert des adjectifs et des adverbes relatifs, tant que le sujet ne change pas. Ex. : *Quod quùm audivissem; quod si fecissem*, pour *et hoc quùm..., et hoc si....* — *Quod qui facit, eum ego impium judico*, pour *et his qui hoc facit*, etc. *Contrà quem qui exercitus duxerunt, iis senatus singulares honores decrevit*, pour *et iis qui duxerunt.... contrà eum*, etc. — Cependant on ne dit pas *qui verò* dans le sens de *et ille verò*, parce que les conjonctions copulatives ne s'associent pas avec les adversatives. Ainsi ne dites pas : *Multa mihi promisit, quæ verò non præstitit;* dites *sed ea non*, etc. On se sert de *qui verò*, lorsqu'il signifie seulement, *sed ille qui*. Ex. : *Horum juvenum consuetudine utere; qui verò petulantes sint, eos procul à te remove.* — C'est sans doute de cette disposition à lier les phrases que sont venues les expressions *quod si, quod nisi, etsi, quodquùm, quod ubi, quodutinàm*, etc. Ex. : *Quod ubi ille intellexit; quodquùm perspicuum sit; quodutinàm vitæ minus cupidi essemus*.

Neque et *nec* servent aussi à lier les phrases, et remplacent *et non*. Ces conjonctions composées sont souvent accompagnées d'une seconde négation ; alors *neque enim non* équivaut à *nam*; *nec verò non*, à *atque etiam*; *nec tamen non*, à *attamen*. Ex. : *Neque verò non eadem ira deorum hanc ei injecit amentiam*, c'est encore la colère des dieux qui lui a inspiré cet égarement, etc. *Neque tamen ea non ornant*, et cependant ce ne sont pas de vains ornemens, etc.

§ 660. Lorsque les propositions subordonnées ne sont pas liées entre elles par des conjonctions copulatives, il est élégant de les placer au milieu de la phrase, de manière à former une incise. Au lieu de dire : *Scipio exercitum in Africam trajecit, ut Annibalem ex Italiâ deduceret;* dites ; *Scipio, ut Annibalem ex Italiâ deduceret, exercitum in Africam trajecit.* — Nous avons déjà fait observer que les Latins affectionnaient le style périodique, et se servaient, pour donner du nombre à la phrase, des conjonctions comparatives, *ut..., ità, quùm, tùm*, etc. Au lieu de *Romani et Pœni affectabant Siciliam*, dites : *Ut Romani ità Pœni affectabant Siciliam.* — Au lieu de *Consilia tua semper quidem probavi, sed multò magis lectis tuis litteris;* dites : *Consilia tua quùm semper probavissem, tùm multò magis probavi*, etc.

§ 661. Lorsque deux propositions, liées par une conjonction, ont le même sujet, on a coutume, en latin, de n'en former qu'une seule période. Ainsi, au lieu de *Antigonus in prælio occisus est, quùm adversùs Seleucum dimicaret;* dites : *Antigonus, quùm adversùs Seleucum dimicaret, in prælio occisus est.* — *Verres, simul ac tetigit provinciam, statim Messanam litteras dedit* ; au lieu de *Verres statim Messanam litteras dedit*, *simul ac*, etc. Il en est de même quand les deux propositions ont le même objet. Ex. : Quem, *ut barbari incendium effugisse eminùs viderunt, telis missis interfecerunt*; au lieu de *ut barbari eum effugisse.... viderunt*, eum *telis*, etc. — Mais quand l'objet de la proposition principale est en même temps le sujet de la proposition subordonnée ou incidente, l'objet se place le premier, et le sujet (nominatif) de la phrase secondaire est sous-entendu. Ex. : L. Manlio, *quum dictator fuisset*, M. Pomponius, *tribunus plebis, diem dixit*; au lieu de : *Quùm dictator fuisset* L. Manlius, M. Pomponius ei *diem dixit*. — *Idem* Cretensibus *quùm ad eum usque in Pamphyliam legatos misissent, spem deditionis non ademit*; au lieu de : *Quùm* Cretenses *ad eum legatos misissent*, idem eis *spem deditionis non ademit*.

N. B. On a déjà vu que, pour former la période, il était élégant de placer le relatif devant l'antécédent. Ex. : Quas *scripsisti litteras*, eæ *mihi fuerunt jucundissimæ*. — Socrates hanc viam ad gloriam proximam dicebat esse, *si quis id ageret ut qualis haberi vellet*, talis esset. Au lieu de *talis esset, qualis haberi vellet*. Quod si quàm *audax est ad conandum*, tàm esset *obscurus in agendo, fortassè aliquâ in re nos aliquando fefellisset*, s'il y avait autant d'obscurité dans ses actions, qu'il y a d'audace dans ses tentatives, peut-être il aurait pu nous tromper en quelque chose.

La période est construite avec plus d'art encore, quand la proposition principale n'a ni le même sujet ni le même objet que la proposition incidente. Ex. : *Credo ego vos, judices, mirari quid sit quòd*, quùm tot summi oratores hominesque nobilissimi sedeant, *ego potissimum surrexerim qui*, etc. Vous êtes sans doute étonnés, juges, de voir que j'ose me lever, lorsqu'il y a sur ces siéges tant de grands orateurs, tant d'hommes distingués.

Il faut prendre garde, dans la construction des périodes, que le second membre ne soit trop court en comparaison du premier, parce qu'il en résulterait une chute de voix désagréable à l'oreille. Au contraire, les périodes suivantes se recommandent par leur nombre et leur symétrie. Ex. : Quemadmodùm, *quum petebam, nulli me vobis auctores generis mei commendârunt*, sic, *quid si deliquero, nullæ sunt imagines, quæ me à vobis deprecentur*. Lorsque j'étais candidat, je n'ai pu avoir pour recommandation auprès de vous la noblesse de mes aïeux, et si je remplis mal mon devoir, je n'ai point d'images qui puissent vous demander grâce pour moi. — Ut *sæpè homines ægri morbo gravi, quùm æstu febrique jactantur, si aquam gelidam biberint, primò relevari videntur, deindè multò graviùs vehementiùsque afflictantur*; sic hic morbus, qui est in republicâ, relevatus istius pœnâ, vehementius vivis reliquis ingravescet. De même que, dans une maladie grave, le malade dévoré par les ardeurs d'une fièvre brûlante se trouve un moment soulagé quand il a bu de l'eau glacée, mais bientôt le mal redouble de violence et achève de l'abattre; ainsi la maladie qui travaille la république, calmée un instant par la mort de ce scélérat, s'aggravera de nouveau tant que vivront ses complices.

N. B. Nous avons tiré des grammaires allemandes cette dernière partie de la syntaxe; mais, comme nous l'avons dit, l'espace nous manque pour développer ici les règles que nous proposons d'établir sur les changemens de tournure et de construction dans les phrases et dans les mots, sur les idiotismes, sur les gallicismes. Nous pensons qu'il faut, sur cette matière, un traité spécial où les règles soient appuyées sur des exemples nombreux, et développées dans des exercices particuliers.

FIN DE LA QUATRIÈME ET DERNIÈRE PARTIE.

TABLE DES MATIÈRES.

A devant un infinitif, pages 257-259. — Par *que*, p. 412. — Par *si*, ibid. — Par *pour*, p. 413.

Ablatif absolu, p. 278. — de cause, p. 281 et § 612. — de matière, de distance, d'instrument, d'accompagnement, de manière, de partie, de prix, p. 280-283. (*Voy.* les notes). — singulier en *i*, p. 30. — en *e* ou en *i*, p. 32-33.

Abréviations (tableau des principales) des Romains, p. 446. — modernes, p. 448.

Abondance (verbes d'), p. 234.

Absum (régime d'), p. 230.

Accidit, *evinit*, etc., régime de, p. 231.

Accipio, p. 82 et 241.

Accipior, p. 100. *V.* notes.

Accord du verbe avec le nominatif, p. 224-226. — de l'adj. avec le nom, avec l'infinitif, etc., p. 205-211. — de deux noms, p. 199. — du pronom *qui* avec l'antécédent, p. 260.

Accusatif en *im*, *em* ou *im*; p. 29.

Actif tourné par le passif, p. 354.

Adjectif (définit. de l'), p. 16. — De la 1re et de la 2e décl., p. 17. — De la 3e décl., p. 18. — En *us*, *a*, *um*, ou *is*, *e*, p. 19. notes. — Il y a douze adj. en *er*, *is*, *e*; p. 21. notes. — Avec le supin en *u*, p. 217. — et adverbes relatifs employés pour éviter la répétition de *et*, p. 471, § 659. — en *bundus*, leur régime, p. 215. — d'abondance, de disette, leur régime, p. 216. notes. — Adjectifs en *ius*, *eus*, *uus*, etc., sans compar. ni superl., p. 51-52. — joints ensemble, p. 207. — neutres pris substantivement, p. 208, notes. — qui gouvernent le génitif, p. 211. — le génitif ou le dat., p. 213. — le dat., p. 214. — l'accusatif, p. 215. — l'ablatif, p. 216. — remplacé par le substantif abstrait, p. 451, § 586. — Remplacent l'adverbe, le nom de ville, le génitif, les adverbes d'ordre, etc. (*Synt. d'élég.*), p. 453-454.

Adverbes, définition de ce mot. — Différentes sortes d'adv. (de temps, d'interrogation, etc.), p. 126-127. — Comparatifs et superlatifs des adv., p. 128. — Leur régime, ibid. — employés comme initiales, p. 129. — de lieu, (tableau des) dans les différentes quest. de lieu, p. 298. — Tableau de construction, p. 299. — entre deux verbes, p. 346. — de quantité (syntaxe des), devant un nom de choses, un adjectif, un verbe, etc., p. 389-393. — Leur emploi (*Synt. d'élég.*), p. 458, § 615. — Remarques sur les adv., p. 308-309. — numéraux, p. 313, § 394. — de temps, p. 409. — Leur syntaxe et régime (adv. de quantité, de temps, de lieu), p. 300.

A force de, p. 436.

Aio, p. 154.

TABLE DES MATIÈRES.

Ali, se retranche après *si, nisi, ne, nùm, sive, quò*, p. 357, rem.
Aller, suivi d'un infinit., p. 427. — *N'aller pas*, devant un infinit., p. 431, § 561.
Amo, p. 72.
Amor, p. 92.
Amphibologie, manière de l'éviter, p. 354, § 434.
A peine que, p. 409.
Après, suivi d'un nom, p. 419. — suivi d'un infinitif, p. 420.
A qui, à quel cas il se met, p. 265.
Assez, devant *refert, interest*, p. 394.
Assez... pour, p. 406. — *Assez peu... pour*, p. 407. — *Ne pas assez... pour*, p. 408, § 511.
Attendre que, p. 343.
Audio, p. 85.
Audior, p. 104.
Au lieu de, suivi d'un nom, d'un infinit., etc. p. 421-422. — *Au lieu que*, p. 422.
Aussi que, p. 396. — *Aussi, autant, plus qu'homme du monde, que qui que ce soit*, etc., p. 397-398, § 487.
Aussitôt que, p. 409.
Autant, devant *ante* et *post*, p. 392. — devant *refert, interest*, p. 394.
Autant (aussi) *que*, p. 395-397. — *qu'homme du monde, que qui que ce soit*, etc., p. 397-398. — *Autant répété*, p. 398. — *D'autant devant plus, moins que*, p. 399.
Autre, autrement que, p. 373. — *Tout autre*, ibid. — *Autre* après *lequel des deux*, p. 374.
Avant, suivi d'un infinitif, p. 421.
Avoir, tourné par *être*, p. 233 et 410.

Avoir besoin, opus est, p. 254. — *la force de, la hardiesse de*, p. 434.
Avoir beau, p. 436. — *de la peine à*, p. 436. — *le bonheur de, le malheur de*, p. 437. — *Avoir lieu*, sujet ou raison, ibid.
Ayant autant de, étant aussi, p. 385.
Ayant été, ayant rencontré, aimé, etc., traduit par *quùm, lorsque*, etc., p. 383.

Bien loin de, p. 422.
Blandior, p. 120 et 231.

Calendrier romain, p. 441. — Exemples de construction sur le calendrier romain, p. 442. (Calendes, Nones, Ides, p. 440.)
Capable, être capable de, p. 413, § 523.
Cas, combien il y en a, p. 2. Définition des..., p. 197.
Cause (nom de), p. 281.
Ce n'est pas que, p. 381. — *à dire pour cela que*. — *Est-ce à dire...*, p. 381, § 463, et p. 416, § 532.
Ce qui, ce que, suivis de *c'est*, p. 381, § 464. — devant un infinitif suivi de *que de*, p. 382.
Celare, régime de, p. 238.
Celui-ci, celui-là, p. 376, § 455. — *Celui des deux qui*, p. 377.
Celui, celle, ceux, suivis d'un génitif, p. 380, § 460.
C'est ainsi que, est-ce ainsi que, p. 380, § 461.
Combien, entre deux verbes, p. 347. — signifiant combien de personnes, p. 391. — *peu, quotusquisque*, ibid.
Commandement (manière d'exprimer le...), p. 275, § 348.
Comme, de même que, p. 425. —

TABLE DES MATIÈRES. 477

Pendant que, puisque, p. 426.
Comparaison, p. 425, § 549.
Comparatif, ce que c'est, p. 50. — Sa formation, ibid. — Observ. sur le comp., p. 51.— avec les adverbes de quantité, combien, etc., p. 391, § 480. — Syntaxe du comp., p. 217. — Comment il s'exprime quand l'adjectif latin n'en a point, p. 220. — quand l'adj. français se rend par deux mots, ibid., § 263.
Construction de la période, p. 468. — des cas obliques, p. 469, § 653. — de l'adjectif, ibid., § 654.—de la préposition avec son complément, p. 470, § 656. — des titres, et des mots qui forment opposition, ibid., § 657.—de non, ibid. — de certaines formules, Civis romanus, etc., ibid., § 658. — des adjectifs et des adverbes relatifs, p. 471, § 659.
Conducit, contingit, régime de, p. 231.
Conjonctions, définition de ce mot; différentes sortes de conjonct., p. 135. —Syntaxe et régime des, p. 302-304.— entre deux verbes, p. 346, § 428. — Observation sur l'emploi des..., p. 425, notes. — (Syntaxe d'élégance), emploi des..., p. 460, § 625.
Conjugaisons, combien il y en a, p. 67, § 82. — actives, p. 72-89. — Tableau général, p. 90. — passives, p. 92-107. —Tableau général, p. 108. — des verbes déponens, p. 110-122. — Conjugaison périphrastique, p. 349.
Conseiller de, suadere ut,—de ne pas, suadere ne, etc., etc., p. 331.

Craindre de ou que, p. 336.

Dans exprimé par post, p. 288.
Datif, emploi du, p. 236, notes, § 287.
D'autant, devant plus, moins, p. 399.
De, au commencement d'une phrase, p. 411.—entre un nom et le présent de l'infinitif, p. 203-205 et 411. — tourné par si, p. 412. — Tourné par moi qui, vous qui, ibid.
De ou que après conseiller, persuader, souhaiter, etc., etc., par ut ou ne, p. 331. — après il n'importe pas, p. 333. — Craindre, p. 336. — Prendre garde, p. 337.—N'avoir garde, p. 338. — Mériter, ibid. — Empêcher, p. 339.—Il ne tient qu'à, p. 341. — Se réjouir, etc., p. 342.
De même que, p. 425. — que si, p. 372, § 451. — De même par item, ibid.
Déclinaisons (définition des). — Il y en a cinq en latin, p. 2. — D'où vient ce mot, ibid., notes. — Les cinq déclinaisons, p. 4-14. — Tableau général des déclinaisons, p. 15. — Supplément aux déclinaisons, p. 24-41. — Déclinaisons irrégulières, p. 39.
Défense, comment on l'exprime, p. 276.
Dépendre, il dépend de, p. 435, notes.
Désinences, p. 195.
Deus amat virum bonum illique favet, p. 246.
Devoir, suivi d'un infinitif, p. 427. — marquant obligation, p. 428.
Dico non, remplacé par nego, p. 457, § 609.

Diminutifs (définition et formation des), p. 54, § 58.
Distance (nom de), p. 280.
Division du temps chez les Romains, p. 440.
Do, verto, tribuo, duco, habeo, etc., régime de, p. 233. V. notes, § 282.
Domus, déclinaison de, p. 37. — Et rus, dans les questions de lieu, p. 290, 292, 294, 295, 297.
Dont, de qui, p. 264-265.
Douter que, p. 344.
Dùm, emploi de, p. 303 et 460, §

Edo, p. 156.
Ellipse de filius, templum, etc., etc., p. 466-468.
Empêcher de ou que, p. 339.
En, devant le participe présent, p. 258. notes.
En, de lui, d'elle, d'eux, p. 267.
En, y, avec douter, empêcher, etc., p. 457, § 610.
Enseigner au passif, p. 359.
Eo, p. 142. — Composés d', p. 144.
Est-ce à dire pour cela que? p. 416, § 532.
Est-ce ainsi que? p. 380, § 461.
Etant aussi, p. 385.
Etant, traduit par quùm, postquàm, lorsque, après que, p. 383.
Et même, p. 372, 4°.
Etre cause que, p. 343.
Etre homme à, femme à, capable de, p. 413.
Etre près de, sur le point de, p. 432.
Etre si éloigné de, p. 428, § 554, — Bien éloigné de, p. 429, § 556.
Exclamations et interjections, syntaxe des, p. 304.

Facio, passif de (fio), p. 144; passif des composés, p. 146.
Facere ut, par circonlocution, p. 464, § 638.
Faire, suivi d'un infinitif, p. 430-431. — Ne faire que de, p. 431. — Ne faire que, ibid. — Faire (Synt. d'élég.), p. 457, § 606.
Faut. V. Il faut. — Faut-il que, p. 430.
Fero, p. 139.
Fido, p. 139, notes, et 156.
Fio, p. 144. — Emploi de ce verbe, p. 145, notes.
Force (avoir la force de), p. 434. — A force de, p. 436.
Formation du comparatif et du superlatif, p. 50 et suiv. — des temps de l'actif, p. 91. — du passif, p. 109.
Fruor otio, p. 234.
Futur de l'indicatif exprimé par le part. en rus, avec sim, sis, et après an, quin, etc., p. 351.
Futur passé, après ne pas savoir si, p. 352, § 432.

Gaudeo, p. 137. — Régime de, p. 234.
Génitif pluriel en ium, p. 31. — pluriel en um pour orum, p. 28. — pluriel en um ou ium, p. 34-35. — Règle générale pour le....., p. 202, notes (au bas).
Genres, il y en a trois en latin; quels noms ils comprennent, p. 2. — commun et douteux, p. 3, notes. — Règle générale des genres, p. 3 et 41-49. — des noms en er, p. 6, notes. — des noms en or, p. 9, notes.
Gérondif (définition du), p. 124, notes. — Règle du....,

p. 124 et 203. — en *undi*, p. 109 et 162.
Graculus rediit mœrens, etc., p. 211.
Gratulari (régime de...), p. 237.

Haud scio an, p. 458, § 614.
Hardiesse (avoir la hardiesse de), p. 434.
Haut, le haut de, le milieu de, etc., page 439.

Idem, emploi de..., *Synt.* d'élég. p. 455, § 601.
Il, le, la, les, lui, leur, p. 360.
Il *faut* (je crois qu'il), p. 380. — suivi d'un infinitif, p. 427. — marquant obligation, p. 428. — Il ne faut pas, *non est quod*, rem. *ibid*. — Tants'en faut que, *ibid*. — Peu s'en faut, il s'en faut peu que, p. 429. — Il s'en faut beaucoup que, *ibid*. — Faut-il que, p. 430.
Ille, emploi de..., *Syntaxe d'élégance*, p. 455, § 603.
Il me tarde de, p. 435.
Il ne tient pas à moi, etc., p. 341. — Il ne tient qu'à, il dépend de, p. 435. — à rien que, p. 429. — Il n'importe pas que, p. 333.
Il y *a*, il y *avait*, se tournent par le verbe *être*, p. 410, § 515.
Imitor, p. 110.
Imminere, impendere, instare, leur régime, p. 230, § 278.
Importer, p. 250 ; il n'importe pas que ou de, p. 333.
Incipit me pœnitere culpœ meœ, p. 249.
Infinitif présent traduit par un participe après *voir*, etc., p. 259. — Fonction de l', p. 318. — français, à quel temps du subj. il se met après *de* exprimé

par *ut, ne, an, utrum, quin*, p. 334. — français, après les verbes *croire, espérer, promettre*, etc., doit être accompagné d'un *pronom personnel* (*Credo me legisse*), p. 325. — présent au lieu du parfait, après *memini*, p. 327. — actif avec deux accusatifs se tourne par le passif, pour éviter *l'amphibologie*, p. 328 et 354. — Tableau des différentes constructions de l'infinitif après le *que* retranché ou non exprimé, p. 329-330.
Ipse désigne le temps précis, etc., etc., p. 454, § 600. — signifie *simplement, seulement*, p. 455.
Inquam, p. 155.
Inquit, sous-entendu, p. 467, § 648.
Inquit (construction de)..., p. 470, § 658.
Inscriptions (exemple d'), p. 448.
Instrument (nom de l')..., p. 281-282.
Inter, répétition de cette préposition, p. 463, § 633.
Interjections, définition de ce mot, etc., p. 136. — et exclamations (syntaxe des), p. 304.
Interrogation, comment elle se fait en latin. p. 273-275.
Interdico tibi domo meá, p. 255.
Ipse et *idem*, comment ils se placent, p. 60, notes.
Is, ille, forment pléonasme avec *quidem*, p. 462, § 632.
Is, emploi de... *Syntaxe d'élégance*, p. 455, § 602.

Je suis dans l'impatience de, p. 435.
Jesus (déclinaison de), p. 37.
Jours de la semaine (noms des), p. 443.
Jupiter (déclinaison de), p. 22.

Juro, p. 139, remarque.
Juvat, delectat, etc., p. 228.

Laisser, devant un infinitif, p. 433.—*Ne pas laisser de*, ibid.
Le, la, les, gouvernés par un verbe, p. 266. — *Lui, leur*, p. 360, § 441.
Le haut de, le milieu de, le bas de, p. 439.
Lego, p. 79.
Legar, p. 100.
Le même que, p. 371.
Le plus, le moins, devant un adjectif et un verbe ordinaire, etc., etc., p. 401-403.
Le premier, le second, p. 376, § 455.
Lequel des deux, uter, p. 374.
Leur, leurs, après un verbe, p. 363.
Liceo, p. 156.
Lieu précis, p. 281, § 360.—Nom de lieu, p. 288. — Adverbes de lieu, p. 298.
Lui, leur, se tournent par *à lui à eux*, p. 266, § 332.
L'un... l'autre, les uns... les autres, p. 375. — *Ni l'un ni l'autre*, ibid.—*L'un des deux* (l'un ou l'autre), p. 376. — *L'un après l'autre*, ibid.

Majori virtute præditus, p. 220.
Malgré, p. 438.
Malo, p. 148.
Manière (nom de), p. 281-283.
Matière (nom de), p. 280.
Me, te, se, nous, vous, gouvernés par un verbe ou par un adjectif, p. 266.
Me, se, etc., remplacés par *corpus*, p. 453.
Mêler, se mêler de, p. 433.
Même (le même que), p. 371.
— Même après un nom ou un pronom, p. 371, remarque. *Voy*. les notes.
Memini, p. 152 et 327.

Menacer, etc. *Minari mortem alicui*, p. 236.
Mériter de, p. 338.
Mesure (nom de), p. 280. — lieues de France, stade grec. etc., p. 446.
Méthode, p. 318.
Mettre, se mettre à, p. 433.
Milice..., légion, cohorte, centurie, p. 446.
Mille, traduit par *sexcenti*, p. 454, § 597.
Minus et parum pour *non*, p. 460, § 624.
Mirabile visu, p. 217.
Miseret, p. 158, notes, et 248.
Miserere pauperum, p. 235.
Moins, avec *refert*, p. 392, remarque.— après *d'autant*, p. 399. — répété, p. 400. — Le moins, devant un adjectif, etc., p. 401; § 494. (*V*. le plus).
Moneo, p. 75.
Moneor, p. 96.
Monnaies romaines, p. 443. — grecques, p. 446.
Multare, régime de, p. 245, notes.
Multus, (emploi élégant de), p. 454, § 595.
Musica me juvat, etc., p. 228.

N'aller pas, devant un infinitif, p. 431, § 561.
N'avoir garde de, p. 338.— *rien plus à cœur*, p. 435, notes, § 571.
Ne faire que de.—Ne faire que p. 431.
Négations (deux négations s'entre-détruisent). p. 308. — Deux négations au lieu de l'affirmation, p. 464, § 639.
Ne manquer pas de, p. 432.
Nemo remplace *nullus*, p. 452, § 587.—*non et non nemo; nullus non et non nullus, nihil non et non nihil; nusquam non*, etc.

différence entre ces expressions, p. 465, § 642.
Ne non, après *vide*, peut se traduire par *si*, etc., p. 465, § 640.
Ne pas assez pour, p. 408. — pas laisser de, p. 433. — pas même, p. 372. — ne que, signifiant seulement, p. 387. — servir qu'à, p. 434.
Neque et nec (construction de), p. 474, § 659.
Nescio an, p. 458, § 614.
Nihil, plus fort que *non*, p. 452, § 588.
Nihil ad me, p. 467, § 648. — *Non nihil*, p. 452, § 588; et 465, § 642.
Ni l'un ni l'autre, p. 375.
Nisi (emploi de), p. 461, § 629. — diffère de *quam*, p. 462.
Nolo, p. 147.
Nom, ce que c'est, p. 1. — Noms abstraits, *pueritia*, *adolescentia*, etc., remplacés par les noms concrets, *puer*, *adolescens*, etc. p. 451. — irréguliers dans les déclin. 1re décl., p. 24. — 2e décl., p. 27. — 3e décl., p. 29-37. — 4e déclin, p. 37. — composés et patronymiques, p. 38, notes. — défectueux, p. 40. — indéclinables, p. 41. — de qualité, p. 202 et notes. — partitifs (régime des), p. 223. — de matière, p. 280. — de mesure, de distance et d'espace, *ibid*. — de l'instrument, de la cause, de la manière, de la partie, p. 281-283. — du prix, de la valeur, p. 283. — de temps, p. 284. — de lieu, p. 288-297. — de provinces et noms propres de villes, à la question *ubi*, p. 289. — à la question *quo*, p. 292. — à la question *unde*, p. 293. — à la question *qua*, p. 295. — de personnes et de choses, à la question *ubi*, p. 290. — à la question *quo*, p. 293. — à la question *unde*, p. 294. — à la question *qua*, p. 295. — communs, *ville*, *endroit*, après le nom propre de ville, p. 295-297. — propres de villes, après le nom commun, p. 297. — propres de villes en *e*, question *ubi*, p. 299, notes. — de villes composés dans les questions de lieu, p. 296, notes. — de choses avec les adverbes de quantité, *combien peu*, etc., p. 389-390. — de peuples, remplacent les noms de pays, *in Persas*, pour *in Persidem*, etc., p. 453, § 590.
Nombres, combien il y en a, p. 1. — Déclinaison des noms de nombre: *Unus* (*ullus*, *alius*, etc.), *duo*, etc., p. 55.
Noms de nombre (tableau des), p. 310-313. — Distributifs, p. 312. — Multiples, p. 313. — Proportionnels, *ibid*. — Syntaxe des noms de nombre, p. 314-317. — des nombres cardinaux, p. 314. — des nombres ordinaux, p. 316. — des nombres distributifs, *ibid*. — des nombres qui désignent les parties aliquotes, p. 317. — Adjectifs formés des noms de nombre, *ibid*.
Nominatif ou *sujet*, comment on le reconnaît, p. 205 notes. — sujet de la proposition secondaire, sous-entendu, p. 472, 1er alinéa.
Non, devant un mot négatif, p. 465, § 641. — *Non ita*, p. 460, § 622. — *Non item*, p. 460, § 623.

Non-seulement..., mais encore (*Synt. d'élég.*), p. 459, § 618. — Non seulement, ne pas, *ibid.*

Nullus pour *non*, p. 454. — *Nullus, nemo*, etc., remplacés élégamment par *nec ullus nec quisquam*, etc., p. 461, § 627. — conservent la négation après *non modò*, 460, § 620.

Observations sur les questions de lieu, p. 295 et notes.
On, l'on, p. 355-360. — On se repent, p. 356, rem. — On ne, p. 357. — On voit, on trouve des gens qui, p. 337. — On dit..., on croit que, p. 358. — On enseigne, p. 359.
Oportet, p. 156.
Opus est mihi amico, p. 254. — *affirmare, ibid.*, notes.
Ordre des mots, p. 468, § 652.
Oro, rogo (ellipse de), p. 467, § 648.
Oublier, se souvenir. — *Oblivisci, recordari* (régime de), p. 235.

Par qui, à quo per quem, p. 265.
Paraître (il paraît que...) p. 358.
Parfait du subjonctif après (douter que), p. 352, § 432.
Participes (syntaxe des), joints au nominatif, au régime, etc., p. 276-277. — Ils remplacent certains substantifs, 277, notes. — français qui manquent en latin (*étant, ayant été, ayant aimé*), p. 383-385. — qui s'expriment en latin par une préposition et un nom, p. 385. — Définition et règle des (*Puer audiens*), p. 124. — en *us* dépon. pris passiv., p. 193. — en *dus* (régime du), p. 247 ; avec *dare, tradere*, etc., p. 259.
Particules dans les mots composés, p. 132-134.
Parties des verbes, p. 164 et suiv.
Passif tourné par l'actif, p. 353.
Per construit avec les verbes passifs, p. 247, notes.
Période (construction de la), p. 468, § 652. — Exemple de construction de la période, p. 471-472.
Personne, définition de ce mot, p. 57, notes.
Persuadeo, se tourne par le passif, p. 236, notes.
Pertinet, attinet, spectat (régime de), p. 248.
Peu, un peu, devant un subst., un verbe, etc., p. 389-364. — devant *ante* et *post*, p. 392. — devant *refert, interest*, p. 394. — *Peu s'en faut*, p. 429.
Phrase incidente après le *que* retranché ou non exprimé, p. 319, § 403.
Pléonasme (*is, inter, mihi, magis, sic, ita*, etc., etc.), p. 462-466.
Pluriel neutre en *a* ou *ia*, p. 33.
Plus, moins, que, p. 395. — Plus, moins, trop, avec *refert, interest*, p. 392, remarque.
Plus, devant *odisse* et *fugere*, p. 395. — *qu'homme du monde, que qui que ce soit*, p. 397.
Plus, moins, répétés, p. 400. — Plus on, plus une personne, plus une chose, p. 401.
Le plus, le moins, devant un adjectif (suivi de *que*), p. 401-403. — devant un verbe de prix, p. 402. — devant un nom singulier et pluriel suivi d'un *que. ibid.*
Plus tôt, p. 409, § 513.
Plutôt, p. 410.

TABLE DES MATIÈRES.

Pœnitet, p. 157.
Pœnitet, *pudet*, *piget*, *tœdet*, *miseret* (régime de), p. 248.
Polliceor, p. 114.
Possum, p. 149.
Pour, après *assez*, p. 406.—après *trop*, p. 407.—*Pour*, p. 414.—tourné par *de*, *ibid.* — au lieu de, *ibid.*—à cause de, p. 415.—l'amour de, *ibid.*—marquant l'intention, le motif, *ibid.*—avantage ou désavantage, *ibid.* —devant un infinitif, *ibid.* — suivi d'un comparatif, p. 416. — tourné par *qui*, *que*, *ibid.* — devant le parfait de l'infinitif suiv. de *Ce n'est pas à dire pour cela que*, *ibid.* — *Pour peu que*, *ibid.* — *Pour moi, pour vous*, p. 417.— *Eu égard à*, *ibid.* — *Pour ne pas dire*, p. 437.
Prendre garde que, p. 337.
Prénoms ou noms au pluriel par abréviation, p. 468, § 651.
Prépositions, définition de ce mot, p. 129. — Régime des, p. 130-131. — Prépos. et particules dans les mots composés, p. 132-134. — Syntaxe des, p. 279.—Remarques sur la signification des prép., p. 305. — Prép. françaises, *de*, *à*, etc., p. 411. — Répétition des, p. 463, § 633.
Prétérits (règles des), p. 162. — et supins dans les différentes conjugaisons, p. 164 et suiv.
Prœditus virtute, etc., p. 216.
Prix (noms de), p. 283. — Adverbes de prix, p. 393.
Probor, *improbor*, *videor* (régime de), p. 247, remarque.
Pronom personnel changé en pronom possessif, p. 201, notes. — exprimé, p. 454. — *Nos* pour *ego*, *ibid.*, § 599.
Pronoms (définition et déclinaison des), p. 56-66. — *Me*, *te*, *se*, *nous*, *nous*, etc., p. 266.—français qui manquent en latin, *on*, *l'on*, etc., p. 355.
Propositions subordonnées, se placent au milieu de la phrase, p. 471, § 660. — Deux prop. ayant le même sujet ne forment qu'une période, p. 471, § 661.
Proposition (définition de la), p. 196.—Ses divers rapports, p. 197.
Prosum, p. 150.
Puto, *existimo*, forment pléonasme, p. 464, 2e *alinéa*.

Quand on, lorsqu'on, p. 357.
Quantus, au lieu de *quàm*, devant le superlatif, p. 454, § 596.
Que après le comparatif, p. 217. —relatif (syntaxe du), p. 262. — relatif gouverné par deux verbes qui veulent différents cas, p. 263, § 326. — interrogatif (syntaxe du *que*), p. 271.
Que retranché ou *non exprimé*, p. 318-330.—Règle générale, p. 320.—Règles particulières, *ibid.* (Nous indiquerons les règles par les §.)
Temps du verbe français après *que* qu'il faut mettre au *présent* de l'infinitif, § 405. — au *parfait*, § 406. — au *futur*, § 407.—au *futur passé*, § 408. — Imparfait du subjonctif au *présent*, au *parfait* ou au *futur* de l'infinitif, § 409.
Futur, manière de l'exprimer lorsque le verbe latin n'en a pas, § 410. — passé et parfait du subjonctif par *fore ut* avec le parfait du subjonctif, § 411.
Que, après plus ou moins, p. 395. — *après* autant, aussi,

p. 395-398. — *après* d'autant plus, moins, p. 399. — *après* tant, p. 403-405. — *après* si, p. 405. — *Après* trop pour, p. 407.—adverbe, tourné par *pourquoi*, p. 386.—par combien, *ibid.* — *Que* de désir, *utinam*, *ibid.* — *Que* entre deux négations, p. 387.— tourné par avant que, p. 388. — d'admiration, se tourne par combien, combien grand, petit, *ibid.* — La négation française ne se rend pas après *que*, *ibid.* — *Que* après les adverbes et les noms de temps; présentement *que*, *nunc quùm*, etc., etc., p. 410. — *ou de* après *conseiller*, *persuader*, *faire en sorte*, etc. etc. *ut*, ou *ne*, p. 331.—après *il n'importe pas*, p. 333. — *Craindre de* ou *que ne*, p. 336. — *Prendre garde de* ou *que ne*, p. 337. — *N'avoir garde*, p. 338. — *Mériter*, *ibid.* — *Empêcher*, p. 339. — *Il ne tient qu'à*, p. 341. — *Se réjouir de* ou *que*, p. 342. — *Attendre que*, p. 343. — *Être cause que*, *ibid.* — *Douter que*, p. 344.

Qu'homme du monde, p. 397.
Quel, quelle, *quis*, *quotus*, *quantus*, p. 272.
Quel, quelle que, *quicunque*, *quantuscunque*, p. 377.
Quelque que suivi d'un nom, etc., p. 378-379.—suivi d'un adjectif, p. 379.
Questions de temps. — *Quando*, p. 284. — *Quamdiu*, p. 285. — *A quo tempore*, p. 286. — *Quanto tempore*, p. 287-288.
Questions de lieu.—*Ubi*, p. 289. *Quo*, p. 291. — *Undè*, p. 293. — *Quà*, p. 294.
Qui relatif (Syntaxe du), p. 260, 265.—avec deux antécédens,

p. 261 et 263. — avec *pòtuit*, p. 261. — *opus est*, p. 262. — tourné par celui que, p. 262. — entre deux noms, p. 264.
Interrogatif, p. 269. — Qui des deux, p. 270. — nominatif ou régime du verbe, *ibid.* — entre deux verbes, p. 346. — devant un futur et un conditionnel, p. 347. — qui que ce soit qui, des deux qui, p. 378.
Quidam (emploi de), p. 456, § 604.
Quidem (ne), p. 372 et p. 469, § 619.
Quod? quod; quid multa, plura, (signification de)?, 467, § 647.
Quisque (emploi de), p. 456, § 605.
Quis pour *aliquis*, p. 457.
Quis te redemit? Jesus-Christus, p. 273.
Quoi ou *que* au commencement d'une phrase, *quid?* p. 271, § 342.

Racines primitives, p. 194.
Redeo ab ambulando, ab agris invisendis, p. 257.
Refert, interest, (régime de), p. 250-252.
Régime des adjectifs, p. 211. (*Voy.* adjectifs.) des noms, p. 200. — du comparatif, p. 217. — du superlatif, p. 221. — des verbes, p. 227 (*Voy.* verbes.)—Régime indirect des verbes, p. 236. — d'un verbe sur un autre verbe, (*Amat ludere, eo lusum*, etc., etc.), p. 255-260.
Réponse, à quel cas elle se met, p. 273.
Rogare (régime de), p. 238.
Rus, à la question *ubi*, p. 289, notes. — A la question *quo*, p. 292.—A la question *undè*, p. 294. — Suivi d'un génitif

ou d'un adjectif, p. 297.
Sans (différentes manières de rendre), p. 417 et 419.
Savoir, devant un infinitif, p. 435, 438.
S'attendre, p. 343.
Se (syntaxe de), p. 267.
Se douter, p. 345.
Se mêler de, p. 433.
Se mettre à, p. 433.
S'occuper à, p. 433.
Se réjouir de, etc., p. 342.
Servir à, ne servir qu'à, p. 434.
S'empêcher, se défendre, p. 341, § 422.
Sesterces, p. 444.
Si (syntaxe de), (*nisi, quòd si*, etc.), p. 423.
Si dubitatif (douter si, etc.), p. 425. — Ellipse de *si*, p 468, § 630. — *Si quis* (Synt. d'élég.), p. 461, § 628.—*Si* marquant comparaison, p. 425, § 549. Remar.
Similis patris ou *patri*, etc., p. 213.
Si on, si l'on, p. 357. — *Si... que*, p. 405.—*Si grand, si petit*, ibid., § 507.
Solev, pour *sæpè*, p. 458, § 613
Son, sa, ses, leur, leurs, p. 363-365. — Observations sur *son, sa, ses*, p. 366, notes.
Subjonctif, syntaxe de ce mode, p. 348.
Substantifs (deux) réunis par les conjonctions *et, que*, le second se met au *nominatif*, au lieu de se mettre au *génitif*, p. 462, § 630.
Sujet de la proposition, p. 196.
Sum, p. 68. — signifiant *avoir*, p. 233. — signifiant *causer*, ibid. — Composés du verbe *Sum* (régime des), p. 230.
Superlatif, ce qu'il signifie, p. 50.—Formation du sup.; observation, p. 51-54. — Syntaxe du superl., p. 221.

Supin (définit. du), p. 124. — Règles du sup., p. 162. — Sup. et prétér. des verbes dans les différentes conjugaisons, 164-194. — en *u* (syntaxe du). p. 217. — en *um*, p. 256.
Supplément aux déclinaisons, p. 24. — 1re décl., ibid. — 2e décl., p. 27. — 3e décl., p. 27. — 4e décl., p. 37. — aux adjectifs, p. 49-54. — aux verbes, p. 137 et suiv.
Sur, traduit par *ex*, p. 411, notes.
Syllabes (manière d'assembler les), p. 449.
Syncope au prétérit, p. 146.
Syntaxe, définition de ce mot, p. 199.—Combien de sortes, ibid — des noms, ibid.— des adjectifs, p. 205. — des comparatifs et des superlatifs, p. 211. — des verbes, p. 224. — des pronoms, p. 260. — des participes, p. 276. — des prépositions, p. 279. — des adverbes, p. 300. — Synt. et régime des conjonctions, p. 302. — des noms de nombre, p. 314. — d'élégance, p. 451.

Tant que (syntaxe de), *autant que, tandis que*, etc., p. 403-405. — *Tant s'en faut que*, p. 428.
Tel que, p 368. — *Tel répété*, etc., p. 396-370.
Temps (nom de), p. 280.
Temps (règle générale sur la dépendance des), p. 334-336, et notes. — de l'indicatif français, qu'il faut mettre au subjonctif en latin, après *ut, ne, an*, etc., 350. — du subjonctif qu'il faut traduire par le participe futur avec *sim, sis, essem, esses*, etc., p. 352.
Terminaisons, *alis, ilis* (signification des), p. 21, notes.
Tout arbre, p. 373.

Trop, avec *refert*, *interest*, p. 392, remarque.
Trop... pour, p. 407.
Trop peu... pour, p. 408.
Turba ruit ou *ruunt*, p. 226.

Un peu, quelque peu, p. 389.
Uter est doctior, tu ne, an frater? p. 270.
Utor, p. 117.—gouverne l'ablatif, p. 234.

Vas (déclinaison de), p. 32 et 39.
Veneo, p. 156.
Venir à l'esprit, penser, se dire, etc., p. 434, notes. —*Venir de*, devant un infinitif, p. 431.—*Venir à*, *ibid*.
Verbe. — Définition du, personnes, nombres, temps, modes, voix, conjugaisons, p. 66-67.—définition des verbes *actifs* et *neutres*, p. 71. — *Passifs*, p. 66, notes.—*Deponens*, p. 110. — Conjugaison des verbes actifs, p. 71. — passifs, p. 92. — déponens, p. 110. — irréguliers (*gaudeo*, etc.), p. 137.—défectifs, p. 152.—impersonnels, p. 156.—Remarque sur les verbes dérivés, diminutifs, fréquentatifs, inchoatifs, de désir, p. 160. — Parties (prétérits et supins) des verbes, p. 164.
Verbes actifs (régime des), p. 227. —d'abondance, de disette (régime des), (emplir, combler, etc.), p. 243.—actifs tournés par le passif, p. 354. — *Accuser, condamner, absoudre, convaincre*, etc. (régime des verbes), p. 244.—*Apprendre, informer*, leur régime, p. 242. — *Avertir, informer*, p. 243.—*Délivrer, racheter, séparer, détourner*, etc. (régime des verbes), p. 243.—

à l'indicatif qu'il faut mettre, à l'*infinitif*, p. 318.—au *subjonctif*, p. 345.—Verbes composés (règle de la conjugaison des), p. 162.— composés d'une préposition, gouvernent le datif, p. 230, notes, — d'éloignement, de séparation (régime des), (recevoir), apprendre, délivrer, etc.), p. 241-243. — *Demander, recevoir, emprunter*, etc. (régime des), p. 241. — déponens qui gouvernent l'accusatif, p. 228.—le datif, p. 231.— l'ablatif, p. 234.—de ressemblance et de différence, leur régime, p. 232, notes. — d'excellence (régime des), p. 232, notes. — avec les adverbes de quantité, p. 392-393. — neutres qui gouvernent l'accusatif, p. 227, notes. — neutres qui gouvernent l'ablatif, p. 234. — impersonnels devant *pœnitet*, etc., p. 249. — passifs (régime des), p. 246. — passifs tournés par l'actif, p. 353. — ordinaires avec les adverbes de quantité, p. 392. — de prix, p. 393. — qui expriment avantage, but (régime des), p. 231, notes. — qui expriment comparaison (*malo*, etc.), p. 219, notes. — qui expriment mouvement vers, inclination à (régime des), p. 238.—qui expriment secours, assistance (régime des), p. 232, notes. — qui gouvernent l'ablatif, p. 234.—qui gouvernent l'accusatif, p. 227. — qui gouvernent l'accusatif avec *ad*, ou le datif, p. 240.—qui gouvernent deux accusatifs, p. 238. *Voyez* les notes. — qui gouvernent le datif, p. 236. — qui gouvernent le génitif, p. 235.—qui n'ont qu'un régime en français, et qui en latin gouvernent différens cas, p. 246. — qui expriment un mouvement figuré, p. 291, notes.—qui expriment l'éloignement, p. 293, notes. — qui veulent leur régime indirect à l'ablatif avec *à* ou *ab*, *è* ou *ex*, p. 241-243. — qui marquent l'intention, le motif, le désir, l'obligation, etc. (régimes des), p. 331. — La crainte, p. 336. — L'attention, la défiance, p. 337-338. — Le mérite, p. 338. — La défense, p. 339. — La joie, la honte, l'admiration, etc., p. 342. —

L'attente, p. 343.—La cause, *ibid.* — Le doute, p. 344. — Emploi des verbes (*Synt. d'élég.*), p. 457. — Répétition du verbe, *ibid.*, § 608.

Verò, dans les interrogations, p. 458, § 611.

Videor (construction de), p. 458 et notes.

Vocatif en *i*, des noms en *ius*, p. 27.—En *us* (Deus), p. 28.

Voir, *sentir*, etc., devant un infinitif, p. 259.

Volo, p. 146.

Vous ne sauriez croire, p. 438.

Y, se tourne par à lui, à elle, p. 267, § 334.

FIN DE LA TABLE DES MATIÈRES.

Paris.—Imprimerie d'A. SIROU, rue des Noxers, 37.

www.ingramcontent.com/pod-product-compliance
Lightning Source LLC
Chambersburg PA
CBHW072214240426
43670CB00038B/1258